Gottfried Wenzelmann

Innere Heilung

Theologische Basis und seelsorgerliche Praxis

SCM R.Brockhaus

Die THEOLOGISCHE VERLAGSGEMEINSCHAFT (TVG)
ist eine Arbeitsgemeinschaft
der Verlage R. Brockhaus Wuppertal und Brunnen Gießen.
Sie hat das Ziel, schriftgemäße theologische Arbeiten zu veröffentlichen.

Reihe: Systematisch-Theologische Monographien (STM), Band 9

Bibliografische Information Der Deutschen Bibliothek
Die Deutsche Bibliothek verzeichnet diese Publikation in der Deutschen Nationalbibliografie; detaillierte bibliografische Daten sind im Internet über http://dnb.ddb.de abrufbar.

9. Auflage 2020

Satz: WVG, Werbe- und Verlagsgesellschaft, Grevenbroich
Druck und Bindung: AZ Druck und Datentechnik GmbH, Kempten
ISBN 978-3-417-29476-7
Bestell-Nr. 229 476

INHALT

Wort zum Geleit

In den Lehrbüchern für die Seelsorge der Kirche ist stets vom Dienst an Kranken und in Krankenhäusern die Rede. Über »die Gabe, gesund zu machen« (1. Kor 12,9) und den Auftrag »Macht Kranke gesund« (Mt 10,8) ist fast nichts zu finden. Gleichgewichtig jedoch stehen in der matthäischen Aussendungsrede Verkündigen und Heilen als Doppelauftrag beieinander. Nun kann man natürlich fragen, ob der Heilungsauftrag mit diesem Gewicht im Zeitalter der hoch entwickelten Medizin noch gelte. Wenn man sich aber klar macht, welche Ausmaße an seelischer Not in der heutigen Gesellschaft anzutreffen sind und wie viele körperliche Krankheiten eine seelische Grundlage haben oder von inneren Problemen begleitet sind, wird der biblische Auftrag zu heilen wieder aktuell.

Unter dem Begriff der »Inneren Heilung« nahmen ihn moderne Autoren, zu denen auch der Verfasser dieses Buches zählt, wieder auf. Im Bereich der »Geistlichen Gemeinde-Erneuerung« öffneten sich in der Seelsorge Tätige dafür besonders. Das führte zu Vorurteilen der Sache gegenüber, die ihrer Bedeutung nicht gerecht werden. Es gibt innere Verletzungen, negative Erlebnisse, schmerzliche Erfahrungen, unerfüllte Wünsche, die verdrängt sind und so tief gehen, dass der Glaube sie offenbar nicht berührt. Die Frage ist dann, warum nur die Tiefenpsychologie an sie herankommt bzw. ob sie, wenn es zum Beispiel nicht nur um Schuldgefühle, sondern um existenziell wirkliche Schuld geht, überhaupt zuständig ist.

In der Inneren Heilung geht es darum, die Umschlossenheit solcher Verletzungen zu öffnen, dass sie vom Glauben bzw. vom Evangelium erreicht, berührt und geheilt werden können. »Wenn wir die Tiefen unserer Seele Gott darbieten und öffnen, dann wird seine heilende Kraft uns nicht nur zu ihm selbst zurückführen, sondern auch physisch gesünder machen und unsere Beziehungen zu anderen Menschen heilen« (Heribert Mühlen).

Der Verfasser des vorliegenden Werkes, Gottfried Wenzelmann, legt damit eine erstmalige wissenschaftliche Bearbeitung dieses besonderen Weges christlicher Seelsorge vor. Er schildert die psychologischen Voraussetzungen für die Heilung der Erinnerungen, ihren theologischen Grund, die methodischen Schritte, sowie Recht und Grenze dieses seelsorgerlichen Verfahrens. Er wehrt dadurch der Möglichkeit, dass es von Theologie und Kirche unbeachtet bleibt, und zwar gerade auch durch kritische Fragen, die er an die theoretischen Grundlagen und an die pastorale Anwendbarkeit der Inneren Heilung stellt.

In einer Zeit, in der es stiller geworden ist um die einst zu hoch angesetzten Erwartungen an neue Wege der kirchlichen Seelsorge, kann dieses Buch die heilende Dimension des christlichen Glaubens zu Gehör bringen und zu einer überlegten und hilfreichen Anwendung bei seelisch verletzten Menschen anleiten.

Prof. Dr. Manfred Seitz

Zur Einführung

Das Thema »Innere Heilung« scheint an Beachtung zu gewinnen. An zwei Beobachtungen lässt sich diese These festmachen:

Zum einen finden sich Angebote zu diesem Thema auf verschiedenen Kongressen der letzten Jahre im deutschsprachigen Raum. Manche dieser Kongresse befassten sich in Workshops mit dem Thema der Inneren Heilung[1], manche hatten dieses Thema zum Hauptinhalt[2]. Nur erwähnt werden kann hier eine Vielzahl an Tagungen in kleinerem Stil, auf denen Seelsorge im Sinne der Inneren Heilung praktiziert wurde und wird. Außerdem existieren bereits mehrere Seelsorge-Vereinigungen, die ihre Tätigkeit im Sinne der Inneren Heilung verstehen.[3]

Zum andern fällt beim Blick auf den Büchermarkt auf, dass das Thema »Innere Heilung« in einer wachsenden Anzahl an Veröffentlichungen tangiert bzw. mehr oder weniger eingehend bedacht wird. Es handelt sich dabei überwiegend um Übersetzungen aus dem angelsächsischen Raum, die jedoch zunehmend durch deutsche Veröffentlichungen – vor allem aus dem römisch-katholischen Bereich – ergänzt werden.

Freilich gibt dieser erste grobe Überblick Anlass zu verschiedenen Anfragen:

Die hier behandelte Thematik taucht überwiegend in einem theologischen Kontext auf, der als charismatisch bezeichnet werden kann – auch wenn hinter dieser Charakterisierung eine Vielfalt von Prägungen nicht übersehen werden darf. Eine große Zahl von Seelsorgern, die ihren Dienst im Sinne der Inneren Heilung verstehen, bekennt sich mehr oder weniger offen zu diesem Kontext. Sowohl an den theologischen Fakultäten Deutschlands als auch in manchen Gemeinden steht die charismatische Bewegung nicht sonderlich hoch im Kurs, ja, man kann allergischen

[1] So die drei Kongresse »Evangelisation in der Kraft des Heiligen Geistes« (Nov. 1987), »Heilung in der Kraft des Heiligen Geistes« (Okt. 1988) und »Evangelisation und Heiligung« (Mai 1992) mit John Wimber.

[2] So die Seelsorgetagungen in Friedrichroda (7.–13. 7. 1991 u. 12.–18. 7. 1992 [vgl. dazu G. Kelber, Seelsorge an Seelsorgern, in: Freundesbrief der GGE August 1992 u. August 1992]), in Friedrichshafen (Febr. 1992), in Innsbruck (Aug. 1992), in Hannover (29. 8. bis 4. 9. mit über 1000 Teilnehmern [s. C. v. Abendroth, Seelsorgekonferenz 93 in Hannover, in: Freundesbrief der GGE November 1993 S. 3f]) und 1200 Teilnehmer in Chemnitz (29. 8. bis 3. 9. 1994 [vgl. D. Keucher, Seelsorgekonferenz S. 8]).

[3] So z. B. die Werke ICHTHYS Familien-, Alten und Lebenshilfe e. V. (Hartschwand); der JOSUA-Dienst (Strittmatt), SURREXIT (Ludwigsburg).

Reaktionen ihr gegenüber begegnen. Von daher wird sich sofort die Frage erheben: Soll eine Seelsorge, die in einem charismatischen Kontext praktiziert wird, zum Thema einer wissenschaftlichen Beschäftigung im Rahmen poimenischer Studien gemacht werden? Steht sie nicht von Anfang an unter dem Verdacht der Schwärmerei und des Unseriösen? Die vorliegende Untersuchung will sich trotz derartiger Bedenken mit dem Literaturgenre der Inneren Heilung befassen. Es könnte sich zeigen, dass Gefahren nicht nur auf der Seite der Schwärmerei lauern. Eine pauschale Ablehnung der Inneren Heilung könnte zum einen am Menschen, dem die Theologie – zumal die praktische – dienen sollte, vorbeigehen, zum andern könnte sie biblisch-reformatorischem Christsein – und solchem Christsein weiß sich die vorliegende Untersuchung verpflichtet – den Weg zu dieser Seelsorge unnötig verstellen.

Beim Überblick über die reichhaltige Literatur zum Thema fällt auf, dass das Niveau der Veröffentlichungen von erheblichen Unterschieden gekennzeichnet ist. Die Stärke solcher Veröffentlichungen liegt sicher in mannigfaltigen Berichten über positive geistliche Erfahrungen mit der Inneren Heilung; sie entstanden zumeist aus der Praxis für die Praxis.[4] Darin aber besteht zugleich auch ihre Schwäche: Wie nahe liegt die Gefahr, aus tatsächlich gemachten Erfahrungen Schlüsse zu ziehen, die zu unsachgemäßen Verallgemeinerungen führen. Eine ernst zu nehmende Erfahrung in der Praxis muss noch lange nicht von einer guten Theorie begleitet sein. Manches unter dem bisher veröffentlichten Schrifttum lässt sich mit einem Rohmaterial vergleichen: Es erscheint beim ersten Hinsehen in noch unbearbeitetem Zustand nicht brauchbar. Die Frage ist nun: Handelt es sich bei den verschiedenen Veröffentlichungen zur Inneren Heilung tatsächlich um Rohmaterial, aus dem ein wertvoller Stoff zu gewinnen ist, oder muss es als zu unreines, nicht zu verfeinerndes Abfallprodukt angesehen und ausgeschieden werden? Auch hier drohen Gefahren wieder von zwei Seiten: Würde die Innere Heilung auf einer schlechten Theorie fußen, wäre eine schlechte Praxis notwendig vorprogrammiert. Würde es sich allerdings herausstellen, dass das Rohmaterial

[4] Die Tendenz vieler Veröffentlichungen kann mit Sätzen L. Sandfords (Christ) charakterisiert werden: »Ich habe versucht, kurz und einfach zu schreiben, weil ich weiß, dass diejenigen, die tief verwundet sind, nicht mehr in der Lage sind, eine vielschichtige Abhandlung aufzunehmen und sich über längere Zeit hinweg in eine Sache hineinzuarbeiten … Ich lasse mein Herz sprechen; weil ich weiß, dass die Verwundeten unter uns diese Sprache verstehen können und dadurch aufgerichtet werden.« Die letzten Worte klingen so, als suchten Verwundete, denen geholfen wird, keine Reflexion. Diese Arbeit richtet sich jedoch u. a. auch gerade an diese.

einen wertvollen Stoff birgt, dann wäre wissenschaftliche Theologie schlecht beraten, ihn zu verachten. Diese Untersuchung will das Rohmaterial sichten und versuchen, Wege und Möglichkeiten zu seiner reflektiert-verantwortlichen Verarbeitung aufzuzeigen.

Bisher wurde im Hinblick auf das Thema dieser Arbeit mit großer Selbstverständlichkeit von »Innerer Heilung« gesprochen. Diese Wendung ist jedoch für die mit ihr gemeinte Sache in keiner Weise selbstverständlich. Die Begrifflichkeit schwankt, und es erscheint sinnvoll, dieses Schwanken gleich zu Beginn dieser Untersuchung in den Blick zu nehmen, da sich in ihm bereits eine Anzahl verschiedener Aspekte ankündigt, die im Verlauf dieser Arbeit zu berücksichtigen sein werden. Die verschiedenen Bezeichnungen stellen eine Hilfe dar, das zu betrachtende Terrain abzustecken:

Zunächst lässt die Formulierung »Innere Heilung«[5] bereits verschiedene Vorannahmen erkennen: Sie weist zum einen darauf hin, dass die in dieser Richtung orientierende Seelsorge ihren Dienst als Heilung versteht. Diese Untersuchung wird das Heilungsverständnis, das hinter dieser Konzeption steht, zu beleuchten haben. Zum andern lenkt das erste Wort in der Formulierung *»Innere Heilung«* den Blick auf einen speziellen Bereich innerhalb des großen, das Heilungsgeschehen betreffenden Fragenkreises. Es geht dieser Seelsorge um das »Innere« des Menschen, bezogen auf das, was seine Seele im Hinblick auf sein Denken und Fühlen betrifft. Hier kündigt sich die Frage nach der hinter dieser Seelsorge stehenden Anthropologie an. Zugleich kommt dabei bereits die Grenze dieser Wendung in den Blick: Das »Innen« könnte im Gegensatz und in Abgrenzung zum »Außen« des Menschen, also zu seiner Leiblichkeit, verstanden werden. Damit könnte der Eindruck entstehen, es würde sich diese Seelsorge dem Rahmen einer griechischen Anthropologie einordnen und das Innen und Außen des Menschen im Sinne einer Höher- bzw. Unterbewertung oder im Sinne strikter Trennung beider verstehen. Dies ist jedoch nicht der Fall. Hier geht es vielmehr um den ganzheitlichen – den psychosomatischen sowie den geistlichen – Aspekt der poimenischen Zuwendung zum Seelsorge-Suchenden. Inhaltlich identisch mit der Bezeichnung »Innere Heilung« ist der Begriff, den R. Bennett für die hier untersuchte Seelsorge verwendet, nämlich »soul healing«[6]. Daher gilt das

[5] Von Innerer Heilung (inner healing) sprechen z. B. Scharrer, Jesus S. 164; Trobisch, Ei S. 58; F. MacNutt, Kraft S. 115; Böhringer, Heilung S. 1; Clark (Theory S. 236/237) spricht von »inner healers«.

[6] Free S. 30 u. dies./D. Bennett, Trinität S. 139.

soeben Gesagte entsprechend. Nur ist im Deutschen die Übersetzung »Seelenheilung« unschön und anthropologisch missverständlich; sie wird auch im deutschsprachigen Raum für die damit gemeinte Sache nicht verwendet.

Andere Umschreibungen der in dieser Arbeit bedachten Sache sprechen von »Heilung der Erinnerung«[7] oder »Heilung des Unbewussten«[8]: Diese Formulierungen wenden die Aufmerksamkeit auf den Aspekt der Geschichtlichkeit des Menschen in seinen (Fehl-) Entwicklungen von der frühen Kindheit bis ins Erwachsenenalter. Mit dieser Betrachtungsweise berührt die hier untersuchte Seelsorge verschiedene Fragestellungen aus psychotherapeutischen Schulrichtungen. Die Begrifflichkeit verdeutlicht, dass sich diese Art der Seelsorge mit der Heilung besonders auf der psychologisch-emotionalen Ebene beschäftigt, die mit dem Unbewussten bzw. dem Vorbewussten zu tun hat. Es geht also in dieser Arbeit um eine Fortführung des Gesprächs zwischen Psychotherapie und Seelsorge von einem speziellen Blickwinkel aus. Wie die erste Wendung so haben auch die beiden soeben genannten ihre Grenzen: Heilung der Erinnerung könnte dahingehend missverstanden werden, als wäre daran gedacht, die Erinnerung an negative Erfahrungen auszulöschen. Hier würden Erwartungen genährt, die unrealistisch, ja sogar gefährlich sind, da Seelsorge dann möglicherweise zu einer neuen Art der Verdrängung führen könnte. Auf tiefenpsychologischem Hintergrund müsste man genauer von Heilung *durch* Erinnerung sprechen. Aber hier erhebt sich vom theologischen Standpunkt her die Frage, ob es wirklich die Erinnerung ist, die heilt. So wird im Folgenden auch zu klären sein, was an den Erinnerungen zu heilen ist und wie diese Art der Seelsorge den Umgang mit der Vergangenheit des Menschen versteht. Heilung des Unbewussten ist ebenfalls eine ungenaue Bezeichnung, da nicht das Unbewusste geheilt wird, sondern traumatische Erfahrungen, die im Unbewussten präsent sein können.

Sandfords möchten weder von »inner healing« noch von »healing of memories« sprechen, sondern vielmehr von »prayer and counsel for sanctification and transformation«[9]. In dieser Umschreibung der hier untersuchten Seelsorge akzentuieren sie den Aspekt der Heiligung. Sandfords sehen als Kern dieser Seelsorge, die Erlösung Jesu auf den Hilfe suchenden Menschen mit seinen Nöten zu beziehen.

---

7 Von »Heilung der Erinnerung« (healing of memories) spricht z. B. Payne, Heilung S. 59; v. Gagern (Heilung S. 8) spricht von »Heilung der Erinnerungen und Erwartungen«.

8 So der Titel des gleichnamigen Buches von E. Scharrer.

9 Sandford, Deliverance S. 18.

Schließlich wird die in dieser Arbeit bedachte Sache auch als »prayer counseling« oder »Gebetsseelsorge« bzw. »Gebetspastorat« bezeichnet.[10] Diese Begrifflichkeit bringt zum Ausdruck, dass die so praktizierte Seelsorge einen Schwerpunkt ihres Vollzugs im Gebet sieht. Sowohl in schriftlichen wie in mündlichen Äußerungen von Vertretern dieser Seelsorge wird erkennbar, dass sie im Gebet eine der Stärken ihres Vorgehens sehen. Aber auch diese Begrifflichkeit ist nicht frei von Grenzen; ist doch das Gebet in der Seelsorge nicht sicher vor Missbrauch und Oberflächlichkeit in der seelsorgerlichen Begegnung. So sind im folgenden Recht und Grenze sowie die Spezifica der Praxis des Gebets in dieser Seelsorge ins Auge zu fassen. Diese Überlegungen tangieren außerdem die Frage nach der Bedeutung des dritten Glaubensartikels – und damit charismatischer Elemente im engeren Sinn – für das poimenische Handeln im Sinne der Gebetsseelsorge. Auch diesen wird nachzugehen sein.

Diese erste Durchsicht der Begrifflichkeit zeigt, dass keine Wendung frei von Missverständnissen ist; ein Begriff, der sämtliche Einseitigkeiten und Missverständnisse vermeiden würde, lässt sich wohl kaum finden. Von daher wird hier der vielleicht etwas pragmatisch anmutende Vorschlag gemacht, die Wendung »Innere Heilung« zu übernehmen, die sich im deutschsprachigen Raum am meisten durchgesetzt hat.

Unter Innerer Heilung wird eine Seelsorge verstanden, die durch zwei charakteristische Züge gekennzeichnet ist: Zum einen bezieht sie sich auf seelische Verletzungen, die so tief sitzen können, dass sie dem von ihnen Betroffenen häufig zunächst als unerreichbar erscheinen; in dieser Hinsicht will die Innere Heilung bei der anamnestischen Erhebung von seelischen Verletzungen Hilfe anbieten. Zum andern geht es in der Inneren Heilung darum, die Umschlossenheit solcher Verletzungen so zu öffnen, dass sie im Seelsorgegespräch, das das Gebet einschließt, von Gott in der heilenden Gegenwart seines Geistes erreicht und berührt werden. Auf diese Weise können sich seelische Wunden schließen oder sie können getragen werden. Wenn es in dieser Untersuchung um die Position der

---

[10] Vor allem die in England beheimatete Bewegung »Wholeness through Christ« (WtC) versteht ihre Seelsorge als »prayer counseling«. Da sie, um einer oberflächlich kopierenden Methodisierung ihrer Erkenntnisse entgegenzuwirken, auf schriftliche Veröffentlichungen verzichtet, können hier keine Zitate wiedergegeben werden. Diese Bewegung hat ihre Fortsetzung in Holland, in der Schweiz und auch in Deutschland gefunden. Den Begriff »Gebetsseelsorge« verwendet der in der Schweiz wirkende Psychotherapeut Manfred Engeli (Gesprächstherapie S. 156) und ein Kurzbericht der Christusbruderschaft in ihrem 85. Rundbrief der Christusbruderschaft/Selbitz, Mai 1993. Payne (Heilung S. 59) spricht von »Gebet um Heilung der Seele«.

Inneren Heilung geht, wird diejenige Literatur herangezogen, die entweder expressis verbis auf die hier untersuchte Seelsorge Bezug nimmt oder die erwähnten beiden charakteristischen Züge in einem Bezug zu charismatischer Frömmigkeit erkennen lassen. Charismatische Frömmigkeit wird hier nicht in einem enggeführten Sinn eines bestimmten Gottesdienststils, verbunden mit einer speziellen Art von Liedgut und dem Jargon eines bestimmten Wortschatzes, verstanden[11], sondern meint diejenige Frömmigkeit, die sich in ihrer Praxis für die biblisch bezeugten Gaben des Heiligen Geistes, für ein reales Einwirken Gottes durch seinen Geist auf die Geschichte (auch die individuelle Geschichte des einzelnen Menschen) und dabei speziell für sein heilendes Wirken öffnet.

Im ersten Teil dieser Arbeit wird den Voraussetzungen nachgegangen, die von Seiten der psychologischen und medizinischen Forschung im Hinblick auf die hier bedachte Seelsorge gegeben sind. Im zweiten Teil folgen Überlegungen zu einer psychologischen Grundlegung der Inneren Heilung, im dritten werden die theologischen Aspekte untersucht. Der vierte Teil geht auf die Methodik dieser Seelsorge ein. Indem der fünfte Teil auf Chancen, Grenzen und kritische Stellungnahmen eingeht, soll eine zusammenfassende Würdigung der Inneren Heilung versucht werden.

[11] Diese Charakterisierung ist nicht im Sinne einer negativen Bewertung zu verstehen.

1 Voraussetzungen für das Aufkommen der Inneren Heilung

Die Seelsorge im Sinne der Inneren Heilung ist im Konzert der verschiedenen Seelsorgekonzeptionen der neueren Zeit sicher als ein eigenständiges Gebilde zu betrachten. Diese Eigenständigkeit ist jedoch nicht so zu verstehen, als wäre solche Seelsorge aus dem Nichts heraus entstanden. Sowohl in psychologischer als auch in medizinischer und theologischer Hinsicht steht sie unbezweifelbar in einem geistesgeschichtlichen Zusammenhang der Neuzeit, dem in diesem Abschnitt unter psychologischer und in den folgenden beiden unter medizinischer und theologischer Fragestellung nachgegangen werden soll.

1.1 Psychologische Voraussetzungen

Ohne die vielfältigen Entdeckungen der psychologischen Forschung gäbe es die Praxis der Inneren Heilung wahrscheinlich nicht. Diese Feststellung ist in solcher Allgemeinheit sehr unbestimmt und bedarf deshalb angesichts der Fülle psychologisch-psychotherapeutischer Schulmeinungen näherer Bestimmung. Diese steht allerdings vor gewissen Schwierigkeiten, da in der Literatur zum Thema Innere Heilung nur selten die Frage nach den eigenen psychologischen Voraussetzungen gestellt wird. Andeutungen, die diese Frage betreffen, haben außerdem mehr pauschalen Charakter. Typisch sind Bemerkungen wie etwa die folgende von N. Wright, der als Psychotherapeut die Praxis der Inneren Heilung aufgenommen hat: »Psychologen und Therapeuten sind oft Instrumente, die dem Menschen helfen, schmerzliche Erinnerungen aufzudecken.«[12] Die Psychologie wird von Seelsorgern der hier untersuchten Ausrichtung im Sinne der »Menschenkenntnis«[13] geachtet, auf die keine Seelsorge ohne eigenen Schaden verzichten kann.

[12] Friede S. 44. In diesem Sinn äußern sich auch F. MacNutt (Kraft S. 183) auch J. u. P. Sandford (Umgestaltung S. 135): »Wir schätzen die Erkenntnisse der Psychologie.«

[13] Hemminger, Gefühle S. 6, der von ihr allerdings allgemein im Hinblick auf jede Seelsorge spricht.

Eine solche offene Einstellung gegenüber Psychologen und Therapeuten mag bei Vertretern der Praxis Innerer Heilung differieren. Wenn W. Margies als Vertreter dieser Art der Seelsorge hier Erwähnung findet, so geschieht das in dem Wissen, dass er ihr einen eigenwilligen Akzent verleiht. Seine Einstellung zur neueren Psychologie muss als ambivalent bezeichnet werden. Auf der einen Seite äußert er pauschal[14]: »Hat die Flut an psychologischen Schriften und Aufsätzen die praktische Theologie befruchtet? Gewiss nicht!« Wenn man diese Aussage wörtlich ernst nähme, bliebe für einen theologisch verantwortlichen Gebrauch selbst einzelner psychologisch-therapeutischer Erkenntnisse kein Raum. Dass eine solche Folgerung Margies nicht gerecht würde, zeigt jedoch seine weitere Äußerung[15]: »Dem Seelsorger wird selbstverständlich jede Hilfe recht sein, die ihn befähigt, die Beschwerden der um Hilfe Suchenden besser zu verstehen und zu erklären. Deswegen wird er dankbar die von der Psychoanalyse entdeckten Strukturen der frühkindlichen Trieborganisation und die Mechanismen der Abwehrreaktionen und deren Bedeutung für Symptomäußerung und Charakterentwicklung verwenden.« Im Gesamtzusammenhang seiner beiden Bücher über Heilung wird ersichtlich, dass hinter dieser Bemerkung von Margies die Befürwortung eines eklektischen Gebrauchs psychotherapeutischer Methodik steht. Selbst diese ambivalente Position lässt noch deutlich eine Bezogenheit auf psychotherapeutisches Wissen und die Einbeziehung desselben in seelsorgerliche Beratung erkennen. Auch diese spezielle Sicht ist also unter psychologischem Aspekt nicht voraussetzungslos.

Nicht überall in der Literatur zur Inneren Heilung ist der Rückbezug auf psychologische Voraussetzungen nur so allgemeiner Art. Bei einigen Vertretern ist er explizit im Blick. So spricht z. B. der Priester und Therapeut H. Böhringer in seiner Einführung in die Seelsorge der Inneren Heilung von ihren tiefenpsychologischen Voraussetzungen: »Das Charisma der Heilung ist in der Kirche nie ganz erstorben, aber angesichts der heutigen tiefenpsychologischen Erkenntnisse gewinnt es neue Bedeu-

---

[14] Heilung 1 S. 12.

[15] Ebd. In diese Richtung weist auch, was er ebd. S. 14 formuliert: »... ich (kam) immer stärker zu der Auffassung ..., dass eine Verwendung von psychotherapeutischen Methoden als Ergänzung des geistlichen Geschehens der Heiligung die beste Gewähr bieten würde, einzelnen Christen, die an seelischen Störungen litten, zu helfen.« Ähnliche spannungsreiche Äußerungen zum Verhältnis von Psychologie und Seelsorge finden sich auch bei Stapelton, Experience S. 11, wo sie sich pauschal-kritisch zur säkularen Psychologie äußert. Sie korrigiert sich aber ebd. S. 110: »Psychology and inner healing are made for each other, and should be wedded.«

tung.«[16] In dieselbe Richtung weist auch E. Scharrer, wenn er ohne eine Erwähnung der Tiefenpsychologie schreibt[17]: »In die Erfahrung der frühen Kindheit darf eindringen die Offenbarung der göttlichen Erlösung. Die Konfrontation der frühen Kindheitssituation mit der göttlichen Offenbarung im aktuellen Beziehungsgefüge von Hilfesuchendem und Helfer führt zur Heilung der Erinnerung.« Im Hinblick auf die Suche nach Ursachen von psychischem Fehlverhalten besteht eine mehr oder minder große Verwandtschaft zwischen tiefenpsychologisch orientierten Therapieverfahren und der Inneren Heilung. Tiefenpsychologische Einsichten gehören somit zu den wesentlichen psychologischen Voraussetzungen der Inneren Heilung, und es ist sachgerecht, wenn S. Pfeifer die Innere Heilung als »analytisch-dynamisches Modell«[18] der Seelsorge begreift. Auf ihre tiefenpsychologischen Voraussetzungen soll deshalb hier eingegangen werden.

Vielschichtig wie die tiefenpsychologischen therapeutischen Ansätze ist auch die Bezugnahme auf sie bei Vertretern der Inneren Heilung: So greift A. Westmeier in ihrem Konzept Gedanken von A. Adlers Individualpsychologie auf, ohne jedoch auf diese Anlehnung zu verweisen.[19] Die Brüder M. und D. Linn[20] lehnen sich in ihrer Methodik an die Darlegungen von E. Kübler-Ross an, die beim Ablauf des Sterbeprozesses fünf Stufen unterscheidet. M. Pytches[21] u. M./D./S. Linn[22] lehnen sich in ihrer Darstellung der Inneren Heilung an Eriksons Entwicklungspsychologie an. Im Hinblick auf die Praxis der Inneren Heilung in den USA meint Csordas[23]: »... By far the most common therapeutic interest expressed by Charismatic professionals is in the work of Jung.« Diese Andeutungen zeigen, dass die psychotherapeutischen Voraussetzungen für die Innere

---

[16] Heilung S. 1.

[17] Heilung S. 18. Auf diese tiefenpsychologischen Zusammenhänge weist auch F. MacNutt (Beauftragt S. 10), wenn er seine Erfahrungen mit der Inneren Heilung so zusammenfasst: »Wir erkannten, dass sehr viele Verhaltensweisen durch vergangene Erfahrungen bestimmt zu sein scheinen, für die man den einzelnen nicht verantwortlich machen konnte.«

[18] Bedeutung S. 135 (in der Unterscheidung vom verhaltenstherapeutisch-kognitiven und humanistisch-beziehungsorientierten Modell).

[19] Vgl. Seele S. 45–52 (Kapitel 4: Der Minderwertigkeitskomplex).

[20] Leben S. 24. Sie beziehen sich auf E. Kübler-Ross: On Death and Dying, New York/London (= Interviews).

[21] Kind passim.

[22] Glaube S. 32ff.

[23] Psychotherapy S. 86. Im deutschen Kontext kann eine solche betonte Ausrichtung an Jung unter den Vertretern der Inneren Heilung nicht ausgemacht werden.

Heilung nicht einlinig in einer Schulrichtung gesehen werden können. In der nun folgenden Darlegung kann es allerdings nur um das Aufzeigen einiger zentraler Verbindungslinien gehen, welche auch die Theorie und Praxis der Inneren Heilung betreffen.

1.1.1 Voraussetzungen von Seiten der Psychoanalyse

Die Skizze tiefenpsychologischer Einsichten als eine der Voraussetzungen der Inneren Heilung kann an S. Freuds Erkenntnissen nicht vorbeigehen. Im Zentrum der von ihm entwickelten Psychoanalyse steht seine Theorie vom Unbewussten. Auf ihn geht der erstmalige Versuch zurück, dieses umfassend zu erschließen und es in Beziehung zur Entwicklungsgeschichte des Ratsuchenden zu verstehen.[24] Probleme des Klienten in der Gegenwart werden vom Therapeuten bis in die Phase der frühen Kindheit zurückverfolgt. Im Struktur- oder Instanzenmodell versteht Freud die Persönlichkeit des Menschen von der Unterscheidung dreier Instanzen her: dem Es, Ich und Über-Ich. Diese drei Instanzen bestimmt ein dynamisches Mit- und Gegeneinander. Im freudschen Denken steht dieses Modell in unlösbarem Zusammenhang mit der Trieblehre, nach der jeder Mensch sowohl von einem Geschlechts- und Erhaltungstrieb als auch von einem Todestrieb bestimmt gedacht ist.[25] Nach Freud führen spezifische Entwicklungsstörungen in den verschiedenen Phasen der frühkindlichen Sexualität zu spezifischen Störungen im Erwachsenenalter: Unverarbeitete Konflikte in der oralen Phase können zur Unfähigkeit führen, mit den triebhaft genießenden Anteilen der eigenen Person umzugehen; in der analen Phase können sie Zwanghaftigkeit und Hemmung zur Folge haben, und in der ödipalen Phase können sie sich in Vater-Sohn- bzw. Mutter-Tochter-Konflikten fortsetzen.[26] Freud misst hiermit der Eltern-Kind-Beziehung für die Entwick-

---

[24] Vgl. Jentsch, Seelsorger S. 125. Die Idee des Unbewussten taucht jedoch bereits in der Romantik auf; Schopenhauer erwägt das Verhältnis von Bewusstsein und Unbewusstem (vgl. dazu Rebell, Grundwissen S. 127). Zur Unterscheidung von Vorbewusstem und Unbewusstem bei Freud vgl. Merkel, Psychoanalyse S. 122f.

[25] Merkel (Psychoanalyse S. 116) erkennt in Freuds Libido-Begriff, dem Sammelbegriff für die sexuelle Energie, vier Triebe: den Sexual-, Selbsterhaltungs-, Destruktions- und Aggressionstrieb. »Nach dem Ersten Weltkrieg fasste er (sc. Freud) alle Triebe dualistisch auf und unterschied: Lebenstriebe … und Todestriebe …« (ebd.).

[26] Vgl. dazu Jentsch, Seelsorger S. 125f. Auf den genetischen Aspekt der Tiefenpsychologie weist Görres (Tiefenpsychologie S. 182) hin: »Sie (sc. die Tiefenpsychologie) ist

lung der Persönlichkeitsstruktur des Menschen eine große Bedeutung zu. Das Unbewusste ist für Freud der Ort, an dem sich die unverarbeiteten Konflikte und verdrängten Gefühle ablagern. Diese treten in für den Klienten selbst kaum mehr einsichtigen Symptomen der Neurosen an die Bewusstseinsoberfläche.[27] So bewirkt die Verdrängung, welche ursprünglich zweckmäßig erscheinen mag, durch schädlichen Verzicht auf Triebäußerungen letztendlich neurotische Hemmungen.

In diesem Zusammenhang ist auf Freuds Theorie der Symptombildung einzugehen, da diese nicht allein einen Zugang zu neurotischen, sondern auch zu psychosomatischen Krankheitsbildern ermöglicht.[28] Freud erkannte, dass die Symptome bei Psychoneurosen als Kompromissbildungen zwischen der verdrängten Libidoenergie und verdrängenden Instanzen zu verstehen sind: »Von den neurotischen Symptomen wissen wir bereits, dass sie der Erfolg eines Konfliktes sind, der sich um eine neue Art der Libidobefriedigung erhebt. Die beiden Kräfte, die sich entzweit haben, treffen im Symptom wieder zusammen, versöhnen sich gleichsam durch den Kompromiss der Symptombildung. Darum ist das Symptom auch so widerstandsfähig; es wird von den beiden Seiten her gehalten.«[29] Versagte Befriedigung der Libido wird diese den Weg der Regression einschlagen lassen, welche zu Fixierungen auf eine bereits überwundene psychosexuelle Entwicklungsstufe bzw. Objektbeziehung führen kann. In Verbindung mit seinen Untersuchungen zur Hysterie kam Freud zur Verwendung des Konversionsbegriffs: »Bei der Hysterie erfolgt die Unschädlichmachung der unverträglichen Vorstellung dadurch, dass deren Erregungssumme ins Körperliche umgesetzt wird, wofür ich den Namen der Konversion vorschlagen möchte.«[30] Der Begriff der Konversion ist eine wesentliche Hilfe beim Verstehen eines Teils der psychosomatischen Symptombildungen. Bei seinem Studium der Angstneurose beobachtete Freud anders geartete Symptome, die so erscheinen, als projiziere die

---

biographisch-genetische Psychologie u. sucht nach den die Persönlichkeitsstruktur prägenden Ereignissen u. Bedingungen, also nach der hist. Tiefendimension, in der das entwicklungsgeschichtlich Frühere dem Späteren präformierend zugrunde liegt.«

27 Im Abriss (S. 63ff) spricht Freud davon, dass die Symptome der Neurosen entweder Ersatzbefriedigung eines sexuellen Strebens oder Maßnahmen zur Verhinderung desselben (bzw. ein Kompromiss von beidem) seien.

28 Er wird von manchen (z. B. Wesiack, Therapieverfahren S. 352) als Initiator der modernen psychosomatischen Medizin betrachtet.

29 Freud, Einführung S. 373. (Der psychosomatische Aspekt der Psychoanalyse bereitet Punkt 1.2 vor.)

30 Freud, Abwehr-Neurosen S. 63.

Psyche ihre Erregung nach außen.[31] Das Symptom entsteht bei der Hysterie durch Konversion und repräsentiert ein ins Unbewusste verdrängtes Erlebnis. Davon wesensverschieden ist die Angstneurose, bei welcher das Symptom, das lediglich das somatische Äquivalent des psychischen Zustandes der Angst ist, durch Projektion derselben nach außen entsteht.

Um Verdrängungen und die mit ihnen verbundenen neurotischen Hemmungen einer Bearbeitung zugänglich zu machen, müssen sie zunächst ins Bewusstsein zurückgeholt werden. Freud verwendet zwei Methoden, die der unbewussten Tiefe auf die Spur zu kommen helfen: die eine ist der freie Gedankenfluss im Gespräch, der weder vom Klienten[32] noch vom Psychotherapeuten[33] zensiert werden soll; die andere ist die Traumdeutung[34] mit ebenfalls freiem Assoziieren. Für Freud zeigen sich im freien Fluss des Gesprächs und vor allem in den Träumen auf der einen Seite die eigentlichen Lustbedürfnisse unverfälscht, auf der anderen Seite zugleich auch die Verdrängungen, die gescheiterte Anpassung an die Realität und die Widerstände der Realität gegenüber. Psychotherapie vollzieht sich somit wesentlich in einem Gespräch, in das nicht nur der Therapeut, sondern gerade auch der Patient aktiv einbezogen ist. »In der Behandlung geht nichts anderes vor als ein Austausch von Worten zwischen dem Analysierenden und dem Arzt.«[35] Die Anforderung an den Therapeuten erschöpft sich jedoch nicht im aufnehmenden Hören des vom Klienten Geäußerten; er hat das Gehörte deutend zu verarbeiten. Freud spricht hier von der »Deutekunst«,[36] die drei sich überlagernde Aspekte umfasst: Da die Lebensgeschichte des Patienten mehr oder weniger vergessen oder verdrängt ist, bezieht sich die Aufgabe des Therapeuten zum einen auf die Rekonstruktion derselben aus dem vom Analysanden gelieferten Material; hierzu gehört auch das Erkennen und Verstehen von Fehlleistungen. Die Tatsache, dass Freud die Triebe als die

---

[31] Freud, Ges. W. Bd. 1 S. 339; vgl. dazu auch Wesiak, a.a.O. S. 54f u. Plaum/Stephanos, Konzepte S. 204; Scholl, Psychoanalyse S. 33. Es handelt sich um die vasomotorischen Störungen wie Tachycardie, Schwindelerscheinungen, Störung der Atmung, Schweißausbrüche, Zittern und Schütteln, Heißhunger, Durchfälle und Paresthesien.

[32] Freud spricht hier von der »psychotherapeutischen Grundregel« (Dynamik S. 373).

[33] Dieser soll von seiner Merkfähigkeit alle bewusste Einwirkung fernhalten und er »überlasse sich völlig seinem ›unbewussten Gedächtnisse‹« (Ratschläge S. 378). In diesem Zusammenhang unterscheidet Freud zwischen dem gebenden Unbewussten des Klienten und dem Unbewussten des Therapeuten als empfangendem Organ (ebd. S. 381).

[34] Vgl. dazu ausführlich Traumdeutung S. 1–642. Sowohl die Traumdeutung als auch das frei assoziierende Gespräch dienen der Bewusstmachung des Verdrängten.

[35] Freud, Vorlesungen S. 9.

[36] Abriss S. 411.

somatisch-psychischen Ursprünge des Handelns betrachtet, hat zur Konsequenz, dass er der Eruierung ihrer motivierenden Kraft bei dieser Rekonstruktion grundlegende Bedeutung beimisst. Zum andern bezieht sich die Aufgabe des Therapeuten auf die Deutung des »Widerstands«[37], der das Verdrängte oder Vergessene daran hindert, ins Bewusstsein zu kommen. Hinter dem Widerstand kommen diejenigen Kräfte zum Vorschein, die in der Vergangenheit des Analysanden Verdrängungen verursachten. Schließlich umfasst die Aufgabe des Therapeuten die Deutung der »Übertragung«[38]. In der sich im Lauf einer Analyse entwickelnden Beziehung zum Therapeuten ereignet sich in Zuneigung oder Abneigung eine Übertragung lebensgeschichtlich bedingter Verhaltensweisen oder seelischer Einstellungen.

Das Ziel psychoanalytischer Therapie, das durch die auf dem Weg über das Erinnern, Wiederholen und Durcharbeiten gewonnene Einsicht in die Wurzeln von seelischen Problemen erreicht werden soll, ist Heilung von neurotischen Störungen. Indem der Patient frühkindliche Schädigungen der Triebentwicklung gefühlsmäßig aufarbeitet, werden aus ihnen resultierende Entwicklungshemmungen, Fixierungen der Libido, gelöst. So soll sich im psychoanalytischen Prozess nicht nur das Erkennen und Annehmen von Abgewehrtem, das im Leben des Patienten psychische Probleme verursacht, vollziehen, es soll vielmehr der schrittweise Neuaufbau von bisher durch biografische Einflüsse negativ geprägten Persönlichkeitsanteilen erfolgen.[39] Freud geht davon aus, dass diejenige Orientierung des Lebens zum Glück führt, die »... alle Befriedigung aus dem Lieben und Geliebtwerden erwartet«[40]. Liebe vollzieht sich hier in einem Leben, das befriedigende zwischenmenschliche Beziehungen kennzeichnet. Alles Bewusstmachen des Unbewussten soll zu diesem Ziel führen; dieses Ziel steht auch hinter Freuds Zielangabe für die Analyse: »Wo Es war, soll Ich werden.«[41] So soll der Patient zunehmend »Herr im eigenen Haus« werden.

---

[37] In knapper Weise geht Freud auf ihn ein, Abriss S. 411f.

[38] Vgl. dazu Freud, Erinnern S. 125–136. Der Analytiker hat sich hinsichtlich seines Verhaltens strenger Zurückhaltung zu befleißigen (vgl. dazu Ratschläge S. 380ff), zu der er nicht zuletzt durch die Beseitigung persönlicher Störursachen in der »Lehranalyse« (vgl. dazu ebd. S. 382f) befähigt wird.

[39] Vgl. dazu Bally, Psychotherapie S. 710 und Wahl, Psychoanalyse S. 1387.

[40] Unbehagen S. 440f.

[41] Freud, Vorlesungen S. 463. Für das Verständnis von Freuds Intention der Analyse ist die Einsicht wichtig, dass er neurotische Abwehr und Verdrängung scharf von gesunden Weisen des Triebverzichts und der Hemmung unterscheidet.

Suchen wir von dieser Skizze der Psychoanalyse her die mit ihr im Hinblick auf die Innere Heilung gegebenen Voraussetzungen darzulegen[42], so ist festzuhalten:

Die Psychoanalyse hat einen unschätzbaren Dienst zur Schärfung des Blicks für die Bedeutung der frühen Kindheit – und damit der Familiensituation – geleistet. Sie hat erkannt, dass die persönliche Biografie die Person auf dem Weg über das Unbewusste in alle ihre Lebensäußerungen hinein begleitet und hat zur Sensibilisierung für die Erkenntnis der Zusammenhänge zwischen der Persönlichkeitsstruktur und der Biografie des Einzelnen geführt. Sie versucht, das Ganze der Einzelpersönlichkeit und ihrer Geschichte in ihren Auswirkungen für das Handeln und Erleben zu erfassen und aufzuarbeiten. So wurde von ihr der Tiefendimension des Unbewussten Aufmerksamkeit geschenkt. Sie versucht, das Unverständliche, sinnlos Erscheinende im Denken, Empfinden sowie den daraus erwachsenden Lebensvollzug zu verstehen und im Durcharbeiten traumatischer Erfahrungen prozesshaft zu verändern.

Diese Fragestellungen und Einsichten tangieren einen wesentlichen Teil der Theorie und Praxis der Inneren Heilung, trotz teilweise erheblicher Unterschiede im Detail. Sowohl die Psychoanalyse als auch die Innere Heilung befassen sich mit seelischen Vorgängen, die der freien Entscheidung unwillkürlich und vorbewusst vorausgehen und haben den Gegensatz zwischen bewusstem Wollen und tatsächlichem Tun des Menschen im Blick. Es geht bei den Weisen der Begegnung mit dem psychisch leidenden Menschen darum, nicht bei der Behandlung von Symptomen stehen zu bleiben, sondern über einen vertieften Zugang zur eigenen Lebensgeschichte zu einer Veränderung des Erlebens und der unbewussten Haltungen hinzuführen; beide wollen über die Strukturverän-

---

[42] Es geht hier also keinesfalls um eine umfassende Würdigung der Psychoanalyse. Von daher kann auch die Stellung Freuds zur Frage der Religion (s. dazu Unbehagen I, Anfang u. Zukunft S. 419ff) außer Acht bleiben, da sie in keiner Weise zu den Voraussetzungen der Inneren Heilung gehört. Zu dieser Frage ist mit Haendler (a.a.O. S. 887) zu sagen: »Überwunden ist … grundsätzlich, obwohl gegen zähe Beharrlichkeit, die verbreitete Vorstellung, dass Tiefenpsychologie wesenhaft mit Areligiosität verbunden sei, wie es bei Freud persönlich freilich der Fall war …« Man kann allerdings eine Parallelität zwischen der Psychoanalyse und der Inneren Heilung erkennen: in der Erkenntnis der Interdependenz zwischen Persönlichkeitsstruktur und religiöser Vorstellungswelt; diese wird freilich sehr verschieden bewertet und in die jeweilige Gesamtsicht eingeordnet. Damit muss der Glaube nicht als eine neurotische, biographisch zu erklärende Erscheinung betrachtet werden, aber es wird beachtet, was Haendler (Grundriss S. 330) sagt: »Das Glaubensgeschehen tritt in die Seele ein und vollzieht sich nun in ihr fortlaufend nach psychologischen Gesetzen.«

derung des Patienten bzw. Ratsuchenden diesen besser befähigen, sich existenziellen Konflikten zu stellen und mit ihnen neu umzugehen. So wollen beide eine günstige Reifung und Entwicklung der Person fördern, indem sie therapeutisch bzw. seelsorgerlich auf Neurosen als die Reste unbewältigter Vergangenheit eingehen und dabei ein Lernen im interpersonellen Kontext einbeziehen. Sowohl der Psychoanalytiker als auch der sich an der Inneren Heilung orientierende Seelsorger rechnen mit der Reduzierung oder Beseitigung von Symptomen durch Bearbeitung der ihnen zugrunde liegenden Ursachen. Beide rechnen mit einer Verbesserung oder Wiedererlangung zwischenmenschlicher Beziehungs- oder Arbeitsfähigkeit. Die Innere Heilung steht immer wieder psychosomatischen Problemen gegenüber, in denen sie nicht an den mit Konversion und Affektäquivalenz dargelegten Zusammenhängen vorbeigehen kann.

Freilich können die erwähnten Gemeinsamkeiten zwischen Psychoanalyse und Innerer Heilung die tiefgreifenden Unterschiede nicht überdecken: Seelsorge im Sinne der Inneren Heilung vermag die sexuelle Engführung im Denken Freuds nicht mitzuvollziehen; die Libido als die einzige Antriebsform zu verstehen, bedeutet eine illegitime Absolutsetzung eines Teilaspekts der Anthropologie. Auch der Destruktionstrieb ist eine Konstruktion Freuds, aus der zu weit reichende Konsequenzen gezogen werden. Es besteht eine akute Gefahr des anthropologischen Reduktionismus, der die ethischen und religiösen Probleme als biologische Triebkonflikte interpretiert und den Menschen eingeengt auf physiologische Substrate bezogen versteht.[43]

Der Inneren Heilung ist auch der strenge Determinismus des psychoanalytischen Ansatzes samt dem mit ihm gegebenen Pessimismus fremd. Sie ist außerdem nicht so ausschließlich auf den stark retrospektiven Zug der Psychoanalyse fixiert, da sie eine prospektive Orientierung einbezieht; der Blick in die Vergangenheit soll nicht zur Fixierung auf sie führen.

Nicht zuletzt geht die Innere Heilung vom christlichen Glauben als tragender Realität für ihre Theorie und Praxis aus. Von daher ist ihr die Deutung der Religion als Illusion zutiefst fremd.

---

[43] Görres (Psychoanalyse S. 874) meint: in der Psychoanalyse »stellt sich leicht ein manichäisches Misstrauen ggf. die Möglichkeit lauterer u. selbstloser Intentionen ein«.

1.1.2 Voraussetzungen von Seiten der analytischen (bzw. komplexen) Psychologie

Im Gegensatz zu Freuds naturwissenschaftlicher Ausrichtung näherte sich Jung dem Phänomen der Psyche von der Position des philosophischen Idealismus und Vitalismus aus unter Einbeziehung von mystischen Traditionen, Alchimie, Okkultismus und Spiritismus.[44] Der Name »komplexe Psychologie« verweist auf Jungs Interesse, die Komplexität der Psyche zu erfassen. Im Unterschied zu Freud ist für Jung das Unbewusste nicht zuerst ein Ort der Ablagerung von Verdrängtem. Es birgt vielmehr als Mutterboden des Bewusstseins auch normal Vergessenes, unbewusste Apperzeption von Sinneseindrücken, dem Bewusstsein entschwundenes Gedachtes und Gefühltes sowie schöpferische, psychische Energie, die Libido.[45] Sie wird nicht so sehr unter dem Blickwinkel der sexuellen Triebdynamik, sondern als nichtdifferenzierte Energie der Psyche, die allen Lebensbereichen zugewendet werden kann, begriffen. Die beiden Schichten des Unbewussten sind das persönliche Unbewusste, das erworbene vergessene und verdrängte Erfahrungen des individuellen Daseins enthält, und das kollektive Unbewusste, in dem Jung allen Menschen gemeinsame, überpersönliche Inhalte enthalten sieht. Letzteres kann als jedem Individuum zukommende psychische Erbmasse der Menschheitsentwicklung betrachtet werden. Jung versteht unbewusste Prozesse als im Hinblick auf das Bewusstsein kompensatorisches Geschehen. Dieses ist insofern teleologisch orientiert, als im Unbewussten unterdrückte oder unentwickelte Persönlichkeitsanteile nach Ergänzung des bislang einseitig entwickelten Bewusstseins streben. Dieses Streben des Unbewussten nach Ganzheit, nach Integration der Persönlichkeit tritt in Träumen z. B. dann zutage, wenn Traumgestalten erscheinen, welche den Schatten[46] des Träumenden, die ihm nicht bewusste und von ihm nicht integrierte, weil seinem Ich-Ideal nicht entsprechende, Seite seiner Person symbolisieren. Gestalten und Symbole in Träumen, die in der Menschheitsgeschichte zu verschiedenen Zeiten und an verschiedenen Orten zu identifizieren sind, entstammen nach Jung als allen Menschen gemeinsames Gut dem kollektiven Unbewussten; es sind die von ihm so

[44] Vgl. dazu Rebell, Grundwissen S. 132. Jung gelangte vom Agnostizismus zu einer psychologisch begründeten Bewertung der großen Religionen mit ihren Dogmen, in denen er Systematisierungen der Symbole sieht (s. dazu Hostie, Jung S. 1207f).

[45] Zum Unbewussten bei Jung insgesamt Haendler, Tiefenpsychologie S. 889.

[46] Er setzt sich aus den Verdrängungen und psychischen Vernachlässigungen zusammen.

benannten »Archetypen«[47]. Diese sind als psychische Realitäten Traum-, Fantasie- oder Leitbilder, die auffallende Ähnlichkeiten mit bekannten mythologischen Motiven haben und eine kollektive, also durch übersubjektive Ideen, Motive und Kräfte beeinflusste Bewusstseinslage bezeichnen; sie erweisen sich als Dynamis[48] in allen Äußerungen der Seele wirksam. »Der wichtigste Archetypus, den es gibt, ist das Selbst. Das Selbst drückt die Einheit und Ganzheit der Gesamtpersönlichkeit aus und stellt sich am Ende eines langen Reifungsweges ein, den Jung Individuation nennt.«[49] Aus dem Unbewussten können Bilder auftauchen, die auf die höchste Totalität des Menschen, das Selbst, hinweisen, zu dem hin der Mensch unterwegs ist; dieses Selbst trägt im Hinblick auf die Psyche zugleich immanenten wie transzendenten Charakter. In der Form von Kreisen oder Vieleckbildern erscheinen Mandalas, wohl geordnete Einzelsymbole, die meist in einem geordneten Verhältnis zueinander stehen und auf das als geordnetes Ganzes aufgebaute Selbst verweisen.

Zu den wesentlichen Entdeckungen Jungs gehört seine Typenlehre[50], welche die Menschen zwei Reaktionstypen und vier Grundfunktionen zuordnet. Letztere untergliedern sich wieder in zwei Gegensatzpaare: Während der extravertierte Reaktionstyp sein Hauptinteresse auf die Außenwelt richtet, wendet der introvertierte seine ganze Aufmerksamkeit der Subjektivität des Individuums zu. Das erste Gegensatzpaar innerhalb der vier Grundfunktionen bezieht sich auf die rationalen (weil mit Wertungen verbundenen) Funktionen von Denken und Fühlen; das Zweite umgreift die irrationalen (weil nur wahrnehmenden) von Empfinden und Intuieren. Die Gegensatzpaare treten in vielschichtigen Variationen auf, die bei Ausbildung von Einseitigkeiten zu neurotischen Erscheinungen führen. Zum Verständnis der Struktur der Person bei Jung ist ferner sein Verständnis des Schattens[51] von Bedeutung: Der Schatten bezeichnet die dunkle Seite des Menschen, wobei er nicht allein das Böse des Menschen, sondern auch seine »erdhaften« Momente umfasst. Die Aufgabe der komplexen Psychologie ist die Begleitung des Menschen auf dem Weg

---

[47] Vgl. zur Frage der Archetypen Hostie, Psychologie S. 421; Wyss, Schulen S. 246ff; Bach, Jung S. 450.

[48] Jung, Von den Wurzeln des Bewusstseins III, S. 574 (zitiert bei Wyss, Schulen S. 247).

[49] Rebell, Grundwissen S. 135; vgl. ferner dazu Hostie, Psychologie S. 421. Vom Selbst her ergibt sich für die komplexe Psychologie der Satz: »Werde der du bist« (Wyss, Schulen S. 231.399).

[50] Vgl. dazu Haendler, Jung S. 1064; Hostie, Psychologie S. 422; Wyss, Schulen S. 254ff.

[51] Zum Schatten vgl. Haendler, Tiefenpsychologie S. 888.

seiner Individuation.[52] In ihr soll durch die Befreiung der Individualität aus der Kollektivpsyche die Totalität der latenten Möglichkeiten des Individuums zur Entfaltung kommen; sie stellt damit eine Form der Seelenführung dar. Wenn dabei im Zuge der Therapie der eigene Schatten angenommen werden soll, so heißt dies nicht kritiklose Annahme, sondern Einbeziehung des Dunklen und Bösen in die personale Verantwortung, um einen Weg zur Wandlung und Gestaltung zu finden. Der animus bei der Frau und die anima beim Mann sind der anders geschlechtliche Personanteil im Menschen[53], der sich im Therapieverlauf zum vollen Menschsein des Patienten realisieren soll. Dabei soll auch als zentrale Aufgabe der Persongestaltung die Beziehung zwischen der persona[54], dem Gesicht, das der Mensch dem Anderen aus Gründen der Maskierung oder des Selbstschutzes zeigt, und dem Ich als der bewussten Person in den Blick kommen. Da Jung im Ablauf der Träume[55] ein autonomes Geschehen beobachten will, das den Weg des Patienten zu seiner Individuation führt, misst er der Trauminterpretation besondere Bedeutung bei. Während die mithilfe der Amplifikation durchgeführte Traumdeutung auf der Subjektstufe die persönlichen Beziehungen des Träumers zum Traumgeschehen erhebt, ordnet diejenige auf der Objektstufe das Traumgeschehen den archetypischen Sinnbezügen des kollektiven Unbewussten zu. Jungs Interesse galt überwiegend der zweiten Lebenshälfte, in der für ihn die Auseinandersetzung mit der inneren Wirklichkeit stattfindet.[56] Er kann schöpferisch-gestaltende Elemente als therapeutische Methodik einbeziehen und räumt dem Therapeuten eine aktivere Rolle im interaktiven therapeutischen Prozess ein als die Psychoanalyse. So ist diese Therapie in zweierlei Hinsicht dialogisch: Zum einen ereignet sich ein Dialog zwischen dem Therapeuten und dem Patienten. Zum andern handelt es sich um ein dialogisches Geschehen im Patienten durch die Heranführung der Inhalte des Bewusstseins an die des Unbewussten.

Jungs Stellung zur Religion muss als vielschichtig betrachtet werden: Nach einer ersten Phase, in der er mit Freud Gott als Sublimierung des Bildes des wirklichen Vaters versteht[57], gesteht er später der Religion eine

---

52 Zur Individuation bei Jung vgl. Haendler, Tiefenpsychologie S. 889; Bach, Jung S. 451.
53 Zu animus und anima bei Jung vgl. Haendler, Tiefenpsychologie S. 888; Wyss, Schulen S. 241ff.
54 Zum persona-Begriff Jungs vgl. Wyss, Schulen S. 237ff.
55 Zum Traumverständnis und der Traumdeutung Jungs vgl. Wyss, Schulen S. 252f.261.
56 Rebell, Grundwissen S. 135.
57 Vgl. dazu u. zum Folgenden Hostie, Psychologie S. 422ff; außerdem Bach, Jung S. 451f.

Wirklichkeit und Berechtigung im Menschen selbst als Grund seines Wesens zu, der sein personales Bewusstsein übersteigt. Sodann findet er aufgrund weiterer Untersuchungen von Träumen, Zeichnungen u. a. frappierende Konstanz der Symbole und bestimmter Elemente, die eine Faszination ausüben und Unterwerfung fordern und Frieden bringen. Außerhalb dieses psychischen Grundes der Religionen erkennt Jung keine Realität, so dass eine Unterscheidung zwischen Gott und Selbst schwer fällt. In seiner Endphase unterscheidet er zwischen rein methodischen, von ihm auch psychologisch genannten Gesichtspunkten und denen des religiösen Glaubens, den er anerkennt, ohne freilich sein Misstrauen gegen die konkreten Religionen, die von ihm so genannten »Konfessionen« mit ihren Glaubensbekenntnissen fahren zu lassen.

Von der analytischen bzw. komplexen Psychologie her lassen sich zur Inneren Heilung hin folgende Verbindungslinien erkennen:

Als Erstes ist die Öffnung der komplexen Psychologie für religiöse Fragen zu nennen. Die inhaltliche Füllung dieser Öffnung ist bei den beiden erwähnten Arten der Beurteilung und Therapie seelischer Probleme sicher sehr verschieden; dies aber ändert nichts an der Tatsache, dass die komplexe Psychologie einen wesentlichen Beitrag zur Integration von Psychologie und Seelsorge geleistet hat, der auf die hier untersuchte Seelsorge vorbereitend gewirkt hat. Religiöse Bedürfnisse des Menschen gehören – nach ihrer Sicht – nicht mehr in den Bereich der Pathologie, sondern zu den im Unbewussten verankerten Bedürfnissen des Menschseins.

Wie die komplexe Psychologie versteht auch die Innere Heilung das Unbewusste nicht allein als Ort abgelagerter Verdrängungen vorwiegend sexueller Natur. Verschiedentlich wird in der Seelsorge im Sinn der Inneren Heilung das Traumgeschehen berücksichtigt, um die Impulse aus dem Unbewussten bewusst zu machen und aufzunehmen; solche Impulse werden freilich bei der Inneren Heilung auf dem theologischen Hintergrund dieser Seelsorge geprüft. Auch werden Jungs Entdeckungen der Archetypen in der – teilweise kreativ geübten – Traumbearbeitung berücksichtigt. Allerdings nehmen Seelsorger der Inneren Heilung im Hinblick auf archetypische Parallelen aus dem okkulten Bereich eine zurückhaltende Stellung ein. Die Traumdeutung in der Inneren Heilung nimmt vor allem Jungs Darlegungen zur Deutung auf der Subjektstufe auf, um den Ratsuchenden mit seinen verschiedenen Persönlichkeitsanteilen von ihrem genetischen Hintergrund her ins Gespräch zu bringen.

Die Deutungsmuster, welche die komplexe Psychologie der Inneren Heilung bietet, können auch hier – wie bei der Psychoanalyse – nicht über entscheidende Differenzen hinwegtäuschen:

Diese haben vor allem mit dem weltanschaulichen Charakter der analytischen Psychologie zu tun. J. Jakobi[58] meint im Hinblick auf die Jungsche Psychotherapie: »Sie ist ein ›Heilsweg‹ ...« und so eine Weltanschauung, die als solche nicht allgemein plausibel zu machen ist. »Mit der Komplexpsychologie wird weltanschaulicher Boden betreten, und hier gilt Wahrheit nicht mehr aufgrund von Beweisen, sondern aufgrund von Entscheidungen, u.U. sogar Glaubensentscheidungen.«[59] Diese können von der Inneren Heilung so nicht übernommen werden. Analyse wird bei Jung zu einem Prozess, der durchanalysierte Anhänger kreiert, welche seine Weltanschauung teilen. Indem Jung als psychologische Tatsache herauszuarbeiten versuchte, was immer, überall und von allen zu glauben ist, musste er am Wesen der Offenbarung Gottes in Jesus Christus vorbeigehen. Auf dieser Grundlage ruht jedoch die Theorie und Praxis der Inneren Heilung.

Offensichtlich leiden verschiedene Begriffe in der analytischen Psychologie an einer Überfrachtung, die ihre Allgemeinverständlichkeit erschweren; dies gilt vor allem für die Begriffe Archetypus und Libido. Begriffe, die alles sagen wollen, bleiben am Ende unklar. Die Selbstwerdung des Menschen wird von der Inneren Heilung theologisch, christologisch und pneumatologisch verstanden. Die strukturelle Verwandtschaft zwischen der Jungschen Individuation des Selbst und dem göttlichen Geist im Menschen, von dem verschiedene Seelsorger der Inneren Heilung sprechen, geht mit einem fundamentalen Unterschied hinsichtlich des Ausgangspunktes dieses Geschehens einher: Die Selbstwerdung im Sinne der Inneren Heilung lebt weder allein davon, dass die individuellen Persönlichkeitsanteile miteinander ins Gespräch gebracht werden, noch allein vom Dialog mit dem Seelsorger, sondern entscheidend auch vom Dialog mit Gott. Die Vertreter der Inneren Heilung können die Auffassung vom seelischen Gleichgewicht, von der automatischen Selbstregulation der Psyche nicht teilen; die Frage nach dem diese verursachenden Faktor ist für sie unbefriedigend geklärt, da die Realität der

---

[58] Die Psychologie von C. G. Jung S. 110 (zitiert bei Wyss, Schulen S. 258).

[59] Wyss, Schulen S. 400. Auch Bach (Jung S. 453) weist auf eine grundsätzliche theologische Grenze der analytischen Psychologie, wenn sie bemerkt: »Die von Jung inaugurierte Heilsgewissheit gründet letztlich in der Selbstgewissheit des Subjekts.«

Gefallenheit der Schöpfung und mit ihr auch der Psyche nicht genügend berücksichtigt wird.

1.1.3 Voraussetzungen von Seiten der Entwicklungspsychologie

Entwicklungspsychologische Aspekte waren bereits bei den bisher dargestellten Psychotherapien präsent.[60] Seit der Zeit nach dem Zweiten Weltkrieg jedoch wandte sich das entwicklungspsychologische Forschen nicht nur einzelnen Lebensabschnitten, sondern den Veränderungen des menschlichen Erlebens[61] und Verhaltens der gesamten individuellen Lebensspanne zu. Entwicklungspsychologen wie Erikson, Oerter, Schenck-Danzinger u. a.[62] erkennen den Menschen als ein Wesen, das sich ein Leben lang lernend entwickelt, und unterscheiden (in verschiedener Weise) Phasen stufenförmiger Umbildung und verstärkter Wandlungsdynamik, welche mit Zeiten einer gewissen Stabilität wechseln. Werden wesentliche Entwicklungsaufgaben einer Phase nicht bewältigt, so beeinflusst dies den weiteren Lebensverlauf. Das menschliche Individuum steht im Verlauf seiner Entwicklung in Korrelation mit verschiedenen Komponenten: zum einen hängt diese Entwicklung von genetischer und vegetativ-physischer Veranlagung ab, zum andern wirkt auf sie die Um- und Mitwelt sowohl der primären und sekundären Bezugspersonen als auch der Gesellschaft und der schicksalhaften Ereignisse ein; ferner wirken auch das Lernen, die persönlichen Entscheidungen und das Bewältigen von Lebensaufgaben bei der Entfaltung des Individuums mit. Persönliche Erfahrungen und Entscheidungen lassen es im Erwachsenenalter zu großer Vielfalt individueller Lebensgeschichten kommen, die deshalb

---

60 In der *Psychoanalyse Freuds* wird im Hinblick auf die psycho-sexuelle Entwicklung zwischen der oralen, analen und der phallischen Phase unterschieden. Die *Analytische Psychologie* Jungs legt den Schwerpunkt der Entwicklung zur Ganzheit durch die Integration polarer Gegensätze in die zweite Lebenshälfte. In der *Individualpsychologie Adlers* kommt der Entwicklungsgedanke von den sinnvollen Lebenszielen und von der Entwicklung sozialen Interesses her in den Blick.

61 Hinsichtlich der Wahrnehmung, Vorstellung, Erwartung, Träume, des Denkens und Fühlens.

62 Vgl. E. H. Erikson, Wachstum S. 148ff; R. Oerter, Entwicklung passim; U. Schenck-Danzinger, Entwicklungspsychologie passim. Prägnant formuliert Gareis (Entwicklung S. 232): »Der menschliche Lebenslauf ist eine kontinuierliche Einheit, vom ersten bis zum letzten Tag. … Er ist eine in sich geschlossene Ganzheit mit den Gesetzen von Ursache und Wirkung.«

in der Forschung nur beschränkt vergleichbar sind. Schließlich ist zu beachten, dass die Entwicklung des Menschen in ständiger Korrelation auch mit der Welt des Absoluten steht. Nach B. Siegland hat die Entwicklungspsychologie fünf Aufgaben zu lösen, deren Ergebnisse auf die Praxis einwirken[63]: Sie soll erstens über den Lebenslauf orientieren, um ein angemessenes Bild über die Kompetenzen, Interessen, Probleme u. a. in verschiedenen Entwicklungsphasen zu vermitteln. Sie soll zweitens Entwicklungsbedingungen ermitteln, welche die Entwicklung kurz- oder langfristig positiv bzw. negativ beeinflussen. Sie soll drittens Entwicklungsziele begründen, welche die Entfaltung des Menschen fördern. Sie soll viertens eine Prognose der Veränderung von Persönlichkeitsmerkmalen geben. Sie soll fünftens Interventionsmaßnahmen planen und auswerten.

Entwicklungspsychologische Einsichten können in verschiedener Hinsicht als Voraussetzung für die Innere Heilung betrachtet werden, auch wenn dieser Bezug nicht immer explizit angegeben wird:

Eine erste Voraussetzung ist im Stufen- oder Treppenmodell zu sehen. Dieses macht den biografischen Werdegang in seiner Wirkung auf die Entfaltung des Individuums sehr anschaulich. Weil die Seelsorge im Sinne der Inneren Heilung nach der Entwicklung eines Menschen fragt, geht sie nicht an entwicklungspsychologischen Grunderkenntnissen vorbei.

Als zweite Voraussetzung kommt der Inneren Heilung von den entwicklungspsychologischen Erkenntnissen her ein Verstehen dessen zu, was zu einer gesunden Entwicklung in den verschiedenen Lebensaltern gehört. Diese Erkenntnisse helfen dem Seelsorger, der Innere Heilung praktiziert, sensibel für die Grundbedürfnisse in den verschiedenen Entwicklungsstufen zu werden. Sie schärfen den Blick für die Wandlung derselben in den verschiedenen Lebensaltern.

Damit liefert die Entwicklungspsychologie eine zweite wichtige Erkenntnis für die Innere Heilung: Die Sicht der jeweiligen Grundbedürfnisse hat unmittelbare Rückwirkungen auf die Sicht der Verletzungen. Mit der Entwicklungspsychologie sieht die Innere Heilung den Zusammenhang von unbefriedigten Grundbedürfnissen und den daraus folgenden möglichen Störungen in der weiteren Entwicklung. Beide Ansätze wissen darum, dass aus verletzenden Erfahrungen belastende Cha-

[63] Grundlagen S. 217.

raktermerkmale resultieren können. Unverarbeitete Verletzungen in der Vergangenheit können den Weg in die Zukunft verstellen, indem sie eine immer wieder geforderte Neuanpassung der Person-Umwelt-Bezüge erschweren. Von der Entwicklungspsychologie her lässt sich die Innere Heilung den Blick für solche Faktoren schärfen, die die individuelle Entwicklung hemmen oder fördern.

Damit lässt sich die Innere Heilung auch auf soziologische Faktoren weisen. Sie beachtet nicht allein die familiären Faktoren für die Entwicklung eines Menschen, sondern auch diejenigen der Bezugspersonen im weiteren Umfeld bis hin zu sozialen Faktoren einer Schicht, eines Ortes oder eines Volkes. Die ständige Interaktion der Person mit ihrer Umwelt wird – von den Vertretern der Inneren Heilung in unterschiedener Weise – zu berücksichtigen versucht.

1.1.4 Voraussetzungen von Seiten kognitiv-therapeutischer Ansätze

Es ist sicher nicht möglich, von *der* kognitiven Therapie zu sprechen. Die Therapieformen, die sich einer kognitiven Ausrichtung verpflichtet wissen, sind so verschieden[64], dass sie nur mit einem allgemeinen Oberbegriff zusammengefasst werden können. Deshalb wird hier von kognitiv-therapeutischen Ansätzen gesprochen, von denen einige derjenigen Grundgedanken dargestellt werden sollen, die das Thema dieser Arbeit betreffen:

Die Protagonisten der ersten kognitiven Therapiesysteme haben nach Hoffmann eines gemeinsam[65]: Sie kamen von der Psychotherapie her, wandten sich aber von ihr ab. Von ihnen wurde wohl gesehen, dass die Wurzeln psychischer Probleme in frühkindlichen pathogenen Erfahrungen der Klienten liegen. Jedoch suchten sie die Lösung solcher Probleme nicht von der Exploration des Unbewussten, sondern von der Einsicht in kognitive Strukturen her. Nach T. B. Seiler[66] geht die genetische Kogni-

[64] Diese Vielfalt und Weite drückt sich bereits in der Begriffsbestimmung A. T. Becks (Cognitive Therapy S. 187 [Übersetzung nach Hoffmann], Kognitive Therapie S. 13J), aus: »Fasst man kognitive Therapie weit, so kann man darunter jede Technik verstehen, deren Wirkung darin besteht, fehlerhafte gedankliche Abläufe zu modifizieren.«

[65] Kognitive Therapie S. 14. Hoffmann zählt zu ihnen Frankl, Ellis und Beck.

[66] Kognitionstheorie S. 27. Seiler bezeichnet ebd. kognitive Strukturen auch als »alternative Kategorisierungs-, Problemlösungs- und innengesteuerte Verhaltensprogramme … über die der Organismus in gewissen Grenzen und je nach Situation beliebig verfügen kann«. Vgl. auch Cantor, Thought S. 736f.

tionstheorie von der Annahme aus, »dass kognitive Strukturen sowohl Handeln und Wahrnehmen als insbesondere auch Urteilen und Denken eines Individuums bestimmen: Sie steuern seine Informationsaufnahme und Informationsverarbeitung.« Sie gehen genetisch auf vergangene Reaktionen und Kategorisierungen zurück, sind also, auch wenn sie auf angeborenen Reflexen basieren, weitgehend gelernt und ordnen nicht nur selegierend und klassifizierend das Reizangebot, sondern fundieren und kontrollieren motivationale und affektive Impulse. Der Begriff »Struktur« weist darauf hin, dass eine Vielzahl von Wahrnehmungs- und Handlungsschemata sich zu einem mehr oder weniger strukturierten Komplex zusammenfügen.[67] So dienen sie dem Menschen als Mittel der Bewältigung seiner Umwelt. Dem Individuum sind damit Gegenstände und Ereignisse der Umwelt nicht unmittelbar gegeben, sondern nur durch die von ihm entwickelten kognitiven Strukturen hindurch. Dabei kommt es immer wieder zur Generalisierung von Gedanken und Wahrnehmungen. Die Entwicklung kohärenter Struktursysteme, welche den Prozess der Verarbeitung von Informationen und Problemsituationen steuern, kann nicht nur in einer die soziale Interaktion fördernden, sondern auch behindernden Weise erfolgen.[68] Dann kann zwischen dem von einem Strukturschema gesetzten Ziel und den zur Erreichung dieses Ziels in einer bestimmten Situation zur Verfügung stehenden Verhaltensmöglichkeiten eine zu große Diskrepanz entstehen, so dass mit stark negativen Gefühlen behaftete Strukturen entstehen können. Kognitiv orientierte Psychologen erkennen die Bedeutung psychischer Faktoren in ihrer Auswirkung auf psychische Störungen. Sie verstehen psychisches Erleben und Verhalten nicht als eine Reaktion auf eine objektive Situation, sondern als kognitive Repräsentation derselben. Kognitive therapeutische Konzepte zeichnen sich also dadurch aus, dass sie – wenn auch in unter-

[67] Seiler erkennt (ebd. S. 35.41) den Systemcharakter kognitiver Strukturen darin, dass sie neben- oder übergeordnet auftreten, dass das Subjekt also in fortschreitender Entwicklung übergeordnete Strukturen und Struktursysteme (= Strategien) entwickeln kann.

[68] In der von Ellis (Grundlagen S. 8ff) entwickelten rational-emotiven Therapie, die den Verlauf des emotionalen Lernprozesses als einen Dreischritt versteht (A = aktivierende Erfahrung – B = Beliefs [Überzeugungen] – C = Consequences), wäre mit dem Dargelegten der die ›B‹s (und zwar die irrationale Lebensphilosophie im Hinblick auf A) betreffende zweite Schritt angesprochen. Für Ellis ist nicht A die direkte Ursache von C, sondern B. Dazu würde z. B. die »kognitive Triade« bei Depressiven nach Beck/ Schaw (Medell S. 86ff) gehören, wonach Depressive unter einem negativen Selbst-, Welt- und Zukunftsbild leiden.

schiedlicher Weise – von der Relevanz von Kognitionen ausgehen, welche bildhafter oder verbaler Natur sein können.[69]

In der Therapie werden kognitive Strukturen aufgedeckt und dem Klienten verstehbar gemacht. So soll er den Einfluss kognitiver Struktursysteme auf das Reden und Tun erkennen.[70] Kognitiv orientierte Therapeuten bringen solche Techniken zum Einsatz, die beim Klienten eine Veränderung ineffektiv schädigender Systeme bewirken; diese sollen durch effektive ersetzt werden.[71] Dabei soll der Klient mehr und mehr Zugang zu eigenen Problemlösungsmechanismen finden. Eine Erinnerung, die mit schmerzvollen Kognitionen verbunden war, kann im Verlauf einer Therapie neutraler oder sogar positiv gesehen werden. Derartige Veränderungen geschehen im Allgemeinen nicht durch einzelne Maßnahmen; vielmehr werden neue emotional befriedigende Interaktionsmodi allmählich aufgebaut.[72]

Einsichten der kognitiven Psychologie wirken in verschiedener Hinsicht auf die Theorie und Praxis der Inneren Heilung ein:

Sowohl von kognitiv arbeitenden Therapeuten als auch von Seelsorgern im Sinne der Inneren Heilung wird die Bedeutung früherer – zum Teil bis in die frühe Kindheit zurückgehender – Erfahrungen für die

---

[69] Das behavioristische Grundmodell, das von einer zweigliedrigen Stimulus-Reaktion-Perspektive ausging, wurde im kognitiven Kontext zum neuen Modell mit einem weiteren Glied ausgebaut: Stimulus – Individuum (Kognition) – Reaktion.

[70] Vgl. dazu Seiler, Kognitionstheorie S. 52. Ebd. S. 56 nennt er für die Diagnose folgende Fragenbereiche: 1. die senso-motorischen Fertigkeiten, begrifflichen Fertigkeiten, Problemlösungsgewohnheiten und ihre emotionale Besetzung; 2. die Erforschung des Generalitätsgrads dieser Verhaltens- und Denkstrukturen; 3. die Beeinflussung bzw. Behinderung durch bei- oder übergeordnete Verhaltenssysteme; 4. der Grad der Differenziertheit und Integriertheit kognitiver Strukturen.

[71] Zu diesen Techniken gehören die Anleitung zur Selbstbeobachtung der inneren begrifflichen Begleiter und der Handlungen, Konfrontation, Bezweiflung und Anfechtung der hinderlichen Strukturen, Gedankenstopp bei negativen Gedankenketten, Einübung alternativen (inneren) Sprechens, Reattribuierung von als emotional belastend erfahrenen Ereignissen, das Anbieten alternativer Denk- und Handlungsmöglichkeiten (z. B. durch die direkte Beobachtung bestimmter Objekte, Menschen oder Ereignisse), die Herausforderung zur Formung neuer Ziele, Ermöglichung von Generalisierung der neu gebildeten Strukturen (durch Integration in bereits bestehende hilfreiche Strukturen), Anleitung zu neuer Praxis (z. B. durch Mentales Training oder induzierte Phantasie), Förderung von Entscheidungen und Eigeninitiative, Vorbereitung des Klienten auf etwaige negative Umweltreaktionen.

[72] Vgl. Seiler, Kognitionstheorie S. 54. Darauf weist auch Fiedler indirekt hin, wenn er kognitive Verhaltensanteile als »relativ überdauernde Handlungsdispositionen« (Verwertbarkeit S. 209) spricht.

Entwicklung kognitiver Strukturen erkannt. Beide gehen davon aus, dass diese Strukturen nicht durch die genetische Anlage des Individuums vorprogrammiert sind, sondern dass sie in einem Entwicklungsprozess, der sich aus positiven und negativen Erfahrungen zusammensetzt, entstehen. Damit wird von beiden gesehen, dass solche Strukturen in der Auseinandersetzung mit der Umwelt aufgebaut werden.

Sowohl in der kognitiven Therapie als auch in der Inneren Heilung wird die Bedeutung kognitiver Strukturen für das emotionale Erleben gesehen. Kognitive Strukturen haben, je nach den Umständen ihrer Entstehung, ihre je eigene emotionale Färbung, die die Tendenz haben, sich zu reproduzieren. Damit wird bei beiden Weisen des Umgangs mit psychologischen Problemen auf unbewusste oder nur teilweise bewusste Steuerungsprozesse geachtet, die Fehlverhalten oder emotionale Belastungen verursachen.

Aus dem bisher Dargelegten ergibt sich als weitere Gemeinsamkeit zwischen der kognitiven Therapie und der Inneren Heilung, dass die Persönlichkeit nicht als ein statisches Gebilde mit unveränderlichen Fähigkeiten und Schichten zu verstehen ist. Die kognitiven Strukturen sind therapeutisch bzw. seelsorgerlich veränderbar.

Freilich kann das Verbindende zwischen kognitiver Therapie und Innerer Heilung das Unterscheidende nicht verdecken:

Die Seelsorge im Sinne der Inneren Heilung vermag nicht mit der Einseitigkeit der kognitiven Therapie vom kognitiven Ansatz auszugehen. Der Wirkzusammenhang zwischen kognitiven Strukturen und Emotionen wird bei der Inneren Heilung nicht nur von ersteren zu letzteren hin verstanden, sondern auch in entgegengesetzter Richtung, damit also zirkulär. Von daher wird es sich bei tief greifenden Verletzungen immer wieder nahe legen, therapeutisch-seelsorgerlich bei der emotionalen Seite eines Problems einzusetzen. So geschieht die Heilung im Prozess der Inneren Heilung nicht allein – und häufig auch nicht zuerst – auf der kognitiven, sondern auf der emotionalen Ebene.

Von daher können Seelsorger im Sinne der Inneren Heilung die Äußerung Ellis nur eingeschränkt teilen, wenn er meint[73]: »Er (sc. der rationale Therapeut) macht also dem Klienten klar, dass er schon mit der Neigung geboren worden ist, Anerkennung von anderen zu verlangen und fälschlicherweise zu glauben, er müsse diese Anerkennung absolut haben ...« Die Frage bei Aussagen dieser Art ist, ob es nicht legitime Grundbedürf-

[73] Interpretationen S. 193 (kursiv im Original).

nisse – etwa im Bereich des Urvertrauens – gibt, deren Missachtung zu Verletzungen und Defiziten im emotionalen Bereich führen, die nicht nur und nicht zuerst von falschen Kognitionen, sondern von Verletzungen auf der emotionalen Ebene her zu begreifen sind. Solche Verletzungen bedürfen der Bearbeitung auch auf der emotionalen Ebene. Es erscheint wie ein Trick, wenn alle verletzenden Erfahrungen in kognitive Probleme umgewandelt werden sollen, um sie dann kognitiv zu bewältigen. Seelsorger, die Innere Heilung praktizieren, vermögen als Wurzel emotionaler Probleme nicht in jedem Fall ein kognitives Problem zu postulieren. Sicher stellt sich für den von solchen Verletzungen und Defiziten Betroffenen die Frage, wie er (auch kognitiv) mit ihnen umgehen will. Aber manche Äußerungen der kognitiven Therapie erwecken den Eindruck, als ließen sich mehr oder weniger sämtliche Defizite in der Entwicklung durch rational-kognitive Interpretationsleistungen überwinden. Eine solche Sicht ist nicht frei von Tendenzen der Selbsterlösung. Vor allem die rational-emotive Therapie will den Klienten von falschen Lebensphilosophien befreien und steht dabei in der Gefahr, falsche alte durch falsche neue zu ersetzen. Von der Seelsorge im Sinne der Inneren Heilung her erscheint einem die Bemerkung Hoffmanns berechtigt[74]: »Dennoch muss der aktuelle theoretische Status der kognitiven Theorie als höchst unbefriedigend angesehen werden. Die Annahmen, auf die sich ihre Vertreter stützen, haben oft mehr den Charakter ideologischer und philosophisch geprägter Weltanschauungen als den kohärenter, empirisch abgesicherter Theorien.«

Im Unterschied zu manchen Ausprägungen kognitiver Therapie vermag sich die Innere Heilung nicht so sehr von tiefenpsychologischen Erkenntnissen zu distanzieren. Einzelne kognitive Therapien scheinen nicht ganz frei von geradezu allergischen Reaktionen auf tiefenpsychologische Schulen zu sein.[75] So nimmt die Innere Heilung die Verbindung zwischen früheren Lebenserfahrungen des Hilfesuchenden und seinen gegenwärtigen psychischen Belastungen ernst. Sie lässt sich auf die Suche nach vorbewusstem Material und dessen Bearbeitung ein. Sie misst damit auch der Traumdeutung eine Bedeutung bei, wenn es um das Erkennen von Ursachen psychischer Probleme geht.

---

[74] Kognitive Therapie S. 19f. Weitere Unterschiede zwischen der kognitiven Therapie und der Inneren Heilung ergeben sich aus der theologischen Fundierung der letzteren.

[75] Von dieser Tendenz ist deutlich Ellis Ansatz (Interpretationen S. 187ff) geprägt.

1.1.5 Zusammenfassung der psychologischen Voraussetzungen

Der bisherige Überblick weist auf eine Beziehung der Inneren Heilung zur Tiefenpsychologie. Es wird die Erkenntnis aufgenommen, dass die Entwicklung eines Individuums von Anfang an für das ganze Leben bedeutsam ist. Die Entwicklung fördernden oder hindernden Umwelteinflüsse wirken sich in das psychische Erleben der jeweils folgenden Lebensphasen hinein aus.

Ferner kommt bei der Inneren Heilung die Einsicht zum Tragen, dass emotionales Erleben nicht von kognitiven Strukturen zu trennen ist. Die Lebenserfahrungen führen zum Aufbau einer »Lebensphilosophie«, die ihrerseits Rückwirkungen auf emotionale Befindlichkeiten hat, indem sie diese lebensfördernd oder lebenshindernd beeinflusst.

Mit den bisher dargestellten psychologischen Schulen vertritt auch die Innere Heilung die Auffassung, dass die Erfahrungen der Lebensgeschichte des Klienten nicht als ein Lebensschicksal zu betrachten sind, durch das sein Erleben und Verhalten mehr oder weniger determiniert ist. Er kann sich vielmehr im therapeutisch-seelsorgerlichen Prozess seinen lebensgeschichtlichen Erfahrungen stellen und auf den Weg der Aufarbeitung einlassen.

Der bisherige Überblick über die zu den Voraussetzungen für das Aufkommen der Inneren Heilung gehörenden psychologischen Schulen hat verschiedentlich gezeigt, dass die Innere Heilung sich keiner dieser Schulen als Ganzer anzuschließen vermag. Der Grund dafür ist, dass jede dieser Schulen ihre eigenen philosophischen Voraussetzungen mit ihren anthropologischen Implikationen hat, die von der Inneren Heilung nicht unmodifiziert übernommen werden können. Zum andern hängt dies damit zusammen, dass die hier untersuchte Art der Seelsorge nicht von der Theoriebildung einer psychologischen Schule aus entworfen wurde, sondern wesentliche Impulse aus ihrer mehr oder weniger reflektierten Praxis verarbeitete.

1.2 Voraussetzungen von Seiten der anthropologischen Medizin

Wenn es um die Frage nach den Voraussetzungen für das Aufkommen der Inneren Heilung geht, so dürfen die Entdeckungen der psychosomatischen Medizin nicht unerwähnt bleiben. Beiden Weisen der Begegnung mit den Menschen geht es – sehr allgemein und damit vergröbernd formuliert – um eine Ganzheitlichkeit im Umgang mit menschlichen Problemen. Im Rahmen dieser Arbeit kann weder eine Geschichte der psychosomatischen Medizin zur Darstellung gebracht[76] noch differenziert auf die verschiedenen Ansätze und Entwicklungen in der neueren Zeit[77] eingegangen werden. Für den hier untersuchten Zusammenhang ist der Ansatz innerhalb der Medizin von Bedeutung, bei dem in unserem Jahrhundert der Blick auf die anthropologische und biografische Fragestellung innerhalb der ärztlichen Heilkunst gerichtet wurde.[78]

Der psychosomatischen Fragestellung waren wir bereits im Abschnitt 1.1.1 über die Psychoanalyse begegnet. Freud jedoch wollte die Analytiker »aus erziehlichen Gründen« von der Untersuchung der Innervationen, Gefäßerweiterung und Nervenbahnen fern halten, da diese für sie »zu gefährliche Versuchung« gewesen wären; »sie hätten zu lernen, sich auf psychologische Denkweisen zu beschränken.«[79]

Bei Ludolf v. Krehl findet sich der Entwurf einer personbezogenen Krankheitslehre. In ihr sind die Sätze zu lesen: »Der Mensch vermag seine Krankheitsvorgänge zu gestalten durch seinen körperlichen und seelischen, am besten gesagt menschlichen Einfluss auf eben diese Vorgänge. Und er ist nicht nur Objekt, sondern stets zugleich Subjekt ...«[80] Er geht von der Einmaligkeit der Person als geistbetroffener, leibseelischer Einheit aus. Nach ihm bewirkt die Person die Integration von Leib und Seele sowohl bei der Gestaltung des Gesundseins als auch bei der des

---

[76] Zu den verschiedenen Definitionen des Begriffs »psychosomatisch« s. Wesiak, a.a.O. S. 13f.132 (Anm. 1).

[77] Vgl. dazu in differenzierter Weise v. Uexkuell, Lehrbuch S. 5ff.93ff.243ff.

[78] Leider sucht man in der Literatur zur Inneren Heilung nach Überlegungen zu diesem Ansatz vergeblich.

[79] Brief Freuds vom 16. 10. 1932 an v. Weizsäcker (zitiert bei Wesiak, Grundfragen S. 132, Anm. 3).

[80] Entstehung S. 8. Vgl. zu Krehl auch Wyss, Schulen S. 303.

Krankseins. So kommt er zu dem zentralen Satz: »Krankheiten als solche gibt es nicht, wir kennen nur kranke Menschen.«[81]

Vor allem der Name Viktor v. Weizsäcker hat sich mit dem Anliegen der anthropologischen Medizin verbunden. »Zu Recht gilt er als Begründer der Medizinischen Anthropologie und als entscheidender Wegbereiter der Psychosomatischen Medizin in Deutschland.«[82] Im Unterschied zu und in Auseinandersetzung mit einer cartesianischen, mechanistischen Orientierung in der Medizin[83], die im Hinblick sowohl auf den Kranken als auch auf den Arzt den Menschen als Subjekt weitgehend ausklammert, vertrat v. Weizsäcker die Auffassung der Einheit von Ich und Außenwelt, Subjekt und Objekt. In seiner Gestaltkreislehre legte er die »Theorie der Einheit von Wahrnehmen und Bewegen«[84] dar. In ihr bewies er experimentell und theoretisch, dass Empfindung und Bewegung – sich gegenseitig bedingend – eine Einheit bilden, der er die Bezeichnung »Gestaltkreis« gab, und dass sie den Organismus »kohärent«[85] mit der Umwelt verflechten. So formt das Lebewesen selbst, was es als Umwelt verarbeitet. Das Subjekt trifft aus den vorhandenen Möglichkeiten ständig im Voraus eine Auslese. In der Wahrnehmung und Bewegung tut sich gerade die Existenz des Subjekts kund, dessen Leistung deren Einheit ist. Auf diese Weise leitet v. Weizsäcker die »Einführung des Subjektes«[86] in die

[81] Ebd. S. 24. Auch G. v. Bergmann (Funktionelle Pathologie passim) würdigte für die Krankheitsentstehung die große Bedeutung von Erlebnissen, subjektiven Sinnsetzungen und der inneren Lebensgeschichte. Damit begann er mit der Einführung des Subjekts in die Medizin.

[82] Csef, Verständnis S. 57. Diese Beurteilung ist im Hinblick auf die psychosomatische Medizin nicht einhellig; so sieht Wesiak (a.a.O. S. 14.53.56) in Freud den Initiator der modernen psychosomatischen Medizin; Freud habe den Anstoß zu ihrer Entwicklung gegeben. V. v. Weizsäcker selbst möchte die psychosomatische und anthropologische Medizin nicht einfach identifizieren. Er formuliert (Mensch S. 558) den Hauptunterschied zwischen beiden Richtungen in ihren unterschiedlichen Fragestellungen: »Die psychosomatische Medizin fragt meistens: was ist dieser Mensch?, die anthropologische aber: was wird dieser Mensch?«.

[83] Vgl. dazu Wein, Weizsäcker S. 341ff; Christian, Anthropologie S. 31.

[84] Vgl. den Untertitel seines Werkes »Der Gestaltkreis«. V. v. Weizsäcker definiert diesen Begriff dort (S. 186) folgendermaßen: »Die biologische Erscheinung erklärt sich nicht aus einer ihr zugrunde liegenden kausalen Reihe von Funktionen, aus denen die Erscheinung stammte; sondern sie ist Bestandteil eines in sich geschlossenen Aktes. Seine Einheit ist von der Krise der Analyse aus darstellbar.«

[85] Zum Begriff der Kohärenz und des Kohärenzprinzips vgl. Gestaltkreis S. 9.114ff.152ff.

[86] Gestaltkreis S. 172. Vgl. auch ders., Arzt S. 12f.18f u. S. 24 (dort kritisch gegenüber der gängigen Medizin: »Die Untersuchung ist ein Ersetzen des ›Ich‹ durch ein ›Es‹«). Für die medizinische Wissenschaft gilt der berühmte Satz (ebd. S. 175): »Wer das Leben verstehen will, muss sich am Leben beteiligen. Wir sagen aber auch, wer sich am Leben beteiligen will, muss es verstehen.«

theoretischen Grundlagen der Medizin ein. Sowohl Gesundheit als auch Krankheit stellen nach v. Weizsäcker Zustände dar, an denen Seele und Leib beteiligt sind. »Das Geschehen bei organischen Leiden fasst der Neurologe nicht als Defekt auf, sondern … als zielgerichteten Funktionswandel.«[87] Die Entstehung der Krankheit im Menschen ist für ihn eine Weise des Menschseins des Menschen; sie hat etwas mit seiner Existenz, seiner Wahrheit zu tun. Krank-Werden und Krank-Sein sind auf dem Hintergrund des Lebensganzen zu verstehen; sie haben einen Sinn in der Lebensgeschichte des Patienten. Weizsäcker postuliert als ein Grundphänomen jeder Krankheit, dass der Patient diese selbst gestaltet.[88] Dabei ist das Verhältnis, in dem die Seele mit dem Leib steht, von großer Bedeutung. Dieses Verhältnis darf man sich nach v. Weizsäcker nicht als ein in der Hauptsache freies vorstellen. Vielmehr gilt: »Körper und Seele können einander wechselseitig vertreten.«[89] Der Heidelberger Neurologe sah in Freuds Lehre vom Unbewussten und dessen Einwirkung auf das Bewusstsein ein wichtiges Bindeglied zwischen der Heilkunde und der Philosophie. Das Gedankensystem der Psychoanalyse verleihe der Krankheit eine geistig-seelische Bedeutung.[90] Von ihm her hält er die Krankheit für eine – wenn auch nicht gute – Lösung eines Konfliktes. »Wir haben behauptet, die organische Krankheit sei eine Fortsetzung der

87 Wein, Weizsäcker S. 378.

88 So äußert er (Fälle S. 140): »Betrachten Sie die organischen Krankheiten versuchsweise so, als ob der Kranke seine Krankheit selbst mache. Das ist eine volle Umkehrung der gewohnten Erlebnis- oder Denkweise; denn es besagt, dass der Kranke die Krankheit nicht bekommt, sondern sie macht.« (kursiv im Original) Hier zeigt sich eine Anlehnung v. Weizsäckers an v. Krehl (vgl. hierzu Wein, a.a.O. S. 378). Zur Krankheit als »eine(r) Weise des Menschseins« s. Weizsäcker, Fälle S. 12.

89 Fälle S. 44. Ebd. (5.50) bemerkt er sehr nüchtern: »Welche besondere Art seelischer Vorgänge so (sc. dass organische Krankheiten entstehen) wirksam ist, diese Frage ist noch ebenso verborgen wie die umgekehrte, welche besondere Bedeutung jedes Organ, etwa Herz, Gehirn, Leber für die Bewegung des seelischen Ganzen besitze.« Er wagt »nicht die Verallgemeinerung: jede Krankheit sei psychosomatisch zusammengesetzt« (Mensch S. 320).

90 Vgl. dazu Wein, Weizsäcker S. 372; s. auch ebd. S. 374: »Über ihn (sc. Freud) hinausgehend, warf er … die Frage auf, ob grundsätzlich jede Krankheit, auch diejenige des Herzens, der Leber oder der Haut zum Beispiel ›von seelischer Natur ist‹«. So findet zwar V. v. Weizsäcker (Fälle S. 19) »zeitgemäß, der Gegenwart als Aufgabe heute aufgetragen, … also in der Tat eine psychologische Medizin«, aber er wollte nicht als Psychotherapeut verkannt werden, da er den traditionellen Methoden nicht nur eine weitere hinzufügen wollte; er wollte vielmehr die Grundlagen der Medizin reformieren und weiterhin die Physiologie berücksichtigen. Er kann die Psychoanalyse als »Vorstufe« der »neuen Medizin« bezeichnen (Grundfragen S. 286). Vor allem die Kategorien des Antilogischen, des Pathischen und des Umgangs unterscheiden v. Weizsäcker an zentralen Punkten von der mechanistischen Sicht des Menschen in der Psychoanalyse.

seelischen Lebensgeschichte mit anderen Darstellungsmitteln.«[91] Von daher versucht v. Weizsäcker, den Sinn der Krankheit in den Blick zu nehmen und krankhafte Symptome als verschlüsselte Sprache zu erfassen, welche der Dechiffrierung bedürfen.

Außerdem erkennt v. Weizsäcker menschliche Erkrankungen als Folgen zwischenmenschlicher Beziehungen: »Die Krankheit liegt zwischen den Menschen, ist eine ihrer Verhältnisse und ihrer Begegnungsarten. Hier beginnt die anthropologische Medizin.«[92] Damit räumt er den zwischenmenschlichen Beziehungen, der Intersubjektivität im psychosomatischen Denken eine überragende Bedeutung ein. Sein neu entwickeltes anthropologisch-integratives Krankheitsverständnis vollzog den Schritt vom Subjekt zur Intersubjektivität. Die Erweiterung des Intrapsychischen durch das Interpersonale implizierte die besondere Beachtung der zwischenmenschlichen Kommunikation.

Von daher erhält v. Weizsäckers Sicht der Arzt-Patient-Beziehung ihre spezifische Prägung. Diese ist von Gegenseitigkeit im wechselseitigen Geben und Nehmen gekennzeichnet. »Umgang« meint einen einheitlichen Akt auf der therapeutischen Ebene, der dem auf der biologischen im Gestaltkreis entspricht. »Jetzt sprechen wir vom therapeutischen Gestaltkreis: er umschließt den Arzt und den Patienten: er ist ein zweisamer Mensch, bipersoneller Mensch. Das ist die ›Ganzheit‹ der ärztlichen Handlung …«[93] Damit ist verbunden, dass jede therapeutische Beziehung selbst zum wesentlichen Teil der Krankheit wird und jede Begegnung zwischen Arzt und Patient die Krankheit gestaltet. So ist der Patient nicht Objekt ärztlicher Tätigkeit. Therapie gestaltet sich vielmehr als persönliche Begegnung zwischen zwei Subjekten, in der mit der »bio-

---

91 Vorstellungen S. 294. Freilich spricht v. Weizsäcker nicht nur von der Psychogenie körperlicher Krankheiten sondern auch von der Somatogenie psychischer Störungen (vgl. dazu v. Weizsäcker, Mensch S. 503f). Das Wirkungsverhältnis Seele-Körper kann also umgekehrt werden.

92 Zitat nach v. Rad, Gestaltkreis S. 191; s. dazu v. Weizsäcker, Fälle S. 97 (»Die Krankheit ist ihrem allgemeinsten Wesen nach auch eine Beziehungsstörung der Menschen untereinander.«). Auch im Gestaltkreis (S. 186) weist v. Weizsäcker darauf hin, dass das Subjekt wesensmäßig in einem Verhältnis zu einem anderen steht: »Die Kategorien des Biologischen sind nicht nur subjektive, sondern auch soziale. Das Leben ist Individuum und Sozietät.«

93 V. Weizsächer/Wyss, Medizin S. 110; vgl. auch Wyss, Schulen S. 303 u. v. Weizsäcker, Arzt S. 65, wo er auf die Konsequenzen des therapeutischen Gestaltkreises eingeht, indem er von der Entstehung »einer(r) Lehre von der Weggenossenschaft von Arzt und Patient …« spricht.

grafischen Methode«[94] die Einmaligkeit des jeweiligen leidenden Menschen in seiner Gesamtheit betrachtet wird und in der es um mitmenschliches Verstehen geht. Sie umfasst die entgegengesetzten Pole des Erkennens, Durchschauens und Objektivierens einerseits und des emotionalen Anteilnehmens, Annehmens und Liebens andererseits.

Bezüglich der Anamnese ging Richard Siebeck einen Schritt weiter als v. Weizsäcker: Während sie bei Letzterem auf die Lebenskrise, die Vorgeschichte der Krankheit zugeschnitten ist, aus der sich der Sinn der Krankheit erhellt[95], will Ersterer das Ganze der Patientengeschichte einbeziehen. Siebeck versteht Gesundheit und Krankheit als »sinnvoll«[96], da beides eine Bedeutung für das Leben, die Existenz, Stellung und Leistung in der Gemeinschaft hat. Die Biografie als der Lebensweg der Menschen ist für ihn der übergeordnete und integrierende Faktor der Krankheitslehre. Die Vorgeschichte der Krankheit wird zur Lebensgeschichte des Kranken, so dass die Krankheit ein Bestandteil derselben wird und alle Ereignisse des Lebens für das Verstehen der Krankheit belangvoll sind. »Bisherige Lebensgeschichte, Elternhaus, Erziehung, Beruf, soziales Milieu und Lebensansprüche, Charakter und Temperament gewinnen bei diesem Ansatz natürlich besondere Bedeutung.«[97] Neben der Geschichte des Kranken ist auch seine Persönlichkeit zu erfassen. Die Anamnese wird bei Siebeck im wörtlichen Sinn des Wortes Er-Innerung, welche Zugang zum Inneren des Menschen eröffnet.

Die Voraussetzungen von Seiten der anthropologisch-psychosomatischen Medizin für die Innere Heilung sind vielfältig:

Seelsorge im Sinne der Inneren Heilung tangiert nicht selten Probleme, die dem psychosomatischen Bereich zugehören; verschiedene Berichte, die aus dieser seelsorgerlichen Praxis hervorgegangen sind, lassen sich auf dem psychosomatischen Hintergrund verständlich machen, auch

94 Dieser Begriff findet sich bereits in v. Weizsäcker, Der Arzt und der Kranke, 1926 (zitiert bei Wein, a.a.O. S. 410), ferner Mensch S. 629 (dort spricht er von der »psychobiographischen Methode«). Wein (a.a.O. S. 379) fasst das therapeutische Vorgehen v. Weizsäckers so zusammen: »Jede Aussage des Patienten soll als gültiger Ausdruck seines Erlebens ernst genommen, das der Krankheit zugrunde liegende Problem bewusstgemacht und der Konflikt möglichst durch zielstrebiges Handeln gelöst werden.«

95 Hierbei geht es um die Fragen »Wo, wann, was, warum« (Mensch S. 518ff).

96 Medizin S. 23. Ebd. formuliert er: »Krankheit entwickelt sich als Epoche im Leben …«

97 Christian, Anamnese S. 29; vgl. auch Hartmann, Psychosomatik S. 708. Siebeck (Medizin S. 35) formuliert selbst: »Jeder Kranke ›hat‹ nicht nur ›seine Krankheit‹ – er selbst und sein Geschick ›machen‹ sie. Die Krankengeschichte ist immer zugleich eine Lebensgeschichte.«

wenn sie sich – theologisch betrachtet – darin nicht erschöpfen. So wird in der in dieser Arbeit untersuchten Seelsorge der Zusammenhang zwischen somatischen Erkrankungen und dem psychischen Erleben berücksichtigt.

Auch die grundlegenden Darlegungen v. Weizsäckers über das Subjekt, das am Prozess des Krank-Werdens und Krank-Seins beteiligt ist, gehören von Seiten der anthropologischen Medizin zu den bedeutenden Voraussetzungen der Inneren Heilung. Damit geht die Seelsorge nicht von einem deterministischen Denken für das Verstehen psychosomatischer Probleme aus. Es wird vielmehr die Verantwortlichkeit des Individuums am Zustandekommen solcher Probleme und sein »Mitgestalten« an ihnen gesehen. In diesem Zusammenhang haben auch v. Weizsäckers Überlegungen zum Antilogischen ihren Ort, da sie den Blick auf die Individualität des Individuums in seiner Reaktion auf Umweltsituationen schärfen. In der Inneren Heilung wird auf solche individuellen Reaktionen geachtet, die bei ein und derselben Umweltsituation sehr verschieden ausfallen und von daher sehr unterschiedliche psychosomatische Erscheinungen zur Folge haben können. Die Frage nach dem Subjekt des unter einer psychosomatischen Erkrankung Leidenden wird theologisch in der Frage seiner Gottesbeziehung relevant. Diese Relation ist im Hinblick auf das Entstehen von und den Umgang mit psychosomatischen Krankheiten zu bedenken.

Die anthropologisch-psychosomatische Medizin hat den Blick für die Frage nach dem Sinn von Krankheiten geschärft, die z. T. von der Inneren Heilung aufgegriffen wird. Die Frage nach dem Sinn umfasst eine doppelte Blickrichtung: Zum einen ist sie rückwärts in die Vergangenheit des Patienten gerichtet, indem sie danach fragt, was ein psychosomatisches Leiden ausdrückt. Hier hilft die Sinnfrage, Haltungen zu eruieren, die zur Entstehung einer solchen Erkrankung beitragen können. Zum anderen richtet sie sich auf die Zukunft des Patienten, indem sie die Frage nach der Überwindung bzw. Integration der mit einer Erkrankung gegebenen Grenzen stellt.

Die psychosomatische Medizin hat den Beziehungsaspekt im Krankheitsgeschehen unterstrichen. Diesem kommt auch für die Theorie und Praxis der Inneren Heilung eine tragende Bedeutung zu. Dies gilt im Hinblick auf das Entstehen von psychischen Verletzungen ebenso wie für die therapeutisch-seelsorgerliche Wechselbeziehung zwischen Seelsorger und Ratsuchendem und die Relation zu Gott. So stellen für die Innere Heilung der intrapsychische wie der interpersonale Aspekt im Seelsorgegeschehen keine Gegensätze dar, sondern ergänzen einander. Freilich wird die Seelsorge im Sinne der Inneren Heilung auf ihre eigene Begrenzung achten, wenn sie die hier dargelegten Voraussetzungen betrachtet: Seelsorger sind keine Mediziner – ebenso wie Mediziner keine Seelsorger sind.

Ferner kommt auch eine verschiedene Beurteilung des Todes zwischen v. Weizsäcker und einem Seelsorger im Sinne der Inneren Heilung in folgender Äußerung zum Ausdruck[98]: »Der Sinn des Lebens bestehe auch nicht in dessen Erhaltung, sondern in seinem Opfer. Notwendig sei es deshalb, so Viktor von Weizsäcker, dass der Mensch rechtzeitig die ›Solidarität des Todes‹ begreift und dadurch lernt, ›sich auf den Tod zu freuen, wie er sich auf sein Frühstück freut‹.« Aus der »Tendenz des Organismus zum Erkranken«[99] eine derartig »versöhnende« Sicht des Todes zu entwickeln, wird einem von Röm 6,22 und 1. Kor 15,26 herkommenden Denken nicht mitvollziehbar sein.

1.3 Voraussetzungen von Seiten der Seelsorgebewegung

Die Seelsorge im Sinne der Inneren Heilung bewegt sich im Grenzbereich zwischen Theologie und Psychologie. Damit ist sie von Fragen bestimmt, die auch in der neueren[100] protestantischen Seelsorgebewegung auftreten.

98 Zitiert bei Wein, a.a.O. S. 372 (ohne Stellenangabe).

99 Fälle S. 564. Ebd fährt er fort: »Diese Sterblichkeit als allgemeinstes Lebensgesetz ist doch mit dem ›Todestrieb‹ der Psychoanalyse so verwandt wie möglich und einleuchtender, als ein fraglicher, verschieden dosierter Krankheitstrieb sowie eine überall geltende Krankheitsdisposition wäre.«

100 Dazu werden hier diejenigen Seelsorgekonzeptionen gerechnet, welche in den USA seit den zwanziger Jahren unseres Jahrhunderts und in Deutschland seit der Zeit nach dem Zweiten Weltkrieg reflektiert humanwissenschaftliche Erkenntnisse in die Theorie und Praxis seelsorgerlichen Handelns integrieren. H. Faber (Klinische Semester für Theologen, Bern 1965 S. 31–38 (zitiert nach Stollberg, Seelsorge. S. 37) unterscheidet drei Phasen innerhalb der amerikanischen Seelsorgebewegung des 20. Jahrhunderts: Ihre Anfangszeit war durch eine große Rollenunsicherheit des Pfarrers in der Klinik gekennzeichnet. Ihre zweite Phase war durch eine starke Anlehnung an Rogers geprägt; die Seelsorge bestand darin, dem Pastoranden zu helfen, sich selber zu helfen. In der dritten Phase bemühte man sich um die theologische Begründung des Propriums der Seelsorge. O. H. Mowrer, The Crisis in Psychiatry and Religion, Princeton 1961 S. 64ff (zitiert bei Stollberg, a.a.O. S. 50) unterscheidet für denselben Zeitraum vier Phasen: 1. Ernstnehmen der psychologischen Not des Menschen zu Beginn unseres Jahrhunderts,

Wenn es um Voraussetzungen für das Aufkommen Ersterer geht, darf Letztere nicht unerwähnt bleiben. Einige Linien, die auf das Thema dieser Arbeit hinführen, sollen deshalb hier skizziert werden[101]:

Nicht nur die Anfänge der neueren Seelsorgebewegung in den USA waren in theologischer Hinsicht von einer großen Unklarheit gekennzeichnet. Wie Stollberg nachgewiesen hat, reicht diese bis in die Konzeptionen der Sechzigerjahre hinein.[102] Trotz dieser Tatsache war man sich von Anfang an über die Notwendigkeit einig, sich dem praktischen Interesse der Psychologie im Dienste der Seelsorge zuzuwenden. Man erwartete sich von einem Dialog zwischen Psychotherapie und Seelsorge eine wechselseitige Bereicherung und erkannte, dass keine spezielle kirchliche psychologische Methodik zu entwickeln ist, auch wenn die Seelsorge von ihrer theologischen Grundlage her gegen alle psychologischen Verabsolutierungen wachsam zu sein hat. Für den amerikanischen Protestantismus war das Verhältnis von Seelsorge und Therapie, Religion und Gesundheit seit seinen Anfängen kaum problematisch, da zu der Tradition mancher als schwärmerisch bezeichneter Gruppen Glaubensheilungen gehörten. Die bis in die Gegenwart hinein andauernde Affinität zur auf das 19. Jahrhundert zurückgehenden Erfahrungstheologie im Zusammenhang mit religiösem Individualismus und Subjektivismus war ein fruchtbarer Boden für die weite Verbreitung der Psychoanalyse seit dem Ende des zweiten Weltkrieges.[103] Im Clinical Pastoral Training wird die Wichtigkeit menschlicher Beziehung für die Entwicklung geistlichen Lebens erkannt. Das Stichwort »relationship« erhält großes Gewicht.[104] Die seelsorgerliche Befähigung wird nicht der Begabung, einem nicht erlernbaren Charisma, zugeordnet; weil sie vielmehr auf der Erfahrung beruht, die die Selbsterfahrung und das Studium an »living human documents«[105] einschließt, kann sie systematisch erlernt werden. Der Seelsorger soll in der eigenen seelsorgerlichen Erfahrung – egal ob diese von einem mehr gesprächstherapeutischen oder tiefenpsychologischen An-

---

2. Initiation des CPT, 3. zunehmender Einfluss der Psychoanalyse, 4. Kritik an der Seelsorge, die ihr Erstgeburtsrecht an die Psychoanalyse verkauft habe.

101 Im Rahmen dieser Arbeit kann es dabei nur um eine Skizze gehen.

102 Vgl. vor allem Seelsorge S. 27ff.85ff.135ff. Während Boisen die prinzipielle Einheit von theologischer und psychologischer Erkenntnis betonte, sahen Carbot und seine Anhänger mehr die Komplementarität beider Wissenschaften (s. dazu ebd. S. 58f).

103 Vgl. dazu ebd. S. 28.

104 Vgl. dazu ebd. S. 30. Das kann so weit gehen, dass freier Mitteilung Offenbarungsqualität zugesprochen werden kann.

105 Zu dieser Formulierung Boisens vgl. Stollberg, a.a.O. S. 53.

satz geleitet ist – emotional reifen und zur Selbstkontrolle finden. Was der Seelsorger selber erfahren hat, kann er in der seelsorgerlichen Begegnung anderen weitergeben. »Die Psychologie wird die Religion bezüglich ihres Seelsorgeauftrags nicht ersetzen, aber sie kann dem Streben nach einem tieferen Verständnis des Innenlebens durch Information die Richtung weisen.«[106] Es wird erkannt, dass der Seelsorger die gleichen Methoden, jedoch in anderem Kontext, nämlich dem der Kirche, verwendet.

Was für die bisher skizzierte Seelsorgebewegung in den USA gilt, betrifft auch die in Deutschland nach dem Zweiten Weltkrieg aufgekommenen Seelsorgekonzeptionen. Psychologische (und insbesondere tiefenpsychologische[107]) Einsichten wurden zwar bereits schon vor der intensiven Zuwendung der Seelsorge zur (Tiefen-)Psychologie aufgenommen, aber die Vorordnung der jeweiligen theologischen Ausrichtung war unübersehbar. Von der Psychotherapie, vor allem von der nondirektiven Gesprächstherapie, gingen die stärksten Wirkungen aus. Psychotherapeutische Aussagen nahmen programmatischen Charakter an. Zusammenfassend bemerkt Blühm im Hinblick auf die gegenwärtige poimenische Situation[108]: »Die gegenwärtige Lage ist dadurch gekennzeichnet, dass in die Seelsorge in bedeutendem Maße Erkenntnisse und Auffassungen aus der Psychologie, aber auch aus anderen Wissenschaften aufgenommen worden sind.« Die Seelsorge wurde für den emotionalen und den unbewussten Bereich sowie für differenzierte Kommunikationsvorgänge sensibel. Dabei sollten biblische Tradition und geistliche Erfahrung nicht übergangen, sondern dadurch dem Menschen zugänglich gemacht werden, dass tiefenpsychologische und kommunikationswissenschaftliche Erkenntnisse hinzugezogen wurden. So wird dem Menschen in seiner Beziehung zu sich selbst, zum anderen und zur Welt Aufmerksamkeit geschenkt. –

[106] P. E. Johnson, Psychology of Pastoral Care, New York & Nashville 1953 S. 25.

[107] Zu erwähnen sind hier die Werke O. Haendlers u. A. D. Müllers (Grundriss der Praktischen Theologie).

[108] Begriff S. 23. Seitz (Gesellschaft S. 105) bezeichnet das Verhältnis zwischen Seelsorge und Psychotherapie als »Partnerschaft«, in der jeder eigenständig geprägte Partner den anderen ausreden lässt und so die »Gemeinsamkeit zweier« entsteht, »die verschieden sind und bleiben zur Bewältigung gleicher Aufgaben«.

Fragen wir von der angedeuteten poimenischen Situation der neueren Zeit her nach den mit ihr gegebenen Voraussetzungen für die Seelsorge im Sinne der Inneren Heilung, so ist festzuhalten:

Wie für die meisten neueren Seelsorgekonzeptionen kann auch für die Innere Heilung eine Abwendung von den Humanwissenschaften nicht in Betracht kommen. Die Notwendigkeit eines konstruktiven Miteinanders zwischen Psychologie und Seelsorge wird – wie bereits unter Punkt 1.1 ausführlicher belegt – in der Inneren Heilung gesehen. Wie in den neueren Seelsorgekonzeptionen wird für die Praxis der Inneren Heilung nicht nach einer eigenen psychologischen Methodik gesucht; dessen ungeachtet kommen bei der Inneren Heilung Methoden zur Anwendung, die der säkularen Psychologie fremd sind. Das Verhältnis von Psychologie und Seelsorge wird grundsätzlich nicht als eines der Konkurrenz verstanden. Dieses positive Miteinander von Seelsorge und Psychologie drückt sich in der Theorie und Praxis der Inneren Heilung darin aus, dass tiefenpsychologische Zusammenhänge konkret Berücksichtigung finden. Ebenso wie verschiedene neuere poimenische Konzeptionen den emotionalen Bereich therapeutisch bearbeiten, bringt auch die Innere Heilung diesem Bereich einige Aufmerksamkeit entgegen.

Wie bei den Seelsorgekonzeptionen der neueren Zeit wird auch in der Praxis der Inneren Heilung der Beziehungsrealität im therapeutisch-seelsorgerlichen Prozess entscheidende Bedeutung beigemessen. Während Erstere vor allem die Beziehung zwischen Therapeut und Pastorand im Gesprächsprozess im Blick hat, berücksichtigt Letztere neben dieser Beziehung auch konkret die Relation des Pastoranden zu Gott.

Wie in den meisten neueren Seelsorgekonzeptionen wird auch bei der Inneren Heilung im Hinblick auf das Erlernen dieser Art der Seelsorge vom Erfahrungslernen ausgegangen. Die Theorie wird – bei den einzelnen Vertretern dieser Seelsorge in unterschiedlichem Maße – damit nicht übergangen. Aber es wird bei schriftlichen und mündlichen Äußerungen zu dieser Art von Seelsorge unverkennbar deutlich, dass die persönliche Erfahrung im eigenen Leben unverzichtbarer Teil der Ausbildung zu ihrer Praxis ist.

Freilich bleiben von der Inneren Heilung her Anfragen an eine einseitig psychologisch orientierte Seelsorge nicht aus. Diese sind jedoch nicht spezifisch für die Vertreter der Inneren Heilung. So fasst Blühm die von verschiedener Seite her geäußerten Bedenken, die auch von Seelsorgern der Inneren Heilung geteilt werden können, so zusammen: »Im Zentrum der Bedenken, die in der kirchlichen Diskussion geäußert worden sind, standen die Warnungen vor einer Überfremdung der Seelsorge und vor ihrer Umwandlung in eine Psychotechnik zur vermeintlichen Selbsterlösung.«[109] Dies geschieht etwa dort, wo religiöse Aussagen nur noch als Symbolisierungen der innerpsychischen Vorgänge interpretiert werden. Vertreter der Inneren Heilung sind wachsam gegenüber Verabsolutierungen psychologischer Theorien. Sie fragen auch, ob der Unterschied zwischen Psychotherapie und Seelsorge allein im »unterschiedlichen Kontext« zu sehen ist. Differenzen zwischen theologischer und säkularpsychologischer Anthropologie werden immer wieder zu beachtlichen Differenzen im therapeutischen Vorgehen führen. In diesem Zusammenhang ist etwa zu fragen, wie weit ein am Begriff der Selbstverwirklichung orientiertes Denken in den Kontext der Inneren Heilung integrierbar ist.

In methodischer Hinsicht versteht sich die Innere Heilung nicht als auf tiefenpsychologische Methoden eingegrenzte und spezialisierte Seelsorge. Sie bringt auch andere Formen seelsorgerlichen Handelns wie biblischen Zuspruch, Gebet, Fürbitte, Ermahnung zum Einsatz.

1.4 Voraussetzungen von Seiten der charismatischen Erneuerung

Wenn hier von »charismatischer Erneuerung« gesprochen wird, so bezieht sich dieser Begriff auf die Bewegung innerhalb der historischen Kirchen.[110] Auch wenn manche Verbindungen zu neupfingstlichen und freicharismatischen Gruppierungen bestehen, sind sie mit diesem Begriff hier nicht erfasst. Die charismatische Bewegung in Deutschland ist Teil einer weltweiten Bewegung, die im Laufe der 60er-Jahre, ausgehend insbesondere von der lutherischen und katholischen Kirche in den USA, alle historischen Kirchen erreichte.[111] Im Folgenden werden einige der

---

[109] Blühm, a.a.O. S. 24. In diesem Zusammenhang ist an das zu erinnern, was Seitz (Überlegungen S. 86) zu bedenken gibt, dass der Bedeutungsverlust von Glaube, Kirche und Evangeliumsverkündigung zu kompensatorischen Unterströmungen in der Faszination an psychologischen Methoden führen kann, die an die Stelle von Inhalten in der Seelsorge treten.

[110] Wir greifen hier die Bestimmung des Begriffs »charismatische Erneuerung« von Reimer (Geist S. 125, Anm. 1) auf. Ausführlich zu den charismatischen Bewegungen vgl. Zimmerling, Bewegungen.

[111] Vgl. Reimer, a.a.O. S. 13.

für den Kontext des in dieser Arbeit untersuchten Themas wesentlichen Züge dieser Bewegung aufgezeigt:

Die charismatische Erneuerung kennzeichnet eine spezifische Offenheit für das gegenwärtige Wirken des Heiligen Geistes. »Geist« bedeutet in dieser Bewegung nicht höhere Erkenntnis geistiger Wirklichkeiten, sondern *»Erfahrung der Gottesbeziehung als geistiger Kraft«*.[112] Damit wird in ihr die schon früher im evangelischen Raum persönlich-existenziell verstandene Begegnung mit Christus als Vertrauensverhältnis zu Gott nicht übergangen – ganz im Gegenteil. Aber man erlebt in ihr den Glauben als Sehnsucht nach und als Erfahrung mit dem wirkenden Geist in der Begegnung mit dem auferstandenen Jesus Christus. Angehörige dieser Bewegung sprechen von einer Erfahrung, die mit Lk 24,49 als ἐνδύσασθαι ἐξ ὕψους δύναμιν bezeichnet werden kann. Im Zuge dieser Erfahrung berichten nicht wenige von einer inneren Befreiung, einem verwandelnden Überwältigt-Werden und nicht selten auch einer neuen Begabung. Manche Anhänger dieser Bewegung erfahren dabei eine Stärkung des Vertrauens in die beständige Gegenwart des Heiligen Geistes. Dieses Wirken wird in speziellen pneumatischen Manifestationen erlebt.

Zur charismatischen Erneuerung gehörende Christen nehmen wahr, dass Gott sie immer wieder direkt und persönlich mit seiner Wirklichkeit konfrontiert. In diesem Sinn charakterisiert Christenson zutreffend[113]: »Charismatische Erfahrung ist ein deutliches Zeichen der Offenbarung Gottes … Gott ist *real, gegenwärtig und persönlich zugewandt*.« Sie geht häufig einher mit der Gewissheit der Liebe Gottes und dem Gefühl, von der Gnade überwältigt zu werden. Das offenbarende Handeln des erhöhten Herrn durch seinen Geist ermöglicht es Gott, sein Leben in das des Glaubenden einzuprägen und – trotz aller Mehrdeutigkeit und eschatologischer Vorläufigkeit – sichtbar zu machen. Wenn im Folgenden auf einige hervorstechende Charismen eingegangen wird, so ist der Kontext des sich offenbarenden Gottes und damit seine Ehre im Auge zu behalten.

---

[112] Reimer, a.a.O. S. 15 (kursiv im Original). Vgl. auch ebd. S. 96: »In der charismatischen Bewegung wird *Gott als Geist*, das heißt als der auf göttliche Weise Wirkende erfahren« (kursiv im Original). Dieses Verständnis verbindet die charismatische Erneuerung mit der um 1900 mit dem amerikanischen Pfingstlertum einsetzenden Geist-Bewegung.

[113] Heiliger Geist S. 26; vgl. ähnlich ebd. S. 65.212 u. 161: »Die gegenwärtige Charismatische Erneuerung ist genau genommen eine Erneuerung des Glaubens an einen Gott, der in das tägliche Leben eingreift.«

Die drei wichtigsten offenbarenden Funktionen des Geistes werden in der charismatischen Erneuerung in enger Verbindung mit dem Wort gesehen: in seiner Inspiration der Lehre, des Zeugnisses und der Prophetie.[114] Zwischen dem Schriftbezug des Glaubens und der gegenwärtigen Einflussnahme Gottes in seiner Führung wird in der charismatischen Erneuerung kein unversöhnter Gegensatz gesehen. Die charismatische Erneuerung sieht im biblischen Text nicht den alleinigen Kanal, durch den Gott zu den Menschen spricht. Sie nimmt die Verheißungen der Bibel ernst, die auf Gottes Reden im Gebet, im Austausch mit anderen Gläubigen und im gehorsamen Gebrauch der Geistesgaben weisen. Zu Letzterem gehören die von Paulus in 1. Kor 12,8.10 erwähnten Gaben λόγος σοφίας, λόγος γνώσεως und προφητεία. Vertreter der charismatischen Erneuerung sehen diese Gaben, die Gottes situativ-konkreten Willen erkennen helfen, als Bestandteil der pfingstlichen Verheißung, die der Kirche für alle Zeiten gilt. Im Hinblick auf den lutherischen Kontext schreibt Christenson[115]: »Die Lutheraner haben von jeher zwischen dem unterschieden, was die Schrift als Ganzes genommen vorschreibt, und dem, was sie lediglich beschreibt.« Was die Schrift in normativer Hinsicht vorschreibt, kann nicht geändert oder erweitert, sondern nur befolgt werden. Auftretende Phänomene des Geistwirkens, die sie beschreibt, können in der Geschichte der Kirche Parallelen haben, die dann an der Schrift als Kriterium zu messen sind.

In der charismatischen Erneuerung nimmt man die verschiedenen Funktionen der Prophetie ernst. Zu ihnen gehört das Aufdecken und Überführen (1. Kor 14,24), das Erwecken und der Ruf zur Umkehr (Apg 2,37), das Erbauen der Gemeinde (l. Kor 14,4), das Ermuntern und Trösten (1. Kor 14,3), das weisende und orientierende Wort (Apg 16,9f) u. a. »Durch Prophetie tröstet, ermutigt, ermahnt und erweckt der Heilige Geist und treibt dadurch den Prozess der Erneuerung der in Christus versöhnten Welt präzis und situationsbezogen voran.«[116]

In der charismatischen Erneuerung wird deutlich die Grunderfahrung einer dem Angebot der Gnade antwortenden Entscheidung für ein verbindliches Leben mit Jesus Christus gelehrt und praktiziert. Aber das Christsein erschöpft sich für sie nicht darin. Vielmehr gewinnt diese Grunderfahrung erst dort ihre charakteristische Bedeutung, wo sie sich in

---

[114] Vgl. dazu Christenson, Heiliger Geist S. 62ff.
[115] Heiliger Geist S. 118 (kursiv im Original).
[116] Christenson, Heiliger Geist S. 243.

der Entfaltung geistlichen Lebens fortsetzt. »Die Grunderfahrung wird als Initialzündung für einen Prozess gesehen, der gern in Ausdrücken der Wachstumsterminologie beschrieben wird.«[117] Damit stellt man sich in dieser Bewegung der Berufung zur in der Rechtfertigung gegründeten Heiligung, in deren Zentrum das Ergreifen des neuen, durch die Gnade geschenkten Lebens steht. Vertreter der charismatischen Erneuerung wollen alles ihrem neuen Herrn hingeben und sich so auf den Herrschaftswechsel einlassen. In der Heiligung hat auch das seelsorgerliche Handeln dieser Bewegung seinen theologischen Ort. Die Seelsorge will den Glauben sowohl in leibseelischer Hinsicht als auch in der Gestaltung des Lebens wirksam werden lassen.

Vertreter der charismatischen Erneuerung rechnen mit Gottes gegenwärtigem heilendem Eingreifen. Krankenheilungen und Exorzismen werden als Machterweise des als Geist wirkenden Gottes verstanden. »Psychisch und physisch Kranke erfahren in der Seelsorge, beim Gottesdienst unter Wort und Sakrament durch das fürbittende Gebet Heilung.«[118] Dabei wird das segnende Handeln der Kirche aufgegriffen und sowohl in Gottesdiensten als auch im seelsorgerlichen Gespräch praktiziert.

Das gegenwärtige Wirken Gottes durch seinen Geist wird in der einem biblisch-reformatorischen Denken nahe stehenden charismatischen Erneuerung nicht als zur Verfügung stehender Besitz gelehrt.[119] Man weiß vielmehr um die Abhängigkeit des Glaubenden vom souveränen Geist. Diese Abhängigkeit kommt zum Ausdruck in vielfältigen Äußerungen des Gebets. Das persönliche und gemeinsame Beten spielt in dieser Bewegung eine wichtige Rolle. »Für manche ist das Gebet das wichtigste Anliegen der Bewegung. Es steht im Zentrum des geistlichen Lebens.«[120] Das Gebet, das sich in Anbetung, hörender Stille und Fürbitte vollzieht, wird in dieser Bewegung als das Gespräch mit Gott, dem konkreten Gegenüber, praktiziert, mit dem alle Dinge des Lebens geteilt werden; dort erwartet man auch immer wieder konkrete Führung und Weisung. Als Teil der Gebetspraxis wird in der charismatischen Erneuerung das Sprachengebet praktiziert. Es dient der persönlichen Erbauung (1. Kor 14,4) und dem Lobpreis Gottes.

---

117 Kirchner u. a. (Hrsg.), Erneuerung S. 49.
118 Kirchner u. a. (Hrsg.), a.a.O. S. 55.
119 In der konkreten gemeindlichen Praxis kommt es freilich immer wieder vor, dass Anhänger der charismatischen Erneuerung durch überzogene Selbstansprüche und Ansprüche an andere hinter ihrer nach außen hin vertretenen Intention zurückbleiben.
120 Ebd. S. 71.

Die unter diesem Punkt skizzierten Linien führen in das Zentrum des Themas dieser Arbeit. Von daher stehen sie am Ende des einleitenden Abschnitts über die Voraussetzungen der Inneren Heilung. Auch wenn charismatische Bewegung und Seelsorge zu unterscheiden sind[121], so kennzeichnet Erstere im Allgemeinen ein ausgeprägt seelsorgerliches Anliegen, so dass Reimer zutreffend feststellen kann: »... Wir haben es bei der charismatischen Erneuerung mit einer *Seelsorgebewegung* zu tun.«[122] Die Verbindungslinien zwischen der charismatischen Erneuerung und der Seelsorge im Sinne der Inneren Heilung sind daher vielfältig:

Das bezieht sich bereits auf die gemeinsame Grundlage: Wie die charismatische Bewegung insgesamt, so rechnet auch die Seelsorge im Sinne der Inneren Heilung mit dem gegenwärtigen *Wirken des Heiligen Geistes*. Auch wenn dieses unverfügbar ist und somit im seelsorgerlichen Prozess nicht methodisiert werden kann, so geschieht diese Art der Seelsorge in der grundsätzlichen Offenheit für das Eingreifen des im Geist gegenwärtigen Vaters und Sohnes. In Berichten über Erfahrungen mit der Inneren Heilung fällt auf, dass es in dieser Seelsorge häufig um innere Befreiungsprozesse und ein Überwältigt-Werden von der verwandelnden Gegenwart Gottes geht.

Wie die charismatische Bewegung, so basiert die Innere Heilung in ihrem Selbstverständnis auf dem *sich offenbarenden Gott*. Auch wenn medizinische und psychologische Einsichten in dieser Seelsorge Beachtung finden, so werden diese als unter der Herrschaft des sich offenbarenden Gottes stehend betrachtet; sie werden nicht im Kontext eines immanent geschlossenen Weltbildes verstanden.

Im Hinblick auf die Frage der *Heiligung* gilt für die charismatische Bewegung und die Innere Heilung dasselbe: Bei beiden kommt diesem Glaubensaspekt große Bedeutung zu. Die Innere Heilung kann als Spezialfall der Heiligung betrachtet werden; geht es in ihr doch um die Entfaltung des Heils im leibseelischen Bereich des Menschen.

Mit der charismatischen Bewegung insgesamt verbindet die Innere Heilung der gehorsame Einsatz verschiedener in dieser Bewegung besonders beachteter *Charismen*:

Dass die hier untersuchte Seelsorge wie die charismatische Bewegung mit der *Heilung* zu tun hat, bringt bereits die Bezeichnung »Innere Hei-

---

121 Darin liegt der Grund, warum die charismatische Bewegung hier unter den *Voraussetzungen* der Inneren Heilung aufgeführt wird.

122 Reimer, a.a.O. S. 81; vgl. auch ebd.: »Die Seelsorge ... ist das Charisma dieser Erneuerungsbewegung« (kursiv in beiden Zitaten im Original).

lung« zum Ausdruck. Sicher kommt das Charisma der Heilung nicht jedem, der diese Art von Seelsorge praktiziert, zu. Aber jeder, der sie praktiziert, wird sich auf das Gebet um Heilung für den Ratsuchenden in den jeweils ablaufenden Prozessen einlassen. Dabei wird in dieser Seelsorge mit der Heilung in der psychischen, physischen und spirituellen Dimension gerechnet.

Wie in der charismatischen Bewegung insgesamt, so öffnet sich die Seelsorge im Sinne der Inneren Heilung für die *prophetische Dimension*. Letztere bezieht im seelsorgerlichen Gespräch bewusst das hörende Beten mit ein, bei dem durch den Geist Gottes prophetische Einsichten deutlich werden können, die den seelsorgerlichen Weg befruchten oder entscheidend voranbringen können. Die prophetische Dimension kann sich hier im Überführen, Erbauen, Trösten oder in einer Weisung konkretisieren.

Schließlich besteht zwischen der charismatischen Bewegung und der Inneren Heilung eine breite Verbindungslinie in der *Bedeutung des Gebets*. Dieses wird in der hier besprochenen Seelsorge häufig eingesetzt. In diesem Zusammenhang kommt auch die persönlich auferbauende Wirkung des Sprachengebets mit seiner Wirkung in die Emotionalität des Menschen hinein zum Tragen.

1.5 Entstehung und Verbreitung der Inneren Heilung

Am Ende der Voraussetzungen für das Aufkommen der Inneren Heilung ist der Ort, einen kurzen Abriss der Geschichte der hier untersuchten Art der Seelsorge zu geben. Da erst in neuerer Zeit vermehrt Publikationen zu diesem Thema erscheinen, sind schriftliche Äußerungen zur Frage der geschichtlichen Entwicklung und Verbreitung spärlich.

Den Beginn dieser Seelsorge markiert das Wirken des Ehepaares Agnes und Edgar L. Sanford.[123] Im Zweiten Weltkrieg arbeitete Agnes Sanford als freiwillige Helferin in einem Krankenhaus. Sie betete für verwundete

[123] Diese Meinung wird sowohl von Befürwortern dieser Seelsorge (J. u. P. Sandford, Umgestaltung S. 10f, J. u. M. Sandford, Deliverance S. 82f [vgl. ebd. zum Folgenden]); Arteaga, Indicator S. 11; als auch von Kritikern derselben (Hughes, Healing S. 15) geteilt.

Soldaten und erlebte spontane Heilungen. Während ihrer Arbeit im Krankenhaus hatte sie ein Initialerlebnis, das sie zur Seelsorge im Sinne der Inneren Heilung führte: Sie begegnete Harry Goldsmith, einem amerikanischen Soldaten jüdischer Abstammung, von dessen Fuß zehn Zentimeter Knochen weggeschossen waren. Agnes betete für Goldsmith und lehrte ihn selber beten. Eine erwogene Amputation erübrigte sich, da das Bein nachwuchs. Während seines späteren Psychiatriestudiums teilte er A. Sanford mit, dass er nicht verstehen könne, warum er von Zeit zu Zeit unerklärliche Wutausbrüche habe, in denen er schreckliche Dinge tat. A. Sanford, darüber verwirrt, dass ein bewusster Christ mit solchen Verhaltensauffälligkeiten zu tun haben kann, betete über diesem Problem. Dabei erhielt sie eine prophetische Vision, in der ihr gezeigt wurde, dass Harry Goldsmith als zehnjähriger Junge von nichtjüdischen Jungen verfolgt und geschlagen wurde. A. Sanford erkannte auf diese Weise, dass die Wurzel des Problems nicht im erwachsenen Harry lag, sondern in der ungeheilten Wunde aus der Kindheit. Der Versuch des inzwischen Erwachsenen zu vergeben hatte nicht sein Herz erreicht. A. Sanford betete um Heilung und Trost für den kleinen Jungen und um die Fähigkeit, denen zu vergeben, die an ihm schuldig geworden waren. Harry erlebte darauf eine nachhaltige Befreiung von seinen Wutausbrüchen. A. Sanford wurde durch dieses Erlebnis für den Zusammenhang von vergessenen inneren Kindheitstraumata mit Problemen von Erwachsenen sensibilisiert und wandte ihre neue Einsicht bei verschiedenen verletzten Menschen an. Neu an diesem in der Psychologie bekannten Phänomen war, dass das Gebet vollmächtig in Folgen vergangener Ereignisse einzugreifen vermochte. Agnes und ihr Mann Edgar, zunächst Rektor einer Episkopalschule, gründeten die »School of Pastoral Care« und begannen über »Heilung der Erinnerungen«[124] zu lehren. Sie unterstrichen die Erkenntnis, dass vergangene, unvergebene, längst vergessene Sünden sich in ungewollten und unpassenden Verhaltensweisen manifestieren können. Bewältigung solcher Probleme wird durch Vergebung und Gebet ermöglicht. Eine Reihe von Personen, die später innerhalb der charismatischen Erneuerung bekannt wurden, besuchte die Schule des Ehepaars Sanford.[125] 1961 stieß

---

[124] A. Sanford mochte diesen Begriff nie, sie verstand ihren Dienst mehr im Sinne von Jak 5,13-16.

[125] Zu ihnen gehörten F. MacNutt, B. Shlemon, T. Tyson; H. Riffel; P. u. J. Sandford u. a. (vgl. dazu J. u. P. Sandford, Umgestaltung S. 11). In der Zeit nach dem Zweiten Weltkrieg arbeitete A. Sanford mit Roland Brown in der Vereinigung »Camps Farthest Out« im Sinne der Inneren Heilung.

J. Sandford auf das Ehepaar. Seit 1963 hielten John und Agnes zusammen in der »School of Pastoral Care« und auf Reisen innerhalb der USA viele Seminare über Innere Heilung. Während A. Sanford den Zusammenhang von Verletzungen in der Kindheit mit Problemen in der Gegenwart hervorhob, fügte J. Sandford dieser Erkenntnis die Verbindung sündhafter Gewohnheiten mit der sündhaften Natur des Menschen hinzu. Von daher spricht Letzterer von der Notwendigkeit, die sündhafte Natur zu bekämpfen, »indem wir selbst am Kreuz sterben«.[126] So ordnet er die Innere Heilung der Umgestaltung des inneren Menschen und damit der Heiligung zu.

Im Zusammenhang der Inneren Heilung erregte in den Siebzigerjahren der Name Ruth Carter Stapelton, Schwester des Ex-Präsidenten Jimmy Carter, über die Grenzen der USA hinaus einiges Aufsehen.[127] Sie arbeitete in ausgedehnter Weise mit der Methode der Imagination: Der verletzte Ratsuchende sollte sich die Personen, welche ihm Verletzungen zugefügt hatten, als freundlich und sanft vorstellen. Dieser einseitige Gebrauch der Imagination wurde von evangelikaler Seite her in den Achtzigerjahren teilweise pauschal kritisiert und abgelehnt.[128] Mit dieser Kritik traf auch die Seelsorge im Sinne der Inneren Heilung von Seiten evangelikal orientierter Christen in den USA eine ziemlich pauschale Verurteilung. Dies konnte jedoch die zunehmende Ausbreitung der Inneren Heilung sowohl in psychotherapeutische Fachkreise hinein als auch über Konfessionsgrenzen hinweg nicht verhindern. Verschiedene namhafte Vertreter der römisch-katholischen Kirche griffen das Anliegen auf, unter ihnen F. MacNutt[129] und M. u. D. Linn.[130] 1975 trafen sich Seelsorger, Ärzte, Therapeuten und andere im Gesundheitswesen tätige Hauptamtliche zu einer charismatisch ausgerichteten Konferenz, auf der die Frage der Heilung bedacht wurde. Teilnehmer dieser Konferenz gründeten die »Association of Christian Therapists« (ACT) in den USA.[131] Diese Vereinigung, die sich inzwischen als ökumenische Arbeitsgemeinschaft versteht, unterscheidet zwei Kategorien von Mitglie-

126 Ebd. S. 124.

127 Vgl. dazu Hughes, Healing I S. 15.

128 Hunt, Rückkehr S. 241ff; Csorsas, Psychotherapy S. 80f; J. u. M. Sandford, a.a.O. S. 84.

129 Healing, Notre Dame, Indiana 1974 (= Die Kraft zu heilen).

130 Healing Life's Hurts: Healing Memories Through five stages of Forgiveness, New York 1978 (= Beschädigtes Leben heilen).

131 Csorsas (Psychotherapy S. 81) äußert, dass die Konferenz im Jahre 1975 als der Beginn der organisierten professionellen charismatischen Heilungstätigkeit angesehen werden kann.

dern: hauptamtlich im Gesundheitswesen tätige Mitglieder (health care professionals) und Laienmitarbeiter (professionally untrained but »legitimate« healers[132]); beide Gruppierungen von Mitarbeitern nahmen das Anliegen der Inneren Heilung auf. Die ACT hat ein Netz von Beratungszentren aufgebaut, das sich über das gesamte Gebiet der USA erstreckt. S. Hughes kann im Hinblick auf die gegenwärtige Praxis der Inneren Heilung in den USA schreiben: »This ministry was absorbed into the charismatic renewal and is presently practised by men and women in almost every denomination of the Christian Church – Roman Catholics included.«[133]

Anfang der Sechzigerjahre gründete Ann White, die ebenfalls aus der seelsorgerlichen Arbeit A. Sanfords hervorgegangen war, zusammen mit ihrem Mann die Vereinigung »Victorious Ministry Through Christ«. Diese Vereinigung sieht den Schwerpunkt ihrer Arbeit in Seelsorgeangeboten für Pfarrer. In der zweiten Hälfte der Sechzigerjahre kam Ann White aus den USA nach England; sie lehrte und praktizierte dort die seelsorgerlichen Entdeckungen A. Sanfords.[134] Die Seelsorge im Sinne der Inneren Heilung wurde dort vor allem in der anglikanischen Kirche aufgenommen. Am Beginn der Siebzigerjahre kam es zur Gründung der Vereinigung »Wholeness through Christ« (WtC), welche regelmäßige Angebote für seelsorgerlich orientierte Einkehrzeiten (prayer counseling) macht. Von England kam diese Gebetspastorats-Seelsorge 1978 durch anglikanische Pastorenehepaare in die Niederlande und von dort aus in der ersten Hälfte der Achtzigerjahre in die Schweiz. In der zweiten Hälfte der Achtzigerjahre kam die Gebetspastoratsbewegung auch nach Deutschland, wo innerhalb des Offenen Abends/Stuttgart die ersten Seminare durchgeführt wurden.[135]

Ebenfalls in den Siebzigerjahren entstanden in Deutschland zwei Seelsorgewerke, welche die Innere Heilung praktizieren: Das Aufbauzentrum für Lebensbewältigung und Lebensgestaltung e. V.[136] und

---

132 Csorsas, a.a.O. S. 81.

133 Healing I S. 16.

134 So laut mündlicher Mitteilung der Gründermitglieder der »Wholeness through Christ« – Bewegung in England und der holländischen Tochtergründung »in Christus heel«.

135 Die Gebetspastorats-Seelsorge ist gegenüber der Seelsorge, wie sie im Aufbauzentrum in Lindau und im ICHTHYS-Werk (vgl. zu beiden Werken im nächsten Absatz) praktiziert wird, eine eigenständige Entwicklung. Sie wird deshalb hier gesondert erwähnt.

136 Dieses Werk hat inzwischen seine Arbeit eingestellt.

ICHTHYS Familien- und Lebensberatung e. V.[137] ICHTHYS bietet das ganze Jahr hindurch seelsorgerliche Einkehrzeiten für Einzelne oder Gruppen an. In Schweden fand die Innere Heilung ebenfalls durch Anne S. White Verbreitung, die seit 1972 in Göteborg Schulungstagungen zum Thema »Gebetsseelsorge« abhielt.[138] Ein besonderer Ausschuss führte ihre Arbeit weiter.

1.6 Ertrag aus den Voraussetzungen für die Innere Heilung

Die Voraussetzungen für die Innere Heilung führten im Wesentlichen in zwei Bereiche hinein:

Zum einen beschäftigten sie sich mit verschiedenen psychologischen Schulen vor allem aus dem tiefenpsychologischen (Punkt 1.1.1 bis 1.1.2), zum andern aber auch aus dem kognitiven (Punkt 1.1.4) Bereich. In den tiefenpsychologischen geht man, wenn auch im Einzelnen mit sehr unterschiedlichen Theorien, von der Bedeutung der lebensgeschichtlichen, bis in die frühe Kindheit zurückreichenden Erfahrungen aus. Die Skizze der psychosomatischen Medizin (Punkt 1.2) kann als eigenständige Entwicklung begriffen werden, die aber dennoch in Verbindung mit tiefenpsychologischen Schulen steht. In der kognitiven Psychologie erforscht und berücksichtigt man die psychologische Bedeutung von Kognitionen und kognitiven Strukturen. Zwischen beiden psychologischen Grundrichtungen bzw. – unter Hinzuziehung der psychosomatischen Medizin – zwischen allen dreien und der Inneren Heilung ergeben sich Überschneidungsbereiche. Im nunmehr folgenden ersten Hauptteil dieser Untersuchung werden zunächst die von dieser Seelsorge vertretenen psychologischen Einsichten herausgearbeitet. Zum andern haben die Punkte 1.3 und 1.4 zu theologischen Fragen der Seelsorge hingeführt.

Während Punkt 1.3 die Frage des Verhältnisses von Seelsorge und Psychologie von der neueren Seelsorgebewegung her aufgegriffen hat, führte Punkt 1.4 mit der Darstellung einiger charakteristischer Züge der charismatischen Bewegung unmittelbar zu den theologischen Grundla-

137 Letztere Vereinigung hat in der ersten Hälfte der achtziger Jahre eine Tochtergründung in der Schweiz begonnen.
138 Vgl. dazu Hein, Übersicht S. 342.

gen der Inneren Heilung hin. Der zweite Hauptteil dieser Arbeit geht auf die theologischen Implikationen und die theologische Theorie der Praxis der Inneren Heilung ein. Er wird gefolgt vom dritten Hauptteil, in dem diejenigen Fragen behandelt werden, die sich aus der Theorie für die praktischen Vollzüge der Inneren Heilung ergeben.

2 Psychologische Aspekte der Inneren Heilung

Die Ausführungen zu den Voraussetzungen der Inneren Heilung (Punkt 1) deuteten bereits eine Vielzahl von Überschneidungsbereichen zwischen dieser Art der Seelsorge und verschiedenen psychologischen Schulen an. Hin und wieder werden im Vollzug der Inneren Heilung Schritte praktiziert, die auch aus der Psychotherapie bekannt sind. Bei den verschiedenen Vertretern der Inneren Heilung sind diese psychologischen Voraussetzungen aber in sehr unterschiedlichem Maß reflektiert. Dem ist nun genauer nachzugehen.

Methodisch wird in diesem Abschnitt folgendermaßen vorgegangen:

1. In einem ersten Schritt kommt die in der Inneren Heilung verwendete psychologische Einsicht vom Standpunkt der säkularen Psychologie und von der Seelsorge außerhalb der Inneren Heilung aus zur Darstellung. So ergibt sich eine Basis, von der aus die Verarbeitung dieser Einsichten in der Inneren Heilung betrachtet und beurteilt werden kann. Da die psychologischen Einsichten in dieser Arbeit im Hinblick auf die Innere Heilung betrachtet werden und da es sich hier um eine praktisch-theologische Untersuchung im Rahmen der Poimenik handelt, können die psychologischen Probleme allerdings nicht im Detail dargelegt werden.

2. In einem zweiten Schritt wird dann der Aufnahme dieser im ersten Schritt eruierten psychologischen Einsicht durch Vertreter der Inneren Heilung nachgegangen. Dabei wird das in den Veröffentlichungen zur Inneren Heilung erkennbare Ausmaß der Reflexion dieser Einsichten berücksichtigt.

3. Würde man vorschnell die Frage nach dem theologischen Proprium der Inneren Heilung stellen, müsste das in weiten Teilen dieses Abschnitts zu einer Enttäuschung führen.[139] Die Frage des Propriums wird in diesem Punkt weitgehend ausgeklammert.

[139] Dieses wird mehr unter Punkt 3 in das Blickfeld rücken.

2.1 Menschliche Grundbedürfnisse

Die Seelsorge im Sinne der Inneren Heilung spricht häufig von »Verletzungen«. In diesem Sinn bemerkt Hübner: »Verletzungen des Geistes sind eine Angelegenheit der ›Inneren Heilung‹.«[140] Ehe unter Punkt 2.2 auf diesen Begriff eingegangen werden kann, muss die Frage der menschlichen Grundbedürfnisse bedacht werden, da ihr Verständnis die Voraussetzung für den Begriff und die Sache der Verletzungen darstellt.

2.1.1 Zur Frage der Grundbedürfnisse in der Psychologie

Die Grundbedürfnisse sprechen ein weites Feld an, das schwer eingrenzbar ist. A. Maslow[141] ordnet fünf Grundbedürfnisse hierarchisch einander zu und versteht die angesprochenen Bedürfnisse jeweils als ein Bündel. Es handelt sich ihm zufolge um die Bedürfnisse 1. nach physiologischer Befriedigung, 2. nach Sicherheit und Gefahrlosigkeit, 3. nach Liebe und Zugehörigkeit, 4. nach Wertschätzung und Selbstachtung und 5. nach Selbstverwirklichung. Man könnte im Hinblick auf Maslow auch von einem Modell konzentrischer Kreise sprechen. Wird ein vormächtigeres Bedürfnis in der Hierarchie der Bedürfnisse befriedigt, tauchen die hinter diesen liegenden auf.[142] Maslow weist darauf hin[143], dass die Frage nach den menschlichen Bedürfnissen die Frage nach dem Essenziellen des menschlichen Lebens ist.

In diesem Abschnitt werden solche Grundbedürfnisse genannt, über die auch in psychologischen Fachkreisen ein gewisser Konsens besteht. Bereits bei oberflächlicher Betrachtung fällt auf, dass sich die Grundbedürfnisse des Menschen im Laufe seiner Entwicklung ändern: Beim Säugling sehen sie anders aus als beim Erwachsenen. Dieser Beobachtung wird Rechnung getragen, indem im nächsten Abschnitt die wesent-

---

140 Hübner, Psychologie S. 199.

141 Motivation S. 11.52.62ff.88.103; er spricht lieber (S. 66) von einem »Bedürfnisensemble«. Zu Maslow vgl. Toman, Tiefenpsychologie S. 116f. Dieterich (Heil S. 80) spricht von den vier Grundstrebungen Macht, Besitz, Ehre und Selbstverwirklichung.

142 Dasselbe kann auch nach erzwungener oder freiwilliger Entbehrung, Verneinung und Unterdrückung geschehen. Maslow (a.a.O. S. 137) unterscheidet die sich nicht auf grundlegende Bedürfnisse beziehende »Entbehrung« von der sich auf Grundbedürfnisse beziehenden »Bedrohung«.

143 A.a.O. S. 10.

lichen Grundbedürfnisse der jeweiligen entwicklungspsychologischen Stufe angesprochen werden.

Unter den Grundbedürfnissen nimmt das Bedürfnis des Menschen nach *Liebe* eine zentrale Stelle ein. Die Tiefenpsychologie geht davon aus, »dass die liebevolle Bindung an andere Menschen der mächtigste Stimulus für unsere Fantasie ist, biologische Programme in sozial erlernte Programme umzuformen … Die Sozialisation von Triebverhalten wird … nur durch dieses Bindungsstreben möglich.«[144] Das Liebesbedürfnis wird hier in Verbindung gesehen mit der Suche nach zwischenmenschlicher Beziehung in einer vertrauensvollen Bindung und damit nach Zuwendung. Zur Liebe gehört danach die Gewährung dieser Bedürfnisse. Sie gewährt dem Gegenüber den angemessenen Lebensraum, in dem es im Frieden leben und sich entfalten kann. Solche Liebe nimmt die Bedürfnisse des anderen wahr und sucht auf sie einzugehen. Liebende Annahme bringt demjenigen, an den sie sich wendet, eine tiefe Achtung entgegen und lässt ihm einen Sinn für den eigenen Wert zuwachsen. Der Mensch, der Liebe erfährt, wird sich selber viel eher annehmen können als jemand, der unter einem Mangel an dieser Erfahrung leidet. Sie fordert denjenigen, der sie gewährt, heraus, sein eigenes Leben für den anderen hinzugeben. Bei gesunden Menschen kann man feststellen, dass sie »praktisch alle ein liebevolles Leben geführt haben, geliebt haben und geliebt wurden … Wir können … sagen, dass ebenso wie ein Organismus Salz braucht, um Gesundheit zu behalten und Krankheit zu vermeiden, er auch Liebe braucht …«[145]

Um dem Grundbedürfnis nach Liebe mehr Konkretion zu verleihen, ist es sinnvoll, weiteren Bedürfnissen nachzugehen. Die im Folgenden erwähnten stehen außer den beiden an letzter Stelle genannten alle in Verbindung mit dem Grundbedürfnis nach Liebe und interpretieren es von verschiedenen Seiten her:

Wenn Hammond bemerkt: »Geliebt werden gibt uns das Gefühl der Sicherheit«[146], so geht daraus hervor, wie eng das Bedürfnis nach *Geborgenheit*, Schutz und Sicherheit mit dem im vorigen Punkt erwähnten verbunden ist. Gefühle der Unsicherheit können großes Unbehagen er-

---

144 V. Uexküll/Wesiak, Dimensionen S. 28; vgl. auch Maslow, a.a.O. S. 94; T. Koch, Mensch IX S. 556.

145 Maslow, a.a.O. S. 313.

146 Hammond, Ablehnung S. 40; so auch Eibach, Depression S. 36: »Beziehungen, die Leben schenken, statt Leben zu fordern, sind Beziehungen der Liebe. Sie vermitteln Geborgenheit.«

zeugen und bedrohlich wirken. Im Raum der Geborgenheit und Sicherheit kann sich der Mensch entfalten und auf die Herausforderung sowohl durch den Mitmenschen als auch durch Aufgaben einlassen.

Als eine Variante des Liebesbedürfnisses können ferner die Bedürfnisse nach *Anerkennung*, *Angenommensein*, *Geselligkeit* und *Zugehörigkeit* betrachtet werden. »Wir wollen um keinen Preis abgelehnt werden.«[147] Das Zugehörigkeitsgefühl ist das Bewusstwerden dessen, dass man erwünscht ist und dass andere bereit sind, sich um einen zu sorgen. Hinter dem Bedürfnis nach Anerkennung steht der Wunsch, geachtet und ernst genommen zu werden.

In Verbindung mit der Anerkennung stehen die Bedürfnisse nach *Werthaftigkeit*, *Bestätigung* und *Achtung*.[148] Hier geht es um die Überzeugung, dass ich als Mensch etwas gelte. Der Mensch sehnt sich danach, geschätzt zu werden und für andere wichtig zu sein.

Werthaftigkeit und Bestätigung ermöglichen die Befriedigung eines weiteren Bedürfnisses: das der *Selbstverwirklichung*.[149] Dieses Grundbedürfnis wird hier nicht im Sinne eines oberflächlichen Egoismus verstanden. Es findet vielmehr zum einen seine Befriedigung in der Weitergabe der Liebe und Hingabe an Menschen und Aufgaben. Zum anderen geschieht seine Befriedigung in Entfaltung der individuellen Begabung. Dabei geht es um die Aktualisierung persönlicher Kompetenz und verantwortlicher Freiheit im eigenen Leben. Ohne Zwang kann der Mensch sich dabei mit seiner Individualität identifizieren und lernen, das, was er mitbekommen hat, auf seine Lebensaufgabe anzuwenden.[150]

Ein weiteres mit der Liebe eng verbundenes Bedürfnis ist das nach *Gemeinschaft*. Der Mensch hat das Verlangen, sich mitteilen und seinerseits Mitteilungen von anderen aufnehmen zu können. »Der Mensch (ist) ein soziales Wesen …, das nicht isoliert betrachtet werden darf …«[151] Anzusprechen und angesprochen zu werden, sind für den Menschen jeden Alters Lebensnotwendigkeiten. Jeder Mensch ist auf Hilfe und Anteilnahme von anderen angewiesen und will verlässliche Beziehungen erleben können, in denen er sich öffnen und anvertrauen kann, ohne im Falle von Schwierigkeiten enttäuscht und im Stich gelassen zu werden. In guter

---

147 Hammond, Ablehnung S. 27.
148 Maslow (a.a.O. S. 47) spricht von »Wünsche(n) … nach Lob, Prestige und Ähnlichem«.
149 Maslow, a.a.O. S. 73.
150 Vgl. dazu Erikson, Ich-Entwicklung S. 54.
151 Wesiak, Grundzüge S. 18.

Gemeinschaft kommt dem Menschen von anderen her das notwendige Verständnis zu.

Das Bedürfnis nach der *Wahrung der Grenze des Individuums* ist ebenfalls zu den Grundbedürfnissen zu rechnen.[152] Der Begriff der Grenze meint den physischen, psychischen und spirituellen Eigenraum einer Person. Grenzen definieren die Individualität eines jeden Menschen. Sie gehören wesensmäßig zur Erfahrung des Menschen als eigenständige Person hinzu, ermöglichen die Übernahme von Verantwortung für Lebensentscheidungen und sind somit als ein Charakteristikum der Würde eines jeden Menschen zu bezeichnen. Das Bedürfnis nach der persönlichen Grenze ist ein zur Sehnsucht nach Gemeinschaft komplementäres Bedürfnis.

Einen gegenüber den bisher genannten Bedürfnissen eigenständigen Bereich spricht Maslow[153] mit den »kognitiven Bedürfnisse(n)« und den »ästhetischen Bedürfnisse(n)« an. Zu ersteren zählt er das Bedürfnis nach Wissen und Verstehen, das Bedürfnis nach Erklärungen, das philosophische und theologische Wertsysteme errichtet. Zu letzteren zählt er die Impulse: Schönheit, Symmetrie, Einfachheit, Vollendung und Ordnung, ferner das Bedürfnis sich auszudrücken, auszuagieren und eine Bewegung zu vollenden.[154]

2.1.2 Zur Frage der Grundbedürfnisse bei der Inneren Heilung

Betrachten wir die Literatur zur Inneren Heilung zunächst im Hinblick auf Ansätze, die Grundbedürfnisse zu strukturieren, so ist Folgendes festzustellen:

N. Wright[155] beruft sich ohne Angabe des Fundortes auf Maslow und übernimmt dessen oben aufgeführte fünf Grundbedürfnisse. Er wendet jedoch die humanistische Orientierung Maslows beim fünften Grundbedürfnis, der Selbstverwirklichung, in eine christliche, indem er dieses

---

152 Zum Begriff der Grenze (boundary) vgl. Stoop/Masteller, Forgiving S. 104.

153 A.a.O. S. 28,75ff.

154 Sechs weitere Grundbedürfnisse, die D. u. S. Sneed (Understanding S. 186) nennen, seien hier nur erwähnt, da sie – zumindest teilweise – in den besprochenen enthalten sind, oder – wie die Vergebung – später bedacht werden: Comfort, Discipline, Celebration, Forgiveness, Guidance, Nurture, Stimulation, Structure.

155 Friede S. 155. N. Wright ist Ehe- und Familienberater am Family Counseling and Enrichment Center in Tustin, Kalifornien.

Bedürfnis kommentiert[156]: »Damit meint Maslow, anderen Liebe – Agape – zu geben und sein Potenzial, seine Begabung zu entfalten.« Ohne Bezugnahme auf einen säkularen Psychologen und ohne eine Hierarchie der Bedürfnisse anzusprechen, aber doch in einer gewissen Nähe zu Maslow äußert Seamands[157]: »Von unserer Geburt an stellt sich uns nämlich das Problem, dass wir bestimmte gottgegebene Bedürfnisse zu befriedigen haben, beispielsweise das Bedürfnis nach Nahrung, nach Wärme, nach Sicherheit, nach geschlechtlicher Betätigung, nach Selbstbestätigung, nach Geborgenheit, das Bedürfnis, geliebt zu werden und Liebe zu geben und das Bedürfnis, einen Sinn im Leben zu finden.« Wie bei Wright, so findet sich auch bei Seamands eine theologische Akzentuierung der Grundbedürfnisse; er gibt sie mit der Charakterisierung der Grundbedürfnisse als »gottgegeben«.

A. Westmeier[158] verwendet die Unterscheidung von primären, physischen von den sekundären, die Seele betreffenden Bedürfnissen, zu denen sie vor allem Liebe und Geborgenheit zählt. Damit überschneidet sich ihr zweiter Grundbedürfnisbereich mit dem zweiten, dritten und vierten von Maslow (und Wright) genannten Grundbedürfnis.

S. D. Wilson spricht von drei grundlegenden Bedürfnissen: 1. materielle Bedürfnisse (maintenance), 2. emotionale und Beziehungsbedürfnisse (nurturance), 3. Bedürfnisse nach Antworten (guidance).[159] Die Kategorie der emotionalen Bedürfnisse untergliedert Frank in drei weitere Grundbedürfnisse[160]: das Bedürfnis nach Zugehörigkeit, nach Werthaftigkeit der eigenen Person und nach Kompetenz.

L. Crabb unterscheidet »primäre«, »sekundäre« und »tertiäre Bedürfnisse«.[161] Zu den primären zählt er das Bedürfnis nach Gemeinschaft mit einem starken, verlässlichen Gegenüber, das für ihn Gott ist. Als Beispiel für sekundäre Bedürfnisse nennt er den Wunsch nach bereichernden Beziehungen mit Tiefgang. Die tertiären Beziehungen können von bedeutenderen bis zu banalen Bedürfnissen reichen: »Das Unterscheidungsmerkmal zwischen sekundären und tertiären Bedürfnissen ist das Moment der zwischenmenschlichen Beziehung. Wenn zur Befriedigung

156 Ebd.

157 Befreit S. 36.

158 Seele S. 26. A. Westmeier studierte Psychologie (B. A.), Theologie (M. A.) und klinische Seelsorge.

159 Hurt S. 22f; vgl. dazu unten Punkt 2.1.6.

160 Door S. 155f.

161 Von innen S. 76.

des Bedürfnisses nicht im Wesentlichen der persönliche Beitrag eines anderen erforderlich ist, möchte ich es als tertiär bezeichnen.« Tertiäre Bedürfnisse können nach dieser Definition – etwa im Krankheitsfall – akute Bedeutung erhalten. Eine solche Unterscheidung ist dann hilfreich, wenn sie etwa zur Einordnung und Verarbeitung von Frustrationserlebnissen herangezogen wird. Nicht jedes Bedürfnis ist gleich grundlegend für das Leben eines Individuums oder einer Gruppe. Die Schwierigkeit dieser Unterscheidung liegt darin, dass eine Abgrenzung zwischen den drei Bedürfniskategorien nicht leicht durchzuführen ist und dass die durch diese Begriffe nahe gelegte Wertung in die Irre führen kann: Empfindlich vernachlässigte tertiäre Bedürfnisse können erhebliche Rückwirkungen auf die sekundären und primären Bedürfnisse haben. In dieser Hinsicht ist die Strukturierung der Grundbedürfnisse nach Maslow hilfreicher. Die Frage, welches Bedürfnis welcher der Kategorien Crabbs zuzurechnen ist, wird vor allem dann strittig, wenn die allgemeine Ebene verlassen wird.

Es ist auffallend, dass die Versuche, die Grundbedürfnisse hierarchisch oder komplementär zu strukturieren, bei solchen Vertretern der Inneren Heilung erscheinen, die psychologische Bildung mitbringen. Die Ansätze, die Grundbedürfnisse zu strukturieren, sind zwar verschieden, was wesentlich mit dem Bedeutungsspektrum der für die Grundbedürfnisse verwendeten Begriffe zusammenhängt. Aber es gibt bei diesen verschiedenen Ansätzen doch auch, wie angedeutet wurde, Überschneidungen, so etwa in der grundlegenden Unterscheidung zwischen physischen und emotional-psychischen Bedürfnissen.

Die meisten Vertreter der Inneren Heilung weisen auf die Unabdingbarkeit der Liebe hin. Ihr kommt nicht nur für die Entwicklung des Kindes grundlegende Bedeutung zu. Sie hat vielmehr in allen Lebensphasen des Menschen lebensfördernde Wirkung. In diese Richtung weist F. MacNutt, wenn er meint: »Nichts hat der Mensch nötiger als das Gefühl, geliebt zu sein; nicht seiner Eigenschaften oder Errungenschaften wegen, einfach um seiner selbst willen.«[162] Der Begriff der Liebe erhält in der Literatur der Inneren Heilung konkrete Konturen. Einen Ansatz dazu bietet das soeben angeführte Zitat von MacNutt: Die hier zur Debatte stehende Liebe beinhaltet als wesentlichen Zug bedingungslose Zuwendung. Sie liebt am Mitmenschen nicht nur das Liebenswerte, sie liebt ihn auch nicht

[162] Kraft S. 124. MacDonald (Wenn alles zerbricht S. 153) spricht davon, dass Gott uns mit einem Hunger nach Liebe geschaffen hat.

um eines Zwecks willen, sondern um seiner selbst willen.[163] Dieses Verständnis der Liebe wird wesentlich vom neutestamentlichen Begriff der ἀγάπη her verstanden[164], wie es die oben erwähnte Kommentierung Wrights zu Maslow typisch zeigte.

Auch das Bedürfnis nach Sicherheit wird in der Literatur zur Inneren Heilung in seiner Bedeutung erkannt. G. MacDonald spricht zunächst davon, dass wir durch die Erfahrungen, die wir in der Familie machen, »›Gaben‹ (empfangen), die äußerst wichtig sind und die wir brauchen, damit sich in uns das Bewusstsein formt, eine eigene Persönlichkeit zu sein«.[165] In diesem Zusammenhang spricht er von der »Gabe der *Sicherheit*«.[166] Sie ist für MacDonald bereits beim Kind für den Aufbau von Sicherheit für sich selbst entwicklungsprägend. Auch Seamands hebt hervor, dass neben Nahrung auch der Schutz zu den Grundbedürfnissen gehört und dass die Liebe ein »starkes Gefühl von Sicherheit und Zugehörigkeit«[167] entstehen lässt, das gerade Heranwachsende in die Lage versetzt, Verbindung zu anderen Menschen aufzunehmen.

Auch die Bedürfnisse nach *Anerkennung* und *Angenommensein* finden in der Literatur zur Inneren Heilung Beachtung. Zutreffend bemerkt Pytches in dieser Hinsicht: »Each of us needs to be important to someone.«[168] Arnold konstatiert, dass »jeder Mensch ... Anerkennung wie das tägliche Brot«[169] brauche, die sich aber niemand selber geben, sondern nur als Geschenk empfangen werden könne. Ganz im Sinn der hier bedachten Bedürfnisse formuliert auch Wright[170]: »First, we all need to belong, to know and feel that we are wanted, accepted, cared for and enjoyed for who we are.« Wright weist darauf hin, dass Frauen gerade in ihrer Vaterbeziehung auf die Erfüllung dieser Bedürfnisse warten.

Im Hinblick auf die Bedürfnisse nach *Achtung*, *Bestätigung* und *Werthaftigkeit* weist Crabb darauf hin, dass jeder Mensch ernst genommen werden will. »Ja, es wäre nicht übertrieben zu sagen, dass ich mich

---

163 Vgl. dazu Van Vonderen, Tired S. 41. Pytches (Child S. 34) äußert als Frucht liebender Zuwendung der Eltern zum Kind: »He will ... receive a sense of his own value.«

164 Vgl. dazu Stauffer, ἀγάπη S. 47ff. In diesem Sinn formuliert Tapscott (Früchte S. 29): »Liebe heißt Annahme – den anderen genauso annehmen, wie Gott uns annimmt. Liebe heißt, das nicht Liebenswerte lieben; sie liebt die, die uns nicht zurücklieben.«

165 MacDonald, a.a.O. S. 153; vgl. auch Seamands, Befreit S. 36.

166 Ebd. (kursiv im Original).

167 Gnade S. 40; ähnlich ders., Gefühle S. 87f.

168 Child S. 130.

169 Glaube S. 25.

170 Girl S. 197.

zutiefst nach dieser Achtung sehne. Ich sehne mich danach, dass ein anderer etwas an mir schätzt, dass ich für jemanden wichtig bin.«[171] Auch bei Crabb findet sich, wie bei einzelnen der bisher bedachten Bedürfnisse bereits beobachtet, eine theologische Qualifizierung des Bedürfnisses: Die Sehnsucht nach persönlichem Wert und Bedeutung spiegelt nach ihm 1. die Weisheit und Güte des Schöpfers wider, der dem Menschen Entscheidungsfreiheit gegeben hat, und ist 2. Ausdruck menschlichen Getrenntseins von Gott als Folge der Sünde.

Der Begriff der *Selbstverwirklichung* taucht in der Literatur der Inneren Heilung so gut wie nicht auf. Das hängt vermutlich mit den diesen Begriff begleitenden egoistischen Missverständnissen zusammen, die mit dem christlichen Glauben unvereinbar sind. Die etwa von Maslow (und Wright) damit gemeinte Sache ist jedoch durchaus zu finden. So spricht Seamands vom »wahre(n), unverwechselbare(n) Ich des Menschen (d. h. unser latentes Potenzial in Christus) … Der Gott dieses Universums … hat auch jeden von uns als Original erschaffen. Unsere Persönlichkeit ist es, die uns unverwechselbar macht. Gott will das Ich, das er in uns angelegt hat, durch Erlösung und Heiligung immer mehr in das Bild Jesu umgestalten (2. Kor 3,18)«.[172] Einerseits wird mit diesen Formulierungen die Individualität jedes Menschen festgehalten. Diese soll sich auch vom christlichen Glauben her entfalten. Sie ist aber schöpfungstheologisch (der »Gott des Universums«), soteriologisch (»Potenzial in Christus«) und pneumatologisch (im Hinweis auf die »Heiligung«) eingebunden und aufgefangen.

Dass der Mensch zur *Gemeinschaft* geschaffen ist, wird in der Literatur zur Inneren Heilung häufig hervorgehoben. Mit Bezugnahme auf wissenschaftliche Untersuchungen weist Cloud auf dieses Bedürfnis hin. Zunächst formuliert er Einsichten, die so auch von einigen säkularen Psychologen geteilt werden könnten: »Die Fähigkeit einer Person, zu lieben und Bindungen mit anderen einzugehen, legt die Grundlage sowohl für psychologische wie für physische Gesundheit. Diese Untersuchung illustriert, dass wir, wenn wir uns in einer liebevollen Beziehung, einer verbindlichen Beziehung befinden, leben und wachsen.«[173] Nachdem Cloud einige biblische Aussagen über das »Herz« zusammengetragen

[171] Von innen S. 62; ähnlich S. 65.
[172] Seamands, Gnade S. 82.
[173] Cloud, a.a.O. S. 54 (Übersetzung G. W.). Ebd. weist Cloud auf psychosomatische, vor allem kardiologische Untersuchungen. Cloud stellt (ebd. S. 47) fest: »The soul cannot prosper without being connected to others.«

hat, fährt er inhaltlich in einer Weise fort, die nur von jemand geteilt werden wird, der sich auf den christlichen Glauben einlässt: »Unser emotionales und psychologisches Wohlbefinden hängt vom Zustand unseres Herzens ab, und der Zustand unseres Herzens hängt von der Tiefe unserer Verbindung mit anderen und mit Gott ab.«[174] In ähnlicher Weise entfaltet Crabb zum Grundbedürfnis nach Gemeinschaft: »Wir wollen sie (sc. die tiefsten Bedürfnisse) existenziell oder primär nennen. Wir wurden zum Leben in der Gemeinschaft mit jemandem geschaffen, dessen Stärke unerschütterlich ist, der uns in Liebe annimmt und uns die Kraft gibt, die wichtige Arbeit zu tun, die er uns überträgt.«[175] Diese Beispiele zeigen, dass die Bedeutung des Bedürfnisses nach Gemeinschaft von Vertretern der Inneren Heilung genauso erkannt wird wie auf säkularer Seite. Wie schon bei den vorhergehenden Bedürfnissen wird diese Tatsache jedoch vom theologischen Hintergrund her verstanden. Die theologische Begründung der Gemeinschaft bietet sich besonders an, da der Glaube für biblisches Denken zentral ein relationales Geschehen ist.

Schließlich findet auch das Bedürfnis nach der *Grenze* in der Literatur zur Inneren Heilung Beachtung. Cloud geht auf dieses Grundbedürfnis ein, indem er bemerkt: »Wenn wir an Trennungslinien denken, denken wir an Grenzen.[176] Trennungslinien geben uns ein Empfinden für das, was ein Teil von uns ist und was nicht, was wir erlauben und was nicht, was wir zu tun wählen und was nicht.«[177] Sie beziehen sich auf die eigene Meinung, die eigenen Gefühle und die Achtung der Privatheit in körperlicher Hinsicht.[178] Auf die Notwendigkeit einer Ausgewogenheit in der Grenzziehung, die sowohl im Hinblick auf das Individuum als auch auf eine Gruppe Gültigkeit besitzt, weist Wilson, indem sie schreibt: »Gesunde persönliche Grenzen sind weder zu durchlässig … noch zu undurchlässig …«[179] Zum einen fällt auf, dass der Begriff der Grenze in der Literatur

[174] Ebd. S. 55. Vgl. auch ebd. S. 49: »Since we are created in his (sc. Gods) likeness, relationship is our most fundamental need, the very foundation of who we are.«

[175] A.a.O. S. 76 (kursiv im Original). Die Transparenz auf den christlichen Glauben hin ist in diesem Zitat offenbar. Ebd. (S. 64) meint er: »Wir sind von Natur aus Geschöpfe, die in Abhängigkeit leben. … Gott hat uns das Bedürfnis ins Herz gelegt, uns der Liebe und Fürsorge eines Stärkeren anzuvertrauen.« Auch Wilson (Shame S. 130) spricht von »God-given relational needs«. Diese Sicht teilen Vertreter der Inneren Heilung mit anderen christlichen Psychologen, wie z. B. Mader (Mensch S. 40f) erkennen lässt.

[176] »Trennungslinien« ist die Wiedergabe für »boundaries« und »Grenzen« die für »limits«.

[177] A.a.O. S. 95 (Übersetzung G. W.).

[178] Van Vonderen, Tired S. 21.

[179] Shame S. 135.

der Inneren Heilung nur selten expressis verbis auftaucht. Aber ähnlich wie beim Grundbedürfnis nach Selbstverwirklichung ist die Sache vorhanden; der Bereich der Verletzungen tangiert die Frage nach der Grenze ständig. Zum andern fällt auf, dass dieses Bedürfnis von solchen Vertretern der Inneren Heilung aufgegriffen wird, die als Psychologen familientherapeutische Bildung mitbringen, in der die Frage nach der Grenze die Familie als System betrifft.[180]

Zusammenfassend lässt sich im Hinblick auf die Diskussion der Grundbedürfnisse in der Literatur zur Inneren Heilung festhalten: Zum Teil wird von den Vertretern der Inneren Heilung gar nicht expressis verbis auf sie eingegangen (M. u. D. Linn[181], Tapscott u. a.). Bei der Bedeutung, die den emotionalen Verletzungen in der Inneren Heilung zukommt, ist das sicher ein Defizit in der Reflexion dessen, was in der Seelsorge der Inneren Heilung geschieht. Je mehr psychologische Vorbildung ein Vertreter dieser Art der Seelsorge mitbringt, desto expliziter wird auf die Frage nach den Grundbedürfnissen eingegangen. Der Versuch ihrer hierarchischen Strukturierung wird nur vereinzelt unternommen (Crabb, Westmeier, Wilson) bzw. von säkularer Seite her übernommen (Wright). Häufig werden Grundbedürfnisse mehr oder weniger unsystematisch additiv nebeneinander erwähnt (Seamands, Pytches, MacDonald u. a.). Am häufigsten finden die Bedürfnisse nach physischer Versorgung, nach Liebe, Anerkennung und Gemeinschaft Beachtung. Häufig werden Grundbedürfnisse, die die säkulare Psychologie kennt, übernommen, erhalten dann aber ein theologisches Gepräge, indem sie – wie etwa beim Verständnis der Liebe, der Gemeinschaft – ihre inhaltliche Prägung und Ausrichtung vom biblischen Zeugnis her erhalten.

2.1.3 Entwicklungsbezogene Bedürfnisse (Erikson)

Seit Freud[182] hat man in der Psychotherapie erkannt, dass die ersten Lebensjahre für die spätere Entwicklung des Menschen grundlegende Bedeutung haben. Die kindliche Frühzeit ist durch eine große Plastizität geprägt. Die bisher bedachte Frage nach den Grundbedürfnissen hat eine entwicklungsspezifische Komponente. Die vorangehenden Punkte zeig-

---

180 Vgl. dazu vor allem unten die Punkte 2.1.5 u. 2.1.6.

181 So etwa in ihrem Buch »Beschädigtes Leben heilen«.

182 Vgl. Bastiaans, Beitrag S. 963; zur Bedeutung der ersten Lebensjahre s. auch Riemann, Grundformen passim.

ten, dass eine strenge Grenzziehung zwischen Grundbedürfnissen, die entwicklungspsychologisch unabhängig darzustellen wären, und solchen, die entwicklungsbezogen sind, schwer fällt. Im Folgenden wird nun der Frage der Grundbedürfnisse in entwicklungspsychologischer Hinsicht nachgegangen. Da hier ein Überblick gegeben wird, müssen feinere Differenzierungen entwicklungspsychologischer Fragen unterbleiben. Von den Vertretern der Inneren Heilung wird am häufigsten auf Erikson rekurriert; die folgende Darstellung lehnt sich deshalb überwiegend an ihn an.[183]

Der Entwicklungsbeginn der Persönlichkeit ist nach neuesten Untersuchungen in der *Schwangerschaft* anzusetzen.[184] Vor allem zwischen der Mutter und dem Embryo besteht in körperlicher und seelischer Hinsicht eine Dyade. Reize in der vorgeburtlichen Phase beeinflussen ihn; durch biochemische Prozesse vermag er sie zu speichern. Stork meint, dass psychische Inhalte erstmals im siebenten Schwangerschaftsmonat auftreten.[185] Was sich zwischen der Mutter und dem werdenden Leben ereignet, nennen Verny/Kelly »empathische Kommunikation«. Sie fügen kommentierend hinzu: »Offensichtlich hat das Kind so feine Antennen, dass es sogar schon den leisesten Anflug eines Gefühls registriert.«[186] Diese Gefühle können sowohl einen unmittelbaren als auch einen langfristigen Einfluss auf das Kind haben. Der Embryo bekommt die ganze Bandbreite der mütterlichen Empfindungen mit; zwischen ihm und der Mutter besteht ein ständiger, sehr direkter Gefühlsaustausch. Man kann dabei bereits vom Grundbedürfnis nach Liebe, Wärme und Geborgenheit und damit einem Grundbedürfnis nach einer Beziehung sprechen: Das Kind braucht schon während der Schwangerschaft das Gefühl, willkommen und bedingungslos angenommen zu sein. Da es diese Beziehung unmöglich allein aufbauen kann, bedarf es in diesem Prozess der aktiven Hilfe der Mutter durch eine von Liebe getragene Aufmerksamkeit. Dabei ist der Vater keineswegs nur passiver Zuschauer im Hintergrund. Er sollte zum einen zur Schaffung einer Umgebung beitragen, in der die Frau für das Baby da sein kann; sie bedarf dazu der Unterstützung durch den Mann. Zum andern braucht auch der Embryo die Erfahrung der Nähe des

---

183 Dabei sollen die Grenzen von Eriksons Sicht nicht übersehen werden; vgl. dazu unten Punkt 2.1.7.

184 Vgl. dazu Verny/Kelly, Seelenleben passim; Stork, Entwicklung S. 881.

185 Entwicklung S. 916.

186 Ebd. S. 78. P. Meier (Kids S. 37): »A baby can sense the mother's stress level and hear the external sounds going on around the mother.« Stork (Entwicklung S. 916) spricht von »intrauteriner Erlebnisfähigkeit«.

Vaters; auch er vermag pränatal mit dem Aufbau einer Beziehung zum Kind zu beginnen.

Die erste postnatale Phase, das Säuglingsalter (etwa erstes Lebensjahr[187]), kennzeichnet nach Erikson die Entwicklung des *Ur-Vertrauens.*[188] Die Erfahrungen der ersten Lebensjahre, welche von der völligen Abhängigkeit des Kindes von seinen Eltern geprägt sind, lassen beim Menschen die Einstellung zu sich selbst und zur Welt entstehen. Sie legen für das Leben des Erwachsenen die Basis im Hinblick auf eine Balance zwischen vertrauendem Hoffen und gesundem Wirklichkeitssinn. »Die Integration der oralen Phase mit allen folgenden Phasen führt beim Erwachsenen zu einer Kombination von Glauben und Realismus.«[189] Das Leben des Säuglings ist geprägt vom Bedürfnis einer zuverlässigen Beziehung zu den Primärpersonen, einer positiven Grundeinstellung seiner Umgebung. In diesem Sinn äußert Toman unter dem Aspekt der Vermeidung von psychischen Entwicklungsstörungen: »Oberstes Gebot der Prävention psychischer Entwicklungsstörungen scheint … mehr oder weniger für alle Schulen der Psychotherapie die Bereitstellung einer stabilen, dauerhaft interessierten Personenumgebung für das heranwachsende Kind zu sein … In der Regel ist eine solche Personenumgebung am sichersten durch leibliche Eltern garantiert …«[190] Sehr früh braucht der Säugling das Gefühl, auf die Umgebung durch das, was er tut, Einfluss nehmen zu können. Dabei wird sein Bedürfnis, eine tragende Beziehung mit denjenigen Personen aufzubauen, die ihm seine Welt zu einem relativ sicheren und verlässlichen Ort machen, befriedigt. »Sicherheit und gefühlsmäßige Zuwendung sind – darüber sind sich die Psychologen aller Schulen einig – die beiden wichtigsten Bedürfnisse heranwachsender Kinder …«[191] Das Saugen an der

---

187 Eine etwas andere Einteilung bieten B. M. u. P. R. Newman (zitiert bei Gareis, Entwicklung S. 236).

188 In Wachstum (S. 62) spricht er von »Ur-Vertrauen gegen Ur-Misstrauen«. Diese Phase entspricht in der Psychoanalyse der oralen Phase. Erikson versteht unter Vertrauen »das, was man im Allgemeinen als ein Gefühl des Sich-Verlassen-Dürfens kennt« (ebd.).

189 Erikson, Wachstum S. 70. Im Hinblick auf eine von einer Religion getragenen Eltern-Kind-Beziehung in der Kleinkindphase hält Erikson (ebd. S. 75) für wichtig: »Wer also behauptet, religiös zu sein, muss aus seiner Religion einen Glauben ableiten können, den er dem Kleinkind in Gestalt von Urvertrauen weitergeben kann.«

190 Tiefenpsychologie S. 207.

191 Missildine, Kind S. 211; er meint (ebd. S. 286): »… das Kind … (braucht) im Alter zwischen einigen Monaten und fünf Jahren die stete Aufmerksamkeit ein und derselben Person …« Hier wird der Grund für das »o.k.-Gefühl« gelegt (Bürki, Autonomie S. 91).

Mutterbrust vermittelt dem Säugling ein intensives Lustgefühl. Er ist auf die Fähigkeit und Bereitschaft der Mutter angewiesen, ihn zu nähren und anzunehmen. Sein ganzes Sein besteht im Annehmen dessen, was andere ihm geben. Solche überwiegend mit dem oralen Bereich verbundene Zuwendung lässt die Liebe der Mutter in der Herausbildung verlässlicher Kommunikationsmuster konkret werden. Durch sie kommt es zwischen den Eltern und dem Säugling zum »Bonding«, einer sehr engen Bindung.[192] Damit dieser Prozess auch zum Vater hinwachsen kann, ist seine aktive Teilnahme an der täglichen Fürsorge vonnöten. Die Bedeutung des Vaters von Anbeginn der frühkindlichen Entwicklung wird zunehmend erkannt. »Die Notwendigkeit des Vaters für das psychische Geschehen scheint offenkundig. Ebenfalls deutet vieles darauf hin, dass das väterliche Prinzip in den Fantasien von Mutter und Kind sehr früh eine wichtige Funktion ausübt.«[193] Die Liebe des Vaters ergänzt die der Mutter und hilft zugleich, die Struktur zu schaffen, durch welche die mütterliche Liebe fließen kann. Durch solche Liebe kann das Kind Vertrauen und Offenheit anderen gegenüber lernen und sich sowohl physisch als auch psychisch entwickeln. Solche Liebe lässt dem Kind die Gewissheit erwachsen, es sei gut zu leben. Zu den lebenserhaltenden Grundbedürfnissen kommt in der ersten Lebensphase das nach Sinnesreizen in der richtigen Stärke und zur rechten Zeit hinzu.[194] Auf diese Weise kann sich die Aufmerksamkeit des Kindes entwickeln. Am Ende des ersten Lebensjahres sollte sich die Mutter mit der Hilfe des Vaters nach und nach aus dem völligen Einssein mit dem Kleinkind zurückziehen.[195] Die Mutter sollte keine perfekte, sondern eine maßvolle Versorgung des Kindes anstreben.

In der zweiten Phase, dem *Kleinkindalter* (etwa 2. u. 3. Lebensjahr), geht es nach Erikson um die Entwicklung der *Autonomie*.[196] In dieser

---

192 V. Uexküll/Wesiack (Dimensionen S. 28) sprechen in diesem Sinne von »harmonischer Verschränkung« und von »Symbiose«.

193 Stork, Entwicklung S. 922.

194 Vgl. dazu Erikson, ebd. S. 64 u. ders., Ich-Entwicklung S. 403.

195 Ruthe (Seele S. 149) spricht von der »maßvollen Erziehung«, die eine gesunde menschliche Entfaltung gewährleistet. In den folgenden Entwicklungsphasen des Kindes gewinnt ein solches Verhalten der Eltern an Bedeutung.

196 Erikson (ebd. S. 75) spricht von »Autonomie gegen Scham und Zweifel«. In der Psychoanalyse entspricht diese Phase der »analen-urethralmuskulären Phase«. M. S. Mahler (zitiert bei v. Uexküll/Wesiack, Dimensionen S. 30f) nennt diese Entwicklungsphase »Individuationsprozess gefolgt von der Wiederannäherungsphase« (etwa ab dem 18. Monat).

Phase liegt der Hauptakzent auf der Reifung der Fähigkeit des Muskelsystems, der Koordinierung komplizierter werdender Bewegungsakte und der Betätigung des autonomen Willens. Die im vorigen Punkt erwähnte Problematik der »Grenze« wird hier relevant: Das Kleinkind dieser Phase beginnt sich als von den Eltern getrennte Person wahrzunehmen; die Erfahrung mit den Grenzen und Möglichkeiten des eigenen Ichs beginnt.[197] Das Selbstgefühl des Kindes entwickelt sich. Das Kind hat auf der einen Seite das Bedürfnis nach Selbstbestimmung beim Festhalten und Loslassen, wann es will. Es bedarf der Erfahrung, dass es in seinem Willen, sich durchzusetzen und sich fordernd etwas anzueignen bzw. trotzig von sich zu stoßen, nicht durch Ablehnung seiner Person bedroht wird. Hierbei macht es die ersten Erfahrungen der eigenen Unabhängigkeit und der Bewegung in einem psychischen und physischen Freiraum. Auf der anderen Seite hat das Kind in der Autonomiephase das Bedürfnis, von Seiten der Eltern schützende Grenzen gesetzt zu bekommen. Andernfalls würde es durch einen Mangel an Halt überfordert. Durch die Erfahrung von in Liebe gesetzten Grenzen lernt das Kind zu gehorchen. »Mit Festigkeit muss man das Kind dagegen schützen, dass aus seinem noch unentwickelten Unterscheidungsvermögen, seiner Unfähigkeit, etwas mit dem richtigen Kraftaufwand festzuhalten und loszulassen, Anarchie entsteht.«[198] Die Erfahrung des Kindes, dass auf sein Bedürfnis nach Festigkeit und Toleranz in flexibler und konsequenter Weise eingegangen wird, legt die Basis für einen solchen Umgang des Erwachsenen mit sich und anderen. So ist das Kind in dieser Phase auf konstante Beziehung liebender, helfender und verlässlicher primärer Bezugspersonen angewiesen, von denen es bei aller Korrektur viel Bejahung und Bestätigung erfährt.

In der dritten Phase, dem *Spielalter* (4. u. 5. Lebensjahr), entwickelt sich nach Erikson die *Initiative*.[199] Das Kind, das nun weiß, dass es ein Ich ist, hat das Verlangen herauszufinden, was für eine Art von Person es

[197] Vgl. zur mit der persönlichen Grenze gegebenen Individualität Mader, Mensch S. 60. In dieser Lebensphase vollzieht sich ein wesentlicher Teil der »psychischen Geburt« (Schaefer, Persönlichkeitsprägung S. 158).

[198] Erikson, Wachstum S. 79; treffend formuliert Erikson (ebd. S. 83): »... Es gibt Zeiten für das Aufsteigen der Autonomie und Zeiten für ein sinnvolles Autonomieopfer ...« In die gleiche Richtung weist auch die Bemerkung Dobsons (Minderwertigkeitsgefühle S. 96): »Wir müssen also den Willen des Kindes formen, aber seine Persönlichkeit unversehrt lassen.« Vgl. auch Passantino, Kids S. 202.

[199] Er charakterisiert diese Phase mit den Worten »Initiative gegen Schuldgefühle« (Wachstum S. 87).

werden will. Die Fantasie spielt dabei eine große Rolle. Auf der einen Seite identifiziert es sich mit den Eltern als Vorbildern. Durch diese Identifikation sucht es ihre Billigung und Ermutigung, die seine Selbstachtung wachsen lässt. Es braucht das Lob und die Anerkennung von Seiten der Eltern. Auf der anderen Seite kann es nun aber sehr wohl ertragen, einmal aus der elterlichen Beziehung ausgeschlossen zu sein. Die Eltern müssen sich aus der Rolle des Haussklaven zurückziehen. Die wachsende Bewegungs-, Sprach- und Vorstellungsfähigkeit lassen im Kind das Bedürfnis nach Initiative in einem realistischen Streben nach Leistung und Unabhängigkeit reifen. »Es ist bereit, sich mit den Erwachsenen zu messen, es beginnt, Vergleiche anzustellen und entwickelt eine unermüdliche Wissbegier ...«[200] Dabei lernt es über seine eigenen, noch engen Grenzen hinaus auf zukünftige Möglichkeiten hin. Jetzt gewinnen Drei- und Mehrpersonenbeziehungen an Bedeutung. In dieser Phase entdeckt das Kind seine Genitalien. Es beginnt, die schönen Gefühle zu genießen, die sie ihm vermitteln können. Das Kind hat das Bedürfnis, kindliche Sexualität als etwas Gutes zu erleben.[201] Die Grenzen der Beziehung zwischen den Eltern und dem Kind müssen klar gesetzt und aufrechterhalten werden; eine liebevolle Verbindung zu beiden Elternteilen ist notwendig. Auf Gedeih und Verderb von seinen Eltern abhängig, beginnt es ferner, in dieser Phase sein Gewissen zu entwickeln. Es schämt sich, wenn seine Untaten entdeckt werden, und fürchtet solche Entdeckungen. Mehr noch: Es »beginnt ... sich automatisch für bloße Gedanken und Taten schuldig zu fühlen, die niemand gesehen hat«.[202]

In der vierten Phase, dem *Schulalter* (6. bis 12. Lebensjahr), entwickelt sich Erikson zufolge der Werksinn des Kindes.[203] Das Kind hat das Bedürfnis, sich mit etwas zu beschäftigen und mit anderen zusammen aktiv tätig sein zu können. Kinder dieses Alters fügen sich gerne einer milden und doch bestimmten Disziplin, die ihnen hilft, mit dem Drang nach Entdeckungen umzugehen, und die diesen durch Ermutigung und Motivation schmackhaft zu machen versteht. Eltern und Schule »müsse(n) einen mittleren Kurs zwischen Spiel und Arbeit, zwischen Kindsein

[200] Ebd. S. 89. Vgl. ders., Ich-Entwicklung S. 14.

[201] Leonhard (Töchter S. 32) weist auf die große Bedeutung der Beziehung zwischen Vater und Tochter für die sexuelle Entwicklung hin, ohne allerdings einen Altersabschnitt anzugeben. Vergleichbares gilt auch für die Beziehung zwischen Mutter und Sohn.

[202] Erikson, Wachstum S. 94. Er sagt (ebd.): »Es (sc. das Kind) hört sozusagen Gottes Stimme, ohne Gott zu sehen.«

[203] Erikson (Wachstum S. 98) überschreibt diese Phase mit »Werksinn gegen Minderwertigkeit«.

und Reifung ... steuern«.[204] Das Kind hat in diesem Lebensabschnitt den Wunsch, sich nach neuen Vorbildern umzusehen und von seinen Eltern altersgemäß losgelassen zu werden. Das, was es macht, will es gut bewerkstelligen, und in dem, was es tut, will es auch gebraucht werden. Gerade in den durch eigenen Fleiß produzierten Dingen lernt nun das Kind, sich selber Anerkennung zu verschaffen. Aber es bedarf der Eltern und Lehrer, denen es vertrauen kann und die es verstehen, besondere Talente zu entdecken und zu fördern. Es will auch in dieser Entwicklungsphase nicht nur wegen seiner Leistungen geliebt werden. Gerade in einer Zeit, in der Kinder durch eine Überfülle an Möglichkeiten überfordert werden können[205], bedarf es einer zur eigenen Entscheidung befähigenden Begleitung. Das Kind muss lernen, mit schwierigen Empfindungen wie auftretendem Schmerz und Trauer umzugehen. Dieser Lernprozess wird wesentlich gefördert, wenn das Kind diese Gefühle innerhalb der Familie zum Ausdruck bringen darf. Außerdem entwickelt sich das Gewissen, dessen Entwicklung in der vorigen Phase begonnen hat, weiter fort. Es übernimmt bei zunehmender Entfernung von den Eltern und beim Überschreiten der ihm bisher gesetzten Grenzen die Funktion innerer Selbstkontrolle.

Die fünfte Phase, die *Adoleszenz* (ca. 13. bis 18. Lebensjahr), kreist nach Erikson schwerpunktmäßig um die Frage der *Identität*.[206] Die rasche hormonell bedingte physische Entwicklung führt zur biologischen Geschlechtsreife. Sie geht einher mit mehr oder weniger ausgeprägten Stimmungsschwankungen. Der Jugendliche stellt in dieser Zeit der Pubertät alle Identifizierungen und bisher selbstverständlich akzeptierten Sicherungen erneut infrage. Er ist bestrebt, seine soziale Rolle zu festigen, und sucht danach, sein Bedürfnis nach Zugehörigkeit zu befriedigen. Er sucht nach der Gruppe der Gleichaltrigen. Für ihn ist jetzt wichtig, dass ihm als einer Person Funktion und Stand zuerkannt werden, deren allmähliches inneres wachstümliches Sich-Wandeln einen Sinn hat in den Augen derer, die Bedeutung für ihn haben. Für seine Identitätsbildung bedarf er klarer und zugleich freilassender Antworten auf seine existenziellen Fragen. Außerdem benötigt er die Anerkennung seiner wachsen-

[204] Ebd. S. 100.

[205] P. Meier, Kids S. 35: »... There's the complexity of the world in which we and our children live ... Kids today have more opportunities than ever, but choosing them wisely is difficult.«

[206] Erikson (Wachstum S. 106; vgl. auch Wulff, Religion S. 376f) überschreibt diese Phase mit »Identität gegen Identitätsdiffusion«.

den Unabhängigkeit. Er braucht die Gewissheit, dass er auch jetzt geliebt ist und dass er von den Eltern bei allen Spannungen in gegenseitigem Respekt Bestätigung erfährt. Die für ihn wichtigen Bezugspersonen sollten immer wieder das Gespräch suchen und Zeit für ihn haben. Sie sollten ihm eine Identität vermitteln, indem sie ihn als jemand annehmen, der so anerkannt wird, wie er ist, und indem sie ihn immer mehr loslassen und zugleich die Tür für ihn offen halten.[207] So kann der Jugendliche seinen Weg zu Selbstannahme und Selbstvertrauen und damit zu Unabhängigkeit und zur eigenen Verantwortung finden.

Die sechste Phase, das *frühe Erwachsenenalter*, welche nach Erikson unter den drei Phasen des Erwachsenenlebens die erste bildet (19. bis 35. Lebensjahr), ist die der *Intimität*.[208] Ein einigermaßen sicheres Gefühl der Identität ermöglicht eine leibseelisch ganzheitliche Hingabe in der Intimität mit dem anderen Geschlecht. Das Bedürfnis nach solcher Intimität wird von seinem Gegenstück, dem Bedürfnis nach Distanzierung, begleitet. Der Mensch in dieser Phase hat das Verlangen, Menschen und Einflüsse, die für sein Wesen gefährlich erscheinen, von sich fern zu halten. In einer Atmosphäre der Bejahung kann sich ein Mensch neuen Herausforderungen stellen. Solche Bejahung ist nicht auf eine eheliche Beziehung beschränkt, sondern kann sich auch in einer Freundschaft ereignen. Wahre Intimität ist zu festen Beziehungen fähig, die auch bedeutende Kompromisse und Opfer mit sich bringen können. Sie meint eine Öffnung des Ichs durch Hinwendung zum anderen in einer Vielfalt von Beziehungen.

Die siebte Phase, das *Erwachsenenalter*, also die zweite des Erwachsenenlebens (35. bis 65. Lebensjahr), ist die der *Generativität*.[209] Geschlechtspartner haben in dieser Phase den Wunsch nach einem gemeinsamen Kind. Sie sind erfüllt vom Interesse, die nächste Generation zu erzeugen und zu erziehen. Hier stellt sich die Frage, was der Erwachsene weiterzugeben vermag. Er muss eine Balance zwischen fruchtbarem Geben und dem Nehmen in der Zuwendung zur eigenen Innerlichkeit finden. Das Bedürfnis nach dem Schöpferischen kann sich nicht nur auf ein Kind, sondern – aufgrund von besonderen Gaben oder einer besonderen Berufung – auf schöpferische Gemeinschaft und Leistungen richten. Eine in

---

[207] Vgl. dazu D. u. S. Sneed, Family S. 124f.

[208] Er überschreibt diese Phase (Wachstum S. 114; Wulff, Religion S. 377) mit »Intimität und Distanzierung gegen Selbstbezogenheit«. Zum Folgenden vgl. ebd. S. 114ff.

[209] Erikson gibt dieser Phase die Überschrift »Generativität gegen Stagnation« (ebd. S. 117).

entfaltender Weise gelebte Generativität bringt ein »Wachstum ... der gesunden Persönlichkeit« mit sich.

In der achten Phase, dem *Greisenalter*, der dritten des Erwachsenenlebens (65. Lebensjahr bis zum Tod), kann und soll die Frucht der sieben vorausgehenden in der *Integrität reifen*.[210] Dieser seelische Zustand »bedeutet die Annahme seines einen und einzigen Lebenszyklus und der Menschen, die in ihm notwendig da sein mussten ... Er bedeutet eine neue, andere Liebe zu den Eltern, frei von dem Wunsch, sie möchten anders gewesen sein als sie waren ...« Der Mensch im Greisenalter kann und soll zur Lebensweisheit finden, die mit Dankbarkeit und Hoffnung und Bereitschaft zur Vergebung zu tun hat. Er hat die Aufgabe, in seiner Begrenzung Freiheitsräume zu entdecken und zu leben. Er kann einen Sinn für Kameradschaft mit Menschen ferner Zeiten und verschiedener Berufe entwickeln, die Ordnungen und Gegenstände geschaffen haben, welche menschliche Würde und Liebe vermitteln. Im gelingenden Fall kommt es hier zur Bejahung der eigenen Verantwortlichkeit für das Leben und zur Annahme der eigenen Lebenswürde.

2.1.4 Entwicklungsbezogene Bedürfnisse bei der Inneren Heilung

Im Folgenden ist nun die Aufnahme entwicklungspsychologischer Einsichten in der Literatur der Inneren Heilung zu untersuchen:

Nach verschiedenen Vertretern der Inneren Heilung ist bei der Schwangerschaft zu beginnen. Verschiedentlich wird auf die Forschungsergebnisse von F. Lake und/oder T. Verny Bezug genommen: Während sich Benner nur auf Lake beruft[211], übernehmen F. u. J. MacNutt[212] die Auffassung der beiden Ärzte, der menschliche Embryo besitze durch biochemische Prozesse, die Reize speichern, bereits in den Anfangsstadien seines Lebens Gefühle und ein Erinnerungsvermögen. Auch

---

[210] Erikson (ebd. S. 118; Wulff, Religion S. 378f) begreift diese letzte Lebensphase unter der Spannung zwischen »Integrität gegen Verzweiflung und Ekel«.

[211] Healing S. 16. Ebenso M./D./S. Linn, Glaube S. 37, die sich ferner noch auf R. D. Laing, D. Cheek und D. S. Winnicott beziehen.

[212] Leben S. 48.

Pytches greift die Ergebnisse dieser Forscher auf.[213] Sie geht auf die fundamentale Bedeutung der Bedürfnisse des Fötus nach »Anerkennung und ... Willkommen durch diejenigen (ein), mit denen wir besonders eng verbunden sind ...«, ferner auf das Verlangen nach der Mutter als einer guten »Gastgeberin«[214] und nach einer sich entwickelnden Beziehung.[215] Pytches weist darauf hin, dass sich das Kind bereits im Mutterleib an die Stimme und Berührung des Vaters gewöhnen kann. »Es (sc. das winzige Geschöpf) braucht die Anerkennung und das Willkommen vom Vater ebenso wie von der Mutter.«[216] J. u. P. Sandford gehen so weit zu sagen: »Kinder im Mutterleib wissen, welches Geschlecht sich ihr Vater für sie wünscht. Sie hören, was der Vater zur Mutter sagt, und reagieren auf die Art und Weise, wie er sich ihr nähert. Schon im Mutterleib beeinflussen der Geist und der Charakter des Vaters die Prägung des kindlichen Charakters.«[217] Diese Formulierungen sind in ihrer platten Aussage nicht frei von Spekulation. Wenn es in ihnen jedoch um die fötale Wahrnehmung der emotionalen Atmosphäre zwischen den Eltern geht, dann sind sie auf der Linie der bisher genannten Autoren zu sehen. Auf diesem Hintergrund wird von den Vertretern der Inneren Heilung eine harmonische Ehe während der Schwangerschaft als die beste Umgebung für den Beginn der Entwicklung des Kindes gesehen.

In der Literatur zur Inneren Heilung finden sich bei verschiedenen Autoren mehr oder weniger umfangreiche Ausführungen zur Phase des *Säuglingsalters*, in der sich das Urvertrauen entwickelt: M./D./S. Linn[218] berufen sich in ihren Darlegungen zu dieser Phase mehrmals, R. Ben-

---

213 Kind S. 38f MacNutt/Shlemon (Gebet S. 25) berufen sich in dieser Hinsicht auf T. B. Brazelton (Newsweek, Januar 1981), der angibt, dass die Sinne des Fötus im sechsten Schwangerschaftsmonat voll ausgebildet sind. F. u. F. Littauer (Mind S. 142) stellen nur allgemein fest: »Hard as it may be to believe, some have sensed emotions or feelings in the womb.« Auf wieder andere Forscher sich berufend, geht auch R. Bennett (Free S. 164ff) auf die pränatale Phase ein.

214 Kind S. 40. Pytches weist (ebd. S. 38f) auf Lakes (Tight Corners in Pastoral Counselling, London 1981 S. X) Zusammenfassung einer Untersuchung an 1200 Versuchspersonen zur Identifizierung des sog. »Maternal Foetal Distress Syndrome«. Vgl. ferner MacNutt/Shlemon (Gebet S. 25f), F. u. J. MacNutt, Leben S. 18.

215 Pytches, Kind S. 41f. Vgl. ferner M./D./S. Linn, Glaube S. 37ff; P. Sandford, Frau S. 208.

216 Pytches, Kind S. 44; ähnlich F. u. J. MacNutt, Leben S. 65. Letztere weisen (ebd. S. 126) auf die Bedeutung hin, die das Sprechen des Vaters mit dem werdenden Kind in den letzten drei Schwangerschaftsmonaten hat.

217 Heilung S. 142.

218 Glaube S. 33f.

nett[219] einmal auf Erikson. V. Gagern spricht, ohne explizit auf Erikson Bezug zu nehmen, von der Erfahrung des Urvertrauens »im *Ur-wir* mit der Mutter in den ersten 18 Monaten seines Lebens«.[220] Auch J. u. P. Sandford nehmen ausdrücklich auf die Entwicklung des Urvertrauens im ersten Lebensjahr Bezug und definieren[221]: »Urvertrauen ist die Fähigkeit, das Herz offen zu halten und in dauerhaften Herzensbeziehungen zu unvollkommenen Menschen immer wieder ein Wagnis einzugehen.« Pytches geht auf die Grundbedürfnisse dieser Phase ein und nennt als das oberste Ziel des Neugeborenen die Nahrungsaufnahme und die Entwicklung von »Grundvertrauen (Urvertrauen)«[222], wozu nach ihr eine harmonische, ruhige Umgebung und die Erfahrung einer vertrauensvollen, von Liebe geprägten Abhängigkeit vonnöten ist. Nach Pytches[223] hat sich die Liebe der Mutter in einem sehr hohen Maß auf den Säugling einzustellen: »Es scheint sogar, als ob es für ein Baby sehr wichtig ist, eine Phase zu durchleben, in der es sich als allmächtig empfindet, eine Zeit, in der es der Mittelpunkt mütterlicher Aufmerksamkeit ist und in der seine Bedürfnisse unmittelbar befriedigt werden.« Dies könnte als unrealistische Forderung im Hinblick auf die Mutter erscheinen. So fügt sie etwas später hinzu, dass die Mutter »gerade richtig gut«[224] sein müsse, indem sie dem Kind keine »zu gute« oder »zu schlechte« Zuwendung entgegenbringt; ein geringes Maß an Enttäuschung sei für das Kind wichtig. Das Bedürfnis des Säuglings richtet sich nicht nur auf die Quantität, sondern auch auf die Qualität solcher Liebe, die sich in der zärtlichen Berührung[225], im Ansprechen des Säuglings und in der ihm entgegengebrachten Aufmerksamkeit ausdrückt. In Verbindung mit der Phase des Urvertrauens wird auch das Bedürfnis des »Bonding« gesehen: »Unsere erste Aufgabe im

219 Free S. 90f (im Hinblick auf die ersten drei Eriksonschen Entwicklungsphasen).

220 Heilung S. 8 (kursiv im Original). Cloud (Changes S. 69) spricht von »basic trust« und meint, dass liebevolle Versorger, welche die Bedürfnisse befriedigen, »develop our trust muscles«.

221 Umgestaltung S. 172 (auch sie erwähnen Erikson nicht ausdrücklich). Dies. (ebd. S. 149) geben dieser Phase die Überschrift »Die Zeit im Kinderbett«. Vgl. ferner dies./Bowman, Spirit S. 91.

222 Kind S. 42. Auch sie beruft sich (ebd. S. 66) im Hinblick auf die Entwicklung des Urvertrauens ausdrücklich auf Erikson und weist (ebd. S. 62) auf das Bedürfnis des Säuglings nach dem Aufbau einer Beziehung im »bonding«.

223 Kind S. 64; ähnlich E. Scharrer, Fehlverhalten S. 69 (von Mahler herkommend).

224 Kind S. 68.

225 J. u. P. Sandford (Heilung S. 30) weisen darauf hin: »In Familien, in denen viel Gebet und liebevoller Körperkontakt auf der Tagesordnung stehen, sind Kinder weniger ausgehungert oder verwundet.« Vgl. ferner ebd. S. 138: »Ohne Berührung stirbt der menschliche Geist.«

Leben … ist, eine Beziehung zu einer Person aufzubauen, die die Welt zu einem sicheren und verlässlichen Platz für uns macht.«[226] Auch die Rolle des Vaters in der Phase des Urvertrauens wird reflektiert: Während Pytches dessen Aufgabe darin sieht, »die Grenzen der Familie zu überwachen und den Freiraum für die Versorgung und Ernährung des Kindes zu gewährleisten«[227], weisen J. und P. Sandford auf die väterliche Bedeutung für die Entwicklung des Säuglings auch in emotionaler Hinsicht hin, indem sie im übertragenen Sinne von Ernährung sprechen: »Für eine reichhaltige und ausgeglichene ›Ernährung‹ (sc. des Kindes) sind beide Elternteile absolut verantwortlich.«[228] Auch der Zusammenhang von elterlicher Zuwendung und erfahrener Geborgenheit des Säuglings mit der Wahrnehmung der Welt als subjektiv vertrauenswürdig und der individuellen Lebens- und Weltanschauung wird gesehen.[229] Seamands zieht diese Linie aus in Richtung auf die Entstehung der Grundlage für den Glauben im späteren Leben[230]: »Die allerersten zwischenmenschlichen Beziehungen, die ein Kind erlebt, geben ihm entweder einen Vorgeschmack der Gnade Gottes oder vermitteln ihm das genaue Gegenteil. In dieser ersten Zeit wird entweder der gute Same unverdienter, bedingungsloser Liebe oder die tödliche Saat bedingter, leistungsorientierter Annahme ausgestreut.« Auch M./D./S. Linn ziehen diese Linie zum religiösen Leben aus: »Wenn wir … im Säuglingsalter genug Liebe empfingen und Urvertrauen erwarben, so werden wir auch Gott vertrauen und eine Grundlage der Hoffnung legen können.«[231] Säuglinge, die genügend Liebe empfangen haben und Urvertrauen entwickeln konnten, werden nach Linn eher Zugang zur Glaubensrealität bekommen, dass Gott gut ist.

Die Phase des *Kleinkindalters*, in der sich die Autonomie des Kindes herauszubilden beginnt, wird vor allem von denen berücksichtigt, die das Ganze der Eriksonschen Konzeption übernehmen: Das gilt für M./D./S. Linn,[232] die auf die Grundbedürfnisse nach Bestätigung, nach der Erfahrung einer angemessenen Grenze bei gleichzeitigem Verlangen nach Selbstständigkeit hinweisen, bei der das Kind seinen Willen in der Suche

[226] Stoop/Masteller, Forgiving S. 40 (Übersetzung G. W.). Zum Bonding vgl. Cloud, Changes S. 113 und Pytches, Kind S. 62.
[227] Kind S. 65.
[228] Heilung S. 138. Ebd. (S. 139) sprechen sie von »primären Begabungen« von Mann und Frau, die sich in gegenseitiger Ergänzung überschneiden.
[229] Cloud, Changes S. 69; v. Gagern, Heilung S. 8.
[230] Seamands, Gnade S. 83.
[231] A.a.O. S. 50; vgl. ebd. zum Folgenden; ähnlich auch J. Müller, Lebensängste S. 44.
[232] M./D./S. Linn, Glaube S. 62ff.

nach dem eigenen Selbst erproben und entwickeln kann. Pytches spricht im Hinblick auf die Autonomiephase, in der nach ihr das Fundament für die Einstellung zur Umwelt gelegt wird, vom »Entdeckungsalter«.[233] Sie nennt als Bedürfnisse »Initiative und Unabhängigkeit«[234] in der Entwicklung der eigenen Identität, das Bedürfnis, Dinge festzuhalten oder loszulassen und auf diese Weise Entdeckungen zu machen, wobei das Kind mehr und mehr Kontrolle über sich gewinnt und das Bedürfnis nach sprachlicher Kommunikation entwickelt.[235] Sie sieht ferner von diesen Bedürfnissen her als Erfordernis an die Eltern die Notwendigkeit, gute Grenzen zu ziehen, für emotionale Sicherheit, für Stimulation und die Gewährung eines Freiraums der Entdeckungen zu sorgen.[236] J. u. P. Sandford sprechen »Von den ersten Schritten bis ins Schulalter«[237] und unterstreichen das Bedürfnis des Kindes nach Ermunterung und liebevoller Disziplin im Setzen von Grenzen. Ohne auf alle Entwicklungsphasen Eriksons einzugehen, erwähnen Dickinson/Page die Phase des Autonomiestrebens[238] und weisen auf die Spannung hin zwischen dem Bedürfnis nach Liebe und Unabhängigkeit, in der sich das Kind als Individuum erleben lernt. Unter entwicklungspsychologischem Aspekt sprechen MacNutt/Shlemon etwas unpräzise vom »Kleinkindalter« und von der »Kindheit«; mit ersterem Begriff scheinen sie an den Zeitraum bis zum dritten Lebensjahr zu denken.[239] Sie reflektieren nicht die Frage nach den Grundbedürfnissen; indirekt lassen sich jedoch solche erschließen wie z. B. Zuneigung und Verstehen.[240] Bei einigen Autoren findet sich zwar keine ausdrückliche Erwähnung der Autonomiephase, die spezifischen Entwicklungserfordernisse dieser Phase werden jedoch berücksichtigt. So weisen Stoop/Masteller auf die zweite Entwicklungsphase Eriksons, wenn sie schreiben: »Unsere zweite Aufgabe im Leben ist, uns selbst als getrennte, einzigartige Individuen innerhalb eines Kontextes von Liebe und Vertrauen zu definieren.«[241] Es fällt auf, dass in der

233 Kind S. 75.
234 Ebd. S. 76.
235 Ebd. S. 77f.
236 ebd. S. 80ff.
237 Umgestaltung S. 174.
238 Child S. 104f; ähnlich ebd. S. 108.
239 Zum »Kleinkindalter« vgl. Gebet S. 48 und zur »Kindheit« ebd. S. 63.
240 So etwa ebd. S. 69.
241 Stoop/Masteller, Forgiving S. 40 (Übersetzung G. W.). Benner (Quest S. 127f) spricht, allgemein die entwicklungspsychologische Sicht (ohne Bezug auf die Autonomiephase) charakterisierend, von einer Entwicklung von undifferenzierter psychologischer Fusion zu einer Differenzierung des Selbst.

Literatur zur Inneren Heilung die Autonomiephase deutlich weniger erwähnt oder reflektiert wird als die ihr vorausgehende Phase. Die differenzierten Konturen dieser Phase scheinen zu verschwimmen. Wohl wird das Bedürfnis nach Eigenständigkeit gesehen, aber es erscheint nicht im Kontext der zweiten Eriksonschen Entwicklungsphase. M./D./S. Linn gehen auf die Folgen der Entwicklung in dieser Phase für das spätere Erleben des Glaubens ein. Sie meinen, dass eine gesunde Entwicklung der Autonomie den Menschen dazu befähigt, sich dem Vater Jesu Christi gegenüber ehrlich zu öffnen und als sein Gegenüber sowohl eigenständig als auch zugleich demütig zum eigenen Willen zu stehen. »Wir sollen wie Jesus durch die oberflächlichen Wünsche zu unseren innigsten Wünschen gelangen und diese in unser Gebet einbringen.«[242]

Auch die Phase des *Spielalters*, der Initiative, wird im Vergleich zum Säuglingsalter relativ wenig reflektiert. Pytches überschreibt diese Phase mit »Sexualität – ausgenutzt oder erforscht«[243] und setzt sie vom dritten bis zum sechsten Lebensjahr an. Sie hebt die Aufgabe des Kindes in dieser Phase hervor, die persönliche und geschlechtliche Identität von der elterlichen zu trennen und die Fähigkeit zu entwickeln, es im Rahmen seiner Beziehung zu den Eltern auszuhalten, bis zu einem gewissen Grade auch einmal ausgeschlossen zu sein.[244] Das wachsende Empfinden für die eigene Geschlechtlichkeit und die Geschlechtsunterschiede »veranlasst das Kind, mit dem gegengeschlechtlichen Elternteil zu flirten«.[245] Verschiedene Vertreter der Inneren Heilung berücksichtigen, dass das Kind Bestärkung in der Rolle der eigenen geschlechtlichen Identität sucht: Während Pytches[246] auf das Bedürfnis des Jungen nach Bewunderung seiner Männlichkeit durch die Mutter eingeht, weisen Wright[247] und J. u. M. Sandford[248] – allerdings ohne spezifischen Altersbezug – auf die Befriedigung des entsprechenden Bedürfnisses der Tochter durch den Vater hin. M./D./S. Linn, die die hier zur Debatte stehende Phase vom

242 Glaube S. 70.
243 Kind S. 93.
244 Ebd. S. 94f.
245 Ebd. S. 96.
246 Ebd. S. 96f.
247 Girl S. 42.106. Darauf geht auch Pytches (Kind S. 97) ein.
248 Deliverance S. 70. Nach Comiskey (Ganzheitlichkeit S. 129) gilt aber dennoch – ebenfalls ohne einen Bezug auf eine spezifische Entwicklungsphase –: »Der gleichgeschlechtliche Elternteil stellt die Hauptquelle der Geschlechtsidentifikation dar. Dabei ist der Grad der Nähe zwischen dem gleichgeschlechtlichen Partner und dem Kind von großer Bedeutung.«

dritten bis zum fünften Lebensjahr ansetzen, sehen in der Fantasie des Kindes den Schlüssel dieses Stadiums[249]; diese steht hinter der sich entfaltenden Initiative. Sie heben das Bedürfnis der Kinder dieses Alters hervor, bedingungslos geliebt zu werden, auch wenn im Falle verkehrten Verhaltens Grenzen gesetzt werden müssen; dies ist im Hinblick auf eine gesunde Entwicklung des Gewissens sehr wichtig.[250] Wenn das Stadium der Initiative in der Literatur zur Inneren Heilung nur wenig ausdrückliche Beachtung findet, so heißt das nicht, dass die von Erikson diesem zugeordneten Probleme keine Berücksichtigung fänden. Das gilt etwa für die Frage der Schuld in der Unterscheidung von wirklicher Schuld und von falscher Schuldübernahme.[251] Das gilt auch für die Ausführungen über die Entwicklung sexuellen (Fehl-)Verhaltens.[252] Diese Fragen werden in der Literatur zur Inneren Heilung meist nicht altersspezifisch für die Phase der Initiative (bzw. später der Pubertät), sondern phasenübergreifend und damit unter entwicklungspsychologischem Gesichtspunkt vergröbernd bedacht. Eine gesunde Entwicklung der Initiative hilft nach M./D./S. Linn in religiöser Hinsicht, vor Gott die eigenen Wünsche und Träume auszudrücken.[253]

Das *Schulalter*, die Phase des Werksinns, wird von Pytches »Erweiterung des Horizontes«[254] betitelt. Aktivitäten in der Schule und soziale Aktivitäten beanspruchen nach ihr den größten Teil der kindlichen Energie. Dennoch erkennt sie die Bedeutung der Familien- bzw. Elternbeziehung auch für diese Phase: Das Kind will sich mit seinen Gefühlen angenommen wissen.[255] Neben dem Wissensdurst entwickeln Kinder in diesem Stadium ein Verlangen nach Vorbildern. Das Gewissen als »der innere Polizist«[256] bildet sich mehr und mehr heraus. J. u. P. Sandford geben ihrer Auseinandersetzung mit der Phase des Schulalters die Überschrift: »Von sechs bis zwölf – die häufigsten und folgenschwersten Fehlentwicklungen.«[257] Unter diesem Thema behandeln sie Fragen, die

---

[249] Glaube S. 83f.
[250] Ebd. S. 85ff.
[251] Z. B. Seamands, Gnade S. 112ff.
[252] Z. B. Payne, Krise passim; Comiskey, Ganzheitlichkeit passim; Werner, Homosexualität S. 11ff.
[253] Glaube S. 92f. Sie gehen darauf im Kontext des Lobgebets ein.
[254] Kind S. 108.
[255] Pytches (Kind S. 115) drückt diesen Sachverhalt mit dem englischen Sprichwort aus: »The family that feels together heals together.«
[256] Ebd. S. 110.
[257] Umgestaltung S. 194.

sich sowohl auf die Zeit vor wie nach dieser Altersstufe beziehen. Sandfords geben nicht Rechenschaft darüber, warum sie diese Fragen gerade dieser Entwicklungsphase zuordnen. Sie gehen auf die »inneren Schwüre«[258], das »steinerne Herz«[259], verschiedene Schutzreaktionsmuster[260] und »bittere Wurzeln«[261] ein. M./D./S. Linn sehen mit Erikson das Bedürfnis Sechs- bis Zwölfjähriger, etwas leisten zu können.[262] Sie unterstreichen das Verlangen des Kindes in diesem Stadium, in der individuellen Begabung – nicht nur in intellektueller Hinsicht – erkannt und anerkannt zu werden. Was MacNutt/Shlemon als »Kindheit« bezeichnen[263], reicht – ihren angeführten Beispielen nach zu schließen, die von einigen Erfahrungen in der Schule sprechen – bis weit in die hier bedachte Phase. Die beiden Verfasser stellen in diesem Abschnitt jedoch wenig entwicklungspsychologische Überlegungen an. Das gilt im Hinblick auf diese Phase wie bereits bei den vorhergehenden für die meisten Veröffentlichungen zur Inneren Heilung. M./D./S. Linn gehen auch für diese Phase auf die Folgen für eine religiöse Entwicklung ein: Gelingt eine gesunde Entwicklung des Werksinns, so wird nach ihnen der Mensch in religiöser Hinsicht in der Lage sein, die kontemplative Dimension des Gebets mit dem aktiven Handeln zu verbinden. Ein solcher Mensch muss sich Gottes Liebe nicht durch Arbeit für Gott verdienen. »Der kontemplativ handelnde Mensch liebt seine Arbeit, denn er weiß, dass er von Gott geliebt wird, ob er nun erfolgreich ist oder wenig Erfolg hat.«[264]

Die Phase der *Adoleszenz*, in der nach Erikson der Jugendliche auf der Suche nach seiner *Identität* ist, wird von Pytches unter das Thema gestellt: »Das Alter der Verwandlung«.[265] Pytches weist auf die widersprüchlichen Bedürfnisse hin, auf der einen Seite sich zurückziehen zu wollen, auf der anderen Seite aber auf Anerkennung und Verstehen aus zu sein.[266] Sie greift Eriksons Einsicht auf, dass der Einfluss einer Gruppe von Gleichaltrigen dem Jugendlichen wichtiger ist als der der Familie. »Das Bedürfnis, innerhalb seiner Gruppe ›in‹ zu sein, ist für den Jugendlichen

---

258 Ebd. S. 195.
259 Ebd. S. 210ff.
260 Ebd. S. 226ff.
261 Ebd. S. 241.
262 Glaube S. 103f. Vgl. ebd. S. 105f zum Folgenden.
263 Vgl. Gebet S. 63ff.
264 Glaube S. 108.
265 Kind S. 124 (eine »Zeit der Metamorphose« ebd.). M./D./S. Linn lehnen sich mit ihrer Überschrift »Identität gegen Unsicherheit« (Glaube S. 120) mehr an Erikson an.
266 Ebd. S. 124.

lebenswichtig.«[267] In dieser Phase ist die Anwesenheit des Vaters unerlässlich, von dem auch der Haupteinfluss der sich herauskristallisierenden geschlechtlichen Identität ausgeht.[268] In der Pubertät wächst, Pytches zufolge, das Bedürfnis nach Unabhängigkeit bei gleichzeitig sich festigendem eigenem Selbstvertrauen. Von den Eltern sucht der Jugendliche Bestätigung, Respekt, immer wieder das Gespräch, wachsenden Freiraum und die Gewährung der Rückkehr.[269] Im Zuge ihrer Überlegungen zur Maskulinität geht Payne in einem Abschnitt auf die Pubertät ein[270]: Sie versteht diese als Suche nach Selbstannahme, die jedoch erst nach Abschluss dieser »narzisstischen Phase« erfolgt. Payne hebt das Bedürfnis nach Bestätigung in dieser Phase hervor. In diesem Zusammenhang unterstreicht sie (wie bereits Pytches) die Bedeutung des Vaters: »Natürlich ist die innere Beziehung zum Vater auch vor dieser entscheidenden Zeit der Adoleszenz wichtig, jetzt aber ist sie im tiefsten Sinne notwendig.«[271] Nach ihrer Sicht hilft der Vater den Töchtern und Söhnen, ihre personale Identität von der der Mutter zu trennen. M./D./S. Linn lehnen sich mit ihrer Überschrift: »Fleiß gegen Minderwertigkeit«[272] eng an Erikson an. Außer den von Pytches und Payne zu dieser Phase angeführten Punkten erwähnen sie, dass Jugendliche mit ihrer Rebellion gegen die Eltern auch gegen deren Wertvorstellungen, vor allem auch deren Gott rebellieren.[273] Sie sehen darin jedoch eine Chance zur Findung eines eigenständigen Glaubens. J. u. P. Sandford verstehen die Pubertät als einen Reifungsprozess, der die Bedürfnisse nach Individuation und Sozialität zum Ausgleich bringt.[274] Den Jugendlichen muss ihrer Sicht nach bei diesem Prozess von den Eltern vor allem Vertrauen und Freiraum entgegengebracht werden. Auch sie unterstreichen die Notwendigkeit von (seelsorgerlichen) Bezugspersonen für den Jugendlichen außerhalb der eigenen Familie.[275] Eine andere Phaseneinteilung bieten MacNutt/Shlemon[276]: Sie sprechen von »Entwicklungsjahren« und meinen damit das Alter zwischen zehn und zwanzig Jahren; in dieser Phaseneinteilung sind

---

267 Ebd. S. 126.
268 Vgl. dazu Pytches, Kind S. 127 u. Payne, Bild S. 43.
269 Ebd. S. 130ff.
270 Krise S. 88f.
271 Ebd. Sie beruft sich in dieser Hinsicht auf Dr. E. Moberly.
272 Glaube S. 102.
273 Ebd. S. 124.
274 Vgl. dazu Umgestaltung S. 330ff; zum Freiraum und Vertrauen s. ebd. S. 341.
275 Ebd. S. 343ff.
276 Gebet S. 80ff.

nach dem Eriksonschen Schema das Ende des Schulalters (ca. zwei Jahre) und der Beginn des Erwachsenenalters (ebenfalls ca. zwei Jahre) in die Adoleszenz einbezogen. Auch sie heben das Bedürfnis der emotional häufig schwankenden und rebellierenden und sexuell im Umbruch begriffenen Jugendlichen nach gefühlsmäßigem Rückhalt von Seiten der Eltern hervor.[277] Wie Pytches weisen sie auf das Bedürfnis der Jugendlichen, von Gleichaltrigen akzeptiert zu werden.[278] Bei M./D./S. Linn taucht zwar im Abschnitt über die Adoleszenz ein Abschnitt mit der Überschrift »Selbstverständnis und Gottesbild«[279] auf; sie gehen jedoch inhaltlich in diesem Abschnitt nicht auf dieses Thema ein. Man kann nur vom Inhalt her indirekt vermuten, dass es Linns darum geht, die eigene männliche und weibliche Identität in den Glauben einzubringen. Unter der Überschrift »Männliche und weibliche Gottesauffassungen« gehen dann aber Linns auf die Unterschiede von männlichen und weiblichen Gottesbildern ein: »Männer erleben eher einen transzendenten Gott, der außerhalb von uns wohnt; Frauen erleben eher einen immanenten Gott, der in uns wohnt.«[280] Sie meinen, dass auf dem Hintergrund einer geglückten Entfaltung menschlicher Sexualität männliche und weibliche Elemente des Gottesbildes in Einklang gebracht werden können.

Verschiedene Autoren der Inneren Heilung, die entwicklungspsychologische Einsichten reflektieren, gehen auf die Phase des *frühen Erwachsenenalters* und der Entwicklung der *Intimität* nicht mehr ein; ihre Darstellung endet mit der vorhergehenden Phase. M./D./S. Linn jedoch berücksichtigen sie und sprechen im Hinblick auf diese Phase von »Intimität gegen Isolation«[281]. Unter Intimität verstehen sie das Teilen von »Herz und Seele«. Intimität beinhaltet zwei einander ergänzende Wesenszüge: Sie »braucht sowohl die zustimmende Liebe, die Begabungen fördert, und die unnachgiebige Liebe, die vom anderen verlangt, neue Begabungen zu suchen«[282]. Sie ist fähig, Bindungen einzugehen und damit Opfer zu bringen. Linns zufolge ist für diese Phase das Empfangen und Weitergeben von Bejahung grundlegend: »Bejahung als eine Form des Seins und als ein Geschenk von anderen ist die Grundlage der Intimi-

[277] Ebd. S. 80f.
[278] Ebd. S. 87.
[279] Glaube S. 136.
[280] Glaube S. 140. Pointiert fahren sie ebd. fort: »Unsere Männer-Theologie gibt allerdings der Transzendenz Gottes den Vorzug.«
[281] Glaube S. 150.
[282] M./D./S. Linn, Glaube S. 155; zur Definition von Intimität vgl. ebd. S. 157.

tät.«[283] Wer Intimität schenken will, muss sich selbst kennen. MacNutt/ Shlemon sprechen – ohne einen Zeitraum in Jahren anzugeben – vom »Erwachsenenalter«.[284] Sie sehen dieses Alter vom Bedürfnis nach gefühlsmäßiger und geistiger Weiterentwicklung, nach wechselseitiger Anteilnahme und nach Erfüllung bestimmt. »Menschliche Beziehungen scheinen tatsächlich eine sehr viel größere Rolle zu spielen, als wir vermeinen.«[285] In diesem Zusammenhang erkennen sie eine Wechselwirkung zwischen der zwischenmenschlichen Beziehungsfähigkeit und der des Glaubens zu Gott: »Es ist sehr schwer, Gott unser Herz zu öffnen, wenn wir nicht fähig oder bereit dazu sind, anderen Menschen unser Herz zu öffnen.«[286] In diese Richtung weisen auchM./D./S. Linn, indem sie meinen, dass Menschen, bei denen sich die Fähigkeit zur Intimität im frühen Erwachsenenalter herausgebildet hat, auch eher fähig sein werden, sich vertrauensvoll Gott gegenüber zu öffnen.[287]

Auf das *Erwachsenenalter* mit der Entwicklung der *Generativität* gehen nur noch M./D./S. Linn ein. Sie sprechen von »Fruchtbarkeit gegen Stagnation«.[288] Menschen wollen in diesem Entwicklungsabschnitt in Ganzheit und fürsorglicher Liebe innerlich wachsen. »Generativität heißt Fürsorge für andere, auch über den Kreis der Familie hinaus, für kommende Generationen, für die ganze Welt.«[289] Linns gehen auf die Wendung zur Innerlichkeit in dieser Phase ein und meinen, auf Mt 22,39 bezugnehmend: »Sich selbst lieben bedeutet, sich Zeit nehmen für eine Reise durch das eigene Innenleben, durch Einsamkeit und enge Beziehungen.«[290] Auffallenderweise gehen sie für diese und die letzte Eriksonschen Phase auf keine spezifischen Merkmale im Hinblick auf das Gottesbild ein. Das wird wahrscheinlich mit der Tatsache zusammenhängen, dass in ihren Augen das Gottesbild, das sich in den bisherigen

283 Ebd. S. 157. Linns zählen (ebd. S. 159ff) zur Bejahung vier Elemente: 1. das Gute in uns selbst zu sehen, weil wir bejaht sind, 2. das, was einen Menschen in seiner Einzigartigkeit gut und liebenswert macht, erkennen und daran teilhaben, 3. vom Guten des anderen, ohne zu vereinnahmen, bewegt zu werden und 4. unsere Freude am Guten in anderen Menschen zeigen – auch ohne Worte.

284 Gebet S. 95. Sie bezeichnen ebd. dieses Stadium als »das längste in unserem Leben«.

285 Ebd. S. 99.

286 Ebd. S. 99.

287 Glaube S. 169ff. Ebd. setzen sie sich mit der Frage der göttlichen Bestrafung, des Gerichts und der Hölle auseinander.

288 Glaube S. 182.

289 Ebd. S. 186.

290 Ebd. S. 190.

Phasen entwickelt hat, nun von ziemlich fest umrissenen Konturen geprägt ist.

Auch auf die achte Eriksonsche Phase des *Greisenalters*, in der der Mensch zur *Integrität* finden soll, gehen nur M./D./S. Linn ein. Sie überschreiben sie mit »Ganzwerden gegen Verzweiflung«[291] und meinen, dass den Menschen im Stadium der Integrität »nichts, nicht einmal der Tod, davon abhalten (kann), weiser und innerlich reicher zu werden«.[292] Sie erkennen in der letzten Phase bei nicht wenigen Menschen das Bedürfnis, ein neues Leben zu beginnen. In ihrer Sicht fällt es dem Menschen desto leichter, den Tod als den größten Verlust hinzunehmen, je besser es ihm in diesem Stadium gelingt, mit unerledigten Angelegenheiten zurechtzukommen.[293] Damit verbunden ist das Bedürfnis danach, Rückschau auf das eigene Leben zu halten. Linns spielen auf die eschatologische Dimension an, wenn sie bemerken: »Genauso wie wir glauben, dass unser erstes Lebensalter vor der Geburt beginnt, glauben wir, dass unser letztes Lebensalter über den Tod hinausreicht.«[294]

2.1.5 Die Familie als System

Wenn von den Grundbedürfnissen des Menschen als Voraussetzung für das Verstehen seelischer Verletzungen die Rede ist, so darf der Zusammenhang mit der Familie als eines komplexen Gebildes nicht übersehen werden.[295] Die Befriedigung der Grundbedürfnisse geschieht zumindest in den ersten Lebensjahren zum großen Teil in der Familie – oder sie unterbleibt dort. Beides hat für die Entwicklung des Menschen erhebliche Konsequenzen. Der vorige Punkt tangierte bereits immer wieder diesen Bereich. Er kam dort jedoch mehr unter dem Aspekt einer dualen Beziehung zwischen Mutter bzw. Vater und dem Kind in den Blick. Der dadurch möglichen Gefahr einer Blickverengung wird einerseits mithilfe der psy-

[291] Glaube S. 206.
[292] Ebd. S. 211.
[293] Ebd. S. 216.
[294] Ebd. S. 226. Eine Zusammenfassung der Beobachtungen zur Entwicklungspsychologie in der Inneren Heilung wird im Punkt 2.1.7 gegeben.
[295] In diese Richtung weist bereits der Vorwurf Adlers an Freud, dass Freud die psychische Entwicklung des Kindes nur für das Einzelkind, nicht aber für den viel häufigeren Fall der Zwei- und Mehr-Kinder-Familie charakterisiert habe (A. Adler, Praxis und Theorie der Individualpsychologie, München 1927[3], zitiert bei Toman, Tiefenpsychologie S. 133).

choanalytisch orientierten Familientherapie[296], andererseits mit dem Verständnis der Familie als »System«[297] entgegengewirkt. Außerdem wird in der psychologischen Literatur immer wieder von der »funktionalen Familie« gesprochen. Im Folgenden ist zu skizzieren[298], was unter diesen Begriffen zu verstehen ist:

»Die Entwicklung zur Systemtheorie wurde notwendig, da eine ganze Reihe wissenschaftlicher und technischer Probleme verschiedener Fachgebiete mit linearen Beschreibungen nicht mehr zu erfassen waren, sondern nur noch mit dem Begriff der Rückkoppelung. … (Manche) Prozesse … ließen sich nun als Kreisprozesse erstmals adäquat beschreiben.«[299] Mit der Hilfe des Systembegriffs wird es möglich, sich dem Verstehen einer Familie in ihren Relationen und in ihrer Dynamik zu nähern. Jedes System fügt sich aus verschiedenen Teilen zusammen, die voneinander abhängen und die im Ganzen eines Prozesses eine gemeinsame Leistung erbringen. Das System hat seine eigene Organisation, eine Tendenz, bei auftretenden Systemstörungen nach innen und außen ein Gleichgewicht zu schaffen. Die Änderung eines Systemteils wirkt auf jedes andere zurück, so dass ein Geflecht von Komponenten die Interaktion im System bestimmt. Was für das System im Allgemeinen gilt, erscheint im Hinblick auf das Familiensystem plausibel: Auch in ihm findet sich die für alle Systeme charakteristische Abhängigkeit ihrer Mitglieder untereinander; jedes Glied erfüllt seine Aufgabe im Familiensystem. Dies gilt über mehrere Generationen hinweg.[300] Jede Familie hat ihre eigene Organisationsstruktur. Die Veränderung eines einzelnen Gliedes kann zu erheblichen Schwierigkeiten in der gesamten Familie führen, da die Familie ihre eigene Neigung zum Gleichgewicht, zur »Stabilisierung der Familienhomöostase«[301] und damit zum status quo hat. Die Art der Kommunikation im Familiensystem ist entscheidend für die Beurteilung, ob es sich im konkreten Fall um eine funktionale Familie

---

296 Massing/Reich/Sperling, Familientherapie S. 14. Vom tiefenpsychologischen Ansatz herkommend, weisen sie (ebd.) darauf hin, dass »die Familienbehandlung auf die Aufdeckung interaktioneller Beziehungsstrukturen, deren Begründung und Veränderung« zielt.

297 Zu diesem Begriff vgl. z. B. Massing/Reich/Sperling, Mehrgenerationen-Familientherapie S. 21.42.

298 Mehr als die Andeutung einiger Grunderkenntnisse zu dieser Frage ist im Rahmen dieser Arbeit nicht möglich.

299 Massing/Reich/Sperling, a.a.O. S. 41.

300 Massing/Reich/Sperling (a.a.O. S. 21ff) gehen im Normalfall von drei Generationen aus.

301 Massing/Reich/Sperling, a.a.O. S. 52.

handelt.[302] Im Familiensystem spielt nun wieder der in den beiden letzten Punkten angesprochene Begriff und die Sache der »Grenze« eine Rolle: Es handelt sich um die unsichtbare Linie, die um oder innerhalb eines Familiensystems besteht. Sie kann gezogen werden: 1. nach außen zwischen einer Familie und dem größeren Ganzen der Gesellschaft, 2. nach innen zwischen einem Glied und den anderen Gliedern eines Familiensystems und 3. zwischen einer Generation und einer anderen innerhalb des Familiensystems. Sie gibt an, wo eine Familie in der Gesellschaft oder ein Glied in der Familie ihren bzw. seinen Raum erhält.

Von den bisherigen Darlegungen zum Familiensystem und den Grenzen her lässt sich die funktionale Familie folgendermaßen umreißen: Eine funktionale Familie wahrt gesunde Grenzen nach außen, so dass auf der einen Seite nicht alles und jeder eindringen kann. Auf der anderen Seite werden sie jedoch nicht so starr gezogen, dass sie die Familie und den Einzelnen in ihr nach außen isolieren. Die Grenze um eine funktionale Familie stärkt einen wechselseitig förderlichen Zusammenhalt mit einer Offenheit für das größere Ganze einer Gesellschaft. Eine funktionale Familie achtet außerdem auf eine gesunde Grenzziehung nach innen: Sowohl jede Generation für sich als auch die Generationen untereinander müssen danach streben, der fruchtbaren Gestaltung von Beziehungen und Aufgaben im eigenen Verantwortungsbereich nachzukommen, ohne in den der anderen einzugreifen. Während zu starr gezogene Grenzen zu Unbeweglichkeit und Undurchdringlichkeit führen, sind diffuse Grenzen zu schwach, um einen Halt zu gewähren; flexible Grenzen hingegen sind gesunde Grenzen, die dem Einzelnen ermöglichen, in Freiheit »Ja« oder »Nein« zu sagen. Im Zusammenhang der Frage nach den Bedürfnissen lässt sich vom Grundbedürfnis nach der Wahrung physischer, emotionaler, intellektueller und den Handlungsspielraum betreffender Grenzen des einzelnen Familienmitglieds sprechen. Eine funktionale Familie achtet in physischer Hinsicht auf die körperlichen Bedürfnisse des Einzelnen. Sie lässt in emotionaler Hinsicht den Freiraum[303], persönliche Gefühle zu entwickeln, sie angemessen zu äußern und zu verarbeiten und dabei liebende Aufnahme zu erfahren. In intellektueller Hinsicht wird sie den Freiraum zu eigenständigem Denken zulassen. Sie gewährt in pragmatischer Hinsicht den Freiraum für eigenverantwortliches Handeln.

---

[302] Vgl. dazu D. u. S. Sneed, Family S. 172.

[303] Freiraum darf nicht mit Gleichgültigkeit und Korrekturlosigkeit verwechselt werden.

In ihr achtet ein Glied das andere und versucht, es zu verstehen. Jedes Glied stellt sich zu den Familienzielen und trägt mit seinem persönlichen Einsatz seinen Teil dazu bei; zugleich wird für die individuellen Ziele altersadäquat Raum gelassen, so dass eine Balance zwischen den individuellen und den familiären Bedürfnissen angestrebt wird. In ihr verbringen die Mitglieder sowohl in der Horizontalen (auf die Beziehung der Glieder einer Generation bezogen) als auch in der Vertikalen[304] (auf die Beziehung zwischen den Generationen bezogen) gemeinsam Zeit zu offener Kommunikation, auch und gerade in emotional beanspruchenden und herausfordernden Krisen, um in ihnen gemeinsam einen konstruktiven Weg zu suchen.[305] Die Familie wird von Eltern geleitet, die ihre Verantwortung für das Ganze des Familiensystems zuverlässig, Sicherheit und Raum schaffend, stabilisierend und dienend wahrnehmen und die die Kinder – Freiheit gewährend – zu eigenständiger Verantwortung anleiten. In einem solchen Familiensystem sind Kinder auf der einen Seite wirklich frei, Kinder sein zu können, da sie nicht Erwachsene sein müssen; auf der anderen Seite erfahren sie Ermutigung zum Reifen. Sie erleben eine Balance zwischen Autonomie und Eigenständigkeit als dem einen Pol und Fürsorge, Verbindlichkeit der Beziehungen, zu denen auch Disziplin gehört, als dem anderen.[306] So erfahren sie die Familie als Lebensraum, in dem die eigene Persönlichkeit und die eigenen Fähigkeiten wachsen können. Sie lernen es, sich der Realität in und außerhalb der Familie zu stellen und sich ihr angemessen anzupassen.

2.1.6 Die Familie als System bei der Inneren Heilung

Zunächst muss festgestellt werden, dass Überlegungen aus der systemischen Familientherapie in der Literatur der Inneren Heilung selten sind. Das hat verschiedene Gründe. Zum einen ist diese Richtung in der Psychologie noch ziemlich neu und also auch innerhalb der Psychologie noch im Aufbau begriffen. Hohe Erwartungen an die Theorie und Praxis der Inneren Heilung in dieser Hinsicht wären zum jetzigen Zeitpunkt eine

[304] In diesem Zusammenhang ist auch Eriksons Rede von einer »sinnvollen Hierarchie von Rollen« in einer Familie von Bedeutung (Problem S. 140).

[305] Die Kommunikation trägt wesentlich zur Entstehung der »Familienatmosphäre« bei, auf deren große Bedeutung Ruthe (Seele S. 39.138) hinweist.

[306] D. u. S. Sneed (Family S. 179) sehen »cohesion« als den Mittelweg zwischen »enmeshment« und »disengagement«.

unrealistische Überforderung. Zum andern wird die Seelsorge im Sinne der Inneren Heilung häufig nicht von psychologischen Fachkräften praktiziert. Da es schließlich in der Inneren Heilung um Grundbedürfnisse und deren Verletzung geht, hat diese Seelsorge von ihrem Ansatz her eine individuelle Komponente und fokussiert vorwiegend die Eltern-Kind-Beziehung.[307] Gerade dieser letzte Grund legt jedoch eine Öffnung für familientherapeutische Zusammenhänge nahe. Sicher wird die emotionale Aufarbeitung der Vergangenheit immer wieder individuelle therapeutisch-seelsorgerliche Arbeit erfordern. Aber die Verflechtung von individuellen emotionalen Gegebenheiten mit der Familie als System wird künftig in der Theorie und Praxis der Inneren Heilung mehr Beachtung finden müssen.

So ist es denn auch konsequent, dass nur vereinzelte psychologisch gebildete Vertreter der Inneren Heilung familientherapeutische Einsichten in ihre Konzeption integrieren. Eine solche Annäherung von den Kategorien der allgemeinen Systemtheorie her findet sich eingehend bei S. D. Wilson. Sie stellt fest: »Eine systemische Annäherung an die Familie macht Anleihen bei der allgemeinen Systemtheorie.«[308] In der Folge geht sie – entsprechend den Darlegungen des vorhergehenden Punktes – auf die Teile des Systems, auf das Systemganze und auf ihren wechselseitigen Einfluss ein. Bei ihr finden sich auch Überlegungen zur angemessenen Grenze sowohl um eine Familie als auch innerhalb der Familie zwischen ihren einzelnen Gliedern. Wilson spricht[309] von drei Basisfunktionen der Familie: Die erste ist die »maintenance function« im Hinblick auf die Befriedigung physisch-materieller Grundbedürfnisse der Familienglieder. Die zweite ist die »nurturance function«, unter der sie die Befriedigung der emotionalen und der Beziehungsbedürfnisse versteht. Die dritte nennt sie »guidance function«; zu ihr zählt sie die Befriedigung des Bedürfnisses nach Antwort auf die Fragen des Kindes. Ein Blick für familientherapeutische Zusammenhänge zeigt sich, wenn Wright schreibt[310]: »Du bist das Produkt deiner Geschwisterreihe, deiner neurologischen Struktur, deiner Interaktionen mit deiner Mutter, deinem Vater, deinen Geschwistern etc.« Er spricht auch von der »funktionalen Fami-

307 Vgl. dazu (im Hinblick auf R. Carter Stapelton) Alsdurf/Malony, Critique S. 175.

308 Families S. 22 (Übersetzung G. W.). Van Vonderen (Tired S. 29ff) geht zunächst auf die fördernde Wirkung eines Systems ein, um dann auf dessen möglichen Zusammenbruch und auf verschiedene Probleme der Anpassung innerhalb desselben einzugehen.

309 A.a.O. S. 22f; vgl. dazu oben unter Punkt 2.1.2.

310 Girl S. 142.

lie«, die er durch ein positives Klima, Wertschätzung, angemessene Rollenzuweisung, gegenseitige Fürsorge, gesunde Kommunikation, Erziehung zur Reifung, Freude an Gemeinschaft miteinander, gemeinsame Lebensfreude und gemeinsam geteilte Hoffnung charakterisiert sieht.[311]

Im Zuge ihrer Überlegungen zur Familie als System sprechen Stoop/Masteller vom »Familienorganismus«[312] mit seiner Tendenz zur »Homöostase«.[313] Im Unterschied zum linearen Denken, nach dem eine Ursache A eine Wirkung B hat, möchten sie Beziehungen unter dem Aspekt interaktiven Denkens betrachten[314]: Eine Reaktion auf eine Aktion kann hier sehr anders als erwartet erfolgen. Auch bei Stoop/Masteller finden sich eingehende Überlegungen zu den im vorigen Punkt erwähnten Beziehungsmustern. Sie stellen fest: »Kurz gesagt, die gut abgestimmte Familie hat eine Balance zwischen zwei anscheinend gegensätzlichen Kräften gefunden: nahe zu sein und getrennt zu sein.«[315] Sie gehen auch differenzierend sowohl auf die Familien- und die individuellen Grenzen als auch auf die mehrere Generationen übergreifenden Grenzen ein.[316]

Diese wenigen Versuche weisen in eine verheißungsvolle Richtung, indem sie im Hinblick auf einen vorwiegend individuell orientierten Ansatz der Inneren Heilung wichtige Differenzierungen und Ergänzungen ermöglichen. Der systemische Ansatz lässt auf der einen Seite für die Berücksichtigung individueller Bedürfnisse genügend Raum, ergänzt diese aber auf der anderen Seite notwendig durch die Einbeziehung des größeren Familienganzen bis hin zur Verflochtenheit mehrerer Generationen.

2.1.7 Ertrag aus den Darlegungen zu den menschlichen Grundbedürfnissen

Die Darlegungen zu den menschlichen Grundbedürfnissen führten in den Bereich dessen, was für eine gesunde Entwicklung, für die Erhaltung und Entfaltung menschlichen Lebens unabdingbar ist.

---

311 Ebd. S. 143.
312 Forgving S. 47ff (family organism S. 49).
313 Ebd. S. 60.
314 Ebd, S. 51f. Diese Komplexität gilt nicht nur für eine duale Beziehung: »An encounter between you and me isn't necessarily ›just between you and me‹.«
315 Ebd. S. 75f; ähnlich auch ebd. S. 89f.
316 Ebd. S. 101ff. Zu den Grenzen (boundaries) vgl. auch Benner, Quest S. 128.

Im Vergleich der Behandlung dieser Thematik in der säkularen Psychologie (sowie der Seelsorgeliteratur außerhalb der zur Inneren Heilung) einerseits und der Literatur zur Inneren Heilung andererseits zeigte sich unter den Punkten 2.1.1 und 2.1.2, dass es in Bezug auf die Grundbedürfnisse nicht wenige Überschneidungsbereiche gibt. Es handelt sich in der Hauptsache um das Grundbedürfnis nach Liebe und um solche Bedürfnisse, die mit dem nach Liebe in mehr oder weniger enger Verbindung stehen. Rückblickend lässt sich erkennen, dass sich diese Bedürfnisse um zwei Zentren gruppieren, die sich mit den zwei Brennpunkten einer Ellipse vergleichen lassen: Das eine Zentrum hat damit zu tun, dass der Mensch auf Beziehung hin angelegt ist. Die meisten der unter Punkt 2.1.2 bedachten Bedürfnisse hatten mit diesem Zentrum zu tun; ihm sind zuzuordnen: Geborgenheit, Sicherheit, Anerkennung, Angenommensein, Zugehörigkeit, Werthaftigkeit, Bestätigung, Achtung und Gemeinschaft. Das andere Zentrum hat mit der Eigenständigkeit des Menschen als Individuum zu tun. Ihm ist vor allem die Selbstverwirklichung und die Wahrung der Grenze zuzuordnen.

Es ist freilich wichtig, beide Zentren nicht losgelöst voneinander zu betrachten. So wie eine Ellipse durch die zwei Brennpunkte konstituiert ist, so konstituieren die beiden Zentren der Beziehung und der Eigenständigkeit des Individuums das Leben eines jeden Menschen. Im Grundbedürfnis der Liebe und der Grenze werden beide Zentren gleichsam zusammengefasst: Die Liebe ist Verwirklichung guter Beziehungen, zu der die Wahrung der Eigenständigkeit des Menschen gehört. Ebenso verbindet die Rede vom Grundbedürfnis nach der Wahrung der Grenze beides: einerseits die Bezogenheit des Menschen auf den Mitmenschen, andererseits die Achtung seiner Eigenständigkeit. Die Versuche einer hierarchischen Strukturierung der Grundbedürfnisse in der Literatur zur Inneren Heilung fallen sehr unterschiedlich aus. Dies hängt von den Kriterien ab, nach denen eine solche Strukturierung vorgenommen wird. Sehr deutlich wird das bei Crabb, der das höchste Kriterium in der Bezogenheit des Menschen auf Gott sieht. Je weiter die übrigen Bedürfnisse von diesem Kriterium entfernt sind, desto niedriger werden sie eingestuft.

Typisch für die Beschäftigung der Literatur zur Inneren Heilung mit den Grundbedürfnissen ist die theologische Ausrichtung. Das gilt vor allem für die Interpretation des Liebesbedürfnisses vom neutestamentlichen Agape-Begriff her. Das gilt aber auch für die Interpretation der Grundbedürfnisse als schöpfungsmäßig dem Menschen gegeben. –

Während die Punkte 2.1.1 und 2.1.2 die Grundbedürfnisse unter mehr statischem Gesichtspunkt betrachteten, kamen sie unter den Punkten 2.1.3 und 2.1.4 unter mehr dynamischem Aspekt in den Blick. Da sich die Grundbedürfnisse in den verschiedenen Entwicklungsphasen wandeln, müssen auch Liebe, Geborgenheit, Sicherheit etc. verschiedene Gestalt annehmen. Dabei sind die Grenzen des Heranwachsenden in der Familie immer weiter zu stecken. Bei entwicklungspsychologischer Betrachtungsweise ist also festzuhalten, dass sich die Gewichtung der beiden angesprochenen Zentren hinsichtlich der Elternbeziehung verschiebt. Auch wenn diese Einsicht nur selten explizit reflektiert wird, ist sie indirekt den Äußerungen zur Inneren Heilung zu entnehmen.

Anspielungen auf entwicklungspsychologische Erkenntnisse sind in der hier untersuchten Literatur zahlreich. Wenn in ihr von Grundbedürfnissen die Rede ist, so geschieht dies häufig in entwicklungspsychologisch relevanten Zusammenhängen. Eine Vielzahl von Fallberichten aus dem Umfeld dieser Seelsorge sprechen von Grundbedürfnissen bzw. von deren Verletzungen bei Kindern und Jugendlichen. Es ist von daher konsequent, dass sich verschiedene Vertreter der Inneren Heilung explizit auf entwicklungspsychologische Einsichten beziehen.

In der Literatur zur Inneren Heilung fällt auf, dass der pränatalen Phase für die menschliche Entwicklung große Bedeutung beigemessen wird. Diese Bedeutung wird durch den Reichtum an Beispielen von Untersuchungsergebnissen zu dieser Phase unterstrichen. Die Berücksichtigung der pränatalen Entwicklungseinflüsse bildet neben der der frühkindlichen einen gewichtigen Schwerpunkt. Die Einsicht in die bereits in die pränatale Phase zurückreichenden Grundbedürfnisse ist eine große Hilfe zur Prävention im Hinblick auf die Vermeidung von Traumata.

Nur wenige Vertreter der Inneren Heilung übernehmen Eriksons Konzeption mehr oder weniger ganz. Das gilt vor allem für M./D./S. Linn, die als Theologen und Psychotherapeuten – unserer Einsicht nach als Einzige – alle acht Entwicklungsphasen Eriksons übernehmen. In psychologischer Hinsicht entwickeln sie dabei kaum ein eigenes Profil gegenüber Eriksons psychologischen Darlegungen; die im vorigen Abschnitt dargelegten Grundbedürfnisse lassen sich weitgehend nachweisen. Zumeist werden nur Teile der Eriksonschen Konzeption übernommen: Pytches z. B. beschränkt sich auf die ersten fünf Phasen, die sie meist anders als Erikson benennt. Das gilt ähnlich auch für J. u. P. Sandford, die für denselben Entwicklungszeitraum nur vier Phasen aufführen, da sie die zweite und dritte Phase des Eriksonschen Schemas als eine zusammenfassen. Auch wenn R. Bennett in einem Kapitel – allerdings ohne entwicklungspsychologischen Bezug – auf Verletzungen im Erwachsenenalter eingeht[317], berücksichtigt sie nur die ersten drei Phasen Eriksons. Im Vergleich zu Eriksons Entwicklungsmodell lässt sich ferner bei den meisten Veröffentlichungen zur Inneren Heilung eine Vergröberung feststellen, indem das Kleinkind- und Spielalter – wenn überhaupt – kaum differenziert betrachtet wird. Die Phasen ab dem Erwachsenenalter fehlen meistens. In der Beschränkung auf die ersten fünf bzw. drei Phasen kommt ein für die Innere Heilung typischer Zug zum Vorschein: Diese Seelsorge befasst sich häufig mit missachteten Grundbedürfnissen der Kindheit. Allgemein lässt sich sagen, dass die Bezugnahme auf die Entwicklungspsychologie Eriksons nicht selten mehr pauschaler und außerdem eklektischer Art ist. Beispielhaft seien in dieser Hinsicht die Ausführungen L. Paynes erwähnt. Sehr knapp und allgemein gehalten stellt sie fest: »Psychologen zeigen die Fortschritte von der Kindheit bis zur Reife auf. Diese Fortschritte erfolgen in vielen kleinen psychischen Entwicklungsschritten. Es gibt ganz normale, gewöhnliche Entwicklungsschritte, aber wenn nur einer davon ausgelassen wird, führt das zu Schwierigkeiten.«[318]

Wo man sich auf Erikson bezieht, fällt auf, dass die Grenzen und Schwächen seines Ansatzes nicht reflektiert werden. In der wissenschaftlichen Diskussion[319] wird die Rolle, die Erikson der frühkindlichen Entwicklung zuweist, infrage gestellt; diese starke Akzentuierung kann den Blick für die Möglichkeiten der Entfaltung im späteren Leben trotz ungünstiger frühkindlicher Lebensverhältnisse verstellen. Man empfindet auch die Unschärfe in der Begrifflichkeit, die Erikson verwendet, und ferner die Schwierigkeit, die menschliche Entwicklung in so relativ starre Phasen einordnen zu wollen.

Nicht alle Vertreter der hier untersuchten Seelsorge beziehen sich auf das Eriksonsche Schema: Es ist nicht deutlich, ob z. B. hinter der Phaseneinteilung F. MacNutts und B. Shlemons dieses Schema vergröbernd verarbeitet steht oder ob es sich um ihre eigene Einteilung handelt: Sie unterscheiden vom Kleinkindalter bis zum Erwachsenenalter nur vier Phasen und belassen die altersmäßige Zeitspanne in Monaten bzw. Jahren ziemlich unklar. Auch E. Scharrer[320] geht unter den Vertretern der Inne-

[317] Free S. 141ff.
[318] Krise S. 87f.
[319] Vgl. dazu Wulff, Religion S. 403ff; Fowler, Dynamik S. 125.
[320] Fehlverhalten S. 68.

ren Heilung eigene Wege, indem er sich nicht Eriksons Entwicklungsphasen anschließt, sondern auf die Untersuchungsergebnisse J. Piagets und M. Mahlers eingeht und deren größere Differenzierung der Entwicklungsphasen in den ersten drei Lebensjahren übernimmt.

Ein typischer Zug bei der Übernahme entwicklungspsychologischer Einsichten ist die theologische Einfärbung und Einbindung von einigen Begriffen. Das gilt – wie bereits unter Punkt 2.1.2 angeführt – etwa für die Verwendung des von der neutestamentlichen Agape her interpretierten Liebesbegriffs. Vergleichbares geschieht im Hinblick auf den Begriff des »Urvertrauens«. Er wird in Verbindung gebracht mit dem Urvertrauen zu Gott, dem Glauben, und auf diese Weise mit der Gnade. Auch der Begriff der »Integrität« erhält eine theologische Vertiefung: Er wird von M./D./S. Linn in Verbindung mit der Eschatologie gebraucht und wird so durch die spezifisch christliche Hoffnung der Auferstehung der Toten geprägt. Auf diese Weise wird die säkulare Entwicklungspsychologie in den Dienst christlicher Seelsorge gestellt und leistet in unterschiedlicher Breite und Differenzierung ihren Beitrag im speziellen Kontext der Inneren Heilung. Das Urvertrauen wird so interpretiert, dass der Mensch auf den Glauben an Gott hin angelegt ist. Die Liebe der Eltern wird als Hinweis auf die Liebe Gottes zum Menschen verstanden, und die Integrität der letzten Lebensphase wird auf die eschatologische Hoffnung hin interpretiert. Interessant ist der Versuch M./D./S. Linns, die Spezifika der einzelnen entwicklungspsychologischen Phasen im Hinblick auf ihre Auswirkungen für das Gottesbild und die damit verbundenen Glaubensakzente herauszuarbeiten; die unterschiedliche Bewältigung der einzelnen Phasen geht nicht spurlos an der Ausprägung des individuellen Glaubens vorüber.

Wenn von Anpielungen auf bzw. von differenzierter Übernahme von entwicklungspsychologischen Erkenntnissen in der Inneren Heilung die Rede ist, darf nicht unerwähnt bleiben, dass einige ihrer Vertreter auch ohne eine explizite Anspielung auf sie auskommen. Das gilt z. B. für B. Tapscotts und de Grandis Veröffentlichung, ebenso für A. Westmeier, B. u. B. Thompson, J. Kraft u. a. Sicher lassen sich bei den meisten von ihnen Verbindungslinien zur Entwicklungspsychologie konstruieren, der Bezug auf sie ist jedoch mehr indirekter Art. Da das Anliegen der Inneren Heilung meist entwicklungspsychologische Zusammenhänge tangiert, trägt ihre explizite Reflexion zur Klärung des Anliegens der Inneren Heilung erheblich bei. Dasselbe gilt im Hinblick auf die Überlegungen zu den Grundbedürfnissen. Diese werden nicht systematisch angestellt, sondern immer wieder mehr oder weniger zufällig erwähnt und lassen sich, wie oben dargelegt, aus verschiedenen Äußerungen erschließen. Am meisten Klarheit findet sich in dieser Hinsicht bei den Autoren, die die entwicklungspsychologischen Einsichten am reflektiertesten übernehmen, wie z. B. Pytches, M./D./S. Linn, Cloud, Wright und Seamands.

Die bisherigen Überlegungen wurden unter den Punkten 2.1.5 und 2.1.6 in einen größeren Kontext gestellt: Bei der Frage nach den Grundbedürfnissen sollte der Blick auf das größere Ganze einer Familiengemeinschaft und der sie umgebenden Gesellschaft geöffnet werden. Dazu dient die Betrachtung der Familie als eines Systems. Die funktionale Familie bringt die Grundbedürfnisse des Einzelnen und die der Gemeinschaft in ein ausgewogenes Verhältnis, wobei erneut die Grundbedürfnisse nach Liebe und nach der Wahrung der Grenze in verschiedener Richtung eine entscheidende Rolle spielen. In der Literatur zur Inneren Heilung wurden diese Einsichten bisher nur vereinzelt aufgegriffen. Wo es geschieht, trägt dies zu differenzierterer Sicht der Grundbedürfnisse bei, da nun nicht nur der einzelne Mensch im Mittelpunkt der Betrachtung steht. Er wird vielmehr im Kontext vielschichtiger Beziehungen, die ihn geprägt haben und auf die er seinerseits einwirkt, gesehen.

2.2 Seelische Verletzungen

Wie bereits unter Punkt 2.1 erwähnt, führt der Begriff »Verletzungen« zu einem der zentralen Sachverhalte, auf die sich die hier untersuchte Art der Seelsorge bezieht. Deshalb muss zuerst der Struktur und dem Wesen der Verletzungen nachgegangen werden.

So vielfältig wie das Leben ist, so vielfältig sind auch die Verletzungen: Sie lassen sich nicht annähernd alle aufzählen.[321] Darum kann es hier auch nicht gehen. Den Ausführungen zu den Grundbedürfnissen entsprechend, sollen hier exemplarisch häufig auftretende Verletzungen und Verletzungsbereiche angesprochen werden. Ihre Darstellung richtet sich nach den im Abschnitt über die Grundbedürfnisse aufgeführten Punkten: Nach den Darlegungen zur Struktur der Verletzungen werden zunächst solche Verletzungen bedacht, die sich aus der Missachtung des Grund-

[321] Sowohl S. u. D. Sneed (Family S. 110) als auch Holmes u. R. Rahe (scale S. 213ff) führen eine Liste von Lebensereignissen an, denen sie einen Stresswert zuordnen.

bedürfnisses nach Liebe ergeben. Es schließen sich Beobachtungen zu Verletzungen an, die mit entwicklungspsychologischen Einsichten in Verbindung stehen. Es folgen die Ausführungen zu Verletzungen, die aus einer dysfunktionalen Familie erwachsen. Schließlich werden solche Wunden angeführt, die aus dem größeren geschichtlich-kulturellen und dem religiösen Kontext erwachsen können. Wie unter Punkt 2.1 wird auch hier zunächst auf die Position der säkularen Psychologie und der Seelsorgeliteratur außerhalb der Inneren Heilung eingegangen. In einem zweiten Schritt wird die Literatur zur Inneren Heilung auf die jeweilige Thematik hin befragt.

2.2.1 Zur Struktur der Verletzungen

In der säkularen Psychologie wird in diesem Zusammenhang meist von Traumata gesprochen, auch wenn der Begriff Verletzungen nicht unbekannt ist.[322] Die Metapher »Verletzungen« ist dem physischen Bereich entnommen und erfährt durch die Beifügung des Adjektivs »seelisch« eine Spezifizierung. Seelische Verletzungen stellen für den Menschen eine Realität dar, die mit Verletzungen aus dem physischen Bereich verglichen werden kann.[323] Sie belasten und deformieren die Psyche. Nach Engel[324] können drei typische Situationen unterschieden werden, die den Aspekt der Bedrohlichkeit in sich tragen: 1. die Frustration von Triebbedürfnissen; 2. die wirkliche oder angedrohte Verletzung im Sinne von Schmerz, Verstümmelung etc.; 3. der tatsächliche oder drohende Verlust von Objekten.[325] Die Abhängigkeit von psychischen Objekten macht das Individuum für ihren Verlust so verletzlich. Der mit einer Verletzung verbundene Schmerz kommt häufig vom Verlust oder der Minderung des Vertrauens zu der verletzenden Person bzw. Situation und

322 Von Verletzungen sprechen z. B. Joraschky/Köhle, Maladaptation S. 188.

323 Vgl. dazu Hartmann, Grundformen S. 174; Hammond, Ablehnung S. 6.

324 Psychisches Verhalten in Gesundheit und Krankheit. Bern/Stuttgart/Wien 1969, zitiert bei Joraschky/Köhle, Maladaptation S. 188. Maslow (Motivation S. 85) weist darauf hin, dass nicht die Frustration unwichtiger Wünsche, sondern diejenige grundlegender Bedürfnisse zu psychopathologischen Ergebnissen führen.

325 Zu diesen Objekten können neben Personen auch Ideale, Besitztümer, soziale Rollen, Ziele, Heim, Land gehören. Vgl. auch die definierende Bemerkung T. Kochs (Mensch IX S. 556): »Vermutlich liegt allen Kränkungen und Enttäuschungen die erlittene Erfahrung zugrunde: Der Andere hat mich nicht an sich herankommen, nicht bei sich ankommen lassen, er hat mich nicht verstanden.«

der entsprechenden Minderung des Selbstwertes her. Ein Ereignis ist traumatisch, wenn es in der von ihm betroffenen Person das Empfinden hinterlässt, einen sicheren Ort des Rückzugs verloren zu haben, der ihr die Aufarbeitung der mit diesem Ereignis verbundenen Furcht erregenden Emotionen ermöglicht hätte. Zumeist stellt sich das Gefühl ein, verlassen und isoliert zu sein und keinen sicheren Platz in der Welt zu haben. Auch wenn seelische Wunden häufig nicht absichtlich zugefügt werden, sind diese dadurch charakterisiert, dass sie als unberechtigte Attacke erlebt werden. Sie sind unberechtigt, wenn der Verletzte sie entweder nicht verdient hat oder wenn sie nicht notwendig waren.

Wie physische Wunden, so schmerzen auch diejenigen der Seele. Verletzungen führen damit zentral in den Bereich emotionaler Erlebnisfähigkeit des Menschen.[326] Diese können jedoch von außen, d. h. vom Therapeuten, kaum angemessen eingestuft werden: Dieser mag ein verletzendes Ereignis für geringfügig halten, für das betroffene Individuum kann es dennoch gravierend sein. Es ist unmöglich, hier eine Objektivität in der Beurteilung von Verletzungen anstreben zu wollen. Im Zusammenhang von Verletzungen ist also »Tiefe« kein genaues Maß.[327]

Der Schmerz einer seelischen Wunde kann in zwei Richtungen verstärkt werden: Zum einen geschieht das da, wo Menschen bewusst das Ziel verfolgen, einen anderen zu verletzen und ihm Schaden zuzufügen; zum andern aber auch dann, wenn dem Verletzenden die Tatsache seines Schmerzen zufügenden Verhaltens mehr oder weniger gleichgültig ist. Darüber hinaus können jedoch auch unbewusst zugefügte Verletzungen sehr tief gehen und weitreichende Folgen haben. Außerdem können geringfügige Verletzungen, die oft genug wiederholt werden, schlimme Folgen haben; atmosphärisch sich über einen langen Zeitraum erstreckende negative Dauereinflüsse können auf die Persönlichkeit empfindlich deformierend wirken.[328] Häufig ist mit der Erfahrung von Ver-

326 Engel (Psychisches Verhalten in Gesundheit und Krankheit, Bern/Stuttgart/Wien 1969, zitiert bei Joraschky/Köhle, Maladaptation S. 195) vergleicht den Objektverlust mit einer Wunde und das Trauern mit einer Wundheilung. Ähnlich auch Hammond (Ablehnung S. 83): »Wunden am Körper sind empfindlich. Man kann sie nicht berühren, ohne dass der Verwundete Schmerzen fühlt. Das Gleiche trifft auf die Wunden der Seele zu.«

327 Zur Subjektivität der Verletzungen vgl. auch Tournier, Durchbruch S. 11f; Lukas, Leben S. 57.

328 Vgl. dazu Mader, Mensch S. 21f; Maslow, a.a.O. S. 350: »Es ist nur die chronisch schlechte äußere oder interpersonale Situation, die dauerhafte Änderungen in der gesunden Charakterstruktur hervorrufen kann.« Fraglich ist hierbei nur, wie eng oder weit dieses »nur« zu fassen ist.

letzungen durch andere ein Gefühl der Hilflosigkeit verbunden. Das Versagen der Umwelt führt oft zum Eindruck der Verlassenheit und zum Verlust der Wertschätzung.[329] Ein Mensch kann aber nicht nur auf der personalen Ebene verletzt werden, sondern auch durch soziale und politische Verhältnisse oder durch Naturkatastrophen.

Tiefergehende Wunden haben die Eigenart, dass sie den Verletzten in einer Weise betreffen, die es ihm unmöglich macht, so weiterzuleben, als wäre nichts gewesen. Sie führen durch pathologische Lernvorgänge oft zu psychischem Fehlverhalten und prägen nicht nur die Emotionen des Verletzten, sondern auch sein kognitives Verhalten und hindern das persönliche Wachstum. Sie stellen für den von ihnen Betroffenen eine Herausforderung und Anfrage dar, wie er mit ihnen umgehen will: Er kann sich entweder von ihnen in seinen Gefühlen und in seinem Denken bestimmen lassen; dann bemächtigt sich der Schmerz seiner. Oder er kann sich auf einen Weg der Verarbeitung und Heilung einlassen.

2.2.2 Die Struktur der Verletzungen in der Sicht der Inneren Heilung

In der Literatur zur Inneren Heilung wird immer wieder der Vergleich zwischen physischen und psychischen Wunden verwendet. Smedes äußert in diesem Sinn, es könne »vorkommen, dass man diese Wunde(n) so lange eitern und wuchern lässt, bis sie die Freude erstick(en)«.[330] Cloud zieht diesen Vergleich noch weiter aus und bezieht ihn auf den einer seelischen Verwundung folgenden Ablauf der Heilung: »Eine Verletzung gegenüber dem Herzen ist wie jede Verletzung. Zuerst wird die Person Schmerz empfinden und dann in den Schockzustand verfallen. … Wenn das schmerzende Herz in eine Beziehung zurückkehrt, wird es gestärkt und wächst, aber dieser Prozess ist wie das Üben mit einem sehr wunden Glied oder Muskel.«[331]

In der Literatur zur Inneren Heilung finden sich auch Äußerungen zur Struktur von Verletzungen, von denen hier einige Andeutungen aufgegriffen werden sollen. So wird etwa erkannt, dass Verletzungen mit dem Verlust von Dingen oder Menschen zu tun haben, die dem Betroffenen

[329] Joraschky/Köhle, Maladaptation S. 192.
[330] Kraft S. 15.
[331] Changes S. 79 (Übersetzung G. W.).

wichtig sind und zu seiner Person mehr oder weniger prägend hinzugehören. »Alles, was unser Ich trifft oder ihm Schaden zufügt, verursacht in uns Verletzung und Schmerz.«[332] Verletzungen entstehen in den meisten Fällen durch Lieblosigkeiten anderer Menschen in Haltung, Taten und Worten. Vor allem durch Beziehungen zu Menschen, die dem Traumatisierten nahe stehen oder für ihn bedeutungsreich sind, entstehen die tiefgreifendsten Verletzungen: »Wir alle kommen mehr schlecht als recht in einer Welt klar, in der auch die wohlmeinendsten Menschen einander verletzen. Wenn wir uns auf tiefe persönliche Beziehungen einlassen, setzen wir unsere Seele den Wunden aus, die wir zwangsläufig erleiden, wenn ein anderer sich illoyal gegen uns verhält oder gar Verrat an uns übt.«[333] Dass psychische Wunden vor allem durch atmosphärisch negative (Beziehungs-)Erfahrungen nachhaltige Wirkungen erhalten, deutet sich in der folgenden Äußerung Smedes an: »Es gibt Verletzungen, die wir ignorieren können. … Aber einige lang anhaltende Schmerzen sind nicht so leicht zu bewältigen.«[334]

Das für die Innere Heilung spezifische Gepräge im Verständnis von Verletzungen kommt in ihrer theologischen Interpretation in den Blick. Systematisch-theologisch wird diese Interpretation von der Gefallenheit der Welt und damit von der Sünde her vorgenommen. Die Sünde als Trennung von Gott mit der Folge der Trennung vom Mitmenschen wirkt in den Verletzungen beziehungsbelastend bzw. beziehungszerstörend. Nach Seamands entstehen Verletzungen dadurch, dass wir immer wieder »Opfer der sündigen Entscheidungen anderer«[335] werden. In den Veröffentlichungen zur Inneren Heilung sieht man jedoch, dass seelische Verwundungen nicht nur von außen, d. h. von anderen Menschen oder Verhältnissen her, kommen. Sie können auch durch eigenes Fehlverhalten verursacht werden. Der Verletzte ist nicht nur unschuldiges Opfer, auch wenn er im Falle einer erfahrenen Verletzung unschuldig sein mag. Er ist selbst Teil der umfassenden, in den Sog der Gefallenheit geratenen Schöpfung. In diesem Sinn fasst Cloud zusammen: »Wir haben emotionale Schwierigkeiten, weil wir verletzt worden sind (jemand hat gegen

332 Seamands, Heilung S. 76.

333 Smedes, a.a.O. S. 8. Linn, Leben S. 123: »Die tiefsten Verletzungen kommen … von den Allernächsten.« Benner (Healing S. 29) geht auf diesen Sachverhalt unter der Überschrift »The Intimate Enemy« ein.

334 A.a.O. S. 8.

335 Heilung S. 48. Für MacNutt (Beauftragt S. 12) ist die Erbsünde in den Verletzungen »höchst real«.

uns gesündigt) oder weil wir rebelliert haben (wir haben gesündigt) oder irgendeine Kombination der beiden.«[336] Daraus folgt, dass sich die Sünde auch der emotionalen Welt des Traumatisierten bemächtigt.

Die subjektive Komponente bei den Verletzungen mit ihren verschiedenen Graden wird auch in der Literatur zur Inneren Heilung gesehen. In dieser Richtung äußert G. MacDonald: »Das Maß des Schmerzes kann nur der beschreiben, der ihn erfährt, und nicht etwa ein neutraler Beobachter.«[337] Auch VanVonderen weist in diese Richtung, wenn er feststellt, dass etwas, was eine unbedeutende Bemerkung oder Aktion für eine Person ist, für eine andere eine verheerende Wirkung haben kann: »Viele Faktoren kommen ins Spiel – einschließlich der Erwartungen, der Sensibilität und sogar des Kontextes, in dem die Ablehnung sich ereignet.«[338] Smedes geht ebenfalls auf diese Komponente ein; er weist darauf hin, dass der Verletzende manchmal keine Absicht hat, sein Gegenüber zu verletzen: »… Die Ungerechtigkeit einer Verletzung (wurzelt) häufig im Erleben des Opfers und nicht in den Absichten dessen, der sie verursacht.«[339] Wie tief psychisches Schmerzempfinden reicht, hängt mit von den Empfindungen des Verletzten ab.[340]

2.2.3 Verletzungen des Grundbedürfnisses nach Liebe

Unter den Punkten 2.1.1 und 2.1.2 wurde das Grundbedürfnis nach Liebe als das zentrale Bedürfnis eines jeden Menschen jeden Alters behandelt. Die Missachtung dieses Grundbedürfnisses wirkt »psychopathogen«[341] und hat eine Vielzahl von Verletzungen zur Folge:

Das Gegenteil von echter Liebe ist *bedingte »Liebe«*. Sie sieht der echten Liebe zum Verwechseln ähnlich, muss aber als ihr diametral entgegengesetzt begriffen werden. Bedingte Liebe wendet sich dem Nächsten letztlich nur um eines bestimmten Zwecks, um eines Nutzwertes willen zu. Das Gegenüber soll – möglicherweise, ohne dass ihm das bewusst wird – zu etwas gebracht werden, was allein der Sich-Zu-

---

[336] Changes S. 28 (Übersetzung G. W.). J. Wimber (Heilung S. 85f) unterscheidet neben diesen beiden Kategorien von Verletzungen als dritte, dass wir in einer sündigen Welt geboren sind.

[337] Wenn alles zerbricht S. 161.

[338] Tired S. 40 (Übersetzung G. W.).

[339] Smedes, a.a.O. S. 26.

[340] Zur Frage der damit verbundenen Kognitionen vgl. unten Punkt 2.3.9f.

[341] Maslow, Motivation S. 311 (dort allgemein im Hinblick auf Grundbedürfnisse).

wendende seinem Gegenüber zugedacht hat. Da eine solche Liebe dem Anderen mehr oder weniger erheblich seinen Lebensraum streitig macht, hat sie nicht selten tiefgreifend verletzende Auswirkungen. Sie dient dazu, eigene Bedürfnisse zu befriedigen und überfährt dabei unter dem Schein der Liebe diejenigen des anderen. An die Stelle der dienenden Hingabe für den Nächsten tritt hier eine Form der Herrschaft des einen über den anderen. Auf derartige Weise zugefügte Wunden sind nicht selten deshalb schwer zu erkennen, weil es sich um ein subtiles Geschehen handelt.

Liebe äußert sich in lebensfördernden Beziehungen. Zu ihrem Gegenteil gehören, sehr allgemein und grundsätzlich formuliert, Beziehungsstörungen.[342] Sie führen bei Menschen jeden Alters zu Verletzungen, auch wenn diese in verschiedenen Altersstufen als unterschiedlich folgenreich erlebt werden. Beziehungsstörungen bringen eine Einschränkung der Kommunikation oder einen Kommunikationsverlust mit sich, so dass eine wechselseitige Anteilnahme eingeschränkt wird oder entfällt. Dies kann zu mehr oder weniger bedrohlich erlebten Einsamkeitserfahrungen führen. Da der Mensch auf Beziehungen angelegt ist, führen Verlusterfahrungen in diesem Bereich zu Leiderfahrungen. Zwischenmenschliche Konflikte haben immer etwas mit Beziehungen zu tun, und aktuelle Beziehungen haben meist etwas mit früher erlebten Beziehungen zu tun. Problembeladene Beziehungen belasten das Leben der an ihnen Beteiligten.

Ein Treue- oder Vertrauensbruch kann als spezieller Fall von Beziehungsstörung betrachtet werden. Enttäuschtes Vertrauen oder ein gebrochenes Loyalitätsversprechen hinterlässt seelische Wunden, zerschlägt eine Beziehung und führt zu gegenseitigem Misstrauen. Die am Treue- oder Vertrauensbruch Beteiligten können ihre Beziehung meist erst dann fortsetzen, wenn das begangene Unrecht in irgendeiner Weise aus der Welt geschafft ist.

Lässt sich Liebe ihrem Wesen nach als bedingungslose Zuwendung begreifen, so stellen *Ablehnung* und *Verachtung* eines Menschen durch einen anderen ihr Gegenteil dar. Ablehnung lässt ein Bemühen um das Verstehen und Bejahen des anderen nicht aufkommen.[343] Sie kann ein breites Spektrum an Ausdrucksformen von subtilen Formen der Ver-

---

[342] Vgl. dazu Winkler, Leiden V S. 710, der bemerkt: »Einen breiten Raum nimmt Leiden als Folge von Beziehungsstörungen ein.« Ferner s. Eibach, Depression S. 22; Mader, Mensch S. 43.

[343] Vgl. zur Ablehnung Hammond, Ablehnung S. 11; Stanley, Gift S. 110.

nachlässigung bis zu offener Zurückweisung in Reaktionen von Ärger und Wutausbrüchen annehmen. Übersteigt die Ablehnung einen bestimmten Grad, fühlt sich der Abgelehnte verletzt. Eine solche Verletzung ist ständig gegenwärtig und kann innerhalb der Persönlichkeit eine Vielfalt von Abnormitäten auslösen. Häufig sensibilisiert sie für und fixiert auf weitere – tatsächliche oder vermeintliche – Ablehnung, so dass sich eine misstrauische Grundhaltung herausbilden kann. Ablehnung und Verachtung sind eine Form der Verweigerung der Anerkennung. Wer nicht anerkannt wird, dem wird die Annahme verweigert.[344] Werden Beziehungen von der Aberkennung des Wertes einer Person geprägt, kommt dies einer Verachtung derselben gleich. So wird die Entfaltung von individuellen Begabungen stark behindert. Auch ein Zugehörigkeitsgefühl kann kaum entstehen, da sich der eine vom anderen abschließt. In einer von solchen Beziehungen geprägten Atmosphäre wird sich der Einzelne unerwünscht vorkommen, so dass ein verletzendes Beziehungsgefüge entsteht.

Wo Liebe fehlt, werden Beziehungen von *Ungeborgenheit* und *Unsicherheit* geprägt. Dabei werden Gefühle der Verlassenheit entstehen. Ein Mangel an Geborgenheit und Sicherheit wirkt bedrohlich; in einer solchen Atmosphäre kann sich ein Mensch nicht entfalten. Er wird vielmehr versuchen, sich zu schützen.

Eine häufige Ursache für Verletzungen liegt in der *Missachtung* individueller Grenzen. Der dem Menschen zukommende Eigenraum wird dabei in psychischer, physischer oder spiritueller Hinsicht nicht gewahrt. Solche Grenzverletzungen sind – zumindest in Teilbereichen – als Missachtung der Individualität zu betrachten. Sie bewirken beim Verletzten Beschämung, da seine Person letztlich nicht geachtet wird. Meist sind sie mit einer teilweisen Aberkennung der individuellen Eigenverantwortung verbunden. Alle Formen von Grenzverletzungen haben mit Formen des Missbrauchs einem Menschen gegenüber zu tun. Sie machen es den von ihnen Betroffenen schwer zu unterscheiden, was ihre Verantwortung ist und was nicht. Das Leben in dualen oder pluralen Beziehungen einer Gemeinschaft kann dadurch empfindlich gestört werden.

[344] Toman (Tiefenpsychologie S. 84): »Nicht-Akzeptierung verringert das Wohlbefinden.«

2.2.4 Verletzungen des Grundbedürfnisses nach Liebe in der Sicht der Inneren Heilung

Dass Verletzungen in den meisten Fällen durch Lieblosigkeiten anderer Menschen in Haltung, Taten und Worten entstehen, wurde im Hinblick auf die Innere Heilung bereits unter Punkt 2.2.2 deutlich. Crabb sieht gerade in der Unfähigkeit des Menschen, vollkommene Liebe weiterzugeben, eine wesentliche Folge des Sündenfalls: »Wir wollen die unangenehme Wahrheit nicht akzeptieren, dass seit dem Sündenfall kein Mensch in der Lage ist, den anderen in Vollkommenheit zu lieben.«[345] Verletzungen durch Mangel an Liebe oder Lieblosigkeit geschehen am nachhaltigsten nicht durch verletzende Einzelakte, sondern durch eine in irgendeiner Weise lebensverneinende Atmosphäre in zwischenmenschlichen Beziehungen, an der meist die »Allernächsten« beteiligt sind.[346]

In der Literatur zur Inneren Heilung weiß man auch um das Problem der *»bedingten Liebe«*. Eine solche bedingte Zuwendung darf eigentlich nicht Liebe genannt werden. Das Wort »Liebe« wird deshalb in diesem Zusammenhang mit Apostroph geschrieben. Dickinson/Page sprechen in dieser Hinsicht bildhaft treffend von Liebe als »candy on a string to reward …«[347]. Da eine solche Liebe nicht wirklich den anderen, sondern im anderen sich selbst meint, spricht Benner im Hinblick auf die bedingte Liebe von »egocentric love«.[348] Das hier angesprochene Problem tangiert auch VanVonderen, wenn er von Beziehungen spricht, die auf Bedingungen basieren.[349] Die kritische Sicht in der Seelsorge der Inneren Heilung gegenüber dieser Abart von Liebe hat ihren Grund in ihrem Gegenbild, der Bedingungslosigkeit der göttlichen Agape-Liebe als der wahren Liebe.

Auch die verletzenden Auswirkungen von *Beziehungsstörungen* werden in der Literatur zur Inneren Heilung erkannt. Darauf weist H. Cloud, indem er auf den emotionalen Hunger hinweist, den ein Beziehungsmangel beim Menschen hinterlässt: »Menschen, die keine emotionalen Verbindungen eingehen können, leben im Zustand eines beständigen Hun-

[345] Von innen S. 64; ähnlich MacNutt/Shlemon, Gebet S. 103.
[346] M. u. D. Linn, Leben S. 123. Vgl. dazu oben Punkt 2.2.2.
[347] Child S. 108f.
[348] Quest S. 60.
[349] Tired S. 12 (»… relationships that were based on ›conditions‹«). Ders. (ebd. S. 50) spricht als ein Merkmal von »shame-based systems« an: »Only loved and accepted if, when, or because they perform.«

gers.«[350] Auf Beziehungsstörungen geht auch E. Scharrer ein, indem er den Zusammenhang von Konflikten und Beziehungen betrachtet. Er stellt fest[351], dass »... Konflikte immer etwas mit Beziehungen zu tun haben, und unsere aktuellen Beziehungen immer auch etwas mit den früheren Beziehungen«. Die grundlegende Bedeutung von Beziehungen bzw. Beziehungsstörungen bringt er zum Ausdruck, wenn er später äußert[352]: »Psychisches Fehlverhalten ist ... ein aus der Beziehung herausgefallenes Verhalten: es verfehlt die Beziehung, es gleitet an der Begegnung vorbei; es endet im Raum der Beziehungslosigkeit, im Feld der abgebrochenen Beziehungen.« Hinter Scharrers Darlegungen steht ein tiefes Verständnis der Beziehungsstörungen von Gen 3 her: »Sie (sc. die Gefühle der Scham, Schuld und Angst in Verbindung mit der Erkenntnis des Guten und Bösen) besagen, dass anstelle einer Lebensbeziehung zu Gott, dem Schöpfer, anstelle einer ›Beziehungsrealität‹ eine ›Erkenntnisrealität‹ getreten ist.«[353] Daraus folgt: »Aus Scham vor dem Bösen, das er (sc. der Mensch) getan hat und das er jetzt erkennt, deckt er sich ab, er deckt sich zu vor dem Anderen, er verbirgt sich.«[354] Mit seiner Sicht dringt Scharrer zweifellos zum theologischen Zentrum vor, das hinter den Beziehungsstörungen steht.

In der Literatur zur Inneren Heilung wird auch auf die Auswirkungen der *Ablehnung* eingegangen. Dass die Erfahrung von Ablehnung und die Beziehungsstörung auf einer Linie liegen, wird bei Wright deutlich, wenn er sagt: »Ablehnung signalisiert einem Menschen, dass er es nicht wert ist, zu ihm eine Beziehung zu haben, ja noch nicht einmal ihn zu kennen.«[355] Von ihrem großen seelsorgerlichen Einblick her weisen F. u. F. Littauer darüber hinaus auf die weite Verbreitung der Ablehnungserfahrung: »Beinahe universal sind frühe Gefühle der Ablehnung, einige sind schwer genug, um erfolgreiche erwachsene Beziehungen nahezu unmöglich zu machen.«[356] Auf die verheerenden Folgeerscheinungen durch eine als Mangel an Bejahung erfahrene Ablehnung weist S. Linn hin.[357] Sie

---

[350] Changes S. 61 (Übersetzung G. W.).
[351] Fehlverhalten S. 79.
[352] Ebd. S. 144.
[353] Heilung S. 36 (kursiv im Original).
[354] Ebd. S. 372.
[355] Friede S. 86; ähnlich auch Seamands (Erinnerungen S. 76): »Der Kern vieler unserer Verletzungen ist das Gefühl, abgelehnt zu werden.« Er weist damit auf das Wesen vieler Verletzungen.
[356] Mind S. 109. Dieses Zitat und die folgenden tangieren bereits die Punkte 2.2.5 u. 2.2.6.
[357] in: M./D./S. Linn, Glaube S. 157.

nimmt Bezug auf den christlich geprägten Psychiater Conrad Baars und legt dar, dass durch einen solchen Mangel die Entfaltung der Fähigkeiten eines Menschen behindert werden: »Er (C. Baars) fand heraus, dass der Mangel an Bejahung die häufigste Form emotionaler Verwundung darstellt. Damit meinte er, dass vielen, vielleicht sogar den meisten Menschen in unserer Gesellschaft das Gute in ihnen nie von jemandem gezeigt wurde, der dieses Gute in ihnen sah und sie bedingungslos liebte.« Bestätigung des Mitmenschen wird sich in einer Atmosphäre der Verweigerung der Anerkennung kaum ereignen. J. u. P. Sandford meinen zu Recht, dass eine solche Atmosphäre anfällig für gegenseitige Äußerungen von Kritik sein wird[358], die wegen des Mangels an Liebe zusätzlich verletzende Wirkungen hat.

Auf die *Ungeborgenheit* von Kindern, hinter der verborgene Ablehnung von Seiten der Eltern stehen kann, geht Jörg Müller im Zusammenhang von Patienten mit neurotischer Depression ein: »Allen Patienten gemeinsam sind hierbei Mangel an Zuwendung und Geborgenheit sowie eine unterdrückende, strenge Erziehung.«[359] Auch aus dieser Art von Verletzung können sich Spätfolgen ergeben.

Dass die *Missachtung* der Grenzen des Individuums verletzende Auswirkungen hat, wird in der Literatur der Inneren Heilung verschiedentlich wahrgenommen. Im Hinblick auf Verletzung der Körpergrenze eines Menschen bemerkt Cloud: »Die erste Wirkung der Überschreitung von Körpergrenzen ist, dass die Person, deren Grenzen überschritten wurden, sich mehr als ein Ding denn eine Person fühlt.«[360] Die verletzende Wirkung bezieht sich jedoch nicht nur auf physische Grenzen. Vergleichbares gilt auch für Verletzungen in den anderen Bereichen. Ohne die Grenzen näher zu spezifizieren, formuliert Wilson allgemein im Hinblick auf Kinder, was nicht nur für Kinder Gültigkeit hat: »... Die persönlichen Grenzen von Kindern werden oft im Namen der Liebe verletzt.«[361] Johnson/Van Vonderen gehen auf die Tatsache ein, dass Grenzen in geistlicher Hinsicht überschritten werden können. Sie heben auf eine unverantwortliche Art des Umgangs mit prophetischer Rede ab und sagen: »... Vielleicht würdest du dich ungeistlich fühlen, wenn du zu einem Mitchristen ›Nein danke‹ sagen würdest, der dich fragt, ob er dir ein ›Wort vom Herrn‹

---

358 Umgestaltung S. 41.
359 Seele S. 70 (Auch diese Äußerung weist bereits zu den nächsten Punkten 2.2.5 u. 2.2.6.).
360 Cloud, a.a.O. S. 121 (Übersetzung G. W.).
361 Shame S. 50 (Übersetzung G. W.).

geben könne.«[362] Die Verfasser sehen hier, dass eine religiöse Anmaßung von Autorität den, der ihr ausgeliefert ist, verletzt, da so die Grenzen seiner Glaubensfreiheit durch andere missachtet werden.

Die *Beobachtungen zur Verletzung des Grundbedürfnisses nach Liebe* in der Literatur zur Inneren Heilung lassen sich wie folgt zusammenfassen:

Zunächst ist festzuhalten, dass die Verletzung des Grundbedürfnisses nach Liebe nur vereinzelt (Seamands, Scharrer, Crabb, J. u. P. Sandford) systematisch reflektiert wird. Die Sache ließe sich aber aus der Fülle der in der Literatur zur Inneren Heilung zu findenden Erfahrungsbeispiele häufig erschließen. So wie bei der Inneren Heilung die grundlegende Bedeutung der Liebe für die Entfaltung menschlichen Lebens erkannt wird, so wird bei ihr auch die verletzende Wirkung durch Formen verweigerter Liebe klar gesehen. Auch im Hinblick auf die Verletzung sind die unter Punkt 2.1.7 festgestellten beiden Brennpunkte einer Ellipse festzustellen: Der eine ist in der Verletzung der Liebe zu sehen; ihm ist die bedingte Liebe, die Beziehungsstörung, Ablehnung und Ungeborgenheit zuzuordnen. Der andere ist mit der Verletzung der Eigenständigkeit gegeben; zu ihm gehören die verschiedenen Formen der Grenzverletzung.

Verletzung der Liebe und Verletzung der Beziehungsrealität werden als eng zusammengehörend erkannt. Dabei wird – am reflektiertesten bei E. Scharrer und L. Crabb – die Verletzung dieser beiden Realitäten als unmittelbare Folge des Sündenfalls erkannt. Der Glaube als die Urbeziehungsrealität zwischen dem Menschen und Gott wird durch die Verletzungen in den zwischenmenschlichen Beziehungen zentral betroffen. Die Einsichten der säkularen Psychologie im Hinblick auf die einschneidenden Folgen von Liebesmangel und Beziehungsstörungen sind in der Literatur der Inneren Heilung präsent. Ihre spezifische Verarbeitung liegt jedoch in ihrer theologischen Interpretation von Gen 3 her.

2.2.5 Entwicklungsbezogene Verletzungen

Da sich, wie bereits unter Punkt 2.1.4 erwähnt wurde[363], eine Vielzahl von Berichten über Erfahrungen Innerer Heilung auf Verletzungen in der Kindheit oder Jugend bezieht, soll dieser Bereich etwas eingehender

[362] Power S. 47; ähnlich Van Vonderen, Tired S. 21f.
[363] Die Ausführungen der Punkte 2.1.3 u. 2.1.4 werden hier vorausgesetzt.

bedacht werden. Manche der Darlegungen zu den von einem Liebesdefizit herrührenden Verletzungen im vorhergehenden Abschnitt tangierten bereits die entwicklungspsychologische Fragestellung. Viele der im Folgenden angesprochenen Verletzungen samt ihren Folgen können nicht als auf eine spezielle Entwicklungsphase beschränkt betrachtet werden, sondern markieren mehr den möglichen Beginn einer Problematik, die in späteren Phasen ebenfalls erstmals auftreten oder ihre negative Fortsetzung finden kann. Es geht jedoch auch in diesem Punkt nur um eine exemplarische Darstellung möglicher Verletzungen in den verschiedenen entwicklungspsychologischen Stadien:

Verletzungen können sich bereits in der Phase der *Schwangerschaft* ereignen. Verschiedene Forscher[364] konnten nachweisen, dass Neugeborene von Müttern, die einer starken emotionalen Belastung ausgesetzt waren, als auffällig zu charakterisieren waren. Die Dyade zwischen der Mutter und dem Embryo kann empfindlich gestört werden.[365] Die empathische Kommunikation befähigt den Embryo, nicht nur die positiven Gefühle der Mutter, sondern auch ihre negativen Gefühle wahrzunehmen. Der sehr direkte Gefühlsaustausch lässt auch die Gefühle der Angst, der Sorge oder der Ablehnung bei ihm ankommen. Grundhaltungen und bestimmte Aspekte der Persönlichkeit können sich als Resultat von Vorgeburts- oder Geburtstraumata bilden. Ein Vater, der sich während der Schwangerschaft der ihm zuwachsenden Aufgabe, der Mutter zu einem Schutzraum zu verhelfen und seinerseits zum Aufbau einer Beziehung zum werdenden Kind beizutragen, entzieht, kann durch sein Verhalten in der pränatalen Phase des Kindes zu einer negativ prägenden Atmosphäre für das Kind führen. Auch anhaltende eheliche Spannungen bewirken eine für die Empfindungen des Embryos lebensbedrohende Atmosphäre.

Im *Säuglingsalter* kann die Ausbildung von Urvertrauen beim Säugling durch einen Mangel an positiver, von echter Liebe getragener Zuwendung der Eltern empfindlich gestört werden. »… Kinder in dieser (symbiotischen) Phase ihrer Entwicklung (sind) durch bestimmte Menschen (die Mutter beziehungsweise ihre Stellvertreter) besonders vulnerabel und von diesen auf kaum vorstellbare Weise abhängig …«[366] Der

---

[364] Stork (Entwicklung S. 916) nennt Turner, Ferreira, Simmons und Rottmann.

[365] Das zeigen Verny/Kelly (Seelenleben passim) mit einer Fülle von Belegen.

[366] V. Uexküll/Wesiack, Dimensionen S. 28; vgl. auch ebd. S. 29.30 sowie Joraschky/Köhle, Maladaptation S. 193 und die Arbeiten von Spitz (Beanspruchung [1957] u. Entstehung [1960]). »Von praktisch allen Therapeuten wird einhellig angenommen, dass wir, wenn wir eine Neurose zu ihren Ursprüngen zurückverfolgen, mit großer

Umgang mit den ersten Beziehungspersonen, vor allem die unsymmetrische Mutter-Kind-Dyade, ist die Quelle vieler pathologisch-neurotischer Entwicklungen: Maternale Deprivationen durch pathologische Verhaltensweisen der Mutter lassen den weiteren Differenzierungsprozess des Kindes pathologisch verlaufen. Dabei ist vor allem die unbewusste Haltung neben den bewussten Handlungen der Eltern von großer Bedeutung.[367] Die Folgen einer damit verbundenen Grundstörung können schwere Ich-Defekte sein. Die Gefahr einer Trennung führt beim Säugling zu Angst und Panik. Bleiben die herausfordernden und fördernden Sinnesreize aus, wird die Entwicklung der Aufmerksamkeit verzögert. Ohne den für den Säugling lebensnotwendigen Körperkontakt kann er krank werden, im Extremfall sogar sterben. Eine sehr plötzliche Entwöhnung vom Stillen ohne Ersatz kann zu einer akuten kindlichen Depression oder zu einem milderen, chronischen Trauergefühl führen, das sich mit dem Gefühl des Leerseins verbindet.[368] Vernachlässigen die Eltern ihr Kind, gewähren sie ihm nur unzuverlässige Beziehungen oder missbrauchen sie es in irgendeiner Weise, entstehen in ihm Verletzungen, die es ihm schwer machen, Beziehungen aufzubauen; für ein solches Kind ist es schwer, eine Balance zwischen Vertrauen und gesundem Wirklichkeitssinn, ferner auch ein gesundes Selbstvertrauen zu finden.[369] Das kann auch dann geschehen, wenn nicht die Eltern dem Säugling innere Aufmerksamkeit entgegenbringen, sondern wenn sie umgekehrt ihre eigenen Wünsche und Absichten an ihm befriedigen und wenn sie das, was später als Selbst, als der Kern der Persönlichkeit gehütet wird, verletzen.[370] Eine positive Grundeinstellung zum Leben kann sich dann nur schwer entwickeln, so dass das Kind sich später wert- und nutzlos vorkommt. Ebenso verhängnisvolle Auswirkungen haben in dieser und in

---

Häufigkeit einen Liebesentzug in den frühen Jahren vorfinden« (Maslow, Motivation S. 312). Gareis (Entwicklung S. 242) spricht von »Deprivationen«, die emotional, sozial oder ethisch sein können.

[367] Darauf weist vor allem Spitz (vgl. Stork, Entwicklung S. 898.904). Spitz nennt als psychotoxische Einflüsse der Mutter: (I) primäre, unverhüllte passive Ablehnung, (II) primäre, ängstlich übertriebene Besorgnis, (III) Feindseligkeit in Form von Ängstlichkeit, (IV) kurzschlägiges Oszillieren zwischen Verwöhnung und Feindseligkeit, (V) zyklische Stimmungsumschwünge. Hierzu gehört der Bereich der »partiellen Verluste« als »Verluste von Aspekten von Familiengliedern, ohne dass die Person selbst aus dem Familienverband verschwindet« (Toman, Tiefenpsychologie S. 136).

[368] Erikson, Wachstum S. 69f.

[369] Vgl. dazu Sieland, Grundlagen S. 222; v. Uexküll/Wesiack, Dimensionen S. 30; Mader, Mensch S. 41.68.

[370] Vgl. dazu Stork, Entwicklung S. 890.

späteren Entwicklungsstufen Doppelbotschaften[371] der Eltern wie Äußerung von Liebe, unmittelbar gefolgt von Ablehnung; sie hinterlassen im Kind Frustrationsgefühle und Verwirrung sowohl im Hinblick auf sich selbst als auch im Hinblick auf die Beziehungen zu anderen. Verletzungen können auch durch emotional abwesende Eltern – vor allem der Mutter – entstehen: Die Mutter mag äußerlich präsent sein; wenn sie sich dem Kind emotional nicht mitteilen kann, erfährt der Säugling ein Defizit, das eine Leere in ihm hinterlässt. Aber auch der Vater ist in diesem Alter von Bedeutung: »Bei vielen psychischen Krankheitsbildern ist eine Abwesenheit, ein Versagen der Autorität des Vaters und eine Inkonsistenz des Vaterbildes mit den Merkmalen der Passivität, der Distanziertheit und der mangelnden Männlichkeit – kurz der ›schwache‹ Vater – festzustellen …«[372] Erlebt der Säugling elterliche Zuwendung lediglich quantitativ ohne die Qualität echter, liebevoller Zuwendung, wird es ihm schwer, im Bonding seinerseits seine Beziehungsfähigkeit zu entwickeln. Er kann eine Haltung herausbilden, die so charakterisiert werden kann: Wenn ich keine liebevolle Beziehung erfahre, dann will ich auch niemand. So kann er für die weiteren Lebensjahre zu einer verhärteten Haltung kommen.

Im *Kleinkindalter* kann die Missachtung der Grenze des Kindes zu Verletzungen führen. »Gelingt die Anpassung der Mutter an die frühkindlichen Bedürfnisse des Kindes nicht, so kommt die Besetzung äußerer Objekte nicht in Gang, und der Säugling bleibt isoliert.«[373] Wird es ihm – etwa durch ein besitzergreifendes elterliches Verhalten – erschwert, sich als eigenständige Person zu erleben, kann die Entwicklung des eigenen Willens gehemmt werden. Das Kind, dem die allmähliche freie Wahl nicht gegönnt war oder das durch Vertrauensverlust geschwächt ist, kann seinen Drang, die Dinge zu erforschen, in übermäßiger Selbstkritik gegen sich richten.[374] Das Erfassen eines realitätsbezogenen Weltbildes wird verzögert, wenn das Kind zu wenig Spielmöglichkeiten hat. Besonders empfindliche Wunden entstehen beim Kind, wenn es für Bekundungen des eigenen Willens und damit der eigenen Grenzen – z. B. durch Formen des Liebesentzugs – bedroht wird.[375] Daraus folgt in negativer Hinsicht, dass Verletzungen durch ein Bestreben der Eltern geschehen können, den in dieser Phase immer wieder trotzig sich äußernden Willen des Kindes

[371] Ruthe, Seele 167ff.
[372] Stork, a.a.O. S. 919.
[373] Ebd. S. 892.
[374] Erikson, Wachstum S. 81; Berentzen, Zukunft S. 54.
[375] Erikson, Wachstum S. 79.

gewaltsam brechen zu wollen. Es wird dann als gut und lieb bezeichnet, wenn es den Maßstäben der Eltern entspricht, und als böse, wenn es ihren Wünschen und Bedürfnissen nicht entspricht. In diesem Fall verletzen Eltern ihr Kind dadurch, dass sie es, entgegen seinen Neigungen und Begabungen, erzieherisch in ihre Vorstellungen hineinzwängen. Zu erzieherischen Grenzüberschreitungen kann es auch durch eine Fülle gut gemeinter Vorschriften kommen, die das Leben des Kindes reglementieren. Allerdings drohen Verletzungen in dieser Phase auch von der entgegengesetzten Seite: Das Kind bedarf der schützenden Grenzen. Fehlen diese, so leidet es an mangelndem Halt und wird so überfordert.[376] Verletzungen in dieser Phase können zu Schwierigkeiten in der Entwicklung von Flexibilität und Toleranz und damit zu Zwangsneurosen in den späteren Lebensjahren führen.[377] Verhängnisvoll wirken sich im Kleinkindalter (ebenso wie in späteren Entwicklungsphasen) negative, das Wesen des Kindes betreffende Äußerungen der Eltern aus.[378] Die Bedeutung des Vaters in dieser Entwicklungsphase darf nicht unterschätzt werden.[379] Das gilt vor allem für Zeiten seiner längeren Abwesenheit. Vaterlose Kinder kommen sich in ihrem späteren Leben häufig isoliert, also in ihrer Beziehungsfähigkeit behindert, vor. Diese Problematik kann sich beim Verlust eines Elternteils durch Scheidung oder Tod verschärfen: Auf das Kind wirkt eine solche Erfahrung wie eine persönliche Zurückweisung. Wird im Spielalter die Fantasie des Kindes – z. B. bei überbehütendem elterlichem Verhalten, das von übertriebenem Zwang herrührt, durch dauernde Maßregelungen[380] – unterdrückt, kann es zu Störungen in der Entwicklung seiner Initiative und zu »erlernter Hilflosigkeit« kommen. Dasselbe gilt auch im Falle von Unterdrückung der Wissbegier des Kindes und seines Strebens nach Leistung und Unabhängigkeit. Ausbleibende Billigung und Anerkennung von Seiten der Eltern kann auf das Kind nachhaltig entmutigend wirken. Auch eine von Kritik oder von verbaler Gewalt geprägte Atmosphäre eines Elternhauses kann schlimme Auswirkungen auf das kindliche Selbstbewusstsein haben und Initiative lähmen. Sätze wie: »Du machst alles falsch, du taugst nichts, du bist schlecht« etc.

376 Vgl. zu diesen beiden Gefährdungen Erikson, Wachstum S. 79; Meier, Kids S. 39 u. a.
377 Vgl. dazu Erikson, Wachstum S. 81.
378 Vgl. dazu Erikson, Problem S. 210f. A. Adler (zitiert bei Ruthe, Krankheiten S. 75) äußert in diesem Sinn: »Kinder sind hervorragende Beobachter, aber schlechte Interpreten.«
379 Vgl. Hamilton, Influence S. 167; Merkel, Psychoanalyse S. 138; Schnabel, Vater S. 32.34.
380 Vgl. dazu Dieterich, Heil S. 70.

können zur Stimme des eigenen Selbstbildes werden.[381] Die Unterscheidung zwischen Schuld und Scham ist dem Kind noch nicht möglich. Sehr leicht neigt das Kind bei harter Kritik zu schamhafter Haltung sich selbst gegenüber. Es fühlt sich dann für Dinge schuldig, für die es nicht verantwortlich ist. Für die Entwicklung seiner Identität ist die Identifikation des Kindes mit seinen Eltern wichtig. Verhalten sich diese so, dass sie dem Kind nur schwer als Vorbild dienen können, kann das die Herausbildung der Identität stören. Im Hinblick auf das kindliche Erleben der Sexualität in dieser Phase zeigt sich erneut die Problematik der Grenze: Verletzungen entstehen auf der einen Seite, wenn dem Kind die Sexualität als etwas Schlechtes suggeriert wird. Auf der anderen Seite müssen Eltern ihre Beziehung so leben, dass das Kind beim Flirten mit dem gegengeschlechtlichen Elternteil klare Grenzen gesetzt bekommt. Andernfalls wird es sexuell verwirrt und überfordert.[382] Im Hinblick auf die in dieser Phase einsetzende Gewissensbildung wirken sowohl eine rigoristische[383] als auch eine normenlose Erziehung gewissensdeformierend. Schwere Lebenskonflikte entstehen, wenn die Eltern als die Vorbilder und Vollstrecker des Gewissens sich gerade die Gebotsüberschreitungen erlauben, die das Kind an sich selber nicht länger dulden will.[384]

Im *Schulalter* sucht das Kind Betätigungsfelder für den sich entwickelnden Werksinn. Wird es in seiner Aktivität unangemessen behindert und von Spielgefährten abgeschnitten, kommt es zur Verkümmerung kreativen Arbeitens.[385] Unterdrückte bzw. nicht geförderte Autonomiebemühungen können zu Schwierigkeiten führen, sich Mitmenschen gegenüber durchzusetzen. Verletzungen können auf der einen Seite dann entstehen, wenn eine fördernde Herausforderung durch zu hohe Leistungserwartung an das Kind zur Überforderung wird. Auf der anderen Seite wirkt auch in dieser Phase ein Laissez-faire-Verhalten der Eltern oder Lehrer auf die Kinder überfordernd.[386] Es schmerzt ein Kind im Schulalter, wenn es sich in dem, was es bewerkstelligt, von den Primärpersonen oder Altersgenossen nicht gebraucht vorkommt und wenn es nicht anerkannt wird.[387] Wird die Liebe der Erwachsenen zum Kind

---

[381] Erikson, Wachstum S. 79.
[382] Vgl. zur Problematik des Inzests F. H. Müller, Kinderseele S. 3ff.
[383] Vgl. dazu Christian, Anthropologie S. 43; Erikson, Wachstum S. 94f.
[384] Erikson, Wachstum S. 95.
[385] Abwertende Bemerkungen haben hier eine verheerende Wirkung.
[386] Vgl. ebd. S. 99f.
[387] Vgl. dazu ebd. S. 102; Hammond, Ablehnung S. 28; Ruthe, Seele S. 137.

von seinen Leistungen abhängig gemacht, verursacht das beim Kind in dieser Phase empfindliche Verletzungen und kann zu einer depressiven Neigung führen. Es wird dann abhängig vom Erfolg, da dieser durch die mit ihm verbundene Annahme mit angenehmen Gefühlen konditioniert wird. So kann es jedoch abhängig werden von der »Droge der Grandiosität« und der Leistung, hinter der »die Depression, das Gefühl der Leere, der Selbstentfremdung, der Sinnlosigkeit ihres Daseins«[388] lauert. Es entsteht in ihm eine permanente Unsicherheit, ob es genug getan hat, um die Liebe der Erwachsenen zu verdienen; so nimmt es Schaden an seinem Identitätsgefühl. Werden die Gefühle des Kindes im Schulalter nicht ernst genommen und darf es diese nicht angemessen zum Ausdruck bringen, kann die Selbstannahme und die Fähigkeit, die eigenen Gefühle wahrzunehmen und mit ihnen umgehen zu lernen, darunter leiden.

In der Phase der *Adoleszenz* ist der Jugendliche trotz und gerade wegen seiner Stimmungsschwankungen und trotz seiner Infragestellungen des bisher Akzeptierten auf Annahme angewiesen. Jugendliche, die ihrer Ausdrucksmittel beraubt werden, mit denen sie den nächsten Schritt ihrer Ich-Identität entwickeln und integrieren können, werden diese mit erstaunlicher Kraft verteidigen.[389] Zu starre Antworten auf seine Fragen und unflexible familiäre Grenzziehungen verletzen ihn durch altersinadäquate Einengungen, so dass er sich in seinem Bedürfnis nach Unabhängigkeit nicht anerkannt empfindet. Ausbleibende oder unklare Antworten lassen ihn im Stich.[390] Dazu gehört auch das Versäumnis der Eltern, tiefe Beziehungen aufzubauen und ihrem Kind bei der Suche nach dem Sinn hilfreich zur Seite zu stehen. Wird ihm die Suche nach seiner sozialen Rolle nicht gewährt, können die damit verbundenen Verletzungen zu einer Identitätsdiffusion beitragen, die sich in Überreaktionen oder in Rückzugsverhalten äußert. Dazu tragen auch Bemerkungen der Erwachsenen bei, der Jugendliche sei »ein geborener Strolch, ein komischer Vogel oder Außenseiter«.[391] Der Jugendliche, der in einer für ihn wichtigen Peergroup nicht akzeptiert wird, kann dadurch bitter enttäuscht werden. Wichtig ist für ihn das »Rollenmodell«, nach dem er sich ausrichten kann; negative »Helden« können einen destruktiven Einfluss auf ihn

---

[388] Miller, Drama S. 20. Erikson (Wachstum S. 104) spricht hier vom Minderwertigkeitsgefühl.

[389] Vgl. Erikson, Wachstum S. 107f. Er spricht (ebd. S. 109) von der Gefahr der »Standardisierung der Individualität und der Intoleranz gegenüber ›Abweichungen‹.«

[390] Vgl. dazu Bally, Psychotherapie S. 715.

[391] Erikson, Wachstum S. 110.

ausüben.[392] Fällt der Vater in dieser Phase durch physische oder emotionale Abwesenheit aus[393], kann die Entwicklung sowohl der geschlechtlichen Identität als auch der gesamten Persönlichkeit erheblich gestört werden, da in diesem Fall für den Jugendlichen eine wichtige Quelle der Erfahrung von Sicherheit, Schutz und herausfordernder Auseinandersetzung ausfällt. Für die Entwicklung des Jugendlichen darf jedoch auch die Bedeutung der Mutter in der erzieherischen Begleitung nicht übersehen werden. So kann z. B. sowohl eine dominante wie eine mädchenhaft gebliebene Mutter dazu führen, dass das Kind emotional an ihr hängen bleibt oder in Formen der Rebellion auszubrechen versucht.[394] Sind beide Eltern »ewiger Jüngling« oder »ewiges Mädchen« geblieben, können sie dem Jugendlichen zu wenig Struktur, Autorität und Stabilität vermitteln.

Im frühen *Erwachsenenalter* können in die Brüche gehende Beziehungen tief greifende Verletzungen hinterlassen. Sowohl fehlende annehmende Liebe als auch fehlender Widerstand, die Begabungen zu entdecken und zu fördern helfen, können im jungen Erwachsenen den Eindruck hinterlassen, im Hinblick auf zwischenmenschliche Beziehungen zu kurz zu kommen und nicht bejaht zu sein. Die notwendige Polarität von »Intimität« und »Distanzierung« vermag er nicht in Einklang zu bringen.[395] Dadurch kann die Öffnung für das Du verkümmern und zu intimer Hingabe unfähig machen.

In der Phase des *Erwachsenenalters* macht sich bemerkbar, was ein Mensch an Verletzungen angehäuft hat und wie er mit ihnen in seinem bisherigen Leben umgegangen ist. Unverarbeitete Verletzungen gefährden die Entfaltung reifer Generativität.[396] Sie lassen die Balance zwischen fruchtbarem Geben und Nehmen in den Beziehungen nicht gelingen und erschweren die Zuwendung zur eigenen Innerlichkeit. Schöpferisches Arbeiten und die Erfahrung reich entfalteter Gemeinschaft, gerade – wenn auch nicht nur – in der ehelichen Beziehung, werden durch seelische Wunden belastet oder verhindert. Wenn das Wachstum der gesunden Persönlichkeit in dieser Phase entfällt, tritt »eine Regression von der Generativität auf ein quälendes Bedürfnis nach Pseu-

---

392 Der Anreiz primitiv-grausamer totalitärer Doktrinen auf das Denken Jugendlicher wirkt ebenfalls dem Finden der eigenen Rolle empfindlich entgegen (vgl. Erikson, Wachstum S. 111).

393 Leonhard (Töchter S. 18) unterstreicht den Zusammenhang der Beziehung der Tochter zu ihrem Vater und ihrer Haltung sich selbst und den Männern gegenüber.

394 Zur Rolle der Mutter vgl. Leonhard, Töchter S. 36f; Friday, Mutter passim.

395 Erikson, Wachstum S. 114ff.

396 Ebd. S. 118.

dointimität ein ..., oft verbunden mit einem übermächtigen Gefühl von Stillstand und Verarmung in den zwischenmenschlichen Beziehungen«.[397]

Im *Greisenalter* kann sich die Problematik der Verletzungen der vorangehenden Lebensphase fortsetzen und die Reifung der Frucht eines Lebens verhindern. »... Mangel oder Verlust dieser aufgespeicherten Ich-Integration (zeigt) sich in Verzweiflung und einer oft unbewussten Todesfurcht an ...«[398] Die Annahme des eigenen Lebensganzen kann so nicht erreicht und der Weg zur Lebensweisheit abgeschnitten werden. Zusätzlich können Verletzungen dadurch entstehen, dass alte Menschen beiseite geschoben werden und in Einsamkeit verbittern.

2.2.6 Entwicklungsbezogene Verletzungen in der Sicht der Inneren Heilung

Im Folgenden ist auf die Verarbeitung entwicklungsbezogener Traumata in der Literatur zur Inneren Heilung einzugehen. Die Darstellung geht auch hier an dem durch die Phase der Schwangerschaft ergänzten Erikssonschen Schema entlang:

Wenden wir uns der Phase der *Schwangerschaft* zu, so kann diese Phase im Hinblick auf die Literatur der Inneren Heilung als ein gewisser Schwerpunkt bezeichnet werden. F. u. J. MacNutt widmen der pränatalen Phase ein ganzes Buch[399]; sie berufen sich auf wissenschaftliche Untersuchungen, die nachweisen, dass mit dem Mutterwerden verbundene unbewusste Konflikte Schwangerschaftsübelkeit erhöhen und dass solche unverarbeiteten Konflikte sich auf den Fötus übertragen. Eine Mutter, die nicht in der Lage ist, ihre Schwangerschaft anzunehmen, bewirkt beim Kind bereits vorgeburtlich Verletzungen: »Ist das Kind etwa unerwünscht oder leidet die Mutter unter Angstzuständen, so scheint das Kind die Empfindungen der Mutter aufzunehmen und darauf zu reagieren.«[400] So

397 Ebd. S. 117f.

398 Ebd. S. 119. »Eine solche Verzweiflung versteckt sich oft hinter einer Kulisse von Ekel, Lebensüberdruss oder einer chronischen Verächtlichmachung bestimmter Institutionen oder bestimmter Leute ...« (ebd. S. 119).

399 Leben. Vgl. ebd. S. 27 (ohne Angabe des Fundortes) den folgenden Hinweis. Auf die u. U. schweren negativen Folgen der ambivalenten Gefühle der schwangeren Mutter gegenüber dem werdenden Leben gehen auch Linn/Fabricant (Gott S. 115) ein.

400 MacNutt, Kraft S. 117. Im Hinblick auf ein Adoptivkind meinen J. u. P. Sandford (Heilung S. 44): »Ihm fehlt die Sicherheit, die darin liegt, in Liebe eingeladen, genährt

kann man von bereits vorgeburtlichen Reaktionen des Säuglings auf uterale Erfahrungen sprechen. »Viele der tiefsten Verletzungen gehen in jene Zeit zurück, da wir am verwundbarsten sind und am wenigsten fähig, uns selbst zu verteidigen. Es scheint heute gesichert, dass Störungen bereits aus der Zeit der Schwangerschaft datieren können.«[401] Benner deutet nicht nur die Möglichkeit pränataler Verletzungen an, sondern auch ihre postnatalen Folgewirkungen[402]: »Es scheint, dass der sich entwickelnde Fötus fähig ist, ein emotionales Trauma zu erfahren und die Wirkungen dieses Traumas nach der Geburt beizubehalten. Psychologen, die auf diese pränatalen emotionalen Wunden hinweisen, vermuten, dass solche Dinge wie ein erfolgloser Versuch einer eingeleiteten Abtreibung oder sogar die Erfahrung, sich im Schoß einer Frau zu befinden, die die Schwangerschaft tief bereut, für den Fötus emotional tief verletzend sein und psychologische Folgen hervorbringen kann, die denen, die mit postnatalen emotionalen Traumata verbunden werden, nicht unähnlich sind.« Ein Beispiel für die pränatalen Verletzungen geben F. u. J. MacNutt am Beispiel übersteigerter mütterlicher Lebensangst[403]: »Es ist, als spüre das kleine ungeborene Baby (sc. bei übertrieben ängstlichen Müttern) die Lebensangst der Mutter und würde sich deshalb ›entschließen‹, aus diesem Leben lieber auszusteigen, als den Schmerz der Ablehnung weiterhin zu erfahren. Untersuchungen an Neugeborenen haben gezeigt, dass ein Fötus gleich große Angst erleben kann wie ein Erwachsener. ... Irgendwie spürt das kleine Baby das Leid der Mutter und reagiert darauf. Wenn der Fötus über einen längeren Zeitraum hindurch starken Belastungen ausgesetzt ist, kann er um ein Vielfaches aktiver als im Normalzustand werden.« M./D./S. Linn berufen sich auf Entdeckungen des Psychotherapeuten A. Feldman, der von drei Patienten mit mehrmaligen Suizidversuchen berichtet, bei denen er im Hinblick auf den Zeitpunkt der Suizidversuche Folgendes erkannte: »Als er (sc. Feldman) die Lebensgeschichten seiner Patienten näher untersuchte, entdeckte er, dass das Datum der Suizidversuche genau mit jenem Datum übereinstimmte, an dem

und unterstützt und als neuer Erdenbürger willkommen geheißen zu werden. Noch bevor es das Licht der Welt erblickt, herrscht in ihm schon Verwirrung über seine Identität, sein Lebensrecht und seine Zugehörigkeit. ... Es ist gut möglich, dass es noch im Mutterleib in seinem Geist mit Groll, defensiver Verkrampfung, aggressiver und zorniger Bestrafung oder mit furchtsamem oder rebellischem Rückzug auf das Leben reagiert hat.« Diese Äußerung trägt außerordentlich spekulativen Charakter.

401 MacNutt, Kraft S. 117.

402 Healing S. 15f (Übersetzung G. W.); zu Geburtstraumata vgl. auch ebd.

403 Leben S. 134f.

ihre Mütter Abtreibungsversuche unternommen hatten.«[404] Auf weitere Einzeluntersuchungen zu traumatischen Erfahrungen in der Schwangerschaftsphase einzugehen, würde den Rahmen dieser Arbeit sprengen. Hier muss auf die Literatur zur Inneren Heilung verwiesen werden.[405]

Den Verletzungen in der *Säuglingsphase*, in der sich das *Urvertrauen* ausbilden sollte, wird in der Literatur zur Inneren Heilung ein ähnliches Gewicht beigemessen wie der Schwangerschaftsphase. Für dieses Alter gilt nach J. u. P. Sandford das, was ganz entsprechend auf die vorausgehende pränatale Phase zutrifft: »Jede Verletzung verletzt das Kind direkt und unmittelbar ...«[406] In der Literatur zur Inneren Heilung kommt ein ausgeprägtes Gespür für die Verletzung des Grundbedürfnisses nach Liebe durch eine Vernachlässigung des Säuglings zum Ausdruck. Von vielen Theoretikern und Praktikern dieser Seelsorge wird auf die mit diesem Mangel verbundenen gravierenden Folgen für das Leben des Kindes eingegangen.[407] Fehlt die Liebe, so wird »... es (sc. das Kind) ein Defizit, ein Vakuum (erleben), so etwas wie ein Loch in seiner Persönlichkeit und in der Mitte seines Seins«.[408] Pytches geht darauf ein, dass der Mangel an Körperkontakt Folgen haben kann, der – den allein psychischen Bereich weit überschreitend – in den psychosomatischen hineinreicht: »Der Entzug von Körperkontakt kann unter anderem zu Allergien, Ekzemen sowie zu Sprach- und Lernschwierigkeiten führen.«[409] In der Inneren Heilung sieht man die große Sensibilität des Säuglings für atmosphärische Erwartungen oder Defizite an Annahme, die nonverbal von den Eltern kommuniziert werden. Die Grundhaltungen der Eltern haben vom Säuglingsalter an prägenden Einfluss: Eine ängstliche, nervöse oder distanzierte Haltung der Eltern nimmt das Kind unterbewusst auf und stellt sich in seinem Lebensstil darauf ein. Dass solche atmosphärischen Mängel an Liebe von Seiten der Eltern durch äußerlich perfekte Versorgung nicht ausgeglichen werden können, macht Seamands

404 Glaube S. 38.
405 Vgl. ebd. S. 38ff. J. u. M. Sandford (Deliverance S. 267) gehen so weit, die pränatalen Verletzungen auf geistliche Wurzeln und Konsequenzen hin zu beziehen: »Suffice it to say, when people first encounter life in the womb, they often react in their spirits (which God gave them in the creation) to the pollution of our society and to the nausea of Adamitic sin, and may want to flee. That is the sin of rebellion and the beginning of a possibly potent death wish ...«
406 Umgestaltung S. 214; ähnlich Arnold, Glaube S. 30.
407 Cloud, Changes S. 69f; Frank, Door S. 40 u. a.
408 Margies, Befreiung S. 90.
409 Pytches, Kind S. 16. Zur psychosomatischen Problematik vgl. unten Punkt 2.3.11f.

deutlich: »Aber es gibt auch eine Art von Vernachlässigung, die weniger offen zutage tritt. Dem Kind fehlt es unterschwellig an seelisch-geistlicher Zuwendung, weil zum Beispiel ein Elternteil rein äußerlich alles für das Kind tut, es aber innerlich ablehnt. ... Maßgebend für das Gefühl, unerwünscht zu sein, ist das instinktive Wissen, nicht so geliebt und gewollt zu sein, wie man ist.«[410] Auch sieht man in der hier bedachten Seelsorge, dass es bereits beim Säugling eine verletzende Auswirkung hat, wenn die Eltern lieber ein Kind vom anderen Geschlecht gehabt hätten oder wenn sie es aus anderen Gründen ablehnen bzw. nicht haben wollen. »Ein solches Kind empfindet die Enttäuschung der Eltern mit.«[411] Das gilt gerade auch dann, wenn die Eltern derartige Probleme mehr oder weniger konsequent zu verschweigen versuchen. Auch die Bedeutung des Vaters für Kinder im Säuglingsalter und darüber hinaus wird von verschiedenen Vertretern der Inneren Heilung unterstrichen. Dies ist z. B. bei Finck der Fall, der die Art und Weise, wie der Vater das Baby hält und wie er zu ihm spricht, für die Entwicklung des späteren Erwachsenen für hoch-bedeutsam hält.[412] Mit der Vaterproblematik befasst sich Stoop in einem eigenen Werk. Er berichtet von einem Mann, der, von frühester Kindheit an ohne einen Vater aufwachsend, zu einem »Muttersöhnchen« wurde »und ... heran(wuchs) zu dem, was man ein ›weicher‹ Mann nennt.«[413] Der Vater kann bereits dem kleinen Kind bei der Entfaltung seiner aggressiven Seiten hilfreich zur Seite stehen. M./D./S. Linn reflektieren den Zusammenhang zwischen Verletzungen, die das Urvertrauen verhindern, und dem Gottesbild: »Unser Gottesbild ist geprägt vom Erziehungsstil unserer Eltern; es bestimmt auch, wen wir Gott für uns sein lassen und wie viel wir uns von Gott schenken lassen. Wenn unser Gottesbild verwundet ist, können wir in einen Teufelskreis kommen: Wir beten um Heilung. Aber es kommt zu keiner Heilung, denn der Gott, zu dem wir beten, verstärkt unsere Verwundung.«[414] Sie nennen als Wurzel für Deformationen des Gottesbildes vom Säuglingsalter an Misstrauen und Verzweiflung, die derjenige, der sie erfahren hat, auf sich selber lenkt. Linns nennen den daraus entstehenden Glauben »Würmer-Spiritualität«.[415] »Die aus dieser Einstellung erwachsenden Verhal-

---

[410] Gnade S. 83f.
[411] Tapscott, Frei gemacht S. 25.
[412] Daddy S. 4.
[413] Stoop, Peace S. 97.
[414] Glaube S. 48.
[415] Glaube S. 49; ebd. auch das folgende Zitat.

tensmuster beruhen auf einer Verachtung unserer eigenen Person und der übrigen Schöpfung, aber auch des Schöpfers.«

In der Literatur zur Inneren Heilung fällt auf, dass Verletzungen im *Kleinkindalter* im Vergleich zu denen in der Schwangerschafts- und der Säuglingsphase lange nicht so phasenspezifisch reflektiert werden. Die Entwicklungsprobleme, die die Entwicklung gesunder Autonomie empfindlich stören können und die Erikson dieser Phase zuordnet, werden aber dennoch gesehen. Pytches legt ein sehr hohes Maß an Reflexion der Verletzungen dieser Phase an den Tag. Sie nennt als sich aus ihnen ergebende Probleme: 1. Unvollständige Ablösung von der Mutter, die sich daraus ergibt, dass die Mutter das Kind für eigene Bedürfnisse nach Nähe braucht[416]; 2. zu viel oder zu wenig Aufmerksamkeit[417]; 3. unregelmäßige Fürsorge[418]; 4. Mangel an elterlicher Unterstützung[419]; 5. übertriebene Kontrolle[420]; 6. ungleichmäßige Kontrolle und unzuverlässige Grenzen[421]; 7. Eifersucht und Rivalität unter den Geschwistern.[422] Pytches deutet bei allen diesen Verletzungen die Folgen für das Erwachsenenalter an.

Verschiedene Vertreter der hier untersuchten Seelsorge gehen auf die Verletzungen ein, die von der Überschreitung der Grenzen des Kindes durch die Eltern herrühren. Den Folgenreichtum derartiger Verletzungen bringt Stoop mit den Worten zum Ausdruck: »Kinder, deren Grenzen früh in der Kindheit überschritten wurden, kämpfen oft ihr ganzes Leben lang damit zu erkennen, was angemessenes oder unangemessenes Verhalten in einer gegebenen Situation ausmacht. Sie haben Schwierigkeiten, unabhängig zu werden und gesunde Beziehungen mit anderen aufzubauen.«[423] Dabei wird verschiedentlich klar erkannt, dass es im Hinblick auf verletzende Grenzüberschreitungen bzw. Grenzziehungen zwei Gefährdungen gibt: Sie können durch zu eng oder zu weit gezogene Grenzen entstehen. Auf die ganze Kindheit bezogen, äußert MacDonald in dieser Richtung: »Anstatt die Gabe des Heranreifens zu empfangen, werden die Kinder entweder unterdrückt oder aber, die gegenteilige Reaktion, es wird ihnen

416 Kind S. 83f.
417 Ebd. S. 84.
418 Ebd. S. 84f.
419 Ebd. S. 86f.
420 Ebd. S. 87.
421 Ebd. S. 87f.
422 Ebd. S. 88f.
423 Peace S. 87.

aus Gleichgültigkeit viel Freiheit eingeräumt.«[424] Eine spezielle Art solcher verletzender Grenzüberschreitungen, die vielfältigen Arten von Kindesmisshandlungen, werden in der Inneren Heilung aufgegriffen. J. u. P. Sandford gehen auf einen Artikel des Time Magazine ein, in dem berichtet wird, dass vertrauenswürdige Experten »extrapolierend und schätzend« sechs Millionen bekannter und unbekannter Fälle von Kindesmisshandlungen angegeben hätten.[425] Auf die Entwicklung der Autonomie wirkt es verheerend, wenn Eltern ihr Kind deshalb bestrafen, weil es ihre Erwartungen enttäuschte; sie erzeugen so beim Kind Schamgefühle. Diesen Zusammenhang erkennt L. Payne, wenn sie – ohne konkreten Bezug auf die hier bedachte Entwicklungsphase – äußert: »Wohl dem Kind, dessen Eltern auch dann liebevoll und weise genug sind, um Autorität auszuüben, wenn es mit einem Wutanfall, schlechter Laune, mit Faulheit oder mit einem anderen schädlichen, schlechten Benehmen zu kämpfen hat!«[426] Auch die negativen, das Wesen betreffenden Bemerkungen gegenüber dem Kind werden in der Inneren Heilung berücksichtigt. Im Hinblick auf diese meint Seamands: »Sie treffen uns tief in unserem Inneren, dem Sitz unserer Meinungen und Gefühle über uns selbst.«[427] Sie gehen wesentlich tiefer als entsprechende Äußerungen, die allein das Tun betreffen. Tapscott stellt zutreffend fest, dass solche Bemerkungen zu falschen Schuldgefühlen und Selbstvorwürfen führen.[428]

Wie in der säkularen Psychologie wird in der Inneren Heilung die Bedeutung des Vaters für diese Phase auch in negativer Hinsicht beachtet. Da seine Präsenz für die Entwicklung des Kindes in dieser Phase sehr wichtig ist, hat seine längere Abwesenheit tief greifende Folgen: »Eine einschneidende Abwesenheit des Vaters während der frühen Kindheit

---

[424] Wenn alles zerbricht S. 154 (kursiv im Original). Vgl. – etwas ausführlicher – Wright, Friede S. 23ff.

[425] Heilung S. 101 (Artikel des Time Magazins vom 5.9.1983 S. 20). Dickinson/Page (Child S. 29) nennen dafür als Beispiele Demütigung, Degradierung, verbaler Missbrauch wie Schreien, Beschimpfung, Bedrohung, ferner beständige Uneinigkeit in der Familie, inkonsequentes Verhalten und Doppelbotschaften.

[426] Bild S. 99. Ohne ein solches elterliches Verhalten kann es nach E. Scharrer (Fehlverhalten S. 93) zum Missverhältnis libidinöser und aggressiver Impulse während der frühen Kindheit kommen.

[427] Gnade S. 137. Er führt (ebd. S. 136) eine Liste solcher weit verbreiteter Äußerungen auf, die freilich entwicklungspsychologischen Phasen nicht zuzuordnen ist. Pytches (People S. 36) nennt solche das Wesen des Kindes betreffenden Äußerungen: »words – judgements made on one …«

[428] Vgl. Tapscott, Frei gemacht S. 99.

wurde mit einer Anzahl von Problemen im späteren Leben der Kinder in Verbindung gebracht, zu denen männliche Homosexualität, jugendlicher Drogenmissbrauch, Kriminalität, schwache Leistungen in der Schule und bei Standardtests und Kindheitsdepressionen gehören.«[429] Verletzungen in dieser Phase der Entwicklung der Autonomie können nach M./D./S. Linn in zweierlei Hinsicht negative Folgen haben: »Wir können unseren Willen zu starr einsetzen und Gott gegenüber als kleiner Tyrann auftreten. Oder wir können unseren Willen zu wenig einsetzen und immer wunschlos lächeln.«[430]

Was im Hinblick auf die Reflexion für die vorhergehende Phase gilt, trifft auch für die des Spielalters zu: Die Verletzungen werden in der Literatur der Inneren Heilung eher selten spezifisch für diese Phase reflektiert. M. Pytches stellt auch hier eine Ausnahme dar: Sie spricht von der »Erfolgsangst«[431] des Kindes dieses Alters, den Flirt mit dem Vater oder der Mutter für sich zu entscheiden. Aus ihr kann der Verlust der eigenen Möglichkeiten, Hemmungen, übertriebene Selbstkontrolle, »Angst vor Strafe«[432] und Schuldgefühle resultieren. Eltern, die beim Thema Sexualität Unbehagen oder Scham zeigen, hinterlassen ihren Kindern ein Erbe hässlicher Empfindungen in der »Hemmung normaler sexueller Empfindungen.«[433]

In dieser Phase können »sexuelle Neurosen«[434] entstehen oder sich festigen. Auf Verletzungen im Spielalter gehen auch M./D./S. Linn ein und stellen fest, dass eine übertriebene Strenge durch häufiges Schelten zu übergroßen Schuldgefühlen und zu Selbsthass führen kann.[435] Linns gehen auch auf die Verletzung der Initiative des Kindes ein: »Kinder im Spielalter können tiefe seelische Verwundungen erleiden, wenn sie in

---

[429] Stoop, Peace S. 27 (Übersetzung G. W.); vgl. auch ebd. S. 91: »People whose fathers were absent during their early childhood often describe themselves as ›sitting on Pandora's box‹ when it comes to their emotions. They usually become increasingly aware of their buried rage as they get older.«

[430] Glaube S. 69.

[431] Kind S. 101.

[432] Ebd. S. 102. Pytches weist (ebd.) darauf hin, dass im Falle des Inzests das Kind den Konkurrenzkampf gegen den gleichgeschlechtlichen Elternteil gewonnen hat und folglich unter dem Hass und der Eifersucht dieses Elternteils zu leiden hat.

[433] Ebd. S. 102f.

[434] Ebd. S. 103f. Pytches nennt (ebd., R. Skynner, One Flesh. Seperate Persons, London 1976 S. 132 zitierend) Transsexualismus, Transvestismus, Homosexualität (beider Geschlechter), Exhibitionismus.

[435] Glaube S. 85f.

ihrem Forscherdrang gehemmt werden; durch zu viele Einschränkungen, durch Kranksein, durch zu wenig Zuwendung.«[436]

Außer Pytches gehen verschiedene Vertreter der Inneren Heilung auf die Frage des sexuellen Missbrauchs ein. V. d. Aardweg erkennt die Gefahr der Entstehung einer Sexualneurose u. a. durch mangelnde Ermutigung vom gleichgeschlechtlichen Elternteil und durch geschichtliche Rollendiffusion in der Erziehung.[437] In ihrem Kapitel über die Kindheit gehen MacNutt/Shlemon in einer längeren Passage auf Verletzungen durch verschiedene Formen des Inzests ein. Sie bemerken im Hinblick auf die Folgen aus solchen Erfahrungen beim Kind: »Bei all diesen Situationen bleiben tiefe Narben des Hasses, der Verwirrung und der Angst zurück, die Anlass dafür sind, dass man ein Leben lang leidet.«[438]

Auf eine Haltung der Erziehenden, die in dieser Entwicklungsphase, in der sich die Initiative ausbildet, verhängnisvoll wirkt, gehen Dickinson/Page ein, indem sie von »overprotectiveness« sprechen.[439] In dieselbe Richtung weist Wrights Begriff der »erlernten Hilflosigkeit«[440]. Verschiedene Vertreter der Inneren Heilung gehen auf den Unterschied zwischen echter Schuldeinsicht und Scham ein. Treffend sind hierzu die Sätze Pytches, die auf die verletzende Wirkung von Äußerungen eingehen, die nicht nur eine Tat, sondern das Wesen des Kindes negativ belegen: »Schuld sagt: Ich habe etwas falsch getan; Scham sagt: Es ist etwas falsch mit mir. Schuld sagt: Ich habe einen Fehler gemacht; Scham sagt: Ich bin ein Fehler. Schuld sagt: Was ich tat, war nicht gut; Scham sagt: Ich bin nicht gut.«[441] Auch die Folgen einer verletzend strengen Erziehung werden erkannt. Ohne Bezug auf eine spezifische Entwicklungsphase geht J. Wimber auf »das Problem übertriebener unbegründeter Gewissensbisse«[442] ein. Das geschieht vor allem dann, wenn Eltern ihre Kinder durch Liebesentzug oder Schuldgefühle erzieherisch unter Druck nehmen: »Manche Eltern bestrafen ihre Kinder durch Liebesentzug oder benutzen Schuldgefühle als Machtmittel … Wohl die subtilste Form bedingter Liebe besteht in vermischten oder doppeldeutigen Aussa-

---

436 Ebd. S. 91. Auf die »nachlässige Haltung« der Eltern, die den Kindern »die Freuden der Kindheit vorenthalten«, gehen MacNutt/Shlemon (Gebet S. 66) ein.
437 Veränderbarkeit S. 32. Zum sexuellen Missbrauch vgl. das Buch P. Sandfords, Opfer.
438 Gebet S. 70; ähnlich Seamands, Gnade S. 83; Anfuso, Abuse S. 4f; Huskey, Verdrängt S. 53ff.
439 Child S. 105.
440 Girl S. 123 (»learned helplessness«).
441 Child S. 132 (sich auf Bradshaw, Family S. 2 beziehend) (Übersetzung G. W.).
442 Heilung S. 87.

gen.«[443] Verletzungen im Spielalter können nach M./D./S. Linn zum Gott als »Spielverderber« führen, »der sich am meisten darüber freut, wenn ich am traurigsten bin und es mir schlecht geht«.[444]

Wie die beiden voraufgehenden Entwicklungsphasen, so wird auch das *Schulalter* nur vereinzelt systematisch in der Literatur zur Inneren Heilung bedacht. Pytches geht auch hier am weitesten. Nach ihrer Sicht hinterlässt ein Mangel an Ermutigung im Kind »das Gefühl, ständig zu versagen«.[445] Falsche Erwartungen an das Kind, die Erfüllung eigener unerfüllter Wünsche der Eltern durch das Kind und Beschämung hinterlassen nach Pytches beim Kind »falsche Schuld- und Schamgefühle«.[446] Verlust und unfreiwillige Trennung können im Schulkind »Verlust und Trennungsangst« sowie Angst vor engen Beziehungen hinterlassen.[447] Anhaltende sexuelle Intimität bewirkt im Kind dieses Alters Schuldgefühle und Selbsthass und kann der sexuellen Orientierung im späteren Leben schaden.[448] Ein Mangel an zuverlässigen Grenzen oder zu eng gezogene Grenzen lassen »ein(en) unter- oder überentwickelte(n) innere(n) Polizist(en)« entstehen.[449] Pytches geht in ihrem Kapitel zum Schulalter, von einem speziellen Beispiel ausgehend, auf die Auswirkungen von Verletzungen für das Gottesbild ein: Achtloser und gedankenloser Umgang mit dem Kind dieses Alters kann »Zorn und Ablehnung Gott gegenüber« bewirken.[450]

Auch M./D./S. Linn gehen, von Erikson herkommend, ausführlich auf das Minderwertigkeitsgefühl als Wirkung der Entmutigung ein.[451] Sie weisen außerdem auf die verletzende Wirkung der einseitig den Verstandesmenschen fördernden Schulen hin. »Seelische Verwundungen aus der Schulzeit machen uns zu harten Arbeitern, oft zu einer A-Typ-Person. Dieser Typ neigt zu Überanstrengung, zu verkrampften Handlungen und zu Hochleistungen.«[452]

---

443 Seamands, Gnade S. 84.
444 Glaube S. 92.
445 Kind S. 117, Seamands (Heilung S. 76) weist in diesem Zusammenhang auf die verheerende Wirkung von Ablehnung in diesem Alter. Vgl. dazu Margies, Befreiung S. 8f.
446 Ebd. S. 118.
447 Ebd. S. 119.
448 Ebd. S. 119f.
449 Ebd. S. 120.
450 Ebd. S. 120f.
451 Glaube S. 103ff.
452 Glaube S. 106. »Als Perfektionist glaubt der A-Typ-Mensch, er müsse viele Leistungen erbringen, um Liebe zu verdienen« (ebd. S. 107).

Das mit »Kindheit« überschriebene Kapitel des Buches von MacNutt/Shlemon reicht bis in die hier bedachte Phase. Sie gehen auf die Auswirkungen negativen Verhaltens der Lehrer ein: »Die negative Kritik und die Bestrafungen von Lehrern können dazu führen, dass wir von anderen Autoritätspersonen in unserem Leben die gleiche Art der Behandlung erwarten …«[453] Sie beschreiben auch die verletzende Wirkung durch Geschwisterrivalitäten, durch langwierige Krankheiten, durch Scheidung der Eltern oder den Tod eines nahen Familienangehörigen.[454] Vereinzelte Vertreter der Inneren Heilung erkennen auch im Hinblick auf dieses Alter die nachhaltig negative Auswirkung eines fehlenden Elternteils: Nach D. Stoop lässt ein solches Fehlen im Kind ein Vakuum entstehen, das nach Füllung sucht. »Oft übernehmen sie (sc. die Kinder) ein Maß an Verantwortung, für das sie einfach nicht geschaffen sind. Sie sehen sich einem Druck ausgesetzt, ›zu schnell zu wachsen‹.«[455]

Auch im Hinblick auf das Schulalter gehen M./D./S. Linn auf den Zusammenhang zwischen traumatischen Erfahrungen und dem Gottesbild ein: »Unsere Beziehung zu Gott kann vom Perfektionismus geprägt sein (A-Typ) oder von Trägheit (Z-Typ). Wir können in den Irrtum verfallen und glauben, Gott reagiere wie ein Lehrer oder ein Elternteil, der uns mehr liebt, wenn wir erfolgreich sind, darum aber weniger liebt, wenn wir versagen.«[456] Sie erwähnen, dass der passive Mensch dazu neigt, den Wert jeglicher Arbeit oder jeglichen Gebets zu verkennen: »Der passive Mensch ist folglich überzeugt, nicht beten zu können, Gottes Stimme in der Heiligen Schrift nicht zu hören …«[457]

Die Phase der *Adoleszenz* wird in der Literatur zur Inneren Heilung ähnlich wenig spezifisch reflektiert wie die drei vorausgehenden Phasen. Auch hier geht wieder Pytches mit ihren Ausführungen am weitesten. Sie stellt fest, dass ein Mensch, der den Zustand der Selbstannahme nicht erreicht hat, narzisstisch und gehemmt werden kann.[458] Das Kreisen um sich selbst kann zur »Seuche der Selbstbespiegelung« werden und zur

[453] Gebet S. 71. Vgl. ebd. S. 71f zu den Minderwertigkeitsgefühlen durch das schulische Leistungssystem.

[454] Ebd. S. 72ff.

[455] Stoop, Peace S. 32. Im Hinblick auf Töchter dieses Alters äußert Stoop (Peace S. 109): »When Dad is missing during these formative years, the daughter's ability to become an affectionate woman may be significantly reduced.«

[456] Glaube S. 107.

[457] Ebd. S. 108.

[458] Kind S. 134f. Narzissmus kann sich nach ihr (ebd. S. 135) in exzessiver Eigenliebe äußern, die zu fixierter Selbstbefriedigung führen kann.

»Verschlossenheit« führen.[459] Pytches meint, dass es zur sexuellen Verwirrung in der Adoleszenz kommen kann, wenn Jugendliche in der Phase der Liebe zum eigenen Geschlecht stecken bleiben, ferner zur Promiskuität, wenn die Befreiung von einer dominierenden Mutter oder die Bestätigung von einem ständig abwesenden Vater ausblieb.[460] »Rebellion« ist in ihrer Sicht ein Hinweis auf unerledigte Fragen elterlicher oder anderer ehemaliger Autoritätsfiguren.[461] Pytches bedenkt schließlich die verletzende Wirkung autoritärer oder überbeschützender Eltern, die beim Jugendlichen Abhängigkeit und Unzulänglichkeit bewirken.[462]

M./D./S. Linn gehen ebenfalls in einem eigenen Kapitel auf die Adoleszenz ein. In ihren Ausführungen zu den rebellierenden Jugendlichen und zur Rebellion gegen das Gottesbild der Eltern lassen sie einen Blick für die Möglichkeit einer zu eng und rigoristisch orientierten Erziehung erkennen.[463] Linns erwähnen zwar von Erikson her als Aufgaben dieser Phase, Kontakt mit Gleichaltrigen aufzunehmen und eigene moralische Wertvorstellungen zu entwickeln[464], aber sie reflektieren nicht die damit verbundenen möglichen Verletzungen. Sie gehen nur auf die dritte Aufgabe dieser Phase ein: die Entwicklung der geschlechtlichen Identität. In einem ausführlicheren Abschnitt behandeln Linns Verletzungen durch sexuellen Missbrauch.[465] In ihrem mit »Entwicklungsjahre« überschriebenen Kapitel erwähnen MacNutt/Shlemon Verletzungen durch mangelnde Geborgenheit trotz aller Suche nach Eigenständigkeit der Jugendlichen.[466] Sie weisen auch auf die Gefahr sich fixierender Willensansprüche der Jugendlichen. Diese Gefahr wird vor allem dann akut, wenn nach Auseinandersetzungen Versöhnungserfahrungen ausbleiben.[467] Sie weisen darauf hin, dass Familien, in denen Gefühle nicht gezeigt werden dürfen, das Verhalten im späteren Leben lahm legen können. Jugendliche, die keine Gruppenanerkennung erleben oder die die Entwicklungsjahre als Einzelgänger durchstehen, können mit einem Gefühl der Wertlosigkeit aufwachsen, das im späteren Leben

---

[459] Ebd. S. 136.

[460] Ebd. S. 136f.

[461] Ebd. S. 137f.

[462] Ebd. S. 138f.

[463] Glaube S. 123ff.

[464] Ebd. S. 27.

[465] Ebd. S. 127ff. Die Reaktionen solcher Opfer können sehr divergieren. Einige reagieren mit Promiskuität, andere mit Introvertiertheit etc.

[466] Gebet S. 82.

[467] Ebd. S. 83.

anhält.[468] Auch gehen sie auf sexuelle Fehlentwicklungen ein, allerdings unter dem Gesichtspunkt der Extreme einer rigoristischen bzw. laxen Sexualmoral.[469]

Manche Vertreter der Inneren Heilung heben gerade für die Adoleszenzphase die Möglichkeiten verletzenden Verhaltens von Seiten des Vaters hervor. Nach D. Stoop wird sowohl ein zu beherrschendes als auch ein durch zu großen Rückzug charakterisiertes väterliches Verhalten »ganz sicher in Arbeitsschwierigkeiten in seinen (sc. des Vaters) erwachsenen Kindern reflektiert«.[470] Stoop nennt als weitere Negativwirkungen für Kinder aus Familien mit allein erziehenden Müttern: »Jugendliche aus Familien, in denen die Mutter allein erziehend war, sind für einen destruktiven Druck von Altersgenossen empfänglicher als andere Teenager. Sie sind statistisch wahrscheinlicher in sexuell auffälliges Verhalten verwickelt. Und Töchter tendieren, das Verhaltensmuster, das sie erlebt haben, zu wiederholen und werden selbst allein erziehende Mütter.«[471] Nach Payne kann physische oder emotionale Abwesenheit des Vaters die Identitätsfindung der Jugendlichen erheblich erschweren.[472]

Im Hinblick auf die Adoleszenz erwähnen M./D./S. Linn ebenfalls die Folgen traumatischer Erfahrungen für das Gottesbild. Sie meinen, dass unser Gottesbild von unserer westlichen Kultur her »von männlicher Voreingenommenheit betroffen« ist.[473] Sie weisen darauf hin, dass eine männlich dominierte Sprache über Gott ein männliches, transzendent akzentuiertes Gottesbild fortbestehen lässt und dass »eine solche Sprache die Voreingenommenheit für alles Männliche in unsere Kultur weiter(trägt), sie ermutigt uns, das Weibliche weiter abzuwerten«.[474]

Die drei Eriksonschen Phasen des Erwachsenenalters werden in der Literatur zur Inneren Heilung kaum eigens erwähnt. Im Unterschied zu

468 Ebd. S. 87f. Sie weisen (ebd. S. 88f) auf die nachhaltigen Wirkungen verletzender Bemerkungen von Klassenkameraden oder von zerbrechenden Beziehungen.

469 Ebd. S. 89ff.

470 Stoop, Peace S. 72 (Übersetzung G. W.).

471 Stoop, Peace S. 39 (Übersetzung G. W.). Nach Payne (Krise S. 58.75 u. dies., Heilung S. 49) Comiskey (Unterwegs S. 51) und Werner (Homosexualität S. 16ff) gilt Entsprechendes auch für den Mann: Die fehlende Vaterbeziehung kann zur unbewussten Suche des Männlichen bei anderen Männern führen.

472 Krise S. 17. Sie nennt als Gefahr, dass alle Energie des Vaters in seine Arbeit fließt. Verschiedene Autoren erkennen, dass gerade für die Haltung der Tochter sich selbst und den Männern gegenüber die Beziehung zum Vater entscheidend ist (so Mühlan, Väter S. 8; Wright, Girl S. 36.75.99ff u. Wilson, Shame S. 64f).

473 Glaube S. 140.

474 Ebd. S. 141.

den vorausgehenden Phasen, bei denen sich verschiedentlich indirekt das Problembewusstsein im Hinblick auf Verletzungen einer spezifischen Entwicklungsphase erschließen ließ, erscheinen nur selten Anspielungen auf Verletzungen in den Phasen des Erwachsenenalters. M./D./S. Linn, die auf das *frühe Erwachsenenalter* eigens eingehen, stellen fest, dass Liebkosungen für die menschliche Gesundheit notwendig sind: »Mangel an Zärtlichkeit und Intimität kann vor allem in konfliktreichen Situationen seelische Störungen, psychosomatische Erkrankungen und Herzanfälle auslösen.«[475] Auch für diese Entwicklungsphase gilt, »dass der Mangel an Bejahung die häufigste Form emotionaler Verwundung darstellt«.[476] MacNutt/Shlemon, die das Erwachsenenalter nur als eine Phase verstehen, in der freilich gravierende Entwicklungen geschehen können, gehen darauf ein, dass der Erwachsene in der heutigen Gesellschaft Gefahr läuft, der Konfrontation mit der Wirklichkeit auszuweichen. Sie stellen fest, dass die Lösungen »Drogen, Alkohol und verbotene sexuelle Abenteuer … keinen Frieden, keine Freude, keine Geduld und keine Liebe in unser Leben« bringen.[477] Die Verfasser heben das Bedürfnis des Erwachsenen hervor, Gemeinschaft mit anderen Menschen zu erleben. Sie zitieren in diesem Zusammenhang James Lynch[478], der die Notwendigkeit der Berührung als Ausdruck solcher Gemeinschaft bei Herzkranzgefäßerkrankten entdeckte: »Sowohl chronische Einsamkeit und soziale Isolation als auch der Verlust einer geliebten Person ist in unserem Land eine der Hauptursachen vorzeitigen Todes, insbesondere im Falle von Herzkrankheiten … Jedes Jahr sterben Millionen buchstäblich an einem gebrochenen Herzen oder an Einsamkeit.« MacNutt/Shlemon schärfen den Blick für den Zusammenhang zwischen negativen Gemeinschaftserfahrungen und der Beziehung zu Gott. Nachdem sie 1. Joh 4,10 zitiert haben, äußern sie: »Es ist sehr schwer, Gott unser Herz zu öffnen, wenn wir nicht fähig oder bereit dazu sind, anderen Menschen unser Herz zu öffnen.«[479]

---

475 Glaube S. 151f.

476 Ebd. S. 157. Noch grundlegender sagen Linns (ebd. S. 158): »Es ist sehr wahrscheinlich, dass seelisch kranke Menschen Eltern hatten, die nicht bejaht wurden, die folglich selbst nicht geben konnten, was sie nie erhalten hatten.«

477 Ebd. S. 96.

478 Das zerbrochene Herz, New York 1977 (zitiert bei MacNutt/Shlemon, Gebet S. 98f). MacNutt/Shlemon (ebd. S. 99ff) nennen als Beispiele für verletzende Erfahrungen im Erwachsenenalter: Scheidung, Arbeitslosigkeit, Verlustgefühle durch die Loslösung der Kinder vom Elternhaus, eigene Entscheidungen, die zu Desillusionierung führten.

479 Ebd. S. 99.

Nur M./D./S. Linn gehen unseres Wissens als Einzige auf die beiden letzten Eriksonschen Entwicklungsphasen ein. Sie sprechen im Kapitel über das *Erwachsenenalter* nicht eigentlich über Verletzungen, sondern über Krisen.[480] Ihnen geht es, von Erikson herkommend, in dieser Phase darum, ein Gleichgewicht zwischen dem Geben der Fruchtbarkeit und dem Nehmen der Versenkung zu finden: »Wer nur gibt, läuft Gefahr, ausgebrannt zu werden, andere zu ersticken und sein innerliches Leben auszuhöhlen. Wer nur nimmt, läuft hingegen Gefahr, ichbezogen zu sein, den anderen gegenüber gleichgültig zu leben und somit nie zu einem Erwachsenen zu werden, der neues Leben schafft.«[481]

Auf das *Greisenalter* eingehend, äußern sich M./D./S. Linn zu dem von Erikson im Hinblick auf diese Phase formulierten Gegensatzpaar Weisheit und Verzweiflung. Verzweiflung hat für sie etwas mit Undankbarkeit und Hoffnungslosigkeit zu tun.[482] Sie fassen mögliche Verletzungen der letzten Phase wie folgt zusammen: »Eine Studie über traumatische Ereignisse im letzten Lebensalter führt an erster Stelle den Tod des Ehepartners an, gefolgt von der Einweisung in ein Altersheim, dem Tod eines nahen Angehörigen, schwere Verletzung oder Krankheit und schließlich Arbeitslosigkeit und Scheidung.«[483] Sie fahren, Erikson ohne Stellenangabe zitierend, fort: »Ältere Patienten klagen nicht nur über verwirkte Zeit und leer gewordene Räume, sondern auch über eingeschränkte Selbstständigkeit, die verlorene Initiative, die fehlende Intimität, unterlassene Fruchtbarkeit, versäumte Möglichkeiten der Identitätsfindung, die beschränkte Identität im eigenen Leben.«[484] Im Unterschied zu den in den ersten Entwicklungsphasen vorkommenden Verletzungen, die häufig von anderen Menschen verursacht sind, fällt in der letzten Phase auf, dass die Verletzungen im Zusammenhang mit eigenen Haltungen und Entscheidungen gesehen werden.

Die Beobachtungen zu den entwicklungsbezogenen Verletzungen in der Literatur der Inneren Heilung lassen sich wie folgt zusammenfassen:

Die Gedanken zu den entwicklungsbezogenen Verletzungen lehnen sich in der Literatur zur Inneren Heilung weitgehend an Erkenntnisse,

---

480 »Sinnkrise« (Glaube S. 186) und »Krisen im Erwachsenenalter« (ebd. S. 188).

481 Ebd. S. 189f.

482 Ebd. S. 209. Sie übernehmen (ebd. S. 210) Eriksons Darlegungen zur Verachtung von anderen Menschen, Institutionen und der eigenen Person.

483 Ebd. S. 211.

484 Ebd. S. 212.

wie sie sich auch in der säkularen Psychologie finden. Am eingehendsten lehnen sich dabei Pytches und M./D./S. Linn an Eriksons Schema an. Die möglichen Verletzungen werden zwar ab dem Kleinkindalter kaum noch genauer den einzelnen entwicklungspsychologischen Phasen zugeordnet. Das in der säkularen Psychologie zu findende Problembewusstsein ist aber bei einigen Vertretern der Inneren Heilung sehr wohl nachweisbar. Unter psychologisch-wissenschaftlichem Gesichtspunkt mag es unbefriedigend sein, dass die Verletzungen ab dem Kleinkindalter nicht mehr ausdrücklich den Entwicklungsphasen zugeordnet werden. Für die Praxis der Seelsorge im Sinne der Inneren Heilung ist diese Tatsache jedoch nur dann nachteilig, wenn das Problembewusstsein durch eklektische Wahrnehmung der säkularen Psychologie eine bedenkliche Einschränkung erfährt. Dann sucht man – vielleicht unbewusst – beständig nach frühkindlichen Wurzeln gegenwärtiger psychischer Probleme. Dieser Gefahr würde eine präzisere Reflexion der Verletzungen zumindest bis zum frühen Erwachsenenalter korrigierend entgegenwirken.

Die Ausführungen über vorgeburtliche Verletzungen zeigen, dass die hier bedachte Seelsorge in dieser Hinsicht auf der Höhe der neueren psychologischen Forschung steht. Die Schwangerschaftsphase wird bei nicht wenigen Autoren der Inneren Heilung differenziert und nicht selten durch eindrückliche Beispiele angereichert. Freilich wird vereinzelt (z. B. J. u. P. Sandford) die Grenze zu Spekulationen überschritten, wobei eine experimentelle Validierung gewagter Thesen von psychologisch-wissenschaftlicher Seite unterbleibt.

Es ist angemessen, dass in der hier untersuchten Literatur die Verletzung der Liebe als zentrale Kategorie in den Blick genommen wird. Das gilt bereits für die pränatale Phase und setzt sich durch alle folgenden Phasen fort. Auch wenn diese Verletzungen der Liebe kaum explizit theologisch reflektiert werden, steckt bei den Vertretern der Inneren Heilung hinter der Sensibilität für sie der bereits unter Punkt 2.1.2 erwähnte, an der Agape-Liebe geschärfte Blick. Positiv sind auch die Beobachtungen zu den atmosphärisch durch negative Haltungen vermittelten Verletzungen (wie z. B. Ablehnung) zu sehen. Die Innere Heilung geht damit – wie auch die säkulare Psychologie – auf die traumatischen Erfahrungen ein, die am tiefgreifendsten wirken. Diese sind im Allgemeinen weniger in Einzelerlebnissen zu sehen, auch wenn solche nachhaltige Folgen haben können, als in unbewusst vermittelten, emotional defizitären Beziehungen zu den Primärpersonen.

Ein weiterer auffallender Zug in den Darlegungen zur Inneren Heilung ist die Berücksichtigung der Bedeutung nicht nur der Mutter für die Entwicklung des Kindes, sondern auch des Vaters. Seine Bedeutung wird schwerpunktmäßig in der ersten, dritten und fünften Eriksonschen Entwicklungsphase angesprochen. Aber auch die anderen Phasen sind davon nicht ausgenommen; bereits in der pränatalen Phase können sich erste Verletzungen von seiner Seite her beim Kind ereignen (F. u. J. MacNutt; Pytches).

Sehr wichtig sind die Darlegungen zu den Verletzungen der Grenzen des Kindes und zu den Auswirkungen der sein Wesen betreffenden negativen Bemerkungen. Diese Auswirkungen sind nachhaltig und verbreitet. Sie finden bei den Vertretern der hier untersuchten Seelsorge die ihnen gebührende Beachtung. Dasselbe gilt für die Traumata durch sexuellen Missbrauch, die in der Literatur zur Inneren Heilung vorwiegend in einer Zuordnung zum Spielalter und zur Adoleszenz angesprochen werden. Da diese Thematik für die davon Betroffenen mit enormen Schamgefühlen und Schmerzen verbunden ist, wagen sie kaum, diese von sich aus anzusprechen. Der wiederholte Hinweis auf die weite Verbreitung solcher Verletzungen kann die Betroffenen ermutigen, das Schweigen zu brechen.

Die negativen Folgen der Verletzungen für den Glauben tauchen in entwicklungspsychologischen Zusammenhängen selten auf.[485] Sie werden meist ohne entwicklungspsychologischen Bezug aufgeführt. Nur vereinzelt (M./D./S. Linn) wird explizit bedacht, wie Verletzungen während einer spezifischen Entwicklungsphase sich negativ auf das Gottesbild und den Glauben auswirken.[486]

Ein Ausblick für den therapeutisch-poimenischen Umgang mit den Traumata kommt in den Blick, wenn für die verschiedenen Phasen des Erwachsenenalters mehr auf die Haltung und Entscheidungen des Menschen eingegangen wird. Hier zeichnet sich die Einsicht ab, dass der Mensch sehr unterschiedlich mit den ihm widerfahrenen Verletzungen umzugehen vermag.

485 Vgl. aber oben Punkt 2.1.4 die Ansätze unter positivem Vorzeichen.

486 Interessant ist ihr Versuch, Elemente feministischer Theologie in ihre psychologischen Überlegungen einzubeziehen, ohne jedoch einem feministischen Dogmatismus zu verfallen.

2.2.7 Verletzungen durch die dysfunktionale Familie

Dass die Familie der Ort der Befriedigung von Grundbedürfnissen ist (oder dass diese dort versagt werden kann), wurde bereits unter den Punkten 2.1.5 und 2.1.6 erwähnt. Sie wird damit als Ort des primären Einflusses gesehen, der uns nicht nur bildet und positiv formt, sondern auch als Quelle psychischen Fehlverhaltens, das Erwachsene begrenzt und frustriert. Viele leben, lange nachdem sie ihre Familie verlassen haben, in Denk-, Empfindungs- und Handlungsmustern, die sie im Familiensystem gelernt haben. Dieser Aussage ist nun nachzugehen.

Dass die Familie als Institution gegenwärtig stark bedroht ist, wird von verschiedenen Psychologen gesehen. Collins weist in diesem Zusammenhang auf einen Artikel der Zeitung Newsweek, der feststellt: »... 80 Prozent der Jugendlichen in psychiatrischen Kliniken kommen aus zerbrochenen Familien.«[487] Das hochsensible System Familie, das sich aus verschiedenen, voneinander abhängigen Teilen zusammensetzt, kann empfindlich gestört werden. In der Mehrgenerationen-Familientherapie wird davon ausgegangen, *»dass sich Störungen und Konflikte der jeweiligen Kindergeneration regelmäßig aus unbewussten Konflikten zwischen Eltern und Großeltern beziehungsweise den Partnern und ihren Eltern ergeben«*.[488] Die Störung eines Gliedes hat Auswirkungen auf alle anderen und setzt einen Mechanismus des inneren Ausgleichs in Gang, um innerhalb des Familiensystems die Homöostase, das Gleichgewicht im status quo, zu erhalten. Dieser Mechanismus kann für das einzelne Glied sehr verletzende Auswirkungen haben. Psychisch krankhaftes Verhalten lässt sich vom Kontext des Familiensystems her nicht selten als völlig vernünftig und konsequent verstehen.[489] Dann ist es die Familie, nicht das Individuum, die sich zuerst krankmachend auswirkt.

Eine dysfunktionale Familie ist durch eine geringe oder schlechte Kommunikation gekennzeichnet.[490] Während eine funktionale Familie eine Balance zwischen Nähe und Eigenständigkeit findet, ist diese Balance in einer dysfunktionalen Familie mehr oder weniger gestört. Das drückt sich in der Problematik falsch gezogener Grenzen aus: Zum einen

---

[487] Family S. 9 (Übersetzung G. W.).

[488] Massing/Reich/Sperling, Mehrgenerationen-Familientherapie S. 21 (kursiv im Original).

[489] Hellinger (Schuld S. 28f) weist darauf hin, dass das von einem Familienmitglied abgelehnte Schicksal im Familiensystem häufig von einem anderen übernommen wird.

[490] Vgl. dazu D. u. S. Sneed, Family S. 197ff.

können Grenzen nach außen entweder zu wenig schützend oder zu starr gezogen sein. Zum andern kann es nach innen zu Störungen der Familiendynamik kommen.[491] Sie können in Problemen der Anpassung an Herausforderungen oder in Problemen des innerfamiliären Zusammenhalts bestehen. Eine starre, autoritäre Familie tendiert zu schnellen und willkürlichen Entscheidungen; in ihr kann es nicht zur Erfahrung von Nähe und herzlicher Beziehung kommen. In einer chaotischen Familie dagegen kommt man durch verwirrende Interaktionsmuster nur schwer zu Entscheidungen. Schließlich kann sich zwischen den Generationen durch die Zumutung zu großer Verantwortung eine Überforderung ergeben oder durch eine dominante Erziehung eine Unterforderung. In physischer Hinsicht können Verletzungen entstehen, wenn in einer Familie sexuelle Intimitätsgrenzen nicht gewahrt werden oder wenn der persönliche Lebensraum zu eng ist. In emotionaler Hinsicht kommt es zu Wunden, wenn ein Familienglied gegen den Willen des anderen in dessen Gefühlsleben einzudringen versucht. Wenn Gefühle keine Beachtung oder angemessene Aufnahme finden und so einer neben dem Anderen herlebt, lässt dies das einzelne Familienglied emotional verkümmern. Parallel dazu erwartet ein Familienglied vom anderen in emotionaler Hinsicht oft mehr, als dieses geben kann, da es das Erhoffte selbst nicht erfahren hat.[492] In intellektueller Hinsicht wirkt es verletzend, wenn in einer Familie eigenständiges Denken unterbunden wird. Das System Familie ist im Hinblick auf die Entfaltung pragmatischer Fähigkeiten dysfunktional, wenn eigenständiges Handeln verhindert wird. Dasselbe gilt für eine Familie, in der familiäre und individuelle Bedürfnisse nicht ausgeglichen werden. In einer solchen Familie bemüht man sich nicht um gegenseitige Verständigung. Dazu kann eine aggressive Kommunikation oder ein voreinander ausweichendes Verhalten beitragen. In diesem System versagen die Eltern in ihrer schützenden und kommunikationsfördernden Verantwortung. Von Kindern wird hier u. U. verlangt, dass sie schon erwachsener sein sollen, als sie können, so dass es zu ihrer »Parentisierung« kommt.[493] Anstatt dass Eltern für ihre Kinder sorgen, verlangen in solchen Fällen Eltern mehr oder weniger bewusst von ihren Kindern, dass diese die elterlichen Bedürfnisse befriedigen. In einer dysfunktionalen Familie müssen sich die Familienmitglieder dem

---

491 Vgl. ähnlich D. u. S. Sneed, Family S. 134f.
492 Vgl. dazu Massing/Reich/Sperling, Familientherapie S. 47.
493 Ähnlich Hellinger, Schuld S. 33.

»Familienmythos«[494] fügen, wozu verschiedene wohlintegrierte Glaubenssätze gehören, die von allen Familiengliedern übernommen werden. »Der Mythos ist für die Familie das, was für das Individuum die Abwehr ist. Er verzerrt die Familienrealität und legt Positionen und Rollen der einzelnen Mitglieder fest.«[495] Eine dysfunktionale Familie entmutigt ein Kind eher, anstatt es zu ermutigen. Jedes einzelne Familienglied wird dafür verwendet, das schädliche innerfamiliäre Gleichgewicht aufrechtzuerhalten. So wird eine solche Familienstruktur für das einzelne Glied eher zur Bedrohung als zum Lebensraum. Missstände dürfen in ihr nicht beim Namen genannt werden, und derjenige wird als »schwarzes Schaf« betrachtet, der auf Probleme innerhalb des Familiensystems hinweist.

2.2.8 Verletzungen durch die dysfunktionale Familie in der Sicht der Inneren Heilung

Wie bereits unter Punkt 2.1.6 festgestellt[496], fällt auf, dass sich in der Literatur zur Inneren Heilung systemische Überlegungen zur Familientherapie – und das gilt dann auch entsprechend für die traumatisch sich auswirkenden Probleme der dysfunktionalen Familie – kaum finden lassen. Die meisten Verletzungen werden unter dem Aspekt dualer Beziehungen betrachtet. Vereinzelt wird aber auch hier ein Blick für die Verflochtenheit derartiger Probleme innerhalb des größeren Familienganzen erkennbar. Das gilt vor allem für Vertreter der Inneren Heilung, die psychologisches Fachwissen in diese Art der Seelsorge einbringen:

Das gilt etwa für Stoop/Masteller[497], die im Hinblick auf die Lage in den USA grundlegend feststellen (und Entsprechendes gilt auch für deutsche Verhältnisse): »That the family is in trouble requires no proof.« Die Probleme einer dysfunktionalen Familie können sehr verschieden sein. Das bringt Pytches zum Ausdruck, die exemplarisch drei Bereiche anspricht: »Jeder, der vom Hintergrund einer dysfunktionalen Familie kommt, in der schlechte Kommunikation, elterliche Abwesenheit und Unterbrechungen des Liebesprozesses vorherrschten, hat schwer wie-

---

494 Massing/Reich/Sperling, Mehrgenerationen-Familientherapie S. 27 (im Anschluss an Ferreira).
495 Ebd.
496 Vgl. auch unter diesem Punkt zu den Gründen für diesen Sachverhalt.
497 Forgiving S. 38; ähnlich Faricy, Geschehen S. 17; M./D./S. Linn, Glaube S. 12; Wilson, Hurt S. 22.

gende Verletzungen erlitten.«[498] In einer solchen Familie ist nach Pytches das Gespräch über grundlegende Themen häufig schwierig oder unmöglich; mangelnde Kommunikation erhöht Belastungen außergewöhnlich. In der Literatur zur Inneren Heilung wird auch das Problem gesehen, dass Eltern versuchen, ihre Kinder dazu zu benutzen, ihre elterliche Ganzheitlichkeit zu finden. J. u. M. Sandford nennen die Rollenvertauschung zwischen Eltern und Kindern »parental inversion«[499]. Die Verfasser sehen, dass sich Kinder bei einem solchen unglücklichen Rollentausch allein gelassen fühlen und dass sie Rollen einnehmen müssen, die die Entwicklung ihres eigenen Selbst erschweren oder verhindern; sie werden daran gewöhnt, dass sie dann Liebe erfahren, wenn sie Schwächeren dienen, und nehmen nach J. u. M. Sandford leicht einen kontrollierenden Charakterzug an.

Die beiden bereits zitierten Autoren Stoop/Masteller zeigen ein differenziertes Verständnis des dysfunktionalen Familiensystems und der damit verbundenen Traumata. Sie reflektieren systematisch verschiedene Aspekte einer gestörten Familiendynamik: Ein erster Aspekt wird von ihnen in der »Zuneigungsskala«[500] zu erfassen versucht. Sie umfasst am einen Ende den Pol »Einmischung« und am andern den Pol »Gleichgültigkeit«. Stoop/Masteller stellen im Hinblick auf diese beiden Pole fest: »Familien, die zu starke wechselseitige Einmischung praktizieren, sind so sehr durch eine extreme Ausrichtung auf Nähe charakterisiert, dass beinahe jeder Ausdruck von Unabhängigkeit oder Eigenständigkeit als Illoyalität gegenüber der Familie angesehen wird.«[501] Bei einer solchen Familie muss es zu verletzenden Überschreitungen des individuellen Eigenraums kommen. Vom anderen Extrem gilt: »Die gleichgültige Familie ist von einem extremen Mangel an emotionaler Bindung gekennzeichnet.«[502] Durch zu große Nähe oder zu große Distanz zwischen den Gliedern einer Generation kann es zu Verletzungen kommen. Ein zweiter Aspekt der Familiendynamik wird von Stoop/Masteller mit Hilfe der »Anpassungsskala«[503] aufzugreifen versucht. Diese Skala umfasst zwei

---

498 Pytches, Child S. 10 (Übersetzung G.W.).

499 Deliverance S. 73f.

500 Stoop/Masteller (Forgiving S. 83) sprechen von der »attachment scale«. Vgl. ebd. Auch zu den beiden Begriffen »enmeshed« und »disengaged«, die im Folgenden mit »eingemischt« und »gleichgültig« übersetzt werden. Ähnlich auch Johnson/Van Vonderen, Power S. 58f.

501 A.a.O. S. 85 (Übersetzung G. W.).

502 Ebd. S. 87 (Übersetzung G. W.).

503 Dies. (ebd. S. 78) sprechen von der »adaptability scale«.

Extreme: »Beim einen Extrem kann eine Familie starr sein; beim anderen Extrem kann das Familienleben chaotisch sein.«[504]

Die Sache und der Begriff des »Familienmythos« wird von E. Scharrer in seinem Abschnitt »Zum Problem des Unbewussten in seiner Bedeutung für psychisches Fehlverhalten« aufgegriffen.[505] In seiner dritten von vier Ebenen des Unbewussten geht er darauf ein: »Wir achten auf die Familienpathologie, die Familiendynamik oder den Familienmythos, in dem der Umweltbereich, das frühe und späte zwischenmenschliche interfamiliäre Agieren und Reagieren zum Gegenstand der diagnostischen therapeutischen Betrachtung gemacht wird.«[506] Er zeigt mit dieser Äußerung die Berücksichtigung der Familie als eines Systems im therapeutisch-seelsorgerlichen Vorgehen an.[507]

2.2.9 Verletzungen durch den geschichtlich-kulturellen Hintergrund

Bisher kamen die mehr überschaubaren personalen Zusammenhänge als Hintergrund für Verletzungen in den Blick. Nun ist auf solche zu Verletzungen führenden Zusammenhänge einzugehen, die die überschaubaren personalen Beziehungen übersteigen, auch wenn sie meistens über diese vermittelt werden. Diesen Zusammenhang hat V. v. Weizsäcker im Blick, wenn er sagt: »Es ist ganz sicher, dass die psychischen Verläufe im Individuum von denen in der Gesellschaft und ihrer Kultur, vom geschichtlichen Prozess abhängen.«[508] Der kulturelle Einfluss der Umgebung kann so stark sein, dass er den familiär-elterlichen Einfluss überlagert oder zurückdrängt.

Hier sind die *Ideale einer Gesellschaft und Kultur* zu nennen, die dem Kind über die Familie und die Schule vermittelt werden und neurotisierend wirken können.[509] Hiermit werden die strukturelle Dimension

---

504 Ebd. S. 78 (Übersetzung G. W.).
505 Fehlverhalten S. 28.
506 Ebd. S. 29.
507 Zu den in diesen Bereich gehörenden »Unsegenslinien« vgl. u. Punkt 2.3.5.
508 Leib S. 285. Ders. (Seelenführung S. 81) spricht auch von »Zeiterkrankung«.
509 Stork (Entwicklung S. 878) weist auf Eriksons »Prinzip der Gegenseitigkeit« hin, »der rudimentären Interaktion zwischen Kleinkind und Gesellschaft« (ähnlich auch Toman, Tiefenpsychologie S. 49.85). Massing/Reich/Sperling (Familientherapie S. 54) weisen auf die Bedeutsamkeit von historisch bedingten schicksalhaften Entwicklungen und durch die Zeitgeschichte vermittelten Einstellungen für die Familientherapie. In theo-

des Leben zerstörenden Bösen und die kollektiven Folgen dieser gesellschaftlichen Struktur berührt. Die vorherrschende Weltanschauung, die prägenden Gedanken, Ideale und Wertvorstellungen eines Volkes oder einer Bevölkerungsgruppe wirken sowohl auf die Einstellung zum Leben als auf die Lebensweise des betreffenden Volkes ein. So gilt z. B. in unserer Gesellschaft der als menschlich wertvoll, der stark ist und sich durchsetzen kann, der etwas leistet und Erfolg aufweist. Kaum jemand wird allein deshalb geachtet, weil er da ist. In einer solchen Umgebung müssen diejenigen seelisch verwundet werden, die weder Leistung noch Erfolg vorweisen können. Westliches Konkurrenz- und Leistungsdenken haben die Herauslösung, Individualisierung und Abgrenzung des Einzelnen gefördert. Hierher gehört auch die Einsicht, dass das Erziehungswesen in Schule und Hochschule mit seiner einseitig intellektualistischen Ausrichtung verletzende Wirkungen haben kann.[510] Die technisierte Welt mit ihrer funktionalen Spezialisierung und Arbeitsteilung der modernen Industriegesellschaft führen zur Zerstückelung und Auflösung von Entscheidungs- und Handlungszusammenhängen. Sie fordert den fehlerlos funktionierenden Menschen, lässt wenig inneren und äußeren Freiraum zu Eigenentfaltung und bedroht in ihrem schnellen Wandel die Identität. Eine solche Ausrichtung hinterlässt Menschen mit einem »leeren Herzen« und trägt zum Verlust ihrer inneren Mitte bei. Zu den prägenden Einflüssen unserer Gesellschaft gehört die Reizüberflutung. »Wir werden beinahe beständig mit aufregenden Aktivitäten, wohlschmeckender Nahrung und fordernden Herausforderungen bombardiert.«[511] Die Überfülle von Reizen hinterlässt eine meist verborgene Neigung zu Süchten.

Die *soziale und wirtschaftliche Lage eines Volkes* oder einer Bevölkerungsgruppe kann ebenfalls verletzend auf das Individuum wirken. Armut und Arbeitslosigkeit und die gesellschaftliche Bewertung derselben z. B. können den von ihnen betroffenen Personengruppen das Gefühl vermitteln, Menschen zweiter Klasse zu sein. Kinder aus Familien, die zu Bevölkerungsgruppen gehören, welche von solchen Problemen betroffen sind, wachsen nicht selten in einer Atmosphäre von Sorge und Ungeborgenheit auf, die nicht nur innerfamiliäre Wurzeln hat. Eine sozial

logischer Beurteilung gehen darauf ein: Collins, Family S. 8; Eibach, Schulderleben S. 56 Anm. 27.

510 So auch Hark, Neurosen S. 210 (H. Ball, Hermann Hesse: Sein Leben und sein Werk S. 207 zitierend).

511 Hart, Addictions S. 97 (Übersetzung G. W.).

schwierige Lage kann zum Wohnen in Ortsteilen mit städtebaulichen oder architektonischen Auffälligkeiten nötigen, die auf das Individuum belastend wirken.[512]

Verletzend kann auch der *Zerfall lebenstragender Ordnungen* in einer Gesellschaft wirken. Zu denken ist in diesem Kontext z. B. an die Einstellung der Gesellschaft zu Ehe und Familie. Doherty[513] erkennt drei Perioden in der Entwicklung des Familienverständnisses: In der ersten Phase bis ca. 1960 herrschte ein traditionelles Familienverständnis mit klaren Rollenverteilungen, permanenten Beziehungen und gesellschaftlicher Normenkonformität vor. In der zweiten bis in die Achtzigerjahre reichenden Phase herrschte das individualistische Familienverständnis vor, das durch ein auf Freundschaft, Anziehung und persönliche Befriedigung gegründetes Eheverständnis gekennzeichnet ist; wenn diese Grundlagen entfielen, waren Trennung und Ehescheidung logische Alternativen zu lebenslangen Treuebindungen. Die dritte Phase beginnt mit den Neunzigerjahren: die pluralistische Familie[514], in der Verbindlichkeiten kaum mehr ein Recht haben. Vielfalt und Veränderung nehmen in der Werteskala einen hohen Rang ein, und Kinder wachsen in sehr instabilen Familienverhältnissen mit einer ankerlosen Flexibilität auf. Es ist nicht verwunderlich, dass eine solche Entwicklung auf die Achtung der Eltern von Seiten der Kinder nicht förderlich wirkt. Diese dritte Phase der Familieneinstellung gibt Kindern ein traumatisches Erbe mit, das »in beunruhigender Weise (ihre) die soziale Beziehungs- und Bindungsqualität«[515] verändert. Dazu trägt auch der »Kult des Individuums«[516] oder der Kult des Genusses, der Konsumwelt[517] und der Erre-

---

512 Vgl. Toman, Tiefenpsychologie S. 136, der auf die notwendige Dauerhaftigkeit solcher Einflüsse für die Entfaltung ihrer Wirkung auf den Menschen hinweist.

513 Lives S. 32ff (ihm schließt sich Collins, Family S. 9f an).

514 Massing/Reich/Sperling (a.a.O. S. 57) sprechen im Hinblick auf das Zusammenleben von Mann und Frau davon, dass »Unterschiede … diffuser und durchlässiger (werden). Es gibt keine fixen Kategorien mehr, womit ein schwieriger Balanceakt beginnt.« Die Frucht der angedeuteten Entwicklung von Seiten der jungen Generation spricht Noelle-Neumann (Irrtum S. 28–30) an.
Der andere Flügel dieser Phase, die »neue realistische Familie«, kann hier unberücksichtigt bleiben; er führt in den Bereich des unter den Punkten 2.1.5 u. 2.1.6 Dargelegten.

515 Massing/Reich/Sperling a.a.O. S. 58.

516 Langberg, Core S. 40 (»cult of the individual«); vgl. dazu auch Ernst, nachtragend S. 27.

517 Wetzel, Gestalttherapie S. 182. Vgl. auch die Feststellung Massing/Reich/Sperlings (Familientherapie S. 56). »Historisch scheint sich ein Weg abzuzeichnen, der im Umgang mit Kindern von der Härte zur Verwöhnung läuft.« Es zeigt sich aber auch, »dass die so verwöhnten Kinder in entscheidenden Bereichen gerade heute wieder Mangel

gung[518] bei. Ebenfalls verletzend kann auf die Kinder auch die kulturspezifische Haltung ihnen gegenüber wirken. Missildine zählt hierzu die Billigung der Punitivität als Elternrecht.[519] Diese Erscheinungen gehören zu weiterreichenden Problemen wie der Zusammenbruch echter Gemeinschaftsbeziehungen, der verurteilende Umgang mit menschlichen Schwächen, die verurteilende Einstellung allein erziehenden Müttern oder Vätern gegenüber usw.

Eine Gesellschaft kann auch von einer bestimmten *ästhetischen Vorstellung*, z. B. einem unerreichbaren Schönheitsideal des Menschen, geprägt sein, so dass sich diejenigen als minderwertig vorkommen, die hinter diesem zurückbleiben. »Es kommt nicht selten vor, dass Menschen aus Hass über ihr abstoßendes Äußeres zu Verbrechern geworden sind. Weil man ihnen ausweicht und nichts Gutes zutraut, rächen sie sich für ihr bitteres Los am Menschengeschlecht durch Übeltaten aller Art. «[520]

Eine ganze Nation vermag so etwas wie eine *affektive Idealvorstellung vom Menschen* zu entwickeln, die sich zu einer nationalen Mentalität verdichten kann. Dazu gehört etwa bei den Deutschen eine ausgeprägte affektive Distanz.[521] Diese Orientierung wirkt sich darauf aus, wie das Individuum sich selbst erlebt, und auch darauf, wie es sowohl die zwischenmenschlichen Beziehungen als auch die kultische Glaubenspraxis erlebt und gestaltet.

Zu erwähnen ist hier ferner das, was V. Frankl die *existenzielle Neurose* nennt. Sie scheint ein typisches Phänomen unserer Zeit zu sein.[522] Diese Neurosen bestehen im Leiden an der Sinnlosigkeit des Lebens. Damit ist angesprochen, dass sich innerhalb eines Volkes der gesellschaftliche Einfluss auf den Einzelnen von einer Generation zur nächsten ändern kann. Das gilt auch in der Hinsicht, die Ritschl mit dem Eindruck anspricht, dass gegenwärtig die ältere Generation tendenziell mehr die Merkmale von zwanghaften Menschen aufweise, die jüngere mehr von depressiven. »Für Zwanghafte ist das Eingeständnis des Versagens

leiden, etwa in zerrütteten oder geschiedenen Ehen der Eltern oder zunehmend durch gleichzeitige Berufstätigkeit der Eltern«.

518 Vgl. dazu Hart, Addictions S. 58.62f. Ebd. (S. 143) spricht er von der »›now‹ generation attitude«. In diesem Kontext sind auch die von Eibach (Suchtmittelabhängigkeit S. 272f) erwähnten gesellschaftlichen suchtfördernden Faktoren anzusiedeln.

519 Kind S. 238.

520 Köberle, Leib S. 86; vgl. dazu auch Dobson, Minderwertigkeitsgefühle S. 7.

521 Vgl. dazu Hark, Neurosen S. 36.

522 Vgl. dazu Frankl, Leiden S. 48ff.75ff; Rebell, Grundwissen S. 120; Eibach, Depression S. 22.

schwierig, auch die Bewältigung von Aggressionen … Depressive … sind … mit dem Erlebnis der Trennung nicht fertig. Sie kleben am Geliebten …«[523] In einem solchen Kontext wird es für den Einzelnen schwieriger, Selbstvertrauen zu entwickeln.

2.2.10 Verletzungen durch den geschichtlich-kulturellen Hintergrund in der Sicht der Inneren Heilung

Systematische Reflexionen über traumatische Wirkungen des geschichtlich-kulturellen Hintergrunds fehlen in der Literatur der Inneren Heilung. Das hängt sicher damit zusammen, dass die traumatischen Erfahrungen sich in den meisten Fällen in überschaubaren personalen Beziehungen ereignen. Die traumatischen Wirkungen des geschichtlich-kulturellen Hintergrundes erreichen damit das Individuum meist über Eltern, Geschwister, Lehrer etc., die ihrerseits von diesem Hintergrund her geprägt sind. In diesem Fall kommen derartige Zusammenhänge im diagnostisch-therapeutischen Gespräch indirekt zur Sprache, wenn über die sie vermittelnden Personen gesprochen wird. Es fehlt jedoch in der hier untersuchten Seelsorge keineswegs der Blick für diesen Hintergrund. In theologischer Terminologie sprechen J. u. P. Sandford diesen Sachverhalt transpersonaler Traumata an, indem sie den Einfluss des Individuums von der umgebenden Kultur her unter dem Vorzeichen von Gen. 3 sehen. Sie erwähnen die »Wunden, die uns allen dadurch geschlagen werden, dass wir in dieser heutigen, von Sünde verseuchten Kultur leben«.[524] Ganz ähnlich stellt auch Seamands eine kaum entwirrbare Vielschichtigkeit hinter dem fest, was mit dem Begriff Verletzung bezeichnet wird: »Oft sind wir nicht in der Lage, einzelne Erfahrungen oder Ereignisse als entscheidenden Faktor festzulegen. Stattdessen kann es … eine ganze Summe von Einflüssen durch die Umgebung sein, eine alles durchdringende Atmosphäre, die uns mit *einem ganzen Gefüge von allgemeinen Erinnerungen umringt, die der Heilung bedürfen.*«[525] Das Unbewusste dieses Vorgangs unterstreicht Seamands, indem er die Weltanschauung mit einer Brille vergleicht:

[523] Gott S. 259.
[524] Heilung S. 474; ähnlich dies./Bowman, Spirit S. 10; Stoop/Masteller, Forgiving S. 202.
[525] Erinnerungen S. 37 (kursiv im Original).

»Die Weltanschauung ist wie eine Brille, durch die Menschen das gesamte Leben betrachten.«[526]

Ein erstes inhaltliches Beispiel für die traumatische Wirkung des kulturellen Hintergrunds geben MacNutt/Shlemon mit der verbreiteten *materialistischen Lebensorientierung*: »Doch sind wir so sehr vom Mythos materiellen Glücks durchdrungen, dass wir verwirrt und enttäuscht sind, wenn sich uns Schwierigkeiten in den Weg stellen.«[527] Auch die Gefahren der *Leistungsschule und -gesellschaft* werden vereinzelt angesprochen. M./D./S. Linn erwähnen, dass die Schulen oft das Gefühl der Minderwertigkeit vermitteln. »Im Allgemeinen loben die Lehrer nur die wenigen an der Spitze, die Vorzugsschüler, die besten Basketballer, die Schönheitskönigin. Den anderen sagen sie: ›Schade. Du hast es nicht geschafft. Vielleicht schaffst du es nächstes Jahr.‹ Ein solches Konkurrenzmodell zeigt den wenigen an der Spitze, wie gut sie sind, den anderen aber, wie schlecht sie sind.«[528] Auch Seamands erkennt die Auffassungen unseres Kulturkreises, die übermenschliche Leistung, Selbstgenügsamkeit und Autarkie, die erhebliche Rückwirkungen auf das Verständnis der Gnade haben.[529]

H. Mühlen möchte bei den verletzenden Auswirkungen transpersonaler Art den *geschichtlichen Kontext des Einzelnen in seiner Volksgeschichte* berücksichtigen. Er spricht den Leser direkt an: »Vielleicht liegt der Grund deiner Trennung von Gott … noch viel weiter zurück, nicht in deiner persönlichen Lebensgeschichte, sondern in der Vorgeschichte der Gesellschaft, in der du (noch) leben musst. Wenn du zu denen gehörst, deren Vorfahren in der beginnenden Industriewelt ausgebeutet wurden, oder wenn du in einem Land lebst, in welchem soziale Gerechtigkeit noch kaum begonnen hat, dann bringe auch diese schmerzlichen Erinnerungen vor Gott …«[530] Die Volksgeschichte kann von Unrecht und Unterdrückung geprägt sein und in das Leben des Einzelnen hinein in Form von bedrückenden oder rebellierenden Haltungen bzw. Reaktionen auf sie nachwirken.

---

526 Seamands, Gnade S. 28. Das kann in den Bereich des mit »corporate stronghold« (J. u. M. Sandford, Deliverance S. 282) Gemeinten gehen.

527 MacNutt/Shlemon, Gebet S. 96.

528 Glaube S. 105. Vgl. dazu bereits oben unter Punkt 2.2.6.

529 Vgl. Gnade S. 27ff. Eine andere Seite des westlichen Materialismus nennt P. Sandford (Opfer S. 14) »Sofort-Mentalität«.

530 Einübung S. 66.

J. Müller geht als Psychologe und Praktiker der Inneren Heilung auf die *affektive Orientierung des Deutschen* ein. Er stellt fest, dass im Unterschied zum Franzosen, Spanier oder zu anderen südländischen Völkern die nationale Mentalität »beim Deutschen … mehr affektive Distanz und Versachlichung der Gefühle erkennen …«[531] lässt. So wird in unserer Kultur und Gesellschaft das Denkvermögen am meisten gefordert und gefördert. Gefühle werden tendenziell mehr übergangen als bei Menschen anderer Völker. Zu den im nationalen Kontext vermittelten Haltungen gehören auch *irrationale oder falsche Annahmen*, die in einem Volk oder in einer Bevölkerungsgruppe im Hinblick auf das Leben maßgebend sein können. Pytches meint in diesem Zusammenhang zu Recht, dass oft kein Grund dazu besteht, an der Gültigkeit unserer diesbezüglichen Einstellungen zu zweifeln, bis es zu einer Begegnung mit anderen Nationalitäten, die von anderen Lebenseinstellungen geprägt sind, kommt.[532] In diesen Zusammenhang gehört auch die Einsicht L. Paynes, nach der in unserer Gesellschaft die Ergänzung von Männlichem und Weiblichem aus dem Lot geraten ist.[533] Das erschwert die Entwicklung einer gesunden geschlechtlichen Identität.

Vereinzelt wird auch die Auflösung der Großfamilie zugunsten der Kernfamilie und darüber hinaus auch der *Zerfall der Familie* überhaupt als Problem für die Entwicklung des Individuums erkannt. In diesem Sinn formuliert G. MacDonald: »… In den letzten Jahrzehnten hat sich dadurch, dass der Lebensstil an Mobilität gewonnen hat, die Großfamilie aufgelöst. Seit einigen Jahren leben die meisten Kinder nur noch in der Kernfamilie (Eltern und Kinder) und sind darauf angewiesen, dass sie allein jene wichtigen Gaben (sc. wie z. B. Wohlsein, Sicherheit, Heranreifen) empfangen. Mehr als die Hälfte der Kinder in Amerika wächst in Familien mit nur einem Elternteil auf, und 60 Prozent der Mütter, die Kinder im Vorschulalter haben, sind berufstätig. Wenn dieser Trend so weitergeht, dann steht das Zeitalter der Nicht-Familie unmittelbar vor der Tür.«[534]

Zu den traumatischen Ereignissen sind auch solche zu zählen, die D. G. Benner zu den »impersonal traumas«[535] zählt. Dazu gehören nach ihm

---

531 J. Müller, Lebensängste S. 52; vgl. auch ders., Gott heilt S. 12; Bennett, Bitten S. 78.

532 Vgl. dazu Pytches, Child S. 91.

533 Vgl. Krise S. 52.

534 Wenn alles zerbricht S. 154 (kursiv im Original). Auch Pytches (People S. 17) spricht vom »breakdown of family life«. Vgl. dazu auch Sandford/Bowman, Spirit S. 39ff.

535 Healing S. 49. Ebd. auch der korrespondierende Begriff »interpersonal traumas«.

Unfälle und Naturkatastrophen; sie können die gleichen Wirkungen haben wie diejenigen Verletzungen, die Benner zu den »interpersonal traumas« rechnet. Es ist wichtig, dass die Seelsorge im Sinne der Inneren Heilung diese Zusammenhänge traumatischer Wirkungen vom geschichtlich-kulturellen Hintergrund her immer wieder in den Blick bekommt. Das hilft ihr, ungute Fixierungen durch eine auf die Primärpersonen begrenzte Sichtweise emotionaler Probleme zu vermeiden. Derartige Einflüsse beziehen sich ja nicht nur auf die verschiedenen Entwicklungsphasen der Kindheit. Sie wirken vielmehr im Leben des Erwachsenen weiter. Dies erschwert auch therapeutisch-seelsorgerliche Maßnahmen zum Teil nicht unerheblich. Freilich ist es angemessen, diese Einsichten in Verbindung mit ihrer personalen Vermittlung in den Blick zu nehmen, da auf diese Weise eine wenig hilfreiche Anonymisierung solcher Zusammenhänge vermieden wird: Eine Gesellschaft und ein Volk übersteigen zwar mit ihren bzw. seinen Prägungen und Werten das Individuum, aber dieses kann seine Verantwortung doch nicht auf die Anonymität einer Gesellschaft oder eines Volkes abwälzen. Das wäre für eine seelsorgerliche Aufarbeitung der mit diesem Hintergrund gegebenen emotionalen Probleme ebenfalls kontraproduktiv.

2.2.11 Verletzungen durch das religiöse Umfeld

Wenn der Frage nach den Verletzungen vom religiösen Umfeld her in diesem Abschnitt über die psychologischen Implikationen der Inneren Heilung nachgegangen wird, so wird damit keiner Psychologisierung der Religion oder des Glaubens das Wort geredet. Es geht hier vielmehr um die psychologische Seite des religiösen Problems. Religion als von Menschen vollzogene Daseinsinterpretation kann zu menschlich förderlicher oder hemmender Glaubenspraxis führen. Sowohl die Eltern, die ihren Kindern in ihrer Erziehung religiöse Inhalte vermitteln wollen, als auch die Angehörigen einer konkreten Glaubensgemeinschaft gehören zugleich einer bestimmten Kultur mit ihren spezifischen Wertvorstellungen an.

An erster Stelle ist an das unter Punkt 2.2.6 Gesagte anzuknüpfen: Der elterliche Einfluss auf die Gottesvorstellungen der Kinder in deren ersten Lebensjahren darf nicht unterschätzt werden. Das Spannungsfeld hinter dieser Problematik wird mit den Begriffen »Gottesbild« und »Gotteskomplex« angedeutet. »Während Ersteres die bildhaften Vorstellungen ausdrückt, ist der Gotteskomplex ein Ausdruck für die geistigen Kräfte und seelischen Energien, die dem Gottesbild innewohnen.«[536] Beim Gotteskomplex konzentrieren sich die seelischen Energien in den unbewussten Tiefen der Person um das Gottesbild. Angst erregende Emotionen führen innerhalb des Gotteskomplexes zu einem Angst erregenden Gottesbild. Häufig kommt es zu Kollusionen zwischen den Elternimagines und dem Gottesbild, indem negative – oder auch positive – Erfahrungen zu einseitig mit dem Gottesbild verbunden werden.[537] Erziehungsschäden können von daher eine von Liebe geprägte Vertrauensbeziehung des Verletzten zu Gott verhindern und zu Barrieren z. B. für die Erfahrung der Gnade werden.

Das eben Angedeutete ist ein Teil dessen, was mit dem Begriff »ekklesiogene Neurose« angesprochen wird. Während der Begriff Neurose eine Seelenkrankheit bezeichnet, die dann auftritt, wenn das seelische Gleichgewicht eines Menschen und sein seelisches Erleben gravierend gestört sind, beschreibt der Zusatz »ekklesiogen« das Störungsfeld, die Entstehungsebene und die Verursachung.[538] Die ekklesiogenen Neurosen benennen jene Seelenkrankheiten, die im religiösen Gewande einher gehen und durch einseitige religiöse Theorie und Praxis ausgelöst werden. An ihnen sind die Erziehung in der Familie und die Prägung der jeweiligen Religionsgemeinschaften entscheidend beteiligt. Vor allem übersteigerte, rigoristische Heiligungserwartungen, die vom Einzelnen vorzeigbare Veränderungen verlangen, können zu tief greifenden seelischen Wunden führen. Solche Erwartungen verbinden sich nur zu leicht mit einer Gottesvorstellung, die in Gott den Fordernden und nicht den beim Tragen Helfenden erkennt. In diesem Sinn spricht Scholl von der Vorstellung Gottes als des »Paragraphenreiter(s)« und des »überdimensionalen Buchhalter(s), dem nichts entgeht«.[539] Bei solchen Festlegungen kann sich ein Mensch nur schwer zu seinen wahren Bedürfnissen stellen. In den Bereich dieser Verletzungen fallen auch bestimmte menschenunwürdige

[536] Hark, Neurosen S. 162; vgl. dazu auch Köberle, Schuldproblem S. 179; Winkler, Leiden V S. 708f.

[537] Vgl. dazu ebd. S. 162; ferner Grom, Religionspsychologie S. 130.153.238ff; Hart, Principles S. 10f; Meissner, Interview S. 4ff; vor allem T. Moser, Gottesvergiftung passim.

[538] Vgl. dazu Schaetzing, Neurosen S. 97ff; Hark, Neurosen S. 209f; Dieterich, Heil S. 54f (in kritischer Auseinandersetzung mit diesem Begriff); Ehmann, Theologie S. 59; Ruthe, Wenn die Seele schreit S. 9ff.

[539] Psychoanalyse S. 96.

Formen der Unterordnung, die als Demut ausgegeben und gefordert werden, oft aber nur zur Rechtfertigung menschenverachtenden Verhaltens dienen.

Verletzungen können auch durch eine bestimmte Art des Konfessionalismus erzeugt werden. Alte Grabenkämpfe zwischen den Konfessionen innerhalb einer Region im Kleinen oder im Größeren können die innere Einstellung und das Verhalten der Menschen innerhalb der Konfessionen und zwischen ihnen negativ prägen.[540]

Auch die Einstellung der Glaubensgemeinschaft zur Leiblichkeit kann verletzende Auswirkungen haben. Wenn die Geschöpflichkeit des Menschen nicht gebührend geachtet wird, können sich daraus folgenschwere Selbstannahme- und Beziehungskonflikte ergeben.

2.2.12 Verletzungen durch das religiöse Umfeld in der Inneren Heilung

Die Literatur zur Inneren Heilung zeigt ein relativ ausgeprägtes Verständnis für Verletzungen aus dem religiösen Umfeld. Anspielungen darauf finden sich – überwiegend fallbezogen – bei verschiedenen Autoren. Nur vereinzelte Vertreter dieser Seelsorge beschäftigen sich in mehr systematischer Weise mit diesem Gebiet. Zu ihnen gehört Seamands, der ein ganzes Kapitel »Verzerrte Gottesvorstellungen« überschreibt.[541] Nach ihm wird häufig vergessen, dass außer den Dingen, die uns über Gott gelehrt werden, auch Erfahrungen, Erinnerungen und Gefühle das Entstehen dieses Bildes beeinflussen. »Ihre (sc. vieler Christen) *Verstandestheologie* ist hervorragend, aber ihre gefühlsmäßige *Knie*ologie – was sie empfinden, wenn sie beten – ist erschreckend.«[542] Er stellt fest, dass der Heilige Geist die persönliche, geistige Wahrnehmungsfähigkeit nicht umgeht. »*Sind diese wahrnehmenden Rezeptoren schwer wiegend geschädigt, werden auch die biblischen Wahrheiten entstellt wahrge-*

540 Ähnlich auch Hark, Neurosen S. 71.

541 Erinnerungen S. 91ff. Das darauf folgende Kapitel setzt diese Thematik fort: »Schwierigkeiten, die sich aus den verzerrten Gottesvorstellungen ergeben« (ebd. S. 104).

542 Ebd. S. 91 (kursiv im Original). »Ganz gewiss ist das, was wir gelernt haben, von größter Bedeutung, aber unsere Eindrücke und Erfahrungen sind ebenso wichtig« (ebd. S. 92). Ähnlich äußert auch Rey (Mensch S. 130): »Lieben und Glauben ereignen sich zunächst in unseren Gefühlsschichten und nicht im Kopf.«

nommen.«[543] Nach Seamands gilt weiter: »… *Es waren vor allem kranke zwischenmenschliche Beziehungen besonders in den frühen Kindheits- und Jugendjahren.*«[544] Seamands versucht, die verzerrten Gottesbilder zu systematisieren und teilt sie in fünf Kategorien ein: Er spricht erstens vom »strengen Richter«, der über unsere Taten Buch führt, zweitens vom »großen Detektiv«, der sich wie der »Schutzmann an der Ecke« verhält, drittens vom »großen Indianerhäuptling«, der den ganzen Tag Brandopfer und Ehrerbietung erwartet, viertens, Aristoteles aufgreifend, vom »unbewegten Beweger« und fünftens vom »großen Pharao«, dem nicht zufrieden zu stellenden harten Herrn.[545] Seamands stellt zusammenfassend fest: »Unsere Unfähigkeit, Gott zu lieben und ihm zu vertrauen, entspringt größtenteils dem Bild von einem nicht liebenswerten und nicht vertrauenswürdigen Gott.«[546] A. Westmeier stellt nicht nur fest, dass unser Gottesbild verzerrt ist, sie gibt dafür auch die theologische Begründung: »Als die Menschen noch ohne Sünde im Paradies lebten, muss dieser Begriff (sc. Vater) Gottes Wesen umfassend beschrieben haben. … Nun sind wir aber nicht mehr im Paradies, und deshalb geben die Väter kein zutreffendes Bild mehr von Gott ab. … Noch immer wird in Kindern ihre Vorstellung von Gott durch ihre Erfahrung mit ihrem Vater geprägt. So hat Gott bei jedem die Vorzüge und die Fehler des eigenen Vaters.«[547]

In der hier untersuchten Literatur finden sich verschiedentlich Beispiele von Verletzungen durch christlich orientierte Gruppen. Verletzungen werden hier auf der einen Seite dadurch zugefügt, dass Christen Mitchristen in guter Meinung religiös überfahren. Übertriebene, fanatische und dysfunktionale Formen einer religiösen Orientierung oder Bindung können menschliches Leben erheblich belasten und gefährden. B. Tapscott spricht z. B. von Menschen, die deshalb verletzt waren, »weil jemand behauptet hatte, für sie ein Wort vom Herrn empfangen zu haben, obwohl sie sich das nur eingebildet hatten. Übereifrige Beter sind gefährlich.«[548] Auf der anderen Seite können religiöse Verletzungen da-

[543] Ebd. 5. 93. Vgl. dazu Seamands ausführliches Diagramm (ebd. S. 94f) u. ders. (Gefühle S. 60): »Viele Christen haben ein Bild von Gott, das Sünde ist, obwohl sie es in ein frommes Gewand gehüllt haben.«

[544] Ebd. S. 98 (kursiv im Original).

[545] Seamands, Erinnerungen S. 100f. Ebd. (S. 107) spricht Seamands noch von Gott als dem »Spielverderber«. Wilson (Shame S. 149ff) prägt in diesem Zusammenhang den Begriff »shame-based religion«.

[546] Seamands, Erinnerungen S. 102.

[547] Seele S. 74. Vgl. dazu auch R. Bennett, Free S. 131ff.

[548] Frei gemacht S. 17f; ähnlich auch B. u. B. Thomson, Wiederherstellung S. 55.

durch entstehen, dass religiöse Erfahrungen von anderen nicht akzeptiert werden. »Es kann sogar sein, dass Sie um Ihres Glaubens willen aus der sozialen Gemeinschaft Ihrer Kirche ausgeschlossen werden, wenn man dort Ihre neuerlichen geistlichen Erlebnisse nicht versteht.«[549] In diesen Bereich gehören auch Verletzungen, die vom Missbrauch der Macht einer kirchlichen Leitungsautorität herrühren, sei es nun anvertraute oder eigene Macht.

Ein weiterer immer wieder in der Inneren Heilung angesprochener Bereich ist das Problem der Verletzung durch Familien, in denen Eltern sich engagiert für das gemeindliche Leben auf Kosten der Kinder einsetzen. In diese Richtung weist Seamands Äußerung: »Oft habe ich von Kindern aus Missionars- und Pastorenfamilien gehört, dass sie immer das Gefühl hatten, dass es gar nicht auf sie ankam oder dass ihre Eltern sich gar nicht für sie persönlich interessierten. Wichtig schien nur zu sein, dass die geistliche Stellung der Eltern durch das Verhalten der Kinder nicht beeinträchtigt wurde.«[550] F. u. F. Littauer erwähnen die möglichen Glaubenshindernisse, die für die Kinder derjenigen Familien entstehen können, in denen der Einsatz im Dienst für Gott den Kindern die ihnen zustehende Liebe minderte: »Die Kinder in dieser ›Alles-für-Gott, nichts-für-dich‹-Heimat wenden sich häufig vom Herrn ab und wollen nichts mit einer Kirche zu tun haben, die sie ihres Vaters beraubt hat.«[551]

Clark spricht einen weiteren Bereich von Verletzungen an, indem er auf die Stellung der Frau in der Kirche eingeht. Er meint, dass sich christliche Frauen heute noch von der Kirche her immer wieder emotionalen Problemen gegenübergestellt sähen. »… Ich kann nicht blind für die Rolle sein, die die Kirche gespielt hat, indem sie ungesunde Haltungen und Verhaltensweisen Frauen gegenüber unterstützt hat. … Die Kirche ist oft das Problem, nicht die Lösung; die Frauen werden verletzt, und die Kirche bietet ihnen keine Heilung.«[552]

Schließlich sei noch eine letzte Form von Verletzungen erwähnt, die vom religiösen Umfeld herrührt: Sie hängt mit einem Missverständnis von Heiligung zusammen. In Familien und Gemeinden können unter-

---

[549] Tapscott, ebd. S. 33. Missbrauch kirchlicher Leitung spricht Johnson/Van Vonderen, Power passim an.

[550] Gnade S. 84; ähnlich Van Vonderen, Tired S. 70.

[551] Mind S. 210 (Übersetzung G. W.).

[552] Hiding S. 33.

schwellige Erwartungen im Sinne eines »Erfolgssolls«[553] von einem gesetzlichen Denken her regieren. Diese können deshalb verletzende Auswirkungen haben, weil sich der Einzelne leicht als Versager gegenüber der erwarteten Norm vorkommt. In einer am religiösen Leistungssoll orientierten Gemeinde oder Familie wird der Einzelne nicht wegen seines Daseins geachtet, sondern wegen seiner religiösen Leistung, der Erfüllung einer religiösen Norm.

2.3 Folgen, die sich aus Verletzungen ergeben

Die Darlegungen zu den möglichen Verletzungen lassen die Frage aufkommen, warum die Beschäftigung mit ihnen so wichtig ist. Das führt in den Bereich der Konsequenzen, die mit den Verletzungen verbunden sind. Vieles vom Leiden eines Menschen stammt aus seiner Vergangenheit, seinen Erinnerungen. Dabei sind es nicht die Erinnerungen an sich, die zu Problemen führen, sondern eine spezifische Qualifikation derselben. Diese bezieht sich auf den emotionalen Bereich, das Unbewusste, die Reaktionen des Verletzten auf seine Erfahrungen und auf sein kognitives Verhalten. Die in diesen Umkreis gehörenden Fragen wurden bereits im letzten Abschnitt immer tangiert, ihnen ist jedoch nun systematischer nachzugehen.

2.3.1 Emotionale Folgen

Die Erinnerungen an traumatische Erfahrungen sind mehr oder weniger stark gefühlsbesetzt. Verletzungen hinterlassen beim Verletzten eine schwache Stelle, die in ihrer Schmerzhaftigkeit mit einer außergewöhnlichen Empfindlichkeit verbunden ist: »Eine alte Wunde, die unter dem trockenen Schorf einer Scheinlösung niemals recht verheilte, wird wieder aufgerissen.«[554] Sie soll möglichst nicht angerührt werden, so dass der Verletzte meist aktiv versucht, erneuten Verletzungen aus dem Weg zu gehen. Ein solches Vermeidungsverhalten führt zu einer emotionalen

---

553 Seamands, Gnade S. 34; Johnson/Van Vonderen, Power S. 32.197 sprechen häufig von »spiritual abuse«.

554 Bahnsen, Krebsproblem S. 689.

Verkrüppelung und hat Rückwirkungen auf die Gestaltung von Beziehungen im Erwachsenenalter, indem es unfrei macht.[555] Der Mensch, der sich vor dem Schmerz in der Vergangenheit erfahrener Wunden schützen muss, wird in seiner Liebesfähigkeit eingeschränkt. Seine Beziehungsfähigkeit erfährt eine Deformation. Ignorierte Enttäuschungen stellen eine Last an Schmerzen dar, die die Verbindung zu lebendigen Bereichen des Ichs verkümmern lassen. Diese Last nimmt dem Verletzten die Kraft zum kreativen und produktiven Handeln. Leicht kommt es hierbei zur Herausbildung eines falschen, aus fehlgeleiteten Anpassungsprozessen entstehenden Selbst, welches das wahre, eigene Selbst, das eine ehrliche Selbsteinschätzung von guten und bösen Wünschen beinhaltet, überlagert.

Der Verletzte bleibt dann auch als Erwachsener noch abhängig von den Personen, die ihn verletzt haben. So muss etwa wachsende physische Unabhängigkeit von den Eltern nicht in gleichem Maße von entsprechender gefühlsmäßiger Unabhängigkeit begleitet sein. Der Verletzte wird häufig von seinen Verletzungen beherrscht. Mit ungelösten Kindheitskonflikten verbundene Verhaltensmuster, die von mangelnder Reife zeugen, halten ihn gefangen; die psychische Entwicklung wird gehemmt. Emotionale Verwundungen und damit verbundene schlimme Erinnerungen verschwinden kaum von selber: »... Die Psyche ist konservativ und hält emotional an dem, was früher erlebt oder per Atmosphäre vermittelt wurde, fest.«[556] Sehr oft werden frühere Verletzungen durch neue Ereignisse emotional lebendig erfahren und sogar aktiviert, so dass der unaufgearbeitete Schmerz der Vergangenheit in die Gegenwart hineinwirkt und den Betroffenen immer wieder auf die Ebene früherer Verhaltensmuster zurückwirft. Im Hinblick auf den konkreten Fall von Verletzungen durch Ablehnung bemerkt Hammond[557]: »Jede zusätzliche Ablehnung lässt die Wunden der früheren Ablehnungen intensiver schmerzen.« Unbewusst entsteht eine Neigung zu einem Verhalten, das immer neue Ablehnung provoziert und reproduziert und den damit verbundenen Schmerz neu erfahren lässt. »Die alte, ›daheim‹ vorherrschende emotionale Atmo-

[555] Vgl. dazu Christian, Anthropologie S. 48 u. a. Ausführlicher dazu vgl. unten Punkt 2.3.7.

[556] Massing/Reich/Sperling, Familientherapie S. 198; vgl. Toman, Tiefenpsychologie S. 10.

[557] Ablehnung S. 30. Ebd. (S. 81) zeigt er, wie erfahrene Ablehnung ein Verhalten produziert, das weitere Ablehnung provoziert, so dass ein Teufelskreis entsteht. Dies berührt das in der Tiefenpsychologie als »Übertragung« bekannte Phänomen.

sphäre der Kindheit wird so genau wie möglich nachgebildet, samt deren schmerzenden Haltungen. Wir laden unsere Ehepartner oft geradezu ein, uns so zu behandeln, wie unsere Eltern es einmal taten …«[558] Entsprechendes gilt auch für andere Arten von Verletzungen. Im Verletzten laufen so emotionale Vorgänge ab, »die sich in einem dynamischen Wiederholungsprozess ständig reproduzieren«.[559]

Zugleich kann es zu Täuschungen in der Wahrnehmung der Realität kommen, da das Selbstbild des Verletzten und das Bild von seinen Mitmenschen Entstellungen unterliegt; er nimmt alles auf dem Hintergrund seiner Erlebnisse und Erinnerungen wahr. Hierauf bezieht sich, was v. Uexküll und Wesiack »in sich widerspruchsvolle Situationen«[560] nennen. Diese sind durch einen »doppelten Boden« gekennzeichnet, der sich aus den Differenzen zwischen den bewussten und unbewussten Motivationen ergibt. In die unbewussten Motivationen gehen die in der früheren Lebensgeschichte des Verletzten ausgebildeten »Programme«[561] ein. Vor allem die Beziehungen des Verletzten werden sehr leicht von diesem Realitätsverlust und widerspruchsvollen Gefühlen überschattet. Die verletzenden Personen wirken als »›stille‹ Teilhaber«[562] in spätere Beziehungen hinein nach. Das seelische Gleichgewicht und das seelische Erleben werden gravierend gestört. Diese Problematik führt in den Bereich der Wiederholungszwänge, der Projektionen und des erlebnisreaktiven, neurotischen Verhaltens.[563] Nicht selten entstehen durch Verletzungen »psychische Allergien«: Menschen legen bestimmten Typen anderer Menschen gegenüber schwer verständliche Überreaktionen an den Tag. Häufig begleitet einen in der Vergangenheit verletzten Menschen sein – manchmal uneingestandener – Zorn auf den Verletzenden bis in die Gegenwart hinein. Diese Tatsache macht es unmöglich, die Verletzungen der Vergangenheit einfach zu vergessen. Die Zeit allein heilt nicht automatisch die Wunden. Verletzte Menschen hegen nicht selten einen Groll,

---

558 Missildine, Kind S. 63; vgl. auch ebd. S. 237.

559 V. Uexküll/Wesiack, Dimensionen S. 35.

560 Dimensionen S. 23.

561 »Programme enthalten Rezepte, die uns vorschreiben, welche Bedeutung wir Informationen aus der Umgebung erteilen müssen. Mit den Deutungen sind sogleich Handlungsanweisungen gegeben« (v. Uexküll/Wesiack, Dimensionen S. 23). Vgl. dazu unter Punkt 2.3.3.

562 Massing/Reich/Sperling, Familientherapie S. 63.

563 Vgl. dazu im Hinblick auf depressive Neurosen als Folge eines »broken home« Rebell, Grundwissen S. 115.118; v. Knorre, Das Unbewusste S. 14 (»… Die Neurose (ist) … eine Krankheit, die ich an mir selber nicht erkenne.«); v. Weizsäcker, Menschenführung S. 33f.51; Wesiak, Grundzüge S. 116 u. a.

der eine Mischung aus innerem Verletztsein und Hass darstellt.[564] Sie lassen ihr Bild von der Person, die sie verletzte, von ihren verletzten Gefühlen prägen. Der grollende und hassende Mensch trägt anderen ihre Schuld ihm gegenüber nach; so hat er innerlich viel zu schleppen. Verletzungen wirken gerade auch dann in der weiteren Persönlichkeitsentwicklung hemmend nach, wenn sie dem Bewusstsein entschwinden. Sie engen fortwährend die Persönlichkeit des Betroffenen ein und halten sie im Zustand der Unreife; sie verhindern, das Leben und sich selbst wirklich anzunehmen und sich zu entfalten. Durch innere Blockaden kann im Verletzten eine so große Spannung entstehen, dass sie an die Oberfläche drängt und unverständliche Augenblickshandlungen zu verursachen vermag. Solche Folgeerscheinungen von Verletzungen bedürfen der Bearbeitung von ihrer Wurzel her, die in der Regel verborgen ist. Wird versucht, einfach nur die Schmerzen der Vergangenheit zu vergessen, erhalten die schmerzhaften Erinnerungen Macht und Kontrolle über das Leben und können es in einzelnen oder mehreren Bereichen labil machen. Verborgene schmerzliche Erinnerungen entziehen sich der Heilung und damit dem Verletzten die Möglichkeit zu wachsen.

Die durch die Ablehnung der anderen induzierte Selbstablehnung verstärkt noch den psychischen Schmerz. Zwischen dem Hass auf andere und dem Selbsthass besteht so eine Wechselwirkung. Was verletzte Menschen am meisten hassen, prägt sie gleichzeitig am meisten und wird ein Teil von ihnen. Sie müssen daher zu der Erkenntnis geführt werden, dass sie emotional und in ihrem Verhalten immer noch subjektiv auf Lebensumstände früherer Lebensabschnitte reagieren.

Ein Mensch mit negativen Vorstellungen und Überzeugungen von sich selbst hat diese hauptsächlich von den nächsten Bezugspersonen übernommen: »Unsere Haltungen uns selbst gegenüber werden weitgehend von den Haltungen innerhalb der Familie und von der emotionalen Atmosphäre unserer frühen Kindheit geformt.«[565] Psychische Fehlhaltungen sind Ausdruck pathologischer, emotionaler und kognitiver Lernprozesse und werden bereits beim Kind ein Teil seiner selbst. Von ihrer egozentrischen Orientierung her nehmen Kinder diese so auf, dass sie nicht die Erwachsenen, sondern sich selbst infrage stellen.

---

564 So auch Toman, Tiefenpsychologie S. 128. Backus/Chapian (Wahrheit S. 10) sprechen vom »Gefängnis einer ständig verwundeten Gefühlswelt«.

565 Missildine, Kind S. 19. In Freudscher Terminologie können solche Haltungen zum Über-Ich gerechnet werden. B. u. B. Thompson (Wiederherstellung S. 56) sprechen von falschen »inneren Propheten«.

2.3.2 Berücksichtigung emotionaler Folgen in der Sicht der Inneren Heilung

Auf die Nachwirkungen emotionaler Wunden wird in der Literatur zur Inneren Heilung auf vielfältige Weise eingegangen. Unverarbeiteter emotionaler Schmerz ist mit einer offenen Wunde zu vergleichen, die ständig neu zu bluten beginnen kann. Eine Reihe von Vertretern der Inneren Heilung weist darauf hin, dass seelische Wunden noch lange, nachdem sie zugefügt wurden, Schmerzen verursachen können und »zu einer seelischen Bewegungseinschränkung, d. h. Freiheitsverlust, führen«.[566] Nach E. Scharrer sind die Auswirkungen von Verletzungen »pathologische Gefühle, die zu pathologischem Handeln führen«.[567] Die Folge ist, dass der Verletzte als Erwachsener nach dem hungert, was er als Kind schmerzlich vermisst hat, vor allem nach Liebe. Dieses Verlangen wird leicht zu einem inneren Tyrannen, der nicht befriedigt werden kann und der den Verletzten zu einem von seinen emotionalen Wunden Getriebenen macht. Dass auf diese Weise unbewusst das Leben des Verletzten von seinen Verletzungen her negativ prädestiniert werden kann, so dass der Weg in die Zukunft wegen der unverarbeiteten Vergangenheit schwierig wird, gehört zum breiten Konsens dieser Seelsorge. Es gilt für sie das, was Pytches knapp und prägnant formuliert: »Past hurts cling tenaciously.«[568] So setzen sich aus der Kindheit nachwirkende unverarbeitete Erlebnisweisen und Haltungen fort. Diese Gefahr sieht auch Cloud und fasst sie treffend in die Worte: »Einige unserer Überzeugungen von der Welt sind wie veraltete Landkarten.«[569] Das wird z. B. an Kindern deutlich, die das Urteil der Erwachsenen über sie für berechtigt halten und bis ins Erwachsenenalter von Gefühlen der Scham gequält werden können. Sie sind nach Seamands in ihrem späteren Leben immer noch nach deren Urteil ausgerichtet. Diese von den Erwachsenen verletzten Kinder

[566] Margies, Wort 2 S. 163; vgl. dazu auch Seamands, Befreit S. 148; Scharrer, Aspekte S. 69 u. a.

[567] Scharrer, Fehlverhalten S. 51.

[568] Child S. 133. Seamands (Gnade S. 134) spricht, den Titel eines Zeitungsartikels zitierend, vom »nie endende(n) Schmerz« und Margies (Befreiung S. 90): »… Diese (sc. verletzenden) Eindrücke verblassen und altern nicht …« MacDonald (Wenn alles zerbricht S. 149ff) gebraucht das Bild eines Gepäckträgers, der viel Last aus der Vergangenheit mit sich schleppt, oder eines glimmenden Kohlenfeuers, das plötzlich wieder aufflammen kann, und Wright (Girl S. 160), Westmeier (Seele S. 26f) gebrauchen das Bild eines Gefäßes, das wegen eines Loches nicht zu füllen ist.

[569] Changes S. 70 (Übersetzung G. W.).

»erreichen … das Erwachsenenalter mit dem Gefühl: ›Ihr seid in Ordnung, aber ich bin es nicht‹«.[570] Die grundlegenden Verletzungen der Kindheit wirken wie eine negative Saat, die negative Früchte trägt. Sie bewirkt, dass die Heranwachsenden die Gestalt des Menschen annehmen, welche die Beziehungspersonen in ihm gesehen haben.

J. u. P. Sandford berufen sich auf Untersuchungen[571], in denen gezeigt werden konnte, dass Kinder, die geschlagen wurden, mit einer Prädisposition heranwachsen, selbst später ihre eigenen Kinder zu schlagen. Sexuell missbrauchte Jungen können der Pädophilie verfallen oder werden selbst zu Vergewaltigern, und sexuell missbrauchte Mädchen werden oft als Ehefrauen geschlagen. Auch lange nachdem die ursprünglichen Bezugspersonen nicht mehr da sind, können Menschen unter den von ihnen vermittelten Haltungen und Verletzungen leiden, die nachwirkend ihr Leben überschatten. So können selbst erwachsene Menschen ungewollt zur Verlängerung der Persönlichkeit ihrer Eltern oder anderer Personen[572] werden und dabei ihre eigene Identität einbüßen. Das Sprichwort: »Was du nicht willst, dass man dir tu, das füg' auch keinem andern zu« wird unbewusst genau umgekehrt praktiziert. Selbst wenn der Verletzte versucht, sich anders zu verhalten, als ihm geschehen ist, verfällt er doch immer wieder in das ihm verhasste Verhalten.[573] Was er in psychischer Hinsicht nicht besitzt, kann er auch nicht weitergeben. Häufig wird diese Problematik von mangelnder Selbstannahme begleitet.

Wie unverarbeitete verletzende Erfahrungen sich in Vorurteilen, Voreinstellungen und Vorprägungen niederschlagen können, die zwischenmenschliche Beziehungen – besonders die engsten – belasten, zeigt Pytches: »Wenn jemand, der in seinen frühen Lebensjahren einen Mangel an nährender Zuwendung erfahren hat, entweder in einer Freundschaft oder in der Seelsorge eine enge Beziehung eingeht, wird er versucht sein, in der Beziehung seine unreifen Zuneigungsbedürfnisse befriedigt zu bekommen.«[574] Mit diesen Bedürfnissen verbundene Haltungen sind nicht angeboren, sondern im Lauf des Lebens erworben. Da die Ehe zu den engsten Beziehungen gehört, wird sie durch die mitgebrachte Hypothek

---

570 Seamands, Gefühle S. 60.

571 Heilung S. 102 (ohne genauere Angaben).

572 R. L. Sandford, Christ S. 84. Dass Aufarbeitung der Vergangenheit nicht Flucht vor dem Elternhaus meinen kann, machen Stoop/Masteller (Forgiving S. 34) deutlich: »We cant't just walk away and pretend that our family never happened. Indeed, trying to ›walk away and pretend it never happened‹ is one of the worst things we can do.«

573 Van Vonderen, Tired S. 30: »People who are hurt, hurt others.«

574 Child S. 67 (Übersetzung G. W.).

an unaufgearbeiteten Verletzungen beider Partner besonders belastet.[575] So hat man im Bereich der Inneren Heilung einen Blick dafür, dass seelische Wunden nicht nur lebenswichtige Kräfte absorbieren, man sieht auch, dass sie die Fähigkeit zu echtem Austausch auf einer tieferen Ebene zerstören.

In der Inneren Heilung weiß man, dass zur Reaktion auf Verletzungen zumeist Hass gehört[576], was für den Verletzten selber gefährliche Folgen haben kann. Payne sagt, dass Hass möglicherweise Perversion gebiert.[577] Man weiß in dieser Seelsorge ebenso darum, dass die Beziehung des Verletzten zu den Menschen, die ihm schmerzhafte Erfahrungen bereiteten, so lange durch Hass und Groll belastet ist, bis diese unverdienten Erfahrungen verarbeitet sind.[578] Er bleibt an diese Menschen und an den Schmerz gebunden. Das gilt nach verschiedenen Vertretern der Inneren Heilung gerade auch für die Beziehung zu den Eltern: Wenn jemand von seinen Eltern verletzt wurde, kann er sich dennoch nicht von ihnen trennen; man kann seine Eltern nicht »ablegen«.[579] Wenn verletzte Söhne und Töchter ihre Eltern hassen, dann hassen sie einen Teil von sich selbst. Die hier bedachte Seelsorge hat einen Blick dafür, dass Kinder durch den Hass auf ihre Eltern diesen immer ähnlicher werden; der Hass auf die Eltern schneidet sie von einem Teil ihrer selbst ab.

J. u. P. Sandford zeigen, wie durch unverarbeitete Verletzungen nicht nur die zwischenmenschlichen Beziehungen, sondern auch das geistliche Leben betroffen ist: Nach ihnen können erniedrigende, schmerzhafte Erinnerungen so tief gehen, dass der Verletzte Angst davor hat, auf sein eigenes Inneres oder auch auf Gott zu hören.[580] Er fürchtet sich vor dem, was er dabei vorfinden könnte. Zugleich begleiten ihn Schwierigkeiten, sich im Glauben mit seinen Emotionen in die Gottesbeziehung einzubringen.

575 Vgl. dazu Seamands, Gnade S. 18; Frank, Door S. 31ff; M./D./S. Linn, Glaube S. 13.
576 Vgl. dazu J. Müller, Lebensängste S. 24; McManus, Kraft S. 105; Cloud, Changes S. 61 u. a.
577 Bild S. 113.
578 Vgl. dazu Smedes, Kraft S. 23; Payne, Krise S. 62.
579 Vgl. dazu Payne, Bild S. 29; dies., Krise S. 66.73.118; Comiskey, Unterwegs S. 137; Ritschl, Zeit S. 258.
580 Heilung S. 102. Vgl. dazu ferner DeBlassie, Healing S. 16.

2.3.3 Folgen für das Unbewusste

Die Thematik des letzten Abschnitts ließ bereits die nunmehr zu bedenkende Frage unbewusster Folgen von Verletzungen anklingen. Sie spielt in der hier untersuchten Seelsorge eine entscheidende Rolle, so dass nun eigens auf sie eingegangen wird.[581]

Wilder Penfield, der kanadische Neurochirurg an der McGill University in Montreal, behandelte Patienten, die an Epilepsie mit fokalen Anfällen litten.[582] Bei Gehirnoperationen unter lokaler Betäubung machte er bei Patienten erstaunliche Beobachtungen über die Reaktion des Gedächtnisses und der Emotionen. Die Stimulation der Hirnrinde des Schläfenlappens mit schwachen Stromreizen ließ aus dem Unterbewusstsein der Patienten Ereignisse der Vergangenheit und die mit ihnen verbundenen Gefühle auftauchen. Bis in Einzelheiten hinein wurden sie noch einmal erinnert und durchgespielt. Penfield folgerte aus seinen Beobachtungen, dass die Ereignisse mit den dazugehörigen Gefühlen wie auf einer Kassette im Schläfenlappen gespeichert sind. Auch die am allertiefsten vergrabenen Erinnerungen hinterlassen ein emotionales Echo, das den Betroffenen verwirrend und beunruhigend beeinflussen kann. Das Gedächtnis hat die Fähigkeit, die Vergangenheit wieder lebendig gegenwärtig werden zu lassen. Das Besondere menschlicher Erinnerung ist die Fähigkeit, nicht nur Fakten, sondern auch die mit ihnen verbundenen Gefühle zu erinnern. Auch wenn der Mensch ein Erlebnis nur aus der Retrospektive betrachten kann, weil es vergangen ist, lässt ihn seine Fähigkeit der Erinnerung die Vergangenheit und Gegenwart als Einheit erleben.

Das Unbewusste beeinflusst also die Gedanken, Empfindungen und auch den Körper. Es bestimmt unser Empfinden, Denken und Handeln zu einem sehr großen Teil und ist nicht zuerst von Vernunftgründen abhängig.[583] Vielmehr »arbeitet es nach den Gesetzen des Primärprozesses,

---

[581] Zum persönlichen Unbewussten vgl. Punkt 1.1.1, zum kollektiven Punkt 1.1.2. Szondi hat den Begriff des familiären Unbewussten eingeführt (Schicksalsanalyse). Es bezeichnet in einer mehrere Generationen überspannenden Perspektive das Schicksalsgefüge, das sich in bestimmten Familientraditionen, -sitten und -haltungen niederschlägt. Das familiäre Unbewusste tangiert die Frage der Persönlichkeits- und Erbanlage und damit den Bereich der kongenitalen Ausstattung; es ist so etwas wie ein erbliches, biologisches Mittelglied zwischen dem persönlichen und dem kollektiven Unbewussten.

[582] Vgl. Penfield, Memory S. 178ff; ferner Verny, Seelenleben S. 58.

[583] Tournier (Durchbruch S. 13) spricht vom »verborgenen Bereich, der ihm (sc. dem Menschen) verschlossen bleibt«.

d. h. es funktioniert raum- und zeitlos, nur der Lust gehorchend, während das Bewusstsein dem Sekundärprozess folgt: Logik, Ethik, Verantwortung und die Grenzen von Raum und Zeit haben hier ihre Bedeutung.«[584] Das Unbewusste ist der innerpsychische Ort, an dem unangenehmer Schmerz abgelagert wird[585]; was es einmal aufgenommen hat, hält es fest. So kann es zu einer Quelle schrecklicher Qualen werden. Die im Unbewussten gespeicherten schmerzhaften Erfahrungen sind wesentlich bei der Entstehung des »Schattens« beteiligt, der sich aus den nicht integrierten Persönlichkeitsanteilen zusammensetzt.

Das hiermit Angesprochene führt in den Bereich dessen, was mit dem Wort Verdrängung oder Abwehr gemeint ist. »Abwehrmechanismen sind definiert als Prozesse, denen Ich-Leistungen zugrunde liegen, die außerhalb des Bewusstseins ablaufen, aber analoge bewusste Derivate haben wie die Unterdrückung als eine bewusste Entsprechung der Verdrängung oder Vermeidung als bewusstes Derivat der Verleugnung.«[586] Obwohl die Verdrängung der Verletzungen im Augenblick der Schmerzerfahrung als der einzig mögliche Ausweg erscheinen mag, um mit ihnen fertig zu werden, kommt auf diese Weise keine Heilung der Schmerzursache und damit keine Lösung des Problems zustande. Auf diese Weise entsteht ein innerpsychisches Schmerzreservoir. Je mehr der Verletzte versucht, seine negativen Erinnerungen aus seinem Bewusstsein zu verdrängen, desto stärker werden sie. »… Rigide Verleugnung (kann) ein Individuum anpassungsunfähig machen gegenüber bedrohlichen Situationen, was zunächst in der positiven Wirkung der Stress-Verminderung und der so genannten ›Effektivität‹ dieses Mechanismus nicht zum Ausdruck kommt.«[587] Da es den unangenehmen Erinnerungen nicht gestattet wird, sich direkt zu äußern, dringen sie in verkleideter Form zerstörerisch in die Persönlichkeit ein. Besonders schwer wiegende Fälle können dazu führen, traumatische Erfahrungen abzuspalten und gesondert zu speichern. Diese sind mit dem Willen, sich zu erinnern, nicht mehr unmittelbar zu erschließen. Einer Tiefenheilung stehen häufig Charakterhaltungen entgegen, die von unterbewusst gespeicherten emotionalen Verletzungen herkommen.

---

584 V. Knorre, Unbewusste S. 12.

585 Minirth (Memories S. 76) unterscheidet vier Arten von schlechten Erinnerungen: »hurts, humiliation, hates, and horrors«.

586 Joraschky/Köhle, Maladaptation S. 190.

587 Ebd. S. 191.

Im Zusammenhang mit den Folgen von Verletzungen im Unterbewussten wird auch vom *inneren Kind* gesprochen. Diese Formulierung erhielt ihre Prägung durch das 1963 erschienene Werk W. H. Missildines »Your Inner Child of the Past«.[588] Missildine geht davon aus, dass im Erwachsenen das Kind, das er früher einmal war, beharrlich weiterlebt. »Bei dem Versuch, Erwachsene zu sein, versuchen wir irrtümlicherweise, unser Leben als Kind zu ignorieren, unsere Kindheit zu unterschlagen und sie bei der Beurteilung von uns und anderen zu übergehen. Dies ist ein wesentlicher Grund für viel Not und Unglück der Erwachsenen. So misshandeln wir uns selbst.«[589] Die Rede vom Kind bringt treffend die bereits mehrfach erwähnte Tatsache zum Ausdruck, dass die Kindheit vom Erwachsenen nicht durch ein Übergehen abgestreift werden kann.

Es ist wichtig, zur Kenntnis zu nehmen, dass bereits in der säkularen Psychologie das Unbewusste nicht als magischer Ort verstanden wird, von dem her sich alles Verhalten rechtfertigen ließe. Missildine meint zwar: »Das ›Unbewusste‹ erschreckt Menschen – es gibt ihnen das Gefühl, einen trüben Pfuhl in sich zu haben, in dem Kobolde hausen, mit denen sie nicht fertig werden können.«[590] Aber er versäumt nicht zu sagen, dass im Unterbewusstsein keine »schrecklichen, unsichtbaren, geheimnisvollen und überwältigenden Kräfte«[591] hausen.

2.3.4 Folgen für das Unbewusste in der Sicht der Inneren Heilung

Zunächst ist darauf hinzuweisen, dass in terminologischer Hinsicht in der Literatur zur Inneren Heilung nicht klar zwischen dem Unbewussten und dem Unterbewussten unterschieden wird. Ohne den Begriff näher einzuführen, spricht z. B. Agnes Sanford, die als Initiatorin der hier behandelten Seelsorge gelten kann, vom »Unterbewusstsein«.[592] Dieser Sprachge-

[588] New York 1963 (dt. Kind 19792); ähnlich Leonhard, Töchter S. 150. Bahnson (Krebsproblem S. 685) gibt indirekt die Äußerung einer in ihrer Kindheit schwer traumatisierten Frau wieder: »Sie sagte, dass sie das zerbrochene kleine Mädchen immer in sich trug …«

[589] Missildine, Kind S. 11.

[590] Kind S. 56.

[591] Ebd.

[592] Licht S. 34. Sie verwendet »Unterbewusstes« (ebd. S. 33f) beinahe synonym mit dem Begriff »Nerven«. Dies. äußert (Gifts S. 10): »I call this part (sc. the unseen part) of me the soul, or the ›psyche‹. I might instead say ›the unconscious‹ or ›the subconscious‹, or

brauch unterscheidet sich von demjenigen Freuds[593]: Nach ihm ist das Unbewusste dem Menschen nicht zugänglich, während das Vorbewusste im therapeutischen Prozess ins Bewusstsein des Klienten gebracht werden kann. Als gängiger Sprachgebrauch hat sich jedoch das Unbewusste mehr durchgesetzt; deshalb wird im Folgenden überwiegend dieser Begriff verwendet.

Die Seelsorge im Sinne der Inneren Heilung berücksichtigt die Zusammenhänge, die die Tiefenpsychologie mit dem Un(ter)bewussten anspricht. Die Innere Heilung sieht es als Teil einer angemessenen Zuwendung zum Menschen, in ihrer Seelsorgepraxis das Unbewusste mit zu berücksichtigen. Es gilt auch für sie, was E. Scharrer, bei dem die drei Bereiche des Unbewussten aufgenommen sind[594], in die Worte fasst: »... Seelsorge (sollte), *wenn sie heilsam und effektiv sein soll*, auch die Bereiche der Tiefenperson, der Geschöpflichkeit miterfassen ...«[595] Scharrer – und mit ihm viele Vertreter der Inneren Heilung – weiß darum, dass zur Veränderung der so genannten Wesens- und Charakterzüge eines Menschen Appelle an seinen Verstand und Willen – und damit an sein Bewusstsein allein – meist nicht genügen. In der Inneren Heilung geht man von der Einsicht aus, dass der bewusste, rationale Anteil nur einen vergleichsweise geringen Anteil des geistigen Vermögens eines Menschen ausmacht. »Die Psychologen sagen uns, dass neun Zehntel unserer Gedankenwelt unter der Schwelle des Bewusstseins liegen.«[596] B. Tapscott zitiert in diesem Zusammenhang Messenger, der die oben unter Punkt 2.2 erwähnte Parallelisierung von physischem und psychischem Schmerz aufgreift: »Wenn wir körperliche Schmerzen haben, die so stark sind, dass unser Nervensystem sie nicht mehr ertragen kann, verlieren wir entweder das Bewusstsein oder sterben. Entsprechendes geschieht, wenn wir eine seelische Verletzung erfahren, die unsere Fähigkeit, diese zu ertragen, übersteigt. Unsere Seele reagiert mit einem Kurzschluss und verdrängt die Schmerzen in das Unterbewusstsein.«[597] Ebenfalls die Parallelisierung von physischem und psychischem Schmerz aufgreifend, sie aber durch das Bild des Krankheitsherdes ausweitend, hält Seamands die

›the deep mind‹ or the ›spirit‹.« Pytches (Fellowship S. 84) geht auf Freuds Unterscheidung zwischen Unbewusstem und Unterbewusstem ein.

593 Vgl. dazu oben Punkt 1.1.1.

594 Vgl. Fehlverhalten S. 28ff.

595 Heilung S. 12 (kursiv im Original); ähnlich auch ders., Jesus S. 55.

596 Sanford, a.a.O. S. 38.

597 Tapscott, Perspektiven S. 17 (ohne Stellenangabe). Hier geht es um das »aktive Vergessen« im Unterschied zum »passiven«.

Gefahr solchen Verdrängens in einer Art psychophysischen Eigendynamik fest: »Die Entzündung geht nach innen und verschlimmert sich noch, bis sie sich auf andere Bereiche ausbreitet, die in Mitleidenschaft gezogen und ebenfalls infiziert werden.«[598] Thompson macht darauf aufmerksam, dass ein solches Leben zu unnötigen und gefährlichen Anstrengungen führt. So wird ein beständiges und sehr hohes Maß an geistiger und emotionaler Energie benötigt, um die Erinnerung im Unbewussten zu belassen.[599]

In diesem Zusammenhang wird von manchen Vertretern der Inneren Heilung auf neurochirurgische Erkenntnisse W. Penfields und auf die menschliche Fähigkeit des Erinnerns verwiesen.[600] Die Spuren, die vergangene Erlebnisse im Unterbewussten hinterlassen haben, wirken in die Gegenwart hinein: »Hier trifft die Zeitenfolge von Vergangenheit, Gegenwart und Zukunft, in der wir das Leben erfahren, besonders eindrücklich auf das Ewige.«[601]

In der Literatur zur Inneren Heilung wird ziemlich häufig vom inneren Kind gesprochen.[602] Das verletzte innere Kind existiert im Erwachsenen so weiter, dass es auf alles, was dieser fühlt und tut, einwirkt und sein emotionales Erwachsen-Werden blockiert. Seamands hält dabei fest, dass das innere Kind sich besonders in engen Beziehungen bemerkbar macht, indem es gerade da zu dominieren beginnt. »Das kleine Kind aus unserer Vergangenheit tut sich an der Stelle am deutlichsten kund, wo sich ein Kind am wohlsten fühlt – nämlich daheim, und in solchen persönlichen Kontakten und Beziehungen, die der häuslichen Atmosphäre am nächsten kommen. … Wir brauchen nur mit jemandem in engen Kontakt zu kommen, wie das bei einer tiefen Freundschaft, einer Liebe, einer Ehe oder engen Zusammenarbeit der Fall ist, wie schnell kann da das kleine Kind

598 Seamands, Erinnerungen S. 36; Stoop/Masteller, Forgiving S. 191; Wright, Girl S. 151.

599 Thompson (Wiederherstellung S. 223) bezieht sich auf Schätzungen von 50 % dieser Energie.

600 Zu Penfields Erkenntnissen vgl. Pytches, People S. 23f; R. Bennett, Free S. 44f; Linn, Glaube S. 15 u. a.

601 Payne, Bild S. 26. Hier sprengt Payne mit dem theologisch gefüllten Begriff den rein psychologischen Rahmen.

602 Vom »(inneren) Kind« (inner child) sprechen z. B. Pytches, Child S. 67; Wilson, Shame S. 9; Wright, Friede S. 9.20ff; Sanford, Gifts S. 107; Comiskey, Unterwegs S. 136; v. d. Aardweg, Interview S. 36; Benner, Healing S. 90; J. u. P. Sandford, Heilung S. 31; Stapelton, Gift S. 23; Thompson, Wiederherstellung S. 68; MacNutt/Shlemon, Gebet S. 63. R. Bennet (Peace S. 19ff) differenziert zwischen dem kreativen und dem verletzten inneren Kind.

die Herrschaft erlangen.«[603] Das »verborgene Kind« kann also plötzlich aus der Vergangenheit auftauchen und den Erwachsenen auf bestimmte Situationen in einer Weise reagieren lassen, die diesen in keiner Weise entsprechen. So gehört zur Tragödie des verletzten inneren Kindes, dass es den Erwachsenen davon abhält, frei zu empfinden und zu handeln; er reagiert dann eher, als dass er handelt.

In der Seelsorge, welche diese Arbeit bedenkt, wird freilich vom Unbewussten nicht so gesprochen, als handelte es sich um eine allgegenwärtige innere Macht, der der Mensch unentrinnbar und für immer ausgeliefert ist. Sie sieht im Unbewussten kein allmächtiges Reservoir, dessen Anspruch der Mensch willenlos ausgeliefert wäre. Seamands, der das Unterbewusste im poimenischen Handeln berücksichtigt, bemerkt in dieser Hinsicht: »Meiner Meinung nach liegt der Grund, weshalb man das Unbewusste so stark überbetont, darin, dass man eine Entschuldigung sucht, einen Ausweg aus der Verantwortung für sein eigenes falsches Verhalten.«[604] Damit ist die Tatsache, dass uns vor allem unbewusst übernommene Haltungen der Eltern prägen, nicht infrage gestellt. Sicher ist ferner, dass der Mensch viele kindliche Reaktionen auf die eigenen Eltern vergisst; häufig mussten sie verdrängt werden, da sie im Falle ihrer offenen Äußerung das Angenommensein in der Familie gefährdet hätten. Im Hinblick auf das Unbewusste gilt auch schließlich: »Was wir nicht wissen und was wir in uns nicht finden, kann uns verletzen.«[605] Aber viele der verletzenden Haltungen und Handlungen der Eltern sind erinnerbar, auch wenn sie zunächst im Unterbewussten ihren Ort haben.[606] Die Bezeichnung »Un(ter)bewusstes« ist eher der Versuch, die Tiefen der menschlichen Persönlichkeit darzustellen, als ein Versuch, verantwortungsloses Verhalten zu entschuldigen.

2.3.5 Folgen, die über mehrere Generationen wirken

Bereits unter den Punkten 2.3.1 und 2.3.2 wurde deutlich, dass der Vorgang tradierter Verletzungen sich ständig zwischen der Elterngeneration und der nächstfolgenden Generation ereignet, weil verletzte Menschen

603 Seamands, Befreit S. 11; ähnlich ebd. S. 13.
604 Befreit S. 18.
605 J. u. P. Sandford, Heilung S. 206.
606 Vgl. dazu z. B. Tapscott, Frei gemacht S. 24. Einschränkend meint Westmeier (Seele S. 19): »... Nicht jede dieser Erinnerungen (ist) ohne weiteres rückrufbar ...«

ihrerseits wieder verletzen. »So wie die positiven Erbanlagen und Eigenschaften ›vererbt‹ werden, so werden auch von einer Generation zur nächsten die ungelösten Probleme weitergereicht.«[607] Dabei geht es darüber hinaus um Zusammenhänge, die die Eltern-Kind-Generation übersteigen. Bereits unter den Punkten 2.2.7 und 2.2.8, ferner 2.3.3 u. 2.3.4 wurde auf den Familienmythos und das von L. Szondi so genannte familiäre Unbewusste hingewiesen. Typisch für diesen Aspekt des Unterbewussten ist die Perspektive, die sich auf mehrere Generationen bezieht. Die Untersuchung des familiären Unbewussten fragt nach Zusammenhängen, die in bestimmten Traditionen, Sitten und Haltungen einer Familie bestehen. Sie bewegt sich im Grenzbereich der Frage sowohl nach der Persönlichkeits- und Erbanlage als auch der familiären und soziokulturellen Vermittlung von sog. Charakterzügen und Verhaltensweisen. Jede Generation ist wie ein Glied in einer Kette, die sich nach hinten in die Vergangenheit und in die Zukunft hin fortsetzt. Unsegenslinien ziehen sich häufig über mehrere Generationen hin. In diesem Sinn meint H. Hark: »Die heutigen Erfahrungen aus der Familientherapie bestätigen den alten Glauben, dass Gott die Sünden der Väter heimsucht an den Kindern bis ins dritte und vierte Glied …«[608] So können Familienkonflikte, Veranlagungen, wiederkehrende Verhaltens- und Beziehungsmuster verschiedenster Art über mehrere Generationen fortgesetzt werden, ohne dass ihr Beginn noch bekannt wäre. Dieser Vorgang geht meist unterbewusst vor sich und wird dann vom Verletzten nicht durchschaut.

2.3.6 Folgen, die über mehrere Generationen wirken in der Sicht der Inneren Heilung

Dieser Zusammenhang wird in der Literatur der Inneren Heilung verschiedentlich angesprochen. Mehrere Begriffe weisen in den generationenübergreifenden Zusammenhang:

Manche Autoren sprechen im Hinblick auf die Entstehung von psychischen Deformationen von »Wurzeln«[609]: Dieser Begriff bringt auf bildhafte Weise zum Ausdruck, dass ein in der Gegenwart sich zeigendes

---

[607] Hark, Neurosen S. 191; ähnlich Mader, Mensch S. 30.65; Hart, Principles S. 141.

[608] Neurosen S. 37f; vgl. auch dazu Boszormenyi-Nagy, Invisible S. 97; v. Weizsäcker, Fälle S. 137f.146 u. a.

[609] Z. B. Lutzer, Past S. 70; J. u. P. Sandford, Umgestaltung S. 241ff; Dopplinger, Heilung S. 60f.

psychologisches Problem in Verbindung mit einem mehr oder weniger weit zurückliegenden Geflecht von Ursachen stehen kann. In einem längeren Abschnitt legen J. u. P. Sandford ihr Verständnis der »bitteren Wurzeln« dar. Sie verstehen darunter das Gesetz, dass der Verletzte seinerseits einen verletzenden Menschen verurteilt: »Die Erwartungshaltung aus bitterer Wurzel ist ein psychologisches Phänomen unseres fleischlichen Wesens, aufgrund dessen wir erwarten, dass eine Prophetie ausgesprochen wird, deren Erfüllung gleich mitgeliefert wird, wie z. B., dass wir immer kritisiert oder abgelehnt werden oder am Leben vorbeileben. Denn dadurch manipulieren oder drängen wir Menschen in der Tat unbewusst so lange, bis sie uns schließlich das Leid antun, das unser Urteil bestätigt: ›Ich wusste es doch!‹ ›Ich wusste, dass es so kommen würde. Das läuft immer so ab.‹«[610] Sie formulieren im Hinblick auf die Eltern-Kinder-Generation eine – freilich etwas vereinfachend starre – Seelsorgeregel: »Den einzigen, einfachsten und grundlegenden Schlüssel zu jeglicher Seelsorge finden wir im fünften Gebot … (5. Mo 5,16). Dieses eine Prinzip, nämlich dass es denen gut gehen wird, die ihre Eltern ehren, und dass es denen nicht gut gehen wird, die ihre Eltern nicht ehren, reicht aus, um die Wurzel jedes ehelichen Problems, jedes Dilemmas bei der Kindererziehung, jeder moralischen und unmoralischen Veranlagung zu erklären.«[611] Richtig an dieser Feststellung ist, dass es über Generationen hinweg Zusammenhänge gibt, die auch dann wirksam sind, wenn der von ihnen Betroffene sie nicht für möglich hält; der Mensch wird in die Richtung des von ihm verurteilten Verhaltens geprägt. Dass diese Folgerichtigkeit allerdings nicht so mechanistisch verkürzend festgelegt werden darf, wie es in dem wiedergegebenen Zitat Sandfords der Fall ist, zeigt die differenzierende Aussage Scharrers: »Hier (bei den durch Traumatisierungen während der frühen Kindheit hervorgerufenen Defizithaltungen) wirken sehr komplizierte Gesetzmäßigkeiten, die generell im Sinne allgemeiner Entwicklungsgesetze sehr schwer zu erfassen sind.«[612] Wirkungen traumatischer Ereignisse können also nicht nur von einer Generation zur nächsten, sondern durch mehrere Generationen hindurch

---

[610] Umgestaltung S. 159; Sandfords lehnen sich in ihren Äußerungen (ebd. S. 241ff) stark an den hebräischen Tun-Ergehen-Zusammenhang an.

[611] Umgestaltung S. 96 (kursiv im Original). In Verbindung mit dem Gesetz des Säens und Erntens kann auf »telospondes« Verhalten eingegangen werden (vgl. Clark, Theory S. 238): Ein solches Verhalten wirkt auf Lebensereignisse proaktiv ein und beeinflusst ihren Verlauf von der persönlich unbewussten Erwartung her.

[612] Scharrer, Fehlverhalten S. 49.

wirksam bleiben. Traumatische Ereignisse und manche Haltungen, über die z. T. nicht gesprochen wird, bleiben als Wurzeln im Unbewussten einer Familie präsent. Ihre Folgen können möglicherweise erst in einer späteren Generation zum Durchbruch kommen.

Der zweite in der Inneren Heilung verwendete Begriff, der den hier bedachten Zusammenhang meint, ist »blood line«.[613] Dieser Aspekt der Inneren Heilung tangiert den mit dem familiären Unbewussten angesprochenen Fragenbereich. Theologisch spricht er die Tatsache an, dass sich die Sünden der Väter an ihren Kindern rächen können. Psychische Probleme werden zu einem Teil verstehbar als Folge eines nicht individuell zu begreifenden, sondern die Generationen übergreifenden Schuldigwerdens durch edukative, soziale und andere Einflüsse. J. u. P. Sandford weisen darauf hin, dass es Familientragödien gibt, deren Ursprung unmöglich in noch nicht entdeckter persönlicher Schuld gesehen werden kann: »Manchmal sind Schwierigkeiten auf Ursachen zurückzuführen, die außerhalb der Schuld oder des sündhaften Wesens eines Menschen liegen. Sünden und deren Auswirkungen können über Familienlinien weitergegeben werden. Wir bezeichnen das als die ›Sünde der Vorfahren‹.«[614] Die unerkannten Sünden der Väter behalten eine unberechenbare, sich reproduzierende Macht. Der Versuch, die eigene Familiengeschichte zu übergehen, macht erst recht anfällig, vergangene Verhaltensmuster zu wiederholen oder unreflektiert gegen sie zu rebellieren.

Dieser Bereich wird in der Literatur der Inneren Heilung ebenfalls aufgegriffen, wenn es um Fragen geht, die mit »Unsegenslinien« angesprochen werden können.[615] Unsegenslinien nennen wir Gedanken, Gefühle, Haltungen, Handlungen und Ereigniszusammenhänge, die von der Gefallenheit der Schöpfung her geprägt sind und sich in Familien über mehrere Generationen hinweg fortsetzen und reproduzieren. Am weitesten gehen im Hinblick auf diese Unsegenslinien D./S. Linn und S. Fabricant. Nachdem sie festgestellt haben, dass es gefährlich ist, alle psychologischen Konflikte auf bereits Verstorbene zurückzuführen, fahren

613 Csorsas, Psychotherapy S. 84. Csorsas (Psychotherapy S. 84) spricht auch von »ancestral healing, intergenerational healing or healing of the family tree«. Cloud (Changes S. 258; ähnlich Stoop, Peace S. 112) spricht von »unhealthy generational patterns« und R. Bennett (Free S. 195) von »Generation Ties«.

614 Geist S. 381.

615 Zu den Unsegenslinien vgl. ferner Tapscott, Frei S. 120; Thompson, Wiederherstellung S. 71; F. u. J. MacNutt, Leben S. 62f; McAll, Heilung S. 20ff; Csorsas, Psychotherapy S. 79; Clark, Theory S. 239.

sie fort: »Neuere Tendenzen in der Familientherapie bestätigen aber, dass es genauso gefährlich ist, Auswirkungen früherer Generationen auf gegenwärtige emotionale Konflikte zu ignorieren.«[616] Sie berichten von solchen Unsegenslinien, die nicht nur über mehrere Jahrzehnte, sondern auch über mehrere Jahrhunderte reichen können.[617] Auch wenn Berichte von Erfahrungen mit dem Gebet um Befreiung von solchen Unsegenszusammenhängen von Seiten der Ahnen ernst zu nehmen sind, kann doch nicht verschwiegen werden, dass die Gefahr spekulativer Suche nach solchen Zusammenhängen hier nicht weit entfernt ist. Immerhin nennen Linns zwei Kriterien, die bei der Rekonstruktion eines Familienstammbaums zu klären seien: »Erstens muss herausgefunden werden, ob andere Vorfahren ein ähnlich unakzeptables Verhalten zeigten. Zweitens muss festgestellt werden, wessen Stimme und wessen ruheloser Geist zum und durch den Hilfe suchenden Patienten spricht.«[618]

2.3.7 Reaktionen auf seelische Verletzungen

Die Auswirkungen seelischer Verletzungen kamen in den beiden letzten Abschnitten überwiegend unter dem Aspekt einer Zwangsläufigkeit in den Blick. Durch eine solche einseitige Betrachtungsweise könnte jedoch eine Problemverkürzung entstehen: Emotionale Wunden würden allein unter dem Gesichtspunkt ihrer Schicksalhaftigkeit betrachtet. Sicher haben emotionale Wunden eine schicksalhafte Seite, auf die der Verletzte keinen oder nur wenig Einfluss hat. Deshalb darf jedoch nicht die Seite individueller Verantwortung für die Folgeprobleme durch psychische Traumata verdeckt werden: Der Verletzte reagiert in seiner spezifischen Art und Weise auf die erfahrenen Verwundungen. Er ist nicht allein Opfer, sondern auch Täter. So gibt es wohl durch Verletzungen verursachte Zusammenhänge, aber es gibt keinen Automatismus von psychischen Abläufen.[619]

---

616 Gott S. 70. Sie zitieren (ebd. S. 71) Boszormenyi-Nagy (Invisible Loyalities, New York 1973 S. 97): »Wir haben erkannt, dass alle ungesunden Beziehungsmuster von mehreren Generationen geformt sind.« Linn/Fabricant meinen (ebd. S. 72): »Gemäß der Heiligen Schrift können bis zu sieben Generationen an den Folgen einer schwerwiegenden Sünde eines Vorfahren tragen.« Sie bleiben den biblischen Beleg dafür schuldig.

617 Ebd. S. 82ff.

618 Ebd. S. 82.

619 Das wird auch in der Logotherapie gesehen, die sich gegen das hinter manchen tiefenpsychologischen Schulen stehende »Homöostasteprinzip« wendet, nach dem das innere Gleichgewicht des Menschen als von der Befriedigung dieser Bedürfnisse abhängig

Damit steht in Verbindung, dass es unmöglich ist, die Folgen von Verletzungen eines Menschen mit Sicherheit vorauszusagen. Diese Überlegungen führen in den Bereich der individuellen Reaktionen auf Verletzungen. Sie wurden bereits an vereinzelten Stellen der bisherigen Darlegungen tangiert, sind nun aber genauer zu betrachten.

Das Typische an den unter Punkt 2.2 erwähnten Verletzungen ist, dass sie zu bestimmten Formen kompensatorischer Anpassung herausfordern. Verletzungen fordern nicht allein zur Einschätzung einer Situation in Bezug auf die Konsequenzen für die Zukunft heraus; sie haben auch Auswirkungen auf die gesamtpsychologische Konstellation, d. h. auf die Bedrohung der Integrität des Selbst. Die bedrohliche Situation kann sich in affektiven Reaktionen, in Verhaltensänderungen oder in physiologischen Stressreaktionen äußern.[620] Bereits bei oberflächlicher Betrachtung lässt sich erkennen, dass ein- und dieselbe verletzende Erfahrung sehr unterschiedliche Folgen haben kann. Sie kann entweder zu einer Auseinandersetzung mit ihr führen oder sie kann mit der Hilfe von Abwehrprozessen vollständig oder teilweise zurückgewiesen werden. Hier kommt in den Blick, was in der Psychologie und in der psychosomatischen Medizin als »Adaption«[621] oder als »Situationsverarbeitung«[622] bezeichnet wird. In der Situationsverarbeitung spiegelt sich die Entwicklung der Anpassungs- und Abwehrfunktionen des Ich, welche die Aufgabe haben, die körperliche und psychische Integrität zu bewahren. Daher stellen alle vergangenen Konflikte und ihre Lösungen den Hintergrund dafür dar, wie die Welt erlebt wird, welche Situationen bewältigt werden können bzw. welche die individuelle Anpassungsfähigkeit überfordern. In der Phase der Reaktion auf die bedrohlichen Schlüsselreize kommt es zu einer Bewertung durch den Verletzten. Diese Bewertung ist mit Entscheidungen und Beurteilungen verbunden: Dabei stellen Persönlichkeitsfaktoren wie Ich-Stärke, Selbsteinschätzung sowie soziale Beziehungsfähigkeit, die sich in Einstellung, Erwartung, Wahrnehmung und Motivation niederschlägt, die Grundlage für die Beantwortung bedrohlicher Reize dar.[623] Es

erklärt wird, wodurch der Mensch auf unverantwortbare Weise von seiner Verantwortung dispensiert werden kann (vgl. dazu Lukas, Leiden S. 19 u. 187ff).

620 Vgl. dazu Joraschky/Köhle, Maladaptation S. 188.

621 Vgl. dazu v. Uexküll/Wesiak, Theorie S. 11.

622 Joraschky/Köhle, Maladaption S. 187; ebd. S. 187f auch das folgende Zitat. In diesem Zusammenhang kann auch von »Lebensstrategie« oder »Lebensstil« gesprochen werden.

623 Von daher spricht Lipowsky (Perspektives S. 515ff) von persönlichkeitsgebundenen »coping-styles«.

ist ein erheblicher Unterschied, ob eine Situation als unvermeidlich oder wenigstens als modifizierbar beurteilt wird. So entsteht ein System von »Bewältigungsstrategien (›Coping‹)«.[624] Diese Strategien haben die Aufgabe, Spannungen zu reduzieren, das Selbstwertgefühl aufrechtzuerhalten und interpersonelle Beziehungen zu stabilisieren. Sie schließen ein Handeln ein, das die Umweltveränderung will. Theoretisch lässt sich kaum objektiv angeben, was »erfolgreiche Anpassung« ist; das Ergebnis wird mit adaptives oder maladaptives Verhalten bewertet. »Ein effizientes adaptives Verhalten soll sowohl die Erfordernisse der Stresssituation wie die Bedürfnisse des Individuums in ausreichendem Maß erfüllen ... Eine verminderte Anpassungsfähigkeit (manifestiert sich) in einer Einengung des Wahrnehmungsfeldes, in einer Reduktion der körperlichen Widerstandskraft, in psychologischen Dysfunktionen, allgemeiner Übererregbarkeit und psychovegetativen Störungen.«[625] Das Gehirn, das beim Menschen größer ausgebildet ist als bei den meisten nicht-menschlichen Lebewesen, kann als spezifisches Adaptionsorgan betrachtet werden. Aufgrund von Lernprozessen ermöglicht es dem Individuum umgebungs- und situationsorientierte Anpassungen. Die Coping- bzw. Adaptionsstrategien können ein sehr breites Spektrum annehmen, das von aggressiven bis defensiven[626] Verhaltensweisen reicht; sie können sich sowohl in der Flucht, in der schützenden Abkapselung als auch im Kampf äußern. »Es muss das Ausmaß, die Ausschließlichkeit und Starrheit beurteilt werden, mit der dieser Abwehrmechanismus eingesetzt wird; insbesondere kann durch pathologische Verleugnung die Realitätsprüfung weitgehend verloren gehen.«[627] Überwiegen in der Bewältigung von Stress die Abwehrmechanismen als realitätsdefensive Funktionen, kann die Fähigkeit zu konstruktiver Auseinandersetzung mit Stress empfindlich eingeengt werden. Wenn Abwehrmechanismen scheitern, bleibt meist nur noch

---

624 Joraschky/Köhle, Maladaptation S. 188f. Lazarus (Concept S. 53ff) unterscheidet zwischen aktiver Anpassung (»Coping«) und passiven Abwehrmechanismen (»Defense«).

625 Joraschky/Köhle, Maladaptation S. 189; sie stufen als Indikator für die Situationsbewältigung die realitätsgerechte Einschätzung, die Fähigkeit, sich auf Wesentliches zu konzentrieren, ein.

626 Joraschky/Köhle (Maladaptation S. 191) erwähnen in dieser Hinsicht »Intellektualisierung«, »Verleugnung« und »Verdrängung«. Als hauptsächliche Abwehrmuster nennen Massing/Reich/Sperling (Mehrgenerationen-Familientherapie S. 35) »Wendung vom Aktiven ins Passive, Identifikation mit dem Aggressor, Verschiebung und Verleugnung in globaler Form ...« und Toman (Tiefenpsychologie S. 40) Introjektion, Identifikation, Projektion, Reaktionsbildung, Sublimierung und Regression.

627 Joraschky/Köhle, a.a.O. S. 191.

ein Rückzugsverhalten offen, das mit Affekten der Resignation und der Hoffnungs- und Hilflosigkeit einhergeht.[628] Häufig dienen sie dazu, den Menschen von anderen unabhängig zu machen, da Abhängigkeit mit Verletzungen verbunden war; so stellen sie eine Form der Selbsthilfe dar. Damit sind psychische Fehlhaltungen häufig Ergebnis überlebenswichtiger Anpassung des Kindes an gestörte Familienverhältnisse.[629] Kritisch sind Lebensereignisse, wenn sie den Betroffenen dazu herausfordern, die Person-Umwelt-Bezüge, in denen er lebt, durch eine grundlegende Neuanpassung zu ordnen. Auf Verletzungen reagierend, kreiert der Mensch sich einen Deutungsrahmen, der nicht unbedingt aus der Faktizität von Ereignissen stringent ableitbar ist. Adler weist darauf hin, indem er sagt: »Nicht die Tatsachen bestimmen unser Leben, sondern wie wir sie deuten.«[630] In seinen Reaktionen auf verletzende Ereignisse misst der Betroffene diesen Ereignissen ihre spezifische Bedeutung für sein Leben bei.

Verhängnisvoll an den Reaktionen im Sinne der Überlebensstrategien ist, dass sie eine unwiderstehliche Anziehungskraft bekommen, wenn das Verhalten, das sie bieten, den Verletzten besser über die verletzenden Erfahrungen hinwegzuhelfen scheint. Die angebliche Besserung der Lebensmöglichkeiten mag eine augenblicklich wohltuende Erleichterung unangenehmer Empfindungen bieten; diese »Hilfe« ist jedoch nur von kurzer Dauer und verhindert gerade eine wirkliche Besserung. Als Dauerzustand hemmen solche Reaktionen das Wachstum der Person, weil sie den Verletzten von einem zu ihm gehörenden emotionalen Bereich abschneiden und seine Emotionen einkapseln. Häufig bildet sich eine Schale der Bitterkeit.[631] Damit wird die Fähigkeit des Verletzten, Beziehungen zu sich und zum Mitmenschen aufzubauen, eingeschränkt oder verhindert. Wer seine Verwundbarkeit eliminieren will, eliminiert damit seine Menschlichkeit.

---

628 Ebd. S. 192.

629 Vgl. dazu Dieterich, Weg S. 176.

630 Zitiert bei Ruthe, Eheberatung S. 110; ähnlich auch Ellis, Interpretationen S. 185. Nach Hemminger (Gefühle S. 11) gilt Entsprechendes auch für Gefühle.

631 Vgl. dazu Backus/Chapian, Wahrheit S. 54; Trobisch, Ei S. 85.

2.3.8 Reaktionen auf seelische Verletzungen in der Sicht der Inneren Heilung

Der Frage der Reaktionen auf seelische Verletzungen wird in der Literatur zur Inneren Heilung einige Aufmerksamkeit zugewandt. Man sieht in der hier bedachten Seelsorge, dass es bei den Folgeerscheinungen von traumatischen Erfahrungen keinen schematischen Determinismus gibt.

Im Blick auf solche Reaktionen spricht Pytches von »survival kits«.[632] Es handelt sich hierbei in ihrer Sicht auf der einen Seite um Verhalten, das sich an die Erwartungen der Umgebung anpasst, um geliebt zu werden; auf der anderen Seite sind es Abwehrmechanismen gegenüber bedrohlichen Erfahrungen, die zumeist mit Furcht-, Schuld- und Schamgefühlen verbunden sind. Beides hatte ursprünglich die Funktion, die eigene Person – wenn auch meist unzureichend – vor weiteren Verletzungen zu schützen, sich zu verteidigen und so eine sichere Innen- und Außenwelt zu schaffen oder von anderen Liebe zu erhalten. Diese Überlebensstrategien sollten den Schmerz einer Verletzung abwehren oder mindern und weiteren Schmerz vermeiden. Sehr prägnant formuliert Crabb[633]: »Wer in seiner Vergangenheit ein traumatisches Erlebnis hatte, versucht einen ähnlichen Schmerz in der Zukunft zu vermeiden.« Der Umgang des Verletzten mit den emotionalen Wunden sind also für Konsequenzen, die sich aus ihnen ergeben, von großer Bedeutung. In diesem Sinn äußert Böhringer[634]: »Die meisten Fehlhaltungen sind der Versuch, vorenthaltene Liebe, Verständnis und Annahme durch die Bezugspersonen in der frühen Kindheit und Jugend auszugleichen.« Auf diese Weise entsteht beim Verletzten ein kompensatorisches Verhalten. Die Grundlage zu gewohnheitsmäßigen Reaktionsmustern wird bereits in den ersten Erfahrungen des Säuglingsalters gelegt. »Durch die Unzahl von frühkindlichen Begegnungen lernen wir entweder zu lachen, zu lieben und uns etwas zuzutrauen oder uns ängstlich hinter einer Verteidigungsmauer und bitteren Erwartungen zurückzuziehen.«[635] Dadurch bildet sich häufig über

---

632 Child S. 6.8ff.19.132, in dies. (Schritte S. 16) mit »Lebensausrüstung« übersetzt. Comiskey (Unterwegs S. 130f im Anschluss an Moberly, Homosexuality) spricht von »Defensivdistanzierung«, Lefrank (Ort S. 59) von »Vermeidungstendenz«, Crabb (Von innen passim) von »Selbstschutz«; Sanford (Gifts S. 96) von »defensive shell«. Daraus bilden sich immer wieder Rollen und Masken in Familie und Gesellschaft.

633 Von innen S. 50.

634 Heilung S. 6; vgl. dazu auch J. u. P. Sandford, Umgestaltung S. 173; dies., Heilung S. 51; P. Sandford, Frau S. 53; Pytches, Kind S. 23.

635 J. u. P. Sandford, Umgestaltung S. 229; vgl. auch dies., Heilung S. 138.

Jahre hinweg eine Art falsches Selbst um das wahre Selbst; das falsche Selbst ist besonders dann hartnäckig, wenn Verletzungen bis weit in die Kindheit zurückreichen. Verschiedene Vertreter der hier untersuchten Seelsorge sehen außerdem, dass die subjektive Deutung des Verletzungserlebnisses durch den Verletzten nicht unerheblich zur Bedeutung eines solchen Erlebnisses in seinem Leben beiträgt.[636]

In der Inneren Heilung sieht man klar den gravierenden Nachteil der Überlebensstrategien: Das zurückbleibende Bedürfnis, sich in Zukunft besser zu schützen, kann die charakterliche Entwicklung bis in das Erwachsenenalter hinein einschränken oder sogar blockieren. Das kann »zur Folge (haben) ..., dass bei seelischer Verwundung in der frühen Kindheit die Persönlichkeit und der Charakter von Menschen verbogen werden«.[637] Der selbstmächtige Versuch einer Beseitigung des Schmerzes beseitigt zugleich andere lebenswichtige Fähigkeiten emotionalen Erlebens. Anstatt zur Verarbeitung einer emotionalen Verletzung zu führen, fixieren Überlebensstrategien – nicht selten mit Selbstmitleid verbunden – belastende Gefühle. Sie wirken wie Mauersteine[638], die den Menschen wie hinter einer Mauer emotional gefangen halten können und die sich auf Dauer immer mehr verfestigen. Solcher Selbstschutz steht einer vertrauenden Lebenshaltung entgegen.[639] Da die Überlebensstrategien eine Form des Selbstschutzes sind, belasten oder behindern sie vertrauensvolle zwischenmenschliche Beziehungen; eine von Liebe geprägte Beziehung ist aber auf Distanz nicht möglich. Automatische Reaktionsschemata im Sinne von Gewohnheiten, die sich häufig mit der Charakterstruktur verweben, entstehen, wenn auf wiederholte Verwundungen bestimmte wiederholte Schutzreaktionen folgen. Sie können den Verletzten wie unterirdische Wurzeln durchdringen und so zur Gewohnheit werden, dass sie subjektiv als normal erscheinen.

Auch Lefrank befasst sich mit den negativen Folgen von Überlebensstrategien[640]: »Wenn jemand durch eine Verwundung verbittert, mürrisch, deprimiert, lustlos, aggressiv, rachsüchtig usw. geworden ist, dann

---

636 So Benner, Healing S. 66; Sandford, Heilung S. 46f; Seamands, Gefühle S. 104; J. Müller, Seele S. 11.

637 Margies, Heilung 2 S. 164; Pytches (Kind S. 25) spricht vom verletzungsbedingten entwicklungsmäßigen »Steckenbleiben« in bestimmten Lebensbereichen.

638 Vor allem Thompson (Wiederherstellung passim) spricht im Hinblick auf die Überlebensstrategien von »Mauersteinen«.

639 Crabb, Von innen S. 97; vgl. auch Payne, Menschen S. 53.

640 Ort S. 57; vgl. auch Bennett, Heilung S. 156; Eibach, Depression S. 25f; Lambert, Schmerz S. 31.

ist er mit seiner Verwundung nicht richtig umgegangen.« Solche Reaktionen auf Verletzungen können auch als negative Selbstfestlegungen betrachtet werden. Sie sind meistens mit einer verurteilenden Haltung gegenüber denjenigen Personen verbunden, die diese Verletzungen zugefügt haben. So entsteht im Verletzten eine Bitterkeit, die sein Verhalten auch anderen Menschen gegenüber belastet. »... Ein verbitterter Mensch sieht nur Unaufrichtigkeit, Ungerechtigkeit, Unreinheit und Hässlichkeit in den Menschen, denen er grollt.«[641] Die Bitterkeit eines Menschen ist ein festgehaltener und vergrabener Groll, der zwischenmenschliche Beziehungen feindselig prägt. Sie bindet die Gedanken, Gefühle und den Willen negativ und öffnet die Tür für weitere ungesunde Handlungsweisen; ein circulus vitiosus entsteht.

Nach Wright gehören zu solchem Anpassungsverhalten: Verdrängung, Rationalisierung, Regression, Isolation und Gegenreaktion, passiver oder aktiver Widerstand, emotionale Übersensibilität oder Abstumpfung.[642] Auf der einen Seite bringt man in der Inneren Heilung solchen Reaktionen gegenüber den versagenden Bezugspersonen Verständnis entgegen. Auf der anderen Seite sieht man aber auch, dass es sich um Reaktionen des Verletzten handelt, die auch anders möglich wären. Wären solche Haltungen angeboren und damit erbbedingt, bestünde für den Verletzten keine Möglichkeit, sie abzulegen; der Mensch kann nur diejenigen Haltungen ablegen, die er sich zugelegt hat. Reaktionen auf Verletzungen sind also einerseits Ausdruck einer verwundeten Psyche, andererseits aber zugleich Ausdruck eines entscheidungshaften, den Willen nicht übergehenden Umgangs mit den Wunden. McManus unterscheidet in diesem Sinn mit theologischer Terminologie zwischen dem »sündhaften Herzen« und dem »verwundeten Herzen«.[643] Werden die angenommenen Haltungen vorschnell als Veranlagung und damit als etwas Natürliches betrachtet, erschwert eine derartige Sicht ihre Änderung erheblich.

---

641 Spaes, Umgang S. 37.

642 Friede S. 91f.124ff.177; s. auch ders., Girl S. 172f. Cloud (Chages S. 75ff) nennt ferner »devaluation«; »projection«, »mania«, »idealisation«, »substitution«.
In diesen Kontext gehört auch der mit der Entstehung von Süchten verbundene Fragenkomplex, auf den hier nicht weiter eingegangen werden kann.

643 Kraft S. 46. Ganz in diesem Sinne unterscheidet Cerny (Reaction S. 199) im Anschluss an Stapelton zwischen dem »wrongness aspect« und dem »weakness aspect«.

2.3.9 Kognitive Folgen

Im Kontext der Reaktionen auf Verletzungen ist nicht nur einseitig auf den emotionalen Aspekt einzugehen, sondern auch auf den kognitiven. Auf die gefühlsprägende Wirkung von Kognitionen haben vor allem Ellis[644] und verschiedene der kognitiven Therapie verbundene Autoren[645] hingewiesen: Nach Ellis tritt beim psychischen Erleben zwischen A (die aktivierenden Erfahrungen) und C (die Consequences) als wesentliches Bindeglied B (die Beliefs). Ein verletzendes Ereignis löst bestimmte Gefühle aus, die wiederum zu einem bestimmten kategorisierenden Denken und Verhalten führen. Gefühle aber werden nicht nur durch ein Geschehen an sich erzeugt; vielmehr ist bei ihrem Entstehen zu einem erheblichen Teil auch die Deutung des Geschehens beteiligt. So entsteht ein Kreislauf, der sich zu einer Art von Glaubenssystem verdichtet, das seine Kraft über das konkrete Erlebnis hinaus wirksam entfaltet: Durch Verletzungen entstehen irrige Glaubensüberzeugungen, Begriffe und Vorstellungen, die eine Vielzahl von verinnerlichten Wahrnehmungs- und Handlungsschemata zu einem komplizierten geistigen Gebilde zusammenfassen. Kognitive Strukturen haben ebenso wie verletzte Gefühle nachhaltige Wirkungen. Ein im Bewusstsein geformtes Bild kann bis ins Unbewusste hineinwirken und wird von ihm aufgenommen.[646] Diese Überzeugungen, die sich zu Strukturen und Struktursystemen ausweiten können, sind kognitiv verankert und prägen nun auch vom Denken her die Persönlichkeit des Verletzten, indem sie auf sein emotionales Erleben zurückwirken.

Zu den kognitiven Fehlprägungen gehören sowohl falsche Ich-Konzepte, ein falsches Selbstbild mit negativen Selbsteinreden als auch belastende Einstellungen zum Mitmenschen oder falsche Vorstellungen von den Beziehungen zu ihm. Die Gedanken über sich selbst und über andere Menschen oder über das Leben prägen die Vorstellungen über und die Haltung zu sich selbst und die Beziehungen zu anderen. Häufig äußert es sich in negativen Selbstgesprächen. Negative Gedanken verhindern Verhaltensänderungen und halten den Betroffenen in einer unreifen und ungesunden Daseinsweise gefangen; der Verletzte beginnt, durch seine wie ein Filter wirkenden Kognitionen hindurch zu denken und zu fühlen.

---

644 Methoden S. 157; Grundlagen S. 5ff.

645 Vgl. dazu die Beiträge in N. Hoffmann (Hrsg.), Grundlagen kognitiver Therapie und Backus, Wahrheit II S. 10f.

646 Vgl. dazu Seiler, Kognitionstherapie S. 30f; Beck/Greenberg, Therapie S. 180; Sneed, Family S. 213.

Sie etablieren sich in einem Menschen und wirken wie eine sich selbst erfüllende Prophezeiung. »Das Selbstbild stellt ... denjenigen Teil unserer Gedanken dar, der auf die Gefühle besonders stark wirkt. Wer in Gedanken mit sich selbst zufrieden ist oder wer innerlich mit sich hadert, bestimmt dadurch sehr stark mit, wie er sich fühlt.«[647] Solches Denken kann zum Verlust von Freiheit in Formen der Zwanghaftigkeit führen. Massing/Reich/Sperling weisen auch im Hinblick auf eine psychoanalytische Sicht des Menschen auf das konflikthafte Zusammenwirken von kognitiven und affektiven Anteilen des Subjekts: »In ihrer (sc. der Psychoanalyse der Innenwelt des Subjekts) dialektischen Theorie erscheint der innere Konflikt in Verbindung mit der sich entwickelnden kognitiven und affektiven Regulationsfähigkeit des Subjekts als das zentrale Movens von Entwicklung.«[648]

2.3.10 Berücksichtigung kognitiver Folgen in der Sicht der Inneren Heilung

Unter Punkt 1.1.5 wurde erwähnt, dass die Literatur zur Inneren Heilung einige der von der kognitiven Psychologie hervorgehobenen Einsichten einbezieht. Dem ist nun genauer nachzugehen.

Verschiedene Vertreter dieser Seelsorge berücksichtigen, dass sich Verwundungen nicht allein in emotionaler Hinsicht auswirken.[649] Auf diesen Zusammenhang weist z. B. Bennett, wenn er sagt: »Oft verbergen sich hinter der Krankheit verkehrte Einstellungen zu den Verwundungen, die wir in unserem Leben erfahren.«[650] Es ist nicht unwichtig, welches Gewicht der Verletzte seinen Erfahrungen beimisst. Diese Tatsache hat Wright im Blick, wenn er bemerkt: »Unser Verstand kann Bilder entwerfen, die so realistisch sind, dass sie die Richtung bestimmen, die wir einschlagen, weil unsere Gefühle und Handlungen dort entstehen.«[651] Da diese Überzeugungen die Selbst- und die Fremdwahrnehmung empfindlich verfälschen können, bemerkt Benner im Hinblick auf sie: »Kurz

[647] Hemminger, Gefühle S. 16.
[648] Familientherapie S. 44; vgl. auch Grom, Religionspsychologie S. 223.
[649] Clark (Theory S. 243) stellt fest: »Recently ... there is a tendency toward a more cognitive approach to inner healing ...«.
[650] Heilung S. 44. Kirschner/May (Psychologie S. 10) sprechen von »Negativhaltungen«. Zum mit verletzenden Erfahrungen verbundenen »Glaubenssystem«.
[651] Friede S. 53. Ähnlich meint er (Girl S. 211) im Hinblick auf die Vaterbeziehung: »Your hidden beliefs are like reins attached to you and held by your father.«

gesagt, sie (sc. diese irrationalen Überzeugungen) sind Überzeugungen, die nicht wahr sind.«[652] Das Irrationale an solchen Überzeugungen macht Pytches exemplarisch am Beispiel der Wirkung abwesender Personen auf andere deutlich: Rationalem Urteilen zufolge müsste eigentlich gelten: »Niemand, der in einigem Abstand von einem anderen Individuum lebt, hat Macht, um auf seine Gefühle einzuwirken.«[653] Dass von einer abwesenden Person dennoch ein gravierender Einfluss ausgehen kann, ist auf die Tatsache zurückzuführen, dass mentale Vorstellungen und emotionale Nachwirkungen von Verletzungen eine kaum entwirrbare Einheit bilden. Dabei ist auch Wrights Hinweis von Bedeutung, der die Wirkung irrationaler Überzeugungen auf das Unbewusste erkennt; auf dem Umweg über dieses können sie eine heimtückische Wirksamkeit entfalten: Er spricht in diesem Kontext von einem »Prozess geistiger Osmose«.[654]

Im Hinblick auf den Umgang mit irrationalen Überzeugungen in unseren Gedanken meint Cloud, dass wir für diese verantwortlich sind, weil sie in unserem Verantwortungsbereich stehen: »Sie sind in unserem Herzen, nicht sonst wo.«[655] In der Inneren Heilung geht man jedoch davon aus, dass das Erkennen von Kognitionen noch nicht ausreicht, um von ihnen frei zu werden. Seamands äußert zutreffend, es wäre ein Trugschluss zu meinen, dass sich ungesunde Denkgewohnheiten automatisch verlieren, wenn sie nur beim Namen genannt werden: »So wichtig Einsicht und Wissen auch sind, sie führen nicht ohne weiteres zu innerer Gesundung und Veränderung. Die Lehre, dass dem so sei, ist nichts anderes als ein Trugschluss der alten Griechen, ein Gedanke, der von Freud weiterentwickelt wurde und leider auch noch von manchen christlichen Psychologen unserer Zeit vertreten wird.«[656] Er stellt damit allerdings in keiner Weise die richtige Erkenntnis und Einsicht infrage, dass durch Gedanken die Lebensausrichtung bestimmt wird, nach der sich jemand orientiert. Es geht sehr wohl bei der Inneren Heilung auch um

[652] Healing S. 90 (sich auf Ellis berufend [Übersetzung G. W.]). J. u. M. Sandford (Deliverance S. 275ff) sprechen in diesem Kontext auch von mentalen »strongholds«: »A individual mental stronghold is a way of thinking and feeling that has developed a life of its own within us« (S. 276).

[653] Pytches, Child S. 54 (Übersetzung G. W.). »Verzerrte Haltungen werden auf unsere Annäherung an andere und an das Leben überhaupt einwirken« (ebd. S. 153).

[654] Friede S. 53. Vgl. auch Stoop/Masteller, Forgiving S. 175; Lutzer, Past S. 45f.48; Hughes, Healing 3 S. 17.

[655] Changes S. 97 (Übersetzung G. W.).

[656] Seamands, Gnade S. 19f. Cloud (Changes S. 134) stellt fest: »In reality, our emotions affect our thinking more than the other way around because feeling is primary, and thinking secondary.«

einen Prozess der Erneuerung des Denkens, selbst wenn der Ansatzpunkt für den Prozess des psychischen Heilwerdens nicht in jedem Fall dort gesetzt wird. Weil Denkgewohnheiten den Prozess der Inneren Heilung empfindlich blockieren können, müssen sie zusammen mit der traumatischen Seite psychischer Probleme berücksichtigt werden. Irriges Denken kann rekonstruiert werden. Aber die Innere Heilung kann nicht den Kurs des »positiven Denkens« unkritisch mitvollziehen. Bei diesem wird dem menschlichen Denkvermögen eine geradezu magisch wirkende kognitive Kraft zuerkannt.[657]

Die letzten Darlegungen zeigen, dass in der Inneren Heilung nicht nur der Außenwelt für die Entwicklung des Verletzten Bedeutung zuerkannt wird, sondern auch seiner Innenwelt, zu der neben der körperlichen und seelischen auch die geistige Ausrüstung gehört. Auf diese Zusammengehörigkeit von kognitiver Vorstellung und emotionalem Hintergrund hebt auch Seamands ab, wenn er zutreffend hervorhebt: »Da wir ganzheitliche Menschen sind, gehört beides zusammen ... Das Wort ›Auffassung‹ und ›Vorstellung‹ umschreibt deshalb die Kombination von Denk- und Gefühlsinhalten.«[658]

Eine spezielle Form kognitiver Reaktionen auf emotionale Verletzungen sehen mehrere Vertreter der hier untersuchten Seelsorge im inneren Schwur. Definierend äußern J. u. P. Sandford[659]: »Ein innerer Schwur ist ein vom Verstand und vom Herz gefasster Beschluss, der sich im Frühstadium des Lebens auf das ganze Wesen auswirkt. Schwüre, die wir heute noch machen, beeinflussen uns zwar auch, doch ein innerer Schwur setzt sich während der Kindheit in einem Menschen fest; in der Regel können wir uns nicht mehr an ihn erinnern.« Der innere Schwur ist somit eine Art negativer Eid, eine negative innere Selbstfestlegung, die im Zorn – häufig dem Selbst nur verborgen – ausgesprochen wird, um sich vor künftigen Verwundungen zu schützen. Trotz seiner Verborgenheit entfaltet er eine unheilvolle Wirksamkeit. Er gleicht einer inneren Programmierung und hält denjenigen, der ihn gefasst hat, wie in einer Gefangenschaft fest. Schwüre sind so vielfältig, wie es die Menschen sind. Sie

---

[657] Vgl. dazu, wenn auch in überzogener Kritik, Hunt, Rückkehr S. 60f.

[658] Gnade S. 43. Pytches (Fellowship S. 105) fügt dieser Wechselwirkung als dritten Aspekt das »Verhalten« hinzu. Diese Sicht ist ausgewogener als die Kopfermanns (Heilung S. 22), der auf Gen 3 bezugnehmend und zu schnell verallgemeinernd meint: »Am Anfang stehen die Gedanken, die Sätze, wir sagen heute: die Kognitionen.«

[659] Umgestaltung S. 196 A. Wenzelmann (Kloster S. 712) spricht von »Gefühlsbeschlüssen«, Crabb (Von innen S. 186) von »Vorsatz« und Lutz (Therapie S. 89) von »Herzensbeschlüssen«.

nehmen meist die sprachliche bzw. gedankliche Form an: »Ich werde nie mehr…« oder »Ich werde immer…« Von ihren Eltern in ihrem Vertrauen verletzte Kinder können etwa den Schwur treffen: »Ich werde mich niemand mehr in persönlichen Angelegenheiten öffnen. Ich werde niemand mehr vertrauen und niemand an mich heranlassen.« Die Ablehnung des Vaters oder der Mutter kann zu dem Schwur führen: »Wenn ich groß bin, werde ich niemals so wie er/sie.« Die peinliche Bloßstellung einer Äußerung vor anderen kann einen inneren Eid nach sich ziehen wie: »Ich werde mich in Zukunft immer zurückhalten, um eine derartig peinliche Situation zu vermeiden.«[660] So produzieren derartige Schwüre immer neue Formen der Einsamkeit. Sie hindern den Menschen daran, zu lieben und anderen zu vertrauen. Außerdem wirken sie reproduzierend, indem sie zu verletzendem Verhalten führen, das demjenigen entspricht, welches es ausgelöst hat. Innere Schwüre verletzen denjenigen, der sie abgelegt hat, selbst und sie führen zu Verletzungen anderer. Gerade in den engsten Beziehungen ist ihre Wirkung einschneidend: »Schwüre, die persönliche Beziehungen betreffen, sind die folgenschwersten von allen.«[661] Richten sich solche Schwüre oder Eide gegen verletzende Eltern, verhindern sie das für einen normalen persönlichen Reifungsprozess notwendige innere Verlassen des Elternhauses; sie hinterlassen ein unsichtbares Band, das diejenigen, die sie gefasst haben, unbewusst an die Ursprungsfamilie bindet. Aus einem inneren Schwur wächst man nicht von selbst heraus. Da die Zurückweisung der verletzenden Person zur Zurückweisung eines Teils des Selbsts führt, kann ein Kindheitsschwur schwere psychische Schäden hinterlassen und zwischenmenschliche Beziehungen empfindlich belasten.

2.3.11 Psychosomatische Folgen

Auf die psychosomatische Medizin und ihre Initiatoren wurde bereits unter Punkt 1.1.1 und 1.2 eingegangen.[662] In dieser medizinischen Rich-

[660] J. u. P. Sandford (Umgestaltung S. 195f) berichten von einer Frau, die – obwohl sie sich sehnlichst einen Jungen wünschte – doch immer bei Jungen eine Fehlgeburt hatte. Im seelsorgerlichen Gespräch erinnerte sie sich, dass sie, als sie von ihrem Bruder misshandelt wurde, voll Zorn einen Stein in einen Fluss warf und schrie: »Ich werde nie einen Jungen auf die Welt bringen.« Dieser innere Schwur wirkte wie eine innere Programmierung auf die physische Funktionsfähigkeit ihres Körpers.

[661] J. u. P. Sandford, Umgestaltung S. 206.

[662] Vgl. dazu ferner Plaum/Stephanos, Konzepte S. 203ff.

tung wird die rein physiologische Betrachtung einer Krankheit durch die Betrachtung des subjektiven Erlebens des Patienten und seiner sozialen Beziehungen ergänzt. Die psychosomatischen Phänomene umfassen eigentlich alles, was man am Patienten in Bezug auf das Ganze der von einem Leiden betroffenen Person feststellen kann. Sie werden von den Reaktionen des Patienten her begriffen, die durch seine äußere und innere Situation und seine Lebensführung bedingt sind.[663] Wie in einem Regelkreis geht man davon aus, dass jedes einzelne Glied auf andere einwirkt und dass die anderen Glieder wieder auf das einzelne rückwirken.[664] Das gilt zum einen im Hinblick auf die psychophysischen Vorgänge im Patienten, zum andern im Hinblick auf seine Beziehung zu seiner sozialen Umgebung, die ihn als »Wirklichkeitshülle«[665] umgibt; das gilt schließlich auch im Hinblick auf somato-psychische und psycho-somatische Wirkungszusammenhänge. Das Funktionieren des gesundheitlichen Regelkreises hängt wesentlich vom Daseinsvollzug des Patienten ab.

Als wichtige Schaltstelle zwischen Seele und Körper wirkt das vegetative oder autonome Nervenzentrum, das diejenigen Körperfunktionen regelt, welche sich menschlicher Willkür entziehen.[666] Die Organleistungen unterstehen der Erlebnisbeeinflussung: Was kränkt, macht krank. Welches Organ bei einer Krankheit von der Psyche »gewählt« wird, lässt sich nicht generell für einen Menschen klären. Ein und dieselbe psychische Verletzung kann sich bei verschiedenen Menschen in verschiedenen Symptomen manifestieren. Die vorbewusste oder unbewusste Lebensebene reagiert zu ihrem Selbstschutz auf emotional mehr oder weniger

[663] Vgl. dazu Bastiaans, Beitrag S. 970. Für v. Weizsäcker kommt hier die »geistbestimmte Wirklichkeit des Menschen« zum Ausdruck (Arzt S. 63).

[664] Vgl. Hartmann, Psychosomatik S. 707 und v. Engelhardt, Umgang S. 177. v. Uexküll/Wesiak (Theorie S. 13; ähnlich dies., Dimensionen S. 26) sprechen im Anschluss an J. v. Uexküll vom »Funktionskreis«, in dem »Merken« und »Wirken« ineinander greifen. Van der Velden (Familie S. 160) rechnet zu diesem Regelkreis die »Gesamtheit der wesentlich individuellen Merkmale … dies sind: die Konstitution, die Disposition und das Verhalten des Individuums«. Die psychosomatische Medizin ergänzt das traditionell mehr »objektivistische« Denken in der Medizin durch ein »relationistisches« (v. Uexküll/Wesiack, Organismus S. 53).

[665] V. Uexküll/Wesiack, Realität S. 74.

[666] Je stärker die vegetative Symptomatik eines Affektes ist, desto weniger ist er für den von ihr Betroffenen beherrschbar. Dass die Wirkrichtung zwischen Psyche und Soma nicht immer eindeutig identifizierbar ist, zeigt Wesiaks Formulierung (Grundzüge S. 107 [im Anschluss an Daniel]) von einer »somatopsychisch-psychosomatischen Entwicklung«. Tournier (Durchbruch S. 99) möchte einen Krankheitsbegriff wiedergewinnen, »nach dem eine Krankheit gleichzeitig in körperlichen und seelischen, jedoch mehr oder weniger reversiblen Veränderungen in Erscheinung tritt«.

tief greifende Belastungen[667], indem sie eine Krankheit produziert, die zum Rückzug aus der überfordernden Lebenssituation berechtigt bzw. ihn erzwingt. Damit ist die für die psychosomatische Medizin wichtige Frage der psychophysischen Adaption angesprochen.[668] Psychosomatische Erkrankungen haben wesentlich mit einer Maladaptation in – zumeist länger andauernden – Stresssituationen zu tun. Ob eine Problemlage zu einer bedrohlichen Situation wird, hängt zum einen vom Ausmaß der Bedrohung, zum andern vom Programmpotenzial zu ihrer Meisterung ab. Die Ausbildung dieses Potenzials reicht bis in die früheste Kindheit zurück: »Nach unserer heutigen Vorstellung hat die Disposition zu psychosomatischen Erkrankungen hier (sc. in der Säuglingsphase) ihre Wurzeln.«[669] Gehen psychische und körperliche Funktionsschwankungen durch das Scheitern in Krisen über ein bestimmtes, individuell verschiedenes Maß hinaus[670], entstehen seelische und körperliche Schäden: Über längere Zeit verdrängte tief gehende seelische Verletzungen und auf kurzfristige Notwehrsituationen eingestellte Mechanismen, die zu Langzeitreaktionen im Sinne von Dauerbereitstellungen werden, können einen inneren psychischen Druck entstehen lassen, der sich in somatischen Krankheiten Luft macht. Bewährt sich das Programmpotenzial nicht, kommt es zur Überschreitung der Verarbeitungskapazität des Ichs, so dass die Phase der Alarmreaktion in die Phase der Erschöpfung übergehen kann, welche von psychophysischen Symptomen begleitet ist, die chronisch werden können. »Die Phase des ›giving up‹ wird durch ein Versagen der Abwehrmechanismen und der bisher wirksamen Mittel, Befriedigung herbeizuführen, eingeleitet: Sie ist gekennzeichnet durch das Gewahrwerden der Unfähigkeit, doch noch Befriedigung zu erlangen. Die Phase des ›given up‹ ist charakterisiert durch die Endgültigkeit des Befriedigungsverlustes

667 W. Toman (Tiefenpsychologie S. 73) bemerkt im Hinblick auf die psychosomatischen Erkrankungen: »Allen Krankheitssymptomen gemeinsam scheint, dass die Erkrankten sich andauernd überfordert fühlen bzw. glauben, zu wenig Aufmerksamkeit, Fürsorge oder Zärtlichkeit zu erhalten. Ihre Krankheitssymptome sind das Ergebnis vegetativer Reaktionen auf die genannten chronisch subjektiven Bedürfniszustände.«

668 Vgl. dazu oben die Punkte 2.3.7 u. 2.3.8. v. Uexküll/Wesiack, Theorie S. 15, gehen davon aus, dass beim Menschen die »erworbenen Programme« (die Disposition) die »angeborenen Programme« (die Konstitution) überwiegen.

669 V. Uexküll/Wesiack, Dimensionen S. 29; vgl. dazu auch Wesiack, Praxis S. 251.

670 Dieses individuell verschiedene Maß wird eklatant bei der Beurteilung dessen, was an Stress für einen Patienten »zu viel« und »zu wenig« ist. Bastiaans (Beitrag S. 364) weist darauf hin, dass gehemmte Expression und blockierte Kommunikation zur Somatisierung prädisponieren; dabei wirken die Strukturen und Inhalte des Über-Ichs bestimmend bei der psychosomatischen Symptombildung mit.

als psychologische Realität ...«[671] In diesen Situationen werden psychische Objekte im Sinne von Befriedigungsquellen als weitgehend unerreichbar erfahren.

Wird die Krankheit als Mitteilung verstanden, ergibt sich daraus die Rückfrage nach den tieferliegenden Ursachen und Schichten menschlichen Krankseins. Die psychosomatische Krisenintervention versucht die Botschaft der Krankheitssymptome mit ihrem Signalcharakter zu verstehen. Sie fragt danach, ob eine gegenwärtige Krise ältere, nicht ausreichend durchgearbeitete Krisen reaktiviert. Symptome wollen gleichsam auf ein hinter der somatischen Erkrankung stehendes Problem aufmerksam machen und verraten, was der betreffende Mensch in seinem Bewusstsein nicht wahrhaben will. Sie sind damit sowohl auf ihre Ursache als auch auf ihre Funktion und Bedeutung hin zu befragen. Wird der Signalcharakter somatischer Symptome vor allem im offenen Gespräch, in dem sich der Kranke auf den Weg der Erkenntnis seiner Probleme einlässt, wahrgenommen und werden von ihm her Konsequenzen in der Aufarbeitung einer hinter ihr stehenden psychischen Problematik gezogen, so sind diese Symptome umkehrbar. Wird ein bestimmtes Maß solcher Probleme überschritten, so können sie ihre Umkehrbarkeit verlieren. Dabei ist die Einstellung des Kranken zu seiner Krankheit von großer Bedeutung. Trotz der feststellbaren organischen Veränderungen, die sich bei vielen psychosomatischen Erkrankungen feststellen lassen, kann man sie nach A. Jores[672] durch Psychotherapie heilen.

Der Anteil psychosomatischer Erkrankungen in der allgemeinärztlichen Praxis ist erheblich. Keller[673] kommt zu dem Ergebnis, dass in dem von ihm untersuchten allgemeinärztlichen Krankengut 40 % psychosomatisch Kranke zu finden waren.

2.3.12 Psychosomatische Folgen in der Sicht der Inneren Heilung

Die Literatur zur Inneren Heilung zeigt eine Sensibilität für psychosomatische Zusammenhänge. Die dazugehörige Theorie fällt jedoch im

[671] Joraschky/Köhle, Maladaptation S. 192 (kursiv im Original).
[672] Medizin S. 887; so auch v. Weizsäcker, Leib S. 284ff.
[673] Psychosomatik S. 14; ähnlich Ruthe (Krankheiten S. 39): »30–50 % aller Krankheiten weisen eine seelische Mitverursachung auf.« Wesiack (Praxis S. 247f) gibt von seinen Untersuchungen mehr als 50 % an.

Allgemeinen sehr knapp aus; Überlegungen, wie sie im vorhergehenden Abschnitt skizziert wurden, finden sich nicht. Da diese Seelsorge weder von Medizinern entworfen noch primär von ihnen praktiziert wird, ist in dieser Frage eine bis in Einzelheiten durchgestaltete Theorie auch nicht zu erwarten. Es werden jedoch von dieser Seelsorge Erkenntnisse aufgegriffen, die in medizinischen Kreisen zwar nicht unumstritten sind, von namhaften Medizinern aber vertreten werden.

Das wird bereits bei A. White ersichtlich, die viele Kontakte zu Medizinern auf beiden Seiten des Atlantiks hatte.[674] Sie gehört zu den frühen Vertretern der Inneren Heilung und trug zur internationalen Verbreitung dieser Seelsorge erheblich bei. Sie äußerte sich an verschiedenen Stellen zur psychosomatischen Frage: »Einige Psychiater stellen fest, dass heutzutage hinter mancher sog. Geisteskrankheit gestörte Emotionen (oder ›Seelenkrankheiten‹) liegen. Dies wiederum wird nur zu oft im Körper widergespiegelt, weil der Mensch eine lebende und interagierende Beziehung zwischen Verstand, Körper, Geist und Seele ist.«[675] Sie erkennt auch die belastende Wirkung unverarbeiteter emotionaler Konflikte, die, wenn sie nicht gelöst werden, nicht nur zu psychischen, sondern auch zu physischen Krankheiten führen können. »Obwohl die psychosomatische Medizin uns sagen kann, welche Störungen höchstwahrscheinlich durch so ungesunde Emotionen wie Furcht, Groll oder Schuld hervorgerufen werden, kann sie uns doch nicht die verwandelnde Kraft mitteilen, die gebraucht wird, um diese Haltungen zu überwinden.«[676] Mit dem letzten Gedanken deutet White an, dass sie die psychosomatischen Probleme mithilfe der heilenden Kraft des Glaubens angehen will. Sie berücksichtigt bei ihren Darlegungen den Hinweis der psychosomatischen Medizin, dass besonders lange anhaltende ungesunde Emotionen die Gefahr physischer Krankheiten mit sich bringen. »Wir Menschen ›vergiften‹ uns mit unseren ungesunden Emotionen, die Hormone freisetzen, z. B. Adrenalin in Zeiten großer Furcht. Über einen längeren Zeitraum kann das eine funktionale Erkrankung verursachen, die, wenn sie lange genug anhält, organisch werden kann.«[677]

---

674 Vgl. dazu Adventure S. 92.

675 Adventure S. 44 (diese und die folgenden Übersetzungen von Whites G. W.).

676 A. White, Adventure S. 47. Sie äußert ebd.: »Diabetes, heart trouble, high blood pressure, rheumatoid arthritis, asthma, skin diseases, and even the common cold are felt by many reputable doctors (if not by the medical profession as a whole) to be to a great extent emotionally caused over a period of time.«

677 A. White, Adventure S. 92. Sie weist (ebd. S. 119) auf die Stressforschung des kanadischen Arztes Hans Selye, der die negativen Langzeitfolgen von Stress vermerkt. Ferner

W. van Dam weist darauf hin, dass es in der Seelsorge um die Totalität des Menschseins geht, weil die verschiedenen Aspekte menschlicher Existenz miteinander in Verbindung stehen. In diesem Zusammenhang geht er auch auf den psychosomatischen Aspekt ein, der mit der Verbindung zwischen Körper und Seele gegeben ist: »Psychische Spannungen können zu Magengeschwüren, körperliche Störungen zu Depressionen führen.«[678] In dieser Äußerung wird ein Blick für die Wechselwirkung zwischen Leib und Psyche erkennbar, und zwar so, dass diese nicht allein in eine Richtung von der Seele hin zu körperlichen Symptomen verläuft, sondern auch in der entgegengesetzten. Dahinter steht eine Sicht vom Menschen, in der Soma und Psyche bei aller Unterschiedenheit als eine Einheit begriffen werden; sie führt zu einem erweiterten Verständnis von Krankheit.

In der Literatur zur Inneren Heilung wird jedoch häufiger die Richtung von der Heilung der Seele hin zur Heilung des Körpers in den Blick genommen, wie dies bereits bei A. White ersichtlich wurde. In diesem Sinn sagt auch van Dam: »Heilung der Seele kann auch für die Heilung des Leibes Folgen haben. Wenn die Harmonie im Gefühlsleben gestört ist, kann sich das auf die Harmonie im Körper auswirken. Wiederherstellung dieser inneren Harmonie kann den Heilungsprozess im Körper fördern.«[679] Damit wird eine Verbindungslinie zwischen dem Gefühlsleben und körperlichen Krankheiten im Sinne eines Nacheinanders oder einer leib-seelischen Gleichzeitigkeit angedeutet. Zu den Hauptursachen von körperlichen Krankheiten zählen M. u. D. Linn[680] Zorn und Schuld. Linns merken an, dass allgemein Spannungen und Frustrationen die physische Widerstandskraft schwächen; Menschen mit seelischen Belastungen erkranken auch häufiger physisch.

---

erwähnt sie (ebd. S. 92) die Tatsache, dass Gedanken und Emotionen hierbei zusammenwirken und nennt als Beispiele Zorn, Eifersucht, Selbstmitleid, Schuld und tiefsitzende Ängste.

678 V. Dam, Seelsorge S. 15. Diese Berücksichtigung der doppelseitigen Wechselwirkung ist auch bei Sanford (Gifts S. 167f) zu finden und wird ferner ersichtlich, wenn Lilly (Segen S. 75) formuliert: »Ich habe gefunden, dass Menschen, die in Unversöhnlichkeit und Groll gegen andere leben, oft Arthritis haben. Damit will ich nicht sagen, dass jeder, der unter Arthritis leidet, einen unversöhnlichen Geist hat.« V. Dam (Seelsorge S. 15f) bezieht in der Wechselwirkung zwischen Körper und Seele auch den Glauben ein.

679 V. Dam, Seelsorge S. 70.

680 Leben S. 43ff (unter Berufung auf Erkenntnisse der Schulmedizin; vgl. ebd. S. 50 ihr Kurzreferat der Forschungsergebnisse an Krebspatienten von C. Simonton u. S. Matthew-Simonton).

In der Literatur zur Inneren Heilung wird die Tatsache zu wenig reflektiert, dass sich trotz emotionaler Verletzungen keine somatischen Folgen einstellen müssen. Von Einzelbeispielen her wird z. T. sehr großzügig generalisiert. Außerdem ist es im konkreten Fall nicht selten auch für den medizinisch geschulten Fachmann nicht leicht zu erkennen, welcher konkrete Zusammenhang zwischen dem psychischen Erleben eines Patienten und seiner somatischen Erkrankung besteht. Differenzialdiagnostisch stellen psychosomatische Phänomene nicht gerade geringe Anforderungen an die Seelsorge. Bedenklich wird die psychosomatische Betrachtung von Erkrankungen dann, wenn jeder Kranke von vornherein verdächtigt wird, dass seine Krankheit Ausdruck für sein Vorbeiirren am Sinn des Lebens sei und wenn dabei der psychosoziale Kontext ausgeblendet wird.[681] Dies muss gerade gegenüber einer einlinig verkürzenden Betrachtungsweise festgehalten werden. Andererseits vertreten z. B. J. Müller und Arnold[682] die Meinung, dass die psychosomatischen Erkrankungen zahlenmäßig sehr zugenommen haben und heute das Hauptkontingent der den praktischen Arzt aufsuchenden Patienten darstellen. Von daher ist es angemessen, dass sich die Innere Heilung solchen Zusammenhängen zuwendet; so leitet diese Seelsorge dazu an, Krankheiten als körperlichen Ausdruck seelischer Unter- oder Fehlentwicklung zu erkennen, der nicht einfach beseitigt, sondern hinterfragt werden will. Die Innere Heilung bedarf allerdings der interdisziplinären Ergänzung durch medizinische Fachkräfte.

2.4 Ertrag der Untersuchungen zu den Verletzungen und deren Folgen

Die Darlegungen zu den Verletzungen und ihren Folgen zeigten, dass in dieser Hinsicht in sehr weiten Bereichen Übereinstimmung zwischen der säkularen Psychologie und der Inneren Heilung besteht. Das gilt für die Struktur der Verletzungen, die bei beiden Richtungen vom Verlust von für das Individuum wichtigen Dingen und von der Subjektivität der mit den

681 In dieser Gefahr stehen z. B. Dethlefson/Dahlke (Krankheit passim) vom esoterischen Kontext her.

682 Vgl. Müller, Lebensängste S. 11; ders. (Kranke Seele S. 10) meint: »Die heutige Forschung nimmt an, dass über 80 % der körperlichen Symptome seelische Ursachen haben.«

Verletzungen verbundenen Erfahrung her verstanden wird. Beide sehen vor allem in lange anhaltendem, atmosphärisch traumatisierendem Verhalten (vor allem durch nahe stehende Menschen) die nachhaltigsten destruktiven Wirkungen. Einen spezifischen Beitrag leistet die Innere Heilung mit einem theologischen Verständnis der Verletzungen: Sie sind Teil der Realität einer von Gen 3 gezeichneten Welt.

Die Parallelität zwischen säkularer Psychologie und Innerer Heilung wurde auch in den Äußerungen zu Verletzungen des Grundbedürfnisses nach Liebe sowie – daraus folgend – in denen zu Beziehungsstörungen, zur Ablehnung, zur Ungeborgenheit und zur Missachtung individueller Grenzen erkennbar. In der Inneren Heilung erhalten die Gedanken zur Verletzung des Grundbedürfnisses nach Liebe ihre spezifische Ausprägung von der neutestamentlichen Agape-Liebe und von deren Verfälschung in den Beziehungen des Menschen vom Sündenfall her.

Die Untersuchung der Darlegungen zu entwicklungsbezogenen Verletzungen in der Literatur zur Inneren Heilung, die hier nur unter übergreifenden Gesichtspunkten zusammengefasst werden kann, ergab, dass man sich hier weitgehend an die Entwicklungspsychologie Eriksons anlehnt, die um die Schwangerschaftsphase erweitert wird. Dabei werden die ersten beiden Phasen, die Schwangerschafts- und Säuglingsphase, am eingehendsten berücksichtigt. Die Verletzungen werden schwerpunkthaft in verschiedenen Formen von Liebesmangel, Ablehnung (bis hin zu Abtreibungsversuchen) und Vernachlässigung oder Überbehütung gesehen. Auffallend sind in der Literatur zur Inneren Heilung die Hinweise auf die verletzende Auswirkung väterlicher Abwesenheit, egal ob dies physisch oder emotional der Fall ist; Hinweise in dieser Hinsicht finden sich bis zur Phase der Adoleszenz. Auffallend ist ferner, dass in der Literatur zur hier untersuchten Seelsorge die Zuordnung der Verletzungen ab dem Kleinkindalter nur noch selten entwicklungsspezifisch orientiert erfolgt (eine Ausnahme bilden hier Pytches, M./D./S. Linn, MacNutt/Shlemon u. J. u. P. Sandford). Viele der angegebenen Verletzungen ließen sich jedoch gleichsam nachträglich den einzelnen Phasen zuordnen. Hier kommt die Praxisorientierung dieser Seelsorge zum Ausdruck, die wohl auf die verschiedenen Verletzungen eingeht, ohne den Phasenbezug zu reflektieren. Ein für die Innere Heilung typischer Zug kommt zum Vorschein in der Tatsache, dass sich Überlegungen zu Verletzungen beinahe ausschließlich nur bis zur Phase der Adoleszenz finden. Diese Seelsorge richtet sich schwerpunkthaft auf die Aufarbeitung von Verletzungen aus der Kindheit und Jugend. Interessant und ernst zu nehmen sind schließlich die Ansätze (vor allem bei M./D./S. Linn), Auswirkungen von Verletzungen der verschiedenen Entwicklungsphasen im Hinblick auf den Glauben in den Blick zu nehmen.

In der Literatur zur Inneren Heilung findet sich im Hinblick auf die dysfunktionale Familie nur vereinzelt Aufnahme diesbezüglicher wissenschaftlicher Erkenntnisse. Das Denken in dualen Beziehungen (Eltern-Kind-Beziehung) herrscht vor. Hier droht im Hinblick auf die Innere Heilung die Gefahr einer Blickverengung. Dort, wo familientherapeutische Überlegungen aufgegriffen werden (Stoop/Masteller, Wilson), lehnt man sich weitgehend an die säkularen Einsichten an. Als Wesenszüge einer dysfunktionalen Familie wird mangelnde Kommunikation, die falsche Wahrung eines Familienmythos und Rollenvertauschung genannt. Ferner fehlt in einer solchen Familie die Ausgewogenheit im Hinblick auf die verschiedenen Pole der Zuneigungs- und der Anpassungsskala. Unsegenslinien werden in ihr korrekturlos tradiert.

Auch wenn in der Literatur zur hier untersuchten Seelsorge Beobachtungen zu Verletzungen vom geschichtlich-kulturellen Hintergrund her kaum eingehend bedacht werden, fehlt der Blick für derartige Zusammenhänge nicht. Zu Recht sieht man auch hier die menschliche Schuldverhaftung als Ursache (J. u. P. Sandford, Seamands). Eine materialistische Lebensorientierung, die Leistungsgesellschaft, eine belastende Volksgeschichte, der Zerfall tragender Ordnungen u. a. können auf das Individuum eine traumatische Wirkung ausüben. Dieser Blickwinkel bedeutet eine wertvolle Bereicherung für die diagnostische Arbeit in der Inneren Heilung: Hierdurch werden nicht nur Probleme mit den Primärpersonen aus der Vergangenheit berücksichtigt, sondern auch solche, die bis in die Gegenwart hinein negativ weiterwirken.

Auf Verletzungen vom religiösen Umfeld her wird in der Literatur zur Inneren Heilung immer wieder – meist unsystematisch – angespielt. Die verschiedenen Versuche (Seamands, Wright, Wilson), die entstellten Gottesbilder zu katalogisieren, stellen eine Hilfe dar, um für die hinter ihnen stehenden typischen Verletzungen hellhörig zu werden und die Folgen von Gen 3 im Hinblick auf die Gottesvorstellungen (Westmeier) erkennen und aufarbeiten zu können. Ebenso wichtig ist die Wachsamkeit in der Inneren Heilung für Verletzungen von Familien und Gemeinschaften, die auf den Glauben traumatisierend wirken. Dass diese Fragen in der hier untersuchten Seelsorge bedacht werden, ist gerade auch deshalb von Bedeutung, weil in ihrem therapeutisch-seelsorgerlichen Vollzug die Dimension der heilenden Gottesbegegnung einen zentralen Stellenwert hat.

Würde die Gottesvorstellung des Ratsuchenden übergangen, könnte ein Vorgehen im Sinne der Inneren Heilung von Anfang an zum Scheitern verurteilt sein.

Der Grund für die ausführliche Beschäftigung der Inneren Heilung mit den Verletzungen liegt darin, dass man mit der tiefenpsychologisch orientierten Psychologie in dieser Seelsorge von den negativen Folgen von Verletzungen ausgeht. In der Inneren Heilung gibt es zahlreiche Bilder und Vergleiche für diese negativen Nachwirkungen. Unaufgearbeitete Verletzungen binden – zumeist mit Wut gegen die verletzenden Personen gekoppelt – den Verletzten an die Erfahrungen seiner Vergangenheit und wirken störend in neue, gegenwärtige Beziehungen hinein. Davon bleibt das geistliche Leben nicht unberührt (J. u. P. Sandford).

Weil auch die Inhalte des Unbewussten von den negativen Folgen der Verletzungen betroffen sind, geht die Innere Heilung darauf ein. Diese Seelsorge weiß um den erheblichen Anteil des Unbewussten am menschlichen Denken und Empfinden. Sie will auf tief greifende Änderung menschlichen Erlebens und Verhaltens hinwirken; so wendet sie sich nicht allein dem Bewusstsein des Hilfesuchenden zu. Die unbewusste Wirkung zurückliegender Verletzungen auf den Erwachsenen wird von verschiedenen Vertretern der hier untersuchten Seelsorge mit dem Begriff »inneres Kind« zum Ausdruck gebracht. In der Inneren Heilung spricht man vom Unbewussten nicht so, dass der Verletzte sich von seiner Verantwortung im Umgang mit seinen Verletzungen dispensieren könnte.

Mit der säkularen Psychologie sieht die Innere Heilung die möglichen Folgen von Verletzungen über mehrere Generationen hinweg. In diese Richtung weisen Begriffe und Formulierungen wie »Wurzeln« emotionaler Probleme; »blood line« oder »ancestral healing, intergenerational healing or healing of the family tree« (Csorsas) und »Unsegenslinien«. Bereits durch die Familientherapie wurde die Bedeutung von mehrere Generationen übergreifenden Problemstrukturen erkannt. In der Inneren Heilung wird dieser Aspekt von Ex 20,5f her auf theologisch-geistliche Zusammenhänge hin ausgezogen.

Man hat einen Blick dafür, dass der Verletzte in seinen Reaktionen auf Verletzungen nicht allein Opfer verletzenden Verhaltens anderer ist, sondern auch Mitverantwortlicher. Darauf weist die hilfreiche Unterscheidung zwischen dem »verwundeten Herzen« und dem »sündhaften Herzen« hin (McManus). Die »survival kits« (= »Lebensausrüstung«, Pytches) sind eine Form des Anpassungs- oder Abwehrverhaltens, die kurzfristige Hilfe zu versprechen scheinen, langfristig aber von neuen

Lebensmöglichkeiten abschneiden. Solche Überlebensstrategien sind häufig mit einer Verurteilung der verletzenden Person und mit Bitterkeit verbunden.

Die intensive Berücksichtigung der mit den Verletzungen gegebenen emotionalen Probleme verstellt in der Inneren Heilung nicht den Blick für die Bedeutung der kognitiven Seite dieser Probleme. Man erkennt die Mitwirkung der Kognitionen an der Wirkung, die ein verletzendes Erlebnis bis ins Unbewusste hinein (Wright) entfalten kann. Eine spezielle Form der kognitiven Problematik ist der innere Schwur (J. u. P. Sandford), der eine negative innere Selbstfestlegung mit entsprechenden negativen menschlichen und geistlichen Folgen meint. Bei der Aufarbeitung der Verletzungen geht es für die Innere Heilung wohl auch um eine Erneuerung des Denkens, aber da man um die nicht säuberlich entwirrbare Interdependenz von Gefühl und Denken bei den Verletzungen weiß (Seamands, Cloud), erwartet man diese Erneuerung nicht allein und zuerst durch neue Denkgewohnheiten.

In der Literatur zur Inneren Heilung findet sich verschiedentlich ein Verständnis für psychosomatische Erkrankungen, deren theoretische Reflexion allerdings selten vulgärmedizinisches Niveau übersteigt. Man erkennt die negative Wirkung lange anhaltender ungesunder Emotionen wie Furcht, Groll etc. Vereinzelte Äußerungen lassen die Wechselwirkung zwischen Psyche und Soma in beiden Richtungen erkennen (van Dam); vorwiegend betrachtet man in dieser Seelsorge jedoch die Wirkrichtung von der Psyche zum Soma. Die hier untersuchte Seelsorge bedarf gerade bei der Bearbeitung psychosomatischer Erkrankungen der fachärztlichen Ergänzung. Diese Erfordernis spricht jedoch in keiner Weise gegen die berechtigte Zuwendung zu Patienten bzw. Ratsuchenden mit Krankheiten aus dem psychosomatischen Umfeld.

3 Theologische Implikationen der Inneren Heilung

Unter Punkt 2 wurden die psychologischen Implikationen der Inneren Heilung eingehend untersucht. Dieser erste Teil der Arbeit könnte den Eindruck entstehen lassen, als wolle diese Seelsorge eine laienhafte Neuauflage psychotherapeutischer Seelsorge sein. Die Innere Heilung versteht sich jedoch weder als Nachahmung noch als Konkurrenz zur säkularen Psychologie oder zu anderen Seelsorgeansätzen. Mit den psychologischen Einsichten kam bisher noch kaum der spezifische Beitrag der Inneren Heilung in der Seelsorgediskussion in den Blick. Das soll nun in diesem Abschnitt geschehen. Obwohl bisher theologische Fragen weitgehend außer Acht gelassen wurden, tauchten sie bereits an verschiedenen Stellen auf: Es zeigte sich, dass einzelne Vertreter der Inneren Heilung die Grundbedürfnisse des Menschen von der Schöpfungstheologie her verstehen. Der Mensch ist von Gott als Bedürftiger erschaffen, der auf die Beziehung zu Gott und zu den Mitmenschen hin angelegt ist. Die Ausführungen zum Grundbedürfnis nach Liebe zeigten, dass die Liebe von der Agape – und damit letztlich von der Christologie – her interpretiert wird. Im Abschnitt über die Verletzungen kam an verschiedenen Stellen explizit der Bezug zu Gen 3 zum Vorschein.

Methodisch ist zu den folgenden Untersuchungen anzumerken, dass im theologischen Teil dieser Arbeit im Unterschied zum psychologischen – außer im Abschnitt über die Heiligung, wo mit der lutherischen Position eingesetzt wird – zuerst die Position der Inneren Heilung dargestellt wird und dann erst, im Zuge ihrer Beurteilung, andere Positionen angeführt werden. Dieses Vorgehen erscheint deshalb gerechtfertigt, weil es hier nicht um den Vergleich der einzelnen in der Inneren Heilung angesprochenen theologischen Themen mit verschiedenen anderen theologischen Positionen geht. Es sollen keine Abhandlungen zu den anzusprechenden Themen im Allgemeinen gegeben werden; eine solche Darstellung würde den Umfang dieser Arbeit sprengen. Es sollen vielmehr die verschiedenen Positionen und Akzente innerhalb dieser Seelsorge zugespitzt herausgearbeitet und dann theologisch beurteilt werden.

3.1 Der theologische Ansatzpunkt für die Innere Heilung: die Heiligung

Unter Punkt 2.2 wurde deutlich, dass in der Seelsorge im Sinne der Inneren Heilung den Traumata (und damit sowohl den Emotionen als auch den Gedanken des Verletzten) viel Aufmerksamkeit zugewendet wird. Theologisch muss hier gefragt werden, was zu diesem Vorgehen berechtigt. Es könnte sich ja um eine Spielart des unter Punkt 2.2.9f erwähnten »Kult(es) des Individuums« handeln. Man könnte gegen diese Seelsorge ins Feld führen, dass es im christlichen Glauben doch um den Dienst an der Welt gehe, zu dem eine solche Seelsorge nicht passe. Eine theologische Begründung muss die theologische Berechtigung und Einordnung in das größere Ganze der christlichen Existenz ermöglichen.

Dieser theologische Ansatzpunkt ist mit der Heiligung gegeben. Sehr deutlich tritt er bei J. u. P. Sandford zutage. Zum einen lässt sich der Titel eines ihrer Hauptwerke über Innere Heilung als die Umschreibung eines Teilbereichs der Heiligung erkennen: »Umgestaltung des inneren Menschen.«[683] Damit ist für diese Autoren programmatisch die Intention der Inneren Heilung umschrieben. Zum andern trägt das erste Kapitel innerhalb des mit »Grundlagen« überschriebenen Hauptteils den Titel »Heiligung und Umgestaltung«.[684] Auch hierin zeigt sich das Gewicht, das diesem theologischen Fragenkomplex für die untersuchte Seelsorge zukommt. Entsprechenden Äußerungen in der Literatur der Inneren Heilung soll nun nachgegangen werden.

Zunächst ist festzustellen, dass die überwiegende Zahl von Autoren die Thematik der Heiligung zwar nicht oder nicht tiefergehend reflektiert. Es tauchen bei ihnen aber dennoch häufig Andeutungen zu dieser Thematik auf. Um eine Basis zur Beurteilung der in der hier untersuchten Literatur gebotenen Positionen zu schaffen, wird in einem ersten Schritt die dogmatische Lehre der lutherische Kirche über die Heiligung skizziert. Von dieser Basis aus soll die Position von drei Vertretern der Inneren Heilung dargestellt und beurteilt werden, die aus einem verschiedenen Hintergrund herkommen: Zuerst hat der Psychologe D. G. Benner, dann der Theologe L. Christenson und schließlich die Praktikerin M. Pytches das

[683] Entsprechendes drückt auch der Titel des Buches Crabbs aus: »Von innen nach außen. Veränderung ist möglich.«

[684] Ebd. S. 10ff.

Wort. Ihren Gedanken werden in den Anmerkungen die Andeutungen anderer Vertreter der Inneren Heilung zugeordnet.

3.1.1 Skizze der dogmatischen Lehre der Heiligung

Der Ansatzpunkt für ein biblisch-lutherisches Verständnis der Heiligung ist die Rechtfertigung allein aus Gnaden. Damit ist die Heiligung auf die Taufgnade bezogen. Zwischen der Rechtfertigung und der Heiligung besteht ein festes inneres Band. Genauer betrachtet ist diese Verbindung so zu verstehen, dass die Heiligung als in der Rechtfertigung gegründet erkannt wird. Deshalb ist Heiligung als Gottes Tat am Sünder zu begreifen. Rechtfertigung und Heiligung stehen in einem unumkehrbaren Zueinander. Die Heiligung wird wie die Rechtfertigung im Glauben aus Gottes Zuwendung zum Menschen in Jesus Christus empfangen. »Dass er (sc. der Glaubende) sich um seine Heiligung bemühen soll, hat zur Voraussetzung, dass Gott ihn geheiligt hat.«[685] In der Rechtfertigung und Heiligung gibt Gott dem Menschen Anteil an der Gottesherrschaft. Die Heiligung ist im gekreuzigten und auferweckten Herrn beschlossen und verfügt. So ist das Leben der Heiligung das Leben aus der Gnade; es hat seine Mitte im Opfertod Christi und in seiner Auferstehung. Deshalb gilt: »Der Mensch ist Gottes Werk auch dann, wenn es um die Heiligung des Menschen geht.«[686]

In der Heiligung geht es um das, was der heilige Geist als Heiligmacher wirkt. Die in die Rechtfertigung eingegründete Heiligung meint die Aufnahme in die Gemeinschaft mit dem lebendigen Gott, welche Werk des heiligen Geistes ist. Das Bindeglied zwischen der Rechtfertigung und der Heiligung ist Christus und sein Geist. Für den Glaubenden gibt es keine Heiligung, die über die Rechtfertigung hinausführen könnte. »Das neue Leben ist kein eigenständiges Mitwirken (cooperari) der Glaubenden mit Gott.«[687] Der Inhalt der Heiligung ist immer neu das vollbrachte Heilswerk Jesu. In der Heiligung gibt der Mensch Gott Recht, dass alle Aufwärtsbewegung zum Heil vor Gott zunichte wird und also Sünde ist. In ihr erweist sich Gott als der Wirker des neuen Lebens.

[685] Schlink, Dogmatik S. 435; s. auch O. Betz, Rechtfertigung S. 38ff.
[686] Ebeling, Dogmatik III S. 241.
[687] Peters, Rechtfertigung S. 177.

Wenn die Heiligung in der skizzierten Weise in der Rechtfertigung gründet, könnte gefragt werden, warum es neben der Rechtfertigung noch der Rede von der Heiligung bedarf. Hierzu ist zu bemerken, dass der Aspekt der Heiligung das dynamisch-effektive Moment im Rechtfertigungsgeschehen festhält, das bei einem einseitig forensischen Rechtfertigungsverständnis verloren geht. Es geht um die Lebenserneuerung aus der Gnade. Das Urteil Gottes befreit den Sünder nicht nur von der Wirklichkeit der Sünde, sondern heiligt und vollendet ihn zum ewigen Leben. Die Heiligung hält die Frage nach dem neuen Menschen, der als ganzer von der transeunten Heiligkeit Gottes betroffen ist, wach. Neben dem Totalaspekt im simul iustus et peccator hält die Heiligung den Partialaspekt, der mit der Gabe des neuen Lebens an den Sünder gegeben ist, fest.[688] Die Rechtfertigung ist das Einmalige; die Heiligung ist etwas Wachstümliches. »Die Rechtfertigung ist stets das Vollkommene, die Heiligung stets das Unvollkommene.«[689] Der Hinweis auf die Heiligung macht deutlich, dass die neue Wirklichkeit des heiligen Geistes schon anwesend ist und Durchbrüche des Sieges wirkt, dass aber der Anbruch des Neuen noch nicht dessen Vollendung ist. So hat die Heiligung teil am Spannungsfeld zwischen dem »Schon« und »Noch-nicht« des Glaubens. Sie beginnt in dieser Weltzeit und wird erst in der eschatologischen Vollendung vollkommen realisiert. Die zur Heiligung gerufenen Glaubenden wissen um den möglichen schuldhaften Rückfall aus dem neuen Leben in das alte Wesen der Sünde. Sie lassen sich von Gott dazu rufen, ihre Existenz bleibend auf das eschatologische Ziel auszurichten. So drängt die Heiligung die Christen dazu, bereits in der gegenwärtigen Welt – in und trotz aller Vorläufigkeit – ihres Glaubens zu leben.

Heiligung weist darauf hin, dass Gottes Gegenwart wirksam ist und zum »Werden einer der Zugehörigkeit zu Gott entsprechenden Lebensgestalt«[690] führt. Sie ist eine Bezeichnung für das ständige Einwirken Gottes auf den Menschen und die Welt. Heiligung ist die Konsequenz der Gegenwart Gottes in den Glaubenden und die wachsende Erfüllung mit dem heiligen Geist. In ihr wiederholen die Glaubenden täglich neu die Bewegung des Anfangs ihres Glaubens. Das Sein der Christen ereignet sich als Werden.

---

[688] S. dazu Pesch/Peters, Einführung S. 143. Joest (Rechtfertigung S. 1047) weist auf das iustus effici seu regenerari von AC IV 72 hin.

[689] Köberle, Rechtfertigung Seite 126; s. a. Trillhaas, a.a.O. S. 48.

[690] Joest, Heiligung S. 180.

Heiligung steht im Spannungsfeld zwischen Indikativ und Imperativ: Als Geschenk ist sie indikativisch die Befreiung von der Sünde und der Empfang des neuen Lebens. Heiligung als Gegenstand eines Imperativs an die Christen ist dann aber auch ein Geschehen mit ihm durch ihn. Die Glaubenden sind herausgefordert, das Geschenk des neuen Lebens zu ergreifen. Sie sollen das sein und tun, was sie sein und tun dürfen. Die von Gott vollbrachte Heiligung ist somit auch in die Verantwortung des Menschen gestellt; sie kann von diesem deshalb auch verweigert werden. Vom synergistischen Missverständnis bleiben diese letzten Aussagen durch ihre Eingründung in der Gnade frei. Die Glaubenden sind an der Gnade nicht ursächlich mitbeteiligt. Alle effektiven Einwirkungen der Gnade, jede diesseitig erfahrbare Bezeugung des Geistes Gottes ist bleibend an die rettende Tat Christi am Kreuz gebunden. Da die Heiligung in diesem Leben keine Vollendung schafft, beruht nicht auf ihr, sondern allein auf der Rechtfertigung aller Trost und alle Gewissheit des Glaubens. Die Tatsache der ursächlichen Wirksamkeit Gottes in den Wirkungen der Gnade wird durch den biblisch-reformatorischen Gedanken der Communio fidei angesprochen[691]: Gott ist in den Gläubigen bleibend durch den heiligen Geist gegenwärtig. So wirkt er in ihnen gegenwärtig die Erneuerung. Es hieße, den Glauben zur Folgenlosigkeit zu verurteilen, wollte man ihm seine anhebende Realität im Leben des Christen absprechen.

Inhaltlich hat es die Heiligung wesentlich mit der Loslösung von dem zu tun, was das Vertrauen zum lebendigen Gott und das Wirken des heiligen Geistes hindert. Es geht in der Kraft Gottes um die Distanzierung von der Sünde. In der Absage an die Sünde bewährt sich der Glaube in der täglichen Buße und Annahme der Vergebung. Hier geschieht das Sterben des alten und das Auferstehen des neuen Menschen. Die Heiligung ist der Mitvollzug dieses Sterbens und Auferstehens in der Dauer der christlichen Existenz.

Heiligung meint als Verhältnis- und Zugehörigkeitsbegriff die Befreiung der Glaubenden zu neuer Gemeinschaftsfähigkeit; diese bezieht sich auf Gott und auf die Mitkreaturen. Durch die Erfahrung der Liebe Gottes wird der Mensch jedoch auch erneut beziehungsfähig zu sich selbst. In dieser Hinsicht bezieht sich die Heiligung auch auf die Folgen von Verletzungen, die die Beziehung zu Gott, zum Mitmenschen und zu sich selber erheblich beeinträchtigen können.

[691] Vgl. dazu Pesch/Peters, Einführung S. 145ff und Peters, Rechtfertigung S. 42f.

3.1.2 Die Heiligung bei drei Vertretern der Inneren Heilung

D. G. Benner bietet einen interessanten Versuch, das Anliegen der Heiligung im psychologischen Horizont seelsorgerlich zu vermitteln. Er sagt, dass »zwei Komponenten in der Christenheit immer für die Seelsorge zentral waren: die Versorgung mit dem Heilmittel für die Sünde und Beistand für geistliches Wachstum.«[692] Mit der theoretischen Grundlegung für letzteren Gedanken beschäftigt sich Benner von seinem psychologischen Hintergrund her eingehend. Er erkennt einen Ansatz für die Seelsorge bei Jesus, der die Menschen zur Umkehr aus innerstem Herzen führte. Diese Umkehr führte zur völligen Neuorientierung des Lebens.[693] Benner steckt sodann das Terrain seines Ansatzes ab, indem er auf verschiedene Abwege der Zuordnung von theologischen und psychologischen Gegebenheiten in der Seelsorge eingeht: Er beginnt mit der Gefahr des »psychospirituellen Dualismus«[694]: Hier wird eine Trennung zwischen den geistlichen und psychologischen Aspekten der Person vollzogen. »Eine Konsequenz (dieser Trennung) ... ist eine Trivialisierung der geistlichen Dimension der Persönlichkeit. Wenn ›Geist‹ identifiziert wird als ›der Teil von uns, der in Beziehung tritt mit Gott‹, befinden wir uns plötzlich in der Lage, dass wir nur mit einem Teil unseres ganzen Seins mit Gott in Beziehung treten. Dann ist es nur noch ein kleiner Schritt zu glauben, dass Gott an gewissen Aspekten von uns mehr Interesse hat als an anderen.« So würde eine Fragmentierung des Menschen entstehen, eine Sammlung von ausgewählten Teilen, von denen einige wertvoller sind als andere. In psychischer Hinsicht müsste sich der christliche Glaube als von geringem oder keinem Wert erweisen, da psychologische Probleme zu den sekundären Mechanismen der Persönlichkeit gehören. »Diese Sicht der Person scheint unvereinbar mit der Schrift, wo Heiligung oder geistliches Wachstum nach der Bekehrung als ein Prozess des Heilwerdens dargeboten wird. Heiligung ist die Wiederherstellung der Ganzheit unseres Seins, die die Wirkungen der Sünde umkehrt und uns reif und vollkommen in Christus macht (Kol 1,28).«[695] Benner hebt hervor, dass es unangemessen ist, psychologische Aspekte der Person als für den

[692] Quest S. 20 (diese und die folgenden Übersetzungen G. W.). Benner sagt (ebd. S. 22f), dass in der protestantischen Tradition (im Unterschied zur östlichen orthodoxen) geistliche Führung wenig Beachtung fand.
[693] Quest S. 21.
[694] Quest S. 32ff.40ff; das folgende Zitat ebd. S. 40f.
[695] Quest S. 41. Bei Benner ist diese Aussage nicht perfektionistisch misszuverstehen.

Glauben irrelevant zu deklarieren. Daraus würde die unplausible Konsequenz folgen, »dass wir mit unserem Verstand und unseren Emotionen mit Gott nicht in Beziehung treten, weil diese psychologische Mechanismen sind.«[696] Benner wehrt sich ferner gegen die Sicht eines »spirituellen Reduktionismus«[697], der hinter jedem psychischen Problem gleich Sünde am Werk sieht. Benner bemerkt: »Sünde in einem letzten Sinn mag sehr wohl hinter allen Problemen stehen, insofern ein Ergebnis des Sündenfalls ist, dass wir in einer sündhaften Welt leben. Aber nicht nur wir sündigen; es wird auch uns gegenüber gesündigt.«[698] Gerade mit Letzterem hat es die Heiligung im Sinne der Inneren Heilung häufig zu tun: Ursprüngliche Probleme, die verletzendes Verhalten anderer am Betroffenen bewirkt haben, vermischen sich mit neurotischer Schuld und einem entsprechenden Verhalten. Außerdem gilt: »Jeder Aspekt der Person ist von der Sünde verunreinigt.« Die Innere Heilung will das Licht der göttlichen Wahrheit auch in psychologische Zusammenhänge fallen lassen. Benner grenzt sich auch vom »psychologischen Reduktionismus«[699] ab, der entweder theologische Zusammenhänge hinter psychologischen Problemen nicht sehen will oder sie höchstens insofern gelten lässt, als sie für eine psychologische Aufarbeitung etwas austragen. Die Heiligung im Sinne der Inneren Heilung will diese reduktionistischen Wege vermeiden, indem sie bei geistlichen Problemen die psychologische und bei psychologischen Problemen die geistliche Dimension im Auge behält. Benner geht davon aus, dass »bei der christlichen Errettung das Selbst in Jesus Christus gegründet und auf ihn hin zentriert ist und dass es dabei erneuert wird in das Bild, zu dem es ursprünglich geschaffen wurde. … Was wir haben, ist die Einwohnung eines neuen Geistes in uns, des Heiligen Geistes, und das Ausleben seines Lebens in uns.«[700] Der Vollzug der Inneren Heilung impliziert »eine Bloßlegung des falschen Selbst und einen Abstieg in die Angst, den die Mystiker den ›Abgrund‹ nannten«.[701] Die Ganzheit der Person kommt von der in Gott gründenden Selbsttranszendenz, von der Suche nach dem Selbst in Gott, das geistlich wächst. Benner weist nach, »dass Spiritualität nicht außerhalb des Gebiets der Psychologie stehen muss. Geistliches Verlangen findet im Herzen der

---

696 Quest S. 43.
697 Quest S. 43ff.
698 Quest S. 46; ähnlich auch Mühlen, Einübung S. 53.
699 Quest S. 47ff.
700 Quest S. 59.
701 Quest S. 66 (im Anschluss an den christlichen Existenzpsychologen J. Finch).

Persönlichkeit statt ...«[702] Benner entwirft so seine Seelsorge von der Spiritualität her. Das Wesen der Spiritualität gründet für ihn in der Gottesbeziehung: »Christliche Spiritualität besteht in einer tiefen Beziehung mit Gott, die durch die innewohnende Gegenwart des Heiligen Geistes ermöglicht ist. ... Geistliches Wachstum ist dann Wachstum in eine immer tiefere und engere Beziehung mit Gott. In dieser Beziehung werden unser Wille und Charakter zunehmend mit Gottes Willen und Charakter gleichgestaltet, und wir werden heiler. ... Wir Christen behaupten, dass wir in unserer Beziehung zu Gott unser wahres Selbst finden. ... Geistliches Wachstum ist auf diese Weise eng mit psychologischem Wachstum verbunden.«[703] Benner hält damit fest, dass die Rechtfertigung auf die Verwandlung des ganzen Lebens – und damit sowohl des Verstandes als auch der Emotionen – aus ist, und das ist geistliches Wachstum. Er unterscheidet zwischen der Struktur und der Richtung des Menschen: »... Die psychologischen Aspekte der Person sind die Basisstrukturen ihrer geschaffenen Natur, während die geistlichen Aspekte die Richtung ihrer Persönlichkeit sind. ... Jede geistliche Aktivität und Erfahrung wirkt innerhalb des Substrats psychologischer Strukturen ..., und umgekehrt haben alle psychologischen Strukturen ... eine geistliche Grundlage.«[704] Die Heiligung in der Inneren Heilung will dazu helfen, dass die verschiedenen Persönlichkeitsaspekte auf Gott hin und von ihm her durchdrungen werden. Es ist in diesem Denkmodell einsichtig, wenn Benner äußert: »... Psychologisches Wachstum (strukturelle Entwicklung) mag geistlichem Wachstum (Richtung) vorangehen müssen.«[705] Das wahre Selbst muss entdeckt und vom falschen unterschieden werden: »Das falsche Selbst wird verteidigt, nur das wahre Selbst kann transzen-

---

702 Quest S. 72. »Gott begegnet uns innerhalb der Tiefen unseres Selbst, und es ist ebenda, dass wir mit Gott in Beziehung treten und durch diese Beziehung verändert werden« (ebd. S. 107).

703 Quest S. 74f. Dazu gehört die »Befreiung von der Bindung der Sünde und Erneuerung durch den Heiligen Geist« (ebd. S. 100). Benner unterstreicht (ebd. 103) Spiritualität als »Leben in und aus dem Heiligen Geist«.

704 Quest S. 115. Es ist zutreffend, wenn Payne (Bild S. 173) sagt, dass »unsere geistliche Reife ... eng verbunden (ist) mit unserer seelischen Heilung ...«

705 Quest S. 123 (Übersetzung G. W); ähnlich Bennett, Bitten S. 46. Benner sagt (Quest S. 124), dass psychologische Konflikte uns darin begrenzen können, wie weit wir in der Antwort auf eine Berufung gehen können. Vgl. auch J. u. M. Sandford (Deliverance S. 138): »Gott überspringt nicht unsere menschliche Persönlichkeit.« B. Tapscott sagt prägnant (Friede S. 69): »... Wir können gläubige Christen sein und bei guter Gesundheit und trotzdem innerlich elend und gefühlsmäßig verkrüppelt.«

diert werden.«[706] Es geht in der Inneren Heilung um die Kreuzigung des falschen Selbst. »Die Aufmerksamkeit auf das Selbst ist nicht der Kern des Problems einer ungeistlichen Person. Das Kernproblem ist, das Selbst zu einem Gott zu machen.«[707] Von daher sollte geistliches Wachstum zu psychologischem Wachstum führen und damit zur Integration von bewussten und unbewussten Aspekten der Persönlichkeit und zu wachsender Beziehungsfähigkeit. Es ist einsichtig, dass die Innere Heilung sehr häufig zugleich geistliche und psychologische Aspekte der Person anspricht.

Unter den Vertretern der Inneren Heilung geht *L. Christenson* am eingehendsten auf die Frage der Heiligung ein. Die Heiligung versteht er – in der lutherischen Tradition – von der Taufe her, auf deren »allumfassende heiligende Folgen«[708] er hinweist. Im Christsein geht es für ihn wesentlich um die Erneuerung des Geistes. »... Der Zweck der Erneuerung des Geistes sind nicht neue Ideen, sondern ein neues, verändertes Leben.«[709] Das führt zu einem lebenslangen Änderungsprozess, der dazu dient, den Menschen Christus ähnlich zu gestalten.[710] Dieser Prozess in der Inneren Heilung wirkt auf den Glauben ein: Er »will ... Projektionen auflösen helfen, die aufgrund von erfahrenen Verletzungen das Bild Gottes verzerren und Menschen hindern, tiefer in den Glauben hineinzuwachsen«.[711] Er wirkt zugleich auf die Psyche des Menschen ein. Diese Seelsorge geht davon aus: »Wenn Gott wirklich Gott ist und Jesus wirklich der Herr, dann wird er Menschen in ihren Gefühlen, Gedanken und ihrem Willen tatsächlich berühren ...«[712] Christenson sagt vom Kampf, der nach Paulus zwischen Geist und Fleisch stattfindet: »In dem Kampf

---

706 Benner, Quest S. 123 (Übersetzung G. W.; kursiv im Original).

707 Ebd. S. 125. Benner geht aber (ebd. S. 124) nicht so weit zu sagen, dass geistliches Wachstum automatisch psychologischem Wachstum folgt. Für Scharrer (Fehlverhalten S. 9) geht es dabei darum, dass »Erlösungsrealität ... in die gestörte Schöpfungsrealität des Menschen eindringen und ihn dort verändern« (möchte).

708 Christenson, Geist S. 130.

709 Sinn S. 7. Ders. (Geist S. 56) sieht vom NT her die Gabe des Geistes mit der Reinigung von der Sünde verbunden. Er versteht innere Heilung als »Frucht der Umkehr zu Gott« und darin als eine Hilfe, erlöst und frei zu leben (ebd. S. 206). Baumert (Geist S. 38f) erkennt eine wesentliche Wirkung des heiligen Geistes darin, dass »er mir ... hilft zur Gemeinschaft mit mir selbst«.

710 Ders., Geist S. 72.93. Diese Änderung ist für Christenson eine natürliche Folge der Rechtfertigung (ebd. S. 109) und schließt, trotz aller Vorläufigkeit, Fortschritte in der Heiligung nicht aus (ebd. S. 166.171).

711 Geist S. 266. Immer wieder wird in diesem Kontext vom »Aufarbeiten« der Vergangenheit gesprochen.

712 Geist S. 197; ähnlich D. Bennett, Bitten S. 24.

zwischen Fleisch und Geist ist es wichtig zu wissen, was von uns erwartet wird. … Das geistliche Wachstum des Christen vollzieht sich als Kooperation zwischen Gott und uns. Tun wollen, was nicht unsere Sache ist, ist ein genauso großer Irrtum wie nicht tun, was unsere Sache ist.«[713] Christenson konstatiert zunächst: »Jede Veränderung, die sich tief in unserem Herzen vollzieht, ist ein Werk Gottes.«[714] Sie ruht auf dem, was Gott in Jesus Christus für uns getan hat und will im Gebet erbeten sein: »Nicht zufällig ist geistliche Erneuerung untrennbar mit dem Gebet verbunden.«[715] Er fährt dann jedoch fort: »Das äußere, sichtbare Werk des ›Anziehens‹ (sc. der neuen Haltungen) ist das Werk der Gläubigen.«[716] Damit hält Christenson fest, dass der Mensch sich nicht aus eigener Kraft ändern kann, auch wenn er dazu herausgefordert ist, die neue Haltung anzunehmen. Er spricht vom Bauen der »Form«, die vom Heiligen Geist erfüllt werden muss. »Wenn alles getan ist, ist ein Werkstück Gottes fertig: unsere Heiligung. Sie ist ein Werk der Gnade. Dennoch haben auch wir Anteil daran gehabt. Unser Glaube hat nämlich die Form für den Empfang seines gnädigen Werkes geschaffen; denn Gott gießt seine Gnade nicht aus, wo der empfangende Glaube fehlt.«[717] In der Inneren Heilung ändert der Ratsuchende sein Herz nicht aus eigener Kraft und eigenem Willen. »Es kann allein durch Gottes Heiligen Geist geändert werden. … Wir glauben, dass Gott nach und nach unsere Gefühle und Wünsche mit den Gefühlen und Wünschen Christi in Übereinstimmung bringen wird, wenn wir unser Leben in allen äußeren Dingen … mit dem Willen Gottes in Übereinstimmung bringen.«[718] Es geht in der Heiligung der Inneren Heilung um eine »Fortführung im Glauben« als »Leben aus

713 Sinn S. 9f. Ebd. zitiert Christenson Luthers Kommentierung zu Gal 5,16.

714 Sinn S. 10; J. u. P. Sandford (Umgestaltung S. 142): »… Die Heiligung (ist) einzig und allein das Werk des Heiligen Geistes …« M. Marsch (Heilung S. 28) gründet die innere Heilung auf die Taufe: »Unsere Heilung durch die Taufe besteht … in der Berufung zur Heiligkeit.«

715 Geist S. 220.

716 Sinn S. 11. Vgl. auch Bauman: »Die Mitarbeit, die Gott vom Menschen erwartet, besteht darin, dass dieser einen aktiven Glauben entwickelt und Gott erlaubt, Sein Werk in ihm zu tun« (Heilung S. 14). Crabb macht deutlich, warum sich die innere Heilung von Jesus Christus her den psychischen Defiziten zuwendet: »Ich glaube, dass ein Blick nach innen nötig ist, wenn wir auf lange Sicht ein Leben in der Verantwortung vor Gott führen wollen …« (Von innen S. 58).

717 Sinn S. 14 (kursiv im Original).

718 Sinn S. 15. Stoop/Masteller (Forgiving S. 313) sprechen von der »Erlaubnis«, die der Mensch Gott im Hinblick auf sein veränderndes Wirken am Menschen in der Heiligung gibt. Arnold (Glaube S. 127) stellt fest: »Nur die Bereiche, die wir Gott öffnen, können von ihm geheilt werden.«

dem Glauben«.[719] Innere Heilung als seelsorgerliche Ausprägung der Heiligung führt in den Prozess geistlichen Sterbens hinein: »Das Geheimnis eines fruchtbaren Christenlebens besteht nicht im Tun, sondern im *Sterben* – im Sterben jeder eigenen Anstrengung, damit das Leben Christi in uns frei werden kann.«[720] Heiligung ist nicht nur ein Befehl, sondern eine Verheißung: »So ist nicht nur mein Wille bei der Heiligung engagiert, sondern mein Glaube, mein Vertrauen.«[721] Neben der Bereitschaft, sich im Vertrauen zu Gott für den Veränderungsprozess durch den heiligen Geist zu öffnen, ist für die Innere Heilung die Bereitschaft gefragt zu warten: »Im Warten auszuharren ist ein entscheidender Teil des Wachstums im Glauben.«[722]

Schließlich sollen *M. Pytches* Äußerungen zur Heiligung zur Darstellung kommen, da sie zu den prominentesten Vertreterinnen der Inneren Heilung gehört. Sie stellt fest: »Veränderung ist für das christliche Leben fundamental. Eine kontinuierliche Veränderung sollte in jedem von uns als ein normaler Reifungsprozess stattfinden.«[723] Diese hat das eine Ziel, von den Ketten der Vergangenheit befreit in das Ebenbild Gottes verwandelt zu werden: »Gottes einziger Zweck für einen Christen/eine Christin ist, dass er/sie verwandelt wird in das Bild Christi.«[724] Als Merkmale menschlicher Reife gibt sie das Zurücklassen kindischer Verhaltensweisen und eine voll entwickelte physische, soziale, geistige, emotionale und geistliche Entwicklung an.[725] Pytches stellt ferner fest: »Es ist deutlich ..., dass wir auf der einen Seite heilig in Christus sind, auf der anderen Seite müssen wir fortfahren, unser Heil dadurch zu schaffen, dass wir der Heiligkeit nachjagen.«[726] Diese Notwendigkeit hängt zu einem Teil damit zusammen, dass verborgene psychische Probleme das Wachstum zur Reife hemmen können. Solche »Hindernisse werden häu-

---

[719] Sinn S. 21.

[720] Sinn S. 25 (kursiv im Original). Damit geht es um ein »Leben in Abhängigkeit« von Gott (ebd. S. 32). Payne spricht vom »Lernen, in der Gegenwart Gottes zu leben« (Bild S. 19). J. u. P. Sandford (Umgestaltung S. 23f) verstehen Umgestaltung als »Wechselspiel von Tod und Wiedergeburt«.

[721] Sinn S. 23.

[722] Sinn S. 50. Für Scharrer (Heilung S. 101) geschieht die innere Heilung in beständiger Abhängigkeit von Jesus Christus.

[723] Child S. 2 (diese und die folgenden Übersetzungen G. W.). J. u. M. Sandford (Deliverance S. 10.50) verstehen innere Heilung als Evangelisierung ungläubiger Herzen von Gläubigen. Dabei geht es um einen »Machtwechsel« (Böhringer, Heilung S. 4).

[724] Child S. 69.

[725] People S. 95ff.

[726] Child S. 3. Ähnlich auch Johnson/Van Vonderen, Power S. 198.

fig verursacht durch vergangene Verletzungen, irrationale Überzeugungen, Sünde und falsche Entscheidungen oder möglicherweise durch alle drei.«[727] Sie hält so die Spannung fest, dass wir uns zwar nicht selbst retten können, dass Gott aber doch unsere volle Mitarbeit erwartet. Die gefallene, von Gott entfremdete menschliche Natur hat auch beim Christen Nachwirkungen. Von daher rührt der »Kampf zur Änderung«[728]: »Das erste Problem für den Christen ist zu entscheiden, welche Dinge in seinem Leben aktuell in den Tod gegeben werden müssen, und dann, wie es getan werden muss.« Da bei vielen Christen innere Wunden nicht geheilt sind, benötigen sie weiterhin Überlebensstrategien. Pytches rechnet diese zur fleischlichen Struktur. Solche Strategien werden nicht durch ihre Unterdrückung überwunden, da sie unerwartet wieder auftauchen können: »Das Fleisch muss mit allen seinen schlauen und falschen Wegen zum Tod gebracht werden. Die ganze Strategie muss entlarvt und aufgegeben werden ...«[729] Es hat nach Pytches eine Wahl stattzufinden: Entweder man hält sich an veraltete Verhaltensweisen oder man lässt sie fahren und erfährt eine Verwandlung: »Nur die individuelle Person kann sich entscheiden, sie abzulegen. Gott wartet auf uns, dass wir diese Strategie als Erfindung des Fleisches erkennen und damit als etwas, wofür Buße getan werden muss.«[730] In diesem Prozess vollzieht sich eine von den Verletzungen der Vergangenheit befreiende Reifung, die freilich nicht von selbst dem Christen zufällt. »Das Leben ist für uns alle eine Serie von Problemen. Die Art, wie wir mit diesen Problemen umgehen, kann eine Gelegenheit zum Wachstum sein, oder sie kann verursachen, dass wir emotional und geistlich den Rest unseres Lebens Halbwüchsige bleiben.«[731] Im Prozess der Heiligung sollen die traumatischen Erfahrun-

---

727 People S. 21; Cloud (Changes S. 196) weist darauf hin, dass Aspekte unseres Selbst durch den Sündenfall in der Finsternis verborgen sind und so nicht wachsen und sich ändern können.

728 Child S. 11; ebd. das folgende Zitat. Pytches geht (ebd. S. 126) auf die Notwendigkeit ein, das »alte Selbst« abzulegen und das »neue Selbst anzuziehen, das dazu geschaffen ist, wie Gott zu sein« (ebd. S. 126).

729 Child S. 12f. »Das falsche Selbst muss gekreuzigt werden« (ebd. S. 69; ähnlich J. u. M. Sandford, Deliverance S. 10.53; Dopplinger, Heilung S. 81f). »Wir müssen lernen zu erkennen, wann wir vom Fleisch und den Verletzungen und der Vergangenheit motiviert sind« (ebd. S. 72). Sehr treffend formuliert Wilson (Shame S. 100): »Die Gnade nötigt ›gute Leute‹, ihre Schlechtigkeit anzunehmen.«

730 Child S. 14; vgl. auch dies., People S. 25. »Der Wille spielt im Prozess der Änderung und des Wachstums eine wichtige Rolle. Wir haben die von Gott gegebene Möglichkeit, eine Wahl zu treffen« (ebd. S. 74). Und dennoch ruht dieser Vorgang nicht allein auf der Willenskraft (MacNutt, Beauftragt S. 10 u. a.).

731 Child S. 26.

gen der Vergangenheit mit dem heilenden Christus konfrontiert werden. Dabei soll aus der Kraft des Heiligen Geistes heraus eine Wandlung von innen nach außen geschehen. Die Erinnerung an vergangene traumatische Erfahrungen steht unter dem Vorzeichen des heilenden Eingreifens Gottes. »Die beschädigten Emotionen bedürfen der Heilung, aber die irrationalen Überzeugungen müssen auch geändert werden.«[732] Nach Pytches geschieht die erstaunlichste Verwandlung durch die geistliche Übung, die Gegenwart des Vaters zu feiern: »Wir werden wie der, den wir anbeten und mit dem wir unser tägliches Leben verbringen.«[733] Als letztes Ziel der Heiligung kommt hier die Einführung des Christen in eine immer beständigere und gesündere Beziehung zu Gott in den Blick.

Die drei dargelegten Konzepte der Heiligung sind nun zusammenzufassen. Das soll in drei Schritten geschehen: Zunächst wird dargelegt, wo dieses Heiligungsverständnis Gedanken der säkularen Psychologie berührt. Es folgen Überlegungen, die sich mit christlichen Psychologie- und Seelsorgekonzepten außerhalb der Inneren Heilung überschneiden. Schließlich werden spezifische Akzente dieser Art der Heiligung angedeutet und diese in Beziehung zum biblisch lutherischen Verständnis der Heiligung gesetzt.

1. Ähnlich wie in verschiedenen psychotherapeutischen Schulen[734] geht es in der Heiligung im Sinne der Inneren Heilung um eine Verwandlung, eine Umgestaltung des von traumatischen Erfahrungen geprägten emotionalen Erlebens und der damit verbundenen kognitiven Muster. Das geschieht dadurch, dass die Vergangenheit des Ratsuchenden mit ihren psychischen Folgewirkungen in der Aufarbeitung ernst genommen wird. So umfasst die Heiligung den Blick zurück in die Vergangenheit, weil der Schmerz von vergangenen Erfahrungen in die Gegenwart hineinwirkt. Im Verlauf dieses Verwandlungsprozesses soll das falsche Selbst, das sich durch Verletzungen und Reaktionen auf diese beim Betroffenen herausgebildet hat, abgebaut werden und so dem wahren Selbst Platz machen.

[732] People S. 24. E. Scharrer (Jesus S. 170) bringt diesen Prozess mit dem präsentischen Kommen des Gottesreiches in Verbindung: »Das Entscheidende hierbei ist die dynamische Kraft des neuen Reiches, die bis in das Innere des Herzens eindringt, indem es seine Härte mit der Glut der Liebe Gottes zerschmilzt und das Herz mit neuen Impulsen ausstattet.« Für ihn (Fehlverhalten S. 10) betrifft die Innere Heilung drei Beziehungsdimensionen: 1. die Beziehung zu sich selbst, 2. die Beziehung nach außen zum Mitmenschen und zur Mitkreatur und 3. die Beziehung zu Gott.

[733] Child S. 160.

[734] Vgl. dazu z. B. Leonhard, Töchter S. 44.55.199.

Dadurch wird zugleich eine Wiederherstellung der durch Verletzungen behinderten Ganzheit menschlichen Seins intendiert. In allen drei skizzierten Konzepten versteht man Heiligung als Prozess, der zu einer Reifung des Menschen in seinem psychischen Erleben und dem aus ihm hervorgehenden Verhalten führt und ihn so zu einer gesunden Beziehung zu sich selbst und zu anderen befähigt. Im Unterschied zu verschiedenen psychotherapeutischen Schulen will besonders Benner einen psychologischen Reduktionismus vermeiden, der theologische Zusammenhänge nicht oder nur unbefriedigend berücksichtigt.

2. Von der Gnade her sollen im Prozess der Heiligung die heiligenden Folgen gezogen werden und die Erneuerung des Heiligen Geistes in psychische Zusammenhänge hineinwirken. Auf der einen Seite gilt im Hinblick auf die hier bedachte Seelsorge, dass wir im Glauben heilig sind. Und doch besteht auf der anderen Seite die Aufgabe, dem Heil in antwortendem Gehorsam dadurch Raum zu schaffen, dass auch die psychischen Hindernisse vom Glauben her angegangen werden. Der Ratsuchende ist gefragt, wie er als Christ mit den von seiner Vergangenheit geprägten psychischen Gegebenheiten umgehen will. So geht es bei der hier bedachten Heiligung um eine Kooperation zwischen Gott und dem Ratsuchenden, bei der die Gefühle und Wünsche des Menschen mit Gottes Willen in Übereinstimmung gebracht werden. Ähnlich wie in anderen Seelsorgekonzepten und von Christen praktizierten psychotherapeutischen Ansätzen[735] stellt also die Innere Heilung eine Hilfe zu geistlichem Wachstum dar. Dabei sollen die Folgen der Sünde in der Psyche erkannt und im Laufe eines zu durchlaufenden Prozesses überwunden werden. Emotionen, Kognitionen und der Wille werden nun von der Gottesbeziehung her geprägt. In paulinischer Terminologie kann der Prozess der Inneren Heilung in den Kampf zwischen dem Fleisch und Geist eingezeichnet werden. Verletzungen und die Reaktionen auf dieselben führen zu Haltungen und Verhaltensweisen, die einem fleischlichen Verhalten zuzuordnen sind und dem Leben aus dem Geist entgegenstehen. Dadurch wird nicht selten auch das Gottesbild verzerrt. Geht es unter psychologischen Gesichtspunkten um die Überführung des falschen Selbst in das wahre, so spricht man unter theologischem Gesichtspunkt von Umkehr oder der Kreuzigung des falschen Selbst (Benner) oder davon, dass der alte Mensch in den Tod gegeben wird (Pytches), damit das wahre Selbst bzw. der neue Mensch auferstehen kann. Dabei

[735] Vgl. dazu Ruthe, Krankheiten S. 15.25; Stollberg, Seelsorge passim u. a.

werden der Wille und das emotionale Erleben nach dem Willen Gottes dem Bild Gottes in Jesus Christus gleichgestaltet. So soll es zu einer wachsenden Vertiefung der Gottesbeziehung kommen. Gerade der bei allen drei dargelegten Konzeptionen auftretende Bezug zur Christusebenbildlichkeit ist für die Praxis der hier untersuchten Seelsorge von großer Bedeutung: Es geht nicht um ein simples positives, christliches Selbstkonzept oder darum, dass der Seelsorger dem Ratsuchenden sein Bild von ihm aufnötigen würde. Es geht vielmehr um die Erlösung durch Christus; sie soll auch die psychische Realität des Menschen durchdringen und helfen, ihn vom unbrauchbaren geistigen und seelischen Erbe der Herkunftsfamilie zu befreien.

In der Inneren Heilung erkennt man eine Interdependenz zwischen psychischem und spirituellem Erleben: Das Leben aus Glauben ereignet sich nicht an der Psyche vorbei. Eschatologischer Glaube und empirisch-psychische Vorfindlichkeit des Menschen treffen zusammen; hier wird damit ernst gemacht, dass Schöpfung und Offenbarung, Anthropologie und Theologie aufeinander bezogen sind. Geistliches Wachstum wirkt in diesem Geschehen auf die psychische Entwicklung zurück und umgekehrt. Am klarsten ist dieser Zusammenhang bei Benner reflektiert; er lässt sich jedoch auch bei anderen Autoren nachweisen (Pytches, Crabb, Cloud u. a.). Klar wird erkannt, dass in manchen Fällen zuerst eine psychische Veränderung notwendig sein kann, damit ein Wachstum im Glauben möglich wird. Von daher kann der dogmatisch korrekte Satz »Das Wort der passiven Gerechtigkeit des Glaubens sagt: Du gehst dich selber gar nichts an!«[736] seelsorgerlich falsch verwendet werden. Dieser Satz ist unverzichtbar, wenn mit ihm festgehalten wird, dass allein der Glaube an Jesus Christus rettet. Keine Heiligung – auch nicht die der Inneren Heilung – kann dieser Rettung etwas hinzufügen. Der Satz ist aber falsch, wenn es darum geht, dass der Glaubende seine Verletzungen und psychischen Probleme der verwandelnden Kraft Gottes aussetzen soll. In diesem Kontext kann dieser als fromme Ausrede gegenüber einer Aufarbeitung der Vergangenheit missbraucht werden. Der Glaube möchte gerade die verletzte Seele, die hindernden Überlebensstrategien etc. der heiligenden Gegenwart des heiligen Geistes bewusst ausliefern.

Ein psychospiritueller Dualismus muss sich für die Heiligung im Sinne der Inneren Heilung verbieten, da er zu einer vom Glauben abgelösten Eigengesetzlichkeit psychischer Abläufe führen würde. Außerdem legt er

[736] Bayer, Glauben S. 34.

das Missverständnis nahe, Gott würde nur mit einem Teil der Person kommunizieren. Natürlich ist Heiligung mehr als Überwindung negativer Emotionen.[737] Aber sie bezieht sich auch auf diesen Bereich der Person. Die Innere Heilung lehnt den spirituellen Reduktionismus ab, der zwar alle psychischen Probleme auf die Sünde zurückführt, dabei aber übersieht, dass diese Probleme nicht selten durch die Sünde anderer gegenüber dem Leidenden verursacht sind. In der Inneren Heilung sieht man, dass Verletzungen, irrationale Überzeugungen und falsche Entscheidungen nicht selten negativ zusammenwirken und für den Betroffenen ein Gewirr aus Schuld und Schicksal bilden.

3. Da sich die hier ausgeführten Überlegungen noch auf einer sehr allgemeinen Ebene bewegen, kommt das Spezifische des Heiligungsverständnisses in der Inneren Heilung nur andeutend in den Blick. Zwei Charakteristika lassen jedoch von den bisherigen Darlegungen her den spezifischen Akzent anklingen: Zum einen hebt diese Seelsorge die Ausgießung des Heiligen Geistes in das neue Selbst und seine Einwohnung in ihm hervor. Es geht also in dieser Art der Heiligung um die Praxis eines vom Geist geführten Lebens. Zum andern findet sich in der hier untersuchten Literatur eine ausgeprägte Erwartung des gegenwärtigen heilenden Eingreifens Gottes. Diese Züge treten dabei nicht in der Weise hervor, dass die Verantwortung des Menschen im Prozess der Heiligung außer Acht gelassen würde. Aber es findet sich ein ausgeprägter Sinn dafür, dass die Heiligung im psychischen Bereich ein Prozess ist, der sich in radikaler Abhängigkeit von Gottes Geist vollzieht und der deshalb bei aller willentlichen Bereitschaft, sich auf die Heiligung einzulassen, ein »Warten« (Christenson) und damit geduldige Abhängigkeit von Gott einschließt.

Setzen wir die Äußerung zur Heiligung in der Literatur zur Inneren Heilung mit der Skizze zu dieser Frage vom biblisch-reformatorischen Glauben in Beziehung, so fällt auf, dass die Innere Heilung als ein Teilaspekt dieses theologischen Topos zu begreifen ist. Die Heiligung spricht den Vollzug des neuen Lebens in allen Dimensionen des Christseins an. Die Innere Heilung engt diese Frage auf psychisch-seelsorgerliche Zusammenhänge ein. Das ist dann legitim, wenn diese eingeengte Sicht nicht zur grundsätzlichen Blickverengung führt.

Ferner fällt auf, dass das eschatologische Spannungsfeld des »Schon« und »Noch-nicht« kaum erwähnt wird. Das mag damit zusammenhängen,

[737] Darauf weist auch Cerny (Reaction S. 202) in der Diskussion um R. Carter-Stapelton.

dass sich in der hier untersuchten Seelsorge eine konkrete Hoffnung und Gewissheit findet, dass Gottes Geist in der Gegenwart der Ratsuchenden Heilung von seelischen Verletzungen schenkt. Diese Hoffnung und Gewissheit ist als Frucht eines lebendigen Glaubens zu verstehen und als solche unverzichtbar. Allerdings können sich hieraus unrealistische Erwartungen ergeben, die durch die Berücksichtigung des »Noch-nicht« vermieden würden.

Die Unterscheidung zwischen Total- und Partialaspekt in der Rechtfertigung und Heiligung erscheint nirgends in der Literatur zur Inneren Heilung. Dieser Mangel führt dazu, dass diejenigen, die das Anliegen der hier untersuchten Seelsorge vertreten, in ihren Formulierungen z. T. nicht immer ganz frei von perfektionistischen Tendenzen sind. Das wird z. B. bei M. Pytches ersichtlich, wo sie von der Verwandlung der Glaubenden durch die geistliche Übung, die Gegenwart des Vaters zu feiern, spricht. Sie meint in diesem Kontext: »Wir werden wie der, den wir anbeten und mit dem wir unser tägliches Leben verbringen.«

Der Prozess der hier bedachten Art der Heiligung gründet in der Taufe (Christenson, Marsch). Diese Eingründung wird jedoch nicht von allen Vertretern der Inneren Heilung gleich scharf gesehen (z. B. Margies, Bauman, Tapscott), zumal einige Vertreter dieser Seelsorge einem freikirchlichen Kontext zugehören, in dem die Erwachsenentaufe als die eigentliche Taufe verstanden wird. In der Folge wird die Verhältnisbestimmung von Rechtfertigung und Heiligung bei verschiedenen Vertreterinnen und Vertretern der Inneren Heilung nicht recht ersichtlich. Dieser Mangel erweckt den Anschein, als ob das Geschenk der Gnade nicht nur reines Geschenk wäre, sondern doch im seelsorgerlichen Prozess verdient werden könnte.

3.2 Zum Verständnis der Heilung in der Inneren Heilung

Die hier untersuchte Seelsorge legt auf das Heilungsgeschehen einiges Gewicht. Das zeigt bereits die Begrifflichkeit: Die meisten Bezeichnungen für diese Seelsorge verwenden explizit den Begriff »Heilung«. Das zeigen ferner die Erfahrungsberichte aus dem Umkreis der Inneren Heilung: Sie geben häufig Erfahrungen von Heilungen im psychischen und psychosomatischen Bereich wieder. An dieser Stelle auf die Heilung einzugehen, bietet sich deshalb an, da diese Frage diejenige des vorhergehenden Abschnitts berührt. Ähnlich wie dort ist auch bei der Behandlung der Frage der Heilung festzustellen, dass viele Anklänge an sie auftauchen, jedoch selten eine zusammenhängende Entfaltung geboten wird. Zunächst werden einschlägige Äußerungen zu diesem Thema von solchen Autoren wiedergegeben, bei denen die Heilung etwas eingehender bedacht wird. Dazu gehören der Psychotherapeut E. Scharrer, der Psychotherapeut und Theologe M. Marsch und der Theologe G. Bennett. Der Schlussteil würdigt diese Äußerungen zusammenfassend.

Mit der Frage der Heilung beschäftigt sich vom psychotherapeutischen Hintergrund her E. Scharrer. Es finden sich bei ihm Aussagen zu dieser Thematik, die sich im Rahmen der Psychotherapie bewegen. In diesem Kontext kann er sagen, dass zur Heilung das Nachholen »von früher nicht wahrgenommenen Reifungsschritte(n)«[738] gehört. Scharrer bewegt sich jedoch in seinem Heilungsverständnis keinesfalls nur auf der psychotherapeutischen Ebene. Er geht vielmehr, vom christlichen Glauben herkommend, davon aus, dass die durch Jesus Christus gesetzte Erlösungsrealität in die von Gen 3 her geprägte Schöpfungsrealität hineinwirkt: »Die ... unerlöste Schöpfungsrealität, die chaotische Welt der unheilen, schwierigen, pathologischen zwischenmenschlichen Beziehungen, der oft quälenden Familienverhältnisse soll konfrontiert werden mit der Erlösungsrealität des Heils in Jesus Christus ... Durch das In-Kraft-Treten der Erlösungsrealität – hinein in die Schöpfungsrealität psychischen Fehlverhaltens – wird eine Heilungserfahrung der Gottesbeziehung möglich und spürbar.«[739] Die von der gefallenen Schöpfung her geprägte, ungeheilte Gottes-, Nächsten- und Selbstbeziehung soll durch die Erlösungsrealität in eine geheilte transformiert werden. Scharrer kann in diesem Zusammenhang auf Jesu heilende Autorität eingehen: »Jesus gebietet der Krankheit – dieses Hoheitsrecht gehört zum Evangelium des

[738] Fehlverhalten S. 103. Der Schatten (Jung) wird nach ihm (ebd. S. 118) so geheilt: »*Die Heilung des Schattens wäre dann erreicht*, wenn die *Einseitigkeit einer Anpassungsleistung verstanden und Schritte zur Vervollständigung geleistet werden können*« (kursiv im Original).

[739] Fehlverhalten S. 129; ähnlich ders., Seelsorge S. 237. »Die Neuschöpfung ist angebrochen. ... Damit ist zeichenhaft ausgedrückt, dass Erlösung in gleicher Weise in den Raum der Vergangenheit, in den Raum der Gegenwart einzudringen vermag und heilende Veränderungen und Verwandlungen bewirken kann« (Scharrer, Jesus S. 35). Thompson (Wiederherstellung S. 227) spielt auf Lk 4,18 (Jes 61,1f) an.

Messias für die Armen ...«[740] Nach ihm ist die durch Jesus bewirkte Veränderung auf Heilung hin Ausdruck religiöser Erfahrung. »Diese Erfahrung meint, dass Gott selbst sich dem Einzelnen in seiner Menschlichkeit und Geschöpflichkeit offenbart.«[741] In die Vergangenheit und Gegenwart des Hilfesuchenden will das Heil Christi hineinwirken. Im Glauben wird die Christus-Existenz vergegenwärtigt. Diese Vergegenwärtigung bedeutet im therapeutischen Geschehen, dass das Einzelschicksal mit seinen Gekränktheiten und Verletzungen sich kreuzen kann und soll mit dem Einzelschicksal Jesu Christi.[742] In der Begegnung mit dem gekreuzigten und auferstandenen Christus – vermittelt durch den Erlösungszwischenraum der therapeutischen Beziehung – ereignet sich heilende Gemeinschaft. Das geschieht für Scharrer durch die lebendige Wirksamkeit des Gottesgeistes: »Das durch den Geist, das Pneuma, gegenwärtige Heil will sich verschwenderisch mitteilen ...«[743] Der heilige Geist ist die Kraft im Umkehr wirkenden und Neues schaffenden Wort Gottes, das gegenwärtig Wunder zu wirken vermag: *»So führt Jesu Wort ... auch zur Erfahrung des Wunders in seiner vielfältigen Gestalt als Zeichen einer neuen Schöpfung.«*[744] Zutreffend wird hier die heilende Wirksamkeit Jesu dem Reich Gottes zugeordnet. Scharrer bringt das therapeutisch-seelsorgerlich heilende Handeln mit dem Heilungsauftrag Jesu in Verbindung: »*Jesus delegiert den Heilungsauftrag an seine Jünger.* ... Er stattet sie aus mit Vollmacht und lässt sie erleben, dass sie Heilungswunder vollbringen können wie er selbst.«[745] Von seinem therapeutischen Hintergrund her weist Scharrer auf die Prozesshaftigkeit eines solchen Heilungsweges hin: »Heilungserfahrung kann von Anfangserfahrungen zu weitergehenden Fortschrittserfahrungen voranschreiten.«[746] Auch wenn Scharrer um das unverfügbare heilende Eingreifen Jesu in die geschöpfliche Realität des Menschen weiß, klammert er menschliche Verantwortung und Aktivität bei diesem Geschehen nicht aus. Auf Mk 8,32 bezugnehmend, bemerkt Scharrer im Hinblick auf

[740] Jesus S. 80 (kursiv im Original). Zur Vollmacht Jesu vgl. Arnold, Glaube S. 46.
[741] Fehlverhalten S. 130.
[742] Fehlverhalten S. 140. Vgl. auch ebd. S. 145: »Das objektive Heil Gottes möchte zur Heilung am Einzelnen werden.«
[743] Fehlverhalten S. 135. Auf die Geistesgaben hebt in diesem Kontext Payne (Bild S. 137) ab.
[744] Jesus S. 29 (kursiv im Original).
[745] Jesus S. 30 (kursiv im Original); ähnlich ebd. S. 80.
[746] Fehlverhalten S. 130; ähnlich ferner Linn, Leben S. 65; Seamands, Gefühle S. 77; Pytches, Child S. 136.

Petrus: »*Indem ihm Jesus diese verborgene Fehlhaltung aufdeckt* – als böse aufdeckt, entlarvt – *kann sie auch geheilt werden. Es kommt ans Licht, was in der Tiefe verborgen ist.*«[747] Damit sich Heilung ereignen kann, bedarf es – vor allem wenn es um psychotherapeutische und psychosomatische Zusammenhänge geht – der Aufdeckungsarbeit.

Als Psychotherapeut und Theologe befasst sich M. Marsch mit den biblischen Grundlagen der Heilung, wobei er seine Äußerungen – obwohl Vertreter der Inneren Heilung – nicht immer auf die Innere Heilung zuspitzt. Er stellt zunächst fest, dass Jesus durch seine menschliche Gegenwart die Nähe des Reiches Gottes verkünden wollte; dazu gehörten die Zeichen.[748] Im Mittelpunkt des neutestamentlichen Heilungsverständnisses steht nicht das Wunder, sondern der »Machterweis«[749], der Ausdruck eines Mitleidens Gottes »mit einer von Gott abgesonderten Menschheit«[750] ist. In der Heilung geschieht ein »Hineingenommenwerden des Menschen in die Auferstehung des Herrn«.[751] Marsch ordnet die Heilungstätigkeit Jesu seinem Erlösungswerk in Kreuz und Auferstehung zu: »*Jesus heilt und befreit durch die Hingabe seines Lebens und die Vergebung der Sünden.*«[752] Heilung bedeutet von daher für Marsch zunächst die Erlösung des Menschen durch die Gabe des ewigen Lebens. Er schlägt die Brücke von der Heilung zur Heiligung, indem er auf die Taufe

---

747 Jesus S. 134f (kursiv im Original). J. u. P. Sandford (Umgestaltung S. 18) möchten im Hinblick auf die Seele eigentlich nicht von Heilung, sondern »nur von Tod und Wiedergeburt« sprechen.

748 Heilen S. 9.

749 Heilen S. 19; ähnlich auch Hübner, Leid S. 68; MacNutt, Kraft S. 37; Arnold, Glaube S. 44.

750 Heilen S. 31; vgl. auch ebd. S. 7: »Heilung bedeutet biblisch nichts anderes als die Begegnung des Menschen – des ganzen Menschen – mit dem menschgewordenen Heil.« Tapscott (Frei gemacht S. 10) unterscheidet von Jes 53,5 her »drei Arten von Heilung: geistliche Heilung, innere Heilung und körperliche Heilung«. Die erste versteht sie (Friede S. 66) als die größte »Heilung«. Hughes (Healing S. 16) fügt im Anschluss an F. MacNutt als vierte Kategorie die Befreiung von dämonischer Bedrängnis hinzu. Für Wimber (Heilung S. 206) ist das Ziel der Heilung, dass die Menschen ihr Leben in Hingabe an Gott leben.

751 Heilen S. 24. Darin wird die neue Schöpfung offenbar: »... Jesus möchte die ganze Schönheit der Schöpfungsordnung bei allen Menschen wiederherstellen zur Verherrlichung des Schöpfers« (ebd. S. 31).

752 Heilen S. 19 (kursiv im Original). Zutreffend versteht er (Sakramente S. 23) die Krankheit von der »Erbsünde als Absonderung der Menschen von der Schöpfungsordnung Gottes« her. Payne meint (Bild S. 170): »Das Bekenntnis von Sünde und die Annahme von Vergebung sind der Schlüssel zur seelischen Heilung.« Seamands (Gefühle S. 84.117) sieht das Kreuz als die Stelle, an der dem verletzten Menschen Heilung zuteil wird.

rekurriert: »Bereits durch die Taufe ist der Mensch den Mächten des Bösen entrissen: er ist hineingenommen in den Tod und die Auferstehung des Herrn.«[753] Von daher gilt: »Der Weg unserer endgültigen Heilung hat damit als Möglichkeit schon begonnen, er muss sich durch unser ganzes Erdenleben hindurch fortschreitend verwirklichen.«[754] Mit diesem eschatologischen Bezug ist der eschatologische Vorbehalt im Hinblick auf alle Heilungserfahrung angedeutet. Explizit geht Marsch darauf mit Bezug auf das Schauen des Angesichtes Gottes folgendermaßen ein: »Die endgültige Heilung ... bleibt immer die Begegnung mit dem Heil von Angesicht zu Angesicht.«[755] Marsch hebt hervor, dass die Heilung eine Wirklichkeit des Glaubens ist. Er fügt jedoch zutreffend hinzu, dass hierbei nicht nur der Glaube dessen gemeint ist, der geheilt werden soll, sondern vor allem derer, die für diese Heilung mitverantwortlich sind.[756] Marsch möchte Heilung nicht im oberflächlichen Sinn als Beseitigung von Symptomen verstehen: »... Heilung im biblischen Sinn (bedeutet) etwas wesenhaft anderes ... als die Behebung von Symptomen.«[757] Vielmehr müssen die geistlichen und psychischen Wurzeln dessen beachtet werden, was sich einer Heilung entgegenstellt. Heilung wird damit als ein umfassendes, den ganzen Menschen betreffendes Geschehen begriffen: »... Es geht um die Heilung des ganzen Menschen an Leib und Seele und Geist, ja es geht letztlich gerade um die Wiederherstellung der Einheit des ganzen Menschen.«[758] Ferner erkennt er die umfassende Heilung des Menschen als ein Geschehen, das nicht individualistisch engführend zu verstehen ist. »Die ganze Heilung des ganzen Menschen kann erst dann Wirklichkeit werden, wenn wir uns ganz eingliedern lassen in die Gemeinschaft der Heiligen und zu Gliedern seines ganzen Leibes werden.«[759] Auffällig ist seine Betonung des Heilungsauftrags an alle Gläu-

[753] Heilen S. 25. Auch Margies (Wort 1 S. 86) sieht eine Verbindung zwischen Heilung und Heiligung: »Wenn Wille zur Heiligung nicht mit dem Willen zur Gesundheit zusammenfallen, drückt sich der Kranke am Willen Gottes vorbei ...«

[754] Heilen S. 25. Vgl. dazu auch Linn, Leben S. 32; Frank, Door S. 17; Engeli, Gesprächstherapie S. 161.

[755] Heilen S. 86.

[756] Heilen S. 61. Margies (Heilung 2 S. 78ff) betont den Glauben des Heilung Empfangenden so sehr, dass ihm der Großteil des Heilungserfolgs aufgebürdet wird.

[757] Heilen S. 68. Von daher heben verschiedene Autoren die Mitverantwortlichkeit des Menschen für den Heilungsprozess durch die Zuwendung zu den Wurzeln von Problemen und zu einer neuen Haltung hervor.

[758] Sakramente S. 109 (kursiv im Original); so auch Wimber, Heilung S. 67; MacNutt, Kraft S. 36.

[759] Heilen S. 69.

bigen: »Die Kranken wurden nicht nur durch ihn heil, der das Heil selbst war. Sie wurden auch durch andere Menschen geheilt, die er mit seiner Vollmacht ausgerüstet hatte.«[760] Dieser generelle Auftrag ist für Marsch zum einen mit dem Hinweis verbunden, wirklich Gott die Art der Antwort auf das Gebet um Heilung zu überlassen. Zum andern ist er kein Freibrief für unqualifiziertes Handeln. Marsch empfiehlt auf der einen Seite Menschen, die im Heilungsdienst Verantwortung übernehmen, die Aneignung biblisch-theologischer und nach Möglichkeit auch psychologisch-anthropologischer Grundlagen. Allerdings warnt er gleichzeitig vor einer starren, verregelten Praxis. »Heilung durch Gott bleibt immer ein Geheimnis.«[761] Es entspricht diesem Geheimnischarakter, dass Marsch das Lob Gottes in den Heilungsdienst einbezieht. Er sieht es als ein wirksames Mittel zur Heilung und Heiligung des Menschen: »Es (sc. das Lob Gottes) lässt uns am intensivsten teilhaben an der Herrlichkeit Gottes, besonders in der Feier der Sakramente.«[762] Im Lob vertraut sich der Lobende – sich selbst loslassend – mit seiner Einschränkung seinem Herrn an. Marsch legt mit seinen Darlegungen eine Basis, die sowohl für physische als auch für Innere Heilung ihre Gültigkeit hat.

Der anglikanische Theologe G. Bennett befasst sich vom Hintergrund seiner Heilungserfahrungen im Gemeindedienst her mit dem Heilungsauftrag Jesu. Er stellt fest, dass dieses Thema in der Theologie und der kirchlichen Praxis ein Schattendasein führt.[763] Bennett geht auf das sich in den Evangelien aussprechende Heilungsverständnis Jesu ein. Bei Jesus zeige sich eine Sicht für den ganzen Menschen und nicht nur für dessen Seele. Die mit Krankheit und Sünde verbundene Not ist Folge des Sündenfalls. »Er (sc. Jesus) kam, um den Menschen von allem zu befreien, was ihn belastete und schmerzte.«[764] Er hat uns durch seine Wunden geheilt.[765]

---

760 Heilung S. 9. Marsch spricht (Heilung S. 27) von der Vollmacht, bei der Heilung in die Begegnung mit dem Herrn zu führen. Der Heilungsauftrag gilt jedem (ebd. S. 73); aber die Versuchung, die Gabe der Krankenheilung für ein Zeichen eigener Machtvollkommenheit zu halten, besteht (ebd. S. 74).

761 Heilen S. 79. Dazu gehört auch die unlösbare Frage, warum Gott die Bitte um Heilung verschieden beantwortet.

762 Sakramente S. 122.

763 Heilung S. 16f. »Es ist auffallend, dass wir nicht mit demselben Vertrauen und derselben Erwartung wie die Urgemeinde darum beten können, dass Wunder geschehen« (ebd. S. 80).

764 Heilung S. 26f. In diesem Sinn meinen M. u. D. Linn (Leben): »Gott ist … nicht verantwortlich für die Krankheit, sondern für die Gesundheit.«

765 Heilung S. 78, Jes 53,5b zitierend. Besonders Sandfords heben das Kreuz als Ort der Heilung hervor (z. B. Deliverance S. 265).

Der ganzheitliche Aspekt geistlicher Heilung kommt zum Ausdruck, wenn Bennett die Heilung im medizinischen Bereich mit der »göttlichen Heilung« vergleicht. Eine Abwertung der medizinischen Heilung liegt ihm dabei fern: »Während die medizinische Wissenschaft allein mit der Heilung von Krankheiten zu tun hat, geht es bei der ›göttlichen Heilung‹ um die Heilung der ganzen Persönlichkeit des Menschen. … Die göttliche Heilung hebt uns über die menschliche Ebene hinaus auf die göttliche, wenn der Patient durch Gebet und seelsorgerlichen Dienst in jenen Zustand umfassender Gesundheit und Vollkommenheit gebracht wird, den man nur in der Gegenwart des Auferstandenen finden kann.«[766] Hier wird die seelsorgerliche Ausrichtung des geistlichen Heilungsdienstes deutlich. Mit Blickrichtung auf die evangelikale, zum Dispensationalismus neigende Position weist Bennett darauf hin, dass die Berücksichtigung des Heilungswerkes Christi seine Heilsbotschaft in keiner Weise beeinträchtigt.[767] Er sieht auch in der Glaubensarmut der Christenheit eine Hemmung für die sich entfaltende geistliche Kraft der Heilung. »Obgleich seine heilende Kraft gestern, heute und in Ewigkeit die gleiche ist, hemmt die Glaubensarmut der Kirche doch den Kraftstrom, der von Ihm ausgeht.«[768]

Bennett hebt auf den erwartungsvollen Glauben derjenigen ab, die im Heilungsdienst stehen. Drei Fragen sollten sie sich dabei beantworten, die alle auf das christozentrische Verständnis der Heilung abheben: »*Glaube ich wirklich, dass Christus, als er auf Erden war, tatsächlich Kranke geheilt hat? Glaube ich wirklich, dass Christus, nachdem sie ihn getötet haben … wirklich auferstanden ist? Glaube ich wirklich, dass Christus derselbe ist, gestern, heute und in Ewigkeit?*«[769] Wenn diese Fragen positiv beantwortet werden, gilt dennoch, dass das Ergebnis dieses Dienstes Christus überlassen werden muss.[770] Für das Heilungsgeschehen ist nach Bennett der Name Jesus von entscheidender Bedeutung: »Den Namen Jesus gebrauchen heißt, den Kanal öffnen, durch den Gott, der uns und die ganze Schöpfung geschaffen hat, seine rettende und

[766] Heilung S. 55. Dass Bennett die Medizin nicht abwertet, zeigt ebd. S. 58: »Medizin ist etwas Geheiligtes. Sie ist eine Gabe Gottes.« Er sieht vielmehr auf der Seite der Kirche ein Versagen (ebd. S. 92): »Die Ärzte bemühen sich wirklich sehr, die Lage (sc. dass sich viele Menschen auf Psychopharmaka verlassen) zu meistern. In vielen Fällen füllen sie die Lücken aus, die wir als Kirche hinterlassen haben.«

[767] Ebd. S. 22.

[768] Ebd. S. 195.

[769] Ebd. S. 19 (kursiv im Original).

[770] Ebd. S. 71.

heilende Liebe fließen lassen kann. Sein Name bedeutet Geborgenheit, Kraft und Friede.«[771] Derjenige, der sich in einem solchen Dienst einsetzt, muss sich ganz diesem Namen unterstellen. Sowohl die Heilung als auch der Heilungsdienst sind häufig ein Prozess. Das weiß auch Bennett, wenn er äußert: »Ein Heilungsdienst kann mit dem Leben eines Samens verglichen werden. Er muss Zeit haben, Wurzeln zu schlagen.«[772]

Das Heilungsverständnis der drei Autoren ist nun zusammenfassend zu würdigen und im Kontext der über die Literatur zur Inneren Heilung hinausgreifenden Diskussion zu beurteilen:

Die Verständigung über das, was Heilung meint, ist sicher nicht einfach; dieser Begriff vermag sehr verschiedene Bedeutungsinhalte aufzunehmen.[773] So kann mit ihm die Reparatur als Wiederherstellung der Gesundheit oder die Selbstheilung der Organe angesprochen werden. Derselbe Begriff kann aber auch die Annahme eines Leidens und der Endlichkeit oder die Kraft, mit Behinderungen zu leben, meinen. Schließlich kann er für die Eröffnung einer neuen Erfahrung in der Begegnung mit Gott stehen, die neue Beziehung zu sich selbst und anderen schafft. Die zuletzt angesprochene Bedeutung des Heilungsbegriffs kommt dem in der Literatur zur Inneren Heilung vertretenen Verständnis am nächsten. Es fehlt jedoch nicht die Dimension der Geduld im Annehmen von persönlichen Grenzen, die durch Verletzungen entstanden sind. Die Vertreter der hier untersuchten Seelsorge gehen davon aus, dass Heilung mit Begegnung zu tun hat: Wenn die Erlösungsrealität in die Schöpfungsrealität hineinwirkt (Scharrer), handelt es sich um die Begegnung zwischen Gottes Kraft und der Schwachheit des Menschen als eines Teiles der gefallenen Welt.[774] Das Verständnis der Heilung als Begegnung lässt einsichtig werden, warum das Lob Gottes als Therapeutikum erwähnt werden kann (Marsch).

Die Feststellung Bennetts ist sicher zutreffend, dass der Heilungsdienst in der Kirche lange Zeit vernachlässigt wurde. Das hängt zum einen damit zusammen, dass die Anthropologie der Kirche lange Zeit von hellenistisch-neuplatonischer Menschenauffassung geprägt wurde, zum andern,

---

[771] Ebd. S. 124. Er weist (ebd. S. 194) darauf hin, dass alles Heilungsgeschehen von Christus ausgeht und in ihm seinen Mittelpunkt hat.

[772] Ebd. S. 140.

[773] Vgl. dazu Nüchtern, Sehnsucht S. 17f; Ritschl, Heilung S. 475.

[774] Der Gedanke der Begegnung prägt auch Reimers (Geist S. 82ff) Darstellung der charismatisch orientierten Seelsorge.

dass von manchen aus weltanschaulichen Gründen ein Eingreifen Gottes in die Welt ausgeschlossen wurde, und schließlich damit, dass man Jesu heilendes Wirken auf die Zeit der Urchristenheit begrenzt verstehen wollte. So wurde und wird der Heilungsdienst immer noch überwiegend kirchlichen Randgruppen überlassen, die man nicht selten der Schwärmerei bezichtigt. Hier gilt es, sich durch eine Rückbesinnung auf das biblische Zeugnis in Theorie und Praxis kirchlichen Handelns korrigieren zu lassen. In diesem Sinn ist es auffallend und angemessen, dass sich bei den drei hier vorgestellten Autoren der Bezug auf das Wirken Jesu findet. Exegetisch zutreffend werden die Heilungen Jesu seiner Reich-Gottes-Verkündigung ein- und untergeordnet (Marsch, Scharrer).[775] Heilungen sind Zeichen des Reiches Gottes, somit Zeichen der neuen Schöpfung und Ausdruck seines Erbarmens über den leidenden Menschen. Heilungen sind Vollzug des Kampfes Gottes gegen die vom Unheil gezeichnete Welt.[776] Jesus hat Autorität über die Krankheit und kann sich im Wirken am kranken Menschen offenbaren. Häufig tritt von daher eine christozentrische Orientierung des Heilungsverständnisses zutage (Bennett u. a.). Das heilende Wirken Jesu verdichtet sich in seinem Tod am Kreuz und in seiner Auferstehung und damit in der die Gottesbeziehung des Menschen heilenden Erlösung (Marsch). Christlich wird die Heilung damit vom Heil her begriffen und diesem untergeordnet. Diese Unterordnung erfolgt aber nicht so, dass eine Abwertung der Heilungsrealität erfolgt. Zugleich wird jedoch festgehalten, dass Heilsgewissheit nicht an die Heilungserfahrung – und folglich an die Gesundheit – gebunden werden darf. Heilung kann auch in mehr systematisch-theologischer Begrifflichkeit als Erlösungsrealität bezeichnet werden, die in die von Gen 3 gezeichnete Schöpfungsrealität eindringt (Scharrer). Damit wird klar gesehen, dass Krankheit vom Sündenfall her zu verstehen ist.[777] Der Zusammenhang von Sünde und Krankheit wird von den meisten Vertretern der Inneren Heilung jedoch nicht auf das ethische Verhalten des von einer Krankheit Betroffenen bezogen. Zusammenhänge in dieser Hinsicht sind zwar nicht auszuschließen, und in diesem Fall gehört dann notwendig zur

[775] Vgl. dazu Nielsen, Heilung S. 8ff.103ff; Bittner, Heilung S. 24ff; Eibach, Heilungsgeschichten S. 95ff.

[776] Treffend formuliert Baumert (Heilungsgeschehen S. 38): »Wer die Krankheit fraglos als etwas Unabänderliches hinnimmt, hat ein falsches Gottesbild.«

[777] Hier besteht ein Konsens mit christlichen Therapeuten außerhalb des Konzepts der Inneren Heilung z. B. Ruthe, Krankheiten S. 31f. Eine vorschnelle Versöhnung Gottes mit dem Elend führt zu einer zweifelhaften Pathodizee (mit Eibach [Heilungsgeschichten S. 141ff] gegen Bach [Gemeinde S. 20ff.36f.45ff.64]).

Heilung die Vergebung; wenn sie aufgewiesen werden, dann nicht, um den Leidenden zu diffamieren, sondern um ihm zu helfen. Sie können aber unter keinen Umständen als allgemeines Erklärungssystem für jede Krankheit dienen. Krankheit wird vielmehr als Ausdruck der allgemeinen Gefallenheit der Welt begriffen, an der der Mensch Anteil hat.

Ziemlich häufig findet sich in der Literatur zur Inneren Heilung der Rekurs auf Jesu Heilungsauftrag an die Jünger. Dieser Auftrag ist nicht nur auf die erste Christenheit und nicht nur auf einige wenige Personen beschränkt. Trotz seiner Generalität stellt er aber keinen Freibrief für dilettantisches poimenisches Handeln dar. Er ist vielmehr offen für den Einsatz psychologischer Bildung. In diesem Zusammenhang verweisen verschiedene Vertreter der hier untersuchten Seelsorge auf die Pneumatologie (Scharrer, Seamands, J. Müller u. a.). Der heilige Geist vergegenwärtigt die Christusexistenz, so dass das Einzelschicksal des leidenden Menschen sich mit dem Einzelschicksal Christi kreuzt (Scharrer) und so gegenwärtig Heilung erfahrbar wird. Mit dem pneumatologischen Bezug eignet der Heilung ein Geheimnischarakter (Marsch), der sie unverfügbar macht.[778] Derjenige, der sich im Gehorsam durch Jesu Heilungsauftrag beanspruchen lässt, hat sich in völlige Abhängigkeit vom erhöhten, im Pneuma präsenten Christus zu begeben (Bennett). Die Art, wie Gott eingreift und wann, muss bei aller vertrauensvollen Erwartung ihm überlassen werden. Heilung ist, christlich verstanden, ein Geschehen, das vom Glauben getragen ist. Seelsorgerlich verantwortlich wird jedoch nicht der Glaube des Heilung Suchenden in den Mittelpunkt gestellt, sondern der Glaube dessen, der für den Kranken betet (Marsch, Bennett u. a.).

Es ist ein für die Innere Heilung typischer Zug, die Heilung überwiegend im Kontext psychischer und psychosomatischer Prozesse zu sehen. Bei Scharrer fällt auf, dass er Heilung im Rahmen der Psychotherapie betrachten kann, ohne dass ein unmittelbarer christologischer Bezug erwähnt würde, der jedoch bei ihm sein psychologisches Denken umgreift. Hier deutet sich eine wichtige Erkenntnis an: Die Seelsorge im Sinne der Inneren Heilung bedarf in ihrem Heilungsverständnis einer trinitarischen

---

[778] Es gibt jedoch in dieser Hinsicht leider auch sehr missverständliche Äußerungen, die für den Glaubenden im Hinblick auf die Gesundheit eine Zwangsläufigkeit festzustellen scheinen. A. Sanford gibt dagegen zu bedenken (ebd. S. 45): »Viele von uns haben, anstatt augenblickliche Heilung zu finden, vollständige Abhängigkeit von Christus lernen müssen, indem sie aus seiner Kraft leben …«

Begründung.[779] Sie kann den Menschen im Horizont des Schöpfungsgedankens mit anderen therapeutischen Schulen coram se ipso bzw. coram socio betrachten. Hier ist es dem Menschen möglich, eine gewisse Einsicht in psychisches Fehlverhalten zu gewinnen. Vom Seelsorger werden dabei die zwischenmenschliche Vertrauensbeziehung, die Diagnose, Katharsis und Neuaufbau psychischen Erlebens und Verhaltens im Heilungsprozess ernst genommen. Auch in der Schöpfungsperspektive ist es sinnvoll, vom christlichen Glauben her von Heilung zu reden. Der christliche Glaube umgeht vom Schöpfungsgedanken her keinesfalls die ehrliche Konfrontation mit den Untiefen der eigenen Psyche. Psychologisch erklärbare Heilungsvorgänge werden in der Inneren Heilung nicht für minderwertiger gehalten als solche, die subjektiv als durch ein außergewöhnliches Eingreifen des heiligen Geistes bewirkt mit feststellbarer Symptombeseitigung erlebt werden. Eine Fixierung auf das Mirakulöse einer Heilung verbietet sich von daher.[780] Als Geschöpf Gottes hat der Mensch die Aufgabe, auch im psychischen Bereich seiner Geschöpflichkeit gemäß zu leben und für deren Entfaltung Sorge zu tragen. Die Heilung umgreift auch diesen schöpfungstheologischen Aspekt. Dieser bleibt seinerseits zugleich auf den soteriologischen und pneumatologischen Aspekt bezogen. Verletzungen und die Reaktionen des Verletzten auf diese haben mit der Realität der Sünde zu tun. Die Heilung im Sinne der Inneren Heilung führt immer wieder zur Annahme und Gewährung der christologisch begründeten Vergebung und hat häufig mit dem Vollzug der Umkehr zu tun. Damit zeigt sich bereits der pneumatologische Aspekt, dem die Heiligung zugeordnet ist. In diesem Sinn soll sich in der Inneren Heilung das Herauslösen aus den irdischen Bindungen verletzender Erfahrungen ereignen. Der im Evangelium gründende Ruf zur Heiligung wird in der Inneren Heilung auf psychologische Zusammenhänge bezogen; auch dort soll er Heilung bewirken. Auffallend häufig findet sich in der hier untersuchten Literatur der Hinweis darauf – vom soeben Dargelegten her verständlich –, dass die mit der Heiligung verbundene Heilung häufig ein Prozess ist. Heilung und seelsorgerliche Begleitung sind hier aufeinander bezogen. Gebet um Heilung und der Einsatz von psychologischen Erkenntnissen schließen sich für die Innere Heilung keinesfalls aus. Außerdem wird vom Schöpfungs- und Heili-

[779] In dieser Richtung hat Peters (Seelsorge S. 641ff) im Hinblick auf die neuere Seelsorgediskussion einen wichtigen Vorstoß gemacht.

[780] Formulierungen wie »göttliche Heilung, Wunderheilung, Glaubensheilung und übernatürliche Heilung« können die Aufmerksamkeit in eine falsche Richtung lenken.

gungsaspekt her einsichtig, warum Heilung und menschliche Verantwortung sich nicht ausschließen.[781] Der verletzte Mensch ist herausgefordert, seine Verletzungen wahrzunehmen, sich ihnen zu stellen und sich mit ihnen auf die heilende Begegnung mit Gott einzulassen. Die Heilung setzt die psychisch-geschöpfliche Realität des Menschen nicht außer Kraft. Sie geht in der die Psyche betreffenden Dimension auch nicht an der einwilligenden Bereitschaft des Verletzten, sich für den Heilungsprozess zu öffnen, vorbei.[782] Heilung und die Suche nach den Wurzeln psychischer Probleme (Marsch) – und somit Aufdeckungsarbeit (Scharrer) – gehören in der Inneren Heilung zusammen. Wo hingegen der Aspekt, dass Heilung häufig ein Weg ist, der Zeit braucht, zu kurz kommt, lauert die Gefahr, Heilung als Mittel augenblicklicher Symptombeseitigung zu verstehen.

Die bisherigen Gedanken zum christlichen Heilungsverständnis haben die Basis skizziert, auf der die Seelsorge der Inneren Heilung ruht. Diese Seelsorge ist ein Teil eines umfassenderen Heilungsauftrags der Kirche. Nach diesen mehr grundlegenden Darlegungen soll noch auf einige Einzelzüge im Heilungsverständnis der Inneren Heilung eingegangen werden: Diese Seelsorge sieht Heilung im Kontext einer ganzheitlichen Sicht des Menschen stehen.[783] So wie Seele und Leib im Falle von Verletzungen wechselseitig in Verbindung stehen (Punkt 2.3.12), so können sie es auch im Hinblick auf die Heilungserfahrung sein. Diese Sicht für den ganzen Menschen wird bereits im Wirken Jesu entdeckt (Bennett). Die Heilung wird im Verständnis dieser Seelsorge auf die Biografie des Ratsuchenden bezogen. Es klingt missverständlich, wenn davon gesprochen wird, dass Vergangenheit und Gegenwart geheilt werden (Scharrer); die Vergangenheit mit ihren traumatischen Erfahrungen kann sicher nicht verändert werden. Gemeint ist vielmehr, dass die Auswirkungen traumatischer Erfahrungen in der Heilung einen Bedeutungswandel des emotionalen,

[781] Das bringt Engeli (Psychotherapie S. 163) gut zum Ausdruck: »Die Motive für die Heilung scheinen von großer Bedeutung zu sein. Die Menschen, denen vor allem ihr Wohlergehen wichtig ist, bringen oft nur eine geringe Bereitschaft zu eigenen Schritten mit. Es geht um das ›Ausleben der Heilung‹.«

[782] Vining weist nach, dass bei Wesley Heiligung – und die mit ihr verbundene Heilung – sowohl ein Ereignis als auch ein Prozess sein konnten (Caring S. 29ff). Die Heiligungs- (ebd. S. 47ff) und frühe Pfingstbewegung (ebd. S. 53ff) legten die Betonung auf die Erfahrung eines augenblicklichen Ereignisses, so dass für die Heiligung und Heilung als Prozess kaum Platz blieb. Erst in neuerer Zeit findet der Prozessgedanke in diesen Bewegungen wieder Beachtung (ebd. 73ff).

[783] Der schwammige Begriff der Ganzheitlichkeit meint hier die »Ganzheit einer konkreten Gestalt« (Nüchtern, Sehnsucht S. 11); er verträgt sich in dieser Bedeutung mit dem Wissen um Begrenztheit.

kognitiven und pragmatischen Verhaltens erfahren und die eigene Vergangenheit angenommen werden kann.[784] Heilung emotionaler Traumata und die Beseitigung der damit verbundenen Blockaden ist möglich. Die heilende Gegenwart Gottes eröffnet eine Änderung psychischen Fehlverhaltens. Die Innere Heilung nimmt ferner ernst, dass der Mensch auf Beziehung hin angelegt ist. Verletzungen entstehen zumeist durch missglückte Beziehungen. Heilung schafft neue Beziehungsfähigkeit, die sich auf die Beziehung zu Gott, zum Mitmenschen, zur Mitkreatur und zu sich selbst bezieht. Individuelle Heilung kann häufig erst dann eintreten, wenn die mitmenschlichen Beziehungen geheilt werden. So erfährt im Zuge der Inneren Heilung auch eine durch Verletzungen belastete Gemeinschaft Heilung (Marsch).

Die hier bedachte Seelsorge weiß darum, dass auch ihr Wirken Stückwerk ist. Vollkommene Heilung aller Folgen von Verletzungen wird es erst in der eschatologischen Vollendung geben (Marsch). So steht die Heilung der hier untersuchten Seelsorge unter dem eschatologischen Vorbehalt. Die Berücksichtigung dieser theologischen Tatsache hilft, die Innere Heilung vor allen Formen des Perfektionismus und vor Machbarkeitswahn zu bewahren.

Nach dem Verständnis der hier untersuchten Seelsorge ereignet sich Heilung in der menschlichen Begegnung (Scharrer). Es handelt sich dabei jedoch nicht um ein rein innermenschliches Geschehen. Das kommt wesentlich im Vollzug des Betens zum Ausdruck. Ihm kommt in dieser Seelsorge neben der diagnostischen Arbeit einiges Gewicht zu. Auf diese Frage ist im folgenden Punkt einzugehen.

3.3 Zum Verständnis des Gebets in der Inneren Heilung

Die Thematik der beiden letzten Abschnitte tangierte immer wieder die Frage des Gebets. Ihm kommt in der Inneren Heilung eine tragende Bedeutung zu. Seinen Stellenwert deutet Reimer an, wenn er im Hinblick auf den Heilungsauftrag formuliert: »… Ein charismatischer Heilungsdienst (kann) nur *Gebetsdienst* sein …«[785] Da sich die Seelsorge im Sinne

[784] Vgl. dazu auch Thomas, Wirken S. 15.
[785] Geist S. 70.

der Inneren Heilung als Teil dieses größeren Auftrags versteht, gilt diese Äußerung auch für sie: »Das Gebet stellt den wichtigsten Teil der Heilung der Erinnerungen dar.«[786] Das kommt auch in der Literatur zur hier untersuchten Seelsorge zum Ausdruck: Die Anspielungen auf das Gebet in den wiedergegebenen Erfahrungsberichten aus dieser poimenischen Praxis sind zahlreich. Payne sieht im Gebet einen der spezifischen Unterschiede zu rein psychologischen Behandlungsweisen: »Dieses Anrufen seiner (sc. Gottes) Gegenwart ist es, was das Gebet um Heilung für die Seele von psychologischen oder anderen Formen der Seelsorge unterscheidet.«[787] Der Mangel an theologischer Reflexion zur Frage des Gebets ist jedoch noch größer, als dies bei den Themen der beiden vorangegangenen Abschnitte der Fall war. Wenn über das Gebet gesprochen wird, dann geschieht dies aus der Praxis für die Praxis. Eine Reflexion über das Gebet ist aber dringend notwendig, da es zum einen in verschiedenen neueren Seelsorgekonzeptionen zu kurz kommt, zum andern sein unbedachter Gebrauch viel Schaden anrichten kann. Im Folgenden wird zwar keine systematisch-theologische Abhandlung über das Gebet gegeben.[788] Es sollen aber unter praktisch-theologischem Gesichtspunkt Charakteristika des Gebets im Vollzug der Inneren Heilung herausgearbeitet werden. Da die Äußerungen zum Gebet so verstreut auftreten, werden hier, im Unterschied zu den vorhergehenden Punkten, keine Positionen einzelner Vertreter der Inneren Heilung dargestellt. Vielmehr werden zunächst einige grundlegende Züge des Gebets, die auch in der Inneren Heilung vertreten werden, dargelegt, um dann aus den vielfältigen Andeutungen zum Gebet einigen charakteristischen Vollzügen nachzugehen.

Als Grundlage des Gebets sieht man in der Inneren Heilung Gottes Offenbarung seiner Liebe und Macht. Gebet ist nicht eigenmächtige menschliche Leistung. Auch für das Gebet in der Inneren Heilung gilt, was U. Eibach allgemein ohne Bezugnahme auf die hier untersuchte Seelsorge bemerkt: »Das Gebet gründet … im vorhergehenden Heilshandeln und Wort Gottes (Röm 10,14), darin, dass er sich dem Menschen bekannt gemacht hat und durch seinen Geist in ihm wirkt.«[789] Es ist getragen von der Gewissheit, dass Gott als der Gegenwärtige zu seinen Verheißungen steht. Solches Beten ist also wesentlich verheißungsorientiertes Beten und so immer neuer Vollzug der Hingabe an Gott. Von

786 Seamands, Erinnerungen S. 63.
787 Krise S. 23.
788 Vgl. dazu G. Müller, Gebet VIII S. 84ff.
789 Bittgebet S. 87.

Gottes Verheißungen her ist der Beter herausgefordert, sich in die Unterscheidung von menschlichen Wünschen und Gottes Willen einzuüben. Das Beten in der Inneren Heilung ist ferner von der Gewissheit getragen, dass Gott den Beter hört und dass sein Wirken erfahrbar ist, auch wenn die Antwort auf das Gebet anders ausfallen kann, als es sich der Beter vorstellt. »Der Beter konfrontiert im Gebet die ihm widerfahrene leidvolle Wirklichkeit dieser Welt mit dem von ihm geglaubten Gott und fragt so, ob und wie Gott zu dieser Wirklichkeit in Beziehung steht. … Der Beter rechnet damit, dass Gott sich durch sein Gebet beeinflussen lässt (vgl. Mt 15,21ff; Lk 11,5ff) …«[790] Das Ziel des Gebets in dieser Seelsorge ist, sich für Gottes Handeln in als leidvoll erfahrenen psychischen Zusammenhängen zu öffnen. Damit hat das Gebet in der Inneren Heilung teil am Widerstand gegen das Böse und gegen die Sünde, die sich in den erfahrenen Traumata und ihren Folgen manifestiert.

Das Heilungsgebet wird in der Inneren Heilung als *Gehorsam* gegenüber dem Auftrag Gottes zum Gebet verstanden. Auch für die Innere Heilung gilt, was F. MacNutt im Hinblick auf das Gebet für Kranke allgemein formuliert: »*Unser Glaube führt zum Gehorsam, für die Kranken zu beten.*«[791] Die gehorsame Antwort auf diesen Auftrag gründet sich nicht zuerst auf bestimmte Auswirkungen des Gebets, sondern auf den gehorsamen Vollzug. Bei aller Offenheit für Erfahrungen im Gebet ist dieses in der Inneren Heilung nicht von Erfahrungssucht bestimmt. Zudem vollzieht sich in ihm die Begegnung mit dem lebendigen Gott und der Kraft seines heiligen Geistes. In diesem Sinn formuliert Seamands: »Gleichgültig, ob die Gebetszeit uns zu neuen Einsichten gelangen lässt, sie schenkt uns stets neue Kraft.«[792] Deshalb ist das Gebet um Heilung der Erinnerung mehr als eine Therapieform, in der sich der Mensch psychisch durchleuchten lässt und sich gut fühlt. »In der Gebetszeit dringt die Kraft Gottes selbst wie eine Sonde in die tiefsten Ebenen unserer Persönlichkeit.«[793]

Das Gebet wird in der Inneren Heilung als *erwartungsvolles Gebet praktiziert*. Hier drückt sich die Gewissheit aus, dass der Vater Jesu Christi, der sich im eigenen Leben finden lässt, gegenwärtig ist.[794] Gottes

790 Eibach, Bittgebet S. 95. Vom NT her spricht Berger (Gebet IV S. 49) vom Eintreten des Beters in den Aktionsraum Gottes und der Engel.
791 Kraft S. 81 (kursiv im Original).
792 Seamands, Erinnerungen S. 28; ähnlich Tapscott, Perspektiven S. 58f.
793 Seamands, Erinnerungen S. 28.
794 Vgl. dazu Bloth, Gebet IX S. 95.

Verheißungen in Richtung auf sein heilendes Eingreifen werden aus dem Vertrauen heraus vom Beter in Anspruch genommen. Von daher möchte man die Wendung: »Dein Wille geschehe« nicht als fromm klingenden Einwand gegenüber vertrauensvollem, verheißungsorientiertem Beten verwenden. So weist Sanford darauf hin, dass dieser Satz Jesu »ein Ausweichen vor der Verantwortung«[795] sein kann.

Charakteristisch für Äußerungen zum Gebet in der Literatur zur Inneren Heilung ist auch die Dimension enger, als *intim zu bezeichnender Gemeinschaft mit Gott.* »Ganz konkret redet Gott, ganz spezifisch und persönlich.«[796] Dieser Zug ergänzt notwendig den soeben genannten Gehorsamsgedanken. Der Gehorsam im Gebet umfasst gerade die Berufung zur innigen Gemeinschaft durch Christus mit Gott: »So ist es unsere Aufgabe, diese vorgelebte innige Gemeinschaft mit dem Vater zu pflegen, zu erwarten, dass der Vater uns hört wie seinen Sohn ...«[797] Die enge Gemeinschaft mit Gott ist ein wesentlicher Grund für die große Gewissheit, dass Gott mit dem Ratsuchenden im Prozess der Heilung einen guten Weg geht.

Ein Charakteristikum der Gebetstheorie und -praxis der Inneren Heilung ist die Erkenntnis, dass der Traumatisierte im Gebetsvollzug zu seinen *früheren Verletzungen zurückgeführt* werden kann: »In diesem besonderen Gebet erlauben wir dem Heiligen Geist, uns an den Zeitpunkt der damaligen Erfahrung zurückzuführen und mit uns diese schmerzlichen Erinnerungen zu erleben.«[798] Das entspricht der Einsicht Bloths, dass im Vorgang des Betens eine Anamnese geschieht, die sich nicht nur auf Gottes Heilstaten und Verheißungen bezieht. Vielmehr »... umfasst (sie) auch Formen der Erinnerung an das eigene *Leben des Beters*, sei dies nun Anlass zur Freude oder Grund zur Klage ...«[799] Die Berechtigung des Gebets für die individuelle Vergangenheit wird in der Inneren Heilung darin gesehen, dass es sich an den Herrn wendet, der weder einer zeitli-

795 Licht S. 164.

796 Payne, Krise S. 9. Payne bringt diese Realität mit der der Inkarnation in Verbindung.

797 May/Oberbillig, Gott S. 17. Um diesen intimen Gebetscharakter festzuhalten, wollen F. u. F. Littauer (Memories S. 237) etwas missverständlich zwischen dem Gebet zu Gott und der Gemeinschaft mit Gott unterscheiden. Zur dialogischen Grundstruktur des Betens vgl. Ratschow, Gebet I S. 32.

798 Seamands, Erinnerungen S. 25; Frank, Door S. 165: »Das Gebet der Inneren Heilung betont die Gegenwart des Herrn Jesus von Grundlegung der Welt an« (Übersetzung G. W.).

799 Bloth, Gebet IX S. 99 (kursiv im Original). Von daher spricht er (ebd.) von einer doppelten Anamnese.

chen noch einer räumlichen Begrenzung unterliegt; Christus wird als der gesehen, der die Zeit – auch die der persönlichen Biografie – überspannt. Das Gebet in seinem Namen vermag vollmächtig in die Folgen aus der Vergangenheit des Traumatisierten einzugreifen.

Gebet und menschliches Mitwirken an der Heilung sind für die Innere Heilung kein Gegensatz. Seamands spricht von der Notwendigkeit der Nacharbeit im Anschluss an das Gebet um Innere Heilung und stellt dazu fest: »Manchmal erfordert diese Zeit nach dem Gebet viel harte Arbeit, denn *durch die Heilung der Erinnerungen sind wir nicht automatisch wie Computer auf perfekten Lebenswandel und garantiert veränderte Verhaltensformen programmiert.*«[800] Das Gebet ist also kein Mittel, um die Bearbeitung einer tiefer liegenden Problematik zu umgehen. Ausbleibende Gebetserhörungen können bei manchen psychischen Problemen mit einer mangelnden Bereitschaft zu tun haben, die erbetene Heilung auch wirklich empfangen zu wollen. In der Inneren Heilung weiß man darum, dass Jesus die Menschen immer wieder auf ihre eigene Verantwortung hin anspricht.

Damit hängt ein weiterer typischer Zug der Gebetspraxis in der Inneren Heilung zusammen: Dem Gebet wird nicht nur eine therapeutische, sondern auch eine *diagnostisch-analytische Dimension* zuerkannt. Es kann zur Quelle der Selbsterkenntnis werden, so dass der Beter im Gespräch mit Gott mehr und mehr sich selbst finden lernt. Verschiedene Praktiker dieser Seelsorge beten in diesem Sinne mit ihren Ratsuchenden um die Erkenntnis zurückliegender Verletzungen oder machen ihnen Mut, selbst darum zu bitten: »... Bitte Jesus, dass er dir ins Bewusstsein zurückruft, was noch im Unterbewusstsein verborgen liegen sollte, damit du es ebenfalls an ihn abgeben kannst.«[801] Ohne dass sich der Ratsuchende an der Mühe der Arbeit mit seinen psychischen Problemen vorbeidrücken könnte, kann das Gebet zur Hilfe werden, die inneren Blockaden zu entdecken und zu lösen.

---

[800] Seamands, Erinnerungen S. 29 (kursiv im Original); ders., Befreit S. 145.

[801] Westmeier, a.a.O. S. 85. Einen Anhalt für diese Dimension des Gebets lässt sich in Luthers Äußerung zum Gebet finden: »Also leret uns das gebet das wir beide uns und Gott erkennen und lernen was uns feilet und woher wir nehmen und suchen sollen« (WA 32, 419; zitiert bei G. Müller, Gebet VIII S. 87).

3.3.1 Zur Dimension der Meditation im Gebet

Für die Gebetspraxis der Inneren Heilung typisch ist eine Art *verweilenden Betens*, von dem in verschiedener Terminologie gesprochen werden kann. Scharrer spricht von »Gebetsmeditation«, in der im Hinblick auf das Empfangen der Erlösung »Vergegenwärtigungs- und Verinnerlichungsarbeit« geschieht.[802] M./D./S. Linn sprechen vom kontemplativen Gebet: »Wir sprechen hier von der Gabe des kontemplativen Gebetes. In dieser Gebetsform werden wir gleichsam zu Kindern, die friedlich an der Mutterbrust liegen.«[803] Diese Ausdrucksweise deutet auf das regressive Moment im therapeutischen Gebet bei dieser Seelsorge. Sie weist zugleich erneut auf den intimen, von Zärtlichkeit geprägten Zug der Gottesbeziehung. Dieses kontemplative Beten begreift die Öffnung des Herzens für die Dimension des Hörens auf den Anruf Gottes in sich.[804] Vining spricht vom »Durchbeten« als der Methode heilbringender Heilung.[805] Bei F. MacNutt findet sich für das länger anhaltende Gebet die Bezeichnung »Durchdringungsgebet«[806]: »Gemeint ist die Zeit des Durchdrungenwerdens bis auf den Grund von etwas Vertrocknetem, das zu neuem Leben erwachen soll.« Dieses Durchdringungsgebet soll bis an die Wurzeln einer psychischen oder psychophysischen Krankheit dringen und das Leben verwandeln. Diese Art, anhaltend zu beten, entspricht der Heilung als Prozess mehr als ein rasches, zu Oberflächlichkeit tendierendes Gebet. Die Seelsorge will in den Raum der lebendigen Gegenwart Gottes hinein führen. Der Ratsuchende soll die Möglichkeit wahrnehmen lernen, *»seine Seele vor Gott einfach da sein zu lassen«*.[807] Ein kurzes Gebet würde nicht genügend Raum bieten, dass die Seele sich in ihrer Verletztheit öffnen und vor Gott einbringen könnte. Dabei ist freilich nicht die Quantität, sondern die Qualität des Betens von primärer Bedeutung. Besonders tief gehende Wunden können ein ausführlicheres Beten nötig machen. »Da die Gebetssitzung so wichtig ist, muss sie sorgfältig geplant werden. Für die Sitzung sollte ausreichend Zeit angesetzt werden, damit keinesfalls Zeitdruck entsteht.«[808] Das verweilende

[802] Heilung S. 67.
[803] Glaube S. 51; ähnlich auch G. Bennett, Heilung S. 170.
[804] Vgl. dazu J. Müller, Gott S. 18.
[805] Caring S. 86 (»... The method of salvific healing ist praying through.«).
[806] Beauftragt S. 26.
[807] Scharrer, Jesus S. 65. Sie soll durch den Prozess des Durcharbeitens im Gebet hindurch in einen »Entspannungsfrieden« kommen (Lutz Therapie S. 74).
[808] Seamands, Erinnerungen S. 136; vgl. ferner dazu Payne, Bild S. 149.

Beten ist auf der einen Seite offen für Gesprächsphasen zwischen Ratsuchendem und Seelsorger. »Der Gebetseinsatz beinhaltet das Gebet selbst, Handauflegung und, wenn nötig, eine Weiterführung des Interviews.«[809] Selbst längere Gebetsphasen sind von daher von einer Natürlichkeit geprägt, die einem verkrampften und formelhaften Vollzug entgegenwirken. Verweilend zu beten meint nicht, wortreich zu beten. Dieser Art des Betens sind vielmehr auch Phasen des schweigenden inneren Hörens eigen. Dabei wird das Gebet als Raum der Gegenwart Gottes erfahren; solches Beten ist von einer Zwei-Weg-Kommunikation geprägt: »Wenn ein Gebet nicht lediglich Bittgebet und Formulierung unserer Gedanken ist, sondern ein sich Gott gegenüber öffnendes Gebet, ein hörendes und sensibel aufnehmendes Gebet, dann bildet sich bei solchem Beten wie von selbst ein Raum, in den der Betende hineinlauscht, der ihn wie ein ›Intimraum‹ umschließt.«[810]

3.3.2 Gebet und Imagination

Immer wieder taucht in Berichten über die Gebetspraxis der Inneren Heilung der Hinweis auf den Einsatz der Vorstellungskraft beim Beten auf.[811] In der hier untersuchten Seelsorge taucht an dieser Stelle eine Praxis auf, die Anklänge an die ignatianischen Exerzitien erkennen lässt.[812] Mit dem Einsatz der Vorstellungskraft wird der Tatsache Rechnung getragen, dass die Seele des Menschen innere Bilder tiefer zu verinnerlichen vermag als Gedanken. »Während dieses Gebets (sc. in einer Bildersprache) wird der Glaube, der am bewussten Verstand vorbeigeht, freigesetzt, wenn dieser Mensch mit den Augen seines Herzens ein symbolisches Bild seiner eigenen Heilung ›sieht‹. Er beginnt dann, von einer unbewussten Ebene her an dem Gebet teilzunehmen.«[813] Solches Beten kann – sicher nicht magisch misszuverstehen – helfen, beim Ratsuchenden in Verbindung mit dem Gebet schöpferische Kräfte freizusetzen. Die Fantasie bezieht sich zum einen auf das erneute Durchleben von Verletzungen. »Dabei (sc. beim Gebet als Gespräch mit Gott) liegt die

[809] Wimber, Heilung S. 203; ähnlich Sanford, Gifts S. 39; Kraft, Power S. 154; Tommek, Heilt S. 79.
[810] Reimer, Geist S. 86 (kursiv im Original); vgl. dazu ferner Kraft, Power S. 135.
[811] »Extensiv use is made of mental imagery…« (Csorsas, Psychotherapy S. 80).
[812] Vgl. zur Frage der Imagination in den ignatianischen Exerzitien Marxner, Sinne passim.
[813] Payne, Bild S. 53; ähnlich ebd. S. 82; ferner Tommek, Heilt S. 81; Sanford, Gifts S. 47f.

Betonung auf bildlicher Vergegenwärtigung, auf der Vorstellungskraft und auf einem zielgerichteten Sichzurückversetzen in eine spezifische Situation, die die schmerzliche Erinnerung hervorgerufen hat.«[814] Die Fantasie lässt in einer gefühlsmäßig sehr realitätsnahen Weise schmerzliche Erinnerungen vor dem inneren Auge wiedererstehen und hilft bei der Restrukturierung der Folgen schmerzhafter Erfahrungen. »Was ich in der Fantasie durchlebe, beeinflusst mich ebenso stark, als hätte ich es wirklich erlebt.«[815] Die Vorstellungskraft wird zum andern in ihrem Bezug zum Glauben an Jesus Christus gesehen. Dabei kann die Fantasie der Ratsuchenden zu einem Gefäß werden, das vom Geist Gottes erfüllt und so in Dienst genommen wird. »Als ein Akteur in der vorgestellten Szene vollbringt Jesus typischerweise Handlungen wie fördern, lieben, schützen, versöhnen oder Probleme aufnehmen, die ihm ›gegeben werden‹.«[816] Ein Beispiel für diesen Gebrauch von Lk 24,13ff her geben M. u. D. Linn: »Um meine Fantasie zu aktivieren, schließe ich die Augen und überlasse mich den Sinnen. Ich sehe Christus auf dem staubigen Weg nach Emmaus: Er gleicht seinen Schritt dem Meinen an und hört aufmerksam zu, wie ich ihm meine Verletzungen mitteile ... Finde ich Zugang zu dem, was zu hören mir am nötigsten ist, dann höre ich wirklich Christus. Während er die Wunde in meinem Herzen betrachtet, scheint er mir zu sagen: ›Sieh, wie ich auch in harten Zeiten immer mit dir gewesen bin ... Fürchte dich nicht, wenn du mit mir Gustavs Kritik ansiehst. Betrachte, was ich durchstehen musste ...‹«[817] Im Gebet wird die vom heiligen Geist geleitete Vorstellung so verwendet, »als ob wir uns wirklich an dem Zeitpunkt und Ort befänden, wo das Ereignis stattgefunden hat, und werden es zulassen, dass Gott uns die Hilfe entgegenbringt, die wir damals benötigten.«[818] Deshalb soll die verletzte Person, soweit es ihr möglich ist, so mit Gott sprechen, als wäre sie jetzt das Kind (oder der Erwachsene), das sie zu dem Zeitpunkt der Verletzung war. Die heilende Kraft Jesu Christi soll das kleine Kind im Menschen an dem Punkt heilen, an dem sich verletzende Erfahrungen ereigneten, die das weitere Wachstum stagnieren ließen. So soll es durch die Einbeziehung Jesu Christi in die verletzende und

---

814 Seamands, Erinnerungen S. 24f.

815 M. u. D. Linn, Leben S. 110; ähnlich auch Benner, Quest S. 100; McAll, Heilung S. 39f.

816 Csorsas, Psychotherapy S. 85. Payne (Gegenwart S. 151) spricht hier von der »Intuition des Wirklichen«.

817 M. u. D. Linn, Leben S. 110f. Viele Beispiele für imaginatives Beten um innere Heilung führt R. Bennett (Free passim) an; sie bezeichnet dieses Beten als »Reliving the scene with Jesus« (ebd. S. 79).

818 Seamands, Erinnerungen S. 25.

deshalb in der Erinnerung gefürchtete Situation zur Begegnung mit ihm kommen. »Diese Form des Gebets (sc. der schöpferischen Vorstellungskraft) beruht auf der Kraft Jesu, die schmerzlichen Erinnerungen mit seiner Liebe zu erfüllen und so zu heilen.«[819]

Einen etwas anderen Aspekt bringt das von R. Bennett als »creative prayer«[820] bezeichnete Beten ein, das auch mit der Imagination arbeitet: Bei dieser Gebetsart werden die verletzenden Szenen nicht übergangen oder uminterpretiert. Sondern ihnen werden, nachdem sie ehrlich wahrgenommen wurden, in der Vorstellung neue Bilder gegenübergestellt, die unter dem Wirken des Heiligen Geistes die verletzten Emotionen durch Heilung positiv verändern. Bennett betont dabei: »Bitte beachte, dass ich dich nicht auffordere, einfach deine Imagination zu gebrauchen; ich lade dich vielmehr ein, den Heiligen Geist deine Imagination inspirieren zu lassen.«[821]

Die imaginative Art des Betens kann auch biblische Geschichten einbeziehen, die zur Situation des Traumatisierten passen und eine Botschaft für seine konkreten Verletzungen enthalten. Seamands sieht in der Verwendung der Bibel ein Spezifikum der geleiteten Fantasie in der Inneren Heilung: »Dieses Hineinversetzen in bestimmte Situationen hat nichts mit menschlicher Einbildungskraft zu tun. Immer wird die Bibel zugrunde gelegt, indem zum Beispiel ein bestimmtes Gleichnis Jesu oder ein in den Evangelien berichtetes Ereignis aus seinem Leben aufgefrischt wird.«[822] Die Formulierung, dass dieser Vorgang »nichts mit menschlicher Einbildungskraft zu tun« hat, ist freilich sehr missverständlich: Es handelt sich ja um keine außermenschliche Fähigkeit, die hier zum Einsatz kommt. »Die Vorstellungsgabe ist unser ›inneres Auge‹, eine Gabe unserer Intuition, durch die wir die emotionale und spirituelle Welt wahrnehmen.«[823] Sie ist deshalb wie alle anderen menschlichen Fähigkeiten gefährdet (Gen 6,5), z. B. auch durch ihre magische Verwendung (Dt 18,10f).[824] Diese Gefahr ist akut, wenn Erfahrungen aus der Vergangenheit mithilfe der Imagination anders vorgestellt werden sollen, als sie sich in Wahrheit ereigneten; hier dient sie dazu, die Wahrnehmung der

---

819 M./D./S. Linn, Glaube S. 131.

820 Free S. 83ff. Sie kann in diesem Zusammenhang auch von »Seeing by faith« (ebd. S. 87f) sprechen.

821 Free S. 86 (Übersetzung G. W.; kursiv im Original).

822 Gnade S. 128.

823 M./D./S. Linn, Glaube S. 97.

824 Dieser Aspekt wird in einseitig negativer Weise von Stadelmann, Praktiken S. 8.10 erwähnt.

Realität zu manipulieren, anstatt die Folgen dieser Realität zu heilen. Eine Gefahr im Gebrauch der Imagination ergibt sich ferner da, wo versucht wird, sie prinzipiell bei jedem Menschen zur Aufarbeitung jeder Verletzung einzusetzen. Was sich beim einen Ratsuchenden als hilfreich erweist, kann nicht undifferenziert auf einen anderen übertragen werden.[825]

Die menschlich-geschöpfliche Fähigkeit der Imagination soll also in den Dienst Jesu gestellt und vom heiligen Geist durchdrungen werden. Dadurch wird sie zur gesegneten Gabe. Dies alles ist ein weiteres Beispiel für die bereits erwähnte Relevanz des trinitarischen Bezugs im Prozess der Inneren Heilung. Eine geschöpfliche Gabe des Menschen, die auch in psychotherapeutischen Schulen für den Heilungsprozess fruchtbar gemacht wird[826], kommt im christologischen und pneumatologischen Kontext zum Zug. Sie bedarf freilich der geistlichen Reinigung in der Heiligung. Treffend spricht White in diesem Sinn von einer »geweihten Gabe«.[827] Freilich muss in diesem Zusammenhang die Ambivalenz imaginativen Betens gesehen werden. Ist die Fähigkeit zur Imagination einem Gefäß zu vergleichen, so kann dieses mit verschiedenen Inhalten gefüllt werden. Das kann im seelsorgerlichen Kontext besonders verhängnisvoll werden, da hier – vielleicht in subjektiv bester Meinung – eigene Vorstellungen als geistliche Inhalte ausgegeben werden können, die dem seelsorgerlichen Prozess u. U. schaden. Im Prozess geistgeleiteter seelsorgerlich-therapeutischer Fantasie darf nicht außer Acht gelassen werden, was Paulus in 2. Kor 10,5 mit den Worten anspricht: »Wir … nehmen gefangen alle Gedanken unter den Gehorsam Christi.« Es bedarf hier sowohl beim Ratsuchenden als auch beim Seelsorger geistlicher Wachsamkeit und der Gabe der discretio spirituum.

Es ist einsichtig, dass es sich bei solchem von der Vorstellung geleiteten Beten meistens um freies Gebet handelt. »Wir werden einfach zu Gott sprechen, ganz offen, so wie wir jetzt miteinander gesprochen haben.«[828] Da eine solche Vorstellung nicht zuerst menschliche Leistung ist, soll man um sie bitten: »Bitte … Gott, deine geistlichen Augen zu öffnen, damit du sehen kannst, wie Jesus neben dir steht und darauf wartet, alles das aus deiner Vergangenheit entgegenzunehmen, was du ihm gibst.«[829]

---

825 Vgl. dazu P. Sandford, Frau S. 86.
826 Vgl. dazu Csorsas, Psychotherapy S. 84f.
827 Adventure S. 85 (sie spricht von »a consecrated gift«).
828 Seamands, Erinnerungen S. 137.
829 Westmeier, Seele S. 84; vgl. dazu auch Payne, Bild S. 148f.

Der Einsatz der Vorstellungskraft kann sich mit Praktiken verbinden, wie sie aus der Gestalttherapie bekannt sind. Dabei werden im Rollenspiel Personen, deren verletzendes Verhalten bearbeitet wird, auf einem Stuhl gegenübersitzend gedacht. Jesus wird als Dritter gegenwärtig gesehen. Zuerst kann der Ratsuchende seine Gedanken und Gefühle in der Vorstellung an die verletzende Person richten. Diese Äußerungen können nahtlos in ein Gebet zu Jesus übergehen.[830] Wird auf diese Weise beim Beten die Vorstellung eingesetzt, können Emotionen auf sehr unmittelbare Weise angerührt werden. Das kann sich in Blockaden äußern, weiterbeten zu wollen. Darum weiß Payne, wenn sie schreibt: »Es ist schwer, zu Jesus aufzuschauen, wenn das Herz voller Hass ist. Es ist auch besonders schwierig, sich das Gesicht eines Menschen vorzustellen, den man am meisten hasst.«[831] Die Vorstellung wird im Gebet jedoch nicht allein für die Verarbeitung der Vergangenheit eingesetzt. Auch die Zukunft kann betend bedacht werden: »Wir werden zu dem, was wir uns unter der Leitung des Heiligen Geistes ausmalen.«[832] In der Vorstellung kann sich so der Betende in neue Zusammenhänge versetzen. Dem Seelsorger kann der Einsatz der Vorstellungskraft helfen, das Bild Gottes über der Realität des Ratsuchenden festzuhalten.

3.3.3 Gebet und Klage

Das Beten ist in der Inneren Heilung nicht nur Bitten oder Danken, sondern auch Teilen intimster Emotionen und Gedanken mit Gott. Von daher soll das Gebet in der Praxis der Inneren Heilung ehrliches Beten sein. Wenn die vergangenen Ereignisse wieder lebendig werden, kommen auch die mit ihnen verbundenen Emotionen ans Licht. Der psychisch leidende Beter soll im Gebet seine Not beim Namen nennen. Dazu gehören auch besonders die Gefühle der Trauer und der Aggression, die nach innen, gegen die eigene Person gewendet, destruktive Formen annehmen können.[833] Das Gebet kann dabei kathartische Elemente aufnehmen: »*Die im Gebet wahrgenommene geglückte Beziehung zu dem Retter und Erlöser darf alle unausgereiften, unerlösten, destruktiven Gefühle und Fantasien herausreizen und gleichsam in die Beziehung hineinbringen.*

[830] J. Müller, Gott S. 32.
[831] Bild S. 82.
[832] Wright, Friede S. 50 (kursiv im Original).
[833] Vgl. dazu van Dam, Seelsorge S. 86.

Der Mensch darf – soll – muss über diese Dinge mit Gott reden, sie äußern. Dieses neu gewonnene Äußerungsvermögen hat selbst schon Heilungs-Charakter.«[834] Es geht hierbei um eine Art von Gefühlsbeichte oder -bekenntnis. Dadurch dass Jesus vom Verletzten an den traumatisierten Gefühlen Anteil gegeben wird, werden die Verletzungen geheilt. So geschieht beim Verletzten eine Verwandlung der Sicht seiner Vergangenheit.

Oberflächlich betrachtet mag es erscheinen, als sei ein solches Beten von zu wenig Ehrfurcht vor Gott gekennzeichnet. Außerdem scheint der in manchen christlichen Kreisen sehr undifferenziert verwendete Satz »Glaube ist kein Gefühl«[835] gegen ein die Emotionen einbeziehendes Beten zu sprechen. Wenn mit diesem Satz festgehalten wird, dass die Vertrauensbeziehung des Glaubens auch dann von Gott her unvermindert besteht, wenn sich der Glaubende fern von Gott fühlt, so hat er unverzichtbare Bedeutung. Die Erlösung durch Jesus Christus und der Gehorsam ihm gegenüber gründen sich nicht auf die Stimmungslagen des Christen, sondern auf Gottes Verheißungen. Mit einer solchen Aussage kann auch zu Recht darauf hingewiesen werden, dass der Mensch von seinen Gefühlen geknechtet werden kann. Seamands weist auf die Ichbezogenheit von Kindern, auf ihre Unfähigkeit, warten zu können, und auf ihre völlige Abhängigkeit von ihren Gefühlen hin.[836] Mit dem zitierten Satz ist jedoch nichts über den Bezug des Glaubens – und damit der Erlösung – zu den Gefühlen gesagt. Er kann dahingehend missverstanden werden, als würde die Erlösung die Gefühlswelt des Menschen überhaupt nicht tangieren. So verstellt er leicht den Blick dafür, dass Gefühle in sich weder schlecht noch gut und damit von sich aus nicht sündig sind. Sätze wie der wiedergegebene haben die verheerende Wirkung, dass von »nüchternem Christsein« gesprochen wird, worunter zu verstehen sei, dass sich Christen ihrer Gefühle schämen und sie so kaum mehr wahrnehmen; eine von Zwanghaftigkeit geprägte Frömmigkeit wird sich nicht um die Frage des Verhältnisses von Glaube und Gefühl kümmern wollen. Im Kontrast zu dem zitierten Satz muss deshalb die Wahrheit folgender Äußerung gesehen werden: »Unsere Not, Gefühle nicht ausdrücken zu können, wird dann zur Schuld, wenn unsere Verschlossenheit einen Grad

[834] Scharrer, Jesus S. 64 (kursiv im Original).
[835] So der Titel des Buches N. Baileys (hier wird kein Urteil über den Inhalt des Buches abgegeben).
[836] Befreit S. 110.

erreicht, der gemeinschaftszerstörend wirkt …«[837] Hieraus kann Hartherzigkeit erwachsen.

Gegenüber einer solchen Verleugnung der Gefühle ist festzustellen: Die Gefühle gehören zu den schöpfungsmäßigen, individuellen Gaben Gottes für den Menschen. Sie sind allerdings vom Schuldzusammenhang gezeichnet, in dem der Mensch als ganzer steht. Die von der Gefallenheit der Schöpfung her geprägte Gefühlswelt bedarf der Durchdringung und Ordnung von Gottes Erlösung her. Von daher ist das Gebet der richtige Ort, gerade auch unerlösten Gefühlen Raum vor Jesus Christus, dem Erlöser, zu geben. So spricht Margies zu Recht davon, »dass er (sc. der Mensch) sich der Gnade unterstellt und damit im Glauben die sichere Erwartung ausdrückt, dass er sich Gefühle erlauben kann, weil Gott ihn schützt.«[838] So kommen die menschlichen Gefühle in das Licht der Gegenwart Gottes. In diesem Licht kann der Mensch es lernen, Verantwortung für sie zu übernehmen. So betrachtet, ist »die Art, wie wir mit unseren Gefühlen umgehen, nicht unsere private Angelegenheit …, sondern eine Angelegenheit des Reiches Gottes ebenso.«[839] Gott hat Anspruch auf den ganzen Menschen mit seinen Gefühlen. Gefühle können zum Hinweis auf Gebiete werden, die der Änderung bedürfen. So will der Umgang mit ihnen gelernt werden; dazu bedarf es des Wahrnehmens der Gefühle als Signale der Beziehung des Menschen zu Menschen, Dingen und Ereignissen und der weisen Antwort darauf.[840] Im Gebet geschieht dieses Wahrnehmen vor Gott; dieses bedarf um der Ehrlichkeit willen immer wieder des Aussprechens der Gefühle im seelsorgerlichen Gespräch. Die Art, mit seinen eigenen Gefühlen umzugehen, fließt nahtlos in den Glaubensvollzug ein. Seamands äußert in diesem Sinn: »Die Vorgänge, die sich in unserem Glaubensleben vollziehen, sind die gleichen, mit denen unser Gefühlsleben arbeitet.«[841] Nicht selten haben Erfahrungen des Wirkens Gottes eine deutliche – wenn auch vorübergehende – Wirkung auf die Emotionalität des Menschen. Außerdem muss gesehen

[837] Trobisch, Ei S. 58. Hark (Neurosen S. 40) spricht von den Gefühlen als einem »Stiefkind vieler Christen« und Frank (Door S. 147) stellt unumwunden fest: »In denying our pain we give opportunity to the enemy.«

[838] Margies, Befreiung S. 164.

[839] Spaes, Umgang S. 13. Zutreffend sagt Köberle (Unlust S. 188): Es ist »falsch, aus der Tatsache, dass der Glaube auch fühllos sein kann, den Schluss zu ziehen, also möge er ruhig fühllos bleiben«.

[840] Vgl. dazu Van Vonderen, Tired S. 155; Benner, Counseling S. 82; Graupner-Spät, Vergebung S. 42.

[841] Gefühle S. 99.

werden: Wenn Gott durch seinen Geist in die Gedankenwelt des Menschen hineinwirken kann, dann gilt Entsprechendes auch für die Gefühlswelt.

Dass auch Gefühle mit dem Glauben zu tun haben, kann aus der Beobachtung gefolgert werden, dass die Bibel an verschiedenen Stellen Gottes Interesse an Gefühlen zum Ausdruck bringt: Gott will die Tränen von unseren Augen abwischen (Jes 25,8; Offb 7,17; 21,4). Jesus drückt seine Liebe (Mk 10,21), seinen Zorn (Mk 3,5) und seine Erschütterung (Joh 11,33) aus; er war »betrübt bis an den Tod« (Mt 26,38). Wenn Gott vom Menschen geliebt werden will, geht diese Liebe nicht an den Gefühlen vorbei. Von der Schöpfungs- und Erlösungsrealität her wollen die Gefühle vor Gott erkannt, anerkannt, geachtet und bearbeitet werden. Das geschieht dadurch, dass »ich meine Gefühle in rücksichtsloser Ehrlichkeit vor Gott bringe«[842]; solches Beten ist offen für Gottes Eingreifen und heilendes Wirken in den Bereich der Emotionen hinein. Das so verstandene, die Emotionen einbeziehende ehrliche Beten ist nicht Ausdruck mangelnder Ehrfurcht vor Gott, sondern Ausdruck einer tiefen Vertrauensbeziehung zu ihm. Es tut der charismatischen Bewegung gut, dass sie in »ihrer« Seelsorge, der Inneren Heilung, zu diesem emotional offenherzigen Beten Mut macht. Diese Bewegung steht in manchen Ausprägungen in der Gefahr, nur die schönen, angenehmen Seiten des Lebens in ihre Frömmigkeit aufzunehmen. »Deshalb gelten Klage und Trauer in extremen charismatischen Gruppen als Ausdruck des Unglaubens und müssen unterdrückt oder ›im Gehorsam‹ hingenommen werden.«[843] Die Tatsache, dass im seelsorgerlichen Gebet auf einen angemessenen Raum für unangenehme Gefühle geachtet wird, stellt ein heilsames Korrektiv für eine mögliche pseudocharismatische Oberflächlichkeit dar.

Eine ablehnende Beurteilung solchen die Emotionen einbeziehenden Betens übersähe ferner, dass die geäußerten Gefühle nicht minder vorhanden sind, wenn sie nicht im Gebet geäußert werden. Das käme einer Aufforderung gleich, solche Gefühle erst aus eigener Kraft heraus – eventuell therapeutisch – bearbeiten zu müssen, bevor derjenige, der unter ihnen leidet, zu Gott kommen darf. Sneeds und Linns greifen in diesem Zusammenhang Luther mit dem Satz auf: »Lüge Gott im Gebet nicht

---

[842] Seamands, Befreit S. 138.
[843] Rohr, Enneagramm S. 155.

an.«[844] In der Inneren Heilung soll Gott vielmehr in konkreten Kontakt mit den guten und den negativen Seiten des Ratsuchenden kommen. Die eigene Realität mit ihren (emotionalen) Schattenseiten soll der Realität Gottes begegnen. »In einem aufrichtigen Gebet sehe ich all den Tatsachen meines Lebens ins Auge.«[845] Darin konkretisiert sich die Realität des Glaubens, dass Christus dem Glaubenden zu einem echten Gegenüber geworden ist. Diese Offenheit bedarf der Aussprache vor Gott: »In der Sprache entledige ich mich meiner inneren Not und schaffe einen neuen schöpferischen Innenraum, in den hinein Gott wirken kann, seine Antwort hineinsprechen kann.«[846] Im Schmerz und im Zorn kann Gottes heilende Gegenwart und Liebe erfahren werden. Man weiß in der hier untersuchten Seelsorge darum, dass der Mensch mit seiner Enttäuschung über Gott zu Gott selbst kommen darf. »Er (sc. der Leidende) darf ihn (sc. Gott) anklagen und beschwören; Gott lässt mit sich ringen; er kann das Leid verantworten und wendet sich keineswegs von einem solchen zornigen Beter ab.«[847] Hier kann das Wesen der göttlichen Liebe als bedingungsloser Liebe erfahren werden. Außerdem gilt auch Gott gegenüber, was R. L. Sandford treffend in die Worte fasst: »Es ist besser, eine Beziehung zu haben, in der man seinem Zorn Raum gibt, in der aber immer noch Kontakt besteht, als überhaupt keine Beziehung mehr zu haben.«[848] Die Gott gegenüber ausgeschütteten Gefühle können helfen, innere Blockierungen zu lösen. Trobisch sieht diesen Zusammenhang und stellt die bedenkenswerte Frage: »Könnte es sein, dass wir uns deshalb anderen nicht mitteilen können, weil wir uns Gott noch nicht mitgeteilt haben?«[849]

In solchem Beten wird ein Zug alttestamentlicher Frömmigkeit aufgegriffen und ernst genommen. Die Psalmen spiegeln auf vielfältige Weise unmittelbare Lebenserfahrungen wider. Nicht nur im Lob, auch in der

844 D. u. S. Sneed, Family S. 266: »Our honesty may threaten some people, but not God.« (Sneed, ebd.) Von einem anderen Hintergrund her sagt Ruthe (Wenn die Seele schreit): »Das unkonkrete Gebet will ein plötzliches Wunder, aber keine Veränderungsarbeit leisten.«

845 Payne, Bild S. 150. Das übersehen Hughes (Healing 2 S. 10); Margies (Heilung 1 S. 172) und Hunt (Rückkehr S. 253; Verführung S. 180f) bei ihrer ablehnenden Beurteilung der Äußerung von Klage und Aggressionen.

846 Scharrer, Seelsorge S. 241; ebenso ders., Fehlverhalten S. 104f. Dass dies »gestaltete Sprache der biblischen und christlichen Überlieferung« oder »freies Sprechen« sein kann, hat Bloth (Gebet IX S. 99) vermerkt.

847 J. Müller, Gott S. 59; ebd. S. 62 u. 60: »Mit Gott hadern weckt Lebensgeister und ist ein Beweis für Treue zu Gott.«

848 Christ S. 59; vgl. auch dazu ebd. S. 76.80.

849 Ei S. 57.

Klage reagiert der Mensch auf extreme Lebenserfahrungen. »Das Klagegebet ist der vor Gott ausgeschüttete Schmerz (Ps 102,1), das Lobgebet die zu Gott hin geäußerte wiedererwachte Lebensfreude.«[850] Häufig endet ein mit der Klage beginnender Psalm mit dem Lob Gottes und weist so auf die Erfahrung der Wende durch Gottes Eingreifen hin. Die hier untersuchte Seelsorge leitet zum klagenden Ausschütten des bei psychischen Verwundungen erfahrenen Schmerzes vor Gott an. Das geschieht im Gebet, da der Verletzte sich nicht in seinem Schmerz fixieren soll, sondern Gottes Eingreifen in seiner psychischen Situation erwarten darf: »Indem der Leidende seine Not vor Gott bringt, streckt er sich in die Zukunft hinein auf die Wende seiner Not hin aus …«[851]

3.3.4 Das fürbittende und segnende Beten

Das Gebet wird in der Inneren Heilung nicht nur als persönliches Gebet praktiziert, sondern auch stellvertretend und fürbittend. Dabei wird »ein tiefer, mitfühlender Glaube aufseiten des Gebetspartners«[852] als wichtig angesehen. Zu diesem mitfühlenden Glauben gehört die Vermeidung alles Bedrängens und Überfallens mit Gebetszumutungen. Derjenige, der für einen Ratsuchenden bittet, kann sich fürbittend unter dessen Anliegen beugen. Solches fürbittende Beten kann auch von einer Gruppe praktiziert werden.[853] J. Wimber verweist auf das zur Fürbitte (intercession) gehörige empathische Dazwischentreten (intercedere).[854] Diese Fürbitte wird sich von Seiten des Seelsorgers immer wieder während des Gesprächs in der Stille ereignen. Sie kann aber auch laut erfolgen; dies ist besonders in solchen Fällen hilfreich, in denen der Ratsuchende durch von ihm als konfliktreich erlebte Emotionen so aufgewühlt ist, dass er nur schwer Worte des Gebets findet. Es ist ferner hilfreich, falls er überhaupt mit dem freien Beten Schwierigkeiten hat. Das meint der Psychotherapeut J. Müller, wenn er sagt: »Und dann biete ich dem Patienten ein Gebet

---

850 Albertz, Gebet II. Altes Testament S. 35. J. Müller (Gott S. 60) bemerkt dazu: »Das aggressive Beten in den Klagepsalmen führt zur Aussprache mit Gott, vielleicht auch zur Verarbeitung seines Leidens.«

851 Albertz, a.a.O. S. 35. Vgl. auch ebd. S. 36: »Es ist in den alttestamentlichen Gebeten fast immer nur eines, um das gebeten wird: die Wende der Not.«

852 Seamands, Erinnerungen S. 25. »One feels the feelings of the person for whom one prays …« (Sanford, Gifts S. 107; ähnlich ebd. S. 109).

853 Faricy, Geschehen S. 18.

854 Wimber, Heilung S. 200.

an: Stellvertretend für ihn nenne ich laut seine Empfindungen und bringe sie mitsamt seinen Wünschen und Zweifeln vor Gott.«[855] Die Fürbitte kann für ihn so zur Hilfe werden, sich mit schmerzenden Emotionen in die Gottesbeziehung einzubringen und fähig zu werden, den eigenen Konflikt genauer zu formulieren. Die fürbittende Funktion ist aber auch in solchen Phasen von Bedeutung, wenn es dem in seinen Schmerzen aufgewühlten Ratsuchenden schwer fällt, den Blick des Glaubens auf Christus festzuhalten.

Das stellvertretende und fürbittende Gebet konkretisiert sich in der Inneren Heilung häufig im segnenden Beten. H.-D. Reimer bezeichnet die Segnungshandlung als »für den seelsorgerlichen Dienst der ›Charismatiker‹ so typisch«.[856] Darin greift die Seelsorge der Inneren Heilung ein in der Bibel vielfältig bezeugtes Handeln auf.[857] Das Segnen besteht zum einen aus Worten, die sich häufig – wenn auch nicht nur – an der biblischen oder liturgischen Tradition orientieren; sie können je nach Situation verschieden sein. Zum andern besteht es im segnenden Auflegen der Hände. »Darin (sc. in den beiden Bestandteilen) hat der Segen etwas Sakramentales.«[858] Dieses Geschehen drückt, auf der menschlichen Ebene betrachtet, Anteilnahme und Liebe aus. Diese Perspektive ist im Hinblick auf die Innere Heilung nicht zu verachten; erlebt doch der Verletzte nicht selten im Schmerz Phasen der Einsamkeit und Hilflosigkeit. M. Pytches weist dabei auf wissenschaftliche Untersuchungen hin: »Berührung ist nicht nur angenehm, sie ist nötig. Wissenschaftliche Untersuchungen stützen die Theorie, dass Stimulation durch Berührung für unser physisches und emotionales Wohlbefinden absolut notwendig ist.«[859] Auf der menschlichen Ebene, die freilich nie ganz von der geistlichen getrennt werden kann und darf, erkennt Pytches vier Funktionen für die Berührung[860]: Sie kann unterstützen, sie kann bei der Diagnose helfen, indem sie Informationen vom Seelsorge Suchenden übermittelt, sie kann Gefühle auslösen, und sie kann trösten. Das segnende Auflegen

---

855 Gott S. 32.

856 Geist S. 90 u. ebd. S. 79. Zum segnenden Beten vgl. auch Payne, Krise S. 24; Tommek, Heilt S. 81.

857 Eine Zusammenstellung von im NT bezeugten Segnungsanlässen führen Wimber (Heilung S. 179) und Christenson (Geist S. 86) auf.

858 Van Dam, Seelsorge S. 32. D. Bennett (Heilung S. 100) spricht im Hinblick auf das Segnen vom »Dienst der Handauflegung«. Zum Segnen vgl. auch D. Greiner, Segen und Segnen S. 307ff.

859 Fellowship S. 66 (Übersetzung G. W.).

860 Fellowship S. 67ff.

der Hände umgreift jedoch neben der innermenschlich-zwischenmenschlichen noch eine tiefere Ebene. Auf sie geht van der Schoot, von der Gesprächspsychotherapie herkommend, ein. Er versteht das Segnen als »ein(en) symbolische(n) Akt der Gemeinschaft Gottes mit diesem Menschen; andererseits wird darin die Übergabe an Gott symbolisiert: Wem die Hände aufgelegt werden, der wird Gott geweiht.«[861] Beide Momente sind im Verständnis der Inneren Heilung präsent. Zwei ergänzende Momente lassen sich für die Innere Heilung nennen: Das eine ist das des vollmächtigen Zuspruchs in der Kraft des durch den Heiligen Geist wirkmächtigen Wortes. Van der Schoots »symbolisch« wäre hier nicht nur als ein äußerliches, sondern als ein wirkmächtiges Wortzeichen zu verstehen. »Wenn ein Mensch im Namen Gottes den Segen ausspricht, ist Gottes Wort darin mit Kraft gegenwärtig.«[862] Dadurch schafft Gott »Schalom« – Heil und Frieden. Das andere ist die reale Gegenwart Jesu Christi und seines Geistes im Segnenden: Die leibhafte Gegenwart des Geistes im fürbittend Segnenden vermittelt – z. T. spürbar – leibhaft das Wirken Gottes. »Auch wo die Handauflegung durch Menschen geschieht, werden wir von Christus berührt.«[863] Da es um die personale Gemeinschaft zwischen Gott, dem Segnenden und dem Gesegneten geht, ist dieser Vorgang nicht magisch zu verstehen. Gegen ein magisches Missverständnis richtet sich die Äußerung R. Guardinis: »Segnen kann nur, wer Gewalt hat. Segnen kann nur, wer schaffen kann. Segnen kann nur Gott.«[864] Aber er fährt fort mit dem Hinweis, dass Gott denen Vollmacht gegeben hat, die an seine Stelle treten. Er nennt dabei neben den Eltern und Dienern der Kirche allgemein die Gläubigen. Beim Segnen kann also

---

861 in: Faber/van der Schoot, Praktikum S. 147. »Handauflegung und Segenswort sind gemeinsam eine Tat der Heilung, Reinigung, Vergebung, Ermutigung, ein Schaffen von Gemeinschaft« (ebd. S. 148). Nach van Dam (Seelsorge S. 35) beinhaltet die Handauflegung drei Dinge: eine Beschlagnahmung, ein Beschützen und an etwas Anteil geben bzw. bekommen. N. Wright (Girl S. 279) und J. Wimber (Fundamente S. 79f) nennen fünf Elemente des Segnens: die bedeutungsvolle Berührung, das gesprochene Wort, der Ausdruck hohen Wertes, die Vorstellung einer besonderen Zukunft für den Gesegneten und die aktive Hingabe.

862 Van Dam, Seelsorge S. 33. Er bringt den Segen mit Wort und Tat in Verbindung. MacNutt (Kraft S. 131) äußert, »es (scheint) einen Strom heilender Kraft zu geben, der durch die Person des Betenden den Kranken erreicht«.

863 Van Dam, Seelsorge S. 36. In diesem Segnungsverständnis unterscheidet sich die innere Heilung etwa von Drewermann, der in der Handauflegung ein innerpsychisches Geschehen sieht, in dem das eigene Ich gestärkt wird (Verhältnis S. 164) bzw. bei der die Begegnung mit sich selbst mit der Begegnung mit Gott identisch ist (ebd. S. 165).

864 Zeichen S. 47; ähnlich van Dam, Seelsorge S. 34. Zum folgenden Gedanken vgl. Guardini, a.a.O. S. 47f.

der Gebetspartner durch den in ihm präsenten Heiligen Geist Jesus auf sehr wirkmächtige Weise repräsentieren: »Wenn Sie zu zweit beten, lassen Sie Ihren Partner damit beginnen, in der Rolle Jesu und ohne Worte durch Berührung Leben zu schenken.«[865] Wenn der Seelsorger segnend die Rolle Jesu annimmt, ist keiner hybriden Selbstüberhebung das Wort geredet, da sich beide Beter unter Christus als ihrem Herrn wissen. Vielmehr meint diese Aussage den Christus im Bruder, der stärker ist als der im eigenen Herzen (Bonhoeffer). Der Gebetspartner soll dem Verletzten die Liebe Christi weitergeben, die ihm hilft, sich immer tiefer im Gebet zu öffnen.

Im Hinblick auf das Segnen geht van Dam auf das griechische (εὐλογήμενος) und das lateinische Wort (benedictus) für den Gesegneten ein: beide Begriffe bezeichnen den Gesegneten als denjenigen, über den Gutes gesagt wird.[866] Der Segen ist lebenweckend und lebenstärkend. In ihm wird das Heil Gottes zugesagt. In der hier untersuchten Seelsorge dient das Segnen dazu, in die Situation des psychisch Leidenden Raum, Licht und Erleichterung zu bringen und seine Not in die Gegenwart des Herrn zu stellen. Es dient ferner im Sinne von Apg 8,17; 9,17 und 19,6 dazu, erwartungsvoll um die Erfüllung mit dem heiligen Geist zu bitten und sie glaubend zuzusprechen. Darin sieht Christenson die wichtigste Bedeutung des Händeauflegens.[867] Das fürbittende und segnende Beten kann in ein im Namen Jesu vollmächtig zusprechendes Beten übergehen: »Im Namen Jesu zu beten heißt, Menschen und Situationen mit den Augen Jesu zu sehen und dann mit der Vollmacht Jesu zu sprechen.«[868] In der Inneren Heilung lernt so der Gesegnete mit der Hilfe des Segnenden, sich mit allen seelsorgerlichen Problemen der heilenden Gegenwart Jesu auszuliefern.

3.3.5 Das Gebet und die Geistesgaben

Das Gebet wäre im Hinblick auf die Innere Heilung sehr unvollständig bedacht, würde nicht auf die Frage des Heiligen Geistes und der Geistesgaben eingegangen. »Gebet um seelische Heilung … kann nur in

---

865 Linn, Glaube S. 147. Linns können dabei (ebd.) auch einen Rollentausch vorschlagen.
866 Seelsorge S. 32; so auch Linn/Fabricant, Gott S. 50.
867 Geist S. 86f.
868 F. MacNutt, Kraft S. 78.

Verbindung mit den Gaben des Geistes geschehen.«[869] Gottes Gegenwart im Geist stellt den Menschen in den geistmächtigen Raum Gottes. Der Heilige Geist wird als Realität des lebendig gegenwärtig wirkenden Gottes in der seelsorgerlichen Praxis erfahren, der die Begrenzung therapeutischen Handelns überschreitet. Er schenkt »Begegnung, Zwiesprache, Führung Gottes, Verwandlung, Befreiung, Kraftempfang, das Gewinnen neuer Hoffnung und neuer Möglichkeiten«.[870] Wenn um ihn gebetet wird, dann impliziert das sein reinigendes und heiligendes Wirken im Hinblick auf die Vergangenheit. Durch diesen Geist soll der Ratsuchende inmitten schmerzvoller Erinnerungen eine heilende Beziehung zu Christus erfahren können. In einem autobiografischen Bericht deutet der Therapeut J. Müller seine diesbezügliche Einsicht an[871]: Die Erfahrung des Heiligen Geistes als Realität führte ihn dazu, das Gebet noch stärker in die therapeutische Arbeit einzubeziehen.

Das Vertrauen auf den Heiligen Geist macht den Seelsorger in seinem poimenischen Handeln in radikaler Weise von Gott abhängig; es macht ihn bei allem Einsatz humanwissenschaftlicher Bildung sensibel für die Weisung Gottes; er weiß darum, dass die tief greifendste Heilung von Gottes Geist her kommt. Der Seelsorger, dem Innere Heilung ein Anliegen ist, wird um die Führung durch den Heiligen Geist bitten, auch wenn dies in der Stille geschehen mag.[872] Auf der einen Seite schenkt der Heilige Geist, Gott zu verstehen und seine Liebe bis in die Personmitte hinein zu erfassen. »Die Erfahrungsmacht des Heiligen Geistes, die unverfügbar auch die therapeutische Beziehung begleiten kann, ist wichtig für die Konstellation neuer Gefühle.«[873] Auf der anderen Seite – und mit dem Ersten verbunden – bewirkt der zugesprochene und vom Menschen

---

[869] L. Payne, Bild S. 164. Dies. (Krise S. 39) sieht im Wirken des Heiligen Geistes den wesentlichen Unterschied zwischen säkularer Psychologie und der Heilung der Erinnerung. Diese Gegenüberstellung lässt den erwähnten trinitarischen Bezug nicht erkennen, so dass das Wirken des Geistes Gottes in geschöpflichen Zusammenhängen übersehen wird.

[870] Reimer, Geist S. 87. Hübner (Psychologie S. 191) spricht hier von »übernatürlicher Intervention des Heiligen Geistes«, und Schweizer (Geist S. 408) vom »lebendige(n) Gott in seiner Bewegung auf uns zu«.

[871] Gerufen S. 46. Seamands (Gefühle S. 16) kann im Hinblick auf den Heiligen Geist als »unser Partner und Helfer« sprechen, »der mit uns in wechselseitigem Einvernehmen zusammenarbeitet ...«

[872] Diesen Zug entfaltet vor allem Benner (Counseling S. 59). So wird für die innere Heilung konkret, dass der Heilige Geist »Subjekt der Seelsorge« (Blüm, Begriff S. 48) ist. Auch für die Innere Heilung gilt: »Das Kommen des Geistes ist nicht machbar, nur erwartbar ...« (Schweizer, Geist S. 402).

[873] Scharrer, Jesus S. 100.

empfangene Geist Gottes »*das In-Kraft-Treten neuer Gaben, der Geistesgaben*«.[874] In der Wirkungsweise der Gaben bringt der Heilige Geist das Leben des auferstandenen Christus zum Ausdruck. Die Gaben sind nicht auf außergewöhnliche Erscheinungen zu begrenzen, können aber zu solchen führen. Seelsorger der Inneren Heilung praktizieren ihren Dienst sowohl in der Offenheit für prophetische Worte und Eindrücke als auch in der Offenheit für das heilende Eingreifen Gottes. Für die Prophetie in der Seelsorge gilt, was für die Prophetie allgemein gilt: Sie soll aufdecken, ermutigen und trösten, Orientierung und Weisung geben.[875] Damit unterstellt der Seelsorger sich und den Ratsuchenden der Herrschaft Jesu Christi. Weil Christus als die höchste Gabe durch seinen Geist im Glaubenden lebt, kann er durch ihn hindurch wirken und sich durch seine Gaben den Menschen vollmächtig mitteilen. Die Seelsorge der Inneren Heilung will den Ratsuchenden dazu führen, sich für den lebendig gegenwärtigen Geist Gottes zu öffnen. In diesem Sinn können F. u. F. Littauer den Ratsuchenden auffordern, im Gebet zum Heiligen Geist zu kommen.[876] Im inneren Hören öffnen sich der Ratsuchende und der Seelsorger gemeinsam für den Anruf Gottes im Seelsorgeprozess.

Zu den Geistesgaben gehört auch, was in charismatischen Kreisen als »Wort der Erkenntnis« bezeichnet wird. Man meint damit das Phänomen, dass jemand beim Beten einen inneren Eindruck erhält, der die Situation des Gegenübers erhellen kann. »Die ›Gabe der Erkenntnis‹ (1. Kor 12,8ff) … wird in den charismatischen Kreisen etwas eigenwillig verstanden im Sinne eines intuitiven Erfassens von Gegebenheiten und Zusammenhängen, besonders in der Seelsorge und bei Heilungsgottesdiensten (intuitive Diagnose).«[877] Die empfangenen Eindrücke können kognitiver, imaginativer, emotionaler oder körperlich-sensitiver Art sein. Sie können ein Licht auf vergangene, dem Betroffenen nicht mehr gegenwärtige, weil unterdrückte traumatische Erfahrungen, werfen. M. u. D. Linn bemerken zu dieser Gabe: »Einige Menschen empfangen ein Wort der Erkenntnis, in dem der Herr ihnen sagt, wie sie beten sollen und was jetzt zu geschehen hat.«[878] Diese Gabe tangiert die Ausführungen

[874] Scharrer, Heilung S. 126 (kursiv im Original).
[875] So Christenson, Geist S. 242.
[876] Memories S. 225. Nach Scharrer (Heilung S. 125) wirkt der Heilige Geist das »Bedürfnis zu beten«. In diesem Zusammenhang kann auch von Eph 5,17 her von der »Erfüllung mit dem Heiligen Geist« gesprochen werden.
[877] Reimer, Geist S. 68.
[878] Leben S. 13.

über die Imagination. Zu ihrer Beurteilung ist wieder die trinitarische Verankerung hilfreich: Im Vollzug empathischen Betens kann eine sehr tief gehende zwischenmenschliche Verbindung entstehen. A. Sanford spricht von der »Einheit zweier Seelen«.[879] »Es ist nicht absonderlich, dass wir uns dabei vorfinden, dass wir Dinge über die Vergangenheit einer Person wissen, die uns niemand jemals erzählt hat.« In der Fortsetzung dieses Zitats deutet Sanford an, wie menschliche Fähigkeit und geistliche Begabung bei solchem hörenden Beten für und mit dem Konfidenten zusammenwirken: »Während die Arbeit durch den Heiligen Geist getan wird, ist die Möglichkeit solchen instinktiven Wissens potenziell in unserer Natur vorhanden. ›Gedankenübertragung‹ wird es genannt; die Übertragung der Gedanken vom Unbewussten zum Unbewussten. ... Bei Gelegenheit ... stößt das Unbewusste in die bewusste Erinnerung hinein aus, so viel wir von einer Person wissen müssen. Auf diese Weise beschleunigt und belebt der Heilige Geist, der durch uns arbeitet, beim Gebet für die Heilung der Erinnerungen eine Gabe, die ohnehin für uns natürlich ist. (Tatsächlich sind alle Gaben des Geistes potenziell in unserer Natur.)«[880] Diese Beobachtungen Sanfords sind richtungweisend, auch wenn man den letzten Satz nicht in dieser generellen Weise formulieren sollte. Sie zeigen, dass der erste und der dritte Glaubensartikel im charismatischen Vollzug aufeinander bezogen sind. Indem diese Gabe vom Heiligen Geist in Dienst genommen wird, kommt ihr eine prophetische Dimension zu. Der Geist Gottes setzt latent vorhandene Begabungen frei. Die trinitarische Zuordnung öffnet den Blick für den menschlich-geschöpflichen Anteil an der Praxis dieser Gaben. Im Hinblick auf die Gabe der Erkenntnis gilt, was J. Wimber für die Gaben allgemein feststellt: »Im Laufe der Zeit können sich die Gaben des Geistes auch entwickeln.«[881] Im Unterschied zur klassischen, empirischen Psychologie werden diese Phänomene jedoch nicht intrapsychisch im Sinne der »self-fulfilling prophecy«[882] gedeutet. »Wir bitten Gott, zu uns zu sprechen, wir achten auf den Eindruck in unserem Bewusstsein ... wir glauben, dass der Eindruck, den wir dann haben, von Gott ist. Dieser Eindruck kann ein

[879] Gifts S. 110; ebd. auch das folgende Zitat; ähnlich auch Sandford, Geist S. 159.217.

[880] Sanford, Gifts S. 110. Diese Beurteilung ist differenzierter als diejenige Cernys (Reaction S. 202), der meint, dass diese und andere Gaben »uniquely Christian« seien. Freilich muss ergänzt werden: Auch wenn Pneuma- und Selbsterfahrung dicht beieinander liegen, dürfen sie doch nicht identifiziert werden.

[881] Heilung S. 185.

[882] May/Oberbillig, Gott S. 11.

Gedanke sein, es kann ein inneres Bild in meiner Vorstellung sein, es kann ein körperliches Gefühl sein, es kann auch etwas sein, was ich außerhalb von mir wahrnehme.«[883] Im Hinblick auf die Seelsorge steht hinter dieser Äußerung die Überzeugung, dass der Geist Gottes die Tiefe der Verwundungen ebenso kennt wie die Möglichkeiten der Heilung. Es ist das Werk des Heiligen Geistes, den Menschen die Wahrheit über sich selbst wahrnehmen zu lassen, ihn dabei zu überführen und für Gott durchsichtig zu machen. Zugleich lässt der Heilige Geist aber auch die Wahrheit über Gott erkennen, der den Traumatisierten liebt und ihn verwandelt. So wird der Geist Gottes in der Gabe der Erkenntnis als persönlich gegenwärtiger Gott erfahren, der in die geschichtlichen Gegebenheiten von Raum und Zeit hineinwirkt. In der Äußerung Mays und Oberbilligs kommt freilich auch die Gefährdung in der Praxis dieses Bereichs der Charismen zum Ausdruck: Mit gleichem Recht, mit dem hier gesagt wird: »Wir glauben, dass der Eindruck, den wir dann haben, von Gott ist«, müsste auch gesagt werden: Wir wissen uns verpflichtet zu prüfen, ob die hier erwähnten Eindrücke von Gott sind. Bei der Praxis der Charismen muss trotz ehrlicher geistlicher Motive die Möglichkeit der Täuschung im Blick behalten werden.[884] Durch diese Möglichkeit sollte man sich jedoch nicht zur Ängstlichkeit und zur Distanzierung von solcher Praxis verleiten lassen. Somit nimmt die Seelsorge im Sinn der Inneren Heilung aus dem Gebet heraus prophetische Elemente auf. Sie treten im seelsorgerlichen Gespräch auf als »situationsgerechte, aufbauende oder auch mahnende Botschaft Jesu«[885] an den Konfidenten. Beachtenswert ist im Hinblick auf die Praxis des hörenden Betens und der Geistesgaben der Hinweis der beiden Autoren W. May und R. Oberbillig: »Es ist gut, mein Gottesbild zu überprüfen ...«[886] Denn das Gottesbild kann die Praxis der Geistesgaben fördern oder hemmen. Die Erfahrung Innerer Heilung setzt nicht selten

---

[883] May/Oberbillig, Gott S. 21. May/Oberbillig ergänzen (a.a.O. S. 22): »Das Entscheidende an diesen Eindrücken, die jeder haben kann, sind eigentlich zwei Dinge: sie kommen aus der Bitte an Gott, zu mir zu sprechen, und ich nehme sie im Glauben an« (ähnlich ebd. S. 25). Die Frage einer speziellen Begabung ist in dieser Bemerkung sicher nicht erschöpfend bedacht. Berger (Gebet IV S. 50) weist darauf hin, dass das Gebet im NT »die himmlische Gabe von Erkenntnis, Weisheit oder Lebensgeist« vorbereitet.

[884] Diese Gefahr wird auch konkret gesehen (z. B. McManus, Kraft S. 38; Kraft, Power S. 167).

[885] J. Müller, Gott S. 19.

[886] Ebd. S. 24. Sie sehen (ebd. S. 28) als Hinderungsgründe für das Empfangen von (prophetischen) Eindrücken von Gott häufig Angst und Zweifel.

beim Ratsuchenden die Gabe frei, selber innere Bilder und Worte der Erkenntnis zu empfangen.

In der Praxis dieser Geistesgabe bedarf es eines hohen Maßes an Sensibilität. Sehr leicht kann durch sie der Ratsuchende das Beten als etwas Bedrängendes erleben. Der Einsatz dieser Gabe muss dem »stillen, unaufdringlichen Wirken«[887] des Gottesgeistes entsprechen. Von daher empfiehlt sich die »Freiheit gewährende Formel: ›Ich habe den Eindruck, dass …‹.«[888] Dabei ist die Prüfung dieser Gabe durch den Ratsuchenden als dem Erstbetroffenen oder – im Falle von Gruppenseelsorge – durch andere unabdingbar. In der Grundrichtung entspricht jedoch das Gebet um konkrete prophetische Eindrücke in der poimenischen Praxis der paulinischen Mahnung, nach der prophetischen Gabe zu trachten.

3.3.6 Die Innere Heilung und das Sprachengebet

Wenn in Verbindung mit der Inneren Heilung von den Geistesgaben die Rede ist, so muss auch auf die Rolle der Glossolalie[889] im therapeutisch-seelsorgerlichen Gebet eingegangen werden. Die Diskussion über diese Art des Betens ist von zwei Seiten her belastet. Von pfingstlerischer Seite her wird behauptet, diese Gabe sei ein mehr oder weniger untrügliches Kennzeichen für die Geisttaufe.[890] Von anderer theologischer Seite her wird immer wieder mit Schlagworten wie »enthusiastisch«, »ekstatisch«[891] und »unseriös« gegen diese Gabe polemisiert.

Im Hinblick auf die zuerst genannte Position ist zu sagen, dass das Sprachengebet kein Ausweis geisterfüllten Lebens ist. Derjenige, der diese Gabe empfangen hat, kann in gleicher Weise im Ungehorsam dem Anruf Gottes gegenüber leben wie derjenige, der sie nicht hat. Hainebach hat deshalb Recht, wenn er sagt: »Das Sprachengebet zeigt … nie und nimmer den Stand der Heiligung und der Liebe an.«[892] Außerdem ist die religionswissenschaftliche Beobachtung wichtig, dass derartige Phäno-

---

[887] Mader, Mensch S. 102.

[888] Christenson, Geist S. 243.

[889] Im Kontext christlichen Glaubens und Betens ist der Begriff »Sprachengebet« wohl die geeignetste Wiedergabe des Begriffs Glossolalie (vgl. zum Begriff »Sprachengebet« Sullivan, Erneuerung S. 134f).

[890] Eine Tendenz in dieser Hinsicht findet sich bei Ulonska (Geistesgaben S. 120).

[891] Hilfreich klärend zu dieser Frage vgl. G. Schrenk, Geist S. 107ff.

[892] Geist S. 26; so auch D. Bennett, Bitten S. 61; ders., u. R. Bennett, Trinität S. 96; Sullivan, a.a.O. S. 158f.

mene nicht spezifisch christlich sind. Diese Tatsache macht deutlich, dass derartige Erscheinungen an sich keine Aussage über den sie tragenden Geist machen. Schließlich wird bei dieser Position der Charakter des Sprachengebets als Gabe nicht genügend berücksichtigt. Für Paulus gehört sie zu den Gaben, die nicht jedem zuteil werden (1. Kor 12,11.30). Das gilt auch dann, wenn man mit gutem Recht sagen kann, dass diese Gabe bei innerer Offenheit ihr gegenüber wahrscheinlich noch von vielen Christen empfangen werden könnte. Es muss unter allen Umständen vermieden werden, das Sprachengebet zu einer Bedingung oder Ergänzung für das Heil in Christus zu erheben.[893] Außerdem sollte es selbstverständlich sein, dass das Sprachengebet nicht dazu dient, um sich vor anderen zu brüsten. Die pfingstlerische Position stellt jedoch einen Stachel im Fleisch einer Kirche und Theologie dar, soweit sie diese Gabe faktisch ausblenden und diffamieren.

Im Hinblick auf die zweite erwähnte Position muss festgehalten werden, dass Christen, die diese Gabe haben, die Assoziation des Sprachengebets mit Ekstase durchgängig ablehnen. »Die Bezeichnung der Glossolalie als ›ekstatisches‹ Reden ist falsch und irreführend. Der Sprachenredner ist voll bei Bewusstsein … Er hat völlige Kontrolle über sein Sprechen. Er kann nicht nur jederzeit anfangen und aufhören, sondern er kann auch laut oder leise, langsam oder schnell reden.«[894] Es geht dabei also nicht um ein unwillkürliches Getriebensein, sondern um ein »ganzheitliches Sprachgeschehen«.[895] Dem Missbrauch einer Gabe wie der des Sprachengebets wird nicht durch ihre Ablehnung gewehrt – dadurch wird ihrem Missbrauch eher Tür und Tor geöffnet –, sondern dadurch, dass sie in angemessener Weise praktiziert wird. So stellen beide Positionen Einseitigkeiten dar und erschweren eine sachliche Auseinandersetzung mit diesem Phänomen; deshalb sollte von beiden Abschied genommen werden.

Es ist ferner festzuhalten, dass die hier untersuchte Seelsorge in ihrem Vollzug in keiner Weise von dieser Gabe abhängig ist. Wäre sie das, so würde sie nur von denjenigen praktiziert werden können, denen sie zuteil wurde. Auch wenn im Allgemeinen das Sprachengebet einbezogen wird, kann diese Art der Seelsorge vollgültig ohne das Sprachengebet durch-

[893] Vgl. dazu Hainebach, Geist S. 17ff; D. Bennett, Bitten S. 31.
[894] Bittlinger, Sprachen S. 6. Hainebach (Geist S. 60) äußert gegen das ekstatische Missverständnis: »Jedenfalls ist das Sprachenreden ein starker Anreiz zur Stille und zum persönlichen Umgang mit Gott …«
[895] Christenson, Geist S. 250 u. F. u. P. Aschoff, a.a.O. S. 18.

geführt werden. In Abwandlung eines Satzes von A. Bittlinger[896] lässt sich sagen: Die Seelsorge-Bewegung der Inneren Heilung ist keine Glossolalie-Bewegung.

Die trinitarische Betrachtungsweise ist auch im Hinblick auf das Sprachengebet hilfreich. Unter dem Gesichtspunkt des ersten Glaubensartikels kann das Sprachengebet psychologisch als eine Fähigkeit betrachtet werden, die latent im Unbewussten bereits vorhanden ist. C. G. Jung kann die Glossolalie dem kollektiven Unbewussten zuordnen[897] oder sie als Automatismus[898], als vom Bewusstsein losgelöste Aktivität des Unbewussten, auf einer Linie mit anderen Automatismen, verstehen. In diesen Kontext gehören Bittlingers Äußerungen, nach denen das Sprachengebet für das Unbewusste eine von mehreren Möglichkeiten ist, sich auszudrücken: »Psychologisch betrachtet ist Glossolalie … zunächst ein Hörbar-Machen der Sprache des Unbewussten oder der ›inneren‹ Sprache.«[899] Es kann mit gutem Grund angenommen werden, dass im Menschen eine lautbildende Fähigkeit vorhanden ist, die in der Muttersprache nur zu einem kleinen Teil aktiviert wird. Diese Aktivierung kann nicht nur vom Kleinkind, sondern auch vom Erwachsenen, der sich für diese Realität aufschließt, vorgenommen werden. Die Glossolalie kann dabei helfen, das das Individuum übersteigende, aber dieses dennoch individuell betreffende Unbewusste zu erschließen. Unter psychologischem Aspekt hat sie eine psychohygienische Funktion. Sie kann helfen, belastende oder destruktive Emotionen auszudrücken, zu korrigieren und zu beseitigen. Obwohl bei der Glossolalie keine semantischen Codes aus uns bekannten Sprachen verwendet werden, handelt es sich also doch um ein bedeutungsvolles Mitteilen aus tiefen Schichten der Psyche. Dem paulinischen »erbauen« eignet im Kontext der Glossolalie auch eine psychologische Komponente: »Der Begriff ›erbauen‹ (*oikodomein*) dürfte hier (sc. in 1. Kor 14,4a) den konstruktiven Aufbau der Persönlichkeit bezeichnen.«[900]

---

[896] »Die charismatische Bewegung ist keine Glossolalie-Bewegung« (Sprachen S. 4).

[897] M. Kelsey, Tongue Speaking, New York 1964 S. 199 (zitiert bei Bittlinger, Sprachen S. 10).

[898] Zu Jungs Sicht vgl. Vivier-van Eetveldt, Zungenreden S. 184f.

[899] Bittlinger, Sprachen S. 9. Unter diesem Gesichtspunkt ist Schweizer (Geist S. 409) zuzustimmen, wenn er im Hinblick auf die Glossolalie von einer »natürliche(n) … Gabe« spricht. Rebell (Erfüllung S. 90) spricht im Hinblick auf die Glossolalie von einer »Parasprache, in der die semantische Dimension fortgefallen ist – erhalten sind die expressive und die appellative Sprachdimension«.

[900] Rebell, Erfüllung S. 99.

Das Sprachengebet kann nun aber auch unter pneumatologischem Aspekt betrachtet werden. »Wie alle menschlichen Äußerungen kann auch die Glossolalie in den Dienst Gottes gestellt werden. Sie ist in besonderer Weise geeignet für das Gebet.«[901] Das Sprachengebet wird im Sinn des Paulus (1. Kor 14,4) sehr häufig zur persönlichen Erbauung ausgeübt. Hier kann es eine Hilfe sein, innerlich aufgerichtet zu werden und den Zugang zu einem verinnerlichten Beten zu finden. »Durch das Beten im Geist wird der Glaube, die Verbindung mit Christus, gestärkt ...«[902] Solches Beten entsteht nicht im Verstand, sondern im »Zwischenbereich« zwischen dem Verstand und psychologisch tiefer liegenden Schichten des Menschen. Unsagbares wird an der Kontrollinstanz des Bewusstseins vorbei zum Ausdruck gebracht – paulinisch ausgedrückt: Der Beter betet bei der Glossolalie nicht mit seinem Verstand, sondern »im Geist« (1. Kor 14,15). Das Sprachengebet kann dazu beitragen, das Bewusstsein zur Ruhe zu bringen und sich tiefer der Gemeinschaft mit Gott zu öffnen.

Solches Beten kann sehr verschiedene Funktionen annehmen. Es ist eine Hilfe, die innersten Gefühle vor Gott auszudrücken und so das »Aussprechen des Unaussprechlichen«[903] zu ermöglichen. Das kann sich sowohl auf den Lobpreis Gottes beziehen als auch auf das Äußern von Gefühlen des Beters. »Durch das Reden in dieser neuen Sprache räumt der Geist tief in uns den Schutt weg.«[904] Im Sprachengebet können tief verborgene Emotionen aus dem Beter herausströmen und in die heilende Gegenwart Gottes hineinkommen. So kann das Sprachengebet eine kathartische Dimension annehmen. Dabei werden die Grenzen des Intellekts umgangen. »Durch Glossolalie können solche Empfindungen zum Ausdruck gebracht werden (und zwar Gott gegenüber und den Mitmenschen gegenüber), die jenseits der normalen sprachlichen Artikulationsmöglichkeiten liegen, die in einer normalen Kommunikation nicht zu

---

901 Bittlinger, Sprachen S. 11. Diese Sicht ist angemessener als die Entgegensetzung D. Bennetts (Bitten S. 86): »Das Zungenreden stammt nicht aus dem Unterbewussten. Es kommt direkt und unmittelbar vom Heiligen Geist ...« Zutreffender wäre der Hinweis darauf, dass das Sprachengebet sich unter dem Aspekt des Unbewussten nicht voll erfassen lässt.

902 Hainebach, a.a.O. S. 21. Darin liegt neben dem psychologischen ein wesentliches Element der persönlichen Auferbauung. L. Sandford (Christ S. 102) u. A. Sanford (Gifts S. 139) sprechen in Verbindung mit dem Sprachengebet vom Kraftempfang.

903 Barth, KD IV/2 S. 942.

904 Van Dam, Seelsorge S. 65; ähnlich F. u. P. Aschoff, a.a.O. S. 19; Vivier-van Eetveldt, Zungenreden S. 200f. Es kann einen »schwermütigen Klang« annehmen (Ulonska, a.a.O. S. 126).

thematisieren sind.«[905] Das Sprachengebet ist somit im Seelsorgeprozess ein wertvoller Beitrag, den Glauben in die Emotionen des Ratsuchenden hineinwirken zu lassen. Emotionale Erfahrungen werden bei dieser Art zu beten nicht unmittelbar intendiert; man rechnet jedoch in der Inneren Heilung damit, dass die Gotteserfahrung nicht ohne Rückwirkung auf die Emotionalität des Beters bleibt. »Der Geist kann … die Tiefen des Unbewussten ergründen und dort Wunden und Verletzungen heilen …«[906] Bittlinger bringt solches Beten mit dem »Ausschütten« des Herzens oder der Seele vor Gott in Verbindung (Ps 42,5; 62,9; Klgl 2,19).[907] Das Gebet in Sprachen baut den Beter in dem Bereich seines Lebens oder seiner Person auf, in dem er diese Auferbauung am dringendsten benötigt. Es wird häufig als befreiend erfahren. Im Zusammenhang solchen Betens wird immer wieder von intensiven Gotteserfahrungen berichtet.[908] Solches der persönlichen Auferbauung dienende Beten hat, recht verstanden, nichts mit Heilsegoismus zu tun, da der seelsorgerlich aufgerichtete Mensch sich mit seinen Erfahrungen in den Dienst Gottes nehmen lässt. So stellt es eine Hilfe zur Heiligung, zum Wachstum des Beters im Glauben dar.

Das Sprachengebet kann aber auch der Gebetsunterstützung für den Ratsuchenden von Seiten des Seelsorgers dienen. »Auch für die Fürbitte ist das Sprachengebet hilfreich, weil wir oft buchstäblich nicht wissen, was wir für den anderen erbitten sollen.«[909] Bedrückende Situationen im seelsorgerlichen Prozess, in denen die menschliche Hilfsbedürftigkeit erlebt wird, können in diesem nicht-intellektuellen Beten vor Gott gebracht werden. »Wir wissen zwar, wofür wir beten, aber nicht, was wir beten.«[910] Das Sprachengebet kann dem Seelsorger ferner dazu helfen, sich auf Gottes Reden und Handeln zu konzentrieren. Mithilfe dieses Betens kann er sich in seiner spirituellen Haltung dem aktuellen Empfangen von Weisungen Gottes für den Seelsorgeprozess öffnen. So kann es sich ereignen, dass er vom Heiligen Geist geleitete, seelsorgerlich weiterführende Worte findet, denen eine prophetische Kraft eignet. In diese Richtung weist auch Bohren mit seiner Bemerkung: »… Dieses (sc.

---

905 Rebell, Erfüllung S. 91. Das »Emotionale und Überschwängliche« im Zusammenhang dieser Gabe muss nicht rundweg abgelehnt werden.
906 D. Bennett, Bitten S. 86f.
907 Vgl. Bittlinger, Sprachen S. 10; Rey, Gotteserlebnisse S. 10.
908 Vgl. dazu Kirchner u. a., Erneuerung S. 58; Vivier-van Eetveldt, Zungenreden S. 198.
909 Bittlinger, Sprachen S. 13; so auch Sanford, Gifts S. 151; F. u. P. Aschoff, a.a.O. S. 27f.
910 Ulonska, a.a.O. S. 125.

zungenredende Lobpreisen zur Ehre Gottes) wird nicht ohne Einfluss sein auf die fünf Worte, die er mit dem Verstand spricht.«[911] So ist es eine Unterstützung zu vollmächtigem Beten.

Am Schluss dieses Abschnitts lässt sich zur Praxis des Sprachengebets Folgendes sagen: Der Umgang mit dem Sprachengebet in der Seelsorge muss seelsorgerlich sein, d. h. jede Art von bedrängendem oder den Ratsuchenden überfahrendem Gebrauch muss vermieden werden. A. Sanford[912] rechnet zum seelsorgerlichen Gebrauch dieser Gabe die Berücksichtigung des richtigen Augenblicks für das Segnen zum Empfangen des Sprachengebets. Mangelnde Vorbereitung auf Erfahrungen mit dem Sprachengebet können die Spannung zwischen dem Bewusstsein und dem Unterbewussten erhöhen und die Spaltung der Persönlichkeit vertiefen.

Es muss außerdem bedacht werden, dass eine Bemerkung wie die folgende den Ratsuchenden unter erheblichen Druck nehmen kann: »Wenn du noch nicht in einer Gebetssprache sprichst, ist dies nicht deshalb so, weil Gott dir diese Gabe verweigert, sondern weil du aus irgendeinem Grund gehemmt und gehindert bist. Dann lass dem Heiligen Geist noch mehr Raum.«[913] Eine solche Bemerkung kann den Adressaten zu krampfhaftem Suchen nach den in der eigenen Person liegenden Hinderungsursachen veranlassen.

Es muss auch die Möglichkeit im Auge behalten werden, dass das Sprachengebet als »Flucht aus der Sprache«[914] missbraucht werden kann. Das kann da geschehen, wo das, was im Sprachengebet an Hochgefühl im Lobpreis Gottes oder was an Schmerz erfahren wird, nicht reflektierend aufgearbeitet wird. In diesem Fall kann das Erlebte letztlich nur auf der Ebene einer früher oder später verebbenden Gefühlswelle bleiben.

Der Seelsorger wird das Sprachengebet zumeist leise im Inneren vollziehen. »Wenn wir bewegt werden, im Geist zu beten, und dabei Worte sagen, die für die andere Person unverständlich sein könnten, dann können wir auf eine Weise beim Atmen oder in der Verborgenheit unseres Geistes beten, dass unsere Worte nicht denjenigen erschrecken, für den wir beten.«[915]

Die Gabe des Sprachengebets sollte weder über- noch unterbewertet

911 Predigtlehre S. 334; ähnlich Margies, Heilung I S. 71; Reimer, Geist S. 66.
912 Gifts S. 140.
913 D. Bennett, Bitten S. 39.
914 Kirchner u. a., Erneuerung S. 173.
915 Sanford, Gifts S. 68 (Übersetzung G. W.).

werden. Im Hinblick auf die Möglichkeit der Überbewertung sagt Kraft schlicht und treffend: »... Es ist die geringste von allen Gaben. Warum soll man daraus eine große Sache machen?«[916] Auf der anderen Seite ist das Sprachengebet eine kostbare und hilfreiche Gabe in der Seelsorge der Inneren Heilung. Das Sprachengebet abzuwerten hieße, eine Gabe des Geistes abzuwerten, die eine Dimension des Redens mit Gott im Gebet betrifft. Diese Gabe stellt einen spezifischen Beitrag zur Unterstützung und Beschleunigung psychischer Prozesse dar, die ohne sie viel schwerer in Gang kämen. Es wäre seelsorgerlich unverantwortlich, Ratsuchende, denen durch den Gebrauch dieser Gabe im Prozess ihrer Inneren Heilung weitergeholfen wird, von dieser Gabe fern halten zu wollen.

3.3.7 Die Befreiungsdimension beim Beten in der Inneren Heilung

Wenn hier von der Befreiungsdimension gesprochen wird, so bezieht sich der Begriff »Befreiung« auf das Freiwerden von okkulten Bindungen. Dieser Begriff wird dem des Exorzismus vorgezogen[917], da letzterer Beschwörung bedeutet und ein magisches Missverständnis nahe legen könnte. Die Verwendung des Begriffs »Dimension« verdeutlicht, dass sich die hier untersuchte Seelsorge in keiner Weise auf das okkulte Gebiet fixiert oder spezialisiert. Das befreiende Handeln ist vielmehr eingebettet in verschiedene andere Dimensionen innerhalb des Ganzen der Inneren Heilung. Der Frage der okkulten Belastung und der Befreiung von ihr wird in diesem Abschnitt des Gebets nachgegangen, da es nicht um selbstzweckhafte Spekulationen über verborgene dämonische Dinge geht, sondern um das vollmächtig lösende Gebet.[918]

In der Literatur zur Inneren Heilung tauchen überwiegend vereinzelte und kurze Bemerkungen zur Frage okkulter Belastung auf. Hier kommt zum Ausdruck, dass das Interesse bezüglich dieser Thematik nicht bei Spekulationen, sondern bei der Praxis liegt. Nur bei vereinzelten Vertretern der Inneren Heilung (wie z. B. W. C. van Dam und Don

[916] Power S. 168.
[917] Mit van Dam, Seelsorge S. 119 Anm. 8; Margies, Heilung 2 S. 107; Lutz, Therapie S. 116.
[918] Es ist interessant, dass diese Zuordnung auch von kritischer Seite her erkannt wird: »Eine zentrale Rolle spielt das Gebet bei Exorzismen ...« (Kirchner u. a., Erneuerung S. 73).

Basham) finden sich eingehendere Überlegungen. Das Gebiet okkulter Belastungen und der Befreiung kann hier nicht gründlich behandelt werden.[919] Es wird vielmehr vor allem denjenigen Aspekten nachgegangen, die für die hier untersuchte Seelsorge relevant sind.

Zunächst wird in der Literatur zur Inneren Heilung verschiedentlich festgehalten, dass der Satan und die Dämonen eine *personal-transpersonale Realität* sind. Diese Mächte besitzen die Fähigkeit, auf den Menschen einzuwirken. Diese Sicht steht im Gegensatz zu den in unserer Zeit herrschenden Geistesströmungen, die die Tendenz haben, »die Macht des Bösen und die damit verbundenen Bewusstseinsinhalte zu verleugnen, ins Unbewusste abzudrängen«.[920] Interessant im Hinblick auf das personal-transpersonale Böse sind die autobiografischen Notizen des Psychoanalytikers K. G. Rey.[921] Er berichtet von einer Erfahrung, in der eine Serie von Widerwärtigkeiten auf ihn einbrach, die zunächst als Reihe negativer Zufälle betrachtet werden konnte. Die Massivität nahm in einer Weise zu, dass Rey alle Aktivitäten aus Glauben preisgeben wollte. »Ich konnte im letzten Augenblick diesem Drang widerstehen, und zwar als ich ihn auf einmal als etwas mir ganz Fremdes empfand. Als nicht zu mir gehörige Kraft, die von mir Besitz ergriffen … hatte. Sie war nicht eine von meiner Person abgespaltene unbewusste Seite, die sich verselbstständigt hatte. Ich empfand sie vielmehr als eine Bedrängnis aus einer anderen Wirklichkeit. … Ich (hatte) die klare Gewissheit über die Existenz des Bösen.«[922] Okkulte Mächte wirken zerstörerisch und versklavend. Sie wollen den Menschen negativ an seine Vergangenheit binden, ihn zerstören und von der Gottesherrschaft abhalten.[923]

Das Reich Satans ist jedoch *durch Christus besiegt*. Der Satan wird zwar als Gegenspieler Gottes gesehen, jedoch nicht als einer, der auf einer

[919] Zu den religionsgeschichtlichen Parallelen zur Frage von Dämonen und Besessenheit vgl. van Dam, Dämonen S. 7ff; zur Frage der medizinisch-psychologischen und theologischen Beurteilung vgl. Koch (Seelsorge passim).

[920] Scharrer, Jesus S. 51.

[921] Mensch S. 92ff.

[922] Ebd. S. 94f (kursiv im Original); ähnlich ebd. S. 98: »Jedenfalls habe ich erfahren, dass das Böse mehr ist als unser Schatten. … Das Böse ist eine selbständige, personale Kraft, die sich dem Guten widersetzt und es zu zerstören sucht. Gott ist das Gute.« Ergänzend fügt Rey hinzu (ebd. S. 99): »… Es (ist) irreführend, sich den bösen Geist, den Teufel, als einen ›Jemand‹ vorzustellen. Er ist vielmehr die (in ihrer Existenz von Gott abhängige) widergöttliche Macht und Kraft, die uns von Gott trennen will.«

[923] So Frank, Door S. 166; Comiskey, Ganzheitlichkeit S. 105; Westmeier, Seele S. 78; Pytches, People S. 37.

Ebene mit Gott steht.[924] Van Dam weist auch auf den ausgesprochen polemischen Akzent im Basileiabegriff. Jede Austreibung der Dämonen ist ein Teilsieg der Gottesherrschaft. »Weil Christus sowohl Sohn und Herr als auch Erlöser und Sieger ist, gehört die Dämonologie sowohl der Christologie als auch der Soteriologie an.«[925] Auf diesem Hintergrund verbietet sich für van Dam sowohl eine Leugnung dämonischer Realität als auch deren Überbewertung.

Es wird unterschieden zwischen verschiedenen Graden okkulter Behaftung: In der katholischen Tradition ist seit dem 18. Jhd. die Unterscheidung zwischen Besessenheit *(possessio)* und Umsessenheit (circumsessio) bekannt.[926] Van Dam stellt einen Ansatz für eine solche Unterscheidung bereits im Neuen Testament im Vergleich zwischen Mk 1,21ff und Mk 5,1ff fest: »Nach alledem muss man folgern, dass dieser Besessene (sc. Gerasener) einem anderen Typ der Besessenheit angehörte als der Mann in der Kapernaumer Synagoge, der am sozialen und religiösen Leben teilnahm und dessen Zustand wohl jedermann verborgen war.«[927] Da der Begriff der Umsessenheit zu viele verschiedene Phänomene umfasst, bevorzugt van Dam eine Dreiteilung[928]: Er spricht von dämonischer Besessenheit als der umfassendsten Form der okkulten Belastung eines Menschen.[929] Die Gebundenheit betrifft Teilbereiche des menschlichen Lebens.[930] Die dämonische Belästigung vergleicht van Dam einer Stadt, die von außen vom Feind beschossen wird.[931]

Häufig verbirgt sich eine okkulte Bindung hinter dem »Deckmantel der Gesundheitsstörung«.[932] Dabei wird die Pluralität möglicher Ursachen gesehen, die hinter einer pathologischen Erscheinung stehen kann. Phobien, Depressionen, suizidale Gedanken etc. können rein innermensch-

---

924 So z. B. Van Dam, Dämonen S. 63; Scharrer, Jesus S. 57; Kraft, Power S. 110; Linn/Fabricant, Gott S. 180.

925 Van Dam, Dämonen S. 176; ferner Thurneysen, Lehre S. 283f; Christenson, Geist S. 51.318.

926 Vgl. dazu van Dam, Dämonen S. 150 (mit Anm. 218).

927 Dämonen S. 44f.

928 Dämonen S. 151; ähnlich auch R. Bennett, Free S. 221; Payne, Gegenwart S. 94. Wimber (Heilung S. 109) führt die Dreiteilung Versuchung, Widerstand, Gebundenheit auf.

929 Ebenso auch Sandford, Deliverance S. 39; Föller, Charisma S. 7.

930 Scharrer (Jesus S. 95) spricht in diesem Zusammenhang von »schwächere(n) Autonomieverluste(n)«, Kraft (Power S. 129) von »attachment«; Sandford (Deliverance S. 39) von »obsession« bzw. (ebd. S. 90) »demonization«, Tapscott (Frei gemacht S. 12), Baumert (Gaben S. 172) u. a. von »Umsessenheit«.

931 Sandford (Deliverance S. 28f) spricht hier von »infestation«.

932 Van Dam, Dämonen S. 124.

liche Ursachen haben oder unter die paulinische Kategorie des Fleischlichen fallen. Sie können aber auch Folge solcher Gebundenheiten sein, die transpersonal, von außen her, ins Leben eingedrungen sind. Hinter manchen durchaus psychologisch begreifbaren Vorgängen kann eine okkulte Macht im Spiel sein.[933] Unter diesem Gesichtspunkt können psychopathische Erscheinungen als der Widerschein einer metaphysischen Gebundenheit durch dämonische Mächte gelten. Psychisch auffällige Phänomene können durch okkulte Zusammenhänge intensiviert werden. Die »Geber«, die hinter einer Gegebenheit stehen, können also sehr unterschiedlich sein.[934] Je nach dem Hintergrund psychischer oder psychosomatischer Symptome wird entweder von Heilung der Seele oder Befreiung von fremden Mächten gesprochen. Symptome können einzeln oder in Kombination auftreten. Van Dam teilt sie in vier Gruppen ein: »Es gibt religiöse ..., körperliche ..., psychische ... und parapsychische, okkulte ... Phänomene.«[935] Im Kontext der Inneren Heilung finden vor allem Störungen im psychischen Bereich Beachtung. An möglicherweise durch okkulte Mächte verursachten psychischen Phänomenen nennt van Dam »wütende Erregung«[936], »Selbstverwundungen und Selbstmordversuche«[937], »Depressionen«, »Versklavungen«[938] und »Wahrnehmungen«.[939] Die psychische Prägung bzw. die krankhafte Veranlagung kann der Angriffspunkt und das Einfallstor für eine dämonische Belästigung oder Gebundenheit werden. In diesen Zusammenhang gehört auch die Redeweise von »Geistern des Hasses ... der Aggression«[940] etc. Hiermit wird festgehalten, dass die Gedanken, Gefühle und Haltungen des Menschen unter okkulten Einfluss kommen können. Als Angriffsfläche für okkulte Mächte werden immer wieder verletzende Erfahrungen genannt. Solche Verwundungen können Schwachstellen hinterlassen, die den Menschen angreifbar machen. »Ein Mensch kann auch einen Groll näh-

[933] Vgl. dazu van Dam, Dämonen S. 180; Lechler, Dämon S. 68; MacNutt, Beauftragt S. 52.
[934] »Eine Störung kann verschiedene Ursachen haben.« (Van Dam, Seelsorge S. 48)
[935] Van Dam, Dämonen S. 113.
[936] Dämonen S. 132.
[937] Ebd. S. 133.
[938] Ebd. S. 134; ebd. (S. 155) nennt van Dam ferner »Hemmungen«.
[939] Ebd. S. 135.
[940] Van Dam, Seelsorge S. 53. Ähnlich bemerkt der Psychiater Lechler (Dämon S. 26f): »Der Satan verwandelt die zahlreichen schlechten Gewohnheiten des Menschen in eine Sucht.« Oder auch Rey (Mensch S. 95): »Es hatte ... meine psychischen Schwachstellen mit einer bewundernswerten Genauigkeit geortet.«

ren, der so bitter ist, dass er das Angebot der Vergebung verschmäht, einen Kummer, der so schwer ist, dass er sich nicht trösten lassen will, einen Zustand der Eifersucht, die so verzehrend ist, dass man sie nicht zähmen kann. Schließlich dringt eine böse Macht in die Persönlichkeit ein und übernimmt die Herrschaft.«[941]

Als eine Ursache für die Entstehung okkulter Bindungen wird neben persönlicher passiver oder aktiver Beschäftigung mit okkulten Praktiken die Beschäftigung der Vorfahren mit Spiritismus, Wahrsagerei, Besprechen etc. oder ein Fluch über Kinder genannt. Lechler bemerkt dazu: »Ich halte es für sehr wahrscheinlich, dass nicht wenige Charakterfehler und Anomalien des Seelenlebens, die gewöhnlich auf eine Erblast unbekannter Ursache zurückgeführt werden, häufig eine Folge derartiger Belästigungen der Vorfahren sind.«[942]

Im Zusammenhang des Okkulten wird die *Gefahr* gesehen, die eigene Verantwortung auf die Dämonen abzuschieben. Dabei können das eigene innere Böse, die eigenen Gedanken, Gefühle und Taten auf Dämonen projiziert werden.[943] Die Folge davon wäre Flucht in die eigene Passivität und ein Ausweichen vor Schritten des Gehorsams. Die Dämonen kommen häufig durch eigene Schuld des Menschen in ihn hinein und verführen ihn dann zu weiteren Sünden. Solche Schuld kann nicht auf okkulte Mächte abgeschoben werden. In diesem Zusammenhang ist der Hinweis D. Bashams von Bedeutung: »Die Schrift siedelt das ›fleischliche Selbst‹ als auch ›böse Geister‹ im Herrschaftsbereich Satans an.«[944] Was im paulinischen Sinne fleischlich ist, kann nicht »ausgetrieben« werden, sondern muss »gekreuzigt«, also im Glauben der Herrschaft Jesu Christi unterstellt, und im Gehorsam überwunden werden. Eine Gefahr für einen verantwortlichen Umgang mit psychischen und psychosomatischen Leiden ergibt sich auch aus einer simplifizierenden Beurteilung von Krankheitssymptomen. Darauf weist F. MacNutt: »Krankheit und der Teufel einerseits, Gott und Gesundheit andererseits ist eine zu einfache Alternative.«[945] Daraus ergibt sich für die Praxis des Befreiungsgebetes

---

941 G. Bennett, Heilung S. 90.

942 Lechler, Dämon S. 40f. Vgl. dazu J. u. M. Sandford, Deliverance S. 307 im Hinblick auf »generational patterns«.

943 Scharrer, Jesus S. 54. Deutlich formuliert Margies (Heilung 2 S. 117): »So ist es sogar möglich, sich aus der Thematik des Okkulten ein Alibi für die eigene geistliche Stagnation zu verschaffen.«

944 Bösen S. 91.

945 Kraft S. 57.

in der Inneren Heilung, dass der Seelsorger nicht zu schnell finstere Gebundenheiten annehmen soll. Van Dam bemerkt in dieser Hinsicht zu Recht, dass der Seelsorger mit seinen Fragen an den Patienten vorsichtig sein soll. »Wenn er zu schnell und zu leichtgläubig die Anwesenheit von Dämonen annimmt, kann er große Fehler machen; mit zu suggestiven Fragen kann er Besessenheitswahn, Persönlichkeitsstörungen und Dämonenvisionen hervorrufen.«[946] Die ohnehin große Belastung eines psychisch Leidenden wird unverantwortlich erhöht, wenn er dem Vorwurf ausgesetzt wird, dass er unter die Gewalt dunkler Mächte geraten sei. Das unzutreffende Diagnostizieren von okkulten Mächten verhindert eine Bearbeitung der eigentlichen Ursachen. Es kann auch dadurch die Erwartung bestärkt oder geweckt werden, dass die Krankheit weggezaubert werden könnte.[947]

So wird eine differenzierende Erkundung der Vorgeschichte des Ratsuchenden als Voraussetzung für ein Gebet um Befreiung als unbedingt nötig gesehen. Die ärztliche Untersuchung muss die seelsorgerliche ergänzen. Auf die Notwendigkeit eines wechselseitigen Austauschs und einer gegenseitigen Korrektur wird immer wieder hingewiesen.[948] Es ist unabdingbar, dass sich der Seelsorger, der sich auf dieses Gebiet einlässt, um psychiatrische Grundkenntnisse bemüht. Freilich ist die dazugehörige Wahrheit zu bedenken, auf die ebenfalls van Dam hinweist: »Absolute Sicherheit bei der Feststellung dämonischer Besessenheit gibt es jedoch nicht.«[949] Von daher wird ein tastendes Wagen, befreiend zu beten, nicht rundweg abgelehnt. In der Praxis der Inneren Heilung werden psychische Probleme zuerst auf der psychologisch-therapeutischen Ebene behandelt; wenn sich jedoch keine Änderung zeigt, wird die Ebene okkulter Bindungen mit berücksichtigt.

Ferner geht man bei der Praxis von der Erkenntnis aus, dass *Jesus Christus* allein der Befreier ist.[950] Durch sein Selbstopfer zur Erlösung des Menschen von Sünde, Tod und Teufel hat er den Sieg errungen.

---

946 Dämonen S. 237. Im Hinblick auf eine vorschnelle Dämonisierung äußert Margies (Befreiung S. 23): »Gedanken sind Gedanken und keine unsichtbaren dämonischen Persönlichkeiten.«

947 Vgl. dazu Pytches, People S. 37.

948 Das wird auch von verschiedenen Vertretern der Inneren Heilung gesehen, z. B. van Dam, Seelsorge S. 51; McAll, Heilung S. 83.

949 Dämonen S. 238; vgl. auch dazu Lutz, Therapie S. 117f.

950 Vgl. hierzu Tapscott, Friede S. 36; Lutzer, Past S. 121; McAll, Heilung S. 96; Moore, Prayer S. 24.

Dafür steht im Neuen Testament der mehrfache Hinweis auf das Blut Jesu.[951] Verschiedene Vertreter der Inneren Heilung berufen sich deshalb bei dem vollmächtigen, befreienden Gebet auf das »Blut Jesu«.[952] In der Inneren Heilung geht man außerdem davon aus, dass Christus durch Menschen wirkt, die er zu solchem Dienst beauftragt. Von daher soll sich der Seelsorger in die bewusste Abhängigkeit von Jesus Christus begeben. Die Vollmacht für einen solchen Dienst ist dann nicht menschliche Anmaßung; sie findet vielmehr ihren Halt und Grund im vollbrachten Werk Jesu Christi. »... Er (sc. der Christ) empfängt Vollmacht, wenn er in Glaube, Liebe, Gehorsam und Vertrauen mit dem Besieger Satans verbunden ist.«[953] Solche Vollmacht äußert sich im Befreiungsgebet vor allem im Binden okkulter Mächte und im Lösen von ihrem Einfluss.[954] Dieses Beten kommt von der Geborgenheit in Jesus Christus und seiner Autorität her und richtet sich im Namen Jesu Christi gebietend und bindend an die finsteren Mächte. »Die Herrschaft dieser eingedrungenen Tyrannen kann nur gebrochen werden, wenn sie durch einen Befehl (Mt 8,16) ausgetrieben werden, durch das Machtwort (sc. Jesu) ausfahren.«[955] Dabei wird sowohl auf die Möglichkeit eines das Gebet begleitenden Fastens[956] als auch des Betens im Team[957] hingewiesen.

Unabdingbar ist ferner die Kraft des gegenwärtig wirkenden Gottesgeistes. »Der Empfang des Heiligen Geistes fördert die Abstimmung des menschlichen Geistes auf den göttlichen Geist. Der Heilige Geist schenkt demjenigen, den er erfüllt, Charismen, Gnadengaben. Dazu gehört die Verleihung von machtvoll wirkenden Kräften und auch die so wichtige

---

[951] Vgl. Eph 1,7; Kol 1,14; 1. Petr 19; Hebr 13,12 u. ö.

[952] In diesem Sinn spricht van Dam (Dämonen S. 234f) davon, dass »sich also der Seelsorger im Gebet unter das Blut Christi stellen« soll. Ähnlich auch MacNutt, Kraft S. 147; McAll, Heilung S. 33.

[953] Van Dam, Dämonen S. 232.

[954] Der Sprachgebrauch vom »Binden« und »Lösen« in Verbindung mit okkulten Mächten lehnt sich an Überlieferungen wie z. B. Mt 4,10; Mk 1,25; 5,8; 9,26 und – in der frühen Gemeinde – Apg 16,18 an (vgl. dazu – ohne die hier untersuchte Seelsorge zu vertreten – Veeser, Okkultismus S. 64; Sons, Seelsorge S. 102).

[955] Van Dam, Dämonen S. 34. Vgl. auch ders., Seelsorge S. 56; Margies, Heilung 2 S. 38; McManus, Kraft S. 84; Wimber, Heilung S. 225; MacNutt, Kraft S. 147; Sandford, Geist S. 311; Cloud, Changes S. 249; Van Vonderen, Tired S. 154; Lutzer, Past S. 113.124; Christenson, Geist S. 323; Lutz, Therapie S. 78; Sons, Bibel S. 121.

[956] So Margies, Befreiung S. 3; Kraft, Power S. 145.

[957] Vgl. dazu MacNutt, Kraft S. 146; Sandford, Geist S. 348; Kraft, Power S. 145; Christenson, Geist S. 322.

Unterscheidung der Geister (1. Kor 12,10) ...«[958] Um die Gabe der Geisterunterscheidung soll vom Seelsorger gebetet werden. Sie ist auf diesem Gebiet die notwendige Ergänzung zur Sachkenntnis auf psychiatrisch-psychologischem Gebiet.

In poimenischer Hinsicht ist für die Vertreter der Inneren Heilung wichtig, dass der Ratsuchende im Befreiungsprozess mitarbeitet, und zwar an verschiedenen Stellen: Zunächst ist die Einsicht zu berücksichtigen, dass die geistliche Umgestaltung des Charakters der okkulten Bindung oder Umsessenheit den Boden entzieht.[959] Dazu gehört die Bereitschaft des Ratsuchenden, verborgene Zusammenhänge ans Licht des Bewusstseins kommen zu lassen und sich ihnen in der Gegenwart Jesu Christi zu stellen. Die psychologischen Wurzeln, die einen Menschen für das Okkulte verwundbar machen, bedürfen der heilenden Bearbeitung. In diesem Sinn schreibt M. Pytches: »Nach unserer Erfahrung müssen die meisten Befreiungsdienste durch ein gewisses Maß an Gebet um Innere Heilung begleitet sein.«[960] Da Verletzungen negative Voraussetzungen für okkulte Bindungen schaffen können, wird in der Gewährung der Vergebung gegenüber den verletzenden Personen und in der Heilung der emotionalen Wunden eine wichtige Voraussetzung für die Befreiung gesehen.[961] In der hier untersuchten Seelsorge erkennt man ferner, dass geklärt werden muss, ob das Verlangen nach einer Befreiung beim Ratsuchenden vorhanden ist. Eine willentliche Kooperation des Konfidenten mit dem Seelsorger muss gesucht werden.[962] Da nicht selten eine Form der Einwilligung in die Sünde zum Anlass für okkulte Bindungen wird, halten Seelsorger im Sinne der Inneren Heilung außerdem das persönli-

---

958 Van Dam, Dämonen S. 235; ähnlich ebd. S. 240; ders., Seelsorge S. 57 u. ders., Dämonen S. 241: »Der Heilige Geist kann dem Seelsorger den Gedanken eingeben, dass dämonische Einwirkung vorliegt oder den dringenden Rat erteilen, dem Gebundenen eine bestimmte Frage zu stellen, die den Tatbestand aufhellt, oder in Zungen zu reden, worauf der Gebundene oft scharf reagiert.« Vgl. zur Geisterunterscheidung Thompson, Wiederherstellung S. 211; Payne, Bild S. 67; MacNutt, Kraft S. 140; Christenson, Geist S. 322; Sanford, Gifts S. 160; Sons, Bibel S. 121.

959 »Wir wissen, dass, wenn ein Seelsorger in Jesus das innere Haus des Charakters einer Person umgestaltet, jeder Dämon, der darin wohnt – wenn überhaupt – fliehen muss.« Sandford, Umgestaltung S. 300; ähnlich dies., Geist S. 314; Hammond, Ablehnung S. 81; Payne, Gegenwart S. 98. Treffend spricht Margies (Heilung 2 S. 165) in diesem Sinne von Befreiung als einem »Nebenprodukt« von Vergebung und Versöhnung.

960 People S. 37 (Übersetzung G. W.). Vgl. auch Sandford, Deliverance S. 352 u. ö; Payne, Gegenwart S. 221; D. u. R. Bennett, Trinität S. 163.

961 So Margies, Heilung 2 S. 107f; Sandford, Geist S. 312; R. Bennett, Free S. 222f.

962 Vgl. Basham, Bösen S. 137ff; Thompson, Wiederherstellung S. 210; Kraft, Power S. 130; Pytches, Fellowship S. 132.

che Gespräch für den Übergang zu einem Beichtgespräch offen. Das Bekennen einer solchen Sünde – besonders im Falle der Beschäftigung mit irgendeiner Form des Okkultismus – und der Vollzug der Umkehr durch die empfangene Vergebung Christi bereitet einer möglicherweise notwendigen Befreiung den Boden.[963] Schließlich ist, besonders bei Vorliegen von okkulten Praktiken in irgendeiner Form, ein Absagegebet nötig. In ihm distanziert sich der Ratsuchende im Namen Jesu von den okkulten Einflüssen.[964] Es ist also wichtig, dass der Ratsuchende, falls er in der Lage dazu ist, selbst mitbetet. Der entscheidende Schritt besteht im Übergabegebet an Jesus Christus, da das »leere Haus« (Mk 12,43f; Lk 11,24) nicht leer bleiben darf.[965]

Anschließend an die Befreiung wird die nachbetreuende Seelsorge als wichtig angesehen. Bei psychischen Traumata ist deren Nachbearbeitung von entscheidender Bedeutung für die Bewahrung der Freiheit.[966] Um das gereinigte Haus nicht leerstehen zu lassen (Lk 11,24-26), ist ein Schritt des Sich-Anvertrauens an Jesus und die Bitte um die Erfüllung mit dem Heiligen Geist ein wichtiger Akt. »Gott sei Dank ist es ... unbestreitbar, dass alle anderen Geister unweigerlich gehen müssen, wenn der Heilige Geist Einzug hält.«[967] Für denjenigen, der Befreiung erfahren hat, ist nun entscheidend, aus dem Glauben heraus im Gehorsam zu leben und mit Gewohnheiten zu brechen, die den Boden für okkulte Bindungen bereiteten.

Die Frage der Befreiungsdimension soll abschließend zusammengefasst und im Kontext von Äußerungen außerhalb der hier untersuchten Seelsorge kritisch gewürdigt werden:

Das in diesem Abschnitt angesprochene Gebiet ist deshalb so heftig umstritten, weil es unlösbar mit weltanschaulichen Vorentscheidungen verbunden ist. Das wird in den Darlegungen Böchers, Neidharts und Groms zur Thematik sehr deutlich.[968] Sowohl die Verwerfung als auch

---

963 Vgl. dazu van Dam, Dämonen S. 244f; ders., Seelsorge S. 55; Comiskey, Ganzheitlichkeit S. 106 u. a.

964 Van Dam, Dämonen S. 245; vgl. zum Lossagegebet Basham, Bösen S. 143ff; Tapscott, Friede S. 49 u. a.

965 Van Dam, Dämonen S. 293.

966 So Linn/Fabricant, Gott S. 181f. Bewahrung der Freiheit zu lernen, kann einen Prozess des Lernens beinhalten, der dem Prozess der Befreiung korrespondiert (vgl. dazu z. B. Sandford, Deliverance S. 113).

967 Sandford, Geist S. 337.

968 Vgl. Böcher, Exorzismus I S. 750; Neidhart, Exorzismus III S. 756ff; Grom, Religionspsychologie S. 320ff.329ff; ferner Berger, Psychologie. Weltanschauliche Differenzen werden auch in der ausführlichen Diskussion über die Frage der »Satanic

die Postulierung der Realität von Dämonen ist eine Form von Glaubensurteil. Mit den Seelsorgern der Inneren Heilung wird hier die Meinung vertreten: Weder die Psychologie noch eine andere Wissenschaft kann aus sich heraus ein kompetentes Urteil darüber abgeben, ob geistig-transpersonale Realitäten existieren oder nicht. Wer die Existenz okkulter Mächte leugnet, stellt sich ebenso außerhalb des biblischen Zeugnisses wie derjenige, der aus ihnen ein eigenständiges Prinzip machen will, das nicht unter Gott steht, oder der überall Dämonen am Werk sieht.[969] Jesus hat sein Wirken wiederholt auf die Wirksamkeit Satans und der Dämonen bezogen und sich als Sieger über diese Mächte erwiesen; jede Dämonenaustreibung ist ein Sieg der Gottesherrschaft.[970] Okkulte Mächte sind also keine Wesen, die (wie vom Manichäismus gesehen) auf gleicher Ebene wie Gott stünden. Jesus hat außerdem seine Jünger beauftragt, diese Mächte auszutreiben (Mk 3,15; 6,13; Mt 10,1.8; Lk 9,1; 10,17; Mk 16,17). Wenn sich Seelsorger der Inneren Heilung an dieser Stelle auf den Grund der Schrift stellen, sollten sie nicht vorschnell des Biblizismus bezichtigt werden.

Dass okkulte Belastung psychische oder psychosomatische Folgen zeitigen kann, wird auch außerhalb der Inneren Heilung erkannt. »… Offenbar hat das Dämonische besondere Möglichkeiten, auf das seelische Leben des Menschen einzuwirken. Es gibt unbewusste Offenheit, ein Sich-zur-Verfügung-Stellen und eine verantwortungsbewusste Abwehr.«[971] Die Unterscheidung zwischen dem Erleben von normalen menschlichen Emotionen wie Angst und Furcht und einer okkulten Behaftung derselben ist in der Praxis nicht leicht; denn wenn als Kriterium für Letztere angegeben wird, dass die von ihnen betroffene Person keine Kontrolle über ihre negativen Gefühle hat[972], so können Erstere subjektiv ebenso erfahren werden, ohne deshalb unter die Kategorie des Okkulten zu fallen. Hilfreich und der Praxis angemessen ist die Unterscheidung

---

Ritualistic Abuse« (SRA) und »multiple personality disorder« (MPD)-Phänomene deutlich (in: JPT 20[1992] S. 177–305).

969 So auch außerhalb der hier untersuchten Literatur Schlink, Dogmatik S. 183ff; Csorsas, Psychotherapy S. 83; Dieterich, Heil S. 18ff; Koch, Besessenheit passim; Sons, Heilung S. 29; ders., Bibel S. 122; Goppelt, Theologie S. 126f. Mit der Realität von Dämonen zu rechnen ist aber weder ein »unbiblischer Dualismus« noch eine »außerordentliche Aufwertung des Satans …« (gegen Reimer, Geist S. 104).

970 Vgl. dazu exegetisch Schrage, Heil S. 208; Nielsen, Heilung S. 31.36.39 u. ö.

971 Michel/Fischer, Gestaltwandel S. 35f.

972 Vgl. dazu Csorsas, Psychotherapy S. 83. Die letzte Ungewissheit in der Diagnose berechtigt zu einem verantwortlichen »therapeutischen Vortasten« (Koch, Seelsorge S. 183).

zwischen verschiedenen Graden okkulter Behaftung.[973] Sie wirkt der Vorstellung entgegen, als hätte es der Befreiungsdienst ständig mit obskuren Erscheinungen schlimmsten Grades zu tun. In Verbindung mit der Einsicht, dass psychopathologische und psychosomatische Phänomene multikausal bestimmt sein können, gibt sie den Blick für eine differenzierte Therapie frei.

Es ist auffällig und der Sache angemessen, dass viele Vertreter der Inneren Heilung die Gefahren bei der Beurteilung eines seelsorgerlichen Problems als »dämonisch verursacht« reflektieren.[974] Diese Gefahren beziehen sich vor allem auf eine gefährliche Entlastung von persönlicher Verantwortung und die mögliche suggestiv wirkende Bereitstellung von irreführenden Interpretationsmustern im Sinne einer Induktion. Da die Folgen einer falschen Beurteilung verheerend sein können, muss hier große Vorsicht herrschen, die nicht mit weltanschaulich bedingter Ablehnung okkulter Mächte verwechselt werden darf.

Dass zum Gebet auch der Bereich der Vollmacht, der von Gott verliehenen Kraft gegen die Dämonen, gehört, weiß man auch in der Exegese: »Wenn Gebet pneumatische Kraft ist und verleiht, dann gilt dies auch gegen Gottes Widersacher. Daher hilft einerseits das Gebet als solches gegen die Dämonen (Mk 9, 29; Mt 17,21 usw.), andererseits aber begibt man sich beim Beten (wie beim Prophezeien, das in gleicher Weise Kontakt mit der himmlischen Welt ist) in den Raum, in welchem Mächte auch besonders gefährlich werden können.«[975] Zu Recht nehmen Seelsorger der Inneren Heilung den Zusammenhang von Gebet und der vom erhöhten Herrn verliehenen Vollmacht im Hinblick auf die Befreiungsdimension ernst. Dabei ist weder das vollmächtig befreiende Wort noch die Gabe der Geisterunterscheidung menschlicher Besitz; beides will vielmehr in einer von Christus abhängigen Offenheit im Gebet empfangen werden. Aus dieser Abhängigkeit heraus ist den okkulten Mächten gegenüber gebietendes Beten ein geistlich legitimes Handeln. Es spricht für die Praxis der Inneren Heilung, dass sensibel auf Faktoren wie Verletzungen und Haltungen geachtet wird, die den Boden für eine okkulte Behaftung bereitet haben. Damit wird dieser Bereich nicht losgelöst von der Frage der in der Rechtfertigung gründenden Heiligung und

[973] B. u. G. Passantino (Devil S. 209f) lehnen zu Unrecht diese Differenzierung pauschal ab.

[974] Von zweifellos feststellbarer Wirkungslosigkeit in konkreten Fällen her sollte man jedoch nicht extrapolierende Schlüsse ziehen (gegen Pfeifer, Belief S. 247ff).

[975] Berger, Gebet IV S. 51; vgl. ferner dazu Passantino, Devil S. 207.

der Frage der Umkehr betrachtet. Die Dimension des Befreiungsdienstes verbindet sich in der Praxis der Inneren Heilung immer wieder nahtlos mit der Heilung psychischer Verletzungen. Sie wird in eine verantwortliche Nacharbeit eingebettet und wirkt so beim Ratsuchenden der Gefahr entgegen, den Gedanken der Befreiung von okkulter Belästigung dafür zu missbrauchen, sich der Auseinandersetzung mit unangenehmen Emotionen zu entledigen. Diese differenzierte Sicht wirkt ferner einer eindimensionalen Beurteilung einer vorliegenden Problematik und einer entsprechenden Therapie entgegen. Von daher ist das interdisziplinäre Gespräch zwischen Psychotherapeuten, Religionspsychologen, Medizinern, Parapsychologen und Seelsorgern und die daraus folgende Ergänzung im therapeutischen Vorgehen zu begrüßen.[976] Der Literatur zur Inneren Heilung ist zu entnehmen, dass diese interdisziplinäre Kultur je nach Vorbildung sehr unterschiedlich ausgeprägt ist.[977] Eine solche Orientierung kann z. B. die berechtigte Berücksichtigung der Mehrgenerationenperspektive im Hinblick auf okkulte Zusammenhänge vor wilden Spekulationen bewahren helfen.

3.3.8 Gefährdungen bei der Verwendung des Gebets in der Inneren Heilung

Da das Gebet und seine Funktion im Seelsorgeprozess nur selten reflektiert wird, werden auch die Gefahren des Gebets nur selten bedacht. Bei Dickinson/Page wird darauf hingewiesen, dass das Gebet eine Blockade für den Ausdruck wahrer Gefühle bewirken kann. Dass dies für die Gebetspraxis in der Inneren Heilung vermieden werden soll, wurde weiter oben in diesem Punkt deutlich. Aber dennoch muss diese Gefahr im Auge behalten werden; zu gängigen, z. T. klischeehaften Gebetsvorstellungen gehört nicht selten die Assoziation einer von regungsloser Steifheit geprägten Atmosphäre. »Es ist sehr schwierig, dem Seelsorger oder Freund einige nicht-christliche Verhaltensweisen oder Gedanken mitzuteilen, wenn man die Sitzung mit einem Gebet beginnt.«[978]

---

[976] Außerhalb der hier untersuchten Literatur ist Koch, Seelsorge passim darin sehr gründlich. Treffend spricht er (ebd. S. 269) davon, dass es der Sachkenntnis und des Charismas für den Befreiungsdienst bedarf.

[977] Bei Seamands, Sandfords und Pytches ist z. B. der Blick dafür ausgeprägter vorhanden.

[978] Dickinson/Page, S. 171 (Übersetzung G. W.).

Dem Gebet kommt als zweite Gefahr ein magisches Missverständnis zu. Es kann dann vom Konfidenten dazu benutzt werden, schmerzvolle Erfahrungen und Gefühle zu vermeiden, anstatt sie durchzuarbeiten. Gott wird dann als Fluchtweg vor der Konfrontation mit dem Schmerz gebraucht. »Vorschneller Gebrauch des Gebets in Seelsorgesitzungen kann diesen Prozess (sc. der Bearbeitung des wirklichen Problems) kurzschließen.«[979] Csorsas weist darauf hin, dass Psychotherapeuten, die die Innere Heilung praktizieren, z. T. deshalb auf das Gebet verzichten, um einer möglichen Abhängigkeit des Ratsuchenden von ihnen vorzubeugen.[980]

Als weitere Gefahr kann sich im Hinblick auf das Beten um Innere Heilung die Ausblendung der eschatologischen Dimension ergeben. Werden mit dem Gebet Vollkommenheitsvorstellungen und die Erwartung einer baldigen Problemfreiheit verknüpft, so führt das zur Selbstüberforderung des Konfidenten durch Missachtung der Spannung zwischen dem biblischen »Schon« und »Noch-nicht« des Glaubens.

Das Gebet bedarf in seinem Einsatz geistlich verantwortlicher Intuition, darf deshalb nicht künstlich aufgesetzt und damit undifferenziert gesetzlich verwendet werden. Die Vertreter der Inneren Heilung werden die von ihnen selbst vertretene Unverfügbarkeit des Gebets[981] konsequent durchzuhalten haben.

Eine Gefahr ergibt sich auch durch ein Beten des Seelsorgers, das im Hinblick auf den Ratsuchenden einen richtenden Zug enthält, der diesem ein Gefühl der Unzulänglichkeit und Schuldgefühle vermittelt. Ebenso misslich ist ein Gebet, das Dinge anspricht, die im normalen Gespräch nie geäußert würden, oder das der eigenen Meinung einen autoritären Nimbus verleihen würde.[982] Auch stellen Wortreichtum oder Formelhaftigkeit im Gebet eine Gefahr dar, weil solche Dinge den Prozess der Öffnung tieferer emotionaler Schichten in der Gottesbegegnung eher hindern als fördern.[983] Das Gebet sollte auch nicht an der Tradition und der Sprache

---

979 Dickinson/Page, a.a.O. S. 171. In dieser Richtung missverständlich klingen Äußerungen, die sich wie eine schnelle Therapie durch Gebet anhören. Dass sich solche wunderhafte, rasche Heilung im Gebet ereignen kann, soll hier nicht abgestritten werden, wohl aber Tendenzen, die den Eindruck erwecken, als sei methodisch mit Hilfe des Gebets der psychische Heilungsprozess abkürzbar.

980 Psychotherapy S. 86.

981 Z. B. Sanford, Licht S. 108.

982 Vgl. Stollberg, Seelsorge S. 235. Hierher gehört auch die Gefahr eines unflexiblen Einsatzes des Gebets.

983 Vgl. zu diesen Gefahren Tapscott, Perspektiven S. 56.

des Ratsuchenden vorbeigehen. Wenn es im Gebet, wie weiter oben unter diesem Punkt erwähnt, um eine doppelte Anamnese geht, so kann das Gleichgewicht innerhalb der Doppelheit empfindlich verschoben werden. Nimmt die Klage in der persönlichen Ortsbestimmung des Ratsuchenden einen so großen Umfang an, dass die Erinnerung Gottes dahinter zurücktritt, dann tritt an die Stelle der Gottesbegegnung in der Klage eine im Gebet fromm bemäntelte Selbstbemitleidung.

3.3.9 Zusammenfassende Überlegungen zum Gebet in der Inneren Heilung

Blickt man auf den zurückliegenden Abschnitt mit den verschiedenen Aspekten über das Gebet in der Inneren Heilung zurück, so wird die Berechtigung für die Bezeichnung »Gebetsseelsorge« bzw. »Gebetspastorat« unmittelbar einleuchtend. Hier ist zweifellos der Kern und das Geheimnis dieser Art der Seelsorge zu erkennen. Da mit dem Gebet sehr verschiedene Assoziationen verbunden sind, können solche Bezeichnungen Missverständnisse nicht verhindern.

Gebet wird in der Seelsorge der Inneren Heilung zuerst als Raum verstanden. Es ist der Raum der Gnade, der mit dem Gebet in dieser Seelsorge betreten wird. In diesem Raum werden die Verheißungen des Mit-uns-Seins Gottes in Jesus Christus und seiner Erlösung für alle Bereiche des Menschseins ernst genommen. In ihm vollzieht sich die antwortende Hingabe an Gott gerade auch mit den Verletzungen samt den ihnen zugehörigen emotionalen und kognitiven Ungelöstheiten. Im Raum des Gebets vollzieht sich in der Seelsorge der Inneren Heilung sowohl Gehorsam als auch die als intim zu bezeichnende, von Vertrauen geprägte Gemeinschaft mit dem dreieinigen Gott. Das so verstandene Gebet entbindet in keiner Weise von der Wahrnehmung eigener Verantwortung für den Heilungsprozess. Diese Verantwortung beinhaltet die Einwilligung, dass der Ratsuchende sich darauf einlässt, im Gebet mit Christus in die eigene Prägungs- und Verletzungsgeschichte zurückzugehen. Die Berechtigung für dieses Vorgehen sieht man in der Inneren Heilung in der die Zeit übergreifenden Gegenwart Jesu Christi.

Das Gebet in der hier untersuchten Seelsorge beinhaltet einen großen Facettenreichtum. Dieser Reichtum betrifft das zur Dimension der Meditation (3.3.1) Gesagte. Hier geht es auf der einen Seite um die Vergegenwärtigung von Verletzungen in der Gegenwart Gottes. Auf der anderen

Seite steht bei diesem verweilenden Beten die Verinnerlichung der Liebe Gottes als Therapeutikum für diese Verletzungen im Mittelpunkt. Dieses Verweilen ist nicht zuerst im Sinne einer temporal orientierten Quantität zu interpretieren. Es muss jedoch – nicht zuletzt auch unter psychologischem Aspekt – gesehen werden, dass beim Erkennen und bei der Heilung von Traumata der Zeitfaktor nicht übersprungen werden darf. Eine Hilfe zur Verarbeitung der Erfahrungen beim verweilenden Beten stellt die Praxis dar, dass dieses Beten jederzeit offen für das Gespräch mit dem Seelsorger ist: Das verweilende Beten kann zu Erfahrungen führen, die den Ratsuchenden psychisch und geistlich in außergewöhnlicher Weise fordern und die deshalb der psychologisch-seelsorgerlichen Begleitung bedürfen.

Die Imagination (3.3.2) kann als spezielle Ausprägung der soeben erwähnten Meditation betrachtet werden. Die imaginative Fähigkeit des Menschen erfüllt hier beim Beten zwei Aufgaben: Zum einen stellt sie eine Hilfe beim emotionalen Durcharbeiten im erneuten Erleben von verdrängten Verletzungen in der rettenden Gegenwart Jesu dar. Zum andern kann sie dem Ratsuchenden helfen, sich mit seinen Problemen der Hilfe Jesu auszusetzen. Hier macht man sich in der Inneren Heilung die Tatsache zunutze, dass Gott Fähigkeiten des Menschen unter die Herrschaft seines Geistes nehmen und dem Menschen so begegnen kann. Sicher muss die Grenze dieser Fähigkeit gesehen werden (J. u. M. Sandford), aber nicht so, dass hinter dem Hinweis auf die Grenze die dazugehörige Seite der Gabe verschwindet (Hughes, Hunt).

In einer von Rationalismus und Intellektualismus geprägten Zeit stellt ein die Emotionen in der Klage einbeziehendes Beten (3.3.3) eine Herausforderung dar. Die Einbeziehung dieser emotionalen Seite des Menschseins im Gebet stellt einen wichtigen Beitrag der Inneren Heilung zur Heiligung des gefühlsmäßigen Erlebens dar. In einer Art Gefühlsbeichte kann sowohl der Trauer als auch dem Zorn vor Gott Ausdruck gegeben werden, so dass diese Gefühle unter seine Erlösung kommen. Alle Gefühle haben vor Gott Raum; sie werden von ihm ernst genommen und erfahren im Zuge des Heilungsprozesses nicht selten eine entscheidende Verwandlung. Freilich muss hier im Auge behalten werden, dass solches Beten nicht zu einer Form des Selbstmitleids wird; dann wirkt es nicht kathartisch lösend, sondern fixierend und stagnierend. Außerdem vollzieht sich eine emotionale Neustrukturierung nicht an einer kognitiven Aufarbeitung von Traumata vorbei.

Diese Gedanken tangieren die Ausführungen zum Sprachengebet (3.3.6). Ein solches Beten stellt im Ausschütten der Gefühle vor Gott unter psychologischem Gesichtspunkt eine psychohygienische Hilfe dar, indem es das Unbewusste hörbar macht (Bittlinger; Rebell). Mit dem Sprachengebet greift die Innere Heilung die paulinische Erbauung in seiner besten Bedeutung auf. Dieses Beten »im Geist« hilft, die Beziehung zu Gott auch auf der Ebene des Unbewussten wahrzunehmen. Darin ist es eine wertvolle Ergänzung zum Beten im Verstand.

Wenn Gott der καρδιογνώτης (Apg 15,8; 1,24) ist, dann liegt es nahe, dass eine Seelsorge, die auf christlicher Basis in die Tiefe wirken will, den Heiligen Geist konkret in ihr Wirken einbezieht. Das betrifft bei der Inneren Heilung zunächst die Einbeziehung der Geistesgaben (3.3.5). Die Seelsorger der hier untersuchten poimenischen Intervention versuchen sensibel auf Eindrücke zu achten, die den Seelsorgeprozess weiterführen. Es handelt sich hierbei um eine Art prophetischer Intuition[984], die unter der Bedingung des ubi et quando visum est deo von CAV steht und bei der menschlich-psychologische und geistliche Sensibilität eine Einheit bilden. Hierher gehört das – im Hinblick auf die Terminologie etwas eigenwillige – »Wort der Erkenntnis«, das sowohl in analytisch-diagnostischer Hinsicht als auch hinsichtlich des aktuell heilenden Wirkens Gottes erhellende Funktion haben kann. Die prophetische Dimension in der Inneren Heilung trägt dazu bei, dass der Ratsuchende im Seelsorgeprozess zunehmend sowohl in die Wahrheit über sich selbst als auch in die Wahrheit über Gott hineingeführt wird. Das Einbeziehen der Realität des Heiligen Geistes bezieht sich sodann auf das wirkmächtige heilende Eingreifen Gottes im Prozess der Inneren Heilung. Diese Seelsorge lebt von einem tiefen Vertrauen auf den gegenwärtig wirkenden Gott.

Im fürbittenden und segnenden Beten (3.3.4) kommt die Praxis des »sozialen Betens« (Mühlen) in den Blick. Durch diesen Vollzug kann der Seelsorger eine stützende Funktion für den Ratsuchenden einnehmen, der den Seelsorgeprozess häufig aufwühlend erlebt. Der Seelsorger kann hierbei dem Ratsuchenden – z. B. in Phasen des Neuerlebens von mit den Verletzungen verbundenen Emotionen – helfen, stellvertretend Worte des Gebets zu finden; so ist es möglich, dass sich in derartigen Phasen ein Stück »Fürglauben« ereignet. Die Praxis des Segnens in der Inneren

[984] Es ist interessant, dass diese Fähigkeit auch in der säkularen Psychologie Beachtung finden kann: R. Cohn spricht in diesem Zusammenhang nicht nur von »Intuition« (in: dies./Farau, Geschichte S. 280), sondern auch vom »emotional-bildhaften Entdecken« von Reaktionen des Therapeuten auf den Patienten (ebd. S. 275), die unerwartete und vordergründig nicht erklärbare Durchblicke in die Genese von emotionalen Problemen des Patienten gewähren.

Heilung ist ein wertvoller Beitrag zur Wiederentdeckung dieser Möglichkeit in der Kirche. In ihr geschieht Fürbitte und aus innerem Hören erwachsender Zuspruch des Wortes Gottes. In der Verbindung von Wort und Zeichen vollzieht sich dabei sakramentale Verleiblichung (van Dam) der Gegenwart Gottes in die konkrete Situation des Ratsuchenden hinein.

Es ist poimenisch angemessen, dass in der Inneren Heilung die Befreiungsdimension Beachtung findet. Der Ansatz zur Behandlung dieser Dimension wird zu Recht bei der Christologie gesehen (van Dam, Sandford, Basham u. a.), so dass die Gefahren der Pandämonisierung und der Verleugnung der personal-transpersonalen Realität des Bösen vermieden werden. Es spricht für die hier untersuchte Seelsorge, dass man sich über die Gefahren der Interpretation von Phänomenen als okkult behaftet Gedanken macht: Gefahren werden vor allem im Abschieben der eigenen Verantwortung des Ratsuchenden und in der möglichen Verstärkung von psychischen Störungen gesehen. Die Differenzierung in verschiedene Grade okkulter Belästigung (van Dam) ist der Praxis sicher angemessen. Es entspricht dieser Differenzierung, dass in der Inneren Heilung die multifaktorielle Verursachung psychischer und psychosomatischer Störungen berücksichtigt wird. Von daher wird der Anamnese des Ratsuchenden einiges Gewicht beigemessen, wobei die Relevanz der unter den Punkten 2.1.6 und 2.2.8 angesprochenen Mehrgenerationenperspektive auch hier einbezogen wird. Auf der einen Seite wird gesehen, dass Traumata zum Eingangstor für okkulte Mächte werden können (Basham, Seamands), auf der anderen Seite bezieht die hier untersuchte Seelsorge verschiedene Methoden der Therapie ein; dem Blick für die multifaktorielle Verursachung von Störungen korrespondiert so ein differenziertes therapeutisch-seelsorgerliches Vorgehen. Das für Diagnose und Therapie notwendige interdisziplinäre Gespräch zwischen Medizinern, Psychotherapeuten und Seelsorgern ist bei den einzelnen Vertretern der Inneren Heilung sehr unterschiedlich intensiv, bedarf also der Vertiefung.

Im Hinblick auf die Reflexion über die Gefahren beim Einsatz des Gebets in der Inneren Heilung (3.3.8) muss gesagt werden: Diese ist zu dürftig. Angesichts der akuten Störungen, die ein unbedachter Gebrauch dieser ureigenen Grundäußerung des Glaubens im seelsorgerlichen Handeln mit sich bringen kann, ist das ein empfindlicher Mangel. Hier sind Dickinson/Page und – in Ansätzen – Tapscott eine rühmliche Ausnahme. Zu den Gefahren beim Einsatz des Gebets gehört zum einen das magische Missverständnis: Ratsuchende können hier die Erwartung hegen, als ließe sich mit der Hilfe des Gebets die notwendige, auch psychologische

Aspekte einbegreifende Arbeit an den Folgen innerer Verletzung umgehen. Dabei würde Gott diejenige Arbeit an den eigenen seelischen Problemen zugeschoben, die der Ratsuchende in der Verantwortung des Glaubens selbst anzupacken hätte. Zu diesen Gefahren gehören zum andern Assoziationen mit dem Gebet, die einer Echtheit und Offenheit entgegenstehen, welche die emotionalen und kognitiven Aspekte des Menschen umgreifen. Die innere Vorstellung und Erwartung an die eigene Person, nur emotional und kognitiv kontrolliert und sortiert vor Gott treten zu dürfen, sitzt nicht selten sehr tief und kann den Seelsorgeprozess empfindlich blockieren. Gefahren im seelsorgerlichen Einsetzen des Gebets können auch durch eine autoritäre, formelhafte Verwendung entstehen.

Man wird insgesamt sagen können, dass die Vertreter der Inneren Heilung nicht der Gefahr erliegen, auf die Köberle mit dem Satz hinweist: »Wenn die Seelsorger sich zu viel mit Psychotherapie abgeben und deren Handwerkszeug beherrschen lernen, dann besteht die große Gefahr, dass sie bei ihrem Berufswirken mehr auf die psychagogische Kunst und Technik vertrauen werden als auf das Gebet und die Glaubenszuversicht, dass Gott im Heiligen Geist über ihrem Wort das helfende Werk an der Not leidenden Seele tun möge.«[985] Therapeutische Einsichten werden zwar mit einer für psychologische Laien z. T. erstaunlichen Sensibilität konkret in den therapeutischen Prozess einbezogen. Diese machen jedoch dem Gebet in keiner Weise Konkurrenz, da sie als unter der Herrschaft Jesu Christi stehend verstanden und vom Gebet getragen eingesetzt werden. Der immer wieder zutage tretende trinitarische Bezug der Praxis der Inneren Heilung hilft, diese Seelsorge bereits in ihrem eigenen Ansatz vor pseudofrommen Überspanntheiten und Verkürzungen zu bewahren.

3.4 Die Vergebung in der Sicht der Inneren Heilung

Wie im zweiten Hauptteil dieser Arbeit dargelegt, bezieht sich die Seelsorge im Sinne der Inneren Heilung ausführlich auf die vielfältigen Erfahrungen von Verletzungen. Diese sollen jedoch nicht nur analysierend aufgedeckt werden. Das Ziel ist vielmehr ihre Aufarbeitung. Dem dient neben dem bisher in diesem dritten Hauptteil Dargelegten das Thema

[985] Psychotherapie S. 146.

dieses Abschnitts. Über die hier untersuchte Seelsorge kann nicht gesprochen werden, ohne auf die Vergebung und ihre Bedeutung im Prozess der Heilung seelischer Verletzungen einzugehen. Diese Frage wurde bereits in den voraufgehenden Punkten tangiert. Welche zentrale Stellung der Vergebung im Prozess Innerer Heilung zukommt, geht aus der Bemerkung Tapscotts hervor: »Die Vergebung ist die Grundlage aller Heilung.«[986] Auf der einen Seite weiß man um die unbedingte Notwendigkeit der Vergebung. In der Literatur kommt auf der anderen Seite aber auch ein Verständnis dafür zum Ausdruck, dass solches Vergeben in der Praxis sehr schwer sein kann. Im Folgenden ist nun der Struktur der Vergebung so nachzugehen, dass diesen beiden Seiten Rechnung getragen wird. Am tief greifendsten hat sich zu diesem Thema Smedes geäußert.[987] Seinen Ausführungen, die die Grundlage der folgenden Überlegungen sind, werden Überlegungen und Beobachtungen anderer Vertreter zugeordnet, um das Konzept der Vergebung abschließend zu beurteilen.

3.4.1 Die Schwierigkeit der Vergebung

Hat eine Verletzung stattgefunden, so zieht sie meistens einen Strom schmerzvoller Erinnerungen und negativer Gedanken nach sich, der nur schwer einzudämmen ist (vgl. Punkt 2). Die Tatsache, dass der Verletzte eine Verletzung nicht verdient, wiegt für ihn schwer. Sie bewirkt in ihm Reaktionen des Hasses. »Es gibt Verletzungen, die wir ignorieren können. ... Aber einige lang anhaltende Schmerzen sind nicht so leicht zu bewältigen; wie hartnäckige Flecke lassen sie sich nicht aus dem Gewebe unseres Gedächtnisses entfernen.«[988] Auch wenn diese Wunden einer weit zurückliegenden Vergangenheit entspringen, so wirken sie lebendig in die Gegenwart hinein. Es mag sein, dass der Verletzte ahnt oder weiß, dass dieser Strom schmerzvoller Erinnerungen und negativer Gedanken allein durch die Fähigkeit der Vergebung als »das Recht aufzugeben heimzuzahlen«[989] eingedämmt werden kann. Aber zugleich erscheint ihm die Vergebung beinahe als unnatürlich. Vielleicht ahnt und weiß er, dass die Liebe die einzige Möglichkeit darstellen würde, aus der negati-

---

986 Frei gemacht S. 127.
987 Kraft passim.
988 Smedes, Kraft S. 8. Smedes spricht (ebd. S. 13) von der ersten Phase des Verletztwerdens und der zweiten Phase des Hasses.
989 Pingleton, Role S. 27 (»giving up one's right to hurt back«).

ven inneren Verhaftung auszubrechen. Dem Verletzten ist die Feststellung Smedes harte Realität: »Das Vergeben ist die schwerste Aufgabe, die die Liebe zu bewältigen hat, und das größte Risiko, das sie eingehen muss.«[990] Er weiß nicht – und im Kreislauf emotionaler Schmerzen und negativer Gedanken möchte er es nicht wissen –, wie er die Ahnung, dass allein Liebe diesen Kreislauf durchbrechen könnte, in seine Wirklichkeit umsetzen kann. Dazu kann der Stolz kommen zuzugeben, dass ihm etwas wehtut und dass andere tatsächlich die Macht haben, ihn zu verletzen.[991] Das Vergeben widerstreitet dem Gerechtigkeitsempfinden als Verletztem, da dieses ihm sagt, dass der Verletzende für sein Unrecht büßen sollte.

Und doch gilt die Feststellung Smedes: »Im Vergeben steckt … die Macht der Liebe, die die natürliche Regel außer Kraft setzt.«[992] Sie ist ein Akt, der denjenigen, der verletzt wurde, in eine enorme innere Freiheit hineinführt. Vergebung ist einer der entscheidenden Faktoren für die Bewältigung der Vergangenheit: »Vergangenheitsbewältigung ist ohne Empfang und Weitergabe von Vergebung undurchführbar.«[993] Wer demjenigen, der ihn verletzt hat, die Vergebung verweigert, bringt sich um den Segen Gottes, macht sich zum Gefangenen früherer Schmerzen einschließlich des damit verbundenen Grolls und räumt dem Verletzenden eine Macht im eigenen Leben ein, die er niemals haben sollte. »Groll heißt, dass Sie einer Person die Kontrolle über Ihren emotionalen Zustand übergeben haben. Sie haben Ihre Kraftquelle einem anderen Menschen überlassen.«[994] Positiv gewendet heißt das, dass der Verletzte eine – letztlich von Gott gewährte – Möglichkeit hat, vom Kreislauf der Hassgefühle und Rachegedanken frei zu werden: »Wir haben das Recht, von Hass frei zu sein, und wir nehmen unser rechtmäßiges Erbe in Anspruch, wenn wir Menschen vergeben, die uns unberechtigterweise verletzt haben, obwohl ihre Absichten rein waren.«[995] Wirklich tiefe Beziehungen können nur auf dem Weg über die Vergebung aufgebaut werden. Ohne sie

[990] Kraft S. 9.
[991] Vgl. dazu Smedes, Kraft S. 19.
[992] Kraft S. 9.
[993] Kirschner/May, Psychologie S. 7. Benner (Healing S. 110f) weist auf wissenschaftliche Untersuchungen hin, die von möglichen psychosomatisch-karzinogenen Folgen verweigerter Vergebung sprechen.
[994] Wright, Friede S. 68; ähnlich auch R. Bennett, Free S. 210; Smedes, Kraft S. 103; Pytches, Child S. 54.
[995] Smedes, Kraft S. 26. Was Smedes als »Recht« bezeichnet, ist als im Willen Gottes und damit in seiner Gnade begründetes Geschenk zu verstehen.

kann Bitterkeit nicht überwunden werden. Die Vergebung zu verweigern, hindert eine Gemeinschaft am Entstehen wirklicher Einheit.[996] Diese Verweigerung kann außerdem diejenigen, die Unrecht getan haben, in einer Weise binden, dass Gottes Geist am Wirken auch in ihrem Leben gehindert wird. Die Spannung zwischen dem »Recht«, von Hass und Groll frei zu werden, und der emotional-kognitiven Realität des Verletzten kann das Leiden erhöhen. Belastet ist aber niemand anderes als derjenige, der im Hass die Vergebung einem anderen gegenüber verweigert; wer einem anderen etwas nachträgt, trägt schwer. »Der Hass, der uns auseinander treibt, wohnt in uns ebenso wie die Liebe, die uns zueinander hinzieht.«[997]

3.4.2 Falsche Vorstellungen von der Vergebung

Neben diesen emotional-kognitiven Hindernissen auf dem Weg zur Vergebung gibt es auch hinderliche Vorstellungen, die die Vergebung erschweren. Verschiedene sind hier zu nennen:

Die Vorstellung, dass *Aggressionen* auf die Personen, die Verletzungen zugefügt haben, unschicklich sind und deshalb nicht sein dürfen, kann ein empfindliches Hindernis sein, zu wirklicher Vergebung zu finden. Derjenige, der vergibt, meint in diesem Fall, so tun zu müssen, als hätte er niemals gelitten und als gälte es, unter allen Umständen einen Konflikt zu vermeiden.[998] Besonders im Hinblick auf Eltern kann es schwer fallen, erlittenes Unrecht und damit verbundene Aggressionen sich ehrlich einzugestehen: »Menschen, die von den eigenen Eltern misshandelt wurden, haben oft Angst, ihren eigenen Schmerz einzugestehen, und zwar aus Furcht, sie könnten die Menschen hassen, die sie am allermeisten lieben möchten. Sie lassen sich deshalb tausend Gründe einfallen, ihren Schmerz zu leugnen.«[999] Wenn sich die Furcht vor dem eigenen Schmerz mit der Furcht vor den eigenen Aggressionen verbindet, kann für den Verletzten daraus ein undurchdringliches Dickicht auf dem Weg zu wirklicher Vergebung entstehen. Wer sich weigert, den Schmerz, den er tief empfindet, vor sich selbst zuzugeben – auch wenn er von den allernächs-

[996] Vgl. dazu Lilly, Segen S. 21 (im Hinblick auf eine Gemeinde).
[997] Smedes, Kraft S. 36.
[998] Smedes, Kraft S. 45; vgl. auch Benner, Healing S. 119.
[999] Smedes, Kraft S. 19; ferner Comiskey, Ganzheitlichkeit S. 136; Sandford, Umgestaltung S. 111 u. a.

ten Personen verursacht wurde –, wird kaum zu echter Vergebung finden.[1000] Vorzeitige Versuche zu vergeben können den Heilungsprozess hindern.

Es ist ebenfalls als Missverständnis zu bezeichnen, wenn die Vergebung als *schneller, einfacher Prozess* dargestellt wird. »Tatsächlich ist jene Art schneller, oberflächlicher Interaktion häufig überhaupt keine wirkliche Vergebung – es ist lediglich eine *Entschuldigung* für das, was geschehen ist. Echte Vergebung ist etwas viel Tieferes …«[1001]

Vergebung ist auch von *Akzeptanz* zu unterscheiden. Menschen akzeptieren sich gegenseitig trotz ihrer Fehler und Grenzen, weil sie sich akzeptabel finden. »Wir akzeptieren andere, weil sie gut sind, und vergeben ihnen das Böse, das sie tun.«[1002] Entsprechendes gilt auch für die Toleranz: In der Toleranz lässt sich ein Mensch vom anderen einiges gefallen. Im Zusammenleben von Menschen muss man sich einig darüber werden, wie viel man sich gefallen lassen will. »Das, was andere tun, müssen wir nicht schon deshalb tolerieren, weil wir es ihnen vergeben. Das Vergeben macht uns persönlich heil. Aber wenn wir alles tolerieren, würde das am Ende nur uns alle verletzen.«[1003] Die Vergebung bezieht sich auf unannehmbare Taten.

Vergebung ist auch *nicht* mit *Nachsicht, Entschuldigung* oder mit dem *Gutheißen eines Unrechts* zu verwechseln. Nachsicht wird mit einer Person geübt, der menschlichem Dafürhalten nach keine Schuld anzulasten ist. »Wir üben Nachsicht mit einer Person, wenn wir verstehen, weshalb sie das, was sie getan hat, tun musste.«[1004] Ein Unrecht erklären zu können, heißt aber noch nicht, es zu vergeben. Auch wenn Gründe für ein Unrecht angegeben werden können, kann es dennoch unentschuldbar sein.[1005] Der Verletzte kann sich selbst einreden, dass das erfahrene Unrecht keine große Sache sei. Dann bedarf es jedoch keiner Gnade. Seamands bemerkt zu diesem Missverständnis: »Sie (sc. viele Menschen) halten für christlich-liebenswert, was eigentlich im tiefsten unwahr ist und die Kraft der vergebenden Gnade einschränkt.«[1006] Etwas gutzuheißen,

---

[1000] Vgl. dazu Smedes, Kraft S. 20. »Wenn wir unseren Hass leugnen, wollen wir die Krise des Vergebens umgehen« (ebd. S. 37).

[1001] Stoop, Peace S. 235 (Übersetzung G. W.; kursiv im Original).

[1002] Smedes, Kraft S. 64 (kursiv im Original); vgl. auch Stoop, Peace S. 233.

[1003] Smedes, Kraft S. 68; ähnlich R. Bennett, Free S. 210.

[1004] Smedes, Kraft S. 59; vgl. dazu Stanley, Gift S. 125; Wilson, Shame S. 169f; Kix, »vergeblich« S. 25.

[1005] Vgl. dazu Benner, Healing S. 118; P. Sandford, Frau S. 16.

[1006] Gnade S. 114f; ähnlich Stanley, Gift S. 195.

was nicht gutzuheißen ist, wäre eine Form der Unaufrichtigkeit, die mit Vergebung nichts zu tun hat. Nur wenn ich den anderen wirklich als schuldig ansehe und für verantwortlich halte, kann ich ihm vergeben. Treffend bemerkt Walters im Hinblick auf den, der Unrecht tut: »Dieser Mensch muss sich trotz allem noch vor Gott wegen seiner Sünden verantworten.«[1007] Wirkliches Vergeben setzt außerdem ein ehrliches Hinsehen und – zumindest vor sich selber auch ehrliches Benennen – des begangenen Unrechts voraus.

Eine falsche Vorstellung über Vergebung kann auch darin bestehen zu meinen, dass das vergebene Unrecht aus der *Erinnerung gelöscht* sein müsste. »Wenn Sie vergessen, werden Sie überhaupt nicht vergeben.«[1008] Solches Vergessen wäre eine Form der Verdrängung und würde das geschehene Unrecht nur dem Unbewussten übergeben, aus dem es früher oder später – vielleicht maskiert – wieder hervorkäme. So ist es missverständlich, wenn D. Augsburger meint: »Das Vergessen ist das Ergebnis vollkommener Vergebung.«[1009] Es geht bei der Vergebung jedoch nicht um eine Auslöschung des Gedächtnisses, sondern um eine zur Heilung führende Art der Erinnerung, eine Veränderung an traumatischen Gedächtnisinhalten. »Ihr Heil liegt in der Überarbeitung Ihrer Erinnerungen.«[1010] Daraus mag dann eine neue Freiheit erwachsen, die zu einer neuen Fähigkeit des Vergessens führen kann.

Das Vergeben kann durch die falsche Vorstellung erheblich erschwert werden, dass es ein *Ausdruck von Schwäche* sei. »Bei männlichen und jugendlichen Patienten scheint es vorwiegend die Angst vor dem Zugeständnis eigener Schwäche zu sein, die sie vor einer Vergebung zurückschrecken lässt.«[1011] Dagegen ist festzuhalten, dass Vergebung nichts mit Weichlichkeit zu tun hat. Im Gegenteil muss gesehen werden, dass hinter einer Weigerung zu vergeben eine empfindliche Schwäche aus innerer Verwundung verborgen wird.

1007 Macht S. 26.

1008 Smedes, a.a.O. S. 57; vgl. ferner Walters, Macht S. 29; Benner, Healing S. 117; Stoop, Peace S. 235; ders./Masteller, Forgiving S. 181.186.188f; Littauer, Mind S. 251; Westmeier, Seele S. 17.

1009 Zitiert bei Tapscott, Frei gemacht S. 135. Es ist auch zumindest missverständlich, wenn Hammond (Ablehnung S. 88) vom »Prinzip des Vergessens« spricht.

1010 Smedes, Kraft S. 45.

1011 J. Müller, Lebensängste S. 73; so auch Walters, Macht S. 43.

Die Vergebung kann verhindert werden, wenn sie an *Bedingungen* geknüpft wird oder als »Teilvergebung«[1012] praktiziert wird. Diese können sehr unterschiedliche Form annehmen. Zumeist haben diese Bedingungen mit der Forderung nach Änderung des Verletzenden zu tun. Hinter diesen Bedingungen können sich – dem Verletzten vielleicht kaum bewusst – Rachegefühle verbergen. »Wenn jemand uns auf niederträchtige Weise verletzt, möchten wir, dass auch er leidet.«[1013] Teilvergebung kommt einer Verweigerung der Vergebung gleich. Wirkliche Vergebung gründet sich allein auf die Gnade und lässt deshalb für ihre Gewährung keine Bedingungen zu, – auch nicht die der Änderung oder Umkehr dessen, der ein Unrecht begangen hat.

3.4.3 Die Grundlage der Vergebung

Steht die Schwierigkeit der Vergebung klar vor Augen, stellt sich die Frage nach einer Grundlage, die angesichts der gedanklichen und emotionalen Realität des Verletzten tragfähig und wirkmächtig genug ist. Auf diese Grundlage weist Smedes: »Das Vergeben hat Gott ›ersonnen‹, damit wir in einer Welt zurechtkommen können, in der die Menschen … einander tief verletzen. Und er lädt uns alle ein, einander zu vergeben.«[1014] Bereits im Alten Testament verheißt Gott seinem Volk die Vergebung, so dass er ihrer Sünden nicht mehr gedenken will (z. B. Jer 31,34). Bei ihm schließt die Vergebung ein »Vergessen« mit ein; er hebt die Folgen der menschlichen Schuld auf, indem er eine Neuschöpfung vollbringt. Neutestamentlich liegt die Grundlage für alles Vergeben in Gottes Vergebung durch den Tod und die Auferstehung Jesu Christi. Im Akt der freien Gnade vergibt Gott in Jesus Christus dem Sünder alle Sünden. »Die Verknüpfung der Gewissheit, dass einem vergeben ist, mit der Kraft, anderen zu vergeben, ist der Schlüssel zu allem Weiteren. … Die Freiheit zu vergeben entspringt der grundlegenden Gewissheit, von jeglicher Verdammnis – einerlei, ob göttlichen oder menschlichen Ursprungs – frei zu sein. Diese grundlegende Gewissheit bietet dem Hass keinen Nährbo-

[1012] J. Müller, Lebensängste S. 73; ähnlich Pytches, Child S. 133f; Tapscott, Frei gemacht S. 119 u. a.

[1013] Smedes, Kraft S. 85; zum Rachegedanken vgl. Seamands, Erinnerungen S. 152.

[1014] Kraft S. 9; ähnlich Walters, Macht S. 7; Stoop/Masteller, Forgiving S. 163; Kix, »vergeblich« S. 20.

den.«[1015] So ist die Grundlage zwischenmenschlicher Vergebung die Erfahrung der unendlich tiefen Liebe Gottes in seiner Vergebung. Sie hilft dem Verletzten, mit Gott und mit dem Nächsten in Ordnung zu kommen. Gründet sich der Verletzte im Vollzug des Vergebens auf diese Liebe, so kann er es Gott erlauben, durch sich hindurch sein Werk weiterzuführen. Von daher kann A. Sanford definierend schreiben: »Dies ist Vergebung – wahre Vergebung: die Liebe Christi dem geben, der sie benötigt.«[1016]

Die grundlegende Bedeutung der Vergebung in der Botschaft Jesu und der frühen Gemeinde geht aus Mt 18,21-35 hervor.[1017] Dieses Gleichnis lässt erkennen, dass der Friede mit Gott von der Bereitschaft zwischenmenschlicher Vergebung nicht zu trennen ist. Die Vergebung Gottes ist unbegrenzt[1018] und bedingungslos – aber sie ist an die Reaktion des Menschen auf sie in der durch die Gnade ermöglichten Annahme der Vergebung gebunden. Die Vergebung wird außerdem dann unwirksam, wenn derjenige, der sie von Gott empfangen hat, sie seinem Mitmenschen verweigert. »Es scheint, als habe er (sc. Gott) es so eingerichtet, dass wir es ihm unmöglich machen, uns zu vergeben, wenn wir nicht wahrhaft anderen vergeben.«[1019] So gilt der Zirkelschluss: Die Vergebung kann anderen Menschen nur gewährt werden, wenn sie von Gott empfangen ist. Sie kann aber nur von Gott empfangen werden, wenn sie anderen Menschen gewährt wird. Dieser Zusammenhang wird auch in der fünften Vaterunserbitte (Mt 6,12; par Lk 11,4; vgl. auch Mt 6,14f; Mk 11,25; Lk 6,36f) deutlich.[1020] Der breite biblische Befund zeigt, dass Vergebung im Leben des Christen nicht optional ist.

3.4.4 Zum Prozess der Vergebung

Indem von Phasen die Rede ist, wird bereits ersichtlich, dass das Vergeben ein Prozess ist. Das Vergeben braucht Zeit – wenn die Verletzung tief gegangen ist, braucht es sogar viel Zeit. Das hängt mit der Tatsache

---

[1015] Smedes, Kraft S. 151; ähnlich Lilly, Segen S. 22; Benner, Healing S. 110; Wright, Friede S. 84.

[1016] Gifts S. 58 (Übersetzung G. W.).

[1017] Dieser Text wird von mehreren Autoren der Inneren Heilung aufgegriffen.

[1018] »Vergebungsbereitschaft ist eine Eigenschaft Gottes. Er vergibt gern ...« Lilly, Segen S. 62.

[1019] Seamands, Erinnerungen S. 147; vgl. auch R. Bennet, Free S. 205; Hammond, Ablehnung S. 86 u. a.

[1020] In etwas anderer Terminologie weist in ähnliche Richtung auch 1. Joh 4,20.

zusammen, die Smedes in die Worte fasst: »Wenn Sie einem Menschen vergeben, der Sie verletzt hat, nehmen Sie an der eigenen Seele eine geistliche Operation vor. … Lösen Sie die Person von der Verletzung und lassen Sie diese los.«[1021]

Zu Beginn des Vergebungsprozesses bedarf es einer Entscheidung, dem geschehenen Unrecht ungeschminkt in die Augen zu sehen. Dazu gehört, dass das Böse ehrlich beim Namen genannt wird, dass der Schuldige bei seiner Verantwortung behaftet wird und dass der Verletzte die Schuld des Verletzenden sieht. Hierbei dürfen und sollen die Emotionen an die Oberfläche des Bewusstseins kommen. »Wir … lassen zu, dass es (sc. das Übel) uns schockiert und mit Grauen erfüllt, uns niederschmettert und wütend macht.«[1022] So muss der Verletzte das Gewirr an Gefühlen wie die des Hasses und Grolls zulassen, das erfahrene Unrecht sich ehrlich vor Augen führen und sein Denken im Hinblick auf das erfahrene Unrecht in sich verstehen lernen. Zu dieser Entscheidung am Beginn der Vergebung gehört auch die, vom Hass loskommen zu wollen, auch wenn das zunächst gefühlsmäßig noch nicht mitvollziehbar ist. »… Zorn anzunehmen als eine natürliche Antwort auf eine Verletzung ist nicht dasselbe wie ihn als ein Recht anzunehmen.«[1023]

Es ist ein wichtiger Schritt, die Gefühle vor Gott und einem Seelsorger auszusprechen (Punkt 3.3.3). Dieses Aussprechen erhöht die Konkretion in der Benennung des Unrechts. »… Im Wesentlichen geschieht das Wunder der Heilung dann, wenn eine *Person* Schmerz empfindet und der *Person*, die die Wunde aufriss, vergibt.«[1024] Auf dem Weg dazu kann es eine Hilfe sein, sich beim Aussprechen der Vergebung in dem Alter vorzustellen, in dem sich die verletzende Szene ereignete, oder die Gedanken und Emotionen niederzuschreiben.[1025] Es hilft sicher nicht, den Hass der verletzenden Person gegenüber auszudrücken, da sich damit Rache verbinden würde, die neue Verletzungen entstehen ließe.

1021 Smedes, Kraft S. 43; ebenso Wright, Friede S. 84. »Die Heilung der Erinnerungen ist eine Form der geistlichen Chirurgie und Therapie« (Seamands, Erinnerungen S. 148). D. u. M. Linn (Leben S. 95ff) u. Arnold (Glaube S. 112ff) stellen den Prozess des Vergebens in Anlehnung an die fünf Sterbephasen von Kübler-Ross (Interviews) dar.

1022 Smedes, Kraft S. 102; ähnlich Anfuso, Abuse S. 7; Wilson, Shame S. 169; Linn, Leben S. 121 u. a.

1023 Benner, Healing S. 114.

1024 Smedes, Kraft S. 20; ähnlich Seamands, Gefühle S. 106; Stoop/Masteller, Forgiving S. 173ff.

1025 Auf Ersteres weist R. Bennett (Free S. 89.209), auf Letzteres Benner (Healing S. 126).

Das Vergeben geschieht zuerst im Herzen dessen, der verletzt wurde. Es ist ein für andere zunächst unsichtbarer Akt, der aus ungeschuldeter Gewährung der Gnade heraus geschieht. Dieser Akt ist ein bewusstes Loslassen der mit den Verletzungen verbundenen emotionalen Konsequenzen einschließlich der Rachegedanken und aller Bedingungen für die Vergebung.[1026] Er hat mit einem Entschluss zu tun, dem Anderen seine Schuld nicht mehr nachzutragen: »Vergeben ist eine Entscheidung.«[1027] Sie muss spezifisch gewährt und, besonders im Falle tief gehender Verletzungen, öfter wiederholt werden. Vergebung ist jedoch zugleich mehr als nur ein Willensakt: »Vergebung ist etwas, das wir in einem freien Akt unseres Willens tun, aber die Fähigkeit zu vergeben ist eine Gabe, ja sogar ein Wunder.«[1028] Diesen Akt der Gnade vermag am ehesten derjenige zu vollziehen, der sich der Gnade Gottes in Jesus Christus öffnet und damit der Gewissheit, dass ihm selbst vergeben ist. Die empfangene Gnade gibt die Kraft zu ihrer Weitergabe. Sie ermöglicht dem Vergebenden eine Freiheit, in der er sich über die Regeln »ausgleichender Gerechtigkeit« hinwegzusetzen vermag.[1029] Im Akt des Vergebens überlässt es der Verletzte Gott, mit dem Verletzenden fertig zu werden.

Das Gebet, das die Vergebung begleitet, ist für die durch die Verletzung entstandene Wunde von großer Bedeutung. Durch die Bitterkeit konnte die Wunde bisher nicht heilen. Nun aber kann sie mit der heilenden Kraft der Liebe Gottes in Verbindung kommen. »Nachdem die Vergebung ausgesprochen wurde, müssen wir dafür beten, dass der verwundete und verhungerte Geist von unserem Herrn geheilt und genährt werden möge.«[1030] In die verletzenden Erfahrungen, die in der Erinnerung ans Tageslicht gekommen sind, wird die Hilfe Jesu hineingebetet. Hier kann das Beten, das Elemente der Imagination aufgreift (Punkt 3.3.2), eine große

---

1026 Solche Bedingungen können in der Erwartung der Veränderung des Verletzenden bestehen. Zum Akt des Loslassens vgl. Benner, Healing S. 107.121f; Csordas, Psychotherapy S. 83; Walters, Macht S. 19 u. a.

1027 Lilly, Segen S. 46.

1028 Benner, Healing S. 108 (Übersetzung G. W.). Er spricht (ebd.) von »Forgiveness: The Hard Work Miracle« u. (ebd. S. 113): »Forgiveness is often quite impossible when I attempt it solely by means of willpower.« Dieser Willensaspekt in der Vergebung darf damit nicht so einseitig hervorgehoben werden wie es Hunt (Rückkehr S. 229) tut, der meint, man könne willentlich »in einem einzigen Augenblick« von den negativen Folgen von Verletzungen befreit werden. Vgl. ferner Soldan, vergeben S. 34.

1029 Vgl. dazu Smedes, Kraft S. 105.119. Dieses Geschenk muss die Freiheit des Gegenübers achten, sonst wird das Vergeben dazu benutzt, den anderen zu beherrschen und zu manipulieren (ebd. S. 146).

1030 Sandford, Geist S. 38.

Hilfe beim Durcharbeiten der Gedanken und Gefühle sein. »In dem Glauben, dass Jesus in den Erinnerungen, die wir erneut durchleben, gegenwärtig ist, bitten wir ihn, auf die bestimmte damalige Not des Betroffenen einzugehen.«[1031] Der Seelsorger und der Ratsuchende öffnen sich hier dem heilenden, pneumatisch gewirkten Eingreifen Gottes.

Dadurch entsteht eine neue Sichtweise für den anderen. Es wird der Blick frei für eine tiefere Wahrheit über ihn, für die der Hass blind machte. »Die neue Sichtweise zieht *neue Gefühle* nach sich.«[1032] Jetzt kann Verständnis für die Handlung des Verletzenden wachsen. Dieses Verständnis unterscheidet sich von dem oben angesprochenen Missverständnis der Entschuldigung dadurch, dass trotz des Bemühens um Verständnis geschehenes Unrecht nicht entschuldigt wird. In seinen Rachegefühlen neigt der Verletzte dazu, den Verletzenden mit seinem verletzenden Verhalten zu identifizieren.[1033] Der Versuch, Verständnis entgegenzubringen, kann diese unsachgemäße Verbindung lösen helfen. Während die Verletzungen den Feind übergroß und als durch und durch bösartig erscheinen lassen, trägt das Verständnis dazu bei, ihn wieder auf die normale Größe zu reduzieren. Außerdem gilt: »Ein wenig Verständnis macht das Vergeben wesentlich leichter.«[1034] Die Erkenntnis kann sich hier anbahnen, dass beide, der Verletzende und das Opfer, der Vergebung bedürfen. Das Gebet um Frieden für denjenigen, der Unrecht getan hat, stellt eine große Hilfe für den Verletzten dar, selbst zum Frieden zu finden. »Laden Sie als Nächstes die Person ein, von neuem in Ihr Herz zu kommen – so, als würde ein Stück Geschichte, das sich zwischen Ihnen abgespielt hat, neu geschrieben …«[1035] So entsteht der Wunsch, dem Menschen, der einem Böses zugefügt hat, Gutes zu gönnen, ihn also zu segnen. »Sobald wir das geringste Verlangen verspüren, diese anderen möchten es im Leben gut haben, haben wir mit dem Vergeben angefangen. Wir haben dann begonnen, die Menschen, die uns verletzt haben, von dem Fluch, den sie durch ihre böse Tat auf sich luden, zu lösen.«[1036] Wright und Frank empfehlen außerdem, gegenüber der Person, die einen verletzt hat, eine positive Reaktion, einen Akt der Freundlichkeit, zu

[1031] Seamands, Erinnerungen S. 144.
[1032] Smedes, Kraft S. 44.
[1033] Vgl. dazu Pingleton, Role S. 33.
[1034] Smedes, Kraft S. 125.
[1035] Smedes, Kraft S. 43.
[1036] Smedes, Kraft S. 45; Stoop/Masteller, Forgiving S. 188. »… Der Ratsuchende … muss ermutigt (werden), diejenigen zu segnen, die ihn verletzt oder enttäuscht haben …« (Sandford, Umgestaltung S. 114).

planen.[1037] Die Gefühle gegenüber dem Verletzenden dürfen also nicht der entscheidende Maßstab für den Prozess des Vergebens sein. Zunächst mögen jedoch nach dem Vergeben Reste des Hasses zurückbleiben. Der Vergebende verliert seinen Hass häufig nur langsam. »Es ist furchtbar unrealistisch, sich einzubilden, man könne sich durch einen einzigen Akt des Vergebens aller zornigen Gefühle entledigen.«[1038] Aber durch das Vergeben wird der Prozess der Heilung des inneren Schmerzes vorangetrieben. Der Unterschied zwischen Hass und Zorn kann wieder in Sicht kommen: Der Hass hat etwas Zerstörerisches, der Zorn über geschehenes Unrecht dagegen lässt Raum für die Hoffnung und Kreativität zur Vermeidung solchen Unrechts.

Im Zug der Vergebung ist auf die mit der Verletzung verbundenen reaktiven Verhaltensmuster zu achten. Sie haben nicht selten auch mit Sünde zu tun, die der Vergebung bedarf. Die Vergebung kann von Herzen ausgesprochen sein, und dennoch müssen sich die Verhaltensmuster nicht automatisch ändern. Zu solchen Mustern gehören aggressive Verhaltensweisen ebenso wie die irrige Meinung, alle Schuld für Unrecht immer auf sich nehmen zu müssen.[1039] Auch Payne geht auf die Folgen der Verletzungen ein, die noch nach dem vollzogenen Akt der Vergebung vorhanden sein können. Im Hinblick auf den Umgang mit diesen Folgen konstatiert sie in missverständlicher, den Charakter des Prozesses überspringender Terminologie: »Die Folgen dieser Sünde werden zusammengefasst und ›hinausgeworfen‹, so dass der Betreffende nicht länger durch sie geprägt und gequält wird.«[1040]

Der Prozess der Vergebung ist abgeschlossen, wenn der Verletzte an die Verletzung denken kann, ohne dabei den ursprünglich mit der Verletzung verbundenen Schmerz zu empfinden.[1041] Diese Schmerzfreiheit kann man als untrügliches Kennzeichen für ein Ende des Vergebungsprozesses bezeichnen.

[1037] Wright; Friede S. 73 u. Frank, Door S. 153.

[1038] Smedes, Kraft S. 136; vgl. auch dazu Benner, Healing S. 124.

[1039] Vgl. zur Umgestaltung von Verhaltensmustern als Teil des Vergebungsprozesses Wright, Girl S. 238.

[1040] Bild S. 76.

[1041] Vgl. dazu Benner, Healing S. 51; Walters, Macht S. 25; Lutz, Therapie S. 72; MacNutt, Kraft S. 117.

3.4.5 Vergebung und Versöhnung

Die Vergebung gipfelt in der Versöhnung. Scharrer definiert »versöhnungsbereites Verhalten« als eine »Haltung, die zu den früheren und jetzigen Bezugspartnern ein schöpferisches Normalverhalten neu entdecken, wahrnehmen und gestalten möchte«.[1042] Vergebung und Versöhnung sind aber voneinander zu unterscheiden, auch wenn sie nicht voneinander getrennt werden dürfen. Würde beides nicht unterschieden, käme es zu falschen Vorstellungen von dem, was Vergebung meint: Während Versöhnung ohne Vergebung unmöglich ist, kann die Vergebung auch dann echt sein, wenn Versöhnung – z. B. im Falle einer verweigernden Haltung des Verletzenden – nicht möglich ist. Das Gewähren der Vergebung muss also die Beziehung mit Menschen, die uns verletzt haben, nicht heilen, so dass die Versöhnung trotz ernsthaften Bemühens ausbleiben kann. Das hängt mit der Tatsache zusammen, auf die Hammond weist: »… Versöhnung ist eine Sache mit zwei Seiten. Die eine Seite muss sie anbieten, und die andere muss sie akzeptieren.«[1043] Zur expliziten Versöhnung kann es außerdem auch dann nicht kommen, wenn die verletzende Person nicht erreichbar ist. Darauf geht Smedes ein: »Unsere Vergebung kann auch dann echt sein, wenn die Person, der wir vergeben, außer Reichweite bleibt. … Wir können im eigenen Gedächtnis vergeben und frei sein.«[1044] Heilung innerer Verletzungen ist damit auch ohne einen explizit vollzogenen Versöhnungsakt möglich. »Was am wichtigsten ist, ist das, was in uns geschieht.«[1045] Im Hinblick auf die Versöhnung lässt sich also ein innermenschlicher und ein zwischenmenschlicher Aspekt unterscheiden.

Der *innerpsychische Aspekt* betrifft die Bedeutung, die einer verletzenden Erinnerung beigemessen wird. Die im Verletzten widerstreitenden Seiten finden hier zum Frieden. R. Bennett spricht in diesem Sinn von der »Versöhnung zwischen unserem Erwachsenen-Selbst und dem Kind-Selbst«.[1046] Der innerlich Versöhnte muss nicht mehr gegen seine Vergangenheit leben. Hier wird die »vielleicht schwierigste Aufgabe«

[1042] Fehlverhalten S. 146; ähnlich Hammond, Ablehnung S. 89.

[1043] Hammond Ablehnung S. 90.

[1044] Kraft S. 47. »Den Höhepunkt des Vergebens kann man nur zu zweit erleben, das weiß ich. Aber das Vergeben kann auch ohne Höhepunkt für Sie eine Realität sein« (ebd. S. 92).

[1045] Stoop, Father S. 245 (Übersetzung G. W.); ähnlich auch Frank, Door S. 126; Benner, Healing S. 106.

[1046] Free S. 93.

bewältigt, die darin besteht, unsere Erinnerungen »als einen Teil unserer Lebensgeschichte zu akzeptieren. … Ein wichtiger Teil des Heilungsprozesses ist die Entdeckung, dass Gott sogar die schmerzlichsten unserer Erfahrungen in etwas verwandeln kann, das für uns heilsam ist und ihn verherrlicht.«[1047] Verletzungen, die unter die Kraft der Versöhnung gekommen sind, werden in Stärke, Verständnis und Erbarmen verwandelt und zu einem Werkzeug der Heilung. »Durch das, was sie (sc. verletzte Menschen) selbst an Schwerem durchlebt hatten, konnten sie der Not anderer Menschen begegnen. Gott hat so (sc. durch die heilende Gnade) das Notvolle ihres Lebens benutzt und es in Segen verwandelt.«[1048] Bei der inneren Versöhnung findet der Verletzte »zur innere(n) Ruhe, die aus dem Ruhen in Gott kommt«[1049], zum Frieden mit Gott, mit sich selbst und mit dem Nächsten trotz der eigenen Geschichte. Er erreicht im Zuge der inneren Versöhnung erneut seine Selbstachtung und sein Selbstwertgefühl. J. u. P. Sandford gehen darauf im Kontext der Heiligung des Menschen ein: »Die Umgestaltung ist erst dann vollständig, wenn wir unser ganzes Leben wertschätzen und Gott von Herzen dafür danken.«[1050] So ermöglicht die Versöhnung, verletzende Erfahrungen durch die Gnade als Wachstum fördernde Ereignisse in das eigene Leben zu integrieren. Ein untrügliches Zeichen innerer Versöhnung ist die Fähigkeit des psychisch Geheilten, von Herzen für alles Geschehene zu danken und denjenigen, der ihn verletzt hat, als Schlüssel für das eigene Wachstum zu sehen. Der Versöhnte vermag »ein glückliches und gesundes Leben (zu führen), das sich nicht auf den Schmerz der Wunden konzentriert, sondern auf das Wachstum aus diesen Wunden«.[1051] Im Hinblick auf die Beziehung verletzter Kinder zu ihren Eltern bewirkt die Versöhnung, dass Erstere den Segen, den sie von Letzteren empfangen haben, auch sehen und annehmen können. Payne spricht von der Fürbitte im Hinblick auf den Vater und die Mutter des Verletzten. »Ein solches Gebet ist immer spannend und frohmachend, der Augenblick, in dem das

---

1047 Seamands, Erinnerungen S. 183. Payne (Bild S. 130) zitiert Ruth Pitter: »Alle meine Wunden rufen Halleluja!«, und C. S. Lewis: »Jede Beschädigung trägt eine Berufung in sich.« Seamands (Gefühle S. 112) spricht in diesem Zusammenhang von der »umkehrenden« bzw. »verwandelnden Gnade«, MacDonald (Wenn alles zerbricht S. 225) von »erneuernder Gnade«.

1048 Seamands, Gnade S. 160; so auch Arnold, Glaube S. 131f; Frank, Door S. 170.172; Kraft, Power S. 137.

1049 Tapscott, Friede S. 8; ähnlich ebd. S. 26.

1050 Umgestaltung S. 146; vgl. auch McManus, Kraft S. 79; Littauer, Mind S. 253.

1051 Linn, Leben S. 196; ähnlich auch Hughes, Healing I S. 18.

Kind den Segen Gottes über den Teil seiner selbst anerkennt und empfängt, den es von dem vorher nicht annehmbaren Elternteil geerbt hat.«[1052]

Der *zwischenmenschliche Aspekt* der Versöhnung betrifft die unmittelbaren Beziehungen zu den verletzenden Personen. Diesen Aspekt spricht Tapscott mit den folgenden Worten an: »Jesus möchte zerbrochene menschliche Beziehungen wiederherstellen und zerfallene Ehen erneuern.«[1053] Je mehr die innerpsychische Versöhnung Platz gegriffen hat, desto eher kann auch die zwischenmenschliche stattfinden. Der innerlich versöhnte Mensch wird nach außen versöhnend wirken. Darauf weisen M. u. D. Linn mit ihrer Bemerkung: »Sind sie (sc. die Verletzungen) geheilt, dann erwächst uns daraus die Kraft, eine Umwelt voll Lebensfreude zu schaffen. ... Uns (wird) Kraft geschenkt, eine liebenswürdigere Umwelt aufzubauen. ... Der Aufbau einer heilenden Umwelt bedeutet zunächst oft, auf den Menschen zuzugehen, der uns verletzt hat.«[1054] Derjenige, der Schritte der Versöhnung gehen will, muss Kontakt zu seinem Kontrahenten suchen.

In Verbindung mit der Versöhnung ist die Frage der Konfrontation zu bedenken[1055]: Der Verletzende und der Verletzte müssen ein ehrliches Zusammenkommen herbeiführen, damit sich wieder ein Leben in einer von Frieden gekennzeichneten Gemeinschaft anbahnen kann. Zur Versöhnung müssen beide Seiten die Bereitschaft zur Wahrhaftigkeit mitbringen, denn Versöhnung muss vor dem Hintergrund der Realität stattfinden.[1056] Bei dieser Wahrhaftigkeit kommen die mitgeteilten Worte und die persönliche Gefühlslage mit der Wirklichkeit in Einklang. Derjenige, der eine andere Person verletzt hat, sollte sich auf das begangene Unrecht hinweisen lassen und sich ihm stellen. Eine große Hilfe zur Versöhnung ist ein ernsthaftes Bemühen um ein sachliches Verstehen des Problems und um ein Mitempfinden der damit für den Verletzten verbundenen Gefühle. Den Verletzten anredend, formuliert Smedes: »Er (sc. der Verletzende) muss einsehen, dass der Schmerz, den er Ihnen zugefügt hat,

---

[1052] Krise S. 70; so auch Comiskey, Ganzheitlichkeit S. 141.

[1053] Friede S. 26; so auch Vining, Caring S. 76.

[1054] Leben S. 205. »Dem andern etwas Gutes tun heilt nicht nur mich, sondern auch meine Umgebung – und oft heilt es auch den andern« (ebd.).

[1055] Zur Konfrontation vgl. Benner, Healing S. 82ff; Frank, Door S. 107ff; Littauer, Mind S. 258ff.

[1056] Smedes, Kraft S. 49.55; vgl. auch Stoop/Masteller, Forgiving S. 178f.

unberechtigt war. … Er muss ebenfalls einsehen, dass die Wunde, die er Ihnen geschlagen hat, tief geht.«[1057]

Im Hinblick auf die Konfrontation sind freilich Gefahren zu bedenken, von denen einige erwähnt seien: Der Konfrontierende darf nicht von der Wunschvorstellung ausgehen, dass sein Kontrahent ihm in jeder Hinsicht zustimmen sollte. Es ist für eine fruchtbare Konfrontation unabdingbar, die verletzten Gefühle so weit wie möglich vor einer Begegnung zu bearbeiten, damit das Moment der Rache so weit wie möglich reduziert wird.[1058] Rache als Untergrundmotiv der Konfrontation würde Versöhnung unmöglich machen. Konfrontation muss, christlich verstanden, Ausdruck der Agape-Liebe sein. Ferner darf der Konfrontierende auch nicht die Verantwortung für die Änderung des Kontrahenten übernehmen wollen. Er kann nur die Verantwortung in dessen Hände zurückzugeben versuchen.[1059] Im gelingenden Fall macht dann der Ratsuchende weder sich für das Unrecht des Verletzenden noch den Verletzenden für sein kognitives und affektives Befinden verantwortlich.[1060] Es ist wichtig, dass die Vergebung auf dem Weg zur Versöhnung nicht als Geste praktiziert wird, die den Verletzenden manipuliert. Vergebung wird nicht gewährt, um einen anderen zu einem erwünschten Handeln zu bringen, sondern weil der Verletzte sich dazu entschlossen hat. Vergebung darf nicht von der Versöhnungsbereitschaft und von der Reaktion auf eine Konfrontation abhängig gemacht werden, da echte Vergebung ein bedingungsloser Akt freier Gnade ist. Auf dem Hintergrund des Konfrontierens muss eine neue gegenseitige Akzeptanz wachsen, damit es zur Versöhnung kommt.[1061]

[1057] Kraft S. 50; ders. (ebd. S. 50) meint sogar: »Seine (sc. des Verletzenden) Gefühle müssen mit Ihren Gefühlen eins werden.« Vgl. auch Walters, Macht S. 26.

[1058] Vgl. dazu Stoop/Masteller, Forgiving S. 272. Dies. weisen (ebd. S. 272f) darauf hin, dass die Wirkung der Konfrontation auf den Kontrahenten wohl erwogen und – vor allem im Hinblick auf eigene Erwartungen – gut vorbereitet werden will. Im Falle von physischem, sexuellem oder anderen Arten des Missbrauchs raten sie von einer Konfrontation ab (ebd. S. 282; anders dagegen Frank, Door S. 75). Wright unterscheidet (ebd. S. 219) zwischen direkter und indirekter Konfrontation: Letztere konfrontiert nur die Probleme und Gefühle, Erstere konfrontiert auch die beteiligten Personen.

[1059] So Frank, Door S. 109.

[1060] Vgl. zu dieser Seite der Versöhnung Wright, Girl S. 240f.

[1061] Vgl. dazu Stoop/Masteller, Forgiving S. 269.

3.4.6 Gott vergeben?

Verschiedentlich wird in der Literatur zur Inneren Heilung der Gedanke vom Vergeben gegenüber Gott geäußert.[1062] Es handelt sich hierbei um den Versuch, Verletzungen zu verarbeiten, die der Betroffene für unberechtigt hält und die bei ihm sehr tief gehen. Unter der Thematik »Gott vergeben« verbirgt sich also ein praktisch orientierter Weg zum Umgang mit der Theodizeefrage. Smedes spricht auch in dieser Frage von Phasen des Vergebens. Die erste Phase ist bei ihm die des Verletztwerdens. Die zweite Phase überschreibt er: »Wir hassen Gott.«[1063] Auf der einen Seite behauptet er im Hinblick auf diese zweite Phase: »Wer Gott hasst, muss entweder abgebrüht oder verwirrt sein.« Auf der anderen Seite stellt er realistisch fest: »Aber manchmal hassen wir Gott doch. … Wenn wir es nicht wagen, den Geber zu hassen, hassen wir seine Gaben.«[1064] Das Herz des Gläubigen mag Gott immer wieder gegen die eigenen Hassgefühle verteidigen wollen, aber diese Seite im Inneren des Menschen annulliert die andere nicht. Smedes empfiehlt drei Schritte, die zu glauben helfen, dass Gott, trotz des erfahrenen Leides, der Freund des Menschen ist: »Als Erstes erkenne ich, dass Gott mir die Art von Welt gibt, in der ich gerne lebe.«[1065] So möchte er dankbar die Freiheit des Menschen annehmen und damit aber auch das Risiko, dass mit dieser Freiheit Unrecht geschieht. »Dann stelle ich mir vor, dass Gott mit mir leidet.«[1066] Damit spricht Smedes die christologische Konkretion der Liebe Gottes an. »Ich glaube, dass Gott vergibt.«[1067] Smedes weist damit auf den Sachverhalt, den Jesus mit dem Gleichnis vom Schalksknecht (Mt 18,23-35) anspricht. Smedes weiß, dass mit diesen Denkhilfen bei weitem nicht alle Fragen der Bewältigung der Theodizeefrage gelöst sind. Das existenziell Tastende seines Antwortversuchs drücken seine zusammenfassenden Sätze

---

[1062] So Smedes, Kraft S. 107; R. Bennett, Free S. 211ff; Böhringer, Heilung S. 9; Linn/Fabricant, Gott S. 42.

[1063] Kraft S. 109 (ebd. auch die beiden folgenden Zitate). Walters (Macht S. 88) stellt Entsprechendes fest – allerdings mit einem verurteilenden Unterton. Da Gott nie etwas Unrechtes tue, gilt für ihn (ebd. S. 95): »Wenn wir Ärger gegen Gott empfinden, sollten wir ihm das bekennen.«

[1064] Außer Smedes gehen auch J. u. P. Sandford (Geist S. 452) auf diese innere Gespaltenheit des Menschen Gott gegenüber ein. Sie meinen sogar: »Diese Wut (sc. gegen Gott) ist gesund – zumindest am Anfang. Sie zeigt, dass wir an Gott glauben und somit auch erwarten, dass er für uns da ist.«

[1065] Kraft S. 112.

[1066] Kraft S. 113; ähnlich Wimber, Heilung S. 218; Littauer, Mind S. 268ff.

[1067] Ebd.

aus: »Ich denke, wir haben es vielleicht doch nötig, Gott zu vergeben. Nicht häufig, aber dann und wann. Und nicht um seinet-, sondern um unseretwillen.«[1068] Im Zuge des Vergebens gegenüber Gott geht es letztlich um die Frage, wie der Mensch selbst heil wird, indem er für seinen Groll Gott gegenüber Vergebung empfängt. »Ihm (sc. Gott) zu vergeben, bedeutet … nur, dass wir unser eigenes Herz reinigen mussten.«[1069] Seamands versteht von einem ähnlichen Hintergrund her das Vergeben Gott gegenüber nicht als eine Bestätigung für ein von Gott begangenes Unrecht, sondern als Ausdruck menschlich eingeengter Sicht von Ereignissen, für die der Mensch Gott verantwortlich macht.[1070] Zur Reinigung des Herzens gehört die Freisetzung aufgestauter Emotionen Gott gegenüber. In diese Richtung weist auch die Äußerung Walters: »Gott wird mit unserem auf ihn gerichteten Ärger fertig, wir können es alleine nicht. Gott möchte uns, wir brauchen ihn.«[1071] J. u. P. Sandford weisen seelsorgerlich darauf hin, dass der Seelsorger den Ratsuchenden ermutigt, seinen Aggressionen Gott gegenüber Raum zu lassen. Sie meinen sogar: »Wenn Seelsorger eingreifen und die Läuterung abwürgen, dann haben sie in Wirklichkeit Angst vor einem solchen Gefühlsausbruch – höchstwahrscheinlich, weil sie vor ihren eigenen aufgestauten Gefühlen Angst haben.«[1072]

Die Ausführungen über die Sicht der Inneren Heilung zur Vergebung sollen nun zusammengefasst und in den Kontext sowohl der Psychologie als auch einiger Seelsorgekonzeptionen außerhalb der Inneren Heilung gestellt werden:

Der Überblick über die literarischen Äußerungen der hier untersuchten Seelsorge zur Vergebung hat deutlich gemacht, dass hier einer der zentralen Punkte dieser Seelsorge angesprochen ist. Uns ist kein Buch über die Innere Heilung bekannt, in dem nicht auf die Frage der Vergebung eingegangen würde. Bei aller Berücksichtigung psychologischer Zusammenhänge zeigt sich hier eine Auffälligkeit gegenüber der psychologischen Literatur, in der die Vergebung eine weit geringere Rolle

1068 Kraft S. 114; so auch Littauer, Mind S. 252.

1069 Sandford, Geist S. 244; ähnlich auch J. u. M. Sandford, Deliverance S. 340; Kix, Seelsorger S. 50.

1070 Gefühle S. 108. Tapscott spricht in diesem Zusammenhang von »unserer verschrobenen Einstellung« (Früchte S. 27).

1071 Macht S. 98. Walter meint (ebd. S. 99), dass Gott uns helfen werde, unsere Gefühle zu verstehen, wenn wir sie ihm sagen.

1072 Geist S. 453.

spielt.[1073] Wenn, wie z. B. bei Tausch, die Vergebung von psychologischer Seite her bedacht wird, so wird der Unterschied zur Inneren Heilung in der Begründung der Vergebung deutlich. Tausch geht, auf Befragungen zum Thema Vergebung bezugnehmend, nicht weiter als festzustellen: »Von manchen Befragten wurden *religiös-ethische Auffassungen* als Motiv und Erleichterung für das Vergeben genannt.«[1074]

Erfreulich und der Schwierigkeit der Sache angemessen ist bei vielen Vertretern der Inneren Heilung das hohe Maß an Differenzierung ihrer Sicht zur Vergebung. Hierin drückt sich das konkrete Bemühen aus, Vergebungsarbeit bis in die psychische Realität des Verletzten hinein erfahrbar zu machen. Dieser Seelsorge wird man im Allgemeinen nicht den Vorwurf des »feige(n) Verzeihen(s machen), das zum Ersatz für eine fällige Auseinandersetzung wird und den Konflikt, statt ihn zu lösen, nur zudeckt und verschiebt«.[1075] Die Differenzierung wurde an verschiedenen Stellen deutlich:

Zum einen wird die Schwierigkeit der Vergebung klar gesehen, die darin besteht, dass sie auf der einen Seite im Zuge der Verarbeitung von Verletzungen unabdingbar ist, dass sie aber auf der anderen Seite für den Verletzten zunächst emotional-kognitiv unvollziehbar erscheint. Durch die theologische Anbindung an die Vergebung Gottes wird die Brisanz dieser Schwierigkeit noch verschärft: Verweigerte Vergebung hat entscheidende Rückwirkungen auf die Glaubensbeziehung zu Gott (Mt 18,21-35).[1076] Als eine Bedingung für Gebetserhörung wird in der Inneren Heilung das Vergeben sehr ernst genommen. In dieser Anbindung an die Vergebung Gottes liegt die Stärke der Inneren Heilung und die Lösung der angesprochenen Schwierigkeit: Diese Seelsorge räumt der Liebe Gottes in Jesus Christus einen zentralen Platz ein. Diese Liebe impliziert für die Innere Heilung die Möglichkeit, vor Gott und im seelsorgerlichen Gespräch mit einem Menschen radikal ehrlich zu werden. Der Verletzte darf und soll sich bis in die Tiefen seiner verletzten Emotionen hinein

---

1073 Benner (Healing S. 134 Anm. 2 zu Kapitel 2) weist auf eine Computerrecherche von mehr als tausend psychologischen Fachartikeln, die ergab, dass nur in 55 dieser Artikel das Wort »Vergebung« Erwähnung findet.

1074 Verzeihen S. 24 (kursiv im Original); ebenso ders., Bitterkeit S. 13 u. ders., Vergeben S. 74.86: »Philosophische-religiöse-spirituelle Einsichten können uns das Lernen (sc. der Vergebung) erleichtern.«

1075 Hellinger, Schuld S. 26; ähnlich Csorsas, Psychotherapy S. 87.

1076 Vgl. dazu Berger (Gebet IV S. 52): »Denkvoraussetzung ist: Durch Nachahmung Gottes (gerade in dem Punkt, der für ihn typisch ist …) ist man ihm ähnlich und damit überhaupt ›gesprächsfähig‹ …«

öffnen können und die heilende und vergebende Liebe Gottes erfahren. Die Innere Heilung stellt hier ein Beispiel praxisorientierter Verbindung von Theologie und Psychologie dar.

Zum andern wird in der Inneren Heilung die differenzierte Sicht der Vergebung in der Abgrenzung zu den verschiedenen Missverständnissen deutlich, die den Zugang zu einer tief greifenden Vergebung verstellen: Vergebung wird klar unterschieden …

1. von Formen der Verdrängung im emotionalen und kognitiven Bereich,
2. von Scheinlösungen wie Akzeptanz bzw. Entschuldigung[1077] eines Unrechts und
3. von falschen Vorstellungen wie der, dass Vergebung ein schneller Prozess sein müsse, dass Vergebung ein Ausdruck von Schwäche sei oder dass die Vergebung die Fähigkeit, Verletzungen erinnern zu können, auslöschen müsse.

Die differenzierte Sicht wird ferner ersichtlich in der Unterscheidung von Phasen der Vergebung.[1078] Es handelt sich hier um den Versuch einer Strukturierung von Erfahrungen im Vollzug des Vergebens. Die Vertreter der Inneren Heilung intendieren mit der Angabe von Phasen zwar keinen Schematismus einzuhaltender Vergebungsschritte, diese Phasen sind aber doch auch wieder nicht beliebig in ihrer Reihenfolge austauschbar: Die ersten erwähnten Schritte (Entscheidung zur Ehrlichkeit, Äußerung der Gefühle) beziehen sich auf die Hilfe für den Verletzten, vor sich, vor dem Seelsorger und letztlich vor Gott sowohl emotional als auch kognitiv ehrlich zu werden. Sie stellen eine wesentliche Vorbereitung zur Vergebung dar. Die folgenden Schritte (Entscheidung zu vergeben und der Akt des Loslassens sowohl der Rache als auch der Bedingungen für das Vergeben) beziehen sich auf die eigentliche, den Willen einbeziehende Gewährung der Vergebung. Diese Schritte werden in der Inneren Heilung vom Gebet um die Heilung der durch die Verletzungen entstandenen Wunden begleitet. Die folgenden Schritte (Aufbau einer neuen Sicht des Verletzten, Veränderung der von Verletzungen herrührenden Verhal-

---

[1077] Wenn Tausch meint: »… Es (das Geschehene) wird wenig oder gar nicht verurteilt oder negativ bewertet« (Verzeihen S. 22; vgl. auch ders., Vergeben S. 64), so wird die in der Inneren Heilung beachtete Grenze zur Nachsicht und Entschuldigung im Hinblick auf das Unrecht verwischt.

[1078] Bedauerlicherweise scheint Dieterich die Notwendigkeit des Erinnerns von Verletzungen und die Phasen des Vergebens in der Inneren Heilung nicht zu verstehen (Heil S. 31f); der dort von ihm formulierte Gebetsvorschlag für vergangene Wunden legt das Missverständnis nahe, als müssten die vergangenen Verletzungen mit einem einmaligen – und dazu noch pauschal gehaltenen – Gebet zu bewältigen sein.

tensmuster) beziehen sich auf die Konsequenzen aus der Vergebung im Sinne der Nacharbeit.

Die differenzierte Sicht der Inneren Heilung wird schließlich in den Überlegungen zur Versöhnung deutlich: Wenn auch Vergebung und Versöhnung aufeinander bezogen sind, sieht man zutreffend ihre Unterschiedenheit. Die Versöhnung bringt auf der einen Seite Heilung in die Beziehung des Verletzten zu sich selbst und zu seiner Lebensgeschichte; von der geschehenen inneren Versöhnung her kann derjenige, der verletzt wurde, auf Verletzungen zurückblicken, ohne dabei die früheren Schmerzen zu empfinden. Auf der anderen Seite ermöglicht die Versöhnung eine neue Beziehung zum Verletzenden; dort bedarf sie also der Bereitschaft des Kontrahenten zu einer neuen Beziehung.[1079] Auf dem Weg zur Versöhnung kann die Konfrontation des Verletzenden mit der Wirkung des von ihm begangenen Unrechts notwendig sein. Auch hinter der Formulierung »Gott vergeben« steht letztlich die Frage der Versöhnung: Die Versöhnung bezieht sich hier auf die Relation des Verletzten zu Gott. In der Inneren Heilung wird mit der Wendung »Gott vergeben« der Weg des verletzten Menschen zu einer neuen Vertrauensbeziehung zu Gott und dem Frieden mit ihm angesichts schweren Leids angesprochen.

Am Ende der Zusammenfassung muss freilich auch festgehalten werden, dass die Vergebung nicht bei allen Vertretern der Inneren Heilung in der dargestellten Differenziertheit gesehen wird. Es fällt auf, dass Vertreter der hier untersuchten Seelsorge mit psychologischer Bildung (z. B. Benner, Cloud, Frank, Littauer, M./D./S. Linn, J. Müller, Scharrer, Wilson) und solche mit theologischer Bildung (z. B. Smedes, Seamands, J. u. P. Sandford, Walters) eine sehr differenzierte Sicht über den Vergebungsprozess entwickelt haben. Innerhalb der hier untersuchten Seelsorge finden sich aber auch Äußerungen, die im Hinblick auf die Praxis ein Gefälle zur Oberflächlichkeit zeigen. Tapscott etwa spricht mit folgenden Worten die Verletzten an, die den sie Verletzenden gegenüber Unversöhnlichkeit im Herzen haben: »… Sie (sollten) ihm oder ihr unverzüglich vergeben und Gott bitten, Ihnen die negative Einstellung zu vergeben.«[1080] Solche Äußerungen sind als Zielangabe akzeptabel. Sie können aber in ihrer simplifizierenden Form Enttäuschungserfahrungen vorprogrammieren,

[1079] Die innermenschliche und die zwischenmenschliche Seite der Versöhnung werden in etwas anderer Terminologie auch in der säkularen Psychologie gesehen.
[1080] Frei gemacht S. 35. (Etwas differenzierter äußert sie sich ebd. S. 112.)

da der Prozess des Vergebens wesentlich schwieriger ist, als es eine solche Äußerung mit ihrem »unverzüglich« vermuten lässt. Bei tief gehenden Verletzungen lässt sich der Prozess des Vergebens nicht abkürzen. Eine ähnliche Tendenz weist das unter Punkt 3.4.4 wiedergegebene Zitat Paynes auf, wonach die von Sünde geprägten Folgen der Verletzungen »zusammengefasst und ›hinausgeworfen‹« werden. Auch hier ist zwar das Ziel zutreffend charakterisiert, aber die Formulierung ist im Hinblick auf die Praxis irreführend, da die Veränderung von Haltungen in den meisten Fällen ein mühsamer Prozess ist.

3.5 Zum anthropologischen Geistverständnis in der Inneren Heilung

Anthropologische Fragen wurden im Abschnitt über die psychologischen Implikationen der Inneren Heilung (Punkt 2) verschiedentlich tangiert. Eine Frage wurde dabei ausgeklammert, die in diesem Hauptteil mit seinen theologischen Überlegungen ihren sachgemäßen Ort hat: das anthropologische Geistverständnis bei einigen Vertretern dieser Seelsorge. Es fällt auf, dass diesem Verständnis von manchen unter ihnen ein großes Gewicht beigemessen wird. So kann etwa W. Margies sagen: »Christliche Seelsorge ist zum allergrößten Teil eine Geistessorge.«[1081] Es erscheint daher nicht nur als gerechtfertigt, sondern als notwendig, diesem Verständnis in einem eigenen Abschnitt nachzugehen. Vor allem J. u. P. Sandford und D. u. R. Bennett haben sich dazu eingehender geäußert. Ihre Darlegungen bilden den Schwerpunkt der Ausführungen dieses Abschnitts. Sie sind dann in den Kontext biblischer Beobachtungen zu stellen und abschließend zu beurteilen.

J. u. P. Sandford sind sich in ihrer eingehenden Untersuchung zur Frage des menschlichen Geistes bewusst, dass sie sich auf einem unsicheren Terrain bewegen. »Wenn es um Entdeckungen in diesem Bereich ging, haben wir uns oft zunächst auf die Geistesgaben der Erkenntnis und der Weisheit verlassen und es darüber hinaus den Kriterien der Zeit und der

[1081] Heilung 1 S. 64. Er fährt dann aber ein wenig korrigierend fort: »Dennoch erschöpft sich die Seelsorge keineswegs in der Ausrichtung auf den Geist.«

Effektivität überlassen, das Gefundene zu bestätigen.«[1082] Die Bedeutung ihrer Sicht des menschlichen Geistes unterstreichend, reden Sandfords ihre Leser eindringlich an: »Die erste Schwierigkeit, der wir begegnen, besteht darin, dass der Leib Christi und die Menschheit im Allgemeinen das Bewusstsein fast völlig verloren hat, dass jeder von uns persönlich einen Geist hat, der ganz spezifische Funktionen ausübt …«[1083] In ihrem Verständnis des menschlichen Geistes berufen sich Sandfords auf Gen 2,7: »Zunächst haucht Gott unseren Geist in uns, und dann werden wir eine Seele.«[1084] רוּחַ ist für sie der Hauch göttlichen Lebens, der unser eigener Geist ist. Sandfords weisen auf die ganzheitliche Sicht des Menschen nach dem Alten Testament hin: »Im hebräischen Denken gab es keine Trennung der Seele in Leib, Herz (Verstand) und Geist. Die Seele war der Körper, und man dachte vom Herzen her nach.«[1085] »Die Seele ist in unseren Augen die Struktur des Herzens und des Verstandes, des Charakters und der Persönlichkeit, durch die unser Geist immer wieder dem Leben begegnet und sich in seiner Reaktion darauf ausdrückt. … Die ganze Seele (wird) in manchen Bereichen zu einem Tempel, durch den unser Geist in Herrlichkeit Gott anbetet und anderen begegnet, in anderen Bereichen jedoch zu einem Gefängnis oder – noch schlimmer – zu einem Kampfpanzer, durch den unser Geist andere angreift. … Die Seele ist eigentlich wie ein Gewand; der Geist lebt in und durch dieses Gewand.«[1086] Der alte Mensch ist für Sandfords ein Teil der Seele, durch die der menschliche Geist die Identität des Individuums

1082 Geist S. 13. Eine solche Begründung ihrer Sicht in einer Offenbarung findet sich auch in dies./Bowman, Spirit S. 16.35: »… Er (sc. der Herr) offenbarte uns, dass der Zustand einer Person, wenn sie in ihrem Geist schlummert, daraus resultiert, dass sie sich menschlich nicht voll entfaltet hat« (Übersetzung G. W.).

1083 Geist S. 20.

1084 Geist S. 21. Vgl. ebenso auch dies./Bowman, Spirit S. 20, u. ebd. S. 22: »Häufig sind die Worte ›Geist‹ und ›Seele‹ austauschbar in der Schrift gebraucht, um auf das Lebensprinzip oder die Lebensenergie Bezug zu nehmen« (Übersetzung G. W.). Vgl. ferner auch A. Sanford, Gifts S. 124.

1085 Sandford/Bowman, Spirit S. 21. Ebd. weisen sie auf die anthropologische Sicht des Paulus hin: Paulus »stellt dar, was man als Dreieck der Persönlichkeit in jedem von uns betrachten könnte: Vernunft (engl.: mind) … Fleisch … Geist … Paulus lehrte, dass diese Funktionen unseres Wesens untrennbar verbunden sind und dazu tendieren, miteinander im Kampf zu liegen, bis unser Geist erneuert ist … Paulus stellt den menschlichen Geist als das dar, durch das der Heilige Geist Gottes eine Person bewohnen kann.«

1086 Geist S. 21. Vgl. zum Verhältnis von Seele und Geist auch dies., Umgestaltung S. 154.

in der Gesamtheit des Lebens ausdrückt.[1087] Wie der Leib und die Seele bedarf für sie auch der Geist der Erlösung. Sandfords weisen auf die unterschiedlichen Begriffe πνεῦμα (Joh 11,33; 13,21; Lk 24,39; Apg 17,16) und ψύχη (Joh 12,27; Mt 26,38; beide Begriffe nebeneinander in Lk 1,46f) im Neuen Testament hin. Sie folgern daraus: »Unser Herr spricht absichtlich vom persönlichen Geist und differenziert ihn von Herz, Verstand und Seele.«[1088] Durch die Sünde verliert der Geist, Sandfords zufolge, seine Fähigkeit, Gott und andere Menschen zu suchen. »Infolgedessen sind die Strukturen und Wünsche unserer Seele und unseres Herzens nicht mehr funktionsfähig. ... Deshalb stirbt in uns die Fähigkeit, mit Gott, den Menschen, der Natur und mit uns selbst so in Beziehung zu treten, wie es ursprünglich beabsichtigt gewesen war.«[1089] Das kann auch zu körperlichen Leiden führen. »Wenn seine (sc. des menschlichen Geistes) erste Funktion die Anbetung ist, dann besteht die zweite darin, unseren Körper am Leben und funktionstüchtig zu erhalten.«[1090]

Sandfords meinen, dass der Geist seine Nahrung in Gott findet: »Persönliche Hingabe und gemeinschaftliche Anbetung sind die zentrale ›Ernährungsgrundlage‹ unseres Geistes.«[1091] Die Nahrung für den persönlichen Geist wird dem Kind zunächst durch die elterliche Liebe vermittelt. In Familien, in denen Liebe und Gebet ausbleiben, verhungert der Geist des Kindes, der nach der Meinung Sandfords seit der Zeugung im Menschen vorhanden ist. »Unser Verstand weiß vielleicht, dass ein Mangel vorhanden ist, doch unser Geist hungert quasi intuitiv.«[1092]

Ein Mangel an Liebe lässt den Geist verkümmern und schließlich einschlafen. Nach ihnen gibt es zwei Arten des schlummernden Geistes: Die eine entsteht, wenn ein Kind vom Anfang des Lebens an keine oder nur wenig Liebe empfangen hat. Die andere rührt von der Abwendung von Gott her.[1093] Alle Relationen, in denen der Mensch vor Gott, der Welt, dem Mitmenschen und sich selbst steht, sind dadurch beeinträchtigt oder abgeschnitten. Sandfords sehen nun aber auch, dass die Wirkrichtung

---

1087 Vgl. dazu Geist S. 22. Sandfords betonen (ebd. S. 23) die Einheit von Geist und Leib, auch wenn sie deren Unterschiedenheit festhalten: »Im Tod wird die Einheit von Geist und Leib aufgespalten.«

1088 Geist S. 24.

1089 Ebd. S. 24.

1090 Ebd. S. 25.

1091 Ebd. S. 28.

1092 Ebd. S. 30.

1093 Ebd. S. 119; ebenso dies./Bowman, Spirit S. 10f. Den Begriff des »schlummernden Geistes« scheinen Sandfords von A. Sanford (Gifts S. 43) übernommen zu haben.

nicht nur vom Geist zur Seele, sondern auch in entgegengesetzter Richtung verlaufen kann: »Wenn dieser Bereich (sc. der Seele) unzulänglich ausgeprägt ist, … dann kann sich der Geist des Menschen überhaupt nicht entwickeln, oder es fehlen ihm die Hilfsmittel, sich richtig ausdrücken zu können.«[1094]

Bei der Hinwendung zu Gott wird der Geist erneuert: »Im Moment unserer Bekehrung wird unser Geist reingewaschen (auch wenn das immer und immer wieder geschehen muss). … Doch noch nicht jeder Bereich unseres Herzens hat dem zugestimmt oder es empfangen.«[1095] Der erneuerte Geist muss also die Seele und über die Seele den Leib informieren. Sandfords zufolge beginnt die Erneuerung des persönlichen Geistes mit der Einsicht, dass dieser schlummert. Er setzt sich fort in der Erfahrung geduldiger Liebe z. B. von Freunden, in hingegebener Jüngerschaft und im damit verbundenen neuen Verhalten des Glaubens.[1096]

Die Linie Sandfords im Hinblick auf den menschlichen Geist wird bei D. u. R. Bennett systematisierend ausgezogen. R. Bennett legt ihre anthropologische Sicht folgendermaßen dar: »… Du bist nicht nur ein zweiteiliges Wesen mit einem inneren Selbst oder der Seele und einem äußeren Selbst oder dem Körper. Die Bibel erwähnt drei Teile: Geist, Seele und Leib. … Wenn wir nicht das Bild des Neuen Testaments ergreifen, das zeigt, dass wir dreiteilige Wesen sind, werden wir unser weiteres Verständnis und Wachstum begrenzen. Um Ihnen eine kurze Synopse zu geben: Der Geist ist jener Teil von Ihnen, der zu dem gemacht wurde, was die Schrift das ›Bild‹ Gottes nennt.«[1097] Der Geist des Menschen ist wie Gott gemacht und kann ihm deshalb antworten und Gemeinschaft mit ihm haben. Bennetts meinen, dass Gott als Antwort auf den Sündenfall den Geist des Menschen nicht nur für die Gemeinschaft mit Satan, sondern auch mit sich selbst verschlossen hat.[1098] Durch die Aufnahme Jesu kommt der Heilige Geist in den Menschen und bringt den

---

1094 Umgestaltung S. 154.

1095 Sandford, Umgestaltung S. 32.

1096 Sandford/Bowman, Spirit S. 17 (sie weisen in diesem Zusammenhang auf Eph 5).

1097 Free S. 40 (Übersetzung G. W.). Sie bezieht sich auf Gen 1,26f; 2,7; 5,3; 9,6. Bennetts (Trinität S. 31) formulieren die These als Gottesspruch (ebd. S. 41): »Ich bin ein dreieiniger Gott, und ihr Menschen seid nach meinem Bild gemacht …« (kursiv im Original) und meinen (ebd. S. 78): »Ohne ihn (sc. den menschlichen Geist) könnte Gott nicht in uns leben.«

1098 Trinität S. 53. Ein »Teil des Bildes« blieb aber auch nach dem Sündenfall »erhalten«, der Mensch hatte »immer noch einen Geist, wenn dieser auch von nun an tot war für Gott. Doch es bestand deshalb immer noch die Möglichkeit, diese Gemeinschaft eines Tages wieder zu erneuern« (ebd. S. 77).

menschlichen Geist zum Leben.[1099] »Sein (sc. Gottes) Bild oder Ähnlichkeit wurde in meinem Geist wiederhergestellt, und, was das größte von allen Wundern ist, er kam, um in mir beständig Wohnung zu nehmen.«[1100] Bennetts entfalten nun eine streng hierarchische Anthropologie, in der Gottes Geist den Geist des Menschen beherrscht und der menschliche Geist seinerseits die Seele durchdringt und über die Seele auch auf den Körper einwirkt: »Gottes Geist lebt in dem erneuerten menschlichen Geist, aber nun muss der Heilige Geist zur Seele und zum Leib durchbrechen können und so den ganzen Menschen erfüllen, ehe diese Kraft durch ihn hindurch zur Welt fließen kann.«[1101] Die Beachtung dieser Hierarchie ist nach Bennetts' Meinung deshalb so wichtig, weil der menschliche »Geist der einzige Teil des Menschen (ist), der mit Gott in direkten Kontakt treten kann«.[1102]

Diese Konzeptionen des menschlichen Geistes sind nun kritisch zu würdigen. Da bei den Vertretern häufig auf das biblische Zeugnis rekurriert wird, ist dieses hier zu skizzieren, um eine Plattform für die weitere Beurteilung zu schaffen.

Zunächst ist festzuhalten, dass anthropologische »Begriffe wie Herz, Seele, Fleisch, Geist … in der hebräischen Dichtung nicht selten untereinander austauschbar sind«.[1103] Sie bezeichnen verschiedene Aspekte des einen Subjekts, die zum Teil kaum noch voneinander zu unterscheiden sind. נִשְׁמַת־חַיִּים und נֶפֶשׁ sprechen nicht die Frage des menschlichen Geistes an, sondern die Erschaffung des Menschen in seinem Personsein, seiner Lebendigkeit und Bedürftigkeit.[1104] רוּחַ ist von seinem alttestamentlichen Gebrauch her als »theo-anthropologischer Begriff«[1105] zu bezeichnen. In Jes 42,5 kann רוּחַ neben נְשָׁמָה im Sinn von Atem gebraucht werden. »In נֶפֶשׁ werden das Organ der Atmung und der Atemvorgang selbst zusammengesehen. In רוּחַ jedoch ist es der ›Wind‹, der

---

1099 Trinität S. 28.74.
1100 R. Bennett, Free S. 41; vgl. auch dazu dies./D. Bennett, Trinität S. 27.
1101 Trinität S. 84. Ähnlich wie Origenes (vgl. Gahbauer, Mensch V S. 496), der Neuplatonismus (vgl. Ehmann, Theologie S. 11) und – von den Denkvoraussetzungen der idealistischen Philosophie her – wie Marheineke (vgl. T. Koch, Mensch VIII S. 533) lehren Bennetts, dass die Seele eine Mittelstellung zwischen Geist und Körper einnimmt.
1102 Trinität S. 107.
1103 Wolff, Anthropologie S. 22; vgl. dazu auch Albertz, Mensch II S. 465; Ehmann, Theologie S. 12.
1104 Vgl. dazu Wolff, a.a.O. S. 25ff; von Rad, Genesis S. 53; Kapelrud, Mensch II S. 862.
1105 Wolff, a.a.O. S. 57.

von Jahwe ausgeht und zu Jahwe zurückkehrt, der zugleich den Lebensodem des Menschen ausmacht.«[1106] Geht es um die von Gott den Menschen verliehene רוּחַ (z. B. Jes 11,2; 42,1; Ez 11,5), so wird mit diesem Begriff die von Gott verliehene Kraft und Vollmacht angesprochen. רוּחַ kann Gemütsbewegungen (1. Kön 10,5 fassungsloses Erstaunen; Hiob 15,13 Unmut u. Ä.)[1107] und die seelische Disposition des Menschen meinen. »Das Besondere der menschlichen רוּחַ eröffnet sich von dem Befund her, dass רוּחַ das kräftige Wehen des Windes und die bleibende und bevollmächtigende Wirksamkeit Jahwes bedeutet. … So ist רוּחַ … geeignet, … Träger energischer Aktionen des Willens zu sein.«[1108] In Esr 1,5 steht רוּחַ für den von Jahwe zum Aufbau ermutigten, in Jer 51,11 für den Zerstörung anrichtenden Willen eines bzw. mehrerer Menschen. Der verheißene »neue Geist« ist nach Ez 36,26f der Geist Jahwes selbst; dabei sind die Gabe des neuen Herzens und des neuen Willens miteinander verbunden.

Skizzieren wir die Pneumaaussagen des Neuen Testaments, so ist auf solche Stellen einzugehen, in denen πνεῦμα im anthropologischen Sinn vorkommt. Zunächst muss festgehalten werden, dass göttliches und anthropologisches Pneuma nichts miteinander zu tun haben. »Es ist nicht etwa so, dass der menschliche Geist Ansatzpunkt für das Wirken des göttlichen Geistes ist; der göttliche Geist setzt beim ganzen Menschen an und bringt ihn in Bewegung. … Durch den göttlichen Geist bekommt er (sc. der Mensch) in seine (komplette) Natürlichkeit hinein eine übernatürliche Lebensmöglichkeit …«[1109] Sodann muss erkannt werden, dass das Neue Testament den anthropologisch gefüllten Pneumabegriff nicht einheitlich verwendet. Der Begriff πνεῦμα in Joh 11,33; 13,21 entspricht dem der ψύχη in Joh 12,27 und spricht »das Lebensprinzip, die Lebenskraft oder einfach das ›Innere‹« an.[1110] In Mk 2,8; 8,12 bezeichnet πνεῦμα anthropologisch den Sitz der Wahrnehmungen und Gemütsempfindungen.[1111] Bei Paulus scheint 1. Thess 5,23 einer trichotomischen Anthropologie Recht zu geben. Rebell sieht hier jedoch zutreffend

1106 Ebd. S. 59.
1107 Ebd. S. 64; vgl. auch W. H. Schmidt, Anthropologie S. 157. Nach Ladd (ebd. S. 458f) bezeichnet נֶפֶשׁ den Menschen in seiner Beziehung zu anderen, während רוּחַ den Menschen in seiner Beziehung zu Gott meint.
1108 Wolff, a.a.O. S. 65 (kursiv im Original).
1109 Rebell, Erfüllung S. 180. Der menschliche Geist wird auch nicht durch den göttlichen ausgetauscht (ebd.).
1110 Ebd. S. 180; vgl. dazu ferner Brandenburger, Anthropologie S. 161.
1111 Schweizer, πνεῦμα S. 394.

liturgischen Stil mit seiner Neigung zu Dreigliedrigkeit vorliegen und stellt fest: »... Statt ›euer Geist samt Seele und Leib‹ könnte Paulus genauso gut sagen ›euer Geist‹ oder ›ihr‹. ... Der Begriff (sc. πνεῦμα) (bezeichnet) ... den *ganzen* Menschen, und zwar speziell unter dem Gesichtspunkt, dass er ein vernunftbegabtes Wesen ist.«[1112] Die paulinische Rede vom πνεῦμα des Menschen meint kein besonderes geistliches Organ, sondern das Ich des Menschen; als »Inbegriff der psychischen Funktionen«[1113] kann es im jeweiligen Kontext in besonderer Hinsicht gesehen werden. Jak 4,5, eine Stelle, die auch für eine trichotomische Anthropologie reklamiert werden könnte, spricht vom Lebensodem.[1114]

Die Skizze des biblischen anthropologischen Geistverständnisses lässt klar erkennen: Die Anthropologie Sandfords und Bennetts' bezüglich des menschlichen Geistes ist sehr unbefriedigend. Sandfords erkennen zwar, dass sie sich mit ihren Darlegungen auf unsicherem Boden befinden. Sie vertreten einen zweifachen Begründungszusammenhang, der höchst problematisch ist: Zum einen berufen sie sich auf persönliche Offenbarungen, die in ihrem lehrmäßigen Gehalt vom biblischen Zeugnis nicht abgedeckt sind. Zum andern kommt bei ihnen mit dem Hinweis auf die Effektivität ein gewisser amerikanischer Pragmatismus zum Vorschein. Es ist positiv hervorzuheben, dass Sandfords exegetische Einsichten immer wieder berücksichtigen. Das gilt etwa für ihren Hinweis auf die ganzheitliche Sicht des Menschen im hebräischen Denken oder den Hinweis auf die Austauschbarkeit anthropologischer Begriffe. Dies hindert sie jedoch nicht daran, den נִשְׁמַת־חַיִּים unter der Hand zum Geist des Menschen zu erklären. Die Ausführungen Sandfords zum menschlichen Geist erinnern an hellenistische Vorstellungen vom göttlichen Kern im Menschen. Der Unterschied besteht freilich darin, dass für Sandfords der menschliche Geist der Erlösung bedarf, die er von Gott empfängt.[1115]

Das Bild vom Geist, der in der Seele wie unter seinem Gewand lebt, muss ebenfalls als problematisch bezeichnet werden: Der Christ hat diesem Bild zufolge nach seiner Hinwendung zu Gott mit seinem anthropo-

---

[1112] Erfüllung S. 181. In Röm 1,9 meint dieser Begriff bei Paulus sein Innerstes. Bei ihm kann πνεῦμα einfach auch für Person stehen (1. Kor 16,18; Gal 6,18; Phil 4,23; Phlm 25; dazu ist auch l. Kor 5,5 zu rechnen).

[1113] Schweizer, πνεῦμα S. 433. Er weist (ebd. S. 433f) darauf hin, dass Paulus vereinzelt vom Geist im Hinblick auf den Menschen so sprechen kann, dass damit der dem Menschen geschenkte Gottesgeist gemeint ist (z. B. 1. Kor 14,14; Röm 8,15f).

[1114] Rebell, Erfüllung S. 181.

[1115] Es ist dann wiederum inkonsequent, dass Sandfords den alten Menschen nur der Seele, nicht aber auch dem menschlichen Geist zuordnen.

logischen Geist so etwas wie einen guten, göttlichen Kern. Die Seele ist ihm gegenüber mehr etwas Äußeres. Dieses Bild ist nicht frei von einer ontologischen Tendenz; hier ist eine der gratia infusa zu vergleichende Denkfigur zu erkennen. Der erneuerte Kern will nun vom Gläubigen aktiviert werden. Das Gute, das gewiss als von der Gnade empfangen gedacht ist, wird als in den Menschen wohnend verstanden. Eine bedenkliche Folge des ontologischen Moments ist, dass sich in das Heiligungsverständnis ein Leistungsmoment einschleicht. Für biblisch-reformatorisches Denken wird durch dieses ontologische Moment der Blick für die relationale Grundstruktur des Glaubens getrübt. Korrigiert wird die ontologische Sicht bei Sandfords durch den Hinweis darauf, dass zwischen Seele und menschlichem Geist eine Beeinflussung stattfindet, die nicht nur von der Seele zum Geist, sondern auch in entgegengesetzter Richtung verläuft. In sich stimmig fügt sich zu dieser Beobachtung der Gedanke Sandfords, nach dem der menschliche Geist durch Liebe und Anbetung »ernährt« werden kann. An dieser Stelle scheinen von ihnen Geist und Seele sehr nahe zusammengesehen zu werden, denn diese Ernährung durch Anbetung und Liebe führt zur Entfaltung beider.

Bennetts bauen ihre Ausführungen zum menschlichen Geist zu einem System aus. Dadurch, dass sich bei ihnen noch weniger als bei Sandfords Rückkoppelungen zu exegetischen Beobachtungen finden, ist ihre Gefährdung zu eigenwilligen Gedankengängen noch größer. Willkürlich interpretieren sie die Gottesebenbildlichkeit von Gen 2,6f als Geist und behaupten, dass der Mensch wie Gott gemacht sei. Das simul iustus et peccator wird im Hinblick auf den Glaubenden nicht mehr reflektiert. Noch stärker als bei Sandfords erinnert das Denken Bennetts über den Geist an die Vorstellung vom göttlichen Kern im Menschen, in dem Gott beständig Wohnung nimmt.[1116] Ihre Vorstellung, dass der Geist der einzige Teil des Menschen ist, der direkten Kontakt mit Gott aufnehmen kann, hat bedenkliche theologische und anthropologische Konsequenzen: Die theologischen Konsequenzen im engeren Sinn beziehen sich auf die Gottesvorstellung. Gott bezieht sich offenbar nur – oder überwiegend? –

[1116] Am weitesten in dieser Richtung geht A. Sanford (Light S. 31), die das Unterbewusste mit dem anthropologischen Geistbegriff kombiniert und meint, dass das Unterbewusste »under a blanket order from God« handelt. Von daher finden sich bei Sanford Aussagen, die sich wie eine »Entelechie der Heilung« anhören. Hier findet sich eine gedankliche Parallele zu Origenes, der meint, dass das Pneuma des Menschen, das immun gegen das Böse sei, den Menschen erzieht. Die Annahme eines dem Geist des Menschen zuzuordnenden strukturellen Drangs auf Gesundheit und Ganzheit hin ist sicher zu simplifizierend.

über den Geist auf den Leib. Die unmittelbare Wirksamkeit des Gottesgeistes auf die materielle Welt scheint hier zumindest auf illegitime Weise gelockert zu sein. Die anthropologischen Konsequenzen dieser Konzeption sind ebenfalls bedenklich, da die ganzheitliche Sicht des Menschen zu zerfallen droht.[1117] Außerdem hat eine derartige Bewertung des Geistes eine Abwertung der Seele (und damit sowohl der Gefühle als auch des Verstandes) und des Leibes zur Folge.[1118] Bennetts Terminologie spricht eine verräterische Sprache, wenn sie immer wieder – auf für biblisches Denken fremde Weise – von »Teilen« des Menschen reden. Es scheint dann Bereiche am Menschen zu geben, die Gott unmittelbarer sind als andere.

Wenn Sandfords vom Einschlafen und Aufwachen des Geistes sprechen, kann diese Vorstellung in ein biblisches Verständnis der Heiligung integriert werden, auch wenn dieses von anderen Denkvoraussetzungen ausgeht. Diese Begriffe weisen auf den im letzten Abschnitt angesprochenen Prozesscharakter der Heiligung. Man wird diese auf die Psyche beziehen und sie im Sinne von verkümmern und entfalten verstehen können.

Nun muss freilich hinzugefügt werden, dass die aufgewiesenen Grenzen bei weitem nicht alle Vertreter der Inneren Heilung in gleichem Maße trifft. Hübner z. B. verwendet zwar noch die in der trichotomen Anthropologie üblichen Begriffe, ergänzt sie jedoch durch ein Level-Modell, nach dem der Mensch gesehen wird als Leib (energetischer Level), als Wesen mit eigener Lerngeschichte (System-Level), als handelndes Wesen mit Freiheitsgraden und Absichten (intentionaler Level) und als Wesen, das zu übernatürlichen Beziehungen und Erfahrungen fähig ist (transzendenter Level). Nach Hübner kann »die Trichotomie des Menschen besser als eine funktionale Hierarchie verstanden werden … denn als eine substantialistische Dreiteilung. Die Ganzheit bleibt dadurch unangetastet …«[1119] Etwas verwirrend ist bei dieser Konzeption die Beibehaltung trichotomischer Begrifflichkeit. Außerdem findet sich in ihr

[1117] Ohne den Bezug auf Bennetts sieht diese Gefahr Arnold, Glaube S. 18; Benner, Quest S. 108ff.

[1118] Benner (Counselling S. 54) sieht die Möglichkeit einer negativen Rückwirkung auf die Bedeutung des menschlichen Geistes: Er könne auch zu einem Anhängsel der gesamten Persönlichkeit werden.

[1119] P. Hübner, Therapie S. 36 und ders., Prolegomena S. 106ff. 113ff.

die Tendenz zu einem pneumatologischen Monismus, wie er sich ähnlich bei J. u. P. Sandford findet.[1120]

W. May z. B. bezieht sich ausdrücklich auf die Untersuchung der anthropologischen Begriffe des Alten Testaments von H. W. Wolff und kommt so im Hinblick auf eine Sicht des menschlichen Geistes zu einer differenzierten Beurteilung. Er fasst seine Ausführungen zum biblischen Befund so zusammen: »Damit (sc. mit der Äquifunktionalität von ›Herz‹, ›Seele‹ und ›Geist‹ an verschiedenen Stellen der Bibel) ist jegliche Trichotomie, die den einzelnen Teilen unterschiedliche Funktionen zuschreiben will, biblisch nicht haltbar.«[1121] Im Anschluss an Neidhard möchte May von einer Aspektivität sprechen: »Aspektivität meint, dass Seele mehr die Beziehung des Menschen zu sich selbst und zu seiner Umwelt ausdrückt, der Geist dagegen mehr die transzendente Beziehung des Menschen wiedergibt.«[1122] Dieser Sprachgebrauch ist zwar auch nicht frei von Missverständnissen und wird dem oben skizzierten differenzierten biblischen Befund nicht ganz gerecht, stellt aber gegenüber der trichotomischen Anthropologie einen deutlichen Fortschritt dar.

Entsprechendes gilt auch für Benner. Er sieht die Probleme der Konzeption eines menschlichen Geistes unter den Vertretern der Inneren Heilung am klarsten.[1123] Trotz ihres problematischen Gebrauchs möchte er die Begriffe »Geist« und »Seele« festhalten[1124]: Für ihn bezeichnet »Geist« die Bezogenheit des Menschen als Ganzem auf Gott, während »Seele« das menschliche Leben innermenschlich betrachtet. An anderer Stelle bezeichnet er als das für biblisch-theologisches und psychologisches Denken passendste Persönlichkeitsmodell sehr treffend das der »psychospirituellen Einheit«.[1125]

Auf dem Hintergrund der referierten Diskussion scheint uns folgende Sicht des Problems vertretbar zu sein: An die Stelle der topologischen

---

1120 Auftrag S. 139ff. Anstatt dass die Materie als auf den Geist Gottes bezogen verstanden wird, wird sie als Ausdrucksform des Geistes Gottes begriffen. So wird der Unterschied zwischen der Materie als Energie und dem Pneuma Gottes – trotz der Abgrenzung vom Monismus (ebd. S. 141) – nicht klar genug herausgestellt.

1121 Möglichkeit S. 29.

1122 Möglichkeit S. 30 (J. Neidhard, Leib S. 289).

1123 Counselling S. 53f. Die von ihm genannte negative Konsequenz dieser Konzeption, nach der die menschliche Person in geistliche Teile, die für Gott von Interesse seien, und nicht geistliche Teile, die im religiösen Leben nicht involviert seien, trifft allerdings für die Vertreter der Inneren Heilung im Allgemeinen nicht zu.

1124 Quest S. 110f (H. D. McDonald, The Christian View of Man, Westchester, Illinois 1981 S. 79 zitierend).

1125 Ders., Quest S. 108.

bzw. Schichtenvorstellungen haben konsequent relationale zu treten. Der Mensch ist als ein erlösungsbedürftiges Wesen zu sehen, das in Gericht und Gnade im Rahmen des Handelns Gottes steht. Er ist zur Beziehung mit Gott geschaffen, die den Menschen als Ganzen betrifft. Darin ist das Wesen seiner Gottesebenbildlichkeit zu sehen. Dabei wäre der Bezug auf die Taufgnade aufzugreifen, der bei den Vertretern des trichotomischen Menschenbildes weitgehend fehlt. Der Platz, den die Vertreter des trichotomischen Menschenbildes dem menschlichen Geist zuweisen, muss uneingeschränkt der Gnade vorbehalten bleiben. Gott selbst hält in seiner Gnade sein Bild vom Menschen fest, das deshalb nicht als in den Geist des Menschen eingepflanzt zu verstehen ist. Der Mensch ist geistlich nicht deshalb lebendig, weil er einen hypothetischen lebendigen Geist hat, sondern weil er mit der Beziehung zum Vater Jesu Christi beschenkt ist und aus dieser Beziehung lebt.

Die oben gegebenen Ausführungen zum Geistverständnis in der Bibel können den Blick dafür schärfen, dass der Heilige Geist dem Menschen in allen Aspekten seines Daseins ein Gegenüber ist. Gottes Geist kommt »von außen« (extra nos) auf den Menschen zu. Selbst da, wo er am und im Menschen wirkt und insofern in den Menschen eingeht, bleibt er den Menschen ein Gegenüber, das göttliche Du. Wenn vom Geist des Menschen die Rede ist, dann könnte er, um den dargelegten Missverständnissen zu entgehen, im Sinne der Logotherapeutin E. Lukas als geistige Dimension gefasst werden, die – der »noetischen Ebene«[1126] zugeordnet – »die Dimension der menschlichen Freiheit ist«.[1127] Diese Dimension bringt zum Ausdruck, dass der Mensch trotz traumatischer Erfahrungen und trotz aller psychophysischen Bedingtheit nicht deterministischen Gesetzmäßigkeiten ausgeliefert ist. Die geistige Dimension umfasst das Wollen, die Entscheidungen und Einstellungen; sie ermöglicht es ihm, sich von psychischen und körperlichen Symptomen zu distanzieren. Will man der trichotomischen Sicht des Menschen eine positive Seite abgewinnen, so allenfalls von der Tatsache her, dass in ihr das Prae des von Gott geliebten und von ihm zum Heil bestimmten Menschen vor dem realen Menschen in seiner Verletztheit festgehalten wird und dass der Mensch, der sich auf die Innere Heilung einlässt, sich auf einen Prozess

[1126] Leben S. 54 (im Unterschied zur psychologisch-sozialen und der biologisch-physiologischen Ebene).

[1127] Leiden S. 16.

einlässt, in dem er sich in das Bild gestalten lässt, das Gott in Jesus Christus von ihm hat.

3.6 Der Gebrauch der Bibel in der Inneren Heilung

Den Abschnitt über die theologischen Implikationen der Inneren Heilung abschließend, ist nun der Frage des Umgangs mit dem biblischen Zeugnis in der hier untersuchten Seelsorge nachzugehen. Für reformatorisches Denken ist ein biblischer Begründungszusammenhang unabdingbar. Die Untersuchung dieses Zusammenhangs muss in zweierlei Hinsicht geschehen: Zum einen ist zu fragen, wie die Vertreter der Inneren Heilung diese Seelsorge biblisch zu begründen versuchen. Im Hintergrund dieser Frage steht die nach den hermeneutischen Implikationen im Umgang mit dem biblischen Zeugnis. Zum andern ist zu erheben, wie dieses im Seelsorgeprozess eingebracht wird. Hier steht der therapeutische Umgang mit der Bibel zur Debatte.

3.6.1 Ansätze biblischer Begründung der Inneren Heilung

Die Frage der biblischen Begründung wurde innerhalb dieses Abschnitts bereits verschiedentlich berührt. Hier wird auf sie nur insofern ergänzend eingegangen, als wichtige Teilvollzüge dieser Seelsorge bisher noch wenig unter dem Gesichtspunkt ihrer biblischen Begründung berücksichtigt wurden. Es wird vor allem nach der Begründung des Gesamtanliegens der Inneren Heilung gefragt.

Einige wenige Vertreter, die in den Umkreis der Seelsorge im Sinne der Inneren Heilung zu rechnen sind, vertreten ein als fundamentalistisch zu bezeichnendes Schriftverständnis. Margies möchte Reizworte wie Verbalinspiration und Fundamentalismus vermeiden, »will aber klarmachen, dass mein Standpunkt entschieden der ist, dass Gottes Wort als Ganzheit inspiriert … und ganz wahr ist und als inspiriertes Wort (wozu ich die Abschreibfehler nicht rechne) fehlerfrei ist«.[1128] Der Satz von der Gültigkeit der biblischen Aussagen wird für Margies »unvermittelt zum Schlüssel, der uns Zugang verschafft zum Verständnis des Menschen und

[1128] Heilung 1 S. 18 (in der Anmerkung); ähnlich Kirschner/May, Psychologie S. 7.

seiner Nöte«.[1129] Margies begründet seine Sicht mit dem Verweis auf die anthropologischen Aussagen in Gen 1-3 und vor allem von seinem Geistverständnis her, das er in 1. Thess 5,23 hineinprojiziert.[1130]

Eine Reihe von Vertretern der Inneren Heilung findet bereits im Alten Testament Worte, die von der Seelsorge im Sinne der Inneren Heilung her bzw. auf sie hin gelesen werden können. E. Scharrer erkennt in Ex 20,5 einen Hinweis darauf, dass bei psychischen Störungen außer der individuellen Entwicklungspsychologie auch die mit dem Familienerbe verbundenen Gesetzmäßigkeiten in der Mehr-Generationen-Perspektive berücksichtigt werden wollen.[1131] Das »Joch«, von dem Jes 9,3 spricht, kann auf die Last verletzender Erfahrungen in der Vergangenheit des Verletzten gedeutet werden.[1132] Bei der Inneren Heilung gehe es um das »fleischerne Herz«, das dasjenige aus Stein ersetzen soll (Ez 36,25ff).[1133] Prophetische Worte, die das ganze Volk des Alten Bundes betreffen, können von der Inneren Heilung her interpretiert werden: Das gilt etwa für Jes 30,26, wo Gott seinem Volk verspricht, dass er die Schäden und Wunden der Vergangenheit heilen will.[1134] Auch die Psalmen dienen als Begründung für das Anliegen der Inneren Heilung, so z. B. Ps 147,3 mit der Aussage: »Er (sc. Gott) heilt, die zerbrochenen Herzens sind, er verbindet ihre Wunden.«[1135]

In verschiedenen Veröffentlichungen zur Inneren Heilung findet sich eine christologische Begründung dieser Seelsorge. So wird auf die Antrittspredigt Jesu in Nazareth nach Lk 4,16ff mit dem Zitat aus Jes 61,1f Bezug genommen.[1136] Jesus fordert seine Hörer auf, das Innere zu reinigen (Mt 23,25; vgl. auch Mk 7,15.20ff).[1137] Verschiedentlich wird auf Jesu die Zeiten übergreifende Gegenwart hingewiesen, die in Hebr 13,8 einen Ausdruck findet. »Zeit und Raum bedeuten nichts für ihn. Er kann in unsere Vergangenheit zurückgehen und das heilen, was uns schmerzt.«[1138] Zur Begründung der Inneren Heilung kann auch das Bild

1129 Ebd. S. 19; vgl. auch ders., Heilung 2 S. 13.
1130 Vgl. dazu den letzten Punkt 3.5.
1131 Fehlverhalten S. 34ff.
1132 Tapscott/DeGrandis, Vergebung S. 25.
1133 Vgl. dazu Van Vonderen, Tired S. 134; ders./Van Vonderen, Power S. 125.
1134 Engeli, Gesprächstherapie S. 153.
1135 Tapscott, Friede S. 57.
1136 So z. B. Tapscott/De Grandis, Vergebung S. 21; Sandford, Umgestaltung S. 15; Pytches, Fellowship S. 117.
1137 Vgl. dazu Crabb, Von innen S. 45 (ohne jedoch diese Stellen unmittelbar zu zitieren).
1138 Tapscott/DeGrandis, a.a.O. S. 22.

im Hebräerbrief aufgegriffen werden, das von Jesus als dem neutestamentlichen Hohenpriester spricht, der unsere Schwachheit und Versuchung getragen hat (Hebr 4,14-16; 5,7-9).[1139]

Die neuere pränatale Forschung wird mit Lk 1,39f in Verbindung gebracht, wonach bei der Begrüßung Marias durch Elisabeth das Kind im Leib Elisabeths zu hüpfen begann.[1140] F. u. J. MacNutt meinen, dass Johannes d. T. pränatal nicht nur die Gegenwart Jesu gespürt, sondern auch bereits in diesem frühen Stadium darauf mit freudigen Emotionen reagiert habe.[1141]

Manchen Texten wird paradigmatischer Charakter zuerkannt, oder die in ihnen auftretenden Metaphern werden aufgegriffen. Wright parallelisiert den Exodus aus Ägypten und den Durchzug Israels durch die Wüste bis zum Einzug in das verheißene Land mit dem Prozess der Inneren Heilung, bei dem es die Sehnsucht nach der Freiheit und zugleich auch die nach der »vertrauten Knechtschaft« in der Vergangenheit geben kann.[1142] Linns gehen auf die Emmausgeschichte ein, in der die Jünger durch die Begegnung mit dem auferstandenen Herrn eine Heilung ihrer verletzten Erinnerungen erfahren.[1143] Manche Autoren sehen in der Verleugnung Jesu durch Petrus (Joh 18,15-18.25-27 in Verbindung mit 21,[1-14]15-17) paradigmatische Züge der Inneren Heilung[1144]; an diesen Texten werden verschiedene für die Innere Heilung relevante Züge erkannt: Durch seine Verleugnung verletzte Petrus seine Beziehung zu Jesus und zu sich selbst. Die Tatsache, dass sowohl in 18,18 als auch in 21,9 ἀνθρακία verwendet wird, deutet man auf eine göttliche Inszenierung einer Wiederholungssituation, die durch ein nochmaliges Durchleben den Prozess der Inneren Heilung einleitet. Der Verletzte wird auf behutsame Weise erneut an seine Verletzung herangeführt. Entsprechend der dreifachen Verleugnung fragt Jesus Petrus dreimal nach seiner Liebe; indem Jesus mit Petrus diese Szene durchlebt, kommt seine Heilung in die durch die dreifache Verleugnung entstandene Situation.

Am häufigsten werden solche biblischen Texte für die Begründung der Inneren Heilung herangezogen, die auf die Heiligung des Christen an-

---

1139 Seamands, Gefühle S. 32ff. Ebd. S. 35ff zieht Seamands auch die Passion Jesu heran.
1140 Linn/Fabricant, Gott S. 106; Seamands, Erinnerungen S. 18f.
1141 Leben S. 15; vgl. auch dazu van Dam, Seelsorge S. 61.
1142 Girl S. 213f.
1143 M./D./S. Linn, Glaube S. 15f; M. u. D. Linn, Leben S. 34f.
1144 R. Bennett, Free S. 76ff; Seamands, Befreit S. 27; M. u. D. Linn, Leben S. 149ff.

spielen. So wird auf Stellen wie Röm 6,4[1145]; 12,1f[1146]; 13,14[1147]; 2. Kor 7,1[1148]; Kol 3,8ff[1149]; Eph 4,14f.23f[1150] u. a. hingewiesen, Stellen also, die in verschiedener Weise vom alten und neuen Menschen sprechen. In diesen Kontext gehören auch Bezüge auf die paulinische Entgegensetzung von Fleisch und Geist (Gal 5,16ff)[1151], auf die bereits oben unter Punkt 3.1 eingegangen wurde. Der Prozess der Inneren Heilung wird im Sinne von Röm 8,28 als vom Heiligen Geist umgriffen verstanden.[1152] Nach l. Petr 1,18.19 sollen die Christen vom »nichtigen Wandel nach der Väter Weise« erlöst werden; M. Engeli sieht darin einen Hinweis darauf, durch die Erlösung im Zuge der Inneren Heilung vom unbrauchbaren geistigen und seelischen Erbe der Väter frei zu werden.[1153]

Zum Teil werden auch Bibelstellen herangezogen, bei denen die Brücke zur hier untersuchten Seelsorge ziemlich künstlich konstruiert werden muss. So z. B. bei P. Sandford, wenn sie den in Lk 6,45 erwähnten »Schatz des Herzens« auf die von Verletzungen herrührenden negativen Haltungen, Gedanken und Gefühle der Bitterkeit bezieht. 1. Kor 13,11 kann auf das psychologisch verstandene »innere Kind« hin gedeutet werden.[1154] Die Frage Jesu in der Erzählung von der Heilung des Besessenen »Wie lange ists, dass ihm das widerfährt?« (Mk 9,21) wird als Begründung für die Notwendigkeit herangezogen, nach den Ursachen psychologischer Probleme in der Vergangenheit zu suchen.[1155] Vor allem Sandfords verweisen immer wieder auf die in Hebr 12,15 erwähnten »bitteren Wurzeln«, die das Volk Gottes beflecken.[1156] Das Anliegen der Inneren Heilung sehen sie darin, diese Wurzeln aufzuspüren und sie »ans Kreuz Jesu zu bringen«.

1145 Van Vonderen, Tired S. 64; Sandford, Umgestaltung S. 409.

1146 Tapscott/DeGrandis, a.a.O. S. 21; Van Vonderen, Tired S. 138.148; Wilson, Shame S. 12.157; Sandford, Umgestaltung S. 15.

1147 Payne, Bild S. 49.

1148 Littauer, Mind S. 232.

1149 Kirschner/May, a.a.O. S. 9; Sandford, Umgestaltung S. 15; Christenson, Sinn S. 11 u. a.

1150 Pytches, Fellowship S. 118; Wright, Friede S. 37. Kommentierend bemerkt Wright zu V. 23f: »Das heißt, dass wir ihm (sc. Jesus Christus) auch Zugang zu den Dämmen unserer Erinnerung geben müssen …«

1151 Vgl. dazu Van Vonderen, Tired S. 134f; Scharrer, Heilung S. 128.

1152 Seamands, Gefühle S. 114ff und ders., Erinnerungen S. 142 (unter Hinweis auf V. 27).

1153 Engeli, a.a.O. S. 162.

1154 R. Bennett, Free S. 96.

1155 R. Bennett, Free S. 148.

1156 J. u. M. Sandford, Deliverance S. 50; vgl. auch Spaes, Umgang S. 36.

Einige Autoren führen neben einzelnen Bibelstellen grundlegendere Überlegungen zur biblischen Begründung der Inneren Heilung an. Zu ihnen gehört Seamands. Er äußert: »Oft werde ich gefragt, wo denn in der Bibel von ›Innerer Heilung‹ oder ›Heilung der Erinnerungen‹ die Rede sei. Gewöhnlich antworte ich dann: ›Sie finden es in demselben Kapitel, in dem uns grünes Licht dafür gegeben wurde, meine Tochter auf dem schnellsten Wege einer lebensrettenden Blinddarmoperation zu unterziehen.‹ Ja, wir können für jede neue Wahrheit, Einsicht, Erfindung oder Entdeckung auf dem Gebiet der Medizin, Psychologie, Soziologie und anderen Wissensbereichen dankbar sein.«[1157] An anderer Stelle[1158] fügt er hinzu, wir würden leugnen, dass der Mensch eine geistliche Verpflichtung hat, jede neue Einsicht zu Gottes Ehre und zum Besten der Menschen einzusetzen. Die infrage stehende Praxis muss mit den Prinzipien des biblischen Zeugnisses übereinstimmen, nicht expressis verbis belegt sein.

Versuchen wir, die angedeuteten Linien zusammenzufassen, so lässt sich über die Versuche einer biblischen Begründung sagen, dass sie qualitativ sehr unterschiedlich ausfallen.

Die vereinzelten Versuche, die Innere Heilung von einem fundamentalistischen Schriftverständnis her zu begründen oder begreiflich zu machen, vermögen nicht zu überzeugen. Hierbei wird im Ansatz die Unterscheidung zwischen der Heiligen Schrift als der Quelle der Erkenntnis und der Schrift als Kriterium der Erkenntnis[1159] missachtet. Außerdem trifft für die Seelsorge im Sinne der Inneren Heilung in noch viel höherem Maße zu, was W. Jentsch für die Seelsorge allgemein feststellt: »Wer im Neuen Testament ein ausgearbeitetes, geschlossenes und gegliedertes ›System‹ erwartet, würde die biblischen Texte überfordern. Berechtigt aber ist die Frage nach den Grundelementen.«[1160] Ohne systematisch-theologische Überlegungen ist der biblizistischen Engführung kaum zu entgehen. Die Gefahr dieser Engführung wird deutlich in den Begründungsversuchungen der Inneren Heilung aus Stellen wie Jes 9,3; Lk 6,45; l. Kor 13,11; Mk 9,21 und Hebr 12,15. Dasselbe gilt auch für nicht wenige der Bibelstellen, die in den Listen bei J. u. M. Sandford[1161] und bei

---

[1157] Gefühle S. 165. Ähnlich auch Pytches, Fellowship S. 116: »Not everything we do in life is spelt out in scripture. That would be plainly ridiculous. But we should be sure that what we are doing does not counter the general principles of scripture.« Ebd. S. 117 nimmt sie auf Jesu heilendes Wirken insgesamt Bezug.

[1158] Seamands, Erinnerungen S. 58.

[1159] Zu dieser Unterscheidung vgl. Mildenberger, Grundwissen S. 68.

[1160] Proprium S. 41.

[1161] Deliverance S. 360ff.

Tapscott[1162] zusammengestellt sind. Viele sprechen grundsätzlich vom Christsein, von der Heiligung und vom Heil allgemein. Diejenigen Autoren, die sich auf diese Stellen berufen, lesen sie induktiv von der Inneren Heilung her, auch wenn ihre Argumentation deduktiv erscheinen mag.

In diesem Zusammenhang vermögen die Überlegungen von Seamands (die Tapscott erwähnt) mehr zu überzeugen, da sie nicht nach dicta probantia Ausschau halten, sondern die menschliche Erkenntnisfähigkeit als geschöpfliche Gabe vom Glauben her achten. Die Hauptfrage muss darin bestehen zu klären, ob eine Sache mit den Grundaussagen der Bibel übereinstimmt oder diesen widerspricht. Wenn dies klar gesehen wird, dann ist nichts dagegen einzuwenden, dass die Seelsorge im Sinne der Inneren Heilung manchen der aufgeführten Bibelstellen zugeordnet wird; sie lassen Raum für das Anliegen der hier untersuchten Seelsorge. Gegen ein solches Verständnis ist dann nichts einzuwenden, wenn man die Exodustradition oder Joh. 18,15ff; 21,1ff[1163] paradigmatisch auf die Innere Heilung bezieht. So kann man auch Ex 20,5 unter dem Aspekt der Mehrgenerationenperspektive lesen (Scharrer), auch wenn hier exegetisch keine Strafabfolge über mehrere Generationen im Blick ist, sondern vielmehr ein Vernichtungsschlag, der eine Familie in ihrer weitesten Generationenerstreckung auslöscht.[1164] Entsprechendes gilt auch für die Verwendung von Ez 36,25ff für die Erneuerung des Menschen, von Jes 30,26 für die Vergangenheitsbewältigung und der Psalmen für den Prozess der Verarbeitung von Verletzungen auf dem Weg durch die Klage hindurch zum Lob Gottes. So kann man auch Lk 1,39 vom Hintergrund der pränatalen Forschung her lesen, auch wenn die Intention der Erzählung die »Verschränkung des doppelten Handelns Gottes«[1165] in der Johannes- und Jesustradition und der Zeichencharakter dieser Begegnung ist.

Unter exegetischem Gesichtspunkt ist es angemessen, einen biblischen Begründungszusammenhang für die Innere Heilung christologisch im heilenden Handeln Jesu Christi zu sehen. In diese Richtung weist auch O. Betz, wenn er äußert: »Der eigentliche Helfer in Krankheitsnot ist Gott selbst (vgl. Ex 15,26); an seiner Stelle handelt Jesus als der von ihm gesalbte Gesandte (Lk 4,18f; nach Jes 61,1f). ... Heilung bedeutet Wiederherstellung des ganzen Menschen, Zuspruch des Heils. ... Das Heilen

[1162] Friede S. 139–142 u. Perspektiven S. 129–132.
[1163] Vgl. dazu Schneider, Johannes S. 298f.332ff; Becker, Johannes S. 545ff.644ff.
[1164] Vgl. Zimmerli, Theologie S. 95f; Noth, Exodus S. 131.
[1165] Schweizer, Lukas S. 21f; vgl. dazu auch Bovon, Lukas S. 80ff.

und Gesunden kann sich auf den inneren Menschen beziehen ...«[1166] Die Innere Heilung ist ein Teil des seelsorgerlichen Handelns Gottes, in dem sich die suchende, rettende und bewahrende Liebe Gottes konkretisiert. Diese Seelsorge kommt dem biblischen Anliegen nach, den Menschen sein Heil in der Gemeinschaft mit Gott und damit in der Beziehung zu Gott durch Jesus Christus finden zu lassen. Diese Beziehung bezieht sich nach biblisch ganzheitlicher Sicht auch auf die psychische Realität des Menschen.

Die meisten Vertreter der Inneren Heilung sehen schließlich zutreffend, dass dieses poimenische Handeln biblisch der Heiligung zuzuordnen ist, in der es in paulinischer Tradition um die Problematik von altem und neuem Menschen und von Fleisch und Geist geht. Diese Begründung gibt den Blick für den vor Gott verantwortlichen Umgang mit den verletzenden Erfahrungen und den Reaktionen auf sie frei. Die Innere Heilung zielt wesentlich auf das »Herz« im biblischen Sinn. Dass das Verwandlungsgeschehen der Heiligung sehr tief greifende Wirkungen am Menschen zeitigt, wird auch in der neueren Exegese gesehen. »Also nicht nur das Tun der Glaubenden ist gewandelt, sondern auch die motivationale Grundlage des Tuns. ... Wir haben aus heutiger Sicht zu ergänzen: Da unbewusste Prozesse bei der Verwandlungssteuerung mindestens ebenso maßgeblich beteiligt sind wie bewusste, muss die pneumatische Erneuerung auch das Unbewusste erfassen.«[1167] Die durch den Geist geschenkte Freiheit will sich auch in die tiefenpsychologischen Schichten des Menschen hinein entfalten.

3.6.2 Aspekte zum therapeutischen Gebrauch der Bibel in der Inneren Heilung

Aus dem letzten Punkt geht hervor, dass die Innere Heilung eine biblisch orientierte Seelsorge sein möchte. Sie möchte die biblische Botschaft in die durch Traumata entstandene psychische, psychosomatische und mehr indirekt die häufig damit verbundene Beziehungsproblematik des Ratsuchenden hinein zur Geltung bringen. So ist nun der therapeutische Um-

[1166] Betz, Heilung S. 764. Es stimmt zwar, dass in Lk 4,18 die Wendung »zu heilen, die zerbrochenen Herzens sind« aus Jes. 61,1 nicht aufgenommen ist. Man sollte aber dennoch nicht daraus folgern, dass »das Thema Innere Heilung ... im Neuen Testament nicht vor(komme)« (gegen Kopfermann, Heilung S. 18).

[1167] Rebell, Erfüllung S. 116. Zur Heiligung vgl. oben Punkt 3.1.

gang mit der Bibel in den Blick zu nehmen. Die Untersuchung dieser Frage steht vor erheblichen Schwierigkeiten. Sie hängen damit zusammen, dass die Literatur zur Inneren Heilung zu dieser Frage weitgehend schweigt. Einzige Ausnahme in dieser Hinsicht ist H. Jaschke, der sich als der Inneren Heilung nahe stehender Theologe und Psychotherapeut in zwei Veröffentlichungen mit einer therapeutisch orientierten Exegese befasst. Jedoch fehlen auch in ihnen Überlegungen bzw. Beispiele dazu, wie der Verfasser das biblische Zeugnis im therapeutischen Gespräch einbringt. Die Darstellung geht zunächst auf Jaschkes Position ein, würdigt sie kritisch und gibt abschließend ein Beispiel für die Methodik therapeutischen Bibelgebrauchs.

Eine der Veröffentlichungen H. Jaschkes befasst sich mit der »Psychotherapie aus den Psalmen«.[1168] Jaschke will auf eine Möglichkeit hinweisen, wie diese uralten Gebete Menschen in seelischer Not zugänglich gemacht werden können.[1169] Der von ihm vorgeschlagene Prozess kann keine Psychotherapie ersetzen, aber er »kann sie vielleicht unterstützen, weil er die notwendige Auseinandersetzung mit dem ›dunklen Bruder‹ in uns anregen und dadurch zu mehr innerer Freiheit und Wahrhaftigkeit führen will«.[1170] Jaschke greift Gedanken Fromms zu den von Letzterem so genannten »dynamischen Psalmen« auf, die die wesentlichen Phasen des psychotherapeutischen Prozesses aufzeigen.[1171] Fromm bezieht sich auf solche Psalmen, die mit einer niedergedrückten, verzweifelten oder angstvollen Stimmung beginnen. Im Laufe des Prozesses wechseln Phasen der Verzweiflung und Hoffnung sich gegenseitig steigernd ab, bis nach der tiefsten Verzweiflung die endgültige Hoffnung kommt. Am Ende solcher Psalmen kommt es oft zum Stimmungswandel; Hoffnung, Glaube und Vertrauen sind durchgebrochen. Jaschke erkennt freilich bei Fromm die theologische Grenze, dass er das Wunder des Sprungs aus Verzweiflung in Gewissheit in das Innere des Menschen verlegt, da für Fromm Gott als Gegenüber nicht existiert. Das Rufen der Psalmisten hat deshalb einen psychotherapeutischen Effekt, nicht aber einen Adressaten. »Es wird deutlich, dass er (sc. Fromm) damit den therapeutischen Prozess um einen wichtigen Faktor verkürzt, nämlich um die therapeutische Beziehung.«[1172] Jaschke erkennt die Welt des Psalmis-

1168 So der Untertitel seines Buches »Aus der Tiefe ...«.
1169 Tiefe S. 8.
1170 Ebd. S. 10.
1171 Ebd. S. 17ff. Er zitiert E. Fomm, Ihr werdet sein wie Gott, Reinbek 1980 S. 167.
1172 Ebd. S. 18.

ten als die Welt des Depressiven, der in der Spannung zwischen symbiotischer Einheit mit der (inneren) Mutter und der Ablösung von ihr lebt; er ist vom Mechanismus der Projektion der unbewussten Regungen und Gefühle auf andere bestimmt.[1173] Für den therapeutischen Prozess ist Jaschke zufolge die Einsicht wichtig, dass Psalmgebete kein Selbstgespräch sind, sondern dass sie »vor Jahwe« stattfinden.[1174] Der Beter stellt sich bewusst vor Gott als das unbegreifliche Du. Er öffnet sich ihm gegenüber mit allem, was in seinem Inneren vorhanden ist und rechnet mit Gottes Eingreifen. Die Psalmen können helfen, in der Klage einen Zugang zu und einen Ausdruck für die inneren Verletzungen zu finden und Schritte auf dem Weg zu einer Neuorientierung zu gehen.[1175] Dabei soll es zum Erkennen des eigenen Zustandes kommen: Projektionen (z. B. der inneren Feinde[1176]) auf Mitmenschen und (z. B. der verinnerlichten Eltern) auf Gott können erkannt und zurückgenommen werden; der Ratsuchende lernt es dabei, in die Auseinandersetzung mit den inneren Verwundungen und Haltungen zu treten und so seine Verantwortung für den Umgang mit ihnen wahrzunehmen. »Der therapeutische Prozess beginnt damit, dass der Mensch ›vor Jahwe‹ steht und den Blick auf ihn richtet. Dieses Hintreten ermöglicht uns, in die völlige Abhängigkeit zurückzukehren. … Diese Regression auf das ›archaische Ich‹ … ermöglicht uns die Identifikation mit dem Psalmisten. Sie ist der Beginn eines Heilungsprozesses, weil wir uns in unserer Kleinheit und Angst von Gott gehalten wissen dürfen. Mit den Psalmisten können wir unseren Gefühlen der Ohnmacht gegenüber den ›Feinden‹ Raum geben und ihre Machenschaften als unseren ›Schatten‹ erkennen …«[1177] Dabei werden die inneren Götter entlarvt und durch den wahren Gott ersetzt[1178]; es kommt also zu einem Machtwechsel durch den Glauben und zur Öffnung des Herzens für Gott im dankbaren Annehmen der eigenen Geschöpflichkeit vor Gott. Jaschke schließt seine Ausführungen mit dem Hinweis auf ein christologisches Verstehen der Psalmen ab: »Es reicht einfach nicht aus, was an menschlichem Bemühen, Erkennen und Tun aufgewandt wird. … Die

1173 Ebd. S. 20ff.

1174 Ebd. S. 29ff.

1175 Ebd. S. 42ff. Jaschke nennt in diesem Zusammenhang die Ps 69; 88; 22; 142 u. a.

1176 Jaschke möchte die Feinde, von denen manche Psalmen sprechen, als die inneren Feinde (z. B. in der Form des Ich-Ideals oder Überichs) verstehen (ebd. S. 63ff, Jaschke nennt Ps 26,1ff; 35,llff; 54,13ff).

1177 Ebd. S. 82. Zur Erkenntnis des inneren Zustandes vgl. S. 57ff, zur Auseinandersetzung mit ihm S. 82ff.

1178 Ebd. S. 86ff.112ff; Jaschke weist dabei auf Ps 82,6f; 106,38f; 95,1-3 und 146,10.

Bibel lässt den Heilungsprozess der Psalmen erst in Jesus von Nazareth ›in Erfüllung‹ gehen. Ich weiß für mich keinen anderen Rat als nicht aufzuhören, in meiner Ratlosigkeit auf Jesus zu schauen. … Jesus ist der Mensch, der das Leiden des Psalmisten, mein Leiden, am eigenen Leibe durchträgt bis zum bitteren Ende (Mk 15,34). Er ist es aber auch, der es durch den Tod hindurchträgt und verwandelt zum Leben.«[1179]

Mit dem letzten Zitat ist ein Thema angesprochen, das Jaschke in einer eigenen Veröffentlichung bedenkt: der therapeutische Umgang mit der Jesustradition.[1180] In der Einleitung dieser Veröffentlichung exemplifiziert er anhand von Mt 8,8; Lk 7,6 Grundsätzliches zum Umgang mit der Jesusüberlieferung: Der kranke Knecht des Hauptmanns ist für ihn ein Bild des menschlichen Zustandes, den nur Jesus heilen kann. »Die Tiefenpsychologie ist gleichsam das Instrument, das mir hilft, mich überhaupt im Knecht des Hauptmanns und in vielen anderen Gestalten wieder zu erkennen, die Jesus um Hilfe bitten. Nur was erkannt und benannt ist, kann auch geheilt werden.«[1181] Jaschke geht in seiner therapeutischen Auslegung der Jesusbegegnungen in zwei Schritten vor: In einem ersten Schritt wird der Schrifttext mit dem Ziel meditiert, dass sich der Hörer bzw. Leser selbst darin wieder entdeckt. Mit der in der Traumdeutung gebräuchlichen Terminologie ausgedrückt, werden die Texte häufig auf der Subjektebene interpretiert, wonach die in einer Bildfolge oder Erzählung auftretenden Gestalten als Teile des Ichs verstanden werden. So kann Jaschke zu Mt 2,1ff äußern: »Ich bin Herodes.«[1182] In einem zweiten, mehr systematischen Schritt werden wichtige tiefenpsychologische Zusammenhänge aufgezeigt, die helfen sollen, sich und den anderen besser zu verstehen. Auf diese Weise greift Jaschke anhand der Jesustradition zentrale Themen des therapeutischen Prozesses auf. Er behandelt z. B. Lk 2,41-50 unter der Überschrift »Eure Sorge hält mich fest«[1183], Mk 3,20-21; Lk 4,16-22 unter dem Thema »Ich bin nicht so, wie ihr mich gerne hättet«[1184], Lk 9,59-61; 14,25-27 unter dem Gesichtspunkt »Ich liebe und ich hasse euch!«[1185], und Mk 9,17-27 überschreibt er »Ich

1179 Ebd. S. 123f. Jaschke führt (ebd. S. 124ff) die Anspielungen der Passionsgeschichte auf die Psalmen auf.

1180 Jaschke, Psychotherapie aus dem Neuen Testament.

1181 Ebd. S. 8.

1182 Ebd. S. 47. Jaschke selbst erwähnt die beiden Deutungsebenen »Objekt-« und »Subjektebene« (ebd. S. 108).

1183 Ebd. S. 22ff.

1184 Ebd. S. 27ff.

1185 Ebd. S. 33ff.

bin von euch besessen«. Diese vier Themen subsumiert er wiederum unter der Gesamtüberschrift »Im Bann der Herkunft«[1186]. Weitere Gesamtüberschriften sind »Die Macht der Ichhaftigkeit«[1187], »Die Suche nach Sinn«[1188], »Die verdrängten Gefühle«[1189] und »Die Schuld vergeben«[1190]. Diese Andeutungen zeigen, dass Jaschke die biblischen Texte auf dem Hintergrund tiefenpsychologischer Bildung liest. Bei aller tiefenpsychologischen Orientierung fehlen in Jaschkes Veröffentlichung theologische Sachverhalte nicht. Sie kommen in Äußerungen wie den folgenden zum Ausdruck: »Nur das Feuer des Geistes Gottes, den Jesus durch seine Auferstehung als ›Beistand‹ erwirkte, und das Wasser der Taufe, durch das wir zu neuem Leben gehen dürfen, kann unsere Besessenheit heilen.«[1191] Oder: »Nur von Gott her kann eine neue Schöpfung geschehen, nur sein Geist kann Leben schaffen, das ins Reich Gottes eingeht.«[1192] Mit dem christologischen, pneumatologischen und sakramentbezogenen Hinweis bringt er zum Ausdruck, dass die biblische Tradition nicht nur auf innerpsychische Zusammenhänge eingeengt interpretiert werden darf, sondern dass das »extra nos« des Heils im trinitarischen Bezug festgehalten werden muss. Vergebung und Heil kommen für ihn aus der Vergebung durch Jesus Christus und der Beziehung des Menschen zu ihm. Er weiß aber zugleich darum[1193], dass bei einer Beschäftigung mit Jesus Christus allein auf der Verstandesebene sich in der Tiefe des Menschen nur wenig tut.

Versuchen wir abschließend, Jaschkes Ansatz kritisch zu würdigen, so ist Folgendes festzuhalten:

Jaschke bringt seinem Leser drei Begegnungsaspekte nahe: Es sind diese die Aspekte der Begegnung 1. mit dem Text, 2. mit sich selbst und 3. mit Gott. Er weiß, dass die Begegnung mit dem Text mehr meditativpsychologischer als historisch-kritischer Art ist. Als Theologe kennt er die

---

[1186] Ebd. S. 19.
[1187] Ebd. S. 44ff.
[1188] Ebd. S. 71ff.
[1189] Ebd. S. 101.
[1190] Ebd. S. 131ff.
[1191] Ebd. S. 43 (auf Mk 9,17-27 Bezug nehmend). Jaschke versteht hier unter Besessenheit nicht nur okkulte Phänomene, sondern auch negative innere Haltungen.
[1192] Ebd. S. 81. So auch im letzten Satz dieses Buches: »Und ich selbst spüre, dass eine lebendige Beziehung zum einzigen Arzt und Therapeuten der Seele, Jesus Christus, immer wieder neu die Grundlage meiner Arbeit sein muss« (ebd. S. 159).
[1193] Vgl. dazu ebd. S. 127f.

exegetisch-methodische Auslegung und versteht deshalb zutreffend seine Art der Auslegung als *einen* Zugang zu den biblischen Texten. Im Mittelpunkt seiner Textbetrachtung steht die an psychologischen Einsichten geschulte, existenzielle Begegnung mit der biblischen Tradition. Ausdruck dieser Art der Textbegegnung ist das Verstehen desselben auf der Subjektebene. Der Leser bzw. Ratsuchende soll einen Blick für tiefenpsychologische Zusammenhänge in den Psalmen oder in der Jesustradition bekommen. Es ist nicht von ungefähr, dass Jaschke sich auf die Psalmen und Jesusbegegnungen konzentriert. In ihnen werden immer wieder psychologische Grundbefindlichkeiten des Menschen angesprochen. Solche könnten etwa in den Geschichtsbüchern des Alten Testaments oder den mehr lehrmäßig orientierten Briefen des Neuen Testaments schwerer aufgewiesen werden. Gegen das Verständnis der biblischen Texte auf der Subjektebene ist dann nichts einzuwenden, wenn dieses Verständnis an die exegetische Forschung rückgebunden bleibt. Das heißt sicher nicht, dass jeder Gedanke zu einem Text exegetisch verifiziert werden müsste. Es muss jedoch gesehen werden, dass der Textgebrauch ohne eine solche Rückbindung sehr leicht spekulativ-willkürlich wird. An die Stelle der Textbegegnung tritt dann letztlich die Selbstbegegnung, wobei dem Text subjektivistischer Missbrauch widerfahren würde.

Das führt zum zweiten Aspekt der Begegnung bei Jaschke. Er will den Menschen durch die Begegnung mit den Texten zur Begegnung mit sich selbst anleiten. Dadurch soll der Mensch zu mehr Freiheit und mehr Wahrhaftigkeit befähigt werden. Die Ehrlichkeit der Psalmbeter kann dem Ratsuchenden eine Sprache für seine eigenen Nöte verleihen; so leitet Jaschke seine Leser dazu an, mit der Hilfe biblischer Texte dem Ausdruck zu geben, was sich im Herzen an Leiden und Ungelöstheiten befindet. Es ist hilfreich, dass er mit seinem an tiefenpsychologischen Zusammenhängen geschulten Blick dem Leser bzw. Ratsuchenden die biblischen Texte so erschließt, dass er auf der einen Seite wohl zur Selbsterkenntnis gelangt, aber dabei nicht stehen bleiben muss, sondern auf der anderen Seite seelsorgerlich-therapeutische Schritte zur Heilung finden kann. Dieser Aspekt der Begegnung mit sich selbst ist hilfreich und vielen Psalmen- und Jesustexten angemessen. Freilich muss auch hier die Grenze gesehen werden. Wenn z. B. die Feinde in den Psalmen nur auf die »inneren Feinde« bezogen würden, ergäbe sich eine Verständnisverengung, die der Realität nicht gerecht würde.

Der dritte Aspekt Jaschkes macht seinen Ansatz zu einem spezifisch christlichen: die Begegnung mit Gott. Obwohl Jaschke durchgängig tiefenpsychologische Zusammenhänge im Blick hat, verfällt er doch keiner psychologistischen Exegese. Das geht deutlich aus seiner oben erwähnten Abgrenzung von Fromms Psalmendeutung hervor. Für Jaschke fehlt bei Fromm der göttliche »Adressat«. Die Begegnung mit dem Text und mit sich selbst geschieht für Jaschke »vor Jahwe« bzw. vor Jesus Christus. Die Wahrhaftigkeit und Freiheit werden bei ihm nicht autonom, sondern theonom bzw. christozentrisch verstanden. Die falschen Götter im Inneren des Menschen sollen nicht durch die Herrschaft des selbstmächtigen Ichs ersetzt werden, sondern durch den Vater Jesu Christi. So hält Jaschke im Hinblick auf seine seelsorgerlich therapeutischen Überlegungen am Extra-nos des Heils fest. Zugleich dient die Art und Weise, wie er tiefenpsychologische Erkenntnisse einbringt, dazu, das Pro-nobis zur Geltung zu bringen. Christus will seine heilende Kraft im Prozess der Inneren Heilung im Ratsuchenden zur Wirkung bringen. Er begleitet diesen Weg der Heilung.

Exkurs:
Mit dem zuletzt Gesagten hebt sich Jaschke auch wohltuend von zwei anderen Konzepten der Bibelauslegung ab. Das sei in gebotener Kürze skizziert:

Hanna Wolff liest die Jesustradition vom Standpunkt der analytischen Psychologie C. G. Jungs her. Auch sie will Hilfe zur Text- und Selbstbegegnung geben. Bei ihr ist nicht so sehr problematisch, dass sie Aussagen über die anima Jesu[1194] und zur Vater- bzw. Mutterbindung Jesu[1195] machen will, obwohl ihre Äußerungen zu diesen Fragen reichlich spekulativen Charakter annehmen können. Vielmehr vertritt sie ein dogmatisches Jesusbild, das für biblisch-reformatorisches Denken unhaltbar ist. Wolff sagt zwar: »Hier sei zunächst klargestellt, dass sich eine tiefenpsychologische oder analytische Untersuchung methodisch nur auf ›Jesus den Menschen‹ beziehen kann, also nicht etwa auf den Christus, den Gottessohn oder sonst ein Metaphysikum. … Hier wird keine Christologie oder Dogmatik geboten.«[1196] Wie verhält sich diese Aussage aber zu der folgenden: »Bei Jesus spielt die Zahl zwei eine wichtige Rolle. ›Ich und der Vater‹, lautet eine typische Redewendung. Die Zwei ist aber ein typisch weibliches Symbol. … Aus diesem bei Jesus bedeutsamen Sachverhalt wird sehr schnell das Dogma von der Trinität, also die Drei, die typisch männliche Zahl, tritt an die Stelle der Zwei.«[1197]? Sie vermag auch nicht den Gedanken zu verstehen, dass Jesus im Neuen Testament verschiedentlich als der zukünftige Richter vorgestellt wird und sieht diesen Gedanken im Rahmen einer »Prügelknabentheorie«.[1198] Ferner fällt

1194 Vgl. Mann S. 23.
1195 Ebd. S. 163ff.
1196 Ebd. S. 8.
1197 Ebd. S. 35.
1198 Psychotherapeut S. 71f; ähnlich ebd. S. 99f.

auf: Im gleichen Maß wie Jesus seiner Gottessohnschaft entkleidet wird, wird der Mensch der Gottesrelation beraubt. An die Stelle dieser Relation tritt die Relation zum eigenen Unbewussten: »In solchem Kontakt (sc. mit der unbewussten Ganzheit) wird der Mensch auf die in ihm liegenden Kräfte der Tiefe angesprochen, zu denen er ansonsten keinen Zugang hat.«[1199] Das Unbewusste ist für Wolff ein »unbestechlicher Helfer«.[1200] Reformatorische Theologie, die den Menschen als Ganzen von der Sünde betroffen sieht, vermag das nicht mitzuvollziehen. Jaschke bleibt in seinen Ausführungen dem trinitarischen Gottesbild verpflichtet. Die Relation des Menschen zu Gott bildet bei seinen tiefenpsychologischen Überlegungen das Zentrum des Glaubens und Heilungsprozesses.

Ähnliche theologische Tendenzen wie bei H. Wolff sind in der Theorie und Praxis des Bibliodramas festzustellen (die hier in notwendiger Vergröberung skizziert werden): Auch hier soll dem Menschen eine Begegnung mit dem Text und mit sich selbst ermöglicht werden. Bereits beim Begründer des Psychodramas, Moreno, dessen Gedanken das Entstehen des Bibliodramas beeinflussten, findet sich eine, vom christlichen Glauben her beurteilt, diffuse Religiosität.[1201] Im Psychodrama soll der Mensch etwas von seinem ursprünglichen Selbst, von seiner verlorenen Gottähnlichkeit und damit vom sich durch Kreativität auszeichnenden »Ich-Gott« zurückgewinnen.[1202] Die Bibel als »Kulturkonserve« regt zu Spontaneität und Kreativität an. H. Petzold, einer der frühen Vertreter des psychodramatisch geprägten Bibliodramas und Schüler Morenos, meint, es gehe »um die Erfahrung Gottes in uns, um das Bewusstsein, dass Gott in uns handelt und dass wir an der Stelle Gottes handeln«.[1203] Es sollen religiöse Erfahrungen vermittelt, religiöse Probleme geklärt und schwer verständliche religiöse Inhalte zugänglicher gemacht werden. Die Spieler im bibliodramatischen Spiel sind nicht an die biblischen Vorgaben gebunden. Nach G. M. Martin will das Bibliodrama den »Prozess der Integration« befördern, »zu dem die Botschaft der Bibel einlädt«.[1204] S. Leuchli ist das mimetische Spiel wichtig, bei dem eine therapeutische Wirkung erzielt werden soll: Ziel dieses Spiels ist es, »das Symbol, das mythische Modell nachzuspielen und durch Erlebnis, Erkenntnis und Bewusst-Werden … unsere eigene Entwicklung davon berühren zu lassen«[1205]. Dabei soll der Spieler in die »Sphäre der Dunkelheit« eindringen.[1206] Teichert betont als Ziel des Bibliodramas den »neuen Zugang zu Wirkung und Energie der in den symbolischen Bildern aufbewahrten Kräfte …«[1207]. In diesen Äußerungen wird durchgängig eine Verkürzung des biblisch-reformatorischen Glaubens erkennbar: Es geht mehr um eine Begegnung mit sich selbst und mit in den biblischen Texten festgehaltenen Erfahrungen aus der religiösen Menschheitsgeschichte als mit

[1199] Ebd. S. 100.
[1200] Psychotherapeut S. 67. Vgl. auch ebd. S. 98.
[1201] Vgl. dazu Moreno, Word S. 196f; Schmidt, Bibliodrama S. 3f.
[1202] Vgl. dazu ders., Survive S. 241; ders., Religion S. 199.
[1203] Psychodrama S. 47.
[1204] Bibliodrama S. 141.
[1205] Spiel S. 164.
[1206] Ebd. S. 195.
[1207] In: Kiehn u. a., Bibliodrama S. 7f.

dem Vater Jesu Christi und dem in Christus aus der Gottesferne der Sünde rettenden Gott. Solche theologisch bedenklichen Akzentverschiebungen vermeidet Jaschke, indem bei ihm die personale Beziehung zu Gott (»vor Jahwe« bzw. zu Jesus Christus) gewahrt bleibt. Rühmliche Ausnahme sind innerhalb der Literatur zum Bibliodrama in dieser Hinsicht Andriessen und Derksen, denen es im Bibliodrama nicht nur um eine diffuse religiöse Erfahrung, sondern vor allem um Glaubensvermittlung geht: Gläubige Menschen sollen »in ihrem persönlichen Glauben und in ihren Glaubensbeziehungen mehr Klarheit«[1208] gewinnen.

Als Beispiel für den therapeutischen Bibelumgang wird abschließend die Praxis in Seelsorgegruppen wiedergegeben, wie sie der Verfasser im »ICHTHYS-Werk« in Hartschwandt im Südschwarzwald und in Bedigliora im Tessin/Schweiz erlebt hat: Die Dauer einer Kurzzeitseelsorgegruppe beläuft sich auf eine Woche. In diesen Seelsorgegruppen ist der Vormittag der Begegnung mit dem biblischen Text vorbehalten. Das erste Treffen dieser Art beginnt damit, dass die Gruppe sich in einem Verständigungsprozess auf einen gemeinsamen Text einigt, der die ganze Woche über an den folgenden Vormittagen bedacht werden soll. Nach einem einleitenden Gebet soll jeder Teilnehmer in einer persönlichen Stille erwägen, welchen biblischen Text er für sich auswählen möchte. Danach kann jeder den Text seiner Präferenz nennen. Im gemeinsamen Gespräch klärt die Gruppe, welchen Text sie aus den verschiedenen Vorschlägen auswählt. Diesem Auswahlgeschehen wird aus zwei Gründen einige Aufmerksamkeit zugewandt: Zum einen soll jeder Teilnehmer sich auf den ausgewählten Text einlassen können. Niemand soll sich dabei übergangen vorkommen. Zum andern können beim Auswahlverfahren für den therapeutischen Prozess wichtige Anstöße erfolgen: Menschen, die die Tendenz prägt, sich in einer Gruppe zu schnell zurückzuziehen, werden herausgefordert, zu sich selbst, zu ihren Wünschen oder Ängsten zu stehen. Andere wiederum, die eine Tendenz zur Dominanz haben, werden in diesem Auswahlprozess zu Rücksicht und Geduld herausgefordert.

Steht der Text fest, so beginnt eine Phase persönlicher Textbetrachtung. Es geht um Fragen wie z. B.: »Wo finde ich mich im Text wieder?«, »Wo habe ich Widerstände?«, »Welche der im Text auftretenden Gestalten ist mir besonders nahe oder besonders fern – und warum?« Es sind Fragen, die die existenzielle Betroffenheit nicht zuerst auf der verstandesmäßigen, sondern auf der ganzheitlichen, auch die emotionalen Tiefen-

[1208] Glaubensvermittlung S. 21. Vgl. dazu auch Schmidt, Psychodrama S. 37.

schichten betreffenden Ebene ansprechen. In der Begegnung mit dem Text werden dabei immer wieder tief liegende Ängste, Schmerzen und Aggression angerührt.

Nach der Zeit der persönlichen Stille kann jeder Teilnehmer seine Gedanken und Erfahrungen in der Gruppe mitteilen. Dabei entscheidet der Einzelne, wie weit er in dieser Mitteilung gehen will, so dass Gruppendruck vermieden wird. Über die einzelnen Beiträge wird nicht diskutiert, hin und wieder werden aber angesprochene Probleme kommentierend aufgegriffen oder durch persönliche Beiträge erweitert. So geht die Gruppe mit den Beiträgen sehr behutsam um. Über das eigene Erleben zu sprechen, soll dazu beitragen, dieses tiefer zu durchleben und zu verarbeiten. In den Einzelgesprächen am Nachmittag wird der seelsorgerlich-therapeutische Prozess, der durch die Begegnung mit dem Text in Gang kam, u. U. aufgegriffen und weitergeführt.

Diese Art der Textbegegnung ermöglicht es, Zugang zu den Tiefenschichten der eigenen Person zu bekommen. Persönliche Betrachtung des Textes, Austausch in der Gruppe und seelsorgerliche Einzelgespräche befruchten sich wechselseitig und lassen einen intensiven seelsorgerlich-therapeutischen Prozess entstehen. Wie bei Jaschke wird auch hier der biblische Text nicht lediglich als Sprungbrett für den Zugang zu den eigenen psychischen Problemen verwendet. Mit der Hilfe des Textes sollen vielmehr die psychischen Probleme der Gruppenteilnehmer in Relation zu Gott gebracht werden. Gott bzw. Jesus Christus wird nicht auf der Subjektebene als die archetypisch gedachte hilfreiche Seite der Psyche interpretiert, sondern auf der Objektebene verstanden, auch wenn Jesus als im Heiligen Geist mitten im Menschen, mitten in seinen Ungelöstheiten gegenwärtig geglaubt und erfahren wird. Im Vergleich zum Bibliodrama kann sich allerdings eine gewisse Präponderanz des gedanklichen Umgangs ergeben, auch wenn diese Gefahr durch den seelsorgerlich-therapeutischen Gesamtprozess einer solchen Seelsorgegruppe aufgefangen wird.

4 Methodische Schritte in der Inneren Heilung

Die Frage nach den methodischen Schritten in der hier untersuchten Seelsorge wurde im Abschnitt über die psychologischen (Punkt 2) und dem über die theologischen Aspekte (Punkt 3) immer wieder tangiert. Wie nicht anders zu erwarten, bestimmen diese Aspekte die in der Inneren Heilung anzutreffende Methodik. Es muss aber gleich zu Beginn der diesbezüglichen Überlegungen festgehalten werden, dass es in dieser Seelsorge nicht *die* Methodik gibt. Das hat verschiedene Gründe: Zum einen kommt hier die unterschiedliche psychologische und theologische Bildung der diese Seelsorge Praktizierenden zum Tragen. Außerdem kommen diese von verschiedenen psychologischen Schulen her.[1209] Nicht minder bedeutsam für die hier zur Debatte stehende Frage sind theologisch unterschiedliche Akzentsetzungen[1210] und die Verschiedenheit der Seelsorger.[1211] Weiter will diese Seelsorge dem Menschen kein Schema überstülpen[1212], sondern ihm in seiner konkreten Ausgangs- und Problemlage so begegnen, dass er sich seinen Wunden stellen, sie der heilenden Gegenwart Jesu aussetzen und einen neuen Umgang mit ihnen lernen kann. Die Methodik soll dem Konfidenten dienen; nicht dieser soll ihr angepasst werden. Schließlich wollen die Seelsorger, die die Innere Heilung praktizieren, auch in der Art ihres Vorgehens auf die aktuelle Führung des Heiligen Geistes sensibel eingehen.[1213] Auch wenn Methodik in der Inneren Heilung nicht Schematismus heißt und sie also nicht einheitlich ist, so lassen sich doch gewisse methodische Schritte angeben, die bei aller Verschiedenheit dem Charakteristischen dieser Seelsorge entsprechen und die trotz der verschiedenen Ansätze im Einzelnen sich im Wesentlichen durchhalten. Solchen methodischen Schritten ist nun

[1209] A. Westmeier z. B. kommt von der Individualpsychologie, Engeli dagegen von der Gesprächspsychotherapie her. Jaschke integriert deutlich erkennbar Elemente der analytischen Psychologie und Wilson Elemente der Familientherapie.

[1210] Tapscott und Margies z. B. verstehen sich von einem dezidiert charismatischen Hintergrund her, während etwa Seamands und Linns wohl diesen Hintergrund einbringen, dies jedoch auf behutsamere Weise tun.

[1211] Benner, Counseling S. 52. Benner spricht in dieser Hinsicht von einer Verbindung von Struktur und Freiheit.

[1212] Payne, Krise S. 27; McManus, Kraft S. 62; Csorsas, Psychotherapy S. 85; Dopplinger, Heilung S. 94.

[1213] Vgl. Tapscott, Perspektiven S. 19; R. Bennett, Free S. 19.232; Sandford, Opfer S. 86.

nachzugehen. In einem vergröbernden Schema lassen sich zwei Phasen des seelsorgerlichen Gesprächs unterscheiden: zum einen die diagnostische Phase, zum andern die therapeutisch-heilende Phase. In der Praxis lassen sich diese beiden Phasen nicht streng voneinander trennen, da der Gesprächsverlauf zwischen diagnostischen Gesprächsabschnitten und seelsorgerlich-therapeutischen Interventionen oszillieren kann und sich der Prozess der Inneren Heilung im Allgemeinen mehr spiralförmig als linear fortbewegt; auch hat eine gute Diagnose bereits seelsorgerlich-therapeutische Auswirkungen. Es hat aber dennoch einen Sinn, diese beiden Grundphasen zu unterscheiden. Sie bilden auch den Darstellungsrahmen der folgenden Überlegungen. Die Tatsache, dass die therapeutischen Schritte nur schwer methodisierbar sind, und die weitere Tatsache, dass in den vorausgegangenen Abschnitten dieser Untersuchung verschiedentlich praktische Schritte angesprochen wurden[1214], lässt es als gerechtfertigt erscheinen, die nun folgenden Ausführungen relativ zu den übrigen Darlegungen dieser Arbeit knapp zu halten.

4.1 Methodische Schritte in der diagnostischen Phase

Die Seelsorge der Inneren Heilung will in der Begegnung zwischen dem Ratsuchenden und dem Seelsorger einen Raum zur Begegnung mit Gott gewähren. Alle methodischen Schritte wollen helfen, diesen Raum wahrzunehmen.

Wie unter Punkt 2 deutlich wurde, wendet sich die Seelsorge im Sinne der Inneren Heilung den Verletzungen und ihren Auswirkungen zu. In der diagnostischen Phase steht die Frage nach den Ursachen für gegenwärtige psychische oder psychosomatische Probleme im Vordergrund. Im Laufe dieser Phase soll der Ratsuchende Zugang zu den entscheidenden traumatischen Erinnerungen seiner Biografie bekommen, sie verstehen lernen, um für sie Verantwortung zu übernehmen und sie seelsorgerlich durcharbeiten zu können. Payne nennt diese entscheidenden Erinnerun-

[1214] So etwa im Abschnitt über das Gebet (3.3), in dem über die Vergebung (3.4) oder in dem über den therapeutischen Gebrauch der Bibel (3.6.2).

gen »Wurzelerinnerungen«[1215]. Erst wenn diese entdeckt, vor sich selbst – und letztlich vor Gott – eingestanden sind[1216], kann eine angemessene therapeutisch-seelsorgerliche Antwort gefunden werden. Payne weiß darum, dass bei tief im Unterbewussten unterdrückten Traumata häufig zunächst die Folgetraumata zum Vorschein kommen. In der diagnostischen Phase ist der Seelsorger in der Fähigkeit gefordert, eine therapeutisch-seelsorgerliche Allianz aufzubauen. Er hat empathisch zuzuhören[1217], auf die Beschreibung von Symptomen und auf die Beziehungsdynamik mit ihrem dynamisch-genetischen Hintergrund, ferner auf Hinweise auf unbewusste und bewusste Motive einer Problematik sowie auf den Anteil frühkindlicher Konflikte an der gegenwärtigen Anpassungsstörung zu achten.[1218] Die Beziehung zwischen dem Seelsorger und dem Ratsuchenden hängt wesentlich von der Fähigkeit des Ersteren ab, eine Atmosphäre der Liebe, des Verstehens und des Vertrauens zu schaffen. In einer solchen Atmosphäre vermag sich der Ratsuchende an seine verletzten Gefühle zu wagen. Die angesprochene Beziehung hängt ferner von der Wahrnehmungsfähigkeit des Seelsorgers ab. Für Payne umfasst diese Wahrnehmungsfähigkeit auch das Hören des Seelsorgers auf Gott und auf sein eigenes Herz.[1219] Seine Hilfe besteht in der diagnostischen Phase darin, die wirklichen, häufig unbewussten Probleme des Ratsuchenden zu erspüren und zu entdecken und ein vertieftes Verstehen des Ratsuchenden für sich selbst und seine gegenwärtige Lage zu ermöglichen. In dieser Phase können dem Ratsuchenden verschiedene praktische Hilfen gegeben werden, die dazu dienen, die ins Unterbewusste abgesunkenen Verletzungen einschließlich der mit ihnen verbundenen Emotionen zu erinnern. Hilfen in dieser Hinsicht können sein: Ermutigung zur Entspannung[1220] als Unterstützung für die Fähigkeit, sich erinnern zu können, die Frage nach dem Beginn der Probleme[1221], das Erzählen oder Niederschreiben der eigenen Lebensgeschichte[1222], die

---

1215 Krise S. 39; J. u. P. Sandford, Geist S. 84 (sie sprechen von »Grundursachen«).

1216 Vgl. dazu Böhringer, Heilung S. 9; Stoop, Peace S. 211; Wright, Girl S. 209; White, Gifts S. 79.

1217 Vgl. dazu Benner, Counseling S. 68f.

1218 Vgl. dazu Scharrer, Fehlverhalten S. 62f; ferner A. Wenzelmann, Kloster S. 715.

1219 Bild S. 68.

1220 So z. B. Tan, Spirit S. 10. Linns (Glaube S. 55) äußern: »Erst wenn wir in der positiven Erinnerung an die Liebe Jesu verwurzelt sind, können wir uns auch negativen Erinnerungen zuwenden.«

1221 MacNutt, Kraft S. 119f.

1222 Vgl. dazu Payne, Krise S. 24f; Frank, Door S. 62; Mühlen, Einführung S. 52; Dickinson/Page, Child S. 37. Nach Wright (Girl S. 214f) kann das auch in Form eines »Rela-

Befragung anderer Menschen über die verletzende Person[1223], die Frage nach den Erfahrungen mit den eigenen Eltern und Geschwistern[1224], Erstellung einer Ahnentafel, um Mehrgenerationenzusammenhänge zu beleuchten[1225], Assoziationen, die eine Verbindung zwischen dem Denken und der Erinnerung von Erfahrungen herstellen[1226], das Betrachten alter Familienfotos, das imaginative Sich-Versetzen in frühere Situationen[1227], die Frage nach typischen (Stress-)Situationen[1228] oder nach Orten, an denen traumatische Gefühle sich äußern, die direkte Frage nach Selbstschutzmechanismen, Reaktionsmustern und falschen Überzeugungen[1229], vorherrschenden Verhaltensmustern[1230], das Betrachten von Fotografien der eigenen Geschichte[1231] oder Lesen (bzw. Schreiben) eines eigenen Tagebuchs[1232] und von Büchern zum Thema der Inneren Heilung, damit Erinnerungen an Verletzungen wach werden können, das Niederschreiben von Erfahrungen unter Beachtung der dabei auftauchenden Gefühle[1233], um Zugang zu den das religiöse Erleben betreffenden Verletzungen zu erlangen. Es kann auch die Beschreibung des eigenen Gottesbildes angeregt werden.[1234]

Verschiedene Seelsorger der Inneren Heilung beziehen in der analytischen Phase die Träume des Ratsuchenden mit ein. Einzelne unter ihnen heben die göttliche Dimension derselben als Botschaft an oder über den

---

tionship History Graph« geschehen, wobei auf einer die Zeitlinie darstellenden Linie die Ereignisse nacheinander eingetragen werden.

1223 Wilson, Shame S. 179.

1224 Sandford, Geist S. 148; Wright, Friede S. 30.32ff; Wilson, Shame S. 42; Sandford/Bowman, Spirit S. 115f.

1225 McAll, Familienschuld S. 23.

1226 Seamands, Erinnerungen S. 122. »Das Herz- und Kernstück aller Erinnerungen ist die Assoziation …« (ebd.). Littauers (Mind S. l0lf) empfehlen, auf »mental flashes« zu achten.

1227 Vgl. Payne, Krise S. 21; Linn, Leben S. 231.

1228 Seamands, Gefühle S. 83: »Jedes Mal, wenn Sie in Ihrer Seele eine Regung verspüren, die mit dem Anlass nicht in Einklang zu bringen ist, nehmen Sie sich in Acht! Sie sind wahrscheinlich einer tiefer gehenden seelischen Not auf der Spur.«

1229 Pytches, Child S. 122; Frank, Door S. 57.

1230 Wright, Friede S. 31.

1231 So Littauer, Mind S. 102; Linn, Glaube S. 74.

1232 Shaffer/Colozino, Adults S. 191.

1233 Seamands, Erinnerungen S. 7. Auch das Reisen an Orte, an denen sich schmerzliche Erinnerungen ereigneten, kann traumatische Erinnerungen wieder hervorholen (ebd. S. 127). Vgl. auch Wright, Friede S. 31 (der die Gefahr sieht, dass die Erinnerung einzelner Ereignisse das Gesamtbild der Vergangenheit verfälschen kann).

1234 Thompson, Wiederherstellung S. 177.

Ratsuchenden hervor.[1235] Die Mehrzahl unter ihnen weist jedoch auf die psychologische Funktion, die freilich als zur Geschöpflichkeit des Menschen gehörig vom Glauben umgriffen verstanden wird. »Das Herz spricht in der symbolischen Sprache zu uns, und was in ihm ist, dringt nur durch Bilder in unser Bewusstsein.«[1236] Unumwunden bemerkt Pytches: »Unsere Träume kommen aus unserem Inneren. Sie sind Botschaften über uns selbst und können uns oft den nächsten Schritt im Heilungsprozess Gottes zeigen.«[1237] Wiederkehrende Träume können als Hinweis Gottes interpretiert werden, um den Traumatisierten an im Unterbewusstsein aufbewahrte und im Wachzustand verdrängte, noch nicht geheilte Wunden zu erinnern.[1238] Neben dem Verständnis des Unbewussten als dem psychischen Ort verdrängter Erfahrungen möchte Payne das Unbewusste als »Sitz der kreativen Fantasie und der Gaben des Heiligen Geistes«[1239] ansehen. Die Ratsuchenden können aufgefordert werden, auf ungewöhnlich lebendige und auf immer wiederkehrende Träume[1240] oder auf die mit den Traumbildern verbundenen Gefühle[1241] zu achten. Die unterschiedliche Beimessung einer geistlichen Dimension der Träume hat notwendig Folgen für ihre Interpretation. Wird ihre geistliche Bedeutung akzentuiert, dann akzentuiert man das Gebet als wesentliche Hilfe zum Verständnis ihrer Botschaft. Margies distanziert sich von den psychoanalytischen Regeln der Traumdeutung, um den Träumen dann eine Funktion bei der Erhellung der Ursachen von Problemen zuzumessen: »Zur Deutung der von Gott eingegebenen Träume ist die Kenntnis der biblischen Tiersymbolik sehr hilfreich. Viele Träume lassen sich jedoch auch in spontaner Evidenz verstehen.«[1242] Agnes Sanford verbindet in der

1235 Z. B. Margies, Heilung 2 S. 112.

1236 Payne, Bild S. 174.

1237 People S. 49 (Übersetzung G. W.). Nach M. u. D. Linn (Leben S. 241) ist »die Heilung der durch Traumbilder offenbarten Ängste … eine sichere Art, das uns bis dahin Unbewusste zu heilen, weil wir träumen, was bewusst und geheilt werden möchte.«

1238 Bennett, Trinität S. 131; Payne zufolge (Bild S. 166) können die Träume auf abgespaltene Persönlichkeitsanteile weisen. M. u. D. Linn meinen (ebd. S. 107), dass viel Heilung durch Träume geschehe, besonders wenn vor dem Einschlafen um Heilung gebetet würde.

1239 Bild S. 177.

1240 Sandford/Bowman, Spirit S. 123. Pytches (People S. 49) empfiehlt ebenfalls, auf die Träume zu achten.

1241 M. u. D. Linn, Leben S. 241.

1242 Heilung 2 S. 112. Payne (Bild S. 175; ähnlich ebd. S. 177) spricht von der Auslegung der Träume, »die uns unser eigenes Herz – in Verbindung mit dem Heiligen Geist – eingibt. … Es geht hier um unsere intuitiven … Fähigkeiten, den Sitz der kreativen Phantasie, der Erinnerung und der Gaben des Heiligen Geistes …«

Trauminterpretation die psychologische und theologische Dimension, wenn sie sagt: »Mit dem Traum gibt er (sc. Gott) uns oft seine Interpretation, wie er es seinem Knecht Joseph vor langer Zeit tat; in anderen Worten: wenn wir den Traum ihm hinhalten und ihn fragen, was er bedeutet, kann er uns helfen, seine Botschaft zu verstehen. Es wird uns helfen, Träume zu verstehen, wenn wir wissen, dass Träume normalerweise subjektiv und beinahe immer symbolisch sind. … Die Leute, von denen wir träumen, sind in der Lage, einen Teil unserer eigenen Natur zu symbolisieren.«[1243] Differenzierend äußert sich Scharrer zur geistlichen Dimension und Interpretation von Träumen: »Es ist schwer zu entscheiden, ob ein Traum direkt von Gott oder aus dem Unbewussten kommt, ja genau genommen kann diese Alternativfrage gar nicht immer so gestellt werden. Gott benutzt offenbar den indirekten Weg der Offenbarung – oder beides: die Geschöpflichkeit des Menschen, seine Leib-Seele-Einheit –, um sich vernehmbar zu machen.«[1244]

Seamands sieht im Hinblick auf die Beschäftigung mit traumatischen Erfahrungen aus der eigenen Biografie sehr nüchtern folgende Gefahr: »Die raffinierteste Falle, der man dabei aus dem Wege gehen muss, ist ›die Paralyse durch Analyse‹.«[1245] Er meint damit den Versuch, die emotionalen Probleme auf der Verstandesebene lösen zu wollen, auch wenn die Erneuerung der Gedanken dazugehört. Der Seelsorger hat mit Widerstandsmanövern des Ratsuchenden gegen das Unbewusste zu rechnen. Häufig sind die eintrainierten Verhaltensmuster dem Konfidenten so vertraut und bringen ihm Krankheitsgewinn, dass er sich nicht von ihnen trennen will. Auch Selbstzufriedenheit und Angst vor Veränderung können eine notwendige Konfrontation mit den eigenen Verletzungen verhindern. An dieser Stelle kann es notwendig sein, dass der Seelsorger den Konfidenten mit der Frage Jesu konfrontiert (Joh 5,6): »Willst du gesund werden?«

Die Innere Heilung bezieht in der diagnostischen Phase das Gebet ein. »Eine bleibende Bedeutung hat das Gebet um Führung. Wenn man sich auf das, was einem der andere erzählt, fixiert, könnte es sein, dass man das Heilswirken Christi blockiert, weil es gar nicht um das gesprochene

---

[1243] Sanford, Gifts S. 93 (Übersetzung G. W.). Der die Subjektstufe betreffende Gedanke findet sich auch bei M. u. D. Linn (Leben S. 241f).

[1244] Jesus S. 73.

[1245] Erinnerungen S. 124.

Problem geht, sondern um etwas viel Tieferliegenderes.«[1246] In diesem Zusammenhang kann es angemessen sein, auch in der diagnostischen Phase auf Zeiten der Stille im Gespräch zu achten, in denen neue Aspekte eines Problemzusammenhangs auftauchen können. Zu dieser Phase kann auch das »Wort der Erkenntnis« gehören, das C. H. Kraft eher tastend als mit angemaßter Autorität einbringen will.[1247] McManus setzt sogar das Lob Gottes ein: »Gehen Beichtvater und Beichtender wirklich auf diese Einladung zum Lobpreis Gottes ein, dann werden sich die Wunden der Sünde sehr schnell zeigen. Es ist nämlich schwer, wenn nicht unmöglich, Gott in jenem Bereich zu loben, wo man verwundet ist.«[1248]

Die diagnostische Phase hat die diagnostische Beurteilung der seelsorgerlichen Problematik des Ratsuchenden zum Ziel, die möglichst spezifisch sein soll.[1249] Als zeitlichen Rahmen für diese Phase gibt Tapscott 45 Minuten bis eine Stunde an, bevor die Phase des Gebets und weiteren klärenden Sprechens beginnt.[1250] Benner gibt einen zeitlichen Rahmen einer ganzen Seelsorgesitzung von mindestens 30 und maximal 90 Minuten an[1251] und Pytches[1252] von ein bis zwei Stunden.

4.2 Methodische Schritte in der therapeutisch-heilenden Phase

In dieser Phase steht die Konfrontation der frühen Kindheitssituation mit der göttlichen Offenbarung im aktuellen Beziehungsgefüge von Ratsuchendem und Seelsorger im Mittelpunkt. Zunächst ist hier die Vertiefung der Vergegenwärtigungsarbeit aus der diagnostischen Phase nötig: Der Ratsuchende erfährt Ermutigung, den Raum, die beteiligten Perso-

[1246] Tommek, Mt 10,8 S. 82. Vgl. ferner Lilly, Segen S. 8; Payne, Bild S. 17; Zulli, Overview S. 14 u. a.

[1247] Vgl. dazu Power S. 159ff; ferner P. Sandford, Opfer S. 66 und oben Punkt 3.3.5. Kraft möchte dem Konfidenten die Freiheit gewähren, seine Probleme zu verbergen, selbst wenn ihm das nicht weiterhilft.

[1248] Kraft S. 39, ähnlich ebd. S. 77. Damit versteht er jedoch den Lobpreis nicht eingeengt funktionalisiert.

[1249] Vgl. dazu Benner, Counseling S. 70ff; Pytches, People S. 77; Zulli, Overview S. 14.

[1250] Perspektiven S. 86. MacNutt (Kraft S. 119) geht von einer Stunde aus und setzt 45 Minuten zum Gespräch und 15 Minuten zum Gebet an.

[1251] Counseling S. 46.

[1252] People S. 80.

nen, seine damalige Verfassung nacherlebend zu erinnern, so dass die verdrängten Gedanken und Emotionen ans Licht kommen. Ein wichtiges Element dieses Schrittes ist, dass der Ratsuchende alles aussprechen, ausdrücken und »zulassen«[1253] darf, was er an Schmerz, Trauer, Wut und Verbitterung empfindet. Der Verletzte soll sich in der Vorstellung so gut wie möglich in die verletzende Situation begeben.[1254] Tiefliegende Traumata machen es erforderlich, sich auf diesen Prozess mehrmals einzulassen. Um die Gefühle therapeutisch-seelsorgerlich zu bearbeiten, empfiehlt Wright das Schreiben eines Briefs, der nicht abgeschickt wird[1255]; Lutzer schlägt die aus der Gestalttherapie bekannte Methode vor, einen leeren Stuhl vor den Ratsuchenden zu stellen, auf dem er sich die verletzende Person sitzend vorstellt und sie anspricht[1256]. Der Seelsorger ist während dieses Prozesses darauf bedacht, den Ratsuchenden auf der einen Seite davor zu bewahren, seinem Schmerz und seiner Wut auszuweichen. Wenn sich beim Ratsuchenden Schmerz und Wut melden, sind Reaktionen des Widerstands nicht selten. Der Seelsorger wird dem Ratsuchenden helfen, seinen Schmerz, seine Trauer und die Wut zu bejahen. Auf der anderen Seite wird der Seelsorger darauf achten, dass der Ratsuchende nicht bei sich selbst bleibt, sondern bereit wird, sich mit seinen Emotionen auf eine innere Begegnung mit dem gegenwärtigen Christus einzulassen.[1257] Der Ratsuchende öffnet sich mit seinen Traumata der Gegenwart Jesu Christi, indem er ihn selber oder durch die Fürbitte des Seelsorgers in seine Verletzungen hineinbittet. So soll es zur Begegnung mit der Heilsmacht Gottes mitten im neu erlebten Schmerz kommen. »›Jesus Christus in die (verletzte) Beziehung hineinlassen.‹ … heißt, dass ich jetzt spüre und wahrnehme, er ist da, er sieht mich, er hört, was ich sage, er empfindet, was ich empfinde, er fühlt, was ich fühle, er leidet, was ich leide und wie ich leide.«[1258] Auf dem Hintergrund der zweiten Seligpreisung (Mt 5,4) formuliert Scharrer im Hinblick auf den Seelsorgeprozess: »Nur wer trauert, wird getröstet.«[1259] Erfahrungen der Kränkung kommen so »unter die reinigende, heilende und heiligende

---

1253 McManus, Kraft S. 107; Pytches (Fellowship S. 105ff) geht hier auf die Katharsis ein. J. u. M. Sandford bemerken jedoch dazu (Deliverance S. 117): »You don't have to ›relive every ugly detail‹.«

1254 D. u. R. Bennett, Trinität S. 148.

1255 Friede S. 72; Linns (Glaube S. 117) regen an, einen Brief an Jesus zu schreiben.

1256 Past S. 94; ähnlich Payne, Menschen S. 71.

1257 Vgl. dazu R. Bennett, Free S. 107.

1258 Scharrer, Heilung S. 64.

1259 Heilung S. 116.

Macht der Sühnung durch Jesus Christus«[1260]. Die versöhnende Kraft Jesu Christi wird in die zerstörten Beziehungen gelassen. Abwehrmechanismen können abfallen, wenn Jesus Christus die inneren Wunden heilt und die Beziehungen zu den verletzenden Personen erneuert. So kommt es auch zur Versöhnung mit sich selbst. Im Verlauf dieses Prozesses soll es beim Ratsuchenden zur Anerkennung dessen kommen, was Gott in Christus getan hat. Der Seelsorger ist – ebenso wie der Ratsuchende – in der therapeutischen Phase der Inneren Heilung abhängig vom Wirken Gottes; er muss warten können.[1261]

Im Laufe des seelsorgerlichen Gesprächs wird deutlich, wo der verwundete Mensch selbst Entscheidungen zu treffen hat. Hierzu gehört, dass der Ratsuchende die Vergebung denen gegenüber gewährt, die ihn verletzt haben (s. o. Punkt 3.4.4), ebenso wie die Bitte um Vergebung für die mit Sünde verbundenen Reaktionen auf Verletzungen (s. o. Punkt 2.3.8) und das Ablegen falscher Haltungen im Sinne der Umkehr. Ohne solche Schritte wird es nicht zur Inneren Heilung kommen können.[1262] Ein für die therapeutische Phase wichtiges Element ist das Gebet, das in weiten Phasen als meditierend-verweilendes (Punkt 3.3.1) und (von Seiten des Seelsorgers) fürbittendes Beten vollzogen wird. Seamands hält es für wichtig, den Konfidenten über den Ablauf einer Gebetssitzung genau zu informieren, um ihm Unsicherheiten zu nehmen und ihn auf das bevorstehende Gebet vorzubereiten. Er empfiehlt es auch, beim Gebet mit dem zu beginnen, was dem Ratsuchenden am wichtigsten erscheint.[1263] In diesem Gebet wird das Spezifische der Verletzung bis in Einzelheiten vor Gott ausgebreitet, einschließlich des Bekennens der spezifischen Gefühle. »Wir bitten den Herrn, der uns vom Lebensanfang an gekannt und geliebt hat, in die Vergangenheit des Verwundeten zurückzugehen, um dort Gottes heilende Liebe einströmen zu lassen. Wir können uns dabei konkret vorstellen, wie diese Liebe jede Wunde berührt.«[1264] Der letzte Satz van Dams spricht den Einsatz der Imagination im Vollzug des Betens an (s. o. Punkt 3.3.2), die sich auch auf die Person Jesu beziehen

---

[1260] Ebd. S. 76; ähnlich R. Bennett, Free S. 52.

[1261] Darauf weisen z. B. Benner, Quest S. 163 u. J. u. M. Sandford, Deliverance S. 33.

[1262] McManus, Kraft S. 39.

[1263] Erinnerungen S. 139. Marsch (Heilen S. 79) möchte selber betend prüfen, in welchem Augenblick das Gebet angemessen ist. R. Bennett (Free S. 82) gibt den Rat: »Start with the least hurting thing.«

[1264] Van Dam, Seelsorge S. 66. Vgl. auch ebd. S. 67: »In einem bildhaften Beten, wo die Phantasie des Menschen eingeschaltet wird, werden alte Erinnerungen und Erfahrungen entgiftet und ergänzt.«

kann und in Jesu Gegenwart auf die verletzende Person. Auf diese Weise soll der Verletzte die bedingungslose Liebe Jesu, das »Christus in uns«[1265] und damit die verletzte Beziehungen heilende Kraft Gottes erfahren. Bei diesem bildhaften Erleben geht es nicht nur um innerpsychische Vorgänge, auch wenn diese nicht abgewertet werden, sondern »um das Einwirken der Gnade Gottes auf die Seele des Menschen«.[1266] Im Zuge dieser imaginativen Jesusbegegnung kann es zu einer regressiven Phase, in der das innere verletzte Kind eine Heilung erfährt, und zu einer die Emotionen rekonstruierenden Jesusbegegnung kommen.[1267] Solches Beten soll »anschaulich«[1268] geschehen. In diesen Kontext hat auch die Praxis des segnenden Betens unter Handauflegung[1269] ihren Platz (s. o. Punkt 3.3.4). Sandfords sprechen davon, dass sie zusammen mit dem Ratsuchenden im Gebet die negativen Verhaltensmuster »ans Kreuz bringen« und »das Kreuz zwischen den verletzenden Personen und dem Verletzten aufrichten«.[1270] Dieses Beten beinhaltet auch die Bitte an Gott, den Konfidenten mit dem Heiligen Geist, mit neuer Liebe und mit Frieden zu erfüllen. Das, was an traumatischen Erinnerungen an die Oberfläche des Bewusstseins gekommen ist, soll nun ersetzt werden durch die erfüllende Gegenwart Jesu im Heiligen Geist. Zu diesem Beten kann auch die bewusste Trennung und Loslösung von schädlichen Einflüssen von Menschen auf den Ratsuchenden gehören (s. o. Punkt 3.3.7).[1271] Solches Beten geht häufig nahtlos in seelsorgerliche Gespräche über.[1272] Es kann in der Gegenwart beginnen und zur Vergangenheit zurückschreiten oder umgekehrt. Seelsorger praktizieren es einzeln, manchmal auch in kleinen Gebetsteams fürbittend.[1273] Nicht angeraten ist das Beten, wenn beim

---

1265 Payne, Krise S. 43.

1266 Marsch, Heilen S. 83 (kursiv im Original). Marsch fügt zur Vorsicht mahnend hinzu: »Besteht Verdacht auf Psychose, oder macht der Kranke einen besonders labilen oder leicht irritierbaren Eindruck, ist vom Gebet mit bildhaftem Erleben abzuraten« (ebd.).

1267 R. Bennett (Free S. 83) spricht in diesem Zusammenhang vom »creative prayer«, das nicht nur die Vergangenheit umwandelt, sondern durch das Gott im Leben des Konfidenten Neues zu schaffen vermag. M. u. D. Linn (Leben S. 242) beziehen die Imagination in die Traumbearbeitung ein: »Manchmal stelle ich mir vor, wie Jesus in die Traumszene eintritt …«

1268 Payne, Bild S. 109; so auch Sandford, Geist S. 60.

1269 Marsch, Sakramente S. 111; Sandford, Heilung S. 149.

1270 Geist S. 397.

1271 Payne, Bild S. 104f.

1272 Wimber, Heilung S. 214.

1273 Vgl. dazu Tapscott, Perspektiven S. 45f. (Für diesen Fall empfiehlt sie zu Recht, dass dann nur einer aus dem Team laut beten soll.) Pytches (Fellowship S. 35) u. R. Bennett (Free S. 243 Anm. 65) empfehlen ein Zweierteam für die seelsorgerliche Arbeit mit

Ratsuchenden eine Offenheit dafür fehlt.[1274] Im Zuge solchen Betens vollzieht sich eine Reinterpretation der Verletzungen. Traumata und die Personen, die sie verursachten, werden durch die Erfahrung der Heilung neu gesehen. Die Innere Heilung bezieht damit auch eine intellektuelle Leistung ein (s. o. Punkt 2.3.10). »Echte Heilung verletzter Emotionen beinhaltet … nicht nur die Emotionen, sondern auch den Intellekt und den Willen.«[1275] Zu dieser Leistung gehört auch ein Akt des bewussten Loslassens der Vergangenheit. »Ich übte mit der Patientin (sc. die von ihrem Vater missbraucht wurde) immer wieder das Loslassen ihrer belastenden Vergangenheit, indem wir symbolisch ein Stück Papier mit den Notizen der jeweiligen Lebenssituation verbrannten.«[1276] Bis es zum emotional-gedanklichen Loslassen kommt, kann es nötig sein, manche der geschilderten Schritte öfter zu vollziehen. Eine Hilfe zum Loslassen ist die Erinnerung daran, wer der Verletzte in Christus ist. Dieses Bewusstsein kann nach und nach so stark werden, dass es die traumatischen Erinnerungen aus der Vergangenheit überlagert.[1277] Oft ist eine Nachbetreuung nötig. Dazu gehört zum einen die Arbeit an einer neuen Wertung der traumatischen Erinnerung in Bezug auf das gegenwärtige Leben, zum andern, sich mit neuen Einstellungen und Verhaltensmustern zu bewähren und schließlich die »Erlaubnis«, dass der Prozess der Erinnerung an alte Verletzungen und deren Heilung weitergehen darf. Als Vorbereitung auf zukünftige Begegnungen mit einem Menschen, der Verletzungen zugefügt hatte, kann die Imagination dieses Menschen helfen. M. u. D. Linn sprechen sogar von der »Heilung der Zukunft«[1278]: »Wir stellen uns das (sc. gefürchtete) Geschehen vor, beladen es mit allen möglichen Befürchtungen und übergeben es Christus. Dann schauen wir, wie er die Szene betritt und uns zeigt, wie wir damit umgehen können.« Hierher gehören auch Überlegungen zu einer eventuellen Konfrontation des ver-

---

dem Ratsuchenden. MacNutt (Kraft S. 118) spricht von der Freiheit des Ratsuchenden, die Zahl auf zwei oder drei Anwesende zu beschränken – besonders wenn das Gespräch Züge des Bekennens annimmt.

1274 Marsch, Heilen S. 84; ähnlich ders., Sakramente S. 109. Das Beten wird also kein »pausenloses Hämmern« sein, sondern aus dem »inneren Hören« (Baumert, Heilungsgeschehen S. 46) heraus geschehen.

1275 Benner, Healing S. 64 (Übersetzung G. W.). Hierher gehört auch das Widerrufen von Eiden und Schwüren.

1276 Müller, Lebensängste S. 20.

1277 Wright, Friede S. 94; ders., Girl S. 201.

1278 Leben S. 233. Vgl. auch dazu ebd. S. 239, wo Linns vom »Teilen der Zukunft mit Jesus« sprechen.

letzenden Menschen mit seinem Verhalten (s. o. Punkt 3.4.5).[1279] Der Ratsuchende kann es lernen, neue Verletzungen sich nicht lange anstauen zu lassen. Der Kampf des Lebens aus Glauben soll nach der Erfahrung Innerer Heilung bewusst aufgenommen werden.[1280] Dazu können auch konkrete Anweisungen des Seelsorgers gegeben werden.[1281] Die Seelsorge im Sinne der Inneren Heilung sieht die Notwendigkeit eines nacharbeitenden Trainierens neuer Verhaltensmuster; Möglichkeiten eines bewusst veränderten Lebensstils sind ins Auge zu fassen.[1282] Viele Seelsorger im Sinne der hier untersuchten Seelsorge erkennen die therapeutische Dimension der Gemeinschaft in der Gemeinde, wozu auch die Feier des Abendmahls gehört.[1283] Einzelne Seelsorger der Inneren Heilung bedenken die Problematik des Abschlusses einer seelsorgerlichen Beziehung. Pytches sieht die Gefahr, dass der Ratsuchende regredieren und sich in eine kindische Abhängigkeit vom Seelsorger begeben kann. So schlägt sie zu Beginn der ersten seelsorgerlichen Begegnung eine Verabredung für vier Sitzungen vor, die, wenn der Prozess der Inneren Heilung gut fortschreitet, auch verlängert werden kann.[1284] Außerdem möchte Pytches sich während dieses Prozesses vorbehalten, wenn nötig, fachlich-psychotherapeutische Hilfe beratend einzubeziehen.[1285] »Wann ist dieser Prozess zu Ende? Wenn jemand an seine Verwundungen zurückdenken kann, ohne dass die bisher damit verbundenen Gefühle zum Vorschein kommen – Gefühle der Angst, der Pein, der Wut.«[1286] Ein großer Friede[1287] und eine neue Liebesfähigkeit auf dem Hintergrund geschehener

[1279] Vgl. dazu Stoop, Peace S. 240; Wright, Girl S. 217ff; Frank, Door S. 126ff.

[1280] So z. B. bei Tommek, Mt 10,8 S. 84.

[1281] Wimber, Heilung S. 179.

[1282] Vgl. dazu Linn, Leben S. 167; Payne, Bild S. 74.114f; Skinner-Young, Repentance S. 4.

[1283] Seamands, Erinnerungen S. 71.106; Sanford (Gifts S. 95) weist auf die Feier des Abendmahls im Zusammenhang der Inneren Heilung. Als Hilfe zur Bewahrung der Inneren Heilung nennt Tapscott (Perspektiven S. 93) zwölf Empfehlungen: »1. Beten Sie ohne Unterlass … 2. Lesen Sie regelmäßig in der Bibel … 3. Preisen Sie den Herrn allezeit … 4. Wiederholen Sie täglich Ihre Hingabe an Gott … 5. Weihen Sie Ihr Heim dem Herrn … 6. Widerstehen Sie fest dem Satan … 7. Suchen Sie die geistliche Gemeinschaft … 8. Suchen Sie sich einen Gebetspartner … 9. Nehmen Sie Gottes innere Heilung an … 10. Vergeben Sie fortwährend und machen Sie wieder gut … 11. Empfangen Sie regelmäßig die Eucharistie (Kommunion, Abendmahl) … 12. Helfen Sie anderen.«

[1284] Fellowship S. 28f.59.

[1285] Ebd. S. 59f.92f. Diese Frage versucht sie am Beginn des seelsorgerlichen Prozesses zu klären.

[1286] Van Dam, Seelsorge S. 69.

[1287] Vgl. Tommek, Mt 10,8 S. 83.

Versöhnung kehren ein.[1288] Es ist also nicht das Ziel, die Erinnerung an bestimmte Vorfälle auszulöschen.

Einige Seelsorger der Inneren Heilung führen als Vorschlag eine Abfolge von mehreren Schritten auf. Zu ihnen gehört S. -Y. Tan, der sieben Schritte nennt[1289]: 1. Nach einer Erklärung der Vorgehensweise beginnt der Prozess mit dem Gebet um Freisetzung der heilenden Kraft des Heiligen Geistes. Es folgt 2. eine Zeit der Entspannung, 3. eine Anleitung, traumatische Erlebnisse neu zu erleben, 4. das Gebet darum, dass der Geist Gottes dem Verletzten in seiner Verletzung dient, 5. eine Zeit des Wartens, in der Raum dafür ist, dass der Ratsuchende Gottes Gnade erfährt. Als Abschluss der Gebetsphase kommt 6. der Dank für Gottes Handeln. 7. Den Schluss bildet eine zusammenfassende Verarbeitung des Erfahrenen. Die Schritte, die R. Werner nennt, setzen einen etwas anderen Akzent[1290]: 1. Erkennen, 2. Umkehr, 3. Heilung konkreter Verletzungen und Kränkungen der Seele, 4. Vergebung und Versöhnung, 5. Entscheidung, in der Gegenwart das zu tun, was vor Gott recht ist, 6. Neuorientierung des Denkens. M. u. D. Linn, die fünf Phasen der Heilung nennen, gehen so vor: Sie betrachten nicht die Phase einer einzelnen Sitzung, sondern den sich über mehrere Sitzungen erstreckenden Prozess von der ersten Begegnung mit einer Verletzung bis zur abgeschlossenen Heilung. In ihrer Sicht lehnen Linns sich an die Sterbephasen von Kübler-Ross

---

[1288] Linn/Fabricant, Gott S. 16.

[1289] Spirit S. 10f. Verwandt mit seinem Schema sind die folgenden mit mehr oder weniger geringfügig anderen Akzenten: N. Wright (Girl S. 229ff) gibt sechs Schritte an: 1. Identifiziere deine Gefühle. 2. In einer zweiten Phase soll die erstellte Liste beiseite gelegt werden, so dass noch weitere unentdeckte Gefühle ans Licht kommen können. 3. Die Liste soll dann laut gelesen werden. (Hier bezieht Wright das aus der Gestalttherapie bekannte Arbeiten mit einem leeren Stuhl ein.) 4. Danach soll der Konfident sich Jesus vorstellen, der zwischen die verletzende Person und den Verletzten tritt. 5. Schreibe einen Brief, der nie abgeschickt wird. 6. Plane im Hinblick auf den Verletzenden eine positive Antwort der Liebe. – Pytches (People S. 77ff) nennt fünf Schritte: 1. Phase des Hörens, 2. Phase der Diagnose und Erklärung, 3. Gebetsphase, 4. Phase des Wiedereintritts in die Gegenwart und 5. Ausblick in die Zukunft. – Kraft (Power S. 150ff) nennt sieben Schritte: 1. Einladung des Heiligen Geistes im Gebet, 2. Segnung des Konfidenten mit dem Frieden Gottes, 3. das Interview mit dem Ratsuchenden, 4. die provisorische Diagnose, 5. das der provisorischen Diagnose entsprechende tastende Beten, 6. die Situation vor Gott bringen, 7. Beratung nach dem Gespräch. – Lutzer (Past S. 93) fasst den Prozess der Inneren Heilung in drei Schritten zusammen: 1. Konfrontiere deine Vergangenheit – mit Christus. 2. Übergib deine Vergangenheit – an Christus. 3. Schließe deine Vergangenheit ab – mit Christus.

[1290] Lebenserneuerung S. 23f. Ihm lassen sich auch die sieben Schritte McClungs (Vaterherz S. 73ff) zuordnen.

an[1291]: 1. Nicht-wahrhaben-wollen, 2. Zorn, 3. Verhandeln, 4. Depression und 5. Zustimmung.

Die Darlegungen zur Methodik der Inneren Heilung sollen abschließend kritisch gewürdigt werden: Die Untersuchung der in der Inneren Heilung zum Zuge kommenden Methodik zeigte, dass es sich bei dieser Seelsorge um einen mehrdimensionalen Ansatz handelt: Auch wenn ein gewisser Schwerpunkt auf dem tiefenpsychologischen Ansatz liegt (es geht ja zentral darum, an die Wurzelprobleme zu kommen), fehlen kognitive und – allerdings mehr am Rande – verhaltenstherapeutische Interventionsweisen nicht. Alle verwendeten Methoden stehen jedoch im theologischen Bezugsrahmen. Der Ansatz in der *diagnostischen* Phase bei den »Wurzelerinnerungen« und den zu ihnen gehörenden Verletzungen ist für das therapeutisch-seelsorgerliche Anliegen der Inneren Heilung deshalb berechtigt, weil solche Erinnerungen das Leben des Ratsuchenden nachhaltig beeinflussen können. Ergänzend wird man jedoch darauf hinweisen müssen, dass die Suche nach Einzelerinnerungen den Blick für die Familienatmosphäre des Ratsuchenden nicht verstellen darf; gerade Störungen oder Einseitigkeiten dieser Atmosphäre haben deformierende Auswirkungen. Die Eruierung der Wurzelerinnerungen und der Störungen der Familienatmosphäre dient dazu, dem Ratsuchenden zu emotional-kognitiver Ehrlichkeit vor sich selbst und vor Gott zu verhelfen. Die Zugänge zu den weit zurückliegenden Traumata sind großenteils subjektiv. Es fällt dabei das Bemühen der hier untersuchten Seelsorge auf, innerhalb dieses subjektiven Zugangsrahmens durch vielfältige Hilfen des Erinnerns ebenfalls eine Mehrdimensionalität zu erreichen. Es ist sicher hilfreich, in der diagnostischen Phase mit der Beachtung und Erforschung der Gefühle, Gedanken und Verhaltensweisen des Ratsuchenden zu beginnen. Wichtig sind die Überlegungen zur Bedeutung des Seelsorgers im Prozess der Inneren Heilung (Benner, Scharrer). Im Vergleich zur Wichtigkeit fallen sie jedoch im Allgemeinen zu kurz aus. Überlegungen zu dieser Frage werden zumeist mehr gestreift. Da nur ein Teil der Vertreter der Inneren Heilung eine psychologische Ausbildung genossen hat, gewinnt die Berücksichtigung dessen an Gewicht, was Kraft die »tentative diagnosis« bezeichnet. Diese Sicht liegt auf der Linie von Psychosomatikern

[1291] Glaube S. 229; dies./Fabricant, Gott S. 19. Die sieben Schritte, die Christenson nennt (Geist S. 266), sind mehr Zielangaben als methodische Schritte.

wie Wesiak, der von »diagnostischen Hypothesen«[1292] spricht. Die Diagnose als ein dynamischer Prozess ist ein geistiges Konstrukt, ein Interpretationsmodell: Der Seelsorger wird sich einen Blick dafür erhalten müssen, dass auch nach Abschluss der gründlichsten Untersuchung der diagnostische Prozess nur relativ, aber nicht endgültig abgeschlossen ist. Wer das übersieht, läuft Gefahr, einer Fixierung im seelsorgerlich-therapeutischen Prozess aufzulaufen.

Die Äußerungen zur *Traumdeutung* in der Literatur zur Inneren Heilung sind im Allgemeinen sehr knapp gehalten; die Reflexion über diese Frage ist zumeist ungenügend entfaltet. Das heißt jedoch nicht, dass der einzelne Vertreter dieser Seelsorge nicht ein klares Konzept und einen verantwortlichen Umgang mit der Traumdeutung hätte. Man wird gut daran tun, mit einer Deutung der Traumbotschaften als Botschaften von Gott vorsichtig zu sein. Hält man solche vom biblischen Hintergrund her für möglich (z. B. Gen 37,5ff; 41,1ff; Joel 3,1), sollte man die Warnung vor dem Missbrauch der Traumdeutung (Jer 23,25f) nicht überhören. Die psychologischen Deutungsmöglichkeiten werden mitzuerwägen sein, die freilich das Glaubensleben direkt oder indirekt zentral betreffen können; insofern kann auch ein psychologisch interpretierter Traum als Botschaft von Gott verstanden werden. Da es kaum möglich ist, einen Kriterienkatalog für eine religiöse Deutung zu erstellen[1293], muss die Gefahr ungezügelter spekulativer Deutungen gesehen und vermieden werden. Die Andeutungen in der hier untersuchten Literatur weisen im Allgemeinen auf eine gewisse Vorsicht im Hinblick auf eine vorschnelle theologische Deutung: Die Träume werden – auf der Subjektstufe gedeutet (Sanford, M. u. D. Linn u. a.)[1294] – überwiegend als Botschaften des Unbewussten des Träumers verstanden. So werden sie als Hilfe auf dem Weg zur Selbsterkenntnis eingesetzt. Im Zuge der Deutung sind sicher die im Traum angesprochene Stimmungslage, die mit dem Traum verbunde-

[1292] Grundzüge S. 107.

[1293] »*Sicherheit*, die wir gewinnen, gibt es nur als Glaubensgewissheit. … Das Gleiche gilt für die Führung durch Träume in unserem Leben.« Ruthe/Ruthe-Preiss, Traumbotschaften S. 116.

[1294] Da hier nicht ausführlicher auf die Traum- und Interpretationstheorien eingegangen werden kann, muss auf weiterführende Literatur verwiesen werden: Engel, Traum S. 410ff; Dieckmann, Träume S. 133ff; Faraday, Träume S. 19ff.55ff; Jentsch, Seelsorger S. 254ff; Meseguer, Träume S. 44ff.109ff.190ff; J. A. Sanford, Sprache S. 75ff; von Weizsäcker, Träumen S. 497ff; ders., Traumdeutung S. 511ff; Bürki, Mensch S. 83ff; Mader, Mensch S. 150ff; Toman, Tiefenpsychologie S. 141f.209ff; Ehrlich, Traum S. 1001ff; Pongratz, Traum S. 328f; Ruthe, Traumbotschaften S. 18ff.32ff.136ff; DeMotts/Salchert, Dreams S. 3ff.

nen Gefühle (M. u. D. Linn) und die im Traumgeschehen angesprochenen Probleme und Chancen aufzugreifen; den Einfällen des Träumers zu seinem Traum ist der Vorrang vor den Deutungen des Seelsorgers zu geben; Letzterer sollte in diesem Zusammenhang eine mehr sokratische Haltung einnehmen. Sicher kann man auch im Hinblick auf die Seelsorge der Inneren Heilung mit von Weizsäcker sagen: »... Richtig ist eine Deutung dann, wenn sie fruchtbar ist.«[1295] Vom Grundansatz der Inneren Heilung her kann sich eine Engführung in der Deutung dadurch ergeben, dass die Traumdeutung sich zu einseitig biografisch rückwärts orientiert; eine präsentische und prospektive Komponente, die dann die »kreative Fantasie« (Payne[1296]) des Träumers zu entbinden vermag, kann in manchen Träumen nicht rundweg ausgeschlossen werden. Die hier untersuchte Seelsorge wird gut daran tun, die Träume des Ratsuchenden mit seinen gegenwärtigen Problemen und frühkindlichen Erinnerungen zu verknüpfen. Das Gebet um das richtige (d. h. für den Träumer weiterführende) Verständnis eines Traumes ist ein die Deutung hilfreich begleitendes Angebot.

Bereits unter Punkt 3.3 wurde gezeigt, dass das *Gebet* zum Zentrum der Inneren Heilung gehört. Es ist eine der Stärken dieser Seelsorge, das unverfügbare, aber dennoch verheißene, gegenwärtige Wirken Gottes im Gebet konkret in ihre Intervention einzubeziehen. Phasen der Stille zum hörenden Beten und das verantwortlich gebrauchte »Wort der Erkenntnis« können zur Vertiefung des seelsorgerlich-therapeutischen Prozesses beitragen. Die Art der Äußerung von Eindrücken, die ins Prophetische gehen, wird dem entsprechen, was mit der »tentative diagnosis« bereits angesprochen wurde. Der pneumatologische Bezug kann dabei den Seelsorger entlasten, aus eigenem Können heraus im Unbewussten des Ratsuchenden zu graben.

Bezüglich der *therapeutischen Phase*, in der es um die Vergegenwärtigung der traumatischen Erfahrungen und ihre Konfrontation mit dem heilenden Christus geht, muss sicher darauf geachtet werden, dass beides im Blick gehalten wird: Eine Vergegenwärtigung der Traumata ohne die Hinwendung zu Christus würde zu einem unfruchtbaren Wühlen in der Vergangenheit führen, das dem Ratsuchenden nicht weiterhelfen und ihn letztlich überfordern würde. Eine Betonung der heilenden Gegenwart

1295 Träumen S. 502.

1296 Ob man jedoch in dem oben von ihr wiedergegebenen Zitat im Hinblick auf das Unbewusste vom »Sitz ... der Gaben des Heiligen Geistes« sprechen kann, bleibt zu fragen.

Christi ohne die Vergegenwärtigung der Traumata würde die Gefahr eines frommen Überspielens psychischer Verletzungen und damit der Oberflächlichkeit mit sich bringen. Beide Aspekte zusammen ermöglichen Ehrlichkeit vor Gott in der Begegnung mit ihm. Wenn es im Erinnern von Traumata zur kathartischen Erfahrung beim Ratsuchenden kommt, dann kann er erleben, dass er mit seinen Gefühlen nicht allein gelassen ist, sondern, häufig durch die Person des Seelsorgers und sein annehmendes Verhalten vermittelt, von Gott verstanden und heilend angerührt wird.

Dabei ist wieder das *Gebet* eine entscheidende Hilfe. Der Einsatz der Imagination kann hierbei dazu beitragen, die Traumata vor Gott auszubreiten und Heilung zu empfangen. Das Gebet führt dazu, dass der Ratsuchende nicht nur über seine Probleme spricht, sondern dass er sich mit ihnen auf die Christusbegegnung im Glauben und damit auf den Weg der Heilung und Verwandlung einlässt. Im Gebet werden nicht nur die Verletzungen ausgebreitet, sondern hier geschieht auch eine neue Erfüllung mit der Liebe Gottes. Dieser emotionale Austausch ist eine Entsprechung und Konkretion des »seligen Tausches« in der Rechtfertigung. Sicher muss gesehen werden, dass die Methodik imaginativen Betens nicht für alle Ratsuchenden in gleicher Weise geeignet ist. Es muss beim Beten auch behutsam mit der Vorerfahrung des Ratsuchenden im Hinblick auf das Gebet umgegangen werden, damit es für ihn zu keiner geistlichen Überforderung kommt.

Die Mehrdimensionalität der Methodik in der Inneren Heilung bezieht sich auch auf die therapeutische Phase. So ist es wichtig, dass im Zuge der Verarbeitung traumatischer Erfahrungen und der psychischen Neustrukturierung die kognitive Dimension einbezogen wird (Benner, Seamands). Ohne eine *kognitive Verarbeitung* könnte das Arbeiten an den Traumata zu einem unfruchtbaren Zurückschauen und zum Kreisen um die eigenen Gefühle werden. Dabei sind die biblischen Verheißungen des neuen Menschen in Christus eine wesentliche Hilfe zur Neuorientierung des Ratsuchenden, wenn sie so eingebracht werden, dass sie in die Realität seiner Verletzungen hineinsprechen. Gerade auch im Hinblick auf die Verarbeitung von Heilungserfahrungen im Zuge der Nacharbeit ist diese Dimension wichtig, damit das Erfahrene nicht auf der Ebene des Gefühlserlebens stehen bleibt und mit diesem verebbt. Es ist gut, dass im Zuge der Nacharbeit auch verhaltenstherapeutisch relevante Schritte in den Blick genommen werden. Zu ihnen gehört die Empfehlung, heilende Gemeinschaft in der Gemeinde (z. B. in Hauskreis, Zweierschaft oder Gottesdiensten) wahrzunehmen. Solche praktischen Anweisungen tragen dazu bei, den Prozess der Inneren Heilung in Gang zu halten und seine Ergebnisse zu bewahren.

In der Literatur zur Inneren Heilung findet man nur wenige Überlegungen zur Frage der *Ablösung* des Ratsuchenden *vom Seelsorger*; eine rühmliche Ausnahme in dieser Hinsicht stellen die Darlegungen Pytches dar. Die Problematik der Ablösung zu bedenken wäre gerade auch deshalb wichtig, weil der Prozess der Inneren Heilung sich über einen längeren Zeitraum hinziehen kann. Zu diesem Zeitraum der seelsorgerlich-therapeutischen Behandlung finden sich ebenfalls wenige Äußerungen. Diese Beobachtung hängt wohl damit zusammen, dass die Fokussierung von Problemzusammenhängen kaum reflektiert wird. Je umfassender die Heilung der Erinnerungen angegangen wird, desto zeitintensiver wird der Prozess der Inneren Heilung sein. Wird die Innere Heilung auf ein konkretes traumatisches Problem begrenzt, kann eine zeitliche Begrenzung leichter erreicht werden (Pytches, Benner). Der Gefahr einer Abhängigkeit des Konfidenten vom Seelsorger wird durch eine zeitliche Begrenzung vorgebeugt. Eine solche Begrenzung wird bei tiefen Traumata im Voraus kaum festzulegen sein.

Zu den Vorschlägen der *Abfolge von Schritten* in der Inneren Heilung kann Folgendes bemerkt werden: Die Unterschiede ergeben sich aus einer verschiedenen Gewichtung und Entfaltung der Hauptphasen: N. Wright etwa entfaltet die diagnostische Phase in mehr Schritten als S.-Y. Tan, C. H. Kraft und M. Pytches. Das geistliche Vorzeichen dieser Seelsorge unterstreichen Tan und Kraft, indem sie die Sitzung mit Gebet beginnen. Man wird die Ambivalenz des Gebets zu Beginn einer Sitzung erwägen müssen: Während es auf manche Konfidenten vertrauensbildend wirken kann, mögen andere, die Frömmigkeit in ihrer Biografie nicht positiv erlebt haben, dadurch eher psychologisch abgeschreckt werden, so dass eine Öffnung erschwert wird. In aller Verschiedenheit haben die Modelle ihr Zentrum in der Jesusbegegnung. Die meisten sehen am Ende der Sitzung einen Ausblick in die Zukunft des Konfidenten vor. Diese Blickrichtung ist ein wichtiger Kontrapunkt zur vorherrschenden retrospektiven Problembearbeitung im Verlauf der Sitzung. Letztlich lassen sich auch die sechs Schritte R. Werners denen S. -Y. Tans zuordnen. Sie wurden aber oben deshalb eigens aufgeführt, weil Werner mit der Erwähnung der Umkehr (Schritt 2), der Vergebung und Versöhnung (Schritt 4) und der Entscheidung, sich an Gottes Willen zu orientieren (Schritt 5), die Verantwortung des Menschen als Antwort auf die heilende Gnade hervorhebt.

Da der Methodik der Inneren Heilung ein deutlich zur Regression anleitendes Moment innewohnt, ist dieser Akzent unverzichtbar; er fehlt bei den Vertretern der anderen Phasenmodelle nicht, auch wenn er nicht expressis verbis von ihnen aufgeführt wird.

5 Innere Heilung – Recht und Grenze einer poimenischen Intervention

Am Beginn dieser Arbeit wurde die Qualität mancher Veröffentlichungen zum Thema der in dieser Arbeit untersuchten Seelsorge mit Rohmaterial verglichen, bei dem sich die Frage stellt, ob es verfeinert werden kann oder ob es in wissenschaftlicher Hinsicht zu verwerfen ist. Nachdem die Innere Heilung in ihren wesentlichen theoretischen Implikationen und praktischen Vollzügen dargestellt wurde, kann diese Frage abschließend aufgegriffen werden. Diese Art der Seelsorge soll nun in einem Gesamtüberblick kritisch gewürdigt werden, indem die Ergebnisse zusammengefasst werden und sowohl nach dem Recht als auch der Grenze dieser Seelsorge gefragt wird.

Die Voraussetzungen für die Innere Heilung[1297] liegen in psychologischer Hinsicht vor allem in tiefenpsychologischen (1.1.1 bis 1.1.3), zu einem kleineren Teil aber auch in kognitionspsychologischen (1.1.4) Erkenntnissen, wobei die hier untersuchte Seelsorge sich keiner dieser Schulrichtungen verschrieben hat. Während die Innere Heilung mit der Tiefenpsychologie die Berücksichtigung der bis in die frühe Kindheit zurückreichenden lebensgeschichtlichen Erfahrungen für die Gegenwart des Ratsuchenden teilt, erkennt man mit der kognitiven Psychologie, dass solche Erfahrungen einen Niederschlag in Kognitionen und kognitiven Strukturen finden. Zu den weiteren – und in Fortsetzung der psychologischen – Voraussetzungen der hier untersuchten Seelsorge gehören die Einsichten der anthropologischen Medizin (1.2) und die der Seelsorgebewegung vor allem der Nachkriegszeit (1.3). Die neuere Seelsorgebewegung hatte bereits verschiedentlich die Frage des Verhältnisses von Psychologie und Theologie aufgeworfen. Die Skizze der charismatischen Erneuerung (1.4) führte schließlich zu den theologischen Grundlagen der Inneren Heilung.

Um das Verständnis der Verletzungen in der Inneren Heilung erfassen zu können, musste im Abschnitt über die *psychologischen Implikationen* (2) zunächst der Frage der Grundbedürfnisse (2.2) nachgegangen werden, bei der sich ein nicht geringer Überschneidungsbereich mit der säkularen Psychologie (2.1) zeigte. Im Zentrum der Grundbedürfnisse steht für die Innere Heilung das Bedürfnis nach Liebe, zu dem die übrigen Grund-

[1297] Die Ziffern in der Klammer beziehen sich auf die Abschnitte im Hauptteil.

bedürfnisse mehr oder weniger unmittelbar in Beziehung stehen. Die Grundbedürfnisse ließen sich, einer Ellipse vergleichbar, um zwei Zentren gruppieren: Das eine Zentrum hat mit der Beziehungsbedürftigkeit des Menschen, das andere mit der Notwendigkeit seiner Eigenständigkeit in der Wahrung seiner Grenze zu tun. In der Inneren Heilung werden die Grundbedürfnisse theologisch zum einen vom neutestamentlichen Agapebegriff her, zum andern auch schöpfungstheologisch begründet. Entwicklungspsychologisch (2.1.3 bis 2.1.4) wurden die Grundbedürfnisse unter dynamischem Aspekt betrachtet: Das Bedürfnis nach Liebe und nach der Wahrung der Grenze ändert sich. Die entwicklungspsychologischen Anspielungen oder Ausführungen beziehen sich in den Veröffentlichungen zu der hier untersuchten Seelsorge häufig (z. T. vergröbernd, eklektisch) auf Eriksons Schema – und innerhalb dieses vor allem auf die ersten fünf Phasen –, wobei dieses Schema um die Einsichten der pränatalen Forschung erweitert wird. In psychologischer Hinsicht wird dabei kaum ein eigenes Profil entwickelt. Entwicklungspsychologisch relevante Begriffe wie z. B. »Urvertrauen« oder »Integrität« erfahren ebenfalls eine theologische Begründung und Bedeutungsattribution. Die familiensystemischen Überlegungen (2.1.5 bis 2.1.6) haben die Überlegungen zu den Grundbedürfnissen in einen größeren Kontext gestellt. Die funktionale Familie bringt die Grundbedürfnisse nach Liebe und nach der Wahrung der Grenze im Hinblick auf das einzelne Familienglied und auf das Ganze des Familiensystems in ein ausgewogenes Verhältnis. Die systemische Betrachtungsweise findet sich in der Inneren Heilung noch relativ selten. Die Untersuchungen zum Verständnis der psychischen Verletzungen (2.2) zeigten eine weitgehende Übereinstimmung der Inneren Heilung mit Erkenntnissen der säkularen Psychologie. Diese Übereinstimmung bezieht sich auf die Struktur der Verletzungen (2.2.1 bis 2.2.2): Deprivationen im Bereich der Grundbedürfnisse verletzen; die gleichen Ereignisse werden subjektiv unterschiedlich erlebt, und vor allem lang anhaltendes verletzendes Verhalten durch nahe stehende Personen wirkt traumatisierend. Verletzungen werden im Bereich des Grundbedürfnisses nach Liebe (2.2.3 bis 2.2.4), im Liebesmangel, in Ungeborgenheit, Ablehnung und Missachtung individueller Grenzen gesehen; unter entwicklungspsychologischem Aspekt (2.2.5 bis 2.2.6) sieht man sie in verschiedenen Formen von Liebesmangel, Vernachlässigung oder Überbehütung. Das entwicklungspsychologische Schema Eriksons wird auch unter dem Aspekt der Verletzungen um die pränatale Phase erweitert. Theologisch werden Verletzungen in der hier untersuchten

Seelsorge von Gen 3 her interpretiert: Sünde kommt unter dem Aspekt der Beziehungsstörung in den verschiedenen Relationen des Menschen in den Blick. Nur vereinzelt erscheinen in der hier untersuchten Seelsorge Überlegungen zu Verletzungen, die mit der dysfunktionalen Familie (2.2.7 bis 2.2.8) zu tun haben. Wo man diesen Zusammenhang berücksichtigt, erkennt man als Charakteristika z. B. mangelnde Kommunikation und Rollenvertauschung. Das Denken in dualen Beziehungen herrscht jedoch vor. Auch die Verletzungen vom geschichtlich-kulturellen Hintergrund her (2.2.9 bis 2.2.10) werden mehr erwähnt als eingehend bedacht. Man macht in diesem Zusammenhang auf schädigende Einflüsse sozialer und gesellschaftlicher Art aufmerksam. Verletzungen vom religiösen Umfeld her (2.2.11 bis 2.2.12) werden immer wieder, wenn auch unsystematisch, erwähnt. Man weist auf den Zusammenhang zwischen traumatischen religiösen Erfahrungen und dem Gottesbild hin.

In der Inneren Heilung beschäftigt man sich eingehend mit den Verletzungen, weil man von den negativen Folgewirkungen (2.3) ausgeht. Unaufgearbeitete Verletzungen binden den Traumatisierten an seine eigene Geschichte und hindern ihn in seiner emotionalen Entfaltung (2.3.1 bis 2.3.2). Verletzungen wirken vom Unbewussten her (2.3.3 bis 2.3.4) in die Gegenwart des Verletzten hinein. In der hier untersuchten Seelsorge wird, wenn es um die Frage des Unbewussten geht, häufig vom »inneren Kind« gesprochen. Die Folgen von Verletzungen können sich auch über mehrere Generationen erstrecken (2.3.5 bis 2.3.6). In diesem Zusammenhang tauchen Begriffe wie »Wurzeln«, »family tree« oder »blood line« auf, die mit dem Wort »Unsegenslinien« zusammengefasst werden können.

Dass der Ratsuchende nicht nur als Opfer verletzenden Verhaltens betrachtet wird, zeigt die Beschäftigung mit den Reaktionen des Verletzten (2.3.7 bis 2.3.8). Unter diesem Aspekt kommt den vielfältigen Formen des Anpassungs- und Abwehrverhaltens (»survival kits«) erhebliche Relevanz zu. Emotionale Traumata haben häufig kognitive Folgen (2.3.9 bis 2.3.10). Kognitionen, die bis zu »inneren Schwüren« als negativen Selbstfestlegungen reichen können, und kognitive Strukturen gestalten entscheidend die Auswirkung von Verletzungen. Man sieht in der Inneren Heilung die Interdependenz zwischen Emotionen und Kognitionen. Auf die psychosomatischen Folgen (2.3.12 bis 2.3.12) achtet man vor allem bei lang anhaltenden destruktiven Emotionen und Haltungen wie z. B. Groll oder Furcht. Dabei betrachtet die Innere Heilung vorwiegend die Wirkrichtung von der Psyche zum Soma. Die diesbezüglichen Überlegungen übersteigen nur vereinzelt vulgärmedizinisches Niveau.

Im Abschnitt über die *theologischen Implikationen* der Inneren Heilung (3) wurde zuerst auf den theologischen Ansatzpunkt dieser Seelsorge eingegangen: Dieser liegt in der Heiligung (3.1). Unter psychologischem Aspekt gehört bei der hier untersuchten Seelsorge zur Heiligung eine Verwandlung des emotionalen Erlebens, das von traumatischen Erfahrungen geprägt ist, und der kognitiven Muster, die mit ihnen verbunden sind; diese Verwandlung soll durch die Aufarbeitung von Verletzungen erreicht werden. Das falsche Selbst soll dabei dem wahren Selbst, der Reifung zur Ganzheit der Person und zur Beziehungsfähigkeit Platz machen. Unter theologischem Aspekt will die Innere Heilung eine Hilfe sein, die poimenischen Konsequenzen aus dem Geschenk der Gnade zu ziehen. Diese Konsequenzen betreffen auch die Folgen der Sünde in der Psyche und die durch sie bedingten Hindernisse zum Leben im Heil Gottes. Dessen emotionale und kognitive Welt soll – in synoptischer Terminologie – unter die Gottesherrschaft bzw. – paulinisch – unter die Realität des πνεῦμα und so in Übereinstimmung mit Gottes Willen kommen. Darin ereignet sich eine die psychische Realität des Menschen erfassende Gleichgestaltung in das Bild Gottes; das poimenische Handeln der Inneren Heilung ist damit dem erlösenden Wirken Gottes zugeordnet, da der eschatologische Glaube Gottes Kraft in die empirisch-psychische Vorfindlichkeit des Menschen hineinwirken lässt. Die Heiligung in der Inneren Heilung ist dem lebendigen, gegenwärtigen Wirken des Heiligen Geistes bis in die Psyche des Ratsuchenden hinein zugeordnet.

Die Überlegungen zur Heilung (3.2) zeigten, dass dieser Begriff inhaltlich wesentlich die Eröffnung einer neuen Erfahrung in der Begegnung mit Gott meint. Krankheit – häufig individualethisch nicht begründbar – deutet man in dieser Seelsorge von Gen 3 her als Erscheinung einer allgemeinen Gefallenheit der Welt. Man bezieht sich im Heilungsverständnis auf die Reich-Gottes-Verkündigung Jesu, sein zeichenhaftes heilendes Wirken und seinen Auftrag an die Jünger. Die Seelsorge im Sinne der Inneren Heilung versteht den Heilungsauftrag nachösterlich von der Pneumatologie her als unverfügbares Handeln Gottes durch den im Gehorsam auf dessen Verheißung handelnden Seelsorger. Die trinitarische Zuordnung der Heilung bewahrt die Innere Heilung vor einer pneumatologischen Engführung und ermöglicht ihr eine ganzheitliche Sicht des Menschen. Sie ermöglicht es ihr ferner, in ihr vom Glauben getragenes heilendes Wirken auch psychologische Erkenntnisse und Methoden zu integrieren, ohne den soteriologischen und pneumatologischen Bezug auszublenden. So geschieht Heilung im dreifachen

Horizont: dem der die psychischen Zusammenhänge einbegreifenden Geschöpflichkeit, der christologisch begründeten Vergebung und der pneumatologisch verstandenen Heiligung. In diesem Horizont lässt sich die Heilung in der Inneren Heilung nicht nur als Akt, sondern als ein Prozess begreifen. Es wird ferner einsichtig, dass göttliches Handeln und menschliche Verantwortung im Heilungsprozess keine Gegensätze sind: Der Verletzte ist herausgefordert, sich der Aufdeckungsarbeit im Hinblick auf seine Verletzungen zu stellen und sich mit ihnen auf die heilende Begegnung mit Gott einzulassen. Entsprechend der trinitarischen Zuordnung schafft die Heilung in eschatologischer Vorläufigkeit eine neue Beziehungsfähigkeit zu Gott, zum Mitmenschen, zur Mitkreatur und zu sich selbst.

Die Darlegungen zum Verständnis des Gebets in der Inneren Heilung (3.3) zeigten, dass mit dem Gebet das Zentrum dieser Seelsorge angesprochen ist. Gebet ist für sie ein Raum der Gnade, in dem sich die Begegnung des Verletzten mit dem erlösenden und befreienden Gott ereignen kann. Im Gebet vollzieht sich die von Vertrauen geprägte Gemeinschaft mit dem dreieinigen Gott, die die Verantwortung für den Heilungsprozess in der Einwilligung in den Willen Gottes entbindet. Das Gebet umfasst in der Inneren Heilung einen großen Facettenreichtum: Die Dimension der Meditation im Gebet (3.3.1) und der Einsatz der Imagination im Gebet (3.3.2) – beides Beispiele der trinitarisch begründeten Praxis der Inneren Heilung – tragen zur Vergegenwärtigung von Verletzungen in der Gegenwart Gottes und zur Verinnerlichung der Liebe Gottes als Therapeutikum für die Verletzungen bei. Wenn das Gebet die Klage einbezieht (3.3.3), öffnet sich der Ratsuchende in einer Art Gefühlsbeichte mit seiner Trauer und seinem Zorn der erlösenden Gegenwart Gottes, so dass die Emotionen eine Verwandlung erleben können. Das Sprachengebet (3.3.6) – ein weiteres Beispiel für die hier untersuchte trinitarisch orientierte poimenische Praxis – stellt unter psychologischem Gesichtspunkt eine psychohygienische Hilfe für das Unbewusste dar. Dieses Beten »im Geist« ermöglicht unter theologischem Gesichtspunkt die Wahrnehmung der Beziehung zu Gott auf der Ebene des Unbewussten. In der Praxis der Geistesgaben (3.3.5) wird der pneumatologische Bezug der Inneren Heilung konkret. Das »Wort der Erkenntnis« als prophetische Intuition, in der menschlich-psychologische und geistliche Sensibilität eine Einheit bilden, ermöglicht sowohl in analytisch-diagnostischer Hinsicht als auch hinsichtlich des aktuell heilenden Wirkens Gottes ubi et quando visum est deo wichtige Ein- und Durchblicke. Das fürbittende und segnende Beten (3.3.4) übernimmt häufig eine stützende

Funktion im Seelsorgeprozess. Der Seelsorger kann dem Ratsuchenden durch stellvertretende Worte helfen, sich vor Gott zu öffnen und ihm segnend Gottes Zuwendung und heilende Gegenwart zusprechen. In der Frage der Befreiungsdimension (3.3.7) sucht man in der Inneren Heilung den Ansatz bei der Christologie, so dass sowohl die Gefahren einer Pandämonisierung als auch der Verleugnung des personal-transpersonalen Bösen vermieden werden. Die Gefahr der okkulten Deutung von psychisch abnormen Phänomenen in der Abschiebung eigener Verantwortung und die Notwendigkeit multifaktorieller Verursachung solcher Phänomene wird von den meisten Vertretern der Inneren Heilung gesehen. Man erkennt in den Verletzungen mögliche Einfallstore für okkulte Mächte und von daher auch die Bedeutung der Heilung innerer Verletzungen als Voraussetzung eventuell notwendiger Befreiung. Die Gefahren beim Einsatz des Gebets (3.3.8) werden in der Inneren Heilung zu wenig bedacht. Zu diesen können ein magisches Missverständnis im Hinblick auf den poimenischen Prozess, hindernde Assoziationen beim Beten von Seiten des Ratsuchenden oder ein autoritärer Einsatz des Gebets gehören.

Im Unterschied zur säkularen Psychologie nimmt die Vergebung (3.4) in der Inneren Heilung eine zentrale Stellung ein. Die differenzierte Sicht in dieser Frage wird im Verständnis für die Schwierigkeiten beim Vollzug des Vergebens (3.4.1) deutlich: Die unbedingte Notwendigkeit, den verletzenden Personen zu vergeben, wird ebenso gesehen wie die anfängliche emotional-kognitive Unfähigkeit des Ratsuchenden zu diesem Schritt. Die Vergebung wird von Formen der Verdrängung ebenso abgegrenzt wie von Scheinlösungen (Akzeptanz bzw. Entschuldigung) und falschen Vorstellungen (schneller Prozess, Ausdruck von Schwäche, Vergessen von traumatischen Erinnerungen) (3.4.2). Die theologische Anbindung an die Vergebung Gottes als die Grundlage zwischenmenschlichen Vergebens (3.4.3) verschärft die Brisanz der Vergebung (Mt 18,21-35). In der Inneren Heilung zeigt sich die Differenziertheit in der Sicht der Vergebung auch im Versuch, nicht schematisch misszuverstehende Phasen des Vergebungsprozesses (3.4.4) aufzuzeigen: Die ersten Schritte (Entscheidung zur Ehrlichkeit, Äußerung der Gefühle) sollen dem Verletzten helfen, sich im Raum der Liebe Gottes (vor dem Seelsorger) ehrlich seiner emotionalen und kognitiven Vorfindlichkeit zu stellen. Die folgenden Schritte (Entscheidung zu vergeben und der Akt des Loslassens) beziehen sich auf die willentliche Gewährung der Vergebung, die vom Gebet um Heilung der psychischen Traumata begleitet sind. Die folgenden Schritte (Aufbau einer neuen Sicht vom Verletzenden, Veränderung von Verhaltensmustern) nehmen die Konsequenzen aus der Vergebung in den Blick.

Die Versöhnung (3.4.5) wird in der Inneren Heilung zum einen auf die Beziehung des Verletzten zu sich selber und seiner eigenen Geschichte, zum andern auf die Beziehung zum Verletzenden bezogen. Da sie in letzterer Hinsicht von der Bereitschaft des Kontrahenten zu einer neuen Beziehung abhängt, wird die Versöhnung von der Vergebung unterschieden, auch wenn Letztere in Ersterer ihre Vollendung findet. Auch hinter der gewagten Formulierung »Gott vergeben« (3.4.6) steht die Frage der Versöhnung: Häufig bedarf die Relation des Verletzten zu Gott einer Erneuerung in Gestalt einer neuen Vertrauensbeziehung.

Die (nur von einigen Vertretern der Inneren Heilung angeführten) Äußerungen zum anthropologischen Geistverständnis (3.5) werden im Rahmen einer trichotomischen Anthropologie entfaltet. Sie werden z. T. spekulativ-pragmatisch begründet, haben im biblischen Zeugnis keinen Anhalt und erinnern an hellenistische Vorstellungen vom göttlichen Kern im Menschen, auch wenn die Notwendigkeit der Erlösung für den menschlichen Geist festgehalten werden muss. Es entsteht der Eindruck, als ob Gott unmittelbar nur auf den Geist des Menschen, auf die Seele und den Leib hingegen nur mittelbar einwirken würde; dabei geht die ganzheitliche Sicht des Menschen verloren. Die Intention solcher Gedanken würde sich aus biblisch-reformatorischer Sicht sachgemäßer in der Heiligung unterbringen lassen. Im Gegensatz zur ontologischen Topologie muss auch im Hinblick auf die Innere Heilung konsequent die Relationalität des Glaubens festgehalten werden: Der Mensch ist zur Beziehung mit Gott geschaffen, die ihn als ganzen betrifft. Wie in der logotherapeutischen Psychologie könnte mit der geistigen Dimension des Menschen allenfalls sein Bezug zur Sinnfrage angesprochen werden.

Die Frage nach dem Gebrauch der Bibel in der Inneren Heilung (3.6) wurde unter zwei Gesichtspunkten bedacht: Zum einen wurden die Versuche einer biblischen Begründung der Inneren Heilung (3.6.1) untersucht, die qualitativ sehr verschieden ausfallen. Vereinzelt sind sie von einem wenig überzeugenden fundamentalistischen Schriftverständnis getragen; die Unterscheidung zwischen der Schrift als der Quelle und als Kriterium der Erkenntnis wird hierbei außer Acht gelassen. Viele der angeführten Schriftstellen beziehen sich auf das Christsein, die Heiligung, das Heil allgemein und werden von den Autoren induktiv von der Inneren Heilung her gelesen. Vereinzelt finden sich theologisch fundiertere Überlegungen, die eine biblische Begründung nicht aus Einzelworten, sondern in mehr systematischen Zusammenhängen suchen: Biblisch ist hier, was den Grundaussagen der Bibel im trinitarischen Bezug entspricht; dazu gehört das heilende Wirken Jesu einschließlich seines Heilungsauftrags an die Jünger, ferner der vor allem von Paulus her aufzunehmende Gedanke der Heiligung. Der Blick auf einzelne »begründende« Bibelstellen wie Ex 20,5; Lk 1,39; Joh 18,15ff; 21,1ff und Psalmen erfolgt dann von dieser mehr systematischen Vorentscheidung her. Zum anderen wurde dem therapeutisch-seelsorgerlichen Umgang mit der Bibel (3.6.2) nachgegangen. Jaschke bringt seinem Leser drei Begegnungsaspekte nahe: 1. die existenzielle Textbegegnung, bei der tiefenpsychologische Zusammenhänge in den Blick kommen sollen; 2. die Begegnung mit sich selbst, so dass der Ratsuchende sowohl zu mehr Wahrhaftigkeit im Umgang mit seinen psychischen Schwächen als auch zur Heilung findet und 3. die Begegnung mit Gott, dem Vater Jesu Christi, wodurch das Extra-nos des Heils in den therapeutisch-seelsorgerlichen Prozessen festgehalten wird.

Im Hinblick auf methodische Schritte in der Inneren Heilung (4) zeigte sich, dass der Schwerpunkt beim tiefenpsychologischen Ansatz liegt, der durch kognitive Interventionsweisen ergänzt wird. Die methodischen Schritte der diagnostischen Phase (4.1) dienen der Eruierung der »Wurzelerinnerungen«. Die Hilfen, um an solche Erinnerungen zu gelangen, sind in der Inneren Heilung vielfältig: Sie reichen von eigenen Erinnerungen des Ratsuchenden über die Deutung seiner Träume und die Informationen durch Dritte bis hin zum im Gebet gründenden »Wort der Erkenntnis«. Durch solche vielfältigen Wege wird ein mehrdimensionaler Zugang zu den Wurzelerinnerungen geschaffen, der einer möglichen, in der Subjektivität des Ratsuchenden und Seelsorgers begründeten Einengung der Wahrnehmung entgegenwirkt. Die diagnostische Phase zielt auf die Erstellung einer »tentative diagnosis«; mit dieser Wendung wird das Vorläufige jeder Diagnose festgehalten. Die therapeutische Phase (4.2) ist auf der einen Seite von der emotional-kognitiven Vergegenwärtigung der erinnerten psychischen Traumata, auf der anderen Seite von der Konfrontation der Verletzungen mit dem heilenden Christus geprägt. Dabei ist das Gebet, das auch Elemente geistgeleiteter Imagination einbegreifen kann, eine entscheidende Hilfe, dass der Ratsuchende nicht nur über seine Probleme spricht, sondern sich in der Christusbegegnung des Glaubens auf einen Prozess der Heilung und Verwandlung einlässt. In poimenischer Hinsicht ereignet sich hierbei etwas vom »seligen Tausch«, der beim Ratsuchenden zur emotionalen und kognitiven Neustrukturierung der erfahrenen Traumata führt. Die Sitzungen, die in den entscheidenden Phasen von biografisch retrospektiver Problembearbeitung mit deutlich regressiven Momenten geprägt sind, werden – zumeist an ihrem Ende bzw. am Ende einer therapeutisch-seelsorgerlichen Beziehung – von einem prospektiven Moment kontrapunktiert.

Nach dieser Zusammenfassung der wesentlichen Ergebnisse der Untersuchung kann eine abschließende Beurteilung gegeben werden. Das soll so geschehen, dass zunächst mögliche Gefahren und Grenzen[1298], sodann der positive Beitrag der Inneren Heilung innerhalb der Poimenik in den Blick genommen wird:

Die Vergangenheit des Ratsuchenden mit ihren traumatischen Ereignissen wird – bis hin zu möglichen pränatalen traumatischen Erfahrungen – in dieser Seelsorge eingehend in den Blick genommen. Würde dieser Aspekt als der einzige für gegenwärtige psychische Probleme relevante betrachtet, könnte sich daraus eine Rückwärtsorientierung, eine Faszination des Spekulierens über Zusammenhänge gegenwärtiger Probleme mit früheren traumatischen Erfahrungen (möglicherweise gepaart mit einem deterministischen Denken) und ein Abschieben gegenwärtiger Verantwortung (möglicherweise gepaart mit Selbstmitleid über erfahrenes Unrecht) ergeben, die zur Lähmung einer in die Zukunft gerichteten Perspektive führte. Man wird zu dieser möglichen Gefahr jedoch sagen müssen: Es geht der Inneren Heilung gerade nicht um ein Leben in der Vergangenheit, sondern um ein befreites Leben in der Gegenwart auf die Zukunft hin. So finden sich Warnungen davor, eine durch die Introspektion zu introvertierte Lebensperspektive zu bekommen.[1299] Die hier un-

---

[1298] Erwähnt seien die grundlegend kritischen Positionen gegenüber der Inneren Heilung, die zumeist von einem ablehnenden Vorurteil getragen sind. Am härtesten ist die Kritik Hunts (Rückkehr passim u. ders./McMahon, Verführung passim). Er lehnt die Verbindung von psychologischen Erkenntnissen mit dem Glauben grundsätzlich ab. Der Einsatz von Imagination ist für ihn dämonisch, ein christlich verbrämter Schamanismus (ebd. S. 213ff). Im Hinblick auf Hunt bemerkt Kraft (Power S. 211 Anm. 1) zutreffend: »His mistake is that he has associated the evil with the technique rather than with the power behind the technique.« Dieser empfindliche Mangel führt Hunt dazu, sowohl die Techniken als auch die Menschen, die sie in christlich verantwortlicher Weise benutzen, zu verurteilen. Hunt legt außerdem in seiner Beurteilung eine stark rationalistische Tendenz an den Tag. Nicht ganz so vernichtend, aber in der Grundtendenz doch ablehnend äußern sich ferner Dieterich, Heil S. 28ff; Hughes, Healing 1–4 u. im Hinblick auf die Persönlichkeitstheorie der Inneren Heilung kritisch Alsdurf, Theory S. 245ff; ders./Malony, Critique S. 177ff; dies., Response S. 205ff; Jackson, Study S. 195ff.

[1299] Vgl. dazu z. B. R. Bennett, Free S. 232; Trobisch, Ei S. 17; Payne, Krise S. 85.

tersuchte Seelsorge will den Konfidenten nicht als unschuldiges Opfer betrachten und von seiner Verantwortung dispensieren, sondern vom Glauben her zu ihr hinführen. Die Selbstprüfung der Vergangenheit einschließlich der Reaktionen auf traumatische Erfahrungen lässt sich gerade unter diesem Gesichtspunkt begreifen. Außerdem stellt das oben erwähnte prospektive Moment ein wichtiges Gegengewicht zu einer zur Unfruchtbarkeit neigenden Rückwärtsorientierung dar.

Bei Menschen, die hilfreiche Erfahrungen mit dieser Art von Seelsorge gemacht haben, können sich gelegentlich begeisterte Äußerungen finden, die den Eindruck erwecken, als ließen sich mit der Inneren Heilung alle psychischen Probleme lösen.[1300] Dagegen muss festgehalten werden: Zum einen sind die Möglichkeiten der Änderung eines von einer traumatischen Geschichte gezeichneten Menschen nicht unbegrenzt. Zur Heilung der Erinnerung gehört die Versöhnung mit der eigenen Geschichte und Charakterprägung als ein Prozess der Annahme vor allem auch dann, wenn die Erfahrung Innerer Heilung in manchen Fällen auszubleiben scheint oder auf sich warten lässt. Zum anderen muss gesehen werden, dass diese Art therapeutisch-seelsorgerlicher Intervention nicht zur ausschließlichen Methode erklärt werden kann; sie bedarf ihrerseits der Ergänzung. Ferner eignet sich die Innere Heilung nicht bei allen Persönlichkeitstypen: Während sie für eher zwanghafte Menschen, die zur Unterdrückung ihrer Emotionen neigen, geeignet ist, sollte sie bei hysterischen Persönlichkeitstypen besser nicht angewandt werden, da diese zu unbeherrschten, aufgeblasenen Gefühlsäußerungen neigen.[1301] Auch bei Menschen, die sich in einer depressiven Phase befinden, ist diese Art der Intervention nicht angeraten. Schließlich bedarf die Innere Heilung der interdisziplinären Ergänzung von psychologischer und fachärztlicher Seite her. Die Gefahr besteht, dass psychologische Laien ihre Kompetenz überschätzen und dabei Schaden anrichten.

Diese Seelsorge hat es häufig mit Menschen zu tun, die ihre verletzten Emotionen lange Zeit verborgen hielten. Kommen diese ans Licht, kann

---

[1300] Die Folge einer solchen Sicht ist von Seiten des Ratsuchenden leicht eine Ungeduld im Hinblick auf einen Heilungsfortschritt und von Seiten des Seelsorgers eine drängende, überfahrende Tendenz bei ausbleibendem Erfolg seiner therapeutischen Bemühungen. Unter erfahrenen Seelsorgern der Inneren Heilung sind solche von einer Tendenz des Machbarkeitswahns gezeichneten Äußerungen jedoch die Ausnahme.

[1301] Vgl. dazu Seamands, Erinnerungen S. 186; ferner Pytches, People S. 117ff. Ebenso wird für psychotische Menschen oder Menschen mit Multiple Personal Disorder (MPD) (anders J. u. M. Sandford, Deliverance S. 165ff) die Innere Heilung nicht in Frage kommen.

es zu eruptiven, überbordenden Emotionen kommen. Diese richten sich vor allem gegen diejenigen Personen, die sie verursachten. Wutgefühle können auf destruktive Weise geäußert werden; das geschieht vor allem dann, wenn sie sich direkt gegen die verletzenden Personen richten. Die Gefühle »herauszulassen« heißt für die Innere Heilung nicht, die Heilung von Traumata in der eigenen Psyche mithilfe eines traumatisierenden Verhaltens gegenüber anderen zu erkämpfen. Auch bedeutet unterdrückte Gefühle schießen zu lassen noch nicht Integration. Die Intention der Inneren Heilung besteht schließlich nicht darin, die verletzenden Personen mehr oder weniger für alle eigenen Gegenwartsprobleme verantwortlich zu machen und anzuklagen.

Ein Grundzug des therapeutischen Wirkens in der hier untersuchten Seelsorge liegt im Gebet, im vertrauenden Überantworten der psychischen und psychosomatischen Probleme an Gott in der Erwartung seines heilenden Eingreifens. Damit wird sicher ein Wesenszug christlichen Glaubens aufgegriffen. Vereinzelt verbindet sich aber dieser Grundzug des Glaubens mit der Vorstellung, als müssten psychische Prozesse durch die Einbeziehung des Glaubens in kürzerer Zeit ablaufen. Überspannte Erwartungen in dieser Richtung enden früher oder später in einer bitteren Enttäuschung. Mutatis mutandis gilt hierfür W. James' Hinweis: »Die Früchte der Religion sind wie alle menschlichen Produkte dafür anfällig, durch das Übermaß verdorben zu werden.«[1302] Auch wenn die Begegnung mit dem heilenden Christus tief greifende Wandlungsprozesse im Verletzten freizusetzen vermag, sind solche Wandlungen eben Prozesse, die nicht im Schnellverfahren zu durchlaufen oder zu umgehen sind. Durch einen überstürzten Wagnisschritt des Glaubens im Gebet wird eine schon jahrelange Entwicklung im Sinne einer neurotischen Fehlhaltung in der Regel nicht geheilt. Wirkliche Selbsterkenntnis und Veränderung hat auch bei der Einbeziehung des christlichen Glaubens etwas mit Arbeit und Geburtswehen zu tun; das darf nicht verschwiegen werden. Auch darf der Glaube nicht lediglich zu einem Mittel rascher psychischer Schmerzlinderung instrumentalisiert und damit degradiert werden. Der Hoffnung auf den lebendig wirkenden Gottesgeist wohnt freilich ein stark kontrafaktisches Moment inne, das einer Resignation und Selbstaufgabe bei seelsorgerlichen Problemen entgegenwirkt.

[1302] Die Vielfalt religiöser Erfahrung, Olten 1979 S. 323 (zitiert bei Rebell, Grundwissen S. 158).

Es ist ein typischer Zug der hier untersuchten Seelsorge, dem heilenden Handeln Gottes im therapeutisch-seelsorgerlichen Prozess einen breiten Raum einzuräumen. Eine Gefahr kann sich dabei von einem perfektionistischen Heilungsverständnis her ergeben. Korrigierend im Hinblick auf diese Gefahr wirkt die Einsicht, dass das poimenische Handeln in der Inneren Heilung wie jedes andere Handeln unter dem eschatologischen Vorbehalt steht und also die Vollendung nicht vorwegnehmen kann. Es gilt im Hinblick auf das perfektionistische Missverständnis außerdem das, was Linns als Vertreter dieser Seelsorge festhalten: »Tiefer Fortschritt im Heilen von Erinnerungen bleibt … gewöhnlich verborgen.«[1303]

Eine weitere Grenze der Inneren Heilung ergibt sich aus der zentralen Stellung von Glaubensvollzügen im Umfeld des Gebets. Bei Menschen, die Hilfe suchen und sich solchen Glaubensvollzügen nicht zu öffnen vermögen, kann Innere Heilung nicht in ihrer eigentlichen Form zum Einsatz gebracht werden.

Der Prozess Innerer Heilung erstreckt sich nicht selten über einen längeren Zeitraum; damit verbunden ist die Begleitung des Ratsuchenden über diesen Zeitraum von zumeist nur einer Seelsorgeperson. Daraus kann sich die Gefahr einer Abhängigkeit ergeben. Dieser kann zum einen durch die Fokussierung eines Problems (und damit einer zeitlichen Begrenzung der Begleitung), zum anderen durch Supervision vorgebeugt werden.

Im Hinblick auf Massenveranstaltungen zum Thema Innere Heilung ist Folgendes zu sagen: Sicher können sich bei solchen Anlässen nachhaltige, seelsorgerlich weichenstellende Erfahrungen ergeben, die Gott in seiner Souveränität durch das Wirken seines Geistes schenkt. Man wird bei solchen Anlässen jedoch im Auge behalten müssen, dass Massenveranstaltungen ein Hochgefühl erzeugen können, das hinterher schnell abflacht. Dabei kann magischen Heilungsvorstellungen Vorschub geleistet werden. Außerdem werden Erfahrungen in Plenumsveranstaltungen häufig der Verarbeitung im persönlichen seelsorgerlichen Gespräch bedürfen, um nachhaltig in das Lebensganze integriert werden zu können. In diesem Sinne ist es notwendig, dass auf den oben erwähnten Seelsorgekonferenzen ca. ein Fünftel der Teilnehmer Mitarbeiter sind; auf diese Weise ist trotz der großen Teilnehmerzahl wenigstens eine gewisse persönliche Begleitung möglich.

[1303] Linn, Leben S. 253.

Die angesprochenen Grenzen und Gefahren wollen nicht dahingehend missverstanden werden, als wäre der einzig verantwortliche Umgang mit der Inneren Heilung ihre Vermeidung. Eine Gefahr ist häufig die Rückseite einer ihr zugehörenden Gabe. So ist es auch bei dieser Seelsorge. Abschließend soll diese Gabe der Inneren Heilung für das poimenische Handeln zusammenfassend formuliert werden.

Die Innere Heilung kann als eine hilfreiche Form trinitarisch verankerter geistlicher Vergangenheitsbewältigung bezeichnet werden, bei der vor allem tiefenpsychologische, aber auch kognitionspsychologische Einsichten ebenso Berücksichtigung finden wie ein vielfältiges therapeutisch relevantes Beten. Diese Seelsorge ist als ein Weg von Versöhnungsschritten zu verstehen, bei dem das Versöhnungsereignis Gottes in Jesus Christus zum Erfahrungsereignis in der Beziehung des Ratsuchenden zu Gott, zu den Mitmenschen und zu sich selbst mit seiner eigenen Geschichte wird. An die Stelle der durch Verletzungen geprägten Verinnerlichung aus der Vergangenheit des Ratsuchenden sollen neue, im Zuge einer vom Glauben getragenen Identifikation mit der heilenden und versöhnenden Gegenwart Jesu Christi verbundenen Verinnerlichungen treten; so kann ein neues Bild des Menschen von sich selbst, von Gott und vom Nächsten entstehen.

Traumata und Reaktionen auf dieselben tragen dazu bei, dass dieses Bild entstellt oder verschüttet wird. Die mit dem christlichen Glauben gegebene neue Beziehungsrealität zu Jesus Christus ermöglicht es, in die verletzte psychische Struktur der eigenen Person die therapeutische Gegenwart Jesu aufzunehmen. Die Seelsorge im Sinne der Inneren Heilung ist in der poimenischen Landschaft ein wertvoller Beitrag, die Erlösung Jesu Christi unter Wahrung des eschatologischen Vorbehaltes in tiefenpsychologische Zusammenhänge hinein zu explizieren.

Die Innere Heilung kann ihrem Wesen nach auch als ein poimenischer Weg verstanden werden, in einer die psychische Realität betreffenden Weise das zu vollziehen, was in christlicher Tradition Umkehr, Buße oder Bekehrung genannt wird.

Diese Seelsorge schärft den Blick dafür, dass dem Wesen des Glaubens eine die Psyche des Menschen betreffende Bedeutung innewohnt. Mit dieser Feststellung werden theologische Überlegungen nicht in die Psychologie hinein aufgelöst. Die psychologische Dimension in der Inneren Heilung ist auch nicht mit der in der Jungschen Psychologie zu findenden Tendenz zu verwechseln, nach der man sich Gott in der Tiefe der Seele gegenwärtig vorstellt.

Der dreieinige Gott bleibt dem Menschen transzendentes Gegenüber. Aber die Bedeutung des Heiligen Geistes als einer die psychologische Verfasstheit des Menschen durchdringenden Kraft der Verinnerlichung, die von Gott ausgeht, wird klar erkannt. Im Prozess der Inneren Heilung zieht Gottes Geist durch seine Verwandlungskraft unerlöste traumatisierte Bereiche in die Erlösung Jesu Christi hinein, so dass es unter seiner Dynamik zur Tiefenheilung des Unbewussten kommt. Eine Psychologisierung des Glaubens, die den Glauben durch psychologische Deutekategorien überfremdet, und die Psychologie des Glaubens, die in der Heiligung die heilende Kraft des Glaubens auf psychische Zusammenhänge des Menschen bezieht und in sie hineintransformiert, sind zu unterscheiden. Es gehört zum Verdienst der Inneren Heilung, in praktischer Hinsicht den Blick dafür zu schärfen.

Psychologischen Aspekten des Glaubens in der Seelsorge Raum zu geben heißt auch nicht, dass es notwendig zur Vereinzelung des Glaubenden käme. Wer von den Folgen gestörter Beziehungen geheilt ist, wird seine neue Beziehungsfähigkeit in seine Beziehungen einbringen können. So hat die Innere Heilung trotz der Berücksichtigung ganz persönlicher innerpsychischer Zusammenhänge eine eminent sozialrelevante Komponente.

Vor allem bei Vertretern dieser Seelsorge, die psychologische und/oder theologische Bildung mitbringen, findet sich sowohl in diagnostischer als auch in therapeutischer Hinsicht ein differenziertes Vorgehen, das vielen Menschen, die – in einer Zeit vielfältig zerbrechender Beziehungen – unter der »Altlast« traumatischer biografischer Erfahrungen leiden, zu einer entscheidenden therapeutisch-seelsorgerlichen Hilfe zu werden vermag.

Literatur

Aardweg, G.v.d.: Die Veränderbarkeit homosexueller Gefühle, in: Werner, R. (Hrsg.): Homosexualität und Seelsorge, Moers 1993, 29–34

ders.: Interview mit G.v.d. Aardweg, in: Werner, R. (Hrsg.): Homosexualität und Seelsorge, Moers 1993, 35–44

Abel, P.: Gelebter Glaube, in: Blattner, J./Gareis, B./Plewa, A. (Hrsg.): Handbuch der Psychologie für die Seelsorge Bd. 2, Düsseldorf 1993, 311–330

Abendroth, C.v.: Seelsorgekonferenz 93 in Hannover, in: Rundbrief der GGE, November 1993, 3–4

Adler, R.: Anamneseerhebung in der psychosomatischen Medizin, in: Uexküll, T.v.: Lehrbuch der Psychosomatischen Medizin, München/Wien/Baltimore 1979, 329–348

Albertz, R.: Gebet II. Altes Testament, in: TRE Bd. 20, Berlin/New York 1984, 34–42

ders.: Mensch II. Altes Testament, in: TRE Bd. XXII, Berlin/New York 1992, 464–474

Alexander, F.G./Selesnick, S. T.: Geschichte der Psychiatrie, Zürich 1969

Alsdurf, J.M.: Personality Theory or Spiritual Descernment? A Reaction to Clark, in: JPT 17 (1989) 245–249

Alsdurf, J.M./Malony, H.N.: A Critique of Ruth Carter Stapelton's Ministry of »Inner Healing«, in: JPT 8 (1980), 173–184

dies.: Response by the Authors to the Several Reactions to a Critique of Ruth Stapleton, in: JPT 8 (1980), 204–210

Andriessen, H.: Das zerbrochene Bild. Begleitung bei existenziellen Glaubensfragen, in: Müller, W. (Hrsg.): Psychotherapie in der Seelsorge, Düsseldorf 1992, 55–78

ders./Derksen, N.: Lebendige Glaubensvermittlung im Bibliodrama, Mainz 1989

Anfuso, S. : Abuse and Abortion: Spiritual Dimensions, in: The Journal of Christian Healing 13 (1991), 3–13

Arnold, C.E.: Dealing With »Murky Monsters and Bastardly Demons«: A Response to Underwager and Wakefield, in: JPT 20 (1992), 288–291

ders.: Toothless Tiger or Roaring Lion? A Surrejoinder to Underwager and Wakefield, in: JPT 20 (1992), 295–298

Arnold, F.: Der Glaube, der dich heilt. Zur therapeutischen Dimension des christlichen Glaubens, Regensburg 1983

Aschoff, F. u. P.: Sprachengebet. Aus der Gemeinde – für die Gemeinde, Werkstattheft, Mannheim 1992

Ashner, L./Meyerson, M.: When Parents Love Too Much, New York 1990

Baar, H.: Das Übel im Leib. Konsequenzen von Nichtvergeben, in: Befreiende Wahrheit Nr. 3 (September 1994), 44–46

Bach, H: L.: Jung, Carl Gustav (1875–1961), in: TRE Bd. 17, Berlin/New York 1988, 449–453

Bach, U.: »Heilende Gemeinde«. Versuch, einen Trend zu korrigieren, Neukirchen-Vluyn 1988

Backus, W.: Befreiende Wahrheit Teil II. Vom aufrichtigen Umgang miteinander, Wiesbaden 1993
ders./Chapian, M.: Befreiende Wahrheit. Praxis kognitiver Seelsorge, Hochheim 1983
Bahnson, C.B.: Das Krebsproblem in psychosomatischer Dimension, in: Uexküll, T.v.: Lehrbuch der Psychosomatischen Medizin, München/Wien/Baltimore 1979, 685–698
Bailey, N.: Glaube ist kein Gefühl, Stuttgart 1991[7]
Bally, G.: Psychotherapie I. Medizinisch; in: RGG[3] Bd. 5, Tübingen 1961, 709–715
Barth, H.: M.: Gebet 2. Systematisch-theologisch, in: EKL[3] Bd. 2 Göttingen 1989, 12–17
ders.: Gebet 3. Pastoraltheologisch, in: EKL[3] Bd. 2 Göttingen 1989, 17–21
Barth, K.: Die kirchliche Dogmatik. Die Lehre von der Versöhnung, IV/2 §§ 67–68, Jesus Christus, der Knecht als Herr III, Zürich 1993
Basham, D.: Befreie uns von dem Bösen, Metzingen 1984[2]
Bastiaans, J.: Der Beitrag der Psychoanalyse zur Psychosomatischen Medizin, in: Eicke, D. (Hrsg.): Die Psychologie des 20. Jahrhunderts, Bd. 2: Freud und die Folgen (I), Zürich 1976, 960–994
Bauer, W./Aland, K. u. B.: Wörterbuch zum Neuen Testament, Berlin/New York 1988[6]
Baumann, B.: Die Heilung der Seele, Erzhausen 1989[3]
Baumert, N.: Gaben des Geistes Jesu. Das Charismatische in der Kirche, Graz/Wien/Köln 1986
ders.: Geist Gottes, Gestalte mein Leben, in: ders.: Dem Geist Jesu folgen, Münsterschwarzach 1988, 35–43
ders.: Heilungsgeschehen und Heilungsauftrag nach dem Neuen Testament, in: Heilung – ein Aspekt des Exerzitiengeschehens. Korrespondenz zur Spiritualität der Exerzitien, Nr. 49 34/1984, 32–47 (= ders.: Dem Geist Jesu folgen, Münsterschwarzach 1988, 95–116)
ders.: Unterscheide die Geister. Hilfen zu geistlicher Unterscheidung nach Ignatius von Loyola, in: ders.: Dem Geist Jesu folgen, Münsterschwarzach 1988, 45–94
Bayer, O.: Aus Glauben leben. Über Rechtfertigung und Heiligung, Stuttgart 1990[2]
Bea, A.: Gebet II. Das Gebet im AT, in: LThK[2] Bd. 4, Freiburg 1960, 538–540
Beck, A.T./Greenberg, R.L.: Kognitive Therapie bei der Behandlung von Depressionen, in: Hoffmann, N.(Hrsg.): Grundlagen kognitiver Therapie, Bern/Stuttgart/Wien 1979, 177–202
Beck, A.T./Shaw, B.B.: Ein kognitives Modell bei Depressiven, in: Ellis, A./Grieger, R.: Praxis der rational-emotiven Therapie, München 1979, 86–98
Becker, J.: Das Evangelium nach Johannes. Kapitel 11–21, ÖTK 4/2, Würzburg1984[2]
Benner, D.G.: Healing Emotional Wounds, Grand Rapids/Michigan 1990
ders.: Psychotherapy and the Spiritual Quest, Grand Rapids/Michigan 1988
ders.: Strategic Pastoral Counseling. A Short-Term Structure Model, Grand Rapids, Michigan 1992

Bennett, D.: Bitten um den Heiligen Geist. ... Wie viel mehr wird euer Vater im Himmel den Heiligen Geist denen geben, die ihn darum bitten, Erzhausen 1986
Bennett, D. u. R.: Die Trinität des Menschen. Die dreidimensionale Erlösung – Heil für Geist, Seele und Leib, Erzhausen 1990[2]
Bennett, G.: Heilung – Jesu Auftrag an seine Kirche. Wegweisungen für den biblischen Dienst, Metzingen 1988
Bennett, R.: Emotionally Free, Eastbourne 1993
dies.: Making Peace With Your Inner Child, Old Tappan 1987
Berentzen, D.: Die Zukunft der Kindheit. Ratschläge von gestern für die Kindheit morgen, in: Psychologie Heute 19 (1992), 52–57
Berger, K.: Gebet IV. Neues Testament, in: TRE Bd. 20, Berlin/New York 1984,47–60
ders.: Historische Psychologie des Neuen Testamentes, SBS 146/147, Stuttgart 1991
Betz, O.: Heilung/Heilungen. I. Neues Testament, in: TRE Bd. 14 Berlin/New York 1985, 763–768
Bieder, W.: πνεῦμα, πνευματικός B. Geist im Alten Testament, in: ThWNT, Bd. VI, Stuttgart/Berlin/Köln 1990, 357–373
Birnbaumer, N: Angst, in: Herrmann/Hofstätter/Huber/Weinert (Hrsg.): Handbuch psychologischer Grundbegriffe, München 1977, 27–38
Bittlinger, A.: ... und sie beten in anderen Sprachen (Charisma und Kirche Heft 2), 1983[5]
ders.: Charismatische Erneuerung, in: Bloth, P.C./Daiber, K.F. u. a.: Handbuch der Praktischen Theologie Bd. 4, Gütersloh 1987, 90–99
Bittner, W.J.: Die Frage nach dem Leid der Welt, in: Christliches Zeugnis Heute 1993 Nr. 4, 26–27
ders.: Heilung – Zeichen der Herrschaft Gottes, Neukirchen-Vluyn 1984
Blattner, J.: Psychotherapeutische Ansätze: Einige Vorbemerkungen und praktische Hinweise für den Seelsorger, in: Blattner, J./Gareis, B./Plewa, A.: Handbuch der Psychologie für die Seelsorge Bd. 2, Düsseldorf 1993, 107–110
ders./Plewa, A.: Beschreibung und Erklärung der Persönlichkeit, in: dies./Gareis, B. (Hrsg.): Handbuch der Psychologie für die Seelsorge, Düsseldorf 1992, 398–442
Bloth, P.C.: Gebet IX. Praktisch-theologisch, in: TRE Bd. 20, Berlin/New York 1984, 95–103
Blühm, R.: Grundlegung der Seelsorge 1.1. Begriff und Theorie der Seelsorge, in: Becker, I./Bieritz, K.-H./Blühm u. a.: Handbuch der Seelsorge, Berlin 1990[4], 21–53
Bohren, R.: Macht und Ohnmacht der Seelsorge, in: Pfeifer, S. : Seelsorge und Psychotherapie – Chancen und Grenzen der Integration, Moers 1991, 17–30
ders.: Predigtlehre, München 1971[3]
Bornkamm, G.: Paulus, Stuttgart/Berlin/Köln/Mainz 1969
Boszormenyi-Nagy, J.: Invisible loyalties, New York 1973
Bovon, F.: Das Evangelium nach Lukas (Lk 1,1-9,50), EKK III/1 Zürich/Neukirchen-Vluyn 1989
Böcher, O.: Exorzismus I. Neues Testament, in: TRE Bd. 10 Berlin/New York 1982, 747–750

Böhringer, H.: Innere Heilung, in: Maihinger Kleinschrift Nr. 4, Paderborn, 1–6 (= Erneuerung in Kirche und Gesellschaft 3/1978 = Heilung – ein Aspekt des Exerzitiengeschehens, Korrespondenz zur Spiritualität der Exerzitien Nr. 49 34/1984, 3–9)

ders.: Neuwerdung des ganzen Menschen – Gedanken eines Tiefenpsychologen zur Praxis der Exerzitien, in: Heilung – ein Aspekt des Exerzitiengeschehens. Korrespondenz zur Spiritualität der Exerzitien, Nr. 49 34/1984, 10–15

Brachfeld, O.: Psychosomatische Medizin, in: LThK^2 Bd. 8 Freiburg 1963, 886–887

Bradshaw, J.: The Family, Health Communications, Florida 1988

Brandenburger, E.: 2. Neutestamentliche Anthropologie, in: EKL^3 Bd. 1, Göttingen 1986, 159–163

Brown, D.: Learning To Listen – and Care, in: Elijah House News, February 1993, Issue 24 S. 7

ders./Finck, C.F./Sandford, M.: Is it OK to be Angry with God?, in: Elija House-News, April 1992, Issue 21 S. 16

Brugger, W.: Monismus, in: LThK^2 Bd. 7, Freiburg 1962, 553–555

Brüning, G.: Leiden – als Christ. Theologische Thesen, in: Rundbrief der Geistlichen Gemeinde-Erneuerung Nr. 28, Juni 1988, 14–15

Buell, W.E.: Reaction to Jim M. Alsdurf and H. Newton Malony's Critique of Ruth Carter Stapleton's Ministry of Inner Healing, in: JPT 8 (1980), 185–190

Bultmann, R.: Theologie des Neuen Testaments, Tübingen 1980^8

Bühler, K: E.: Die Biografie als integrierender Faktor, in: Schaefer, H./Sturm, E. (Hrsg.): Der kranke Mensch (Patientenorientierte Allgemeinmedizin Bd. 3), Berlin/Heidelberg/New York 1986, 223–229

Bürki, H.F.: Autonomie und Intimität in Seelsorge und Beratung, in: Pfeifer, S.: Seelsorge und Psychotherapie – Chancen und Grenzen der Integration, Moers 1991, 88–104

ders.: Ganz Mensch werden. Wachstum, Widerstand, Reife, Moers 1993

Cantor, N.: From Thought to Behaviour: »Having« and »Doing« in the Study of Personality and Cognition, in: American Psychologist, 6 (45) 1990, 735–750

Cerny, J.: Reaction to a Critique of Ruth Carter Stapleton's Ministry of »Inner Healing«, in: JPT 8 (1980), 198–203

Christenson, L.: Der erneuerte Sinn. Stelle Gott das Gefäß zur Verfügung, Er wird es füllen. Erzhausen 1986^4

ders.: Die Bedeutung der Gnadengaben für die Gemeinde Jesu Christi, Marburg 1964

ders.: Komm Heiliger Geist. Informationen, Leitlinien, Perspektiven zur Geistlichen Gemeinde-Erneuerung, Metzingen/Neukirchen-Vluyn 1989

Christian, P.: Anamnese, in: Hartmann/Linzbach/Nissen/Schaefer: Das Fischer Lexikon der Medizin Bd. l, Frankfurt a. M. 1959, 26–29

ders.: Anthropologie, medizinische, in: Hartmann/Linzbach/Nissen/Schaefer: Das Fischer Lexikon der Medizin Bd. 1, Frankfurt a. M. 1959, 29–59

Christusbruderschaft, 85. Rundbrief, Mai 1993 (ohne Seitenangabe)

Clark, D.L.: Theory of Personality, Illness, and Cure Found in the Writings of Agnes Sanford and Those Acknowledging Her Influence, in: JPT 1989, Vol 3, No 3, 236–244
Clark, M.F.: Hiding, Hurting, Healing. Restoration for Today's Woman, Grand Rapids, Michigan 1985
Cloud, H.: Changes that Heal. How to Understand Your Past to Ensure a Healthier Future, Grand Rapids/Mitchigan 1992
Clyne, M.B.: Die Antwort des Arztes auf das Angebot des Patienten, in: Schaefer, H./Sturm, E. (Hrsg.): Der kranke Mensch (Patientenorientierte Allgemeinmedizin Bd. 3), Berlin/Heidelberg/New York 1986, 304–312
Cohn, R./Farau, A.: Gelebte Geschichte der Psychotherapie: Zwei Perspektiven, Stuttgart 1987[2]
Collins, G.R.: What Makes a Healthy Family?, in: Christian Counselling Today October 1992, 8–12
Comiskey, A.: Befreite Sexualtiät. Heilung und Reifung der eigenen sexuellen Identität, Hilfen für Seelsorger und Berater. Arbeitsbuch, Wiesbaden 1988
ders.: Unterwegs zur Ganzheitlichkeit. Hilfen für Menschen mit homosexuellen Empfindungen, Seelsorger und Berater, Wiesbaden 1993
Cooke, J.R.: I Invented an Impossible God ... and had a nervous breakdown, in: Eternity, May 1978, 37–39
Cozolino, L.J: Some Questions Come to Mind: A Response to Ganaway, in: JPT20 (1992), 206–207
Crabb, L.J.: Von innen nach außen. Veränderung ist möglich, Basel/Gießen 1990
Csef, H.: Wege zu einem ganzheitlichen Verständnis des Kranken, in: Schaefer, H./Sturm, E. (Hrsg.): Der kranke Mensch (Patientenorientierte Allgemeinmedizin Bd. 3), Berlin/Heidelberg/New York 1986, 55–64
Csordas, T.J.: The Psychotherapy Analogy and Charismatic Healing, in: 27 (1990), 79–90

Daewel, H.: Grundlegung der Seelsorge 1.2. Seelsorgekonzeptionen seit der dialektischen Theologie, in: Becker, I./Bieritz, K.H./Blühm, R. u. a.: Handbuch der Seelsorge, Berlin 1990[4], 55–91
Dahl, N.A.: Mensch III. Im NT, in: RGG3 Bd. 4, Tübingen 1986, 863–867
Dam, W.C.van: Dämonen und Besessene. Die Dämonen in Geschichte und Gegenwart und ihre Austreibung, Aschaffenburg 1970
ders.: Okkultismus und christlicher Glaube, Schorndorf 1986[2]
ders.: Seelsorge in der Kraft des Geistes, Metzingen 1986[2]
De Arteaga, W.: An Indicator of Inner Healing as Grace: The Fido Factor, in: The Journal of Christian Healing 13 (1991), 11–13
Debus, G.: Gefühle, in: Herrmann/Hofstätter/Huber/Weinert (Hrsg.): Handbuch psychologischer Grundbegriffe, München 1977, 156–168
Deblassie, P.: Deep Healing: An Experience in Christian Depth Psychology, in: The Journal of Christian Healing 11 (1989), 16–19
Degkwitz, R.: Probleme um die Entfaltung, Gefährdung und Heilung des Lebens II. Was können wir uns die Gesundheit kosten lassen?, in: Handbuch der christlichen Ethik Bd. 2, Freiburg/Basel/Wien 1978, 73–80

DeMotts, J./Salchert, J.: Dreams and Recovery, in: The Journal of Christian Healing 13 (1991), 3–9
Dethlefsen, T./Dahlke, R.: Krankheit als Weg. Deutung und Bedeutung der Krankheitsbilder, München 1988[22]
Dickinson, R.W./Gift Page C.: The Child in Each of Us. Healing the Wounds of Childhood That Hinder Our Growth as Adults, Wheaton Illinois o. J.
Dieckmann, H.: Träume als Sprache der Seele. Einführung in die Traumdeutung der Analytischen Psychologie C. G. Jungs, Fellbach 1980[3]
Dieterich, H./Dieterich, M.: Wenn Ehepartner grundverschieden sind. Ein Artikel zum Selbsteinschätzen und Mitmachen Teil 1, in: family Nr. 1/93, 4–6; Teil 2, in: family Nr. 2, 18–19
Dieterich, M.: Biblisch-therapeutische Seelsorge. Zur Methodenpluralität in der Psychotherapie und Seelsorge, in: BTS-aktuell 6. Jhrg. Nr. 19 (1993), 6–14
ders.: Frühe Kindheitserfahrungen und mögliche Folgen für das Glaubensleben, in: idea-Dokumentation Nr. 8/1990: »Frömmigkeit und seelische Erkrankungen«, 4–18
ders.: Heil und Heilung. Hoffnung für die Seele, Neuhausen-Stuttgart 1992
ders.: Psychotherapie – Seelsorge – Biblisch-therapeutische Seelsorge, Neuhausen-Stuttgart 1987
Dobson, J.: Minderwertigkeitsgefühle – eine Epidemie, Kehl 1987[2]
Doherty, W.J.: Private Lives and Public Values: The New Pluralism – A Report From the Heartland, in: Psychology Today 1992, 32–37
Doland, V.M.: Satanic Ritual Abuse and Determinate Meaning: A Response to Professor Ellis, in: JPT 20 (1992), 278–279
Dopplinger, T.: Heilung der Erinnerungen in der Seelsorge, Wien 1993 (unveröffentlichte Diplomarbeit)
Drewermann, E.: Das Tragische und das Christliche, in: ders.: Psychoanalyse und Moraltheologie. Band 1: Angst und Schuld, Mainz 1991[10], 19–78
ders.: Eine Meditation über das Verhältnis von Psychotherapie und Seelsorge, in: ders.: Psychoanalyse und Moraltheologie. Band 1: Angst und Schuld, Mainz 1991[10], 179–189
ders.: Schuld und Schulderfahrung in der heutigen Zeit oder: Die schizoide Unfähigkeit selbst zu existieren, in: ders.: Psychoanalyse und Moraltheologie. Band 1: Angst und Schuld, Mainz 1991[10], 105–110
ders.: Sünde und Neurose. Versuch einer Synthese von Dogmatik und Psychoanalyse, in: ders.: Psychoanalyse und Moraltheologie. Band 1: Angst und Schuld, Mainz 1991[10], 128–162
ders.: Von Angst und Schuld und ihrer Überwindung. Einführung in eineTheologie von Sünde und Erlösung, in: ders.: Psychoanalyse und Moraltheologie. Band 1: Angst und Schuld, Mainz 1991[10], 111–127
ders.: Von der Unmoral der Psychotherapie – oder von der Notwendigkeit einer Suspension des Ethischen im Religiösen, in: ders.: Psychoanalyse und Moraltheologie. Band 1: Angst und Schuld, Mainz 1991[10], 79–104
ders.: Zum Verhältnis von Psychotherapie und Seelsorge, in: ders.: Psychoanalyse und Moraltheologie. Band 1: Angst und Schuld, Mainz 1991[10], 163–178

Dreyer, U./Kelber, G.: Seelsorge an Seelsorgern, in: Freundesbrief der Geistlichen-Gemeinde-Erneuerung, August 1991 (ohne Seitenangabe)
Dubischar, E.: Psychodrama, in: Blattner, J./Gareis, B./Plewa, A.: Handbuch der Psychologie für die Seelsorge Bd. 2, Düsseldorf 1993, 200–213

Ehmann, H.: Theologie und Psychologie. Kurswissen Religion, Stuttgart/Dresden 1993
Ehrlich, E.L.: Traum 1. Religionsgeschichtlich 2. Im AT, in: RGG[3] Bd. 6, Tübingen 1962 (1986), 1001–1005
Eibach, U.: Depression und Glaube, in: ders.: Seelische Krankheit und christlicher Glaube. Theologische, humanwissenschaftliche und seelsorgerliche Aspekte. Theologie in Seelsorge, Beratung und Diakonie/Bd. 3, Neukirchen-Vluyn 1992, 17–42
ders.: Der leidende Mensch vor Gott. Krankheit und Behinderung als Herausforderung unseres Bildes von Gott und dem Menschen. Theologie in Seelsorge, Beratung und Diakonie/Bd. 2, Neukirchen-Vluyn 1991
ders.: Ganzheitliches Denken als Herausforderung von Theologie, Seelsorge und Diakonie, in: ders.: Heilung für den ganzen Menschen? Ganzheitliches Denken als Herausforderung von Theologie und Kirche. Theologie in Seelsorge, Beratung und Diakonie/Bd. 1, Neukirchen-Vluyn 1991, 50–94
ders.: Gesundheit und Krankheit. Anthropologische und ethische Überlegungen zur Definition der Begriffe und zum Sinn von Gesundheit und Krankheit, in: ders.: Heilung für den ganzen Menschen? Ganzheitliches Denken als Herausforderung von Theologie und Kirche. Theologie in Seelsorge, Beratung und Diakonie/Bd. 1, Neukirchen-Vluyn 1991, 19–49
ders.: Heilung für den ganzen Menschen? Ganzheitliches Denken als Herausforderung von Theologie und Kirche. Theologie in Seelsorge, Beratung und Diakonie/Bd. 1, Neukirchen-Vluyn 1991
ders.: Heilungsgeschichten der Bibel. Zum geistes- und theologiegeschichtlichen Hintergrund ihrer Interpretation in Neuzeit und Gegenwart, in: ders.: Heilung für den ganzen Menschen? Ganzheitliches Denken als Herausforderung von Theologie und Kirche. Theologie in Seelsorge, Beratung und Diakonie/Bd. 1, Neukirchen-Vluyn 1991, 95–149
ders.: Krankheit VII. Neuzeit, Krankheit VIII. Ethisch u. Krankheit IX. Praktisch-theologisch, in: TRE Bd. 19, Berlin/New York 1990, 697–705
ders.: Schulderleben – Schuldgefühle – Sündenerkenntnis, in: ders.: Seelische Krankheit und christlicher Glaube. Theologische, humanwissenschaftliche und seelsorgerliche Aspekte. Theologie in Seelsorge, Beratung und Diakonie/Bd. 3, Neukirchen-Vluyn 1992, 43–227
ders.: Seelische Krankheit und christlicher Glaube. Theologische, humanwissenschaftliche und seelsorgerliche Aspekte. Theologie in Seelsorge, Beratung und Diakonie/Bd. 3, Neukirchen-Vluyn 1992
ders.: Suchtmittelabhängigkeit, in: ders.: Seelische Krankheit und christlicher Glaube. Theologische, humanwissenschaftliche und seelsorgerliche Aspekte. Theologie in Seelsorge, Beratung und Diakonie/Bd. 3, Neukirchen-Vluyn 1992, 269–296

ders.: Suizid, in: ders.: Seelische Krankheit und christlicher Glaube. Theologische, humanwissenschaftliche und seelsorgerliche Aspekte. Theologie in Seelsorge, Beratung und Diakonie Bd. 3, Neukirchen-Vluyn 1992, 228–268
Ellis, A.: Die wichtigsten Methoden der Rational-emotiven Therapie, in: Ellis,A./ Grieger, R.: Praxis der rational-emotiven Therapie, München 1979,155–165
ders.: Interpretation in der rational-emotiven Therapie, in: Ellis, A./Grieger, R.:Praxis der rational-emotiven Therapie, München 1979, 185–193
ders.: Klinisch-theoretische Grundlagen der rational-emotiven Therapie, in: Ellis, A./Grieger, R.: Praxis der rational-emotiven Therapie, München 1979, 3–35
Ellis, B.: Satanic Ritual Abuse and Legend Ostension, in: JPT 20 (1992), 274–277
Engel, R.: Schlaf und Traum, in: Herrmann/Hofstätter/Huber/Weinert (Hrsg.): Handbuch Psychologischer Grundbegriffe, München 1977, 410–424
Engelhardt, D.von: Der Umgang des Kranken mit der Krankheit, in: Schaefer, H./ Sturm, E. (Hrsg.): Der kranke Mensch (Patientenorientierte Allgemeinmedizin Bd. 3), Berlin/Heidelberg/New York 1986, 177–184
Engelhardt, H.D.: Probleme um die Entfaltung, Gefährdung und Heilung des Lebens, in: Handbuch der christlichen Ethik Bd. 2, Freiburg/Basel/Wien 1978, 60–73
Engeli, M.: Von der Gesprächstherapie zur Seelsorge, in: Pfeifer, S.: Seelsorge und Psychotherapie – Chancen und Grenzen der Integration, Moers 1991, 144–167
Erfahrungsberichte – Ein Stück Weg, auf dem sich Heilung ereignet hat – »Ich will dich«, in: Heilung – ein Aspekt des Exerzitiengeschehens. Korrespondenz zur Spiritualität der Exerzitien, Nr. 49 34/1984, 73–77
Erikson, E.H.: Das Problem der Ich-Identität, in: ders.: Identität und Lebenszyklus. Drei Aufsätze, Frankfurt/M. 1966, 123–215
ders.: Ich-Entwicklung und geschichtlicher Wandel, in: ders.: Identität und Lebenszyklus. Drei Aufsätze, Frankfurt/M. 1966, 11–54
ders: Wachstum und Krisen der gesunden Persönlichkeit, in: ders.: Identität und Lebenszyklus. Drei Aufsätze, Frankfurt/M. 1966, 54–122
Ernst, H.: Wer nachtragend ist, muss viel schleppen. Wie Feindseligkeit und Nichtverzeihen-Können krank machen, in: Psychologie Heute April 1993, 27–29
Evans, L.: Liebe! Liebe! Liebe! Ein Mann entdeckt, worauf es ankommt, Erzhausen 1979

Faber, H./van den Schoot, E.: Praktikum des seelsorgerlichen Gesprächs, Göttingen 1974[5]
Faraday, A.: Deine Träume – Schlüssel zur Selbsterkenntnis. Ein psychologischer Ratgeber, Frankfurt a. M. 1985
Faricy, R.L.: Das Geschehen Innerer Heilung im Blick auf die Exerzitien, in: Heilung – ein Aspekt des Exerzitiengeschehens. Korrespondenz zur Spiritualität der Exerzitien, Nr. 49 34/1984, 16–22
Fasselt, G.: Die gemeinsame Verantwortung von Arzt und Seelsorger für die Kranken, Mainz 1987
Fiedler, P.A.: Diagnostische und therapeutische Verwertbarkeit kognitiver Verhaltensanteile. Praktische Ansätze für eine kognitive Therapie, in: Hoffmann, N. (Hrsg.): Grundlagen kognitiver Therapie, Bern/Stuttgart/Wien 1979, 205–248

Field, D.: Homosexualität. Was sagt die Bibel wirklich? Kehl 1982
Finck, C.F.: Daddy, in: Elija House News 20/1992 (ohne Seitenangabe)
ders.: Healing for Homosexuals, in: Elijah House News November 1992, Issue 23 S. 15
Fish, M: Die verletzte Frau. Aussteigen aus der Berg- und Talfahrt der Gefühle, Nürnberg 1995
Fowler, J.W.: Ausblicke auf die menschliche Entwicklung: Ein fiktives Gespräch, in: ders.: Stufen des Glaubens: Die Psychologie menschlicher Entwicklung und die Suche nach Sinn, Gütersloh 1991, 58–108
ders.: Dynamik des Glaubens und menschliche Entwicklung, in: ders.: Stufen des Glaubens: die Psychologie menschlicher Entwicklung und die Suche nach Sinn, Gütersloh 1991, 109–135
Föller, O.: Charisma und Unterscheidung. Systematische und pastorale Aspekte der Einordung und Beurteilung enthusiastisch-charismatischer Frömmigkeit im katholischen und evangelischen Bereich, Wuppertal/Zürich 1995[2]
Frank, J.: A Door of Hope. Recognizing and Resolving the Pain of Your Past, San Bernardino, California 1987
Frankl, V.E.: Das Leiden am sinnlosen Leben. Psychotherapie für heute, Freiburg/Basel/Wien 1977
Freud, A.: Das Ich und die Abwehrmechanismen, Wien 1936
Freud, S.: »Selbstdarstellung« (1925), in: Gesammelte Werke Bd. XIV, Frankfurt/M. 1968[4], 31–96
ders.: Abriss der Psychoanalyse, in: Gesammelte Werke Bd. XVII, Frankfurt/M. 1966[4], 63–147
ders.: Bemerkungen über die Übertragungsliebe (1915), in: Gesammelte Werke Bd. X, Frankfurt/M. 1967[4], 305–321
ders.: Das Unbehagen in der Kultur (1930), in: Gesammelte Werke Bd. XIV, Frankfurt/M. 1968[4], 419–506
ders.: Die Abwehr-Neurosen (1894), in: Gesammelte Werke Bd. I, Frankfurt/M 1969[3], 57–74
ders.: Die Traumdeutung, in: Gesammelte Werke Bd. II/III, Frankfurt/M. 1968[4], 1–642
ders: Die Zukunft einer Illusion, in: Gesammelte Schriften (1927) Bd. XIV, Frankfurt/M. 1968[4], 323–380
ders.: Erinnern, Wiederholen und Durcharbeiten (1914), in: Gesammelte Werke Bd. X, Frankfurt/M. 1967[4], 125–136
ders.: Kurzer Abriss der Psychoanalyse (1928), in: Gesammelte Werke Bd. XIII, Frankfurt/M. 1969[6], 403–427
ders.: Ratschläge für den Arzt bei der psychoanalytischen Behandlung (1912), in: Gesammelte Werke Bd. VIII, Frankfurt/M. 1969[5], 375–387
ders.: Über die Berechtigung von der Neurasthenie einen bestimmten Symptomkomplex als ›Angstneurose‹ abzutrennen, in: Gesammelte Werke Bd. I, Frankfurt/M. 1969[3], 313–342
ders.: Vorlesungen zur Einführung in die Psychoanalyse (1917), in: Gesammelte Werke Bd. XI Frankfurt/M. 1969[5], 3–482
ders.: Weitere Bemerkungen über die Abwehr-Neurosen, in: Gesammelte Werke Bd. I, Frankfurt/M. 1969[3], 377–403

ders.: Zur Dynamik der Übertragung (1912), in: Gesammelte Werke Bd. VIII Frankfurt/M. 1969, 363–374

Friday, N.: Wie meine Mutter, Frankfurt/M. 1980

Friesen, J.G.: Ego-Dystonic or Ego-Alien: Alternate Personality or Evil-Spirit?, in: JPT 20 (1992), 197–200

Fritsche, U.: Heilung/Heilungen. II. Kirchengeschichte/Ethisch/Praktisch-theologisch, in TRE Bd. 14. Berlin/New York 1985, 768–777

Gagern, F. Frh.v.: Heilung der persönlichen Geschichte, in: Maihinger Kleinschrift Nr. 4, Paderborn, 7–9

Gahbauer, F.R.: Mensch V. Alte Kirche, in: TRE Bd. XXII, Berlin/New York 1992, 493–501

Ganaway, G.K: Some Additional Questions: A Response to Shaffer & Cozolino, To Gould and Cozolino, and to Friesen, in: JPT 20 (1992), 201–205

Gareis, B.: Entwicklung und Lebenslauf, in: Blattner, J./Gareis, B./Plewa, A. (Hrsg.): Handbuch der Psychologie für die Seelsorge Bd. 1, Düsseldorf 1992, 231–267

Gauger, H.-M.: Sprache und Sprechen im Werk Sigmund Freuds, in: Neue Rundschau 85, 1974, 568–590

Gerlitz, P.: Krankheit I. Religionsgeschichtlich, in: TRE Bd. 19, Berlin/New York 1990, 675–680

Gewiess, J.: Glossolalie, in: LThK[2] Bd. 4, Freiburg 1960, 972–973

Gnilka, J.: Das Evangelium nach Markus (Mk 1-8,26), EKK II/1, Zürich/Einsiedeln/Köln 1978

Goppelt, L.: Theologie des Neuen Testaments, Göttingen 1981[3]

Gossett, D.: Sprich nur ein Wort. Wie unser Glaube durch Worte Wirklichkeit wird, Urbach 1981

Gödan, H.: Der Mensch ohne Krankheit. Christlicher Auftrag und medizinischer Fortschritt, Stundenbuch 43, Hamburg 1964

Görres, A.: Die Primärtherapie Arthur Janovs, in: Eicke, D.: Die Psychologie des 20. Jahrhunderts Bd. 3: Freud und die Folgen (II), Zürich 1977, 1210–1221

ders.: Psychoanalyse, in: LThK[2] Bd. 8 Freiburg 1963, 871–874

ders.: Psychotherapie, in: LThK[2] Bd. 8 Freiburg 1963, 889–891

ders.: Tiefenpsychologie, in: LThK[2] Bd. 10 Freiburg 1963, 181–184

Graupner-Späth, K.: »Jetzt reiß dich doch zusammen …« Vergebung und »negative Gefühle«, in: Befreiende Wahrheit Nr. 3 September 1994, 40–43

Greiner, D.: Segen und Segnen. Eine systematisch-theologische Grundlegung, Stuttgart/Berlin/Köln 1999[2]

Grom, B.: Religionspsychologie, München/Göttingen 1992

Grossmann, E.: Depression und Seelsorge. Ein Beitrag zur Bedeutung der Seelsorge für die Überwindung von Depression, Angst und Einsamkeit, idea-Dokumentation Nr. 25/1991, 3–16

Gruber, A.: Entwicklungspsychologie, in: LThK[2] Bd. 3, Freiburg 1959, 908–909

Grundmann, W.: Das Evangelium nach Markus, ThH Bd. 2, Berlin 1980[8]

Haendler, O.: Das Evangelium nach Matthäus, ThH Bd. 1, Berlin 1981[5]
ders.: Grundriss der Praktischen Theologie, STö.T 6, Berlin 1957
ders.: Jung, C.G., in: RGG[3] Bd. 3, Tübingen 1959, 1064
ders.: Tiefenpsychologie; in: RGG[3] Bd. 6, Tübingen 1961, 886–895
Häselbarth, H./aus der Wiesche, A. M./Stephan, B.: Die Taufe – Sakrament für den Weg. Selbitzer Lesezeichen 3 o. J. (1995)
Hahn, W.: Christliche Therapie im Spannungsfeld zwischen Gnade und Disziplin, in: DE'IGNIS Magazin Nr. 8, Dezember 1994, 22–24
Hainebach, O.: Betet im Geist. Wesen und Sinn des Sprachenredens, Erzhausen 1986[3]
Hamilton, M.L.: Father's Influence on Children, Chicago 1977
Hammond, F.D.: Ablehnung. Von Gebundenheit zur Freiheit, Aachen 1991
Hard, A.D.: 15 Principles for Achieving Happiness, Dallas/London/Sydney/Singapore 1988
ders.: Healing Life's Hidden Addictions, Ann Arbor/Michigan 1990
Hark, H.: Religiöse Neurosen. Ursachen und Heilung, Stuttgart 1990[3]
Hartmann, F.: Grundformen menschlichen Krankseins, in: Schaefer, H./Sturm, E. (Hrsg.): Der kranke Mensch (Patientenorientierte Allgemeinmedizin Bd. 3), Berlin/Heidelberg/New York 1986, 171–176
ders.: Psychosomatik; in: RGG[3] Bd. 5, Tübingen 1961, 705–709
Healing Ministry (Seelsorge – Beratung – Segnung) Studienseminar in England vom 13.–20. November 1991 (Hrsg.: Landeskirchenamt der Evang.-Luth. Kirche in Bayern – Ökumenereferat – Ökumenische Studienarbeit, 2. Auflage
Heilemann, O.: Vergegenwärtigung von Lebensgeschichte im seelsorgerlichen Gespräch am Krankenbett, in: Müller, W. (Hrsg.): Psychotherapie in der Seelsorge, Düsseldorf 1992, 43–54
Hein, L.: Regionale Übersicht der charismatischen Erneuerungbewegung im Luthertum, in: Christenson, L.: Komm Heiliger Geist, Neukirchen-Vluyn 1989, 332–347
Heinrichs, G.A.: Power and the Pulpit: A Look into the Diversity of Ministerial Power, in: JPT 21 (1993), 149–157
Hellinger, B.: Schuld und Unschuld aus systemischer Sicht, in: Systema 5 (1991),19–34
Hemfelt, R./Warren, P.: Kids Who Carry Our Pain, Nashville 1990
Hemminger, H.: Gefühle – sich und andere verstehen. Eine christliche Orientierung, Stuttgart 1990
Hempelmann, R.: Glossolalie in den Pfingstbewegungen (Orientierungen und Berichte Nr. 20), Stuttgart 1994, 26–39
Henning, G.: Kann man Seelsorge lernen? in: Schritte 1981, 34–38
Hillmann, W.: Gebet III. Das Gebet im NT, in: LThK[2] Bd. 4, Freiburg 1960, 540–542
Hofmann, H. K.: Biblisch-reformatorische Seelsorge: Sind traditionelle Seelsorgeformen heute noch hilfreich? in: Pfeifer, S.: Seelsorge und Psychotherapie – Chancen und Grenzen der Integration, Moers 1991, 205–230
Hoffmann, N.: Einstellungsänderung und kognitive Therapie, in: Hoffmann, N. (Hrsg.): Grundlagen kognitiver Therapie, Bern/Stuttgart/Wien 1979, 67–87

ders.: Kognitive Therapie: Einführung in den Problembereich, in: Hoffmann, N. (Hrsg.): Grundlagen kognitiver Therapie, Bern/Stuttgart/Wien 1979,13–22
Hole, G./Wolfersdorf, M./Kopittke, W.: Der leidende Mensch, in: Blattner, J./ Gareis, B./Plewa, A. (Hrsg.): Handbuch der Psychologie für die Seelsorge, Düsseldorf 1993, 9–20
Hollenweger, W.J.: Enthusiastisches Christentum. Die Pfingstbewegung in Geschichte und Gegenwart, Zürich 1969
Holmes, Th./Rathe, R.: The social readjustment scale, in: Journal of Psychosomatic Research 11 (1967), 213–218
Holsten, W.: Monismus I. Religionsgeschichtlich, in: RGG[3] Bd. 4, Tübingen 1986, 1099–1100
Holtz, T.: Der erste Brief an die Thessalonicher, EKK XIII, Zürich/Neukirchen-Vluyn 1990[2]
Honecker, U.: Der blinde Bartimäus, in: Steinhilper, R. (Hrsg.): Begegnen, berühren, heilen. Erfahrungen mit der Bibel, Stuttgart 1991, 91–97
Hoppe, G.: 2. Psychologische Entwicklung, in: EKL[3] Bd. 1, Göttingen 1986, 1042–1044
Hostie, R.: Jung, C.G., in: LThK[2] Bd. 5, Freiburg 1960, 1207–1208
ders.: Komplexe Psychologie, in: LThK[2] Bd. 6, Freiburg 1961, 420–424
Hughes, S.: The healing of memories – is it a valid biblical ministry? Part 1–4, in: Christian Counselor Vol 1/1 S. 15–18; Vol 1/2 S. 7–10; Vol 1/3 S. 15–18; Vol 1/ 4 S. 7–11
Hunt, D.: Rückkehr zum biblischen Christentum, Bielefeld 1988
ders./McMahon, T.A.: Die Verführung der Christenheit, Bielefeld 1987
Huskey, A.: Verdrängt. Eine persönliche Geschichte, in: Brennpunkt Seelsorge 93/3, 53–59
Hübner, P.: Christliche Psychologie und Therapie – Design eines neuen Paradigmas, IGNIS-Basistexte Nr. 5, Würzburg 1990
ders.: Der Delta-Faktor (II). Dämonisierung – hausgemachte Komplexe oder »Hacker« im Programm, in: IGNIS-Journal 1/91 S. 45
ders.: Leid, Schmerz, Krankheit – Defekt oder Signal? IGNIS-Basisstexte Nr. 4, Würzburg o. J. (= Teil 1 u. 2. IGNIS-Journal April 1989, Heft 1/2, 2. Jhg.,16–36; Teil 3 u. 4 IGNIS-Journal Oktober 1989, Heft 3, 2. Jhg., 15–39)
ders.: Nachwort, in: Backus, W.: Befreiende Wahrheit Teil II. Vom aufrichtigen Umgang miteinander, Wiesbaden 1993, 201–207
ders.: Prolegomena zu einer christlichen Psychologie, Lüdenscheid o. J.
ders.: Psychologie und Psychotherapie auf biblischer Basis, in: Pfeifer, S.: Seelsorge und Psychotherapie – Chancen und Grenzen der Integration, Moers 1991, 187–204

Jackson, B.: Stapleton: A Study in Psychotheological Naivite, in: JPT 8 (1980), 195–197
Jampolsky, G.: Wenn deine Botschaft Liebe ist … Wie wir einander helfen können, Heilung und inneren Frieden zu finden, München 1988[4]
Jaschke, H.: »Aus der Tiefe rufe ich, Herr, zu dir.« Psychotherapie aus den Psalmen, Freiburg i. Br. 1989

ders.: Psychotherapie aus dem Neuen Testament. Heilende Begegnungen mit Jesus, Freiburg i. Br. 1987
Jauss, H.: Ich will mit dir reden, meine Seele, in: Steinhilper, R. (Hrsg.): Begegnen, berühren, heilen. Erfahrungen mit der Bibel, Stuttgart 1991, 52–59
Jentsch, W./Jetter, H./Kießig, M./Reller, H.: Evangelischer Erwachsenenkatechismus, Gütersloh 1975[2]
ders.: Der Seelsorger. Beraten – Bezeugen – Befreien. Grundzüge biblischer Seelsorge, Moers 1982
ders.: Erneuerung der Seelsorge, in: Pfeifer, S.: Seelsorge und Psychotherapie – Chancen und Grenzen der Integration, Moers 1991, 251–276
ders.: Proprium, Elemente und Formen der Seelsorge, in: Pfeifer, S.: Seelsorge und Psychotherapie – Chancen und Grenzen der Integration, Moers 1991, 31–57
Jeremiah, F.R.: Der Weg zur göttlichen Heilung. Heilung für den ganzen Menschen, Erzhausen S. 1987
Johnson, D./Van Vonderen, J.: »The Subtle Power of Spiritual Abuse. Recognizing and Escaping Spiritual Manipulation and False Spiritual Authority Within the Church«, Minneapolis/Minnesota 1991
Joraschky, P./Köhle, K.: Maladaptation und Krankheitsmanifestation. Das Stresskonzept in der Psychosomatischen Medizin, in: Uexküll, T.v.: Lehrbuch der Psychosomatischen Medizin; München/Wien/Baltimore 1979, 170–202
Jores, A.: Die christliche Lehre von der Krankheit als Folge der Erbsünde im Licht psychologischer Krankheitsbetrachtung, in: Arzt und Christ 2 (1958), 99ff
ders.: Psychosomatische Medizin, in: LThK[2] Bd. 8, Freiburg 1963, 886–887

Keilbach, W.: Zungenreden, in: RGG[3] Bd. 6, Tübingen 1986, 1940–1941
Kelber, G.: Seelsorge an Seelsorgern, in: Freundesbrief der Geistlichen Gemeinde-Erneuerung, August 1992 (ohne Seitenangabe)
Keller, F.: Innere Heilung, in: Rudin, E. (Hrsg.) Arbeitshilfe für Seelsorger, Gnadenthal 1985[3], 85–89
Kern, M.: Evangelische Allianz und charismatische Bewegung in den neuen Bundesländern, in: IDEA-Dokumentation 1/93, 4–5
Keucher, D.: Seelsorgekonferenz in Chemnitz mit 1200 Teilnehmern, in: Freundesbrief der Geistlichen Gemeinde-Erneuerung, Dezember 1994, 8
Kierkegaard, S.: Die Krankheit zum Tode (rororo Klassiker Werke 4), Hamburg 1962
Kirchner, H./Planer-Friedrich, G./Sens, M./Ziemer, C. (Hrsg.): Charismatische Erneuerung und Kirche. Im Auftrag der Theologischen Studienabteilung beim Bund der Evangelischen Kirchen in der DDR, Neukirchen-Vluyn 1984
Kirschner, G./May, W: Grundprinzipien christlicher Psychologie und Therapie, IGNIS-Basistexte Nr. 2 o. J. (= IGNIS-Journal April 1989 Heft 1/2, 2. Jhg., 45–50)
Kix, J.: Anderen vergeben: Seelsorger fragen – IGNIS antwortet, in: Befreiende Wahrheit Nr. 3, September 1994, 47–50
ders.: Ist es »vergeblich«?, in: Befreiende Wahrheit Nr. 3 (September 1994), 20–30

Klein, H. D.: Monismus, in: EKL[3] Bd. 3, Göttingen 1992, 531–532
Knoch, O.: »Heilt Kranke, treibt Dämonen aus!« (Mt 10,8) Vorwort, in: McAll, K.: Familienschuld und Heilung, Salzburg 1986, 5–9
Knorre, H.v.: Seelische Krankheit – Heilung und Heil. Gedanken und Erfahrungen von Ärzten der Klinik Hohe Mark, Marburg a.d.L. 1987[4]
ders.: Tiefenpsychologisch fundierte Therapie und Seelsorge, in: Pfeifer, S.: Seelsorge und Psychotherapie – Chancen und Grenzen der Integration, Moers 1991, 59–87
Koch, K.E.: Besessenheit und Exorzismus, Basel o. J.
ders.: Seelsorge und Okkultismus. Eine Untersuchung unter Berücksichtigung der Inneren Medizin, Psychiatrie, Psychologie, Tiefenpsychologie, Religionspsychologie, Parapsychologie, Theologie, Öhringen 1982[24]
Koch, T.: Mensch IX. Systematisch-theologisch, in: TRE Bd. XXII, Berlin/New York 1992, 548–567
ders.: Mensch VIII. 19. und 20. Jahrhundert, in: TRE Bd. XXII, Berlin/New York 1992, 530–548
Kopfermann, W.: Noch einmal: Innere Heilung, in: Rundbrief der Geistlichen Gemeinde-Erneuerung Nr. 28, Juni 1988, 16–23 (= DE'IGNIS Magazin Nr. 7 [1994], 17–21)
Köberle, A.: Das Schuldproblem in Psychotherapie und Seelsorge, in: ders.: Heilung und Hilfe. Christliche Wahrheitserkenntnis in der Begegnung mit Naturwissenschaft, Medizin und Psychotherapie, Moers 1985, 171–179
ders.: Das Vaterbild bei Franz Kafka, in: ders.: Heilung und Hilfe. Christliche Wahrheitserkenntnis in der Begegnung mit Naturwissenschaft, Medizin und Psychotherapie, Moers 1985, 215–224
ders.: Heilung und Hilfe. Christliche Wahrheitserkenntnis in der Begegnung mit Naturwissenschaft, Medizin und Psychotherapie, Moers 1985
ders.: Schöner und entstellter Leib als ethisches Problem, in: ders.: Heilung und Hilfe. Christliche Wahrheitserkenntnis in der Begegnung mit Naturwissenschaft, Medizin und Psychotherapie, Moers 1985, 83–91
Köhle, K.: Die Institutionalisierung der Psychosomatischen Medizin, in: Uexküll, T.v.: Lehrbuch der Psychosomatischen Medizin; München/Wien/Baltimore 1979, 299–326
König, F.: Problemlösen und kognitive Therapie, in: Hoffmann, N. (Hrsg.): Grundlagen kognitiver Therapie, Bern/Stuttgart/Wien 1979, 155–175
König, K./Leichsenring F.: Psychotherapie, in: EKL[3] Bd. 3, Göttingen 1992, 1397–1403
Kraft, C.H.: Christianity with Power. Your Worldview and Your Experience of Supernatural, Ann Arbor/Michigan 1989
Krehl, L.v.: Entstehung, Erkennung, Behandlung innerer Krankheiten Bd. 1, Leipzig 1930
Kruse, F.: Der pränatale Mensch. Entwurf einer Primordialpsychologie, in: Imago mundi 4 (1973), 141–168
Kuhlman, K.: Er half mir …, Persönliche Berichte von Menschen, denen Gott aus ihrer Not geholfen hat. Schorndorf, 1972
Kübler-Ross, E.: Interviews mit Sterbenden, Stuttgart/Berlin 1969

Ladd, G.E.: The Pauline Psychology, in: ders.: A Theology of the New Testament, Grand Rapids/Michigan 1974[3]

Lambert, W.: Schmerz, der Schmerzen heilt, in: Heilung – ein Aspekt des Exerzitiengeschehens. Korrespondenz zur Spiritualität der Exerzitien, Nr. 4934/1984 S. 31

Langberg, D.: The Core of Healthy Families, in: Christian Counselling Today (October 1992) S. 40

Lauer, S.: Leiden II. Judentum, in: TRE Bd. 20, Berlin/New York 1990, 672–677

Lazarus, R.S.: The concept of stress and disease, in: Levi, L.: Society, Stress and Desease. The Psychosocial Environment and Psychosomatic Desease, London/New York 1971, 53–58

Lechler, A.: Der Dämon im Menschen, Stuttgart, o. J.

Lefrank, A. (Hrsg.): Heilung – ein Aspekt des Exerzitiengeschehens. Korrespondenz zur Spiritualität der Exerzitien, Nr. 49 34/1984

ders.: Ort und Stellenwert von Innerer Heilung im Exerzitienprozess, in: Heilung – ein Aspekt des Exerzitiengeschehens. Korrespondenz zur Spiritualität der Exerzitien, Nr. 49 34/1984, 48–60

ders.: Was ich will – Zum Unterschied zwischen echtem und falschem Leiden, in: Heilung – ein Aspekt des Exerzitiengeschehens. Korrespondenz zur Spiritualität der Exerzitien, Nr. 49 34/1984, 22–30

Leonhard, L.: Töchter und Väter. Heilung einer verletzten Beziehung, Frankfurt/M. 1992[2]

Lerner, H.G.: The Dance of Intimicy, New York, NY 1985

Lewis, C.D.: Zeichen und Wunder in Sheffield. Eine sozialanthropologische Analyse von Worten der Erkenntnis, Manifestationen des Geistes und der Wirksamkeit göttlicher Heilung, in: J. Wimber: Heilung in der Kraft des Geistes, Hochheim 1987, 235–254

Lewis, C.S.: Über den Schmerz (Übersetzung von H. und J. Pieper), München 1978

Lilly, G.: Der Segen des Vergebens. Vergib und dir wird vergeben, Erzhausen 1986[9]

Linn, D./M./Fabricant, S.: Gott des Lebens. Vom Annehmen der Trauer zur Heilung, Graz/Wien/Köln 1988

Linn, M./D./S.: Glaube, der heilt: in den acht Lebensstadien, Graz/Wien/Köln 1991

Linn, M.u.D.: Beschädigtes Leben heilen. Was Gebet und Gemeinschaft helfen können, Graz/Wien/Köln 1981

Lipowski, Z.J.: New perspectives in psychosomatic medicine, in: Can. Psychiatr. Assoc. J. 15 (1970), 515–525

Littauer, F.u.F.: Freeing Your Mind From Memories That Bind. How to Heal The Hurt's of The Past, San Bernardino/California 1988

Lorenz, R.: Monismus II. Philosophisch, in: RGG[3] Bd. 4, Tübingen 1986, 1100–1102

Lotze, G.: Frauenleiden, in: Steinhilper, R. (Hrsg.): Begegnen, berühren, heilen. Erfahrungen mit der Bibel, Stuttgart 1991, 46–51

Lukas, E.: Auch dein Leben hat Sinn. Logotherapeutischer Weg zur Gesundung, Freiburg i. Br. 1980

dies.: Auch dein Leiden hat Sinn. Logotherapeutischer Trost in der Krise, Freiburg im Breisgau 1981 (Neuausgabe 1994)
Lutz, P.: Implikationen christlicher Therapie. Eine Expertenbefragung mit christlichen Therapeuten, Berlin 1991 (unveröffentlichte Diplomarbeit im Fach Psychologie)
Lutzer, E.W.: Putting Your Past behind You. Turn Yesterday's Trauma into Today's Triumph, San Bernadino/California 1991[2]
Luz, U.: Das Evangelium nach Matthäus (Mt 1-7), EKK I/l, Zürich/Einsiedeln/Köln 1985
ders.: Das Evangelium nach Matthäus (Mt 8-17), EKK I/2, Zürich/Einsiedeln/Köln 1990

MacDonald, G.: Wenn alles zerbricht. Schritte zum persönlichen Neuanfang, Mainz-Kastel 1990
MacNutt, F.: Beauftragt zu heilen. Eine praktische Weiterführung, Graz/Wien/Köln 1979
ders.: Die Kraft zu heilen. Das fundamentale Buch über Heilen durch Gebet, Graz/Köln/Wien 1977[2]
ders.: How Soaking Prayer Works, in: The Journal of Christian Healing 12 (1990), 24–26
ders. u. J.: Werdendes Leben sorgend und betend begleiten, Graz/Wien/Köln 1990
Mader, A.: Der angenommene Mensch. Gedanken eines Nervenarztes, Wuppertal 1978
Mahler, M.S./Pine, F./Bergman, A.: Die psychische Geburt des Menschen. Symbiose und Individuation, Frankfurt a. M. 1993
Mahler, R.: Theologische Grundlage der christlichen Therapie, in: Christliches Zeugnis 1992/1, 34–36
Mahoney, M.J.: Kognitive Verhaltenstherapie, München 1977
Margies, W.: Befreiung, Berlin 1988
ders.: Heilung durch sein Wort – Der Verzicht auf Psychotherapie Teil I: Seelsorge im Widerstreit zur Psychotherapie, Urbach 1985[4]
ders.: Heilung durch sein Wort – Die geistliche Behandlung seelischer und körperlicher Krankheiten Teil II: Syndromorientierte Seelsorgelehre, Urbach 1988[5]
Marsch, M.: Geht und heilt, in: Rundbrief der Geistlichen Gemeinde-Erneuerung Nr. 29, September/Oktober 1988, 16–21
ders.: Heilen. Biblische Grundlagen des Heilungsauftrags der Kirche, Salzburg 1983
ders.: Heilung durch die Sakramente, Graz/Wien/Köln 1987
Martin, G. M.: »Bibliodrama« als Spiel, Exegese und Seelsorge, in: WPKG 68 (1979), 135–144
Martin, S. H.: Healing for Adult Children of Alcoholics, Nashville/Tennesee 1988
Marxner, F.: Die inneren geistlichen Sinne. Ein Beitrag zur Deutung ignatianischer Mystik, Freiburg/Basel/Wien 1963
Maslow, A.: Motivation und Persönlichkeit (Aus dem Amerikanischen von P. Krutorad), Hamburg 1994

Massey, C.: Der Geist ist willig … Wie Sie Ihre »alte Natur« überwinden, Asslar 1988
Massing, A./Reich, G./Sperling, E.: Die Mehrgenerationen-Familientherapie, Göttingen 1992[2]
Maultsby (Jr.), M.C.: Emotionale Umerziehung, in: Ellis, A./Grieger, R.: Praxis der rational-emotiven Therapie, München 1979, 194–212
May, W./Oberbillig, R.: Gott hören. Prophetische Diagnostik, IGNIS-Basistexte Nr. 3, Würzburg 1990 (= Teil 1, IGNIS-Journal April 1989, Heft 1/2, 2. Jhg., S. 38–44; Teil 2, IGNIS-Journal Oktober 1989 Heft 3, 2. Jhg. S. 40–44; Teil 3, IGNIS-Journal April 1990, Heft 1, 3. Jhg., S. 16–20)
ders.: Es beginnt schon, bevor es losgeht. Die Phase der Vorbereitung im Seelsorge-Gespräch, in: Befreiende Wahrheit Nr. 3 (September 1994), 6–10
ders.: Von der Möglichkeit und Unmöglichkeit einer biblischen Topologie. Erste Schritte zu einem biblischen Menschenbild, in: IGNIS-Journal 5 (1992), 26–37
McAll, K.: Familienschuld und Heilung, Salzburg 1986
McClung, F.: Das Vaterherz Gottes, Tübingen 1986
McManus, J.: Die heilende Kraft der Sakramente und des Gebetes, Salzburg 1985
McMinn, M.R.: Keeping the Emotional Intensity High, in: Christian Counselling Today October 1992, 30–31
Mehlhausen, J.: Krankheit VI. Reformationszeit, in: TRE Bd. 19, Berlin/New York 1990, 694–697
Meier, P.: How Kids Grow, in: Today's Better Life Vol 2 No 2, 34–39
Meissner, W.W.: An Interview with Psychonanalyst, in: Psychology or Religion Newsletter, Vol 18 No 2 1993, 4–12
Merkel, C.M.: Psychoanalyse, in: Blattner, J./Gareis, B./Plewa, A.: Handbuch der Psychologie für die Seelsorge Bd. 2, Düsseldorf 1993, 111–141
Meseguer, P: Das Geheimnis der Träume, Innsbruck/Wien/München 1963
Metzger, S.: Heilung ist ein Weg und braucht Zeit, in: Steinhilper, R. (Hrsg.): Begegnen, berühren, heilen. Erfahrungen mit der Bibel, Stuttgart 1991, 34–39
Michel, K.-H.: Zum Verhältnis von Geschöpflichkeit und Heiligem Geist, in: IDEA-Dokumentation 1/93, 16–17
Michel, O./Fischer, A.: Gestaltwandel des Bösen, Wuppertal 1975
Mildenberger, F.: Grundwissen der Dogmatik. Ein Arbeitsbuch, Stuttgart/Berlin/Köln/Mainz 1987[3]
Miller, A.: Das Drama des begabten Kindes, 1979
Minirth, F.: Our Treasure Chest of Memories. The joy and truth of memories can enrich and change our lives, in: Today's Better Life Vol 2 No 2, 74–77.111
Missildine, W.H.: In dir lebt das Kind, das du warst, Stuttgart 1979[2]
Mitscherlich, A.: Krankheit als Konflikt – Studien zur psychosomatischen Medizin Bd. 2, Frankfurt a. M. 1975[6]
Moberley, E.R.: Homosexuality: A New Christian Ethic, Cambridge 1983
Moore, P.: Binding Prayer for Protection, in: The Journal of Christian Healing 12 (1990), 23–26
Moreno, J.L.: The Religion of God-Father, in: Johnson, P.E. (Hrsg.): Healer of the Mind, New York 1972, 197–215
ders.: The Words of the Father, Beacon 1971

ders.: Who Shall Survive?, Beacon 1978
Moser, T.: Gottesvergiftung, Frankfurt 1978[2]
Möller, C.: Wie geht es in der Seelsorge weiter?. Erwägungen zum gegenwärtigen und zukünftigen Weg in der Seelsorge, in: ThLZ 113 (1988), 410–422
Mückstein, W./Wulf, C.: Identitätsfindung und Heilung im Exerzitienprozess bei Jugendlichen und jungen Erwachsenen, in: Heilung – ein Aspekt des Exerzitiengeschehens. Korrespondenz zur Spiritualität der Exerzitien, Nr. 49 34/1984, 61–72
Mühlan, E.: Schlechte Noten für Väter, in: Impulse 3/1991, 6–9
Mühlen, H.: Einübung in die christliche Grunderfahrung. Zweiter Teil: Gebet und Erwartung, Mainz 1981[9]
Müller, F. H.: Die verletzte Kinderseele. Sexueller Missbrauch von Kindern, in: Bleib Gesund. Das AOK-Magazin 3/93, 3–5
Müller, G.: Gebet VIII. Dogmatische Probleme gegenwärtiger Gebetstheologie, in: TRE Bd. 20, Berlin/New York 1984, 84–94
Müller, J.: Das Gottesbild des männlichen Jugendlichen und seine Beziehung zum Elternbild. Untersuchung an katholischen Schülern der Gymnasien Salzburgs (unveröffentlichte Dissertation), Salzburg 1974
ders.: Gott heilt auch dich. Seelische und körperliche Heilung durch einen lebendigen Glauben, Stuttgart 1983
ders.: Ich habe dich gerufen. Meine Erfahrungen mit Gott, Stuttgart 1992
ders: Kranke Seele – kranker Körper, München 1984
ders.: Lebensängste und Begegnung mit Gott, Stuttgart 1985
Müller, U.B.: Krankheit III. Neues Testament, in: TRE Bd. 19, Berlin/New York 1990, 684–686
Müller, W. (Hrsg.): Psychotherapie in der Seelsorge, Düsseldorf 1992
ders.: Heilung als Begegnung, in: ders. (Hrsg.): Psychotherapie in der Seelsorge, Düsseldorf 1992, 11–29
Münderlein, G.: Der Heilungsauftrag der Kirche, in Korrespondenzblatt 107/92, 136–137

Nagel, W.: Exorzismus II. Liturgiegeschichtlich, in: TRE Bd. 10 Berlin/New York 1982, 750–756
Neidhard, J.: Leib, Seele und Geist. Dichotomie oder Trichotomie?, in: Bibel und Gemeinde, Basel 1985
Neidhard, W.: Exorzismus III. Praktisch-Theologisch, in: TRE Bd. 10 1982, 756–761
Nicol, M.: Gespräch als Seelsorge. Theologische Fragmente zu einer Kultur des Gesprächs, Göttingen 1990
Nielsen, H.K.: Heilung und Verkündigung. Das Verständnis der Heilung und ihres Verhältnisses zur Verkündigung bei Jesus und in der ältesten Kirche, Leiden/New York/Kobenhavn/Köln 1987
Noelle-Neumann, E.: Der schlimme Irrtum mit der Kindererziehung, in: Hörzu 43/16. 10. 1992, 28–29
Noth, M.: Das 2. Buch Mose. Exodus, ATD 5, Göttingen 1978[6]

Nuttin, J.: Individualpsychologie, in: LThK[2] Bd. 5, Freiburg 1960, 655–658
Nüchtern, M.: Die Sehnsucht nach Heilung. EZW-Texte Information Nr. 116 XI, Stuttgart 1991

Oberman, H. A: Die Kirche im Zeitalter der Reformation. Kirchen- und Theologiegeschichte in Quellen Bd. 3, Neukirchen-Vluyn 1988[3]
Oerter, R.: Entwicklung als lebenslanger Prozess. Hamburg 1978
Ondrovic, J./Hamilton, D.: Is Therapy Science or Religion, Logic or Faith? A Response to Shaffer & Cozolino, Gould & Cozolino, and Friesen, in: JPT20 (1992), 210–212
Otto, J.: Attribuierungsproblematik und kognitive Therapie, in: Hoffmann, N. (Hrsg.): Grundlagen kognitiver Therapie, Bern/Stuttgart/Wien 1979, 91–110

Passantino, B. u. G.: Satanic Ritual Abuse in Popular Christian Literature: Why Christians Fall for a Lie Searching for the Truth, in: JPT 20 (1992), 299–305
dies.: When the Devil Dares Your Kids. Protecting Your Children from Satanism, Witchcraft, and the Okkult, Ann Arbor/Mitchigan 1991 (= Auf Teufel komm raus? Wie schützen wir unsere Kinder vor Satanismus, Hexerei und dem Okkulten?, Asslar 1992)
Pax, E.: Traum I. Religionsgeschichte II. Schrift, in: LThK[2] Bd. 10, Freiburg i. B. 1965, 326–328
Payne, L.: Das zerbrochene Bild, Kehl/Rhein 1987
dies.: Die Heilung des homosexuellen Menschen, in: Werner, R. (Hrsg.): Homosexualität und Seelsorge, Moers 1993, 45–74
dies.: Heilende Gegenwart. Heilung des Zerbrochenen durch Gottes Liebe, Neukirchen-Vluyn 1994
dies.: Krise der Männlichkeit, Neukirchen-Vluyn 1991
Penfield, W.: Memory Mechanisms, in: American Medical Association Archieves of Neurology and Psychiatry 67 (1952), 178–198
Peters, A.: Christliche Seelsorge im Horizont der drei Glaubensartikel. Aspekte einer theologischen Anthropologie, in : ThLZ 114/1989, 641–660
Petzold, H.: Psychodrama als Instrument der Pastoralpsychologie, der religiösen Selbsterfahrung und der Seelsorge, in: WZM 24 (1972), 41–56
Pfeifer, S.: Belief in Demons and Exorcism in Psychiatric Patients in Switzerland, in: British Journal of Medical Psychology 67 (1994) S. 247–258
ders.: Die Bedeutung der Psychotherapieforschung für die Seelsorge, in: ders.: Seelsorge und Psychotherapie. Chancen und Grenzen der Integration, Moers 1991, 123–143
ders.: Seelsorge und Psychotherapie – Chancen und Grenzen der Integration, Moers 1991
Pingleton, J.P.: The Role and Function of Forgiveness in the Psychotherapeutic Process, in: JPT 17 (1989), 27–35
Plaum, F.G./Stephanos, S.: Die klassischen psychoanalytischen Konzepte der Psychosomatik und ihre Beziehungen zum Konzept der »pensee operatoire«, in: Uexküll, T.v. (Hrsg.): Lehrbuch der Psychosomatischen Medizin, München/Wien/Baltimore 1979, 203–216

Plewa, A.: Logotherapie, in: Blattner, J./Gareis, B./Plewa, A.: Handbuch der Psychologie für die Seelsorge Bd. 2, Düsseldorf 1993, 226–232
Pongratz, L.J.: Traum III. Psychologisch, in: LThK[2] Bd. 10, Freiburg i. B. 1965, 328–329
Prenter, R.: Anthropologie IV. Dogmatisch, in: RGG[3] Bd. 1, Tübingen 1986, 420–424
Propst, L.R.: A Response to Alsdurf and Malony, in: JPT 8 (1980), 191–194
Pytches, M.: A child no more. Growing into Christian maturity, London 1991 (= dies.: Schritte zur Reife [aus dem Englischen von Antje Balters]), Neukirchen-Vluyn 1993)
dies.: Das Kind von gestern, Neukirchen-Vluyn 1991
dies.: Set My People Free. Inner Healing in the Local Church, London 1993[5]

Rad, G.v.: Das erste Buch Mose. Genesis, ATD 2–4, Göttingen 1981[11]
Rad, M.v.: Gestaltkreis und Medizinische Anthropologie. Das Erbe V. v. Weizsäckers, in: Hahn, P. (Hrsg.): Kindlers »Psychologie des 20. Jahrhunderts«. Psychosomatik Bd. 1, Weinheim/Basel 1983, 186–194
Rahner, K.: Gebet IV. Dogmatisch, in: LThK[2] Bd. 4, Freiburg i. B. 1960, 542–545
Ratschow, C.H.: Gebet I. Religionsgeschichtlich, in: TRE Bd. 20, Berlin/New York 1984, 31–34
Rebell, W.: Erfüllung und Erwartung. Erfahrungen mit dem Geist im Urchristentum, München 1991
ders.: Psychologisches Grundwissen für Theologen. Ein Handbuch, München 1988
Reimer, H.-D.: Wenn der Geist in der Kirche wirken will. Ein Vierteljahrhundert charismatische Bewegung, Stuttgart 1987
Rey, K.G.: Gotteserlebnisse im Schnellverfahren. Suggestion als Gefahr und Charisma, München 1985
ders.: Neuer Mensch auf schwachen Füßen, Erfahrungen eines Psychoanalytikers mit Gott, München 1984[2]
Rhally, M.: Schwierigkeiten in der therapeutischen Begegnung, in: Wheelwright, J.B. (Hrsg.): The Reality of the Psyche, London 1968, 208–221
Riemann, F.: Grundformen der Angst. Eine tiefenpsychologische Studie, München 1985
Rieth, E.: Alkoholkrank? Eine Einführung in die Probleme des Alkoholismus für Betroffene, Angehörige und Helfer, Bern/Wuppertal 1981[7]
Ritschl, D.: Gott wohnt in der Zeit. Auf der Suche nach dem verlorenen Gott, in: Gottes Zukunft – Zukunft der Welt, FS J. Moltmann, München 1986
ders.: Heilung, in: EKL[3] Bd. 2, Göttingen 1989, 475–478
Rogers, M.L.: A Call for Discernment – Natural and Spiritual: An Introductory Editorial to a Special Issue on SRA, in: JPT 20 (1992), 175–186
Rohr, R./Ebert, A.: Das Enneagramm. Die 9 Gesichter der Seele, München 1991[12]
Rohrbach, R.: Vom Mut, neue Wege zu gehen, in: Steinhilper, R. (Hrsg.): Begegnen, berühren, heilen. Erfahrungen mit der Bibel, Stuttgart 1991, 116–119
Roloff, J.: Glossolalie, in: EKL[3] Bd. 2, Göttingen 1989, 215–216
Rosik, C.H.: Conversation With an Internal Self Helper, in: JPT 20 (1992), 217–223

ders.: Satanic Ritual Abuse: A Response to Featured Articles By Shaffer & Cozolino, Gould & Cozolino, and Friesen, in: JPT 20 (1992), 213–216
Rössler, D.: Psychotherapie II. Theologische Beurteilung; in: RGG[3] Bd. 5, Tübingen 1961, 715–718
Rudolph, K.: Gebet 1. Religionsgeschichtlich, in: EKL[3] Bd. 3 Göttingen 1989, 8–12
Ruthe, R.: Krankheiten – Signale der Seele. Hilfen für den ganzen Menschen, Moers 1993
ders.: Therapeutische Partnerschafts- und Eheberatung unter Einbeziehung der Individualpsychologie Alfred Adlers, in: Pfeifer, S.: Seelsorge und Psychotherapie – Chancen und Grenzen der Integration, Moers 1991, 105–122
ders.: Wenn die Seele schreit. Macht der Glaube psychisch krank?, Moers 1993[2]
ders./Ruthe-Preiss, L.: Traumbotschaften. Deutungshilfen für die Seelsorge, Wuppertal/Zürich 1994
Rychlak, J.: Logical learning theory: Propositions, corallaries, and research evidence, in: Journal of Personality and Social Psychology, 40 (1981), 731–749

S. Laeuchli: Das Spiel vor dem dunklen Gott – »Mimesis« – ein Beitrag zur Entwicklung des Bibliodramas, Neukirchen-Vluyn 1987
Saft, W.: Seelische Ursachen für körperliche Leiden. Teil 1, in: Evangelisches Sonntagsblatt aus Bayern, Rothenburg o.d.T. 23 (108) 7. Juni 1992 S. 6; Teil 2 ebd. 24 (108) 14. Juni 1992 S. 6; Teil 3 ebd. 25 (108) 21. Juni 1992 S. 3
Sandford, J. u. M.: A Comprehensive Guide to Deliverance and Inner Healing, Grand Rapids, Michigan 1992
dies.: Elias Auftrag. Gottes Ruf in den prophetischen Dienst, Solingen 1992
dies.: Heilung des verwundeten Geistes, Solingen 1992 (= Healing the Wounded Spirit, Tulsa 1985)
dies.: Umgestaltung des inneren Menschen, Solingen 1991 (= The Transformation of the Inner Man, Tulsa 1982)
dies./Bowman, N.: Waking the Slumbering Spirit, Arlington/Texas 1993
Sandford, P.: Heilung für die Gefühle der Frau. Ein Buch für Frauen und die Männer, die sie lieben, Solingen 1993
Sandford, R. L.: Der verwundete Christ. Heilwerden von Stress, Lüdenscheid 1990
Sanford, A.: Healing Gifts of the Spirit, 1993[10]
dies.: Heilendes Licht, Marburg a.d.L. 1974
dies.: The Healing Light, Ballantine/New York, 1972
Sanford, J. A.: Gottes vergessene Sprache, Zürich/Stuttgart 1966
Scalan, M.: Inner Healing, New York 1974
Schaefer, H.: Lebensereignisse und Krankheit, in: ders./Sturm, E. (Hrsg.): Der kranke Mensch (Patientenorientierte Allgemeinmedizin Bd. 3), Berlin/Heidelberg/New York 1986, 155–156
ders.: Persönlichkeitsprägung und Deprivation als Krankheitsursache, in: ders./Sturm, E. (Hrsg.): Der kranke Mensch (Patientenorientierte Allgemeinmedizin Bd. 3), Berlin/Heidelberg/New York 1986, 156–159

ders.: Wer ist gesund – wer ist krank?, in: ders./Sturm, E. (Hrsg.): Der kranke Mensch (Patientenorientierte Allgemeinmedizin Bd. 3), Berlin/Heidelberg/New York 1986, 15–18
Scharbert, J.: Krankheit II. Altes Testament, in: TRE Bd. 19, Berlin/New York 1990, 680–683
ders.: Leiden I. Altes Testament, in: TRE Bd. 20, Berlin/New York 1990, 669–711
Scharfenberg, J.: Seelsorge als Gespräch. Zur Theorie und Praxis der seelsorgerlichen Gesprächsführung, Göttingen 1987[4]
ders.: Übertragung und Gegenübertragung in der Seelsorge, in: Forschung und Erfahrung im Dienst der Seelsorge (O. Haendler-FS), 1961, 80–89
Scharrer, E.: Heilung des Unbewussten, Marburg a.d.L. 1985[3]
ders.: Jesus im Gespräch. Therapie und Seelsorge in den Dialogreden Jesu, Wuppertal 1987
ders.: Psychisches Fehlverhalten und die Heilung der Gottesbeziehung, Marburg a.d.L. 1984
Schenk-Danzinger, U.: Entwicklungspsychologie, Wien 1985[17]
Scheunemann, D.: Die seelische und dämonische Gefährdung des Heiligen Geistes und seiner Gaben, in: IDEA-Dokumentation 1/93, 18–22
Schindler, H.: Handauflegen stärkt das Immunsystem. Propst John Petty (Coventry) zur Heilung als Gemeindeaufgabe, in: Münchener Sonntagsblatt Nr. 4. (14. April 1993) S. 3
Schipperges, H.: Krankheit IV. Alte Kirche u. Krankheit V. Mittelalter in: TRE Bd. 19, Berlin/New York 1990, 686–694
Schlink, E.: Ökumenische Dogmatik. Grundzüge, Göttingen 1983
Schmidt, E.: Bibliodrama. Vergleich verschiedener Ansätze, unveröffentlichte Graduierungsarbeit zur Erlangung der Zertifikation zur Psychodrama-Therapeutin, Altdorf 1993
Schmidt, H.: Wenn Kinder »Schwierigkeiten« machen, in: Befreiende Wahrheit Nr. 3 (September 1994), 74–78
Schmidt, W. H.: 1. Alttestamentliche Anthropologie, in: EKL[3] Bd. 1, Göttingen 1986, 156–158
Schnabel, N.: Sehnsucht nach dem Vater, in: Brennpunkt Seelsorge März/April 2/94, 31–39
Schnackenburg, R.: Die sittliche Botschaft des Neuen Testaments. Band 2: Die urchristlichen Verkündiger, HthK Supplementband, Freiburg i. B. 1988
Schneider, J.: Das Evangelium nach Johannes, ThH (Sonderband), Berlin 1985[3]
Scholl, N.: Kleine Psychoanalyse christlicher Glaubenspraxis, Kösel 1980
Schrage, W.: Heil und Heilung im Neuen Testament, in: EvTh 46/1986, 197–214
Schrenk, G.: Geist und Enthusiamus. Eine Erläuterung zur paulinischen Theologie, in: ders.: Studien zu Paulus, AThANT 26, Zürich 1954, 107–127
Schröder, E.C.: Krankheit X. Philosophisch, in: TRE Bd. 19, Berlin/New York 1990, 705–709
Schulz, F.: Gebet VII. Das Gebet im deutschsprachigen evangelischen Gottesdienst, in: TRE Bd. 20, Berlin/New York 1984, 71–84
Schweizer, E.: »Der Geist ists, der lebendig macht« – Geist und Geisterfahrung im Neuen Testament, in: Ramstein, C./Dürr, H. (Hrsg.): FS für E. Buess, Basel 1993

ders.: Das Evangelium nach Lukas, NTD Bd. 3, Göttingen 1982[18]
ders.: πνεῦμα, πνευματικός E. Das Neue Testament, in: ThWNT Bd. VI, Stuttgart/Berlin/Köln 1990, 394–453
Seamands, D.: Befreit vom kindischen Wesen. »... tat ich ab, was kindisch war«, Marburg a.d.L. 1987[2]
ders.: Heilende Gnade. Der Weg zu einem befreiten Leben, Marburg a.d.L. 1990
ders.: Heilung der Erinnerungen, Marburg a.d.L. 1987
ders.: Heilung der Gefühle. »... so werdet ihr recht frei«, Marburg a.d.L. 1991[7]
Seiler, T.B.: Genetische Kognitionstheorie, Persönlichkeit und Therapie, in: Hoffmann, N. (Hrsg.): Grundlagen kognitiver Therapie, Bern/Stuttgart/Wien 1979, 25–65
Seitz, M.: Braucht die moderne Gesellschaft die Seelsorge der Kirche?, in: ders.: Praxis des Glaubens, Göttingen 1979[2], 97–108
ders.: Überlegungen zu einer biblischen Theologie der Seelsorge, in: ders.: Praxis des Glaubens, Göttingen 1979[2], 84–96
Selg, H.: Aggression, in: Herrmann/Hofstätter/Huber/Weinert (Hrsg.): Handbuch psychologischer Grundbegriffe, München 1977, 15–27
Semmer, N./Frese, M.: Handlungstheoretische Implikationen für kognitive Therapie, in: Hoffmann, N. (Hrsg.): Grundlagen kognitiver Therapie, Bern/Stuttgart/Wien 1979, 115–150
Shaffer, R.E./Cozolino, L.J.: Adults Who Report Childhood Ritualistic Abuse, in: JPT 20 (1992), 188–193
Shaw, D.: Mein Leben ist verändert, in: Kuhlman, K.: Er half mir ..., Persönliche Berichte von Menschen, denen Gott geholfen hat, Schorndorf 1972, 85–95
Shaw, R.D.: Another Way of Looking at the Data: A Reaction to Phillips Stevens, in: JPT 20 (1992), 245–247
Siebeck, R.: Medizin in Bewegung. Klinische Erkenntnisse und ärztliche Aufgabe, Stuttgart 1953[2]
Sieland, B.: Grundlagen der Entwicklungspsychologie, in: Blattner, J./Gareis, B./Plewa, A. (Hrsg.): Handbuch der Psychologie für die Seelsorge Bd. 1, Düsseldorf 1992, 215–230
Skinner-Young, S.: Walking in Repentance, in: Elijah House News, 1991 Issue 19 S. 4
Smedes, L.B.: Die heilende Kraft des Vergebens, Marburg a.d.L. 1991
Sneed, D. u. S.: Understanding Your Family Chemistry. How Your Genetic Blueprint and Family History Affect Your Temperament, Relationships, Emotions, and Health, Ann Arbor, Michigan 1992
Soldan, W.: »Ich kann nicht vergeben, obwohl ich will« – Was tun?, in: Befreiende Wahrheit Nr. 3, September 1994, 34–38
Sons, R.: Innere Heilung – Darstellung und Bewertung, in: IDEA-Dokumentation 1/93, 28–31
ders.: Seelsorge zwischen Bibel und Psychotherapie. Die Entwicklung der evangelischen Seelsorge in der Gegenwart, CTM 24, Stuttgart 1995
Spaes, R.: Umgang mit unseren Gefühlen, Erzhausen 1982
Sparn, W.: Leiden IV. Historisch/Systematisch/Ethisch, in: TRE Bd. 20, Berlin/New York 1990, 688–707

Spitz, R.: Die Entstehung der ersten Objektbeziehungen, Stuttgart 1960
ders.: Stress: Psychische Beanspruchung und ihre Folgen, in: Freud in der Gegenwart, Stuttgart 1957
Stadelmann, H.: Neue Praktiken innerhalb der pfingstlich-charismatischen Bewegung. Eine Problemanzeige zu Entwicklungen innerhalb der letzten 30 Jahre, in: IDEA-Dokumentation 1/93, 6–12
Stanley, C.: Put the Past behind you and give … The Gift of Forgiveness, Nashville, Tennessee 1991
Stapleton, R.C.: The Experience of Inner Healing, Waco, Texas 1977
dies.: The Gift of Inner Healing, Waco, Texas 1976
Stauffer, E.: ἀγαπάω , in ThWNT Bd. 1, Stuttgart/Berlin/Köln 1990, 44–55
Steinhilper, R. (Hrsg.): Begegnen, berühren, heilen. Erfahrungen mit der Bibel, Stuttgart 1991
Stevens, P.: Universal Cultural Elements in the Satanic Demonology, in: JPT 20 (1992), 240–244
Stoll, C. D.: Geschichtliche Stationen im Verhältnis zwischen evangelikaler und charismatischer Bewegung, in: IDEA-Dokumentation 1/93, 3–4
ders.: Krankmachender Glaube? Biblische und praktisch-theologische Aspekte, in: idea-Dokumentation Nr. 8/1990: »Frömmigkeit und seelische Erkrankungen«, 19–31
Stollberg, D.: Therapeutische Seelsorge. Die amerikanische Seelsorgebewegung, Darstellung und Kritik mit einer Dokumentation, München 1969
ders.: Wahrnehmen und Annehmen. Seelsorge in Theorie und Praxis, Gütersloh 1978
Stoop, D.: Making Peace with your Father, Wheaton/Illinois 1992
ders./Masteller, J.: Forgiving our Parents, Forgiving Ourselves: Healing Adult Children of Dysfunctional Families, Ann Arbor/Michigan 1991
Stork, J.: Die seelische Entwicklung des Kleinkindes aus psychoanalytischer Sicht, in: Eicke, D. (Hrsg.): Die Psychologie des 20. Jahrhunderts Bd. 2: Freud und die Folgen (I), Zürich 1976, 868–994
Stuhlmacher, P.: Der Brief an Philemon, EKK XVIII, Zürich/Neukirchen-Vluyn 1989[3]
Subby, R.: Lost in the Shuffle, Deerfield Beach/Florida 1987
Sullivan, F.A.: Die Charismatische Erneuerung. Die biblischen und theologischen Grundlagen, Graz/Köln/Wien 1986[2]
Sweeten, G./Petersen, A./Geverdt, D.: Rational Christian Thinking, Cincinnati 1986
Swindoll, C.: Have Fun as You Grow up, in: A Better Tomorrow Vol 1, 48–51
Szondi, L.: Schicksalsanalyse. Wahl in Liebe, Freundschaft, Beruf, Krankheit und Tod, Basel/Stuttgart 1965[3]

Tan, S. J.: The Holy Spirit and Counseling Ministries, in: The Christian Journal of Psychology and Counseling, (July 1992) Vol VII No 3, 8–11
Tapscott, B.: Die Früchte des Geistes. Wie Sie als Christ Ihr volles Potenzial entfalten können, Mainz-Kastel 1989

dies.: Frei gemacht ... Gottes Wirken im Menschen in Innerer Heilung, Erzhausen 1992[3]
dies.: Innere Heilung. Friede der Seele – das Geschenk Gottes, Erzhausen 1990[10]
dies.: Innere Heilung. Perspektiven für die Praxis, Hochheim 1987
dies./De Grandis, R.: Heilung des Selbstbildes. Wege zu einem gesunden Selbstbewusstsein, Hochheim 1989
dies.: Vergebung und Innere Heilung. Vom Umgang mit Verletzungen, Mainz-Kastel 1990
Tausch, R.: Vergeben – Ein bedeutsamer seelischer Vorgang, in: Logotherapie und Existenzanalyse 1 (1992), 61–92
ders.: Verzeihen: Die doppelte Wohltat, in: Psychologie Heute (April 1993), 20–26
ders.: Vergeben – Wie kann man Bitterkeit und Schuldgefühle überwinden? Sendung des Bayerischen Rundfunks vom 23. Dezember 1992
Theißen, G.: Psychologische Aspekte paulinischer Theologie (FRLANT 131), Göttingen 1983
Thompson, B.u.B.: Wiederherstellung der Persönlichkeit, Solingen o. J. (1992)
Thurmann, C.: Lügen, die wir glauben. Der Grund Nr. 1 für unser Unglücklichsein, Asslar 1991[2]
Thurneysen, E.: Die Lehre von der Seelsorge, Zürich 1976[4]
Toaspern, P.: Das Geschenk der Gaben, in: Aschoff, F. u. P.: Sprachengebet. Aus der Gemeinde – für die Gemeinde, Werkstattheft, Mannheim 1992, 37–41
Toman, W.: Tiefenpsychologie. Zur Motivation des Menschen, ihrer Entwicklung, ihren Störungen und ihren Beeinflussungsmöglichkeiten, Stuttgart/Berlin/Köln/Mainz 1978
Tommek, H.: »Heilt Kranke!« (Mt 10,8) – Erfahrungen mit dem Gebet um Heilung, in: Heilung – ein Aspekt des Exerzitiengeschehens. Korrespondenz zur Spiritualität der Exerzitien, Nr. 49 34/1984, 78–85
Tournier, P.: Durchbruch zur Persönlichkeit, Freiburg/Basel/Berlin 1980[3]
Trobisch, W.u.D.: Kein Ei gleicht dem andern. Kleiner Persönlichkeitstest, Wuppertal 1987
Tyson, T.: Heilung und Inkarnation, in: MacNutt, F.: Die Kraft zu heilen. Das fundamentale Buch über Heilen durch Gebet, Graz/Köln/Wien 1977[2], 219–225

Uexküll, T.v.: Lehrbuch der Psychosomatischen Medizin; München/Wien/Baltimore 1979
ders./Wesiack, W.: Psychosomatische Medizin und das Problem einer Theorie der Heilkunde, in: Uexküll, T.v.: Lehrbuch der Psychosomatischen Medizin; München/Wien/Baltimore 1979, 7–21
dies.: Das Leib-Seele-Problem in psychosomatischer Sicht, in: Uexküll, T.v.: Lehrbuch der Psychosomatischen Medizin; München/Wien/Baltimore, 1979 56–71
dies.: Die dynamischen und entwicklungspsychologischen Dimensionen des Modells, in: Uexküll, T.v.: Lehrbuch der Psychosomatischen Medizin;München/Wien/Baltimore 1979, 22–40
dies.: Organismus – Modell und Information, in: Uexküll, T.v.: Lehrbuch der Psychosomatischen Medizin; München/Wien/Baltimore 1979, 41–55

dies.: Realität – soziale Wirklichkeit – und der diagnostisch therapeutische Zirkel, in: Uexküll, T.v.: Lehrbuch der Psychosomatischen Medizin; München/Wien/Baltimore 1979, 72–92
Ulonska, R.: Geistesgaben in Lehre und Praxis. Der Umgang mit den Charismen des Heiligen Geistes, Erzhausen 1985[2]
Underwager, R./Wakefield, H.: A »Veil Untaken Away«: A Reply to Arnold, in: JPT 20 (1992), 292–294
dies.: The Christian and Satanism, in: JPT 20 (1992), 281–287

Van Vonderen, J.: Tired of Trying to Measure up. Getting free from the Demands, Expectations, and Intimidations of Well-Meaning People, Minneapolis/Minnesota 1989
Veeser, W.: »An Gottes Segen ist alles gelegen.« in: BTS-aktuell 5. Jhrg. Nr. 16 (Juni 1992), 3–6
ders.: Theologische Aspekte zu Fragen des Okkultismus, in: ders.: Biblisch-therapeutische Seelsorge und Okkultismus, Stuttgart 1991, 54–117
Velden, H.G.M. van der: Persönlichkeitsprägung durch die Familie – Übernahme erworbener Muster, in: Schaefer, H./Sturm, E. (Hrsg.): Der kranke Mensch (Patientenorientierte Allgemeinmedizin Bd. 3), Berlin/Heidelberg/New York 1986, 160–165
Verny, T./Kelly, J.: Das Seelenleben des Ungeborenen. Wie Mütter und Väter vor der Geburt Persönlichkeit und Glück ihres Kindes fördern können, Frankfurt a. M./Berlin/Wien 1983
Vester, F.: Phänomen Stress, Stuttgart 1976
Vining, J.K.: Caring & Curing. A Proven Process For Health and Healing, Columbus/Georgia 1992
Vivier-van Eetveldt, L.M.: Zungenreden und Zungenredner, in: Hollenweger, W. J.: Die Pfingstkirchen. Selbstdarstellungen, Dokumente, Kommentare, Stuttgart 1971, 183–205
Vries, J. de: Psychologismus, in: LThK2 Bd. 8, Freiburg 1963, 882–883

Wachinger, L.: Hören statt Belehren. Erfahrungen der Lebens- und Eheberatung, in: Müller, W. (Hrsg.): Psychotherapie in der Seelsorge, Düsseldorf 1992, 30–42
Wahl, H.: Psychoanalyse, in: EKL[3] Bd. 3, Göttingen 1992, 1386–1389
Walters, R.P.: Die Macht der Vergebung, Kehl/Rhein 1985
Wein, M.: Viktor von Weizsäcker (1886–1957). Auf neuen Wegen in der Medizin, in: ders: Die Weizsäckers. Geschichte einer deutschen Familie, München 1991, 341–410
Weizsäcker, V. v.: Allgemeine Medizin. Grundfragen medizinischer Anthropologie; in: Gesammelte Werke Bd. 7, Frankfurt a. M. 1987
ders.: An Leib, Seele und Ehre krank. Grundlagen einer neuen Medizin, in: Gesammelte Werke Bd. 7, Frankfurt a. M. 1987, 283–293
ders : Das Missliche am Schmerz, in: GS Bd. 6, Frankfurt a. M., 504–510
ders.: Der Arzt und der Kranke. Stücke einer medizinischen Anthropologie, Frankfurt a. M. 1987

ders.: Der Gestaltkreis. Theorie der Einheit von Wahrnehmen und Bewegen, Stuttgart/New York 1986[5]
ders.: Der kranke Mensch. Eine Einführung in die Medizinische Anthropologie, in: Gesammelte Schriften Bd. 9, Frankfurt a. M. 1988, 311–641
ders.: Der Mensch und seine Krankheiten, in: GS Bd. 7, Frankfurt a. M., 305–315
ders.: Fälle und Probleme, in: Gesammelte Schriften Bd. 9, Frankfurt a. M. 1988, 7–276
ders.: Klinische Vorstellungen, in: Gesammelte Schriften Bd. 9, Frankfurt a. M. 1988, 277–309
ders.: Menschenführung, Göttingen 1979[6]
ders.: Über Psychosomatische Medizin, in: GS Bd. 6, Frankfurt a. M., 517–521
ders.: Über Traumdeutung, in: GS Bd. 6, Frankfurt a. M., 511–516
ders.: Was fangen wir mit den Träumen an?, in: GS Bd. 6, Frankfurt a. M. 1986,497–503
ders.: Wert und Unwert der Psychoanalyse, in: GS Bd. 7, Frankfurt a. M., 294–304
ders./Wyss, D.: Zwischen Medizin und Philosophie, Göttingen 1957
Wenzelmann, A.: Evangelisches Kloster – sich anvertrauen und begleiten lassen, in: Deutscher Evangelischer Kirchentag Ruhrgebiet 1991, München 1992, 712–719
Werner, R.: Einsichten aus Gesprächen mit lesbischen Frauen, in: Werner, R. (Hrsg.): Homosexualität und Seelsorge, Moers 1993, 91–97
ders: Sexueller Missbrauch. Einsichten seelsorgerlicher Praxis, in: Brennpunkt Seelsorge 93/3, 72–73
ders. (Hrsg.): Homosexualität und Seelsorge, Moers 1993
ders.: Das Zeugnis der Bibel, in: ders.: Homosexualität und Seelsorge, Moers 1993, 99–114
ders.: Homosexualität und Lebenserfahrung, in: ders.: Homosexualität und Seelsorge, Moers 1993, 11–28
ders.: Thesen zur Seelsorge, in: ders.: Homosexualität und Seelsorge, Moers 1993, 115–124
Wesiack, W.: Das ärztliche Gespräch – Versuch einer Strukturanalyse, in: Uexküll, T.v.: Lehrbuch der Psychosomatischen Medizin; München/Wien/Baltimore 1979, 361–367
ders.: Psychoanalyse und psychoanalytisch orientierte Therapieverfahren, in: Uexküll, T.v.: Lehrbuch der Psychosomatischen Medizin; München/Wien/Baltimore 1979, 349–360
ders.: Psychosomatische Medizin in der Praxis des niedergelassenen Arztes, in: Uexküll, T.v.: Lehrbuch der Psychosomatischen Medizin; München/Wien/Baltimore 1979, 245–254
ders.: Grundzüge der psychosomatischen Medizin, Heidelberg/New York/Tokio 1984[2]
Westmeier, A.: Die verletzte Seele heilen. Gesundung durch Seelsorge, Wuppertal/Bern 1988
Wetzel, H.: Gestalttherapie, in: Blattner, J./Gareis, B./Plewa, A.: Handbuch der Psychologie für die Seelsorge Bd. 2, Düsseldorf 1993, 181–199
White, A.: Healing Adventure, Plainfield/New Jersey 1969

Whitfield, C.L.: Healing the Child Within, Deerfield Beach/Florida 1987
Wilckens, U.: Der Brief an die Römer (Röm 6-11), EKK VI/2, Zürich/Neukirchen-Vluyn 1993[3]
ders.: Erneuerung durch den Heiligen Geist, in: Gemeinde-Erneuerung Nr. 31 März/April 1989, 29–33
Wilson, S. D.: Families That Hurt: Moving Beyond Shame, in: Christian Counseling Today (October 1992), 22–25
dies.: Released from Shame. Recovery for Adult Children of Dysfunctional Families, Downers Grove/Illinois 1990
Wimber, J.: Warum müssen Christen leiden? Gott benutzt unser Leiden, um seine Ziele in unserem Leben zu verwirklichen und Reife in unser Leben zu bringen, in: Rundbrief der Geistlichen Gemeinde-Erneuerung Nr. 28 (Juni 1988), 8–12
ders./Springer, K.: Fundamente für geistliches Wachstum. Grundwissen des christlichen Glaubens, Mainz-Kastel 1991
dies.: Heilung in der Kraft des Geistes, Hochheim 1987
Winkler, K.: Leiden V. Praktisch-theologisch, in: TRE Bd. 20, Berlin/New York 1990, 707–711
Wolfersdorf, M./Hole, G./Kopittke, W.: Ausgewählte psychische Störungen, in: Blattner, J./Gareis, B./Plewa, A. (Hrsg.): Handbuch der Psychologie für die Seelsorge, Düsseldorf 1993, 21–106
Wolff, H.: Jesus als Psychotherapeut. Jesu Menschenbehandlung als Modell moderner Psychologie, Stuttgart 1978
dies.: Jesus der Mann. Die Gestalt Jesu in tiefenpsychologischer Sicht, Stuttgart 1990[10]
Wolff, H.W.: Anthropologie des Alten Testaments, München 1977[3]
Wolter, M.: Leiden III. Neues Testament, in: TRE Bd. 20, Berlin/New York 1990, 677–688
Wright, H.N.: Always Daddy's Girl. Understanding Your Father's Impact On Who You Are, Ventura/California 1989
ders.: Friede mit gestern. Wie gehe ich mit meiner Vergangenheit um?, Kehl/Rhein 1992
Wulff, D.M.: Erik H. Erikson: Religion in the Human Life Cycle, in: Psychology of Religion: Classic and Contemporary Views, New York 1991, 369–410
Wyss, D.: Die tiefenpsychologischen Schulen von den Anfängen bis zur Gegenwart. Entwicklung, Probleme, Krisen, Göttingen 1977[5]

Zimmerli, W.: Grundriss der alttestamentlichen Theologie, Theologische Wissenschaft Bd. 3, Stuttgart/Berlin/Köln/Mainz 1978[3]
Zimmerling, P.: Gibt es noch echte Männerfreundschaften?, in: Schnabel, N./Zimmerling, P.: Mann oh Mann! Unterwegs zum neuen Mann, Moers 1991, 57–73
ders.: Die charismatischen Bewegungen. Theologie, Spiritualität, Anstöße zum Gespräch, Göttingen 2001
Zulli, A.: Overview of Inner-Healing Prayer in the Context of Professional Psychotherapy Practice, in: The Journal of Christian Healing 12 (1990), 14–21